Code junior

À mon fils, François-Adrien

Note de l'éditeur

Le principe du Code junior est simple : il rassemble les principales règles de droit concernant les mineurs (lois, décrets, arrêtés, circulaires, décisions de justice, etc.) par grands thèmes :

- la justice ;
- la famille ;
- l'école ;
- la société ;
- les textes fondamentaux relatifs aux droits de l'Homme.

Ces règles de droit sont citées soit intégralement, soit par extraits. La règle est accompagnée d'un commentaire qui se veut le plus accessible possible aux mineurs comme à leurs parents. Il se fonde sur l'état de la jurisprudence la plus récente, c'est-à-dire sur les décisions des plus hauts tribunaux qui appliquent la règle de droit (Cour de cassation ou Conseil d'État, selon les cas).

Les mots difficiles sont accompagnés dans chaque texte officiel d'un astérisque (*) et leur explication est donnée dans le commentaire qui suit.

Des pictogrammes (⚠) signalent au lecteur une difficulté particulière et/ou donnent un complément essentiel d'information.

Enfin, un index thématique placé en fin de volume permet au lecteur de retrouver facilement les réponses aux questions qu'il se pose.

Avant-propos de la quatrième édition

C'est la quatrième édition du Code junior. Enrichie par une actualité toujours mouvante, elle demeure en phase avec l'incessante et souvent utile évolution législative et réglementaire qui concerne le droit des mineurs. C'est aussi la dernière édition qui bénéficie du concours de mon excellent collaborateur Grégory Portais. Ayant choisi d'autres voies plus ambitieuses, je tenais à l'occasion de son départ, à le remercier pour le travail accompli. Qu'il trouve ici l'expression de ma gratitude et de mon fidèle souvenir.

Dominique Chagnollaud

PRÉFACE DE LA PREMIÈRE ÉDITI...

L'enfant dans sa famille, l'école, la société, un triptyque propice à des interrogations sur les liens, les complémentarités mais aussi d'éventuelles oppositions entre ces termes.

Le lien commun est l'enfant, dans sa famille, à l'école en qualité d'élève, un mineur certes mais avec des droits et des obligations conformément à la Convention internationale des droits de l'enfant.

Tel est l'objet de ce travail approfondi et clair présenté sous la forme d'un ouvrage original, le **Code junior**.

Ce code, ouvrage de référence, constitue une innovation, au moins pour trois raisons.

– Il balaie selon une approche concrète et pratique les champs d'activité de l'enfant de sa naissance à l'aube de sa majorité.

– Le contenu emprunte au droit de la famille, au droit scolaire sans jamais oublier que le mineur ne vit pas que dans sa famille et à l'école mais, aussi à l'extérieur et qu'il engage sa responsabilité et celle de ses parents.

– L'approche est simple mais précise et fait apparaître qu'il est possible de traiter avec clarté et simplicité des textes essentiels. Ce code possède aussi une valeur éducative et pédagogique.

Ce Code junior sera incontestablement **très utile aux familles.**

Les enfants et élèves du collège et du lycée y puiseront de nombreuses données sur leurs droits mais aussi leurs devoirs.

Enfin, **les enseignants** et plus largement les éducateurs, les services en charge de l'enfance, trouveront là des repères pour leur action quotidienne.

Je formule … u que ce Code junior qui insiste sur les concepts … nité, de responsabilité et de respect, permette à chacu… mieux se situer dans une société où la méconnaissance … droits et obligations conduit souvent à exiger sans disc… ement et à fragiliser le lien social entre les individus et, e… ces derniers et les institutions.

J… cky Simon
Le médiateur de l'Éducation nationale
(Le 1er juillet 2003)

première partie

La justice

chapitre 1

Les principes généraux

On présentera ici la justice au sens où on l'entend habituellement. Il ne faut pas pour autant négliger les solutions de médiation.

I Les principes de l'organisation de la justice en France

§1 Le principe de séparation des pouvoirs

Article 16 de la Déclaration des droits de l'Homme et du Citoyen

Toute société dans laquelle la garantie des droits n'est pas assurée, ni la séparation des pouvoirs déterminée, n'a point de constitution.

Sous l'influence de Locke (1632-1704) et de Montesquieu (1689-1755), le principe de séparation des pouvoirs a été consacré : pour empêcher la tyrannie, il faut diviser le pouvoir en trois branches qui se limitent mutuellement et sont obligées « d'aller de concert ». On considère qu'il y a trois pouvoirs :
- **le pouvoir législatif** qui consiste à faire la loi ;
- **le pouvoir exécutif** qui consiste à en assurer l'application ;
- **le pouvoir judiciaire** qui consiste à rendre la justice.

Le pouvoir législatif est exercé par le Parlement (Assemblée nationale et Sénat), le pouvoir exécutif est exercé par le président de la République et le gouvernement, le pouvoir judiciaire (la Constitution parle d'autorité judiciaire) est exercé par les juges. En pratique, cela veut dire que c'est le Parlement qui vote la loi, que le gouvernement, par son administration, en assure son application et, qu'en cas de violation de la loi, c'est le juge qui va la faire respecter.

Le principe de séparation des pouvoirs est une garantie pour la liberté : les juges ne peuvent rendre la justice qu'en application de la loi, ils ne sont pas libres de faire ce qu'ils veulent. De plus, on considère que le Parlement ne peut pas voter une loi pour forcer le juge à rendre telle décision une fois le procès engagé (c'est-à-dire que le Parlement ne peut pas faire pression sur les juges). De même, le pouvoir exécutif (le gouvernement) ne doit pas influencer les juges.

§2 Le principe de séparation des autorités administratives et judiciaires

C'est une particularité française qui mérite d'être soulignée. Depuis la loi du 24 mai 1872, il existe en France deux ordres de juridictions, c'est-à-dire deux types de tribunaux. D'une part, ceux qui s'occupent des litiges opposant l'administration aux particuliers (on parle des « juridictions administratives », avec au sommet le Conseil d'État), d'autre part, les tribunaux qui traitent des litiges opposant des particuliers (on parle des « juridictions judiciaires », avec au sommet la Cour de cassation).

II Quelques règles très simples

§1 Nul n'est censé ignorer la loi...

Article 54 de la loi du 10 juillet 1991

Dans chaque département, il est institué un conseil départemental de l'accès au droit, chargé de recenser les besoins, de définir une politique locale, de dresser et diffuser l'inventaire de l'ensemble des actions menées. [...]

Tout le monde connaît l'adage « nul n'est censé ignorer la loi ». Cela ne veut pas dire que l'on est censé connaître tous les codes et toutes les lois ! Cela veut simplement dire que l'on est censé connaître ce qui est autorisé et ce qui est interdit (par exemple, le vol est interdit et je ne peux pas dire si j'ai commis un vol que je ne suis pas responsable parce que je ne le savais pas). Le problème qui se pose en pratique, *a fortiori* quand on est un mineur, c'est qu'il n'est pas facile de savoir justement quels sont ses droits et devoirs. La loi du 10 juillet 1991 a mis en place des organes de proximité : **les Conseils départementaux de l'accès au droit (CDAD).**

§2 La valeur des différentes règles de droit

Décision du Conseil constitutionnel n° 85-197 DC du 23 août 1985

« [...] la loi votée, qui n'exprime la volonté générale que dans le respect de la Constitution [...] »

Article 55 de la Constitution

Les traités ou accords régulièrement ratifiés ou approuvés ont, dès leur publication, une autorité supérieure à celle des lois, sous réserve, pour chaque accord ou traité, de son application par l'autre partie.

En droit, toutes les règles n'ont pas la même valeur. Certaines sont supérieures à d'autres. On parle de « hiérarchie » pour désigner ce principe. Cela veut dire que la Constitution est la règle la plus importante et qu'elle a une valeur supérieure aux traités, qui ont eux-mêmes une valeur supérieure à la loi, qui a elle-même une valeur supérieure aux décrets et arrêtés.

§3 L'indépendance de la justice

Article 64 de la Constitution

Le président de la République est garant de l'indépendance de l'autorité judiciaire. Il est assisté par le Conseil supérieur de la magistrature. [...]

Les juges doivent être indépendants (c'est la conséquence du principe de séparation des pouvoirs (➜ Voir p. 4) et se doivent d'être neutres. **Par exemple**, un juge ne pourrait pas être de la famille de la personne à juger, car sinon, il y aurait conflit d'intérêt.

§4 Le droit à un procès équitable

Article préliminaire du Code de procédure pénale

I. – La procédure pénale doit être équitable et contradictoire et préserver l'équilibre des droits des parties. [...]

Le procès ne sera complètement équitable (c'est-à-dire « loyal ») que si les parties s'opposant échangent les documents qu'elles ont en leur possession. Cet échange permet de contester les preuves.

§5 Le droit à un jugement public et motivé

Article 4 du Code civil

Le juge qui refusera de juger, sous prétexte du silence, de l'obscurité ou de l'insuffisance de la loi, pourra être poursuivi comme coupable de déni de justice.

Les individus bénéficient d'un véritable droit au jugement, c'est-à-dire qu'ils ont le droit à ce qu'un jugement leur soit rendu. Ce n'est pas tout de saisir le juge, encore faut-il qu'il se prononce en rendant une décision. Une fois saisi, le juge ne peut pas refuser de trancher le litige. La justice est publique. Ce principe permet à tout citoyen de pouvoir vérifier dans quelles conditions les décisions de justice sont rendues. L'idée, c'est que de cette façon, chacun peut contrôler que la justice fonctionne correctement.

En pratique, cela signifie que les débats ont lieu publiquement et que la décision de justice est rendue en présence du public. Par ailleurs, les portes des salles d'audience doivent, en principe, rester ouvertes et accessibles à tous. L'interdiction de l'accès du public aux audiences, sous réserve de la sécurité et du déroulement serein des débats, serait une cause d'annulation du procès.

Par exception, la loi prévoit que dans certains cas ou pour certaines affaires, le public ne puisse pas accéder aux audiences. On dit que l'audience se tient à « huis clos ». Le président du tribunal ou de la cour peut ordonner le huis clos pour protéger les personnes (par exemple, les mineurs), la vie privée (par exemple, dans les affaires de divorce), pour éviter des troubles de l'ordre public ou pour préserver des secrets d'État. Mais, même dans ces cas, la décision de justice en elle-même (c'est-à-dire la solution retenue) est toujours rendue en audience publique.

⚠ On dit que la décision de justice est « **motivée** », c'est-à-dire que le juge dit sur quels faits et sur quels articles il s'appuie pour aboutir à la solution qu'il adopte.

§6 La gratuité de la justice

Article 696 du Nouveau Code de procédure civile

La partie perdante est condamnée aux dépens*, à moins que le juge, par décision motivée, n'en mette la totalité ou une fraction à la charge d'une autre partie.

En France, comme dans les autres démocraties, un des principes essentiels est celui de la gratuité de la justice. Il doit permettre à tous d'accéder au juge pour faire valoir ses droits. Ce principe de gratuité ne concerne pas tous les frais occasionnés par un procès. On distingue en effet :

– les frais de procès strictement dits (appelés également dépens*). Les dépens comprennent, notamment, les frais et les honoraires d'huissier, les frais d'expertise et les frais d'enregistrement. C'est la partie perdant le procès qui doit supporter les frais des « dépens » ;

– les autres frais (on parle de frais irrépétibles), ce sont les « honoraires » d'avocat et les frais de déplacement (si le procès a lieu en province sur plusieurs jours, par exemple, ces frais peuvent être d'un montant important).

⚠ Pour les mineurs, il est possible d'obtenir une aide financière sans condition de revenus. Il faut aller se renseigner auprès du « bureau de l'aide juridictionnelle ».

⚠ L'expression « dommages et intérêts » désigne les sommes qui sont allouées pour réparer le tort subi. **Par exemple**, si j'ai été victime de dégradations sur mon véhicule, le montant des dommages et intérêts sera égal au montant des réparations.
Le système français est différent du système américain. En effet, aux États-Unis il existe ce que l'on appelle les dommages et intérêts punitifs (qui ont le caractère de sanction), alors qu'en France les dommages et intérêts ne doivent servir qu'à réparer le dommage.

§7 La possibilité de contester une décision de justice : les voies de recours

Lorsqu'un problème a donné lieu à une première décision de justice, cette décision peut faire l'objet d'une contestation devant un autre tribunal : c'est l'appel*, c'est-à-dire le réexamen complet de l'affaire. Par principe, l'appel est toujours possible. Il faut toutefois préciser :
– devant **les tribunaux civils**, en dessous d'un certain montant (variable, mais souvent proche de moins de 5 000 euros), la décision de justice rendue ne peut pas faire l'objet d'un appel, elle ne peut faire l'objet que d'un pourvoi en cassation (c'est-à-dire d'une contestation de la bonne application de la loi) ;
– devant **les tribunaux répressifs** (quand on a commis une infraction), l'appel est toujours possible (➜ Voir p. 18 et 21) ;
– devant **les tribunaux administratifs**, l'appel est, en principe, possible (➜ Voir p. 26).

⚠ La Cour européenne des droits de l'Homme ne peut être saisie qu'une fois qu'il n'y a plus de recours possible devant un tribunal français. En pratique, cela veut dire qu'il faut déjà être allé soit devant le Conseil d'État, soit devant la Cour de cassation (➜ Voir p. 14).

III Quel tribunal saisir ?

§1 Quel type de tribunal ?

La première question qui va se poser quand on est décidé à aller au procès, c'est de savoir quel type de tribunal il faut saisir (le tribunal de commerce, le tribunal de grande instance, le tribunal correctionnel (➜ Voir p. 15 et 22). En effet, selon la nature du problème, ce n'est pas le même tribunal qui est compétent* (c'est-à-dire qui peut se prononcer). Les règles de compétence des différents tribunaux sont souvent difficiles à comprendre. Il y a une idée générale (que nous présentons ici) et des exceptions :

– si c'est une infraction, il faut saisir un tribunal répressif (➜ Voir p. 15) ;

– si c'est un problème de responsabilité civile (par exemple, j'ai commis un dommage), il faut saisir un tribunal d'instance ou un tribunal de grande instance : selon le montant des indemnités que l'on réclame, c'est le tribunal d'instance, sinon, c'est le tribunal de grande instance) ;

– si c'est un problème avec l'administration, c'est le juge administratif qu'il faut saisir (➜ Voir p. 25).

⚠ On ne rappelle ici que les règles élémentaires. Le mieux est de se rendre à sa mairie ou à l'accueil d'un tribunal qui pourra vous indiquer selon la nature précise du problème quel tribunal saisir.

§2 Où aller ?

Article 42 du Nouveau Code de procédure civile

La juridiction territorialement compétente est, sauf disposition contraire, celle du lieu où demeure le défendeur*. [...]

Une fois que l'on sait quel type de tribunal saisir, il faut encore savoir où se rendre. **Par exemple**, j'ai été renversé par un vélo et je me suis cassé le poignet à Paris. Est-ce que je dois saisir le tribunal à Paris ou est-ce que je peux saisir le tribunal de Brest où je réside, là où je vis, à Brest ? Ou encore, est-ce que je dois saisir le tribunal de là où vit la personne qui m'a renversé ? Le principe, c'est qu'il faut saisir le tribunal du lieu de résidence du défendeur*, c'est-à-dire le tribunal de là où vit la personne contre laquelle on fait le procès. Cette règle peut avoir l'air contraignante, car dans cet exemple, cela veut dire que si la personne qui m'a renversé habite à Lille, il faudra que je m'y rende. La justification de cette règle est la suivante : on veut éviter de

déranger les gens inutilement. Si j'ai subi un dommage et que je veux m'en plaindre, ce n'est pas la distance qui va m'arrêter. Si par contre, je fais un procès à telle personne juste pour l'ennuyer, il y a peu de chances que je sois prêt à supporter ce type de dérangement.
Cette règle n'est, toutefois, pas absolue. Ainsi, en matière d'accident ou d'infraction, le tribunal compétent est celui du lieu de l'accident ou de l'infraction. **Par exemple**, si j'ai volé un vélo à Paris, le tribunal correctionnel compétent sera celui de Paris.

> ⚠ Pour trouver la juridiction compétente selon votre lieu de résidence, vous pouvez vous rendre sur le site du ministère de la Justice à l'adresse suivante : **www.justice.gouv.fr**
> Il suffit de cliquer sur « **justice dans votre région** » et on peut accéder aux adresses des tribunaux ainsi qu'à leurs numéros de téléphone.

IV Les principaux acteurs de la justice

Lorsque l'on va à un procès, différentes personnes interviennent : le procureur, le juge et l'avocat pour l'essentiel. Il y existe d'autres « agents » jouant un rôle qu'il ne faut pas oublier comme les greffiers ou les huissiers.

⚠ On dit que le procureur comme le juge sont des magistrats, c'est-à-dire que ce sont des officiers civils qui sont chargés de participer à la justice. Les juges sont indépendants alors que les procureurs sont soumis à l'autorité du ministre de la Justice (on dit qu'ils sont soumis à son pouvoir hiérarchique).

§1 Les juges

Article 4 de l'ordonnance du 22 décembre 1958

Les magistrats du siège sont inamovibles.
En conséquence, le magistrat du siège ne peut recevoir, sans son consentement, une affectation nouvelle, même en avancement.

Le juge est chargé de trancher le litige qui lui est soumis en rendant des jugements (la décision peut prendre des noms différents, selon les cas, comme jugement, ordonnance, arrêts...) en application de la loi (c'est la conséquence du principe de séparation des pouvoirs (➜ **Voir p. 4**).

Le juge ne doit faire l'objet d'aucune pression. C'est pourquoi il est « inamovible », c'est-à-dire qu'il ne peut pas être changé de poste sans son accord. Selon le tribunal devant lequel on se rend et selon l'objet de l'affaire, le jugement se fera soit par un seul juge (c'est le cas du tribunal d'instance), soit par plusieurs (c'est le cas, par principe, des jugements en matière pénale).

§2 Le procureur

Article 40 du Code de procédure pénale

Le procureur de la République reçoit les plaintes et les dénonciations et apprécie la suite à leur donner conformément aux dispositions de l'article 40-1. [...]

Le procureur a pour mission de défendre les intérêts de la société, de veiller à l'application de la loi et de proposer, le cas échéant, une sanction. C'est lui qui décide d'engager les poursuites lorsqu'une infraction a été commise. Si un vol a été commis, c'est lui qui décidera, selon les résultats de l'enquête, si on poursuit ou non l'auteur. **Par exemple**, si Anne s'est fait voler son vélo et que ses parents ont porté plainte auprès de la gendarmerie, il se peut que les gendarmes ne trouvent pas l'auteur du vol. Dans ce cas, le procureur, au bout d'un certain temps, va « classer sans suite » l'affaire, c'est-à-dire qu'il n'y aura pas de poursuites. En revanche, si l'on retrouve les voleurs, il pourra décider de les poursuivre, c'est-à-dire demander à ce qu'une peine leur soit appliquée. Il existe au sein de chaque tribunal un « parquet des mineurs », soit un substitut du procureur spécialisé pour les problèmes mettant en cause des mineurs.
Le procureur a, par ailleurs, un rôle de prévention, en menant des actions d'information et de prévention (actions en milieu scolaire, prévention de la toxicomanie et de la délinquance…). Concernant les mineurs en danger, il reçoit les signalements* (**➜ Voir p. 413**).

⚠ Les procureurs sont, comme les juges, des magistrats, mais ils sont debout et au départ (avant la Révolution) ils évoluaient sur le « parquet », on parle donc de « magistrats du parquet ».

§3 Les avocats

L'avocat intervient principalement pour défendre son client dans tout type de procès : il peut intervenir aussi bien lorsqu'il s'agit d'un procès « pénal » (c'est-à-dire lorsqu'une infraction a été commise), mais il intervient aussi dans les autres procès (par exemple, en matière de divorce, de garde d'enfant ou encore en cas de contestation d'une sanction disciplinaire...).

⚠ En cas de poursuites pénales, son rôle est de toute première importance puisqu'il peut s'entretenir avec la personne placée en garde à vue dans les locaux de la police ou de la gendarmerie dès la première heure. On rappelle que le mineur bénéficie de l'aide juridictionnelle (➜ Voir p. 8).

chapitre 2

L'ORGANISATION DE LA JUSTICE

On peut dire qu'il y a trois grandes catégories de tribunaux (en droit, on parle de juridictions) :

1° **les tribunaux jugeant des infractions**, c'est-à-dire, par exemple, si je commets un vol, c'est une infraction parce que le vol est interdit par la loi, je vais donc aller devant les juridictions pénales ;

2° **les tribunaux jugeant les litiges opposant les particuliers**, c'est-à-dire, par exemple, si je ne paye pas mon loyer, si je ne paye pas mon forfait de téléphone, c'est un litige qui m'oppose à une autre personne (soit une personne de chair et de sang, soit une entreprise) je vais donc aller devant les juridictions civiles ;

3° **les tribunaux jugeant des litiges opposant les particuliers à l'administration**, c'est-à-dire, par exemple, si j'ai fait l'objet d'une mesure d'expulsion de mon collège et que je veux la contester ou encore si je veux contester ma décision d'orientation, je vais aller devant les juridictions administratives.

Les deux premières catégories de tribunaux portent le nom de juridictions judiciaires. Les tribunaux judiciaires sont distincts des tribunaux administratifs (➜ **Voir p. 4**).

⚠ D'un point de vue matériel, c'est le même bâtiment qui abrite le tribunal de grande instance et le tribunal correctionnel. De même, c'est le même bâtiment qui abrite le tribunal de police et le tribunal d'instance. Pour trouver l'adresse, vous pouvez vous rendre sur le site du ministère de la Justice : www.justice.gouv.fr ou encore à votre mairie.

Conseil d'État Vérifie uniquement que la règle de droit a bien été appliquée correctement	**Cour administrative d'appel**	Autres « juridictions » administratives	Certaines affaires sont confiées à des tribunaux spécialisés
		Tribunal administratif	Problèmes avec l'administration, comme par exemple contestation de l'orientation, d'une mesure disciplinaire
Cour de cassation Vérifie uniquement que la règle de droit a bien été appliquée correctement	**Appel** Réexamine les faits et l'application de la règle de droit	Cour d'assises	Crimes (infractions les plus graves)
		Juge des enfants/ Tribunal pour enfants	Délits (infractions graves mais punies de moins de 10 ans de prison)
		Tribunal de police	Contraventions, sauf les contraventions de 5e classe pour les mineurs
	Cour d'appel Réexamine les faits et l'application de la règle de droit	Tribunal des affaires de la sécurité sociale	Affaires concernant la sécurité sociale, comme par exemple l'absence de couverture à l'occasion d'un stage
		Tribunal paritaire des baux ruraux	Affaires concernant les baux ruraux (locations de terres)
		Conseil de prud'hommes	Problèmes portant sur le contrat de travail, sur les conditions de travail, sur le licenciement...
		Tribunal de commerce	Affaires entre commerçants ou entre un commerçant et un consommateur
		Tribunal d'instance	Loyer, tutelle, et « petits problèmes civils » (c'est-à-dire dont le montant n'est pas trop important)
		Tribunal de grande instance	Affaires qui ne sont confiées à d'autres tribunaux.

I Les juridictions pénales « tribunaux » jugeant des infractions

Une infraction, c'est violer un interdit, et donc ne pas respecter la règle de droit. **Par exemple**, les violences volontaires sont interdites ce qui signifie que si je frappe un camarade, je peux faire l'objet de poursuites. Il faut distinguer deux situations : soit c'est un mineur qui a commis l'infraction, soit c'est un mineur qui est victime de l'infraction.

⚠ La médiation pénale vise à rapprocher les parties en conflit pour des litiges de la vie quotidienne (troubles de voisinage, tapage nocturne, dégradations...) ou de nature familiale (non-paiement de pension alimentaire, non-présentation d'enfant...).
Le procureur de la République intervient ici, et plutôt que d'engager des poursuites, il propose d'opter pour une médiation. Des mesures équivalentes peuvent être prises à l'égard des mineurs mais elles supposent alors la présence des parents.

§1 C'est un mineur qui a commis l'infraction

On rappellera qu'en principe, lorsqu'une infraction a été commise, des poursuites sont engagées. **Par exemple**, si un mineur de 17 ans a commis un viol, il va aller devant la cour d'assises des mineurs. Cette cour va dire si, compte tenu des preuves, le mineur doit être condamné et à quelle peine. Une fois la décision rendue par le juge, il est possible de la contester (c'est l'appel). Dans notre exemple, si le mineur a été condamné à 9 ans de prison, il peut considérer que la peine est trop lourde et décider de faire appel. Dans ce cas, une nouvelle cour d'appel va reprendre l'affaire et prendre une nouvelle décision. Enfin, si la solution rendue semble ne pas l'avoir été conformément à la loi (cette fois-ci on ne vérifie plus les faits mais uniquement l'application de la règle de droit), il est possible de faire un « pourvoi en cassation » devant la Cour de cassation.

Cour d'assises des mineurs	• Un président • Deux assesseurs juges des enfants • Neuf jurés tirés au sort	Crimes commis par les mineurs de plus de 16 ans

Tribunal pour enfants	• Un président • Deux assesseurs ayant un grand intérêt pour les problèmes liés aux enfants	Crimes commis par les mineurs de moins de 16 ans
		Délits commis par les mineurs (quel que soit leur âge)[1]
		Contraventions de 5e classe (les plus graves)
Juge des enfants	C'est un juge du TGI qui a un grand intérêt pour les problèmes liés à l'enfance	Délits et contraventions de 5e classe commis par les mineurs quel que soit leur âge[1]
		Décide des mesures d'assistance éducative
		Juge de l'application des peines pour les mineurs

Le premier degré (le premier procès)

Le jugement du mineur en cas de contravention

Article 1er alinéa 2 de l'ordonnance du 2 février 1945

Ceux [les mineurs] auxquels est imputée une contravention de police de 5e classe sont déférés aux juridictions pour enfants dans les conditions prévues à l'article 20-1.

Lorsqu'un mineur commet un acte contraire à la loi mais puni par une simple amende, deux cas peuvent se produire :
– soit l'amende risquée est inférieure à 750 euros, dans ce cas, il va devant **le tribunal de police** ou devant les **juges de proximité** ;
– soit l'amende risquée dépasse 750 euros, dans ce cas, il va devant **le juge des enfants**.

Le jugement du mineur en cas de délit

Article 1er alinéa 1 de l'ordonnance du 2 février 1945

Les mineurs auxquels est imputée une infraction qualifiée crime ou délit ne seront pas déférés aux juridictions pénales de droit commun, et ne seront justiciables que des tribunaux pour enfants ou des cours d'assises des mineurs.

1. C'est selon la procédure qui a été suivie que la compétence de tel organe sera déterminée dans ce cas.

Lorsqu'un mineur commet un acte qui lui fait risquer une peine de prison (par exemple, un vol avec violence) mais dont la **peine de prison risquée est inférieure à 10 ans** (dans le texte), il va :

– **soit** devant un juge spécialisé qu'on appelle **le juge des enfants** : le juge des enfants est un juge spécialisé qui existe dans chaque tribunal de grande instance. On dit qu'il « statue » à juge unique, c'est-à-dire que lorsqu'on se présente devant lui, le juge est seul, il n'a pas de collègues avec qui discuter de l'affaire. Le juge des enfants va procéder à ce qu'on appelle « l'instruction », c'est-à-dire qu'il va rechercher tous les éléments de preuve (pour établir ou non la culpabilité de l'enfant), il va se renseigner également sur la personnalité du mineur. Le juge des enfants peut prononcer certaines peines, mais pas toutes, il ne peut prononcer que certaines peines relativement légères :

– déclaration de culpabilité avec dispense de peine (il dit que le mineur est coupable mais il ne prononce aucune peine) ;

– admonestation (il attire solennellement l'attention du mineur sur l'importance de son acte et sur les risques pour lui s'il recommence) ;

– placement dans un établissement spécialisé ;

– mise sous surveillance judiciaire.

S'il considère qu'il faut une « peine », c'est-à-dire une amende et/ou une peine de prison, il renvoie devant le tribunal pour enfants ;

– **soit devant le tribunal pour enfants** qui est composé de trois personnes : le juge des enfants et deux « assesseurs » (c'est-à-dire deux personnes qui assistent le juge des enfants). Le tribunal pour enfants est, généralement, saisi parce que le juge des enfants considère qu'il faut une peine « assez lourde ». Il peut être saisi aussi par un magistrat qu'on appelle le « juge d'instruction » (c'est-à-dire, on l'a vu, un juge dont le métier est de faire des recherches lorsqu'une infraction a été commise) dans les mêmes conditions.

Par exemple, un mineur commet un acte de violence entraînant une incapacité de travail de plus de 8 jours (nous supposerons que cette violence est « simple », c'est-à-dire qu'il n'y a pas eu de mutilation...) : la peine risquée est une peine de 3 ans de prison et 45 000 euros d'amende.

Deux situations peuvent se produire :

– soit c'est **le juge des enfants** qui est saisi (par le procureur). Dans ce cas, soit il décide de prendre une peine légère et il peut le faire tout seul, soit il décide de prendre une peine plus lourde, et dans ce cas il renvoie le mineur devant le tribunal pour enfants ;

– soit c'est **le juge d'instruction** qui est saisi (les victimes peuvent saisir un juge d'instruction). Dans ce cas, ce dernier ne pourra que renvoyer le mineur devant le tribunal pour enfants.

Le jugement du mineur en cas de crime

Article 1er alinéa 1 de l'ordonnance du 2 février 1945

Les mineurs auxquels est imputée une infraction qualifiée crime ou délit ne seront pas déférés aux juridictions pénales de droit commun, et ne seront justiciables que des tribunaux pour enfants ou des cours d'assises des mineurs.

Lorsqu'un mineur commet un crime (**c'est-à-dire un acte très grave qui lui fait risquer au moins 10 ans de prison**), il va devant un tribunal qu'on appelle **la cour d'assises des mineurs**. Par exception, si ce crime a été commis par un mineur de moins de 16 ans, le mineur va devant **le tribunal pour enfants**. La cour d'assises des mineurs est donc compétente pour tous les crimes commis par les mineurs de 16 à 18 ans.
La cour d'assises des mineurs comprend, comme la cour d'assises (des majeurs) un jury, c'est-à-dire un ensemble de citoyens qui va décider de la culpabilité du mineur. Le jury est aidé par des magistrats (des juges) qui sont spécialisés et plus habitués à ces affaires.

L'appel (la contestation de la solution retenue lors du premier « procès »)

Article L. 223-1 du Code de l'organisation judiciaire

L'appel des décisions du juge des enfants et du tribunal pour enfants est jugé par la cour d'appel dans une audience spéciale dans les mêmes conditions qu'en première instance. Une chambre spéciale est formée à cette fin dans les cours d'appel où il existe plusieurs chambres.

Lorsque l'on veut remettre en cause une décision prise par un juge lors d'un premier procès, on dit que l'on fait appel, c'est-à-dire que l'on demande à nouvel examen de l'affaire. L'appel des décisions prises par les tribunaux du premier degré se fait devant la « cour d'appel », et, plus précisément, devant la chambre des mineurs de la cour d'appel (une formation spécialisée de la cour d'appel).

La cassation (la contestation de l'application de la règle de droit)

Article L. 111-2 du Code de l'organisation judiciaire

La Cour de cassation statue sur les pourvois en cassation formés contre les jugements en dernier ressort rendus par les juridictions de l'ordre judiciaire.

La Cour de cassation ne connaît pas du fond des affaires, sauf disposition législative contraire.

La Cour de cassation ne reprend pas toute l'affaire dans son ensemble ; elle ne fait que vérifier l'application correcte du droit. Elle ne fait pas de nouveaux contrôles des faits.

§2 C'EST UN MAJEUR QUI A COMMIS L'INFRACTION CONTRE UN MINEUR

Le premier degré (le premier procès)

Le tribunal de police : les contraventions commises sur les mineurs

Article 521 du Code de procédure pénale

Le tribunal de police connaît des contraventions.
Sont des contraventions les infractions que la loi punit d'une peine d'amende n'excédant pas 3000 euros.

Il juge les « contraventions », c'est-à-dire les infractions les moins graves, comme le tapage nocturne, la conduite d'un véhicule sans permis ou les coups et blessures légers (si les coups sont plus importants, ils peuvent constituer un délit et relever du tribunal correctionnel) (➜ Voir p. 20). Par **exemple**, si un mineur a fait l'objet de violences légères par un majeur (ce qui peut arriver, notamment, au lycée où les élèves de terminale sont des majeurs et les élèves de seconde ou de première sont souvent des mineurs), le majeur ira devant le tribunal de police, à moins que les violences n'aient été plus graves (auquel cas il ira devant le tribunal correctionnel).

Le tribunal correctionnel : les délits commis sur les mineurs

Article 381 du Code de procédure pénale

Le tribunal correctionnel connaît des délits.
Sont des délits les infractions que la loi punit d'une peine d'emprisonnement ou d'une peine d'amende supérieure ou égale à 3750 euros.

Le tribunal correctionnel juge les délits (comme le vol, l'escroquerie, le recel, les coups et blessures graves), c'est-à-dire des infractions plus graves que les contraventions mais moins graves que les crimes. En principe, les délits sont punis d'une peine d'emprisonnement maximale de 10 ans et/ou d'une amende variable selon les délits. **Par exemple**, le vol est un délit, il est puni en cas de « vol simple » de 3 ans d'emprisonnement et de 45000 euros d'amende. **Par exemple**, un mineur qui s'est fait voler son portefeuille par un majeur ou un mineur qui aurait fait l'objet de bizutages (**➜ Voir p. 360**) par un majeur peut porter plainte et son agresseur sera jugé par le tribunal correctionnel.

La cour d'assises : les infractions les plus graves commises sur les mineurs

Article 231 du Code de procédure pénale

La cour d'assises a plénitude de juridiction pour juger, en premier ressort ou en appel, les personnes renvoyées devant elle par la décision de mise en accusation [...].

La cour d'assises juge les infractions les plus graves : les crimes (par exemple, meurtre, viol...) ainsi que les délits et contraventions commis à l'occasion d'un crime. **Par exemple**, si un majeur a volé une voiture pour faire un « braquage » et a tiré sur un mineur lors du « braquage », la cour d'assises va pouvoir le juger pour toutes les infractions à la fois. Les crimes commis sur la personne du mineur seront étudiés plus loin (**➜ Voir p. 412 et s.**). On rappellera, toutefois, le fait que le plus souvent les infractions de nature sexuelle commises à l'encontre des mineurs sont considérées comme des crimes. Une des particularité de la composition de la cour d'assises tient au fait qu'on y trouve un « jury », c'est-à-dire neuf citoyens qui sont tirés au sort : les jurés. Ils sont aidés dans leur tâche par la présence de juges professionnels. Les peines prononcées peuvent aller jusqu'à la réclusion criminelle à perpétuité, c'est-à-dire la prison pour une durée de 30 ans.

L'appel (la contestation du premier procès)

Article L. 211-1 du Code de l'organisation judiciaire

Les cours d'appel statuent souverainement sur le fond des affaires.

L'appel consiste à demander un réexamen complet de l'affaire, c'est-à-dire que l'on reprend l'affaire, en quelque sorte, à zéro. Chaque élément de preuve est à nouveau présenté aux juges et les avocats développent à nouveau leurs arguments. **Par exemple**, si un majeur est poursuivi pour des violences volontaires commises sur un mineur et que les premiers juges n'ont pas considéré qu'il y avait bien légitime défense, on va pouvoir aller en appel pour montrer que tous les éléments de fait étaient réunis.
Les décisions rendues par le tribunal de police ou par le tribunal correctionnel sont susceptibles d'appel devant la cour d'appel.
Les décisions rendues par la cour d'assises sont susceptibles d'appel devant une autre cour d'assises.

⚠ Il y a 35 cours d'appel sur le territoire français (dont 5 en outre-mer et 2 tribunaux supérieurs d'appel). Pour trouver leur adresse, rendez-vous sur le site du ministère de la Justice à l'adresse : www.justice.gouv.fr ou encore auprès de votre mairie.

La cassation (la contestation de l'application de la règle de droit)

Article L. 111-2 du Code de l'organisation judiciaire (rappel)

La Cour de cassation statue sur les pourvois en cassation formés contre les jugements en dernier ressort rendus par les juridictions de l'ordre judiciaire.

La Cour de cassation ne connaît pas du fond des affaires, sauf disposition législative contraire.

Après l'appel, il est possible de se pourvoir en cassation. Le contrôle est alors exercé par la Cour de cassation qui va vérifier si la règle de droit a été correctement appliquée. La Cour de cassation ne procède pas à un nouveau contrôle des faits.
Par exemple, la Cour de cassation va vérifier que les juges ont bien respecté la définition qui est donnée du viol par la loi, mais elle ne va pas vérifier si, précisément dans cette affaire, les faits constituaient un viol sur la personne du mineur.

II Les juridictions civiles (les tribunaux qui jugent des litiges opposant des particuliers)

§1 Le premier degré

Le tribunal d'instance (TI)

Article L. 321-1 du Code de l'organisation judiciaire

Il y a dans le ressort de chaque cour d'appel des juridictions de première instance dénommées tribunaux d'instance.

Le tribunal d'instance juge les conflits entre particuliers (si le conflit oppose un particulier à l'administration, c'est en principe le juge administratif qui est compétent ➜ Voir p. 25) dont le montant ne dépasse pas 7600 euros et intervenant dans des domaines attribués à cette juridiction (actions personnelles et mobilières). Il ne peut pas juger les affaires réservées par la loi à une autre juridiction, même si la somme en jeu est inférieure à 7600 euros. C'est une juridiction très simple à saisir et le jugement se fait souvent dans des délais rapides. En principe, il n'est pas nécessaire d'avoir un avocat.
Il faut noter que le tribunal d'instance a quelques compétences administratives en matière de nationalité (enregistrement des déclarations de nationalité française, établissement des certificats de nationalité, ce qui peut être particulièrement important si le mineur n'a pas la nationalité française à la naissance et souhaite l'acquérir par la suite) et de filiation (établissement des actes de notoriété, ce qui là encore, est très important pour un mineur, notamment, s'il veut pouvoir recevoir, le cas échéant, une succession).

⚠ Le juge d'instance exerce aussi les fonctions de **juge des tutelles**. C'est par exemple, l'autorisation de celui-ci qui sera nécessaire pour passer les actes les plus importants impliquant le patrimoine du mineur, comme la vente d'un immeuble que le mineur aurait reçu d'un de ses parents décédé.
Il prononce l'émancipation des mineurs (➜ **Voir p. 102**), organise les régimes de protection (curatelle, tutelle) des personnes dont les facultés mentales se sont altérées (ce qui peut être important pour un mineur dont l'un des parents est affecté par une maladie grave).

Le tribunal de grande instance (TGI)

Article L. 311-2 du Code de l'organisation judiciaire

Le tribunal de grande instance a compétence exclusive dans les matières déterminées par les lois et règlements (1).
(1) Nota : Le tribunal de grande instance a compétence exclusive notamment dans les matières suivantes :
1° État des personnes : mariage, divorce, séparation de corps, filiation (article 172 et suivants ; article 247 et suivants ; article 311-4 et suivants du Code civil) ;
2° Rectification des actes d'état civil (article 99 du Code civil) ;
3° Adoption (article 353 du Code civil) ;
[...]
8° Contestations sur la nationalité (article 124 du Code de la nationalité française) ;
[...]

Le tribunal de grande instance juge d'une part, les conflits entre particuliers (pour les conflits entre l'administration et les particuliers ➜ **Voir** p. 25) portant sur des sommes supérieures à 7600 euros, et d'autre part, les litiges concernant la famille (mariage, divorce, adoption, successions), et ce quel que soit le montant (le TGI a d'autres attributions mais qui ne nous intéressent pas ici). **Par exemple**, c'est le TGI qu'il faut saisir pour toutes les affaires relatives à la garde d'un enfant, à son droit de visite, d'hébergement...
De même qu'au sein du tribunal d'instance on trouve le juge des tutelles, on trouve au sein du tribunal d'instance un **juge aux affaires familiales** (➜ **Voir** p. 120).

Le conseil de prud'hommes

Article L. 511-1 du Code du travail

Les conseils de prud'hommes, juridictions électives et paritaires, règlent par voie de conciliation les différends qui peuvent s'élever à l'occasion de tout contrat de travail soumis aux dispositions du présent code entre les employeurs, ou leurs représentants, et les salariés qu'ils emploient. Ils jugent les différends à l'égard desquels la conciliation n'a pas abouti. [...]

Il est chargé de régler les conflits individuels entre employeurs et salariés à l'occasion d'un contrat de travail ou d'apprentissage. Le mineur peut agir également devant le conseil de prud'hommes (il n'y a pas de conseil de prud'hommes pour mineur). **Par exemple**, si un mineur a fait un petit boulot pendant l'été (➜ **Voir** p. 504) et qu'une règle de droit n'a pas été respectée

(par exemple, on ne l'a pas payé au salaire qui avait été prévu), le mineur peut saisir le conseil de prud'hommes.
Le conseil intervient à la demande du salarié ou de l'employeur et s'efforce de concilier les parties (d'où son nom de « conseil »). Il ne juge que si la conciliation, en principe, obligatoire sauf exception légale, a échoué.
Les juges sont des juges élus avec d'une part, des représentants des employeurs et d'autre part, des représentants des salariés. La représentation est faite à parts égales.

§2 L'appel (la contestation du premier procès)

Article L. 211-1 du Code de l'organisation judiciaire

(→ Voir p. 21)

Lorsqu'on entend contester une décision rendue par une des juridictions présentée ci-avant, le principe c'est que l'on peut faire « appel », c'est-à-dire demander à ce que sa cause soit réexaminée totalement (on reprend toute l'affaire).
Dans certains cas, l'appel n'est pas possible (par exemple, pour un litige porté devant le tribunal d'instance, si le montant n'excède pas 3800 euros, l'appel n'est pas possible, il faut alors aller en cassation – voir ci-après –). Il faut se renseigner pour savoir si l'appel est possible.
L'appel est porté devant une juridiction qui porte le nom de cour d'appel. Les juges prennent le nom de conseillers.

§3 La cassation (la contestation de l'application de la règle de droit)

Article L. 111-2 du Code de l'organisation judiciaire

(→ Voir p. 21)

Qu'il soit possible ou non de faire appel, il est toujours possible de faire un pourvoi en cassation, c'est-à-dire de saisir la Cour de cassation pour qu'elle se prononce sur la correcte application de la règle de droit. Il faut noter que la Cour de cassation ne se prononce pas sur les faits mais, uniquement, sur le respect de la règle de droit.

III Les juridictions administratives (les « tribunaux » administratifs)

§1 Le premier degré (le premier procès)

Le tribunal administratif est en principe compétent

Article L. 211-1 du Code de justice administrative

Les tribunaux administratifs sont, en premier ressort et sous réserve des compétences attribuées au Conseil d'État, juges de droit commun du contentieux administratif.

Le tribunal administratif juge les litiges entre les particuliers et les administrations (c'est-à-dire pas seulement l'État et les collectivités locales mais plus largement les collectivités publiques : collèges, lycées, hôpitaux...). **Par exemple**, si l'on veut contester un article du règlement intérieur d'un collège ou d'un lycée, c'est le juge administratif que l'on va saisir. De la même façon, lorsque la demande de dérogation pour l'inscription d'un enfant dans une école a été refusée, c'est le juge administratif que l'on va saisir.

Dans certains cas, c'est le Conseil d'État qu'il faut directement saisir

Article R. 311-1 du Code de justice administrative

Le Conseil d'État est compétent pour connaître en premier et dernier ressort :

1° Des recours dirigés contre les ordonnances du président de la République et les décrets;

2° Des recours dirigés contre les actes réglementaires des ministres ainsi que contre les actes des ministres qui ne peuvent être pris qu'après avis du Conseil d'État;

[...]

4° Des recours dirigés contre les décisions administratives des organismes collégiaux à compétence nationale;

5° Des recours dirigés contre les actes administratifs dont le champ d'application s'étend au-delà du ressort d'un seul tribunal administratif;

[...]

Le Conseil d'État n'intervient, en principe, qu'en cassation des décisions des tribunaux administratifs (➜ **Voir p. 27**), c'est-à-dire pour vérifier que les juges ont bien appliqué la règle de droit.

Toutefois, dans certains cas très particuliers, il va falloir saisir le Conseil d'État directement. Il s'agit, notamment, des mesures qui sont prises par le président de la République, par le Premier ministre, par les ministres ou par des organismes qui ont une compétence nationale. **Par exemple**, lorsqu'un arrêté est pris par un ministre et porte sur les sanctions disciplinaires applicables aux mineurs en cas d'absence, c'est directement le Conseil d'État qu'il faudra saisir (et non le juge administratif).

§2 L'appel (la contestation du premier procès) : le principe, les cours administratives d'appel

Article L. 211-2 du Code de justice administrative

Les cours administratives d'appel connaissent des jugements rendus en premier ressort par les tribunaux administratifs, sous réserve des compétences attribuées au Conseil d'État en qualité de juge d'appel et de celles définies aux articles L. 552-1 et L. 552-2.

Lorsqu'on considère que la solution retenue par le tribunal administratif n'est pas satisfaisante, on peut demander un nouvel examen de l'affaire devant une cour administrative d'appel. Cette cour va réexaminer tout le dossier. Elle va rendre un arrêt. Cet arrêt pourra lui-même être contesté, c'est alors un pourvoi en cassation devant le Conseil d'État (➜ Voir p. 27).

⚠ Quelle cour est compétente ?

Cour administrative d'appel de Bordeaux	Tribunaux administratifs de Bordeaux, Limoges, Pau, Poitiers, Toulouse, Basse Terre, Cayenne, Fort-de-France, Mamoudzou, Saint-Denis de la Réunion et Saint-Pierre et Miquelon.
Cour administrative de Douai	Tribunaux administratifs d'Amiens, Lille et Rouen.
Cour administrative d'appel de Lyon	Tribunaux administratifs de Clermont-Ferrand, Dijon, Grenoble et Lyon.
Cour administrative d'appel de Marseille	Tribunaux administratifs de Bastia, Marseille, Montpellier et Nice
Cour administrative d'appel de Nancy	Tribunaux administratifs de Besançon, Châlons-en-Champagne, Nancy et Strasbourg.
Cour administrative d'appel de Nantes	Tribunaux administratifs de Caen, Nantes, Orléans et Rennes.

Cour administrative d'appel de Paris	Tribunaux administratifs de Melun, Paris, Versailles, Nouméa et Papeete.
Cour administrative de Versailles	Tribunaux administratifs de Versailles et Cergy-Pontoise.

⚠ Dans deux cas très précis (sur les recours sur renvoi de l'autorité judiciaire et sur les litiges relatifs aux élections municipales et cantonales), c'est le Conseil d'État qui est compétent en appel.

§3 La cassation (la contestation de l'application de la règle de droit) : le Conseil d'État

Article L. 111-1 du Code de justice administrative

Le Conseil d'État est la juridiction administrative suprême. Il statue souverainement sur les recours en cassation dirigés contre les décisions rendues en dernier ressort par les diverses juridictions administratives ainsi que sur ceux dont il est saisi en qualité de juge de premier ressort ou de juge d'appel.

Qu'il soit possible ou non de faire appel, il y a toujours la possibilité de se pourvoir en cassation devant le Conseil d'État, c'est-à-dire de demander à vérifier que les juges ont correctement appliqué la règle de droit. **Par exemple**, si les juges ont considéré qu'une sanction disciplinaire pouvait être prise sans que l'élève (ou son représentant) ne puisse faire valoir ses arguments (c'est-à-dire sans qu'il puisse se défendre), le Conseil d'État considérera que la décision des juges doit être « cassée » (c'est l'expression consacrée), c'est-à-dire que l'affaire devra être à nouveau jugée.

chapitre 3

La place du mineur dans le procès

I Dans un procès pénal

§1 L'enfant demandeur dans un procès pénal

Article 85 du Code de procédure pénale

Toute personne qui se prétend lésée par un crime ou un délit peut en portant plainte se constituer partie civile devant le juge d'instruction compétent.

Un mineur ne peut pas seul déclencher l'action publique (c'est-à-dire les poursuites). Il doit pour cela être assisté de ses représentants légaux (ses parents, le plus souvent). **Par exemple**, un mineur qui veut se plaindre d'un vol qu'il a subi ne peut pas se constituer partie civile tout seul. Il peut se rendre à un poste de police, mais l'agent pour enregistrer la plainte devra demander à ses parents de se présenter.
Si toutefois il s'agit d'une infraction commise par ses parents, le procureur pourra désigner un représentant spécial qui l'aidera à accomplir cette tâche. **Par exemple**, un mineur qui a subi un viol par ses parents (inceste) pourra se rendre auprès de la police. Une personne sera, alors, désignée pour l'aider à accomplir les formalités et lui choisir un avocat.

⚠ La loi du 2 janvier 2004 a permis aux associations de défense des droits de l'enfant d'assurer en quelque sorte le relais : ces associations peuvent désormais porter plainte pour « assurer la défense des droits de l'enfant ».

§2 L'ENFANT REPRÉSENTÉ DANS UN PROCÈS PÉNAL

Article 706-50 du Code de procédure pénale

Le procureur de la République ou le juge d'instruction, saisi de faits commis volontairement à l'encontre d'un mineur, désigne un administrateur ad hoc lorsque la protection des intérêts de celui-ci n'est pas complètement assurée par ses représentants légaux ou par l'un d'entre eux. L'administrateur ad hoc assure la protection des intérêts du mineur et exerce, s'il y a lieu, au nom de celui-ci les droits reconnus à la partie civile. En cas de constitution de partie civile, le juge fait désigner un avocat d'office pour le mineur s'il n'en a pas déjà été choisi un. [...]

À combiner avec l'article 388-2 du Code civil pour les autres hypothèses (➜ Voir p. 31).

Dans un procès pénal, ce sont les administrateurs légaux qui vont exercer l'action au nom et pour le compte de l'enfant (ce sont ses parents).
Toutefois, par exception, l'enfant pourra être représenté par quelqu'un d'autre dans un procès pénal s'il y a, en quelque sorte, un conflit d'intérêts entre ses parents et lui (par exemple, s'il se plaint de violences de la part de ses parents, c'est le président du conseil général qui va avoir la charge d'exercer les actions pour son compte).

§3 L'ENFANT « TÉMOIN » DANS UN PROCÈS PÉNAL

Article 706-52 du Code de procédure pénale

Au cours de l'enquête et de l'information, l'audition d'un mineur victime de l'une des infractions mentionnées à l'article 706-47 fait, avec son consentement ou, s'il n'est pas en état de le donner, celui de son représentant légal, l'objet d'un enregistrement audiovisuel. [...]

Le mineur victime d'infractions à caractère sexuel

Afin de protéger la santé psychologique d'un mineur qui a éprouvé des atteintes sexuelles, la loi est venue permettre l'enregistrement des déclarations faites par le mineur, ce qui lui évite de les répéter (car cela peut être douloureux). Les textes d'application de cet article incitent à un recours systématique à cette procédure chaque fois qu'il s'agit d'atteintes sexuelles.

Le mineur auteur d'une infraction quelconque (le mineur ayant commis une infraction)

Le mineur, comme toute personne faisant l'objet de poursuites, va comparaître devant la juridiction chargée de le juger (juge des enfants, tribunal pour enfants ou cour d'assises des mineurs). Par exception, il pourra en être dispensé, notamment, si cela est susceptible de lui causer un trouble psychologique important du fait de son état de fragilité. **Par exemple**, si un mineur a commis une infraction sous l'influence d'un de ses parents ou d'un de ses proches, ayant profité de la faiblesse due à son âge, et que depuis le mineur est choqué, on pourra décider de ne pas le faire comparaître.

Le mineur simple témoin

Les mineurs peuvent fournir des renseignements mais, en dessous de 16 ans, ils ne peuvent pas prêter serment (sauf si personne ne s'y oppose). **Par exemple**, si un mineur a assisté à une attaque de banque (il venait déposer de l'argent), il pourra témoigner de ce qu'il a vu. S'il a moins de 16 ans, il ne pourra pas prêter serment (c'est-à-dire que la valeur accordée à son témoignage sera, en quelque sorte, moindre).

§4 Les particularités du procès pénal dirigé contre un mineur (➜ Voir p. 434)

II Dans un procès civil

§1 L'enfant demandeur dans un procès civil

Article 340-2 du Code civil

L'action n'appartient qu'à l'enfant. Pendant la minorité de l'enfant, la mère, même mineure, a seule qualité pour l'exercer. [...]

Article 375 du Code civil

Si la santé, la sécurité ou la moralité d'un mineur non émancipé sont en danger, ou si les conditions de son éducation sont gravement compromises, des mesures d'assistance éducative peuvent être ordonnées par justice à la requête [...] du mineur lui-même [...]

Le principe est que le mineur ne peut pas, seul, saisir la justice. C'est une question de maturité. Si par exemple, un mineur veut demander des dommages et intérêts parce que son camarade de classe lui a cassé sa console de jeu, il ne peut pas saisir seul le tribunal. Il doit être représenté (→ **Voir** p. 95) et le plus souvent, ce seront ses parents qui le représenteront.

Ce principe connaît toutefois deux exceptions :

– pour l'établissement de la filiation naturelle (dans ce cas, la mère, même mineure est la seule à pouvoir intenter cette action) (→ **Voir** p. 54);

– pour demander le bénéfice d'une mesure d'assistance éducative (→ **Voir** p. 131).

§2 L'enfant représenté dans un procès civil

Article 388-2 du Code civil

Lorsque, dans une procédure, les intérêts d'un mineur apparaissent en opposition avec ceux de ses représentants légaux, le juge des tutelles dans les conditions prévues à l'article 389-3 ou, à défaut, le juge saisi de l'instance lui désigne un administrateur *ad hoc* chargé de le représenter.

Ce sont les représentants légaux (c'est-à-dire le plus souvent les parents) qui vont saisir la justice au nom et pour le compte du mineur.

Toutefois, ce principe connaît deux exceptions. Tout d'abord, s'il y a un conflit d'intérêts entre le mineur et ses représentants légaux, alors, ce ne sont pas les parents qui vont représenter le mineur mais un représentant spécial. **Par exemple**, si un des parents a décidé de faire usage de l'argent du mineur pour son propre compte (et non dans l'intérêt de l'enfant), c'est un représentant spécial qui sera désigné pour représenter le mineur. La même solution s'applique si les parents sont négligents. Si les parents n'assurent pas la gestion des biens du mineur (ils laissent, par exemple, l'immeuble dont il a hérité, d'une grand-mère, dans un état catastrophique alors que le mineur a les moyens d'en assurer l'entretien), alors, un représentant spécial pourra être désigné.

§3 L'enfant « témoin » dans un procès civil

Article 388-1 du Code civil

Dans toute procédure le concernant, le mineur capable de discernement peut, sans préjudice des dispositions prévoyant son intervention ou son

consentement, être entendu par le juge ou la personne désignée par le juge à cet effet.
Lorsque le mineur en fait la demande, son audition ne peut être écartée que par une décision spécialement motivée. Il peut être entendu seul, avec un avocat ou une personne de son choix. Si ce choix n'apparaît pas conforme à l'intérêt du mineur, le juge peut procéder à la désignation d'une autre personne.
L'audition du mineur ne lui confère pas la qualité de partie à la procédure.

Le principe posé ici est d'application très large : le mineur a le droit d'être entendu (c'est-à-dire de donner son avis) dans tout procès. Ce principe s'applique non seulement pour tout ce qui concerne la famille (et particulièrement, l'autorité parentale, le droit de garde (➜ **Voir p. 92 et s.**), mais il s'applique, également, aux autres instances (par exemple, dans les successions). Deux précisions sont, toutefois, nécessaires.
– Tout d'abord, lorsque le mineur est entendu, l'opinion qu'il formule n'a que la valeur d'avis pour le juge. **Par exemple**, dans les affaires relatives à la garde de l'enfant, ce n'est pas parce que l'enfant affirme qu'il veut résider avec tel parent que le juge devra aller dans ce sens ; on considère en effet que l'opinion de l'enfant est susceptible de faire l'objet de manipulations de la part de ses parents.
– Deuxièmement, le juge peut refuser d'entendre le mineur, mais il devra alors dire pourquoi il refuse (on dit qu'il doit motiver sa décision). **Par exemple**, le juge pourra expliquer que l'enfant est dans une situation psychologique telle que s'il devait témoigner face à ses parents, il aurait l'impression d'en trahir un ce qui, compte tenu des expertises psychologiques, serait mauvais pour lui.

§4 Le cas particulier des enfants dans les procédures de divorce

Article 259 du Code civil

Les faits invoqués en tant que causes de divorce ou comme défenses à une demande peuvent être établis par tout mode de preuve, y compris l'aveu. Toutefois, les descendants ne peuvent jamais être entendus sur les griefs invoqués par les époux.

Article 285-1 du Code civil

Si le local servant de logement à la famille appartient en propre ou personnellement à l'un des époux, le juge peut le concéder à bail au

conjoint qui exerce seul ou en commun l'autorité parentale sur un ou plusieurs de leurs enfants lorsque ceux-ci résident habituellement dans ce logement et que leur intérêt le commande.
Le juge fixe la durée du bail et peut le renouveler jusqu'à la majorité du plus jeune des enfants.
Le juge peut résilier le bail si des circonstances nouvelles le justifient.

Depuis le 1er janvier 2005 est entrée en vigueur la réforme du divorce. Cette réforme vise à rendre moins douloureuse la procédure du divorce en évitant les conflits. Pour ce qui concerne les enfants, on peut citer deux apports importants.
Tout d'abord, le fait que les enfants ne peuvent pas être « témoins » dans les affaires de divorce. Ceci figure désormais dans le Code civil. Cette mesure vise à protéger l'enfant (pour éviter le traumatisme) et aussi à permettre à l'enfant de garder de bonnes relations avec ses deux parents (s'il « charge » un des deux parents, comment ensuite garder de bonnes relations ?).
L'autre apport concerne le logement familial. En effet, prenons l'exemple où le logement appartenait au père (c'était son appartement). Le divorce est prononcé, et il veut récupérer son appartement. La situation va pouvoir être douloureuse pour les enfants si c'est la mère qui a la garde et qu'un des enfants habite dans ce logement. Du point de vue du droit, on pouvait penser que c'était « l'appartement du mari » et qu'en conséquence, il devait pouvoir le récupérer. La nouvelle loi permet de trouver un arrangement : si la mère continue d'exercer l'autorité parentale, qu'un enfant y vit et qu'il y va de l'intérêt de l'enfant, le juge va pouvoir donner le bail à la mère. Attention, ce bail peut bien sûr être résilié par la suite, si par exemple l'enfant est envoyé en pension… Le bail est donné à la mère dans notre exemple, mais parce qu'il y va de l'intérêt de l'enfant.

III Dans un procès administratif

Il n'existe pas de mesure particulière applicable aux mineurs devant les tribunaux administratifs. Ce sont les règles classiques qui s'appliquent, à savoir que le mineur ne peut pas saisir le juge seul et qu'il doit être représenté. Ceci signifie par exemple, qu'un élève ne peut pas sans l'aide de ses parents contester une sanction disciplinaire d'exclusion prise à son encontre.

deuxième partie

La famille

Tout être humain a droit au respect de sa vie, de sa dignité et au respect de son corps comme de sa personne. Dans ce cadre, les mineurs, c'est-à-dire les personnes âgées de moins de 18 ans, font l'objet d'une protection particulière.

Tout mineur a droit dès sa naissance à une identité mais aussi à une famille. Ses parents, même séparés, assurent dans son intérêt sa protection, son éducation et son entretien. Ils l'associent aux décisions qui le concernent en fonction de son âge et de sa maturité.

chapitre 1

Le respect de l'être humain

L'enfant dès sa naissance est un être humain qui a droit au respect de sa vie, de sa dignité et au respect de son corps.

I Le respect de la vie et la dignité de l'être humain

§1 Le commencement de la vie et l'embryon

Article 16 du Code civil

La loi [...] garantit le respect de l'être humain dès le commencement de sa vie.

Le commencement de la vie

La vie ne commence réellement qu'à partir du moment où l'on est né vivant (on a respiré) et « viable » (on est en mesure de vivre, notamment parce qu'on a les organes nécessaires). C'est pour ces raisons que le juge considère, par exemple, qu'un chauffard ayant provoqué involontairement la mort d'une femme enceinte n'est pas pour autant responsable pénalement de la mort de son enfant (puisqu'il n'était pas né). Mais un médecin qui a provoqué par négligence la mort d'un enfant né « vivant et viable » est responsable.

L'embryon

L'embryon qui se trouve dans le ventre de la mère est protégé et ne peut pas en principe faire l'objet de recherches scientifiques. Par ailleurs, la loi peut autoriser dans des conditions très précises l'interruption volontaire de grossesse – IVG – (l'« avortement »). (➜ Voir p. 396).

Le droit à la vie

C'est la Convention européenne des droits de l'Homme reconnue par la France qui consacre plus particulièrement le droit à la vie. En France depuis 1981, la peine de mort est abolie. Le droit à la vie ne saurait permettre un droit « opposé », c'est-à-dire un « droit à la mort » : en particulier, l'« euthanasie », c'est-à-dire l'aide à la mort de personnes très malades, est en principe interdite.

§2 La personne née handicapée

Article 1er de la loi du 4 mars 2002

I. Nul ne peut se prévaloir d'un préjudice* du seul fait de sa naissance. La personne née avec un handicap dû à une faute médicale peut obtenir la réparation** de son préjudice lorsque l'acte fautif a provoqué directement le handicap ou l'a aggravé, ou n'a pas permis de prendre les mesures susceptibles de l'atténuer.

II. Toute personne handicapée a droit, quelle que soit la cause de sa déficience, à la solidarité de l'ensemble de la collectivité nationale.

Cette loi fait suite à une décision du plus haut tribunal judiciaire en France, la Cour de cassation, du 17 novembre 2000. Elle avait décidé qu'un enfant né handicapé pouvait demander réparation du préjudice résultant de son handicap, c'est-à-dire le tort qu'on lui avait causé, s'il était en lien direct avec les fautes commises par le médecin. Celui-ci devait aussi payer pour toutes les années de handicap que la personne aurait à vivre et non seulement pour la faute en elle-même. Cette décision a été critiquée, à tort ou à raison, notamment parce qu'elle refusait au médecin et aux laboratoires qui font des échographies tout droit à l'erreur. C'est pourquoi la nouvelle loi se veut plus précise.

Le fait de naître handicapé ne suffit pas pour obtenir réparation du tort qui lui est causé

Un handicap à la naissance n'est pas en soi un motif pour réclamer des indemnités. Il faut qu'il y ait eu une faute du médecin.

Le médecin n'est responsable que si par sa faute la personne est née handicapée

La loi ne rend le médecin responsable que si sa faute médicale a provoqué directement le handicap ou l'a aggravé, ou si le médecin n'a pas fait le nécessaire pour limiter le handicap. Dans ce cas, il devra réparer le tort qu'il a causé (le préjudice*) à la personne (sous forme de sommes d'argent fixées par le juge).

La réparation de la faute vise l'erreur médicale en elle-même et non ses conséquences tout au long de la vie de la personne handicapée

Les parents peuvent demander réparation du tort subi par la naissance de leur enfant handicapé mais non des charges liées tout au long de la vie à son handicap.

C'est l'État qui prend en charge la personne handicapée tout au long de sa vie

En vertu de la solidarité nationale envers les personnes handicapées, c'est à l'État de prendre en charge les dépenses liées au handicap de la personne tout au long de sa vie.

§3 La dignité de l'être humain

Article 16 du Code civil

La loi assure la primauté* de la personne, interdit toute atteinte à la dignité de celle-ci [...].

La loi assure la « primauté de la personne » et interdit toute dégradation de l'être humain. Au niveau international, toute une série de textes interdisent, par exemple, l'esclavage, la torture, les traitements cruels (➜ Voir p. 564) ou encore les discriminations à l'égard des femmes. De même en France, beaucoup de lois interdisent de porter atteinte à la dignité des personnes, qu'il s'agisse, par exemple, des malades, des salariés dans leurs relations de travail avec leur supérieur et qui sont victimes de « harcèlement sexuel » (qui consiste à faire pression sur le salarié pour obtenir des faveurs), ou de « harcèlement moral » (qui consiste pour un employeur à vexer ou importuner constamment un employé pour qu'il « craque »). Peut aussi porter atteinte à la dignité humaine la diffusion d'images ou de sons (télé, radio, serveurs télématiques) à caractère pornographique, particulièrement en ce qui concerne l'exploitation sexuelle des enfants (➜ Voir p. 417).

Les souffrances morales ou physiques

Plus largement, les tribunaux condamnent l'atteinte portée à la dignité humaine du fait de souffrances morales ou physiques qu'elle aurait à subir. C'est le cas, par exemple, du fait de placer une personne dans une cellule d'isolement très petite, non aérée et qui ne laisse pas entrer la lumière. À l'inverse, un professeur n'a pas été condamné pour avoir donné une gifle à un élève qui perturbait gravement son cours (car il ne s'agit pas d'un acte de « violence »). Les violences faites contre les mineurs sont punies beaucoup plus sévèrement que celles contre un adulte (➜ Voir p. 421).

Les humiliations

Elles peuvent constituer une atteinte à la dignité humaine comme par exemple : certaines formes de « bizutage » à l'école, c'est-à-dire de vexation

des nouveaux élèves arrivant dans une école (→ **Voir** p. 360) ; l'exploitation financière d'un handicap (comme « l'attraction » dans les foires qui consistait dans le lancer en l'air de nains) ; le fait de fouiller publiquement le sac et des vêtements d'une femme dans un supermarché ; le fait de faire se déshabiller une personne qui est mise en garde à vue et de la maintenir nue dans sa cellule. Par contre, le simple fait de faire porter des menottes à une personne qui est arrêtée ne constitue pas une atteinte à la dignité humaine puisque le but est d'éviter qu'elle ne se débatte.
Certaines discriminations qui visent à exclure ou à isoler certaines catégories de personnes en raison de leur origine, de leur race, de leur religion ou de leur orientation sexuelle (homosexuels) portent atteinte à la dignité humaine. **Par exemple**, une campagne publicitaire montrant des images de personnes atteintes du sida peut, dans certaines conditions, porter atteinte à la dignité des personnes, de même des propos racistes ou antisémites tenus par des auditeurs sur une radio locale. Ces comportements peuvent, par ailleurs, faire l'objet de poursuites pénales (→ **Voir** p. 459).

II LE RESPECT DU CORPS HUMAIN

§1 LES PRINCIPES

Article 16-1 du Code civil

Chacun a droit au respect de son corps.
Le corps humain est inviolable*.
Le corps humain, ses éléments et ses produits ne peuvent faire l'objet d'un droit patrimonial**.

Toute personne a droit au respect de son corps qui est « inviolable »* : cela ne veut pas dire simplement que l'on n'a pas (évidemment) le droit de « violer » (au sens où l'on abuse sexuellement d'une personne) mais cela veut dire plus largement que le corps humain a, pour la loi, une valeur morale très importante. C'est pourquoi il n'est pas un « patrimoine »**, c'est-à-dire quelque chose qu'on posséderait et qu'on aurait le droit de vendre. Une personne ne peut donc pas en disposer comme elle le veut (on dit qu'il est « indisponible »).
Cependant, le respect de l'intégrité du corps humain n'interdit pas une atteinte limitée pour protéger la santé de tous, en particulier les vaccinations obligatoires (→ **Voir** p. 174).

L'interdiction de la sélection des êtres vivants, l'interdiction du clonage, l'interdiction des modifications génétiques « à la carte »

Article 16-4 du Code civil

Nul ne peut porter atteinte à l'intégrité de l'espèce humaine.
Toute pratique eugénique tendant à l'organisation de la sélection des personnes est interdite.
Est interdite toute intervention ayant pour but de faire naître un enfant génétiquement identique à une autre personne vivante ou décédée.
Sans préjudice des recherches tendant à la prévention et au traitement des maladies génétiques, aucune transformation ne peut être apportée aux caractères génétiques dans le but de modifier la descendance de la personne.

Cet article vient poser trois principes très importants.
L'eugénisme, c'est-à-dire la pratique qui consiste à sélectionner les êtres vivants à la naissance ou encore en vie, est interdit. **Par exemple**, une pratique qui consiste à ne pas garder les enfants qui sont handicapés est une pratique eugénique. Cette pratique est interdite.
Ensuite, le clonage est interdit. Le clonage consiste à créer de « toute pièce » une copie d'une personne à l'aide de ses caractéristiques génétiques. **Par exemple**, une personne est décédée et ses parents, à l'aide de cellules de cheveux vont demander à ce qu'on puisse faire « renaître » exactement le même enfant. C'est interdit.
Enfin, on ne peut pas disposer de ses caractéristiques génétiques. Plus précisément, on sait aujourd'hui par exemple quel gène est à l'origine de la couleur de nos yeux, de notre peau... mais on ne peut pas demander la modification de ces caractéristiques pour notre descendance.

§2 L'intégrité du corps humain

Article 16-3 du Code civil

Il ne peut être porté atteinte à l'intégrité du corps humain qu'en cas de nécessité médicale pour la personne ou à titre exceptionnel dans l'intérêt thérapeutique d'autrui.
Le consentement de l'intéressé doit être recueilli préalablement hors le cas où son état rend nécessaire une intervention thérapeutique à laquelle il n'est pas à même de consentir.

Le cas des opérations à l'hôpital

On ne peut pas, en principe, faire une intervention thérapeutique* sur une personne, c'est-à-dire une opération à l'hôpital pour la guérir d'une maladie, sans son accord. Mais par exception, on peut faire une opération sur la personne sans son accord si l'intervention est urgente et si elle n'est pas en mesure de donner son accord. **Par exemple**, une personne a été renversée par une voiture, elle perd du sang et s'évanouit, on peut l'opérer alors même que par la force des choses elle ne peut pas dire si elle le veut bien ou non.

Le cas des transfusions sanguines

Le problème qui s'est posé en pratique est celui des transfusions sanguines, c'est-à-dire l'injection dans les veines d'une personne malade du sang d'une personne en bonne santé. Certaines personnes, comme les « témoins de Jéhovah », en raison de leurs croyances refusent systématiquement toute transfusion. Or, parfois les transfusions sont indispensables pour sauver la vie d'un malade. Les tribunaux considèrent qu'il existe une obligation pour le médecin d'essayer de sauver la vie du malade. Mais ce devoir n'est pas, en général, plus important que l'obligation de respecter la volonté du malade ou de ses parents s'il s'agit d'un enfant. Cependant, un médecin qui décide, pour assurer la survie de son malade, dans un cas extrême, de le faire transfuser, n'est pas fautif.

Le cas des piercings et des tatouages

La première chose qu'il convient de remarquer, c'est qu'il n'existe pas de texte spécifique au tatouage ou au piercing. Pour autant, cela ne veut pas dire qu'un mineur puisse de lui-même s'en faire faire un. En effet, il faut « conclure un contrat » or, eu égard à l'importance de l'acte (c'est un acte qui engage la santé de l'enfant, notamment, du fait que le piercing peut s'infecter si les soins sont mal effectués), il ne s'agit pas d'un contrat que le mineur peut conclure tout seul. Il est donc nécessaire d'obtenir l'accord de ses parents.

⚠ Les tatoueurs et les perceurs doivent être particulièrement attentifs sur les conditions d'hygiène : la santé des mineurs est en jeu, leur responsabilité pénale aussi.

§3 Le corps humain n'est pas une chose

Il est interdit de donner une valeur marchande au corps humain

Article 16-5 du Code civil

Les conventions ayant pour effet de conférer une valeur patrimoniale au corps humain, à ses éléments ou à ses produits sont nulles.

Cet article rappelle que le corps humain n'est pas à vendre, ni en entier, ni « par morceaux » (➜ **Voir p. 43**). Tout accord (« convention ») en vue de faire du corps humain une chose qui s'achèterait, se vendrait ou se louerait, comme une marchandise, est contraire à la loi. Ainsi donc, en France, à la différence de ce qui peut se passer dans certains pays d'Amérique latine, il est absolument interdit de vendre un rein, un œil ou encore du sang. On peut tout au plus les donner, mais, pour les mineurs, la pratique est très encadrée (➜ **Voir ci-dessous**). Toute personne qui essaierait donc d'acheter ou de vendre des produits du corps humain risque d'une part de ne pas pouvoir se plaindre auprès d'un tribunal (par exemple, la personne qui devait acheter refuse de payer le prix fixé), mais surtout, risque d'aller en prison. Les peines varient selon la gravité et peuvent atteindre jusqu'à 7 ans de prison et 100 000 euros d'amende.

Le corps humain n'est ni à vendre, ni à louer

Article 16-6 du Code civil

Aucune rémunération ne peut être allouée à celui qui se prête à une expérimentation sur sa personne, au prélèvement d'éléments de son corps ou à la collecte de produits de celui-ci.

Si l'on ne peut donner une valeur marchande au corps humain, cela veut dire aussi qu'on ne peut pas le louer et donc pas payer quelqu'un pour qu'il accepte de se soumettre à des expériences (fussent-elles scientifiques) ou vendre ses produits (comme le sang).

L'interdiction des « mères porteuses »

Article 16-7 du Code civil

Toute convention portant sur la procréation ou la gestation pour le compte d'autrui est nulle.

Le contrat par lequel une femme s'engage, même gratuitement, à porter un enfant pour l'abandonner à sa naissance au profit de quelqu'un d'autre n'a aucune valeur en droit. C'est pourquoi il ne peut y avoir en France de « mères porteuses » contrairement à ce qui se passe dans d'autres pays comme la Grande-Bretagne.

§4 LE PRÉLÈVEMENT D'ORGANES

Du vivant de la personne

Article L. 1231-2 du Code de la santé publique

Aucun prélèvement d'organes, en vue d'un don, ne peut avoir lieu sur une personne vivante mineure [...].

Faire un don d'organe est un geste courageux mais qui est physiquement lourd de conséquences (par exemple, le don d'un rein). C'est pourquoi, la loi prévoit qu'en principe un mineur, qui est considéré comme insuffisamment mûr pour comprendre l'importance et les conséquences de son acte, ne peut pas faire un don d'organe.

Il semble que cette règle reçoive une exception lorsque le mineur, avec l'accord de ses parents, donne son consentement après avis d'un comité d'expert et devant le président du tribunal de grande instance.

Le fait de prélever un organe sans respecter cette procédure a pour conséquence de faire encourir une peine de 7 ans de prison et de 100 000 euros d'amende.

Après le décès : le prélèvement n'est possible que dans certains cas

Article L. 1232-1 du Code de la santé publique

Le prélèvement d'organes sur une personne dont la mort a été dûment constatée ne peut être effectué qu'à des fins thérapeutiques ou scientifiques. [...]

Le cas d'un mineur décédé

Article L. 1232-2 du Code de la santé publique

Si la personne décédée était un mineur [...], le prélèvement à l'une ou plusieurs des fins mentionnées à l'article L. 1232-1 ne peut avoir lieu qu'à la condition que chacun des titulaires de l'autorité parentale ou le tuteur y consente par écrit. Toutefois, en cas d'impossibilité de consulter l'un des titulaires de l'autorité parentale, le prélèvement peut avoir lieu à condition que l'autre titulaire y consente par écrit.

Le principe est ici que pour qu'un prélèvement d'organe sur un mineur décédé soit autorisé, il faut l'accord des deux parents. **Par exemple**, si Kimberley décède, un de ses reins ne pourra être donné à quelqu'un qui en a besoin absolument que si ses deux parents sont d'accord pour autoriser ce don.

La loi du 7 août 2004 est venue préciser que si l'on ne pouvait pas recueillir l'avis des deux (par exemple parce qu'un des parents est en déplacement à l'étranger et qu'on ne peut pas joindre cette personne), le prélèvement d'organe sera possible si on peut obtenir le consentement écrit de l'un des deux parents.

Le prélèvement est autorisé pour rechercher les causes de la mort

Hormis le cas de l'autopsie (c'est-à-dire une analyse qui a pour but de déterminer les causes du décès), il n'est pas possible de porter atteinte au corps du mineur après sa mort, sans l'autorisation des deux parents.

§5 LE DON DU SANG

Article L. 1221-5 du Code de la santé publique

Aucun prélèvement de sang ou de ses composants en vue d'une utilisation thérapeutique pour autrui ne peut avoir lieu sur une personne mineure ou sur une personne majeure faisant l'objet d'une mesure de protection légale.

Toutefois, s'agissant des mineurs, un prélèvement peut être effectué à titre exceptionnel, lorsque des motifs tirés de l'urgence thérapeutique l'exigent ou lorsqu'il n'a pu être trouvé de donneur majeur immunologiquement compatible.

Le prélèvement ne peut alors être opéré qu'à la condition que chacun des titulaires de l'autorité parentale y consente expressément par écrit.

Le refus de la personne mineure fait obstacle au prélèvement.

C'est la même solution que pour le prélèvement d'organe sur l'enfant : en principe, on ne peut pas prélever de sang sur un enfant, mais, par exception, on peut le faire si c'est pour ainsi dire vital. **Par exemple**, Jeanne et son père ont pour groupe sanguin « O négatif », ce qui est rare. Il arrive un accident au père de Jeanne et l'hôpital n'a pas assez de sang de ce groupe. Jeanne va pouvoir donner du sang à son père, sous la double condition :

1. qu'elle veuille le faire réellement;
2. que l'autre parent qui exerce l'autorité parentale (➜ **Voir p. 109**) l'autorise à le faire.

Le fait de prélever ou d'essayer de prélever du sang sur un mineur sans respecter ces conditions fait encourir une peine de 5 ans de prison et 150 000 euros d'amende.

§6 Le don d'autres produits du corps humain

Article L. 1241-2 du Code de la santé publique

Aucun prélèvement de tissus ou de cellules, aucune collecte de produits du corps humain ne peut avoir lieu sur une personne vivante mineure [...].

Le corps humain comporte encore toute une série d'autres produits comme le sperme pour les hommes, les ovules pour les femmes, certaines cellules (notamment celles qui participent à notre défense contre les maladies)... La loi est ici très claire : un mineur ne peut pas les donner. Là encore, le fait de prélever des produits du corps humain d'un mineur fait encourir une peine de 5 ans de prison et une amende de 75 000 euros.

§7 Les empreintes génétiques

L'identification génétique d'une personne est autorisée uniquement dans les cas prévus par la loi

Article 16-10 du Code civil

L'examen des caractéristiques génétiques d'une personne ne peut être entrepris qu'à des fins médicales ou de recherche scientifique.
Le consentement exprès de la personne doit être recueilli par écrit préalablement à la réalisation de l'examen, après qu'elle a été dûment informée de sa nature et de sa finalité. Le consentement mentionne la finalité de l'examen. Il est révocable sans forme et à tout moment.

Article 16-11 du Code civil

L'identification d'une personne par ses empreintes génétiques ne peut être recherchée que dans le cadre de mesures d'enquête ou d'instruction diligentées lors d'une procédure judiciaire ou à des fins médicales ou de recherche scientifique.

En matière civile, cette identification ne peut être recherchée qu'en exécution d'une mesure d'instruction ordonnée par le juge saisi d'une action tendant soit à l'établissement ou la contestation d'un lien de filiation, soit à l'obtention ou la suppression de subsides. Le consentement de l'intéressé doit être préalablement et expressément recueilli. Sauf accord exprès de la personne manifesté de son vivant, aucune identification par empreintes génétiques ne peut être réalisée après sa mort.

Lorsque l'identification est effectuée à des fins médicales ou de recherche scientifique, le consentement exprès de la personne doit être recueilli par écrit préalablement à la réalisation de l'identification, après qu'elle a été dûment informée de sa nature et de sa finalité. Le consentement mentionne la finalité de l'identification. Il est révocable sans forme et à tout moment.

Les caractéristiques génétiques d'une personne permettent de l'identifier presque à 100 % (sauf le cas des vrais jumeaux). Chaque personne a des caractéristiques génétiques, c'est-à-dire une sorte de code dans ses cellules, qui lui est propre. Ce code peut être très utile pour la justice :

– **Dans le cas d'affaires criminelles** : on va pouvoir savoir si une personne était là ou non. **Par exemple**, on retrouve de la salive sur une cigarette, on la fait analyser, on en extrait ce code. On compare ensuite avec le code du suspect et on sait si la même personne était là ou non. On peut faire de même en cas de viol : on compare le code contenu dans le sperme avec le code du suspect.

– **Dans le cas de contestation du lien de filiation**, c'est-à-dire de recherche en paternité (la question de savoir qui est le père), de recherche en maternité, ou de « désaveu de paternité » (le père affirme que l'enfant n'est pas de lui) (**➔ Voir p. 58**). C'est aussi possible lors d'une « action à fins de subsides** » (**➔ Voir p. 62**). Or, on peut, à partir du code génétique d'un père et de celui de la mère dire s'il y a des chances (très fortes) que telle personne soit le père de tel enfant. (**➔ Voir p. 56**).

– **Dans le cas de recherches scientifiques ou médicales** : beaucoup de maladies ont une origine génétique. C'est le cas, semble-t-il, de la myopathie, par exemple.

Dans tous les cas, le consentement de la personne doit être obtenu, par un écrit, afin que la personne se rende bien compte de l'importance de son acte. Par contre, la même personne peut revenir sur son engagement, sans qu'il soit nécessaire de respecter des conditions de forme particulière.

Les discriminations en fonction des gènes des êtres humains sont interdites

Article 16-13 du Code civil

Nul ne peut faire l'objet de discrimination en raison de ses caractéristiques génétiques.

Comme on l'a vu, les discriminations qui visent à exclure ou à isoler certaines catégories de personnes sont contraires au principe de la dignité humaine (➜ **Voir p. 42, 552 et s.**). C'est aussi vrai des discriminations qui seraient faites envers des personnes en raison de leurs caractéristiques génétiques. Il est ainsi interdit de sélectionner les embryons en fonction de celles-ci.

chapitre 2

Le rattachement de l'enfant à sa famille : la filiation*

Un des premiers droits de l'enfant est d'être intégré dans sa famille. Sauf lorsqu'ils sont abandonnés et donc sans famille et pris en charge par l'État, les enfants ont une « filiation »*, c'est-à-dire un lien de parenté avec leur père et mère : c'est un lien juridique qui leur donne des droits et des devoirs vis-à-vis de leur(s) parent(s). Cette filiation est, le plus souvent, la conséquence de rapports charnels, l'enfant ayant été obtenu par les « voies naturelles ». Il existe donc un lien de sang entre un enfant et ses parents. C'est le cas le plus fréquent : l'enfant est né d'un couple marié (on disait qu'il était un enfant « légitime ») ou hors mariage (on parlait d'enfant « naturel »). Les règles relatives à la filiation ont fait l'objet d'une refonte d'ensemble par la réforme du 4 juillet 2005. L'objectif de cette réforme est très simple : prendre en compte la réalité. En effet, si l'on pouvait distinguer au moment de la rédaction du Code civil selon que l'enfant est issu d'un couple marié ou non et attribuer à ces deux catégories d'enfant des droits différents, on ne voit plus très bien, aujourd'hui, comment on pourrait continuer d'appliquer une telle solution. Donc, la loi ne distingue plus selon que l'enfant est légitime ou naturel. Ce qui importe désormais, c'est de savoir si l'enfant s'est vu établir un lien de filiation légalement. Tous les enfants, quelle que soit leur situation, sont désormais placés, du point de vue de leur filiation, dans une stricte position d'égalité.

La filiation peut également exister sans rapports charnels, mais plus rarement. Les parents ne pouvant pas avoir d'enfant pour des raisons médicales, c'est-à-dire procréer (donner la vie), ont alors recours aux techniques scientifiques de la procréation médicalement assistée.

⚠ Un couple ou une personne seule peut aussi choisir d'adopter un enfant qui va devenir l'égal d'un enfant légitime (adoption « plénière »), ou conserver des liens avec son ancienne famille (adoption « simple »).

I Les principes généraux

D'un point de vue historique, le droit a longtemps accordé un traitement très différent aux enfants selon qu'ils étaient légitimes ou naturels. Il faut se souvenir par exemple qu'à l'époque du Code Civil, en 1804, l'enfant naturel n'héritait que de peu de choses de ses parents. Surtout, il était mal considéré.

§1 La loi ne distingue plus selon qu'un enfant est légitime ou naturel

Article 310 du Code civil

Tous les enfants dont la filiation est légalement établie ont les mêmes droits et les mêmes devoirs dans leurs rapports avec leur père et mère. Ils entrent dans la famille de chacun d'eux.

Qu'ils soient nés d'un couple marié* (enfant dit « légitime ») ou non marié** (enfant dit « naturel »), tous les enfants sont égaux. En fait, pendant très longtemps (et jusqu'en… 1972!), les enfants naturels étaient défavorisés par rapport aux enfant dits légitimes : en particulier, les enfants nés d'un « adultère », c'est-à-dire d'une infidélité d'un homme ou une femme marié qui fait un enfant avec quelqu'un d'autre, n'avaient, par exemple, pas le droit d'hériter de leur père ou de leur mère. Seuls les enfants légitimes du couple en avaient le droit.
Jusqu'à la réforme de 2005, la loi employait un terme différent pour ces deux catégories d'enfant.

§2 Les situations qui font présumer la filiation

Généralement, le lien entre un enfant et ses parents, mariés ou non, est établi et ne prête pas à contestation. Mais, exceptionnellement, un doute peut exister, surtout pour les enfants naturels et la filiation fait alors l'objet d'une contestation devant le juge (➜ **Voir p. 58 et 62**). Pour prouver la filiation, il existe des « présomptions* » c'est-à-dire des indices qui rendent très probable le lien de sang entre l'enfant et son père ou sa mère. Il existe trois présomptions principales :

1) La date à laquelle l'enfant a été conçu (la filiation biologique)

Article 311 du Code civil

La loi présume que l'enfant a été conçu pendant la période qui s'étend du trois centième au cent quatre-vingtième jour, inclusivement, avant la date de naissance.
La conception* est présumée avoir eu lieu à un moment quelconque de cette période, suivant ce qui est demandé dans l'intérêt de l'enfant.
La preuve contraire est recevable pour combattre ces présomptions.

On considère qu'un enfant ne peut avoir été conçu*, c'est-à-dire le moment où le spermatozoïde de l'homme féconde l'ovule de la femme, qu'entre 300 jours et 180 jours avant sa naissance. La conception de l'enfant a donc eu lieu dans cette période intermédiaire de 120 jours. Elle est censée être intervenue à un moment quelconque de cette période. On pourra donc démontrer que si le père présumé a eu des relations stables et continues avec la mère pendant cette période, c'est bien lui qui est le véritable père de l'enfant. Mais le père présumé pourra aussi apporter la preuve contraire en prouvant qu'il était, par exemple, en voyage lors de la période où l'enfant a été conçu.

2) La réalité vécue de la filiation (la « possession d'état »)*

Article 311-1 du Code civil

La possession d'état* s'établit par une réunion suffisante de faits qui indiquent le rapport de filiation et de parenté entre un individu et la famille à laquelle il est dit appartenir. [...]

Indépendamment du lien juridique qui unit un enfant à son ou ses parent(s), la filiation est aussi une réalité : l'enfant vit comme s'il était le fils ou la fille de telle ou (et) telle personne et tout le monde le reconnaît : c'est la possession d'état*.
La possession d'état peut se prouver de différentes manières : par exemple, l'enfant a été traité par le « parent » comme son propre enfant, le « parent » a pourvu à l'éducation de l'enfant comme s'il s'était agi du sien, le « parent » est reconnu dans la société comme étant le père ou la mère de l'enfant (c'est-à-dire que pour tout le monde, cette personne est considérée comme le père ou la mère de l'enfant), ou encore enfin, lorsque l'enfant est considéré par l'autorité publique comme l'enfant de cet adulte (par exemple parce qu'un document avait été établi), ou encore, lorsque l'enfant porte le nom de l'adulte.

Bien sûr, il faut que cette possession d'état soit paisible (c'est-à-dire que l'enfant n'ait pas été enlevé à ses parents), que cette possession d'état soit continue (il ne suffit pas de s'être occupé de l'enfant pendant 1 an, durée de l'absence des parents), que cette possession d'état soit notoire (c'est-à-dire que tout le monde le sache, que ce ne soit pas fait clandestinement, à l'intérieur d'une secte par exemple), et enfin que cette possession d'état ne soit pas équivoque (par exemple, si c'est un proche de l'enfant qui s'occupe beaucoup de lui, et que ce proche est un ami de la famille, il ne pourra pas avoir une possession d'état non équivoque : car dans ce cas, il y a un doute).

L'analyse biologique

Article 16-11 du Code civil (rappel)

L'identification d'une personne par ses empreintes génétiques ne peut être recherchée que dans le cadre [...] d'une procédure judiciaire.
En matière civile, cette identification ne peut être recherchée qu'en exécution d'une mesure d'instruction ordonnée par le juge saisi d'une action tendant soit à l'établissement ou la contestation d'un lien de filiation, soit à l'obtention ou la suppression de subsides. Le consentement de l'intéressé doit être préalablement et expressément recueilli. Sauf accord exprès de la personne manifesté de son vivant, aucune identification par empreintes génétiques ne peut être réalisée après sa mort. [...]

Le recours au test génétique n'est possible que si le juge le décide pour établir la filiation dans le cadre d'un procès. Cette expertise biologique qui va infirmer la paternité (une simple prise de sang suffit → **Voir p. 49**) ou la confirmer (il faudra alors faire un test ADN, c'est-à-dire un test génétique). Le père présumé pourra refuser cette expertise mais, ce refus peut être entendu par le juge comme une forme d'aveu s'il n'est pas justifié.

⚠ **La nouvelle loi rend désormais impossible l'identification génétique après la mort**, sauf si la personne en a prévu expressément la possibilité (par exemple dans son testament).

II L'ENFANT NÉ D'UN COUPLE MARIÉ

§1 L'ENFANT A UNE FILIATION ÉTABLIE À L'ÉGARD DU MARI DE LA MÈRE

Article 312 du Code civil

L'enfant conçu ou né pendant le mariage a pour père le mari. [...]

Près des 2/3 des enfants naissent aujourd'hui d'un couple marié. L'enfant qui vient de naître est déclaré à la mairie au service de l'état civil dans les 3 jours de sa naissance (➜ Voir p. 77). Un acte de naissance est établi sur présentation du livret de famille dans lequel sont inscrites les dates du mariage des parents et de naissance des enfants. Le père présumé de l'enfant est donc le mari de la mère de l'enfant.
Pendant longtemps, pour savoir si le mari de la mère était le père de l'enfant, il fallait prendre en compte un certain nombre de délais. On considérait en effet que, d'après les données médicales, un enfant naît entre 180 et 300 jours après sa conception. Il fallait donc faire des « petits calculs » pour savoir qui était le père de l'enfant. Aujourd'hui, on ne réfléchit plus de la même manière. En effet, l'enjeu de ces petits calculs était de savoir si l'enfant était « légitime » ou « naturel ». Mais, dans la mesure où, depuis l'ordonnance de juillet 2005, il n'y a plus de différence entre les deux, la question n'a plus d'intérêt. Donc, tout enfant qui est né dans la mariage est rattaché au mari. Il a donc une filiation légalement établie. Peu importe la question de savoir si c'est un enfant légitime ou un enfant naturel.

§2 LA FILIATION N'EST PAS ÉTABLIE À L'ÉGARD DU MARI DE LA MÈRE

Article 314 du Code civil

La présomption de paternité est écartée lorsque l'acte de naissance de l'enfant ne désigne pas le mari en qualité de père et que l'enfant n'a pas de possession d'état à son égard.

Le principe est, on l'a dit, très clair. Tout enfant qui est né d'un couple marié a pour père le mari de la mère. C'est simple.

En revanche, il faut faire preuve de réalisme : si le nom du père ne figure pas sur l'acte de naissance, il y a un risque que le mari de la mère ne soit pas le père de l'enfant. Mais attention, cette condition n'est pas suffisante pour que l'enfant ne soit pas déclaré l'enfant du mari. Il faut en plus que la possession d'état ne se soit pas établie à l'égard du mari. En d'autres termes, il faut que le nom du mari ne figure pas sur l'acte de naissance *et* que le mari ne se soit pas comporté comme un père (il n'en prend pas soin, il n'a aucune attention etc.). Dans ce cas, cet enfant, bien qu'issu d'un couple marié, n'aura pas de filiation à l'égard du mari.

§3 La contestation de paternité ou de maternité

L'enfant est né pendant le mariage

Article 332 du Code civil

[...] La paternité peut être contestée en rapportant la preuve que le mari [...] n'est pas le père.

Le mari veut démontrer que l'enfant né pendant le mariage n'est pas de lui (on parle de « désaveu de paternité* »). Il va agir en justice pour le prouver et le juge pourra éventuellement demander une expertise médicale (examen de sang) prouvant qu'il ne peut pas en être le père. Il pourra aussi simplement prouver qu'il n'est pas le père de l'enfant, compte tenu de la date de l'accouchement, par exemple bien avant le mariage.
La nouvelle loi a considérablement simplifié les possibilités de contester la filiation d'un enfant. En effet, désormais, le principe est essentiellement celui de la vérité biologique. Ce qui importe, c'est la réalité du lien de filiation. Les expertises biologiques (ADN) permettent de simplifier considérablement les procédures.

L'enfant est né pendant le mariage mais après la séparation des parents

Article 313 du Code civil

En cas de demande en divorce ou en séparation de corps, la présomption de paternité est écartée lorsque l'enfant est né plus de trois cents jours après la date soit de l'homologation de la convention réglant l'ensemble des conséquences du divorce ou des mesures provisoires [...] soit de l'ordonnance de non-conciliation et moins de 180 jours depuis le rejet définitif de la demande ou la réconciliation. [...]

Là encore, la réforme de la filiation a voulu prendre en compte la réalité vécue plutôt que les concepts juridiques qui s'entremêlaient et rendaient jusqu'alors le texte d'une lecture difficile. La solution désormais est simple : soit l'enfant est né pendant le mariage et dès lors, c'est l'enfant du mari, soit il est né pendant le mariage mais bien après (300 jours, durée maximale d'une grossesse) la séparation des parents, dans ce cas, l'enfant est considéré comme, par principe, ne pouvant pas être l'enfant du mari.

Par exemple, Marie et Dany se sont mariés. Puis, leur couple ne va plus bien. C'est la rupture et ils vont voir le juge pour demander le divorce. Le juge rend une ordonnance de non-conciliation (c'est-à-dire une décision par laquelle il constate que les époux ne veulent plus rester ensemble). Si un enfant naît 200 jours après cette ordonnance, on considère que l'enfant peut avoir été conçu à un moment où Dany et Marie avaient encore des relations sexuelles et donc, Dany peut être présumé comme étant le père. Si par contre, il naît 350 jours plus tard, comme ils sont séparés, on considère que, par principe, Dany ne peut pas être le père. Donc, Dany, dans ce cas, n'est pas considéré comme étant le père de l'enfant.

Par exception toutefois aux règles précédentes, Dany pourra être considéré comme étant le père de l'enfant s'il établit, à l'égard de l'enfant la possession d'état, c'est-à-dire s'il se comporte comme son père (il prend soin de lui de manière continue… ➜ Voir p. 55).

III L'ENFANT NÉ D'UN COUPLE NON MARIÉ

On ne traite ici que du cas des enfants issus de couples mariés par les voies naturelles. Il y a de plus en plus de couples homosexuels qui ont des enfants et qui font valoir qu'ils ont le statut de couple. En l'état actuel du droit, ces unions ne constituent pas des couples au sens du présent paragraphe.

§1 L'ÉTABLISSEMENT DE LA FILIATION À L'ÉGARD DES PARENTS

1) La reconnaissance par la mère

Article 311-25 du Code civil

La filiation est établie, à l'égard de la mère, par la désignation de celle-ci dans l'acte de naissance de l'enfant.

Le plus souvent, il n'est pas difficile d'établir la filiation d'un enfant à l'égard de sa mère. Cela tient principalement à une raison biologique : c'est la mère qui accouche. Il suffit donc que son nom soit mentionné dans l'acte de naissance pour que sa filiation puisse être établie à son égard.

La reconnaissance volontaire* est un acte solennel par lequel une personne (le père, la mère ou les deux ensemble) reconnaît que tel enfant est bien le sien et s'engage donc à assumer sa responsabilité. En pratique, près de 80 % des enfants naturels sont spontanément reconnus par leurs deux parents. Cette reconnaissance peut être faite lors de déclaration de naissance à la mairie quand est rédigé l'acte d'état civil (➜ **Voir p. 78**), ou après la naissance par un acte fait auprès de l'officier de l'état civil. Elle peut aussi être faite par « tout autre acte authentique », en particulier chez un notaire, la personne chargée de donner un caractère officiel à certains actes (comme, par exemple, la vente d'une maison). Il peut même arriver qu'une personne reconnaisse un enfant par un acte secret fait chez son notaire et qui ne sera rendu public qu'après sa mort.

2) La reconnaissance par le père

Article 310-1 du Code civil

La filiation est légalement établie [...] par la reconnaissance volontaire [...].

La reconnaissance d'un enfant par son père est possible soit avant la naissance de celui-ci, soit après la naissance de celui-ci, le plus souvent dans l'acte de naissance. Cet acte permet à l'enfant d'avoir un lien de filiation et ainsi d'avoir un certain nombre de droits (➜ **Voir p. 104**) et de devoirs (➜ **Voir p. 93**) vis-à-vis de ce parent.

La particularité d'un enfant qui est né en dehors d'un couple marié tient au fait qu'il peut très bien n'avoir soit qu'une mère, soit qu'un père, alors que sauf exceptions, un enfant qui est issu d'un couple marié aura toujours et un père et une mère.

3) La possession d'état

Article 317 du Code civil

Chacun des parents ou l'enfant peut demander au juge que lui soit délivré, dans les conditions prévues aux articles 71 et 72, un acte de notoriété qui fera foi de la possession d'état jusqu'à preuve du contraire. [...]

La filiation établie par la possession d'état constatée dans l'acte de notoriété est mentionnée en marge de l'acte de naissance de l'enfant.

La possession d'état permet aussi d'établir la filiation à l'égard d'un enfant qui n'est pas issu d'un couple marié. L'objectif étant alors de prendre en compte la réalité vécue plutôt que les « papiers ». La possession d'état, c'est la réalité vécue de la filiation, c'est-à-dire le fait qu'une personne se comporte comme un parent vis-à-vis de l'enfant.
Le problème, c'est que la possession d'état, c'est du vécu. Or, pour prendre en compte le vécu, il faut, à un moment ou à un autre, établir un document. ce document, c'est ce qu'on appelle un acte de notoriété. Il est établi par le juge qui permet de constater que les conditions de la possession d'état sont effectivement réunies (**➜ Voir** p. 55).

4) Par décision du juge

La recherche par l'enfant d'un de ses parents : l'action en recherche de maternité et l'action en recherche de paternité

Article 325 du Code civil

À défaut de titre et de possession d'état, la recherche de maternité est admise sous réserve de l'application de l'article 326. [...]

Article 327 du Code civil

La paternité hors mariage peut être judiciairement déclarée. L'action en recherche de paternité est réservée à l'enfant.

L'enfant qui n'a pas de père ou pas de mère ou ni l'un ni l'autre va pouvoir essayer de retrouver ses parents. Du point de vue du droit, ses parents ont, en effet, un certain nombre d'obligations (comme celle de pourvoir à son entretien et à son éducation (**➜ Voir** p. 109).
Le principe est le suivant : c'est l'enfant uniquement qui peut essayer d'établir cette filiation. C'est le principe en droit, mais, dans les faits, comme l'enfant est mineur, c'est son parent qui exerce l'action en son nom. Donc, d'un point de vue « pratique », lorsque l'enfant essaie d'établir sa filiation (par exemple vis-à-vis de son père), on voit au « procès » la mère qui essaie d'établir la filiation vis-à-vis de son fils.
Toutefois, il faut savoir qu'un enfant ne peut pas toujours établir sa filiation vis-à-vis de sa mère. En effet, lors de l'accouchement, la mère peut décider d'accoucher sous X, c'est-à-dire garder l'anonymat. Dans ce cas, l'enfant ne pourra jamais retrouver l'identité de sa mère.

En l'état du droit, les hommes ne bénéficient pas de possibilité de faire un enfant « sous X », c'est-à-dire qu'ils ne peuvent pas décider, même par contrat avec la mère, de ne jamais voir leur filiation établie vis-à-vis de l'enfant. Cela peut poser problème, notamment pour une pratique qui tend à se développer chez les couples homosexuels. Une des femmes décide d'avoir des relations sexuelles avec un homme. Le partenaire homme devant en principe ne jamais reconnaître l'enfant. Il faut savoir toutefois que rien n'interdit par la suite à l'enfant d'essayer de retrouver son père véritable. Cela peut causer des problèmes pour le couple homosexuel.

§2 Un enfant peut réclamer des moyens de vivre (« subsides* ») à son père présumé sans que celui-ci n'ait aucun droit sur lui

Article 342 du Code civil

Tout enfant dont la filiation paternelle n'est pas légalement établie, peut réclamer des subsides* à celui qui a eu des relations avec sa mère pendant la période légale de la conception.
L'action peut être exercée pendant toute la minorité de l'enfant; celui-ci peut encore l'exercer dans les deux années qui suivent sa majorité si elle ne l'a pas été pendant sa minorité.
L'action est recevable même si le père ou la mère était au temps de la conception, engagé dans les liens du mariage avec une autre personne [...].

Cette action sert non pas à trouver le père de l'enfant, mais à trouver quelqu'un qui pourrait être le père et qui comme tel devra participer à l'éducation de l'enfant. En fait, cette solution peut être intéressante pour tout le monde : si le père ne veut pas se charger de l'enfant, il peut tout à fait reconnaître qu'il doit en assurer l'entretien (subsides*). La mère pourra trouver son compte dans le fait de ne pas partager l'autorité parentale.

Il suffit donc de montrer que quelqu'un « est susceptible » d'être le père (parce qu'il fréquentait la femme en question au moment de la conception par exemple) et alors, l'enfant représenté par sa mère va pouvoir obtenir des indemnités. En fait, si ce n'est pas le père, il lui suffira de faire un test ADN et il n'aura pas à payer. Mais, si c'est vraiment le père, il pourra aussi faire un test et accepter de payer, sans reconnaître l'enfant, sans avoir l'autorité parentale ni un enfant qui porte son nom.

On peut faire cette action pendant toute la minorité de l'enfant ou celui-ci peut l'engager dans les 2 ans qui suivent sa majorité.

Exemple

Jane a eu une aventure avec un homme marié, Paul X. Neuf mois plus tard naît un petit garçon, Fred. Jane a peu d'argent et décide de demander à Paul de quoi l'aider. Paul refuse. Jane saisit le juge d'une demande de moyens pour vivre (« subsides* »), car elle ne veut pas d'un père pour cet enfant, mais uniquement des moyens matériels pour l'élever. Paul conteste qu'il soit le père et le juge ordonne un test ADN. Paul accepte cette analyse qui montre que Fred est bien son fils. Finalement, Paul doit payer une pension pour élever Fred, mais n'a pas de droit de visite, ni d'autorité sur l'enfant. Celui-ci ne portera d'ailleurs pas le nom de famille de son père mais conservera celui de sa mère.

⚠ Paul pouvait, parfaitement, refuser le test d'ADN ordonné.

IV L'ENFANT ADOPTÉ

L'adoption permet à des parents de recueillir des enfants abandonnés et aussi de combler leur désir d'enfant quand ils ne peuvent pas en avoir. Il existe deux cas d'adoption :

1. L'adoption « plénière » : la filiation d'origine de l'enfant disparaît : l'enfant devient l'enfant légitime de sa nouvelle famille.
2. L'adoption « simple » : l'enfant conserve son lien de filiation avec sa famille d'origine auquel s'ajoute un second lien avec sa seconde famille.

§1 QUI PEUT ADOPTER UN ENFANT ?

L'adoptant peut être un couple marié

Article 343 du Code civil

L'adoption peut être demandée par deux époux, non séparés de corps*, mariés depuis plus de deux ans ou âgés l'un et l'autre de plus de vingt-huit ans.

Article 344 du Code civil

Les adoptants** doivent avoir quinze ans de plus que les enfants qu'ils se proposent d'adopter. Si ces derniers sont les enfants de leur conjoint***, la différence d'âge exigée n'est que de dix ans.
Toutefois, le tribunal peut, s'il y a de justes motifs, prononcer l'adop-

tion lorsque la différence d'âge est inférieure à celles que prévoit l'alinéa précédent.

L'adoption peut être demandée par deux époux mariés (ils ne peuvent donc être « séparés de corps* », c'est-à-dire continuer à être mariés officiellement mais ont décidé devant le juge de se séparer et de vivre dans 2 domiciles). Les personnes qui adoptent l'enfant sont appelés les « adoptants » **. Ce mariage doit remonter à au moins 2 ans ou bien les époux doivent être âgés tous les deux de plus de 28 ans. Ils doivent avoir 15 ans de plus que l'enfant qu'ils se proposent d'adopter sauf s'il s'agit de l'enfant du conjoint *** (c'est-à-dire le mari de l'épouse ou l'épouse de son mari), l'écart étant réduit à 10 ans. Par ailleurs, le juge du tribunal peut décider de l'adoption si la condition de différence d'âge n'est pas remplie pour de « justes motifs ».

Le cas où l'adopté est l'enfant du conjoint (du père ou de la mère du couple marié)

Article 345-1 du Code civil

L'adoption plénière de l'enfant du conjoint est permise :
1° Lorsque l'enfant n'a de filiation légalement établie qu'à l'égard de ce conjoint;
2° Lorsque l'autre parent que le conjoint s'est vu retirer totalement l'autorité parentale;
3° Lorsque l'autre parent que le conjoint est décédé et n'a pas laissé d'ascendants au premier degré ou lorsque ceux-ci se sont manifestement désintéressés de l'enfant.

L'adoption n'est permise ici que dans ces trois cas :
1. Quand l'enfant est déjà légalement celui du père ou de la mère.
2. Quand le conjoint après une décision du tribunal n'a plus le droit d'exercer son autorité sur cet enfant.
3. Quand le conjoint est mort et n'a plus lui-même de parents ou quand ceux-ci ne se sont pas du tout occupés de l'enfant.

L'adoption peut être demandée par une personne seule

Article 343-1 du Code civil

L'adoption peut aussi être demandée par toute personne âgée de plus de vingt-huit ans.
Si l'adoptant est marié et non séparé de corps, le consentement de son conjoint est nécessaire à moins que ce conjoint ne soit dans l'impossibilité de manifester sa volonté.

Article 343-2 du Code civil

La condition d'âge prévue à l'article précédent n'est pas exigée en cas d'adoption de l'enfant du conjoint.

L'adoption peut être demandée par une personne seule même si en pratique, sa demande aura moins de chances d'aboutir que celle d'un couple marié. Elle doit être âgée d'au moins 28 ans sauf si la personne adopte l'enfant de son conjoint. Dans ce cas, il n'y a pas de condition d'âge.
Par ailleurs, si la personne est mariée, elle doit pour adopter un enfant avoir l'accord de son conjoint sauf si celui-ci ne peut pas l'exprimer.

⚠ Le Conseil d'État a considéré qu'il était possible de refuser l'adoption à un couple homosexuel au motif que pour l'heure, les effets sur son psychisme étaient incertains.

§2 Quels sont les enfants qui peuvent être adoptés ?

L'adopté doit avoir, en principe, moins de 15 ans

L'article L. 225-15 du Code de l'action sociale et des familles a mis en place une agence française de l'adoption. Sa mission est d'informer, de conseiller et de servir d'intermédiaire pour l'adoption de mineurs étrangers de moins de 15 ans.

Article 345 du Code civil

L'adoption n'est permise qu'en faveur des enfants âgés de moins de quinze ans, accueillis au foyer du ou des adoptants depuis au moins six mois.
[...]

L'adoption n'est autorisée qu'en faveur des enfants de moins de 15 ans. Mais dans deux cas, cette condition d'âge est écartée :
1. Si l'enfant de plus de 15 ans a été recueilli avant cet âge par des personnes qui ne remplissaient pas les conditions légales pour l'adopter.
2. Si l'enfant avant 15 ans avait fait l'objet d'une « adoption simple » par les adoptants, l'adoption plénière peut être demandée pendant qu'il est mineur (c'est-à-dire de 15 à 18 ans) ou pendant les 2 ans qui suivent sa majorité (c'est-à-dire de 18 à 20 ans).

L'adopté, s'il a plus de 13 ans, doit donner son accord

Article 345 du Code civil

[...] S'il a plus de treize ans, l'adopté doit consentir* personnellement à son adoption plénière.

L'enfant de plus de 13 ans doit consentir à son adoption, c'est-à-dire donner personnellement son accord à être adopté.

Les enfants qui peuvent être adoptés

Article 347 du Code civil

Peuvent être adoptés :
1° Les enfants pour lesquels les père et mère ou le conseil de famille ont valablement consenti à l'adoption;
2° Les pupilles de l'État;
3° Les enfants déclarés abandonnés [...]

1. Ceux dont les parents, ou l'un des deux parents si l'autre est décédé, ont donné leur accord à l'adoption.
Ils ont généralement remis leur enfant pour adoption à une œuvre ou à l'Aide sociale à l'enfance. Ils ont 2 mois pour revenir sur leur décision de donner leur accord à l'adoption. Mais, le juge peut passer outre un refus s'il est abusif ou si les parents se sont désintéressés de l'enfant en mettant en danger sa santé ou sa moralité. Si tous les deux sont décédés ou s'ils ont perdu tout droit d'éduquer leur enfant, c'est le conseil de famille qui donne l'accord après avoir demandé son avis à la personne qui s'occupe de l'enfant.
2. Les « pupilles de l'État » : ce sont les enfants qui par décision du président du conseil général du département sont déclarés « adoptables » : soit on ne connaît pas les parents de l'enfant qui a été recueilli depuis plus de 3 mois, soit l'enfant est orphelin, sans ascendants (grands-parents, oncle ou tante) et sans ressources, soit les parents de l'enfant se sont vus retirer tout droit sur lui (leur « autorité parentale »). On en compte environ 5000 dont 1/3 sont déclarés « adoptables ».
C'est dans ce contexte qu'était intervenu un cas assez difficile. On se souvient en effet d'une affaire dans laquelle la mère avait accouché sous X (c'est-à-dire qu'elle avait demandé à garder l'anonymat) et où le père avait reconnu l'enfant avant sa naissance. Le fait que la mère ait accouché sous X faisait de l'enfant une pupille de l'État, du moins jusqu'à ce que le conseil de famille des pupilles de l'État soit informé de la reconnaissance prénatale de

l'enfant. Or, la difficulté vient du fait que l'institution a placé l'enfant et a permis son adoption par un couple qui avait eu la garde de l'enfant.
Mais, à partir du moment où l'institution qui avait eu la garde de l'enfant avait été avertie de la reconnaissance de l'enfant par son père, cette institution ne pouvait plus considérer l'enfant comme une pupille de l'État et donc, elle ne pouvait plus placer cet enfant (et encore moins permettre son adoption). L'enfant avait une filiation et, sauf à considérer que le père soit d'accord, l'enfant ne pouvait plus être adopté.
3. Les enfants déclarés abandonnés par décision de justice.
Beaucoup d'enfants ne sont pas immédiatement adoptables. Il sont d'abord remis par des familles en grande difficulté à l'Aide sociale où le juge les a placés là dans le cadre de l'assistance éducative (➜ Voir p. 131). Souvent, les parents finissent par se désintéresser totalement de leur enfant et n'ont plus avec lui de liens affectifs. Si ce désintérêt dure au moins pendant un an, l'enfant est dit « abandonné » par une décision du tribunal. Il peut alors être adopté et ses parents n'ont plus aucun droit sur lui.

§3 COMMENT SE DÉROULE L'ADOPTION PLÉNIÈRE ?

L'enfant est d'abord « placé » chez les futurs adoptants

Article 351 du Code civil

Le placement en vue de l'adoption est réalisé par la remise effective aux futurs adoptants d'un enfant pour lequel il a été valablement et définitivement consenti à l'adoption, d'un pupille de l'État ou d'un enfant déclaré abandonné par décision judiciaire. [...]

On vient de voir qu'il existe trois catégories d'enfants qui peuvent être adoptés (➜ Voir p. 65). L'enfant est d'abord placé pendant au moins 6 mois chez le ou les adoptant(s) et le service social fait une enquête pour savoir si l'enfant se trouve bien dans cette famille.

Le placement de l'enfant entraîne la rupture des liens avec sa famille d'origine

Article 352 du Code civil

Le placement en vue de l'adoption met obstacle à toute restitution de l'enfant à sa famille d'origine. Il fait échec à toute déclaration de filiation et à toute reconnaissance.
[...]

Dès que l'enfant est placé chez ses futurs adoptants, il n'est plus possible de le rendre à sa famille d'origine si elle était connue. Il n'est plus possible non plus qu'il soit reconnu par d'autres parents comme leur enfant naturel. Mais si le tribunal refuse finalement l'adoption, l'enfant se retrouve dans sa situation d'origine : il est toujours l'enfant de ses parents ou peut être reconnu par ses vrais parents.

L'adoption est ensuite décidée par le tribunal

Article 353 du Code civil

L'adoption est prononcée à la requête de l'adoptant par le tribunal de grande instance qui vérifie dans un délai de six mois à compter de la saisine du tribunal si les conditions de la loi sont remplies et si l'adoption est conforme à l'intérêt de l'enfant. [...]

À la demande (la « requête ») de la famille ou de la personne qui veut adopter l'enfant, le tribunal examine son dossier et prononce l'adoption si elle est conforme à l'intérêt de l'enfant, à la fois moral et matériel. Le tribunal doit se décider dans les 6 mois après qu'on l'ait saisi. Une fois la décision d'adoption prise, l'adoption ne peut plus en principe être remise en cause.

§4 Quelles sont les conséquences de l'adoption plénière ?

L'adopté cesse d'appartenir à son ancienne famille

Article 356 du Code civil

L'adoption confère à l'enfant une filiation qui se substitue à sa filiation d'origine : l'adopté cesse d'appartenir à sa famille par le sang [...].

L'enfant cesse d'appartenir à son ancienne famille par le sang, si elle est connue. Mais si l'enfant adopté est celui du conjoint, le lien entre celui-ci et son enfant continue d'exister.

L'adopté devient un enfant à part entière de sa nouvelle famille

Article 358 du Code civil

L'adopté a, dans la famille de l'adoptant, les mêmes droits et les mêmes obligations qu'un enfant dont la filiation est établie en application du titre VII du présent livre.

L'enfant devient un membre à part entière de sa nouvelle famille et a les mêmes droits et les mêmes devoirs qu'un enfant « légitime » (ce depuis le jour où les parents adoptifs avaient fait leur demande). Notons aussi qu'il est impossible que l'adopté se marie avec la personne qui l'adopte.
Lorsqu'il devient majeur et donc âgé de plus de 18 ans, un enfant adopté peut accéder à son dossier.
L'enfant adopté prend le nom de la personne qui l'a adopté. Si celui-ci est marié et à sa demande, le tribunal peut décider de donner le nom de son conjoint ou les noms accolés des deux époux. Il peut aussi modifier les prénoms de l'enfant à la demande des adoptants (➜ Voir p. 88).

§5 L'ADOPTION SIMPLE

Les conditions de l'adoption simple

Article 360 du Code civil

L'adoption simple* est permise quel que soit l'âge de l'adopté. [...]
Si l'adopté est âgé de plus de treize ans, il doit consentir personnellement à l'adoption.

Contrairement à l'adoption « plénière », la personne adoptée conserve des liens avec son ancienne famille. L'adoption « simple » est permise quel que soit l'âge de l'adopté. S'il a plus de 13 ans, il doit donner son accord à l'adoption. Il n'y a pas de placement de la personne adoptée chez la personne qui l'adopte. L'adoption simple est décidée par le tribunal à la demande de l'adoptant.

L'adopté conserve des liens avec sa famille d'origine

Article 364 du Code civil

L'adopté reste dans sa famille d'origine et y conserve tous ses droits, notamment ses droits héréditaires. [...]

L'adopté a deux familles sans pour autant « entrer » dans la famille de l'adoptant. Il conserve tous les droits, en particulier en matière d'héritage, de sa famille initiale.

Les liens de l'adopté avec sa « seconde famille »

Article 365 du Code civil

L'adoptant est seul investi à l'égard de l'adopté de tous les droits d'autorité parentale [...].

L'autorité parentale sur l'enfant mineur adopté est donnée à l'adoptant. Le nom de l'adopté change selon des modalités très précises (➜ Voir p. 85). Enfin, l'enfant a le droit d'hériter de ses nouveaux parents.

V Les enfants nés par assistance médicale à la procréation

§1 Les techniques

Article L. 2141-1 du Code de la santé publique

L'assistance médicale à la procréation* s'entend des pratiques cliniques et biologiques permet tant la conception *in vitro***, le transfert d'embryons et l'insémination artificielle*** ainsi que tout autre technique d'effet équivalent permettant la procréation en dehors du processus naturel.

Lorsqu'un couple ne peut pas avoir d'enfant par les voies naturelles, on recourt à la procréation médicale assistée*, c'est-à-dire à une aide à la naissance d'un enfant par des moyens médicaux. Elle consiste dans plusieurs techniques :

La fécondation* in vitro *** d'un embryon

L'embryon est fécondé dans un laboratoire (d'où parfois le nom de « bébé éprouvette ») puis implanté dans l'utérus de la femme. Cet embryon est fabriqué à partir du sperme et de l'ovule des deux membres du couple ; soit plus rarement avec les éléments génétiques d'un des deux futurs parents et d'un tiers donneur ; soit de deux donneurs extérieurs au couple : la mère portera seulement l'embryon qui va donner naissance à un bébé.

*L'insémination artificielle*** d'une femme*

Elle consiste à introduire le sperme de son mari ou de la personne qui vit régulièrement avec elle (le concubin) dans l'utérus de sa femme, sans qu'il y ait donc de rapports sexuels.

*L'insémination artificielle**** in utero

Elle consiste, si la mère ne peut avoir d'enfant, à implanter l'ovule d'une autre femme dans son utérus.

§2 LE TRAFIC D'EMBRYONS EST SÉVÈREMENT PUNI

Article 511-15 du Code pénal

Le fait d'obtenir des embryons humains contre un paiement, quelle qu'en soit la forme, est puni de sept ans d'emprisonnement et de 100 000 euros d'amende.

Article 511-17 du Code pénal

Le fait de procéder à la conception *in vitro* d'embryons humains à des fins industrielles ou commerciales est puni de sept ans d'emprisonnement et de 100 000 euros d'amende.

Est puni des mêmes peines le fait d'utiliser des embryons humains à des fins industrielles ou commerciales.

Hors les cas très stricts prévus par la loi, l'utilisation des embryons in *vitro* (c'est-à-dire fabriqués autrement que par les voies naturelles) est punie très sévèrement.

⚠ Pour éviter toute dérive conduisant à une sorte de sélection des embryons, la loi a prévu qu'il était interdit de fabriquer des embryons à des fins industrielles (par exemple, pour produire ensuite des tissus, des organes...), de même que la loi interdit toute expérience sur les embryons.

§3 Le but de la procréation médicale assistée : répondre au désir d'enfant d'un couple qui ne peut pas en avoir

Article L. 2141-2 du Code de la santé publique

L'assistance médicale à la procréation est destinée à répondre à la demande parentale d'un couple.
Elle a pour objet de remédier à l'infertilité dont le caractère pathologique a été médicalement diagnostiqué. Elle peut aussi avoir pour objet d'éviter la transmission à l'enfant d'une maladie d'une particulière gravité.
L'homme et la femme formant le couple doivent être vivants, en âge de procréer, mariés ou en mesure d'apporter la preuve d'une vie commune d'au moins deux ans et consentants préalablement au transfert des embryons ou à l'insémination.

L'assistance médicale à la procréation est une opération permettant à un couple qui ne peut pas avoir d'enfant (du fait de l'impossibilité de l'un ou de l'autre ou des deux) d'en avoir tout de même, grâce à la médecine. Mais, dans la mesure où on ne veut pas que tout le monde utilise ce procédé qui doit rester une exception (la conception d'un enfant doit se faire autant que possible selon les voies naturelles), la loi est venue poser des conditions.

Tout d'abord, les parents ne doivent pas recourir à ce procédé par simple facilité ou sous l'effet d'une mode (par exemple, sous l'emprise d'une secte), mais dans deux cas principaux :

– Un des parents (ou les deux), ne peut pas avoir d'enfant : on dit qu'il est « stérile ». L'assistance ne peut donc intervenir si un des parents a subi une opération afin justement d'être stérile. Donc, il faut que le parent ne puisse pas avoir d'enfant, mais qu'il n'ait pas voulu cette situation.

– L'enfant risque d'être atteint d'une maladie très grave que ses parents risqueraient de lui transmettre.

Ensuite, les parents doivent être vivants et mariés ou pouvant justifier d'un concubinage d'une durée d'au moins 2 ans ou être « pacsés » depuis la même période. C'est logique, puisque le but est de permettre à ce couple de fonder une famille.

Si le texte précise qu'il doit s'agir d'un homme et d'une femme, c'est tout simplement pour éviter toute ambiguïté : un couple homosexuel ne peut pas recourir à l'assistance médicale à la procréation pour résoudre le problème de son absence de descendance, du moins en France. De même, une femme seule ne peut bénéficier de ce procédé.

§4 L'INTERVENTION EXCEPTIONNELLE D'UN TIERS DONNEUR* POUR CONCEVOIR L'ENFANT

En principe, l'embryon ne peut être conçu qu'avec au moins un des éléments donnés par un membre du couple

Article L. 2141-3 du Code de la santé publique

[...] [L'embryon] ne peut être conçu avec des gamètes* ne provenant pas d'un au moins des deux membres du couple. [...]

Article L. 2141-6 du Code de la santé publique

L'assistance médicale à la procréation avec tiers donneur ne peut être pratiquée que comme ultime indication lorsque la procréation médicalement assistée à l'intérieur du couple ne peut aboutir.

Le recours à la fabrication d'un embryon avec des spermatozoïdes et des ovules (on les appelle les « gamètes »*) ne provenant pas des deux membres du couple et faisant appel à un « tiers donneur »*, c'est-à-dire une personne extérieure au couple qui fait don de son sperme ou d'ovules, ne peut être qu'exceptionnel. On utilisera ce procédé si, sur le plan médical, c'est l'ultime chance pour que ce couple ait un enfant. Dans la mesure où un des parents est soit stérile et ne peut donc avoir d'enfant, soit susceptible de transmettre une maladie d'une particulière gravité, il se pourra exceptionnellement qu'on décide de ne pas prendre ses spermatozoïdes ou ses ovules. Le principe est que l'embryon devra être formé d'au moins un gamète du couple (spermatozoïde ou ovule). Si un tiers – anonyme – intervient, il doit faire don de ses gamètes. En effet, il est formellement interdit de vendre ses gamètes (ovules ou spermatozoïdes) à des couples qui connaîtraient des problèmes de fertilité. Enfin, toute personne qui divulguerait une information, tendant à briser l'anonymat du don, risque d'être condamnée à 2 ans de prison et 30 000 euros d'amende.

À titre exceptionnel, l'embryon peut être fabriqué à partir d'éléments génétiques extérieurs au couple

Article L. 2141-5 du Code de la santé publique

À titre exceptionnel, un couple répondant aux conditions prévues à l'article L. 2141-2 et pour lequel une assistance médicale à la procréation sans recours à un tiers donneur ne peut aboutir peut accueillir un embryon.
[...]

Le couple accueillant l'embryon et celui y ayant renoncé ne peuvent connaître leurs identités respectives. [...]

Si par exemple les deux parents sont stériles, il ne sera pas possible de fabriquer un embryon qui comporte au moins un gamète issu du couple. Pour répondre à ce problème, on a admis, à titre tout à fait exceptionnel, qu'un couple puisse accueillir un embryon « tout fait » d'un autre couple. Dans ce cas, il faut une décision du juge qui va vérifier qu'il n'y a pas de danger pour l'enfant à venir. Dans la mesure où l'enfant qui naîtra sera pour les parents receveurs comme leur enfant, la loi a décidé de poser encore une fois le principe du secret : les parents donneurs qui sont à l'origine de l'embryon ne pourront jamais connaître l'identité des parents receveurs, et vice versa. Il est par ailleurs formellement interdit de vendre ou tenter de vendre des embryons. Le risque est que des parents désespérés acceptent de payer pour avoir un embryon d'un autre couple ou de faire appel à une « mère porteuse », c'est-à-dire à une femme qui porte un enfant pour une autre (➜ **Voir p. 46**). Cette pratique est formellement interdite en France et punie de 7 ans de prison et de 100 000 euros d'amende (article 511-15 du Code pénal).

Il n'existe aucun lien de filiation entre l'auteur du don et l'enfant né

Article 311-19 du Code civil

En cas de procréation médicale assistée avec tiers donneur, aucun lien de filiation ne peut être établi entre l'auteur du don et l'enfant issu de la, procréation. [...]

Le problème de la filiation ne se pose que si l'enfant est né avec le don d'un tiers. Le principe est simple : l'enfant né par procréation médicale assistée avec « tiers donneur » est bien celui des deux parents qui ont consenti à cette opération.

Les parents qui recourent au don d'un tiers doivent donner leur accord devant le juge

Article 311-20 du Code civil

Les époux ou les concubins qui, pour procréer, recourent à une assistance médicale à la procréation nécessitant l'intervention d'un tiers donneur, doivent préalablement donner, dans les conditions garantissant le secret, leur consentement au juge ou au notaire, qui les informe des conséquences de leur acte au regard de la filiation.
Le consentement donné à une procréation médicale assistée interdit toute action en contestation de filiation [...].

Le recours à l'assistance médicale à la procréation est un acte qui ne doit pas être fait à la légère, en particulier si le couple doit faire appel à « un tiers donneur » et donc à une personne extérieure au couple. Leur accord de recourir à un donneur pour permettre la naissance de l'enfant doit donc être solennel. Il est fait devant le juge ou un notaire, c'est-à-dire une personne chargée de donner un caractère officiel à des actes comme, par exemple, la vente d'une maison. Il les informe en particulier qu'une fois leur consentement donné, aucune contestation de leur lien de filiation avec l'enfant ne sera possible (sauf, avant la naissance si l'homme ou la femme révoque son consentement, engage une procédure de divorce, en séparation ou cesse de vivre avec son conjoint). Celui qui, après avoir donné son consentement, ne reconnaît pas l'enfant engage sa responsabilité envers la mère et envers l'enfant.

chapitre 3

L'identité de l'enfant

Tout être humain a une identité dont les éléments sont son nom, son prénom, sa date et lieu de naissance, le nom de ses parents, sa nationalité, son adresse. Tous ces renseignements sont enregistrés au service de l'état civil de la mairie à sa naissance (ou lors de son adoption).

I La déclaration de naissance

§1 Quand doit-on déclarer un enfant à la mairie et qui doit le faire ?

Les délais

Article 55 du Code civil

Les déclarations de naissance seront faites dans les trois jours de l'accouchement à l'officier de l'état civil du lieu. [...]

Article 1er du décret du 25 novembre 1960

Le jour de l'accouchement n'est pas compté dans le délai de trois jours fixé par l'article 55 du Code civil. Lorsque le dernier jour [...] est un samedi, un dimanche, un jour férié ou chômé, ce délai est prorogé jusqu'au premier jour ouvrable suivant.

Lorsque l'enfant est né, il doit être déclaré à la mairie du lieu de naissance (l'agent qui est chargé de cette mission s'appelle l'officier d'état civil).
Pour calculer le délai des « 3 jours », on ne compte pas le jour de l'accouchement, ce qui est logique, car il faut laisser aux parents le temps de profiter de l'événement. C'est à partir du lendemain de la naissance que l'on commence à compter les jours.

⚠ Mais, il peut se poser un problème : si la mère accouche le jeudi, le délai de 3 jours commence le vendredi. Or, si on compte 3 jours à partir du vendredi, on arrive à un dimanche, jour où la mairie est fermée. C'est pourquoi on a prévu dans ce cas (comme dans le cas où le dernier jour serait férié ou chômé) qu'on se reportait au lendemain.

Qui doit déclarer l'enfant ?

Article 56 du Code civil

La naissance de l'enfant sera déclarée par le père, ou, à défaut du père, par les docteurs en médecine ou en chirurgie, sages-femmes, officiers de santés ou autres personnes qui auront assisté à l'accouchement; et, lorsque la mère sera accouchée hors de son domicile, par la personne chez qui elle sera accouchée.
[...]

En principe, c'est le père qui déclare l'enfant, ce qui s'explique facilement puisque la mère vient d'accoucher. Mais, il se peut que le père ne soit pas présent (en voyage, par exemple) ou, plus rarement, qu'il ne veuille pas reconnaître l'enfant. Dans ces cas, l'enfant sera déclaré par un membre du personnel de l'hôpital (si la mère a accouché à l'hôpital) ou par une personne ayant accouché la mère (si la mère n'a pas accouché à l'hôpital).

§2 Le contenu de l'acte de naissance

Article 56 du Code civil

[...] L'acte de naissance sera rédigé immédiatement.

Article 57 du Code civil

L'acte de naissance énoncera le jour, l'heure et le lieu de la naissance, le sexe de l'enfant, les prénoms qui lui seront donnés, le nom de famille, suivi le cas échéant de la mention de la déclaration conjointe de ses parents quant au choix effectué, ainsi que les prénoms, noms, âges, professions et domiciles des père et mère et, s'il y a lieu, ceux du déclarant.

Lorsqu'une personne vient pour déclarer un enfant (ce sera le plus souvent le père comme on l'a vu), l'agent de la mairie (l'officier d'état civil) doit rédiger tout de suite l'acte de naissance. Cet acte de naissance va comporter ce que l'on appelle « l'état civil » d'une personne, c'est-à-dire un ensemble d'informations qui lui donnent son identité sur le plan juridique. Ces informations sont très importantes car elles lui serviront, en principe, pendant toute sa vie.

Elles sont les suivantes :

- l'heure et le lieu de naissance ;
- le sexe ;
- l'identité des parents, si elle est connue, ce qui n'est pas toujours le cas : si, par exemple, le père ne veut pas reconnaître l'enfant ou si la mère a « accouché sous X » c'est-à-dire de façon anonyme et veut abandonner son enfant parce qu'elle n'est pas en mesure de l'élever ;
- le nom de famille, qui peut être un nom composé, comme « Bernard-Victor » ;
- les prénoms.

II Le nom de famille et le prénom de l'enfant

§1 Le choix initial du nom de famille

La loi du 4 mars 2002 est entrée en vigueur à compter du 1er janvier 2005. C'est une loi importante qui vient modifier les règles relatives à la transmission du nom de famille. Elle fait disparaître la notion de « nom patronymique » (expression qui devrait disparaître des formulaires administratifs) et la remplace par la notion de « nom de famille ». Elle permet la transmission d'une combinaison du nom des parents.

La création du double nom

La création du double nom est l'innovation majeure de la nouvelle loi. Elle permet aux parents non plus de transmettre uniquement le nom du père, mais de choisir entre la transmission du nom du père, du nom de la mère, ou d'une combinaison des deux noms. **Par exemple**, M. Martin et Mme Dupont pourront appeler leur enfant Martin, Dupont, ou Dupont--Martin, ou Martin--Dupont.

Ceci nous amène à faire quelques remarques.

Tout d'abord, les noms « combinés » sont séparés par un marqueur spécifique et nouveau « -- » qui ne se prononce pas. C'est uniquement pour faire la différence avec les noms composés mais indivisibles comme Saint-Cens par exemple.

Ensuite, il se pose une question très concrète : si un parent porte le nom de Dubois de Laforêt et que l'autre porte le nom de Martin, quel choix peut être fait ? Le principe retenu est que les noms composés se transmettent (car ils ont été acquis sur des générations) : les enfants pourront donc par exemple s'appeler Dubois de Laforêt--Martin ou Martin--Dubois de Laforêt (ou l'un seulement des deux noms). Pour les noms composés d'origine étrangère (il n'est pas rare en effet que dans les pays étrangers on porte le nom de plusieurs parents), il faut regarder si le nom du parent est divisible ou non. Sauf preuve contraire, on considère qu'un nom étranger est par principe indivisible. **Par exemple**, si M. Ait El Bachira se marie avec Mlle Dubois, le nom composé ainsi formé sera en principe soit Ait El Bachira--Dubois, soit Dubois--Ait El Bachira. Ce n'est que si M. Ait El Bachira peut rapporter la preuve que son nom est divisible qu'on pourra en disposer autrement.

Enfin, on ne peut s'empêcher de se demander ce qu'il adviendra de ce nom pour les enfants des enfants, c'est-à-dire pour la troisième génération. **Par exemple**, M. Martin--Dubois a un enfant avec Mlle Khalid--Mouffir. Le principe est le même que précédemment, à savoir que l'on peut choisir un nom d'un des parents (on peut alors transmettre le nom combiné, l'enfant pouvant s'appeler dans notre exemple Martin--Dubois ou Khalid--Mouffir), ou bien faire une combinaison des noms, étant entendu que : premièrement, on ne prend qu'un seul nom à chaque parent (dans l'ordre que l'on veut) et deuxièmement : l'accolement de deux double noms est impossible. Ceci donne comme choix :

Martin--Khalid,	Khalid--Martin,
Martin--Mouffir,	Khalid--Dubois,
Dubois--Khalid,	Mouffir--Martin,
Dubois--Mouffir,	Mouffir--Dubois.

Les enfants dont les parents sont inconnus

Article 57 du Code civil

[...] Lorsque les parents de celui-ci ne sont pas connus, l'officier de l'état civil choisit trois prénoms dont le dernier tient lieu de nom de famille à l'enfant.
[...]

Si les parents ne sont pas connus, l'officier d'état civil choisit trois prénoms dont le dernier tient lieu de « nom de famille » à l'enfant. Ceci correspond au cas des enfants qui sont abandonnés à la naissance.

⚠ L'ordonnance du 4 juillet 2005 (entrée en vigueur le 1er juillet 2006) supprimant la distinction « enfant naturel »/« enfant légitime », ne différencie plus que les deux cas suivants.

Si l'enfant est reconnu par un seul des deux parents

Article 311-23 du Code civil

Lorsque la filiation n'est établie qu'à l'égard d'un parent à la date de la déclaration de naissance, l'enfant prend le nom de ce parent. [...]

Si l'enfant a été reconnu par un seul parent, dans ce cas, il ne porte bien sûr que le nom du parent qui l'a reconnu, il n'y a pas de choix qui soit possible.

Si l'enfant est reconnu par les deux parents

Article 311-21 du Code civil

Lorsque la filiation d'un enfant est établie à l'égard de ses deux parents au plus tard le jour de la déclaration de sa naissance ou par la suite mais simultanément, ces derniers choisissent le nom de famille qui lui est dévolu : soit le nom du père, soit le nom de la mère, soit leurs deux noms accolés dans l'ordre choisi par eux dans la limite d'un nom de famille pour chacun d'eux. En l'absence de déclaration conjointe à l'officier de l'état civil mentionnant le choix du nom de l'enfant, celui-ci prend le nom de celui de ses parents à l'égard duquel sa filiation est établie en premier lieu et le nom de son père si sa filiation est établie simultanément à l'égard de l'un et de l'autre.

Il faut prendre en considération ici le moment où la reconnaissance a été faite ainsi que les conditions dans lesquelles cette reconnaissance a été faite (simultanément ou non).

L'enfant a été reconnu par les deux parents au plus tard le jour de la déclaration de naissance

Article 311-21 du Code civil

Lorsque la filiation d'un enfant est établie à l'égard de ses deux parents au plus tard le jour de la déclaration de sa naissance ou par la suite mais simultanément [...].

Commençons par expliquer ce que recouvre ce cas : l'enfant a été reconnu au plus tard le jour de la déclaration de naissance (*peu importe alors qu'il ait été reconnu en même temps ou non par ses deux parents*). **Par exemple**, l'enfant a été reconnu d'abord par la mère qui à partir du moment où elle a su qu'elle était enceinte a fait une déclaration de reconnaissance de l'enfant et ensuite (mais au plus tard le jour de la déclaration de naissance), le père a fait lui aussi cette démarche, ou encore, autre exemple, la mère déclare au père de l'enfant qu'elle est enceinte et ils se rendent tous les deux à la mairie reconnaître l'enfant.

Dans ce cas précis, les parents peuvent choisir de donner à leur enfant soit le nom du père, soit le nom de la mère, soit chacun leur nom (mais un seul chacun s'ils ont un nom composé). **Par exemple**, si la mère, s'appelle Mademoiselle X et le père s'appelle Monsieur Y, l'enfant pourra s'appeler X ou Y ou X--Y ou encore Y--X.

Si les parents ne se décident pas sur le choix du nom de famille :

– En principe, c'est le nom du premier parent qui a reconnu l'enfant qui est retenu : **par exemple**, si c'est la mère qui avait d'abord reconnu l'enfant et qu'ensuite le père avait reconnu l'enfant lors de la déclaration de naissance, alors ce sera le nom de la mère qui sera transmis.

– Sinon, c'est le nom du père qui est retenu si les deux parents ont reconnu l'enfant en même temps.

Pour protéger les enfants d'éventuelles moqueries, les enfants issus d'un même couple doivent tous porter le même nom.

L'enfant a été reconnu simultanément par les deux parents mais après la déclaration de naissance

Ceci correspond au cas où l'enfant a été reconnu après la déclaration de naissance mais par ses deux parents « en même temps », les deux parents venant ensemble reconnaître l'enfant. Dans ce cas, les parents ont le choix du nom de famille : ils peuvent choisir de donner à leur enfant soit le nom du père, soit le nom de la mère, soit chacun leur nom (mais un seul chacun s'ils ont un nom composé). Si la mère porte le nom de N'Guyen et le père celui de Maure, alors l'enfant pourra s'appeler soit N'Guyen, soit Maure, soit Maure--N'Guyen, soit N'Guyen--Maure. En cas de conflit entre les parents, c'est le nom du père qui est en principe transmis.
Là encore, pour protéger les enfants d'éventuelles moqueries, les enfants issus d'un même couple doivent tous porter le même nom.

Les règles particulières pour les enfants nés à l'étranger

Article 311-21 du Code civil

[...] En cas de naissance à l'étranger d'un enfant dont l'un au moins des parents est français, les parents qui n'ont pas usé de la faculté de choix du nom dans les conditions du précédent alinéa peuvent effectuer une telle déclaration lors de la demande de transcription de l'acte, au plus tard dans les trois ans de la naissance de l'enfant. [...]

Les Français vivant à l'étranger peuvent parfois rencontrer certaines difficultés pour déclarer la naissance de leur enfant à l'officier d'état civil consulaire (c'est-à-dire à l'officier d'état civil qui travaille au consulat) et donc à bénéficier de l'application des règles françaises quant à la transmission du nom de famille. Cet article vise à leur permettre de profiter (il suffit qu'un des parents au moins ait la nationalité française) du même régime que les Français vivant en France : les parents peuvent effectuer une déclaration de choix lors de la demande de transcription de l'acte étranger. Pour éviter que les Français vivant à l'étranger ne se retrouvent toutefois dans une situation plus favorable que celle des Français vivant en France, il a été jugé que cette possibilité ne pouvait être exercée que pendant un délai de 3 ans à compter de la naissance de l'enfant. Il est à noter que comme dans les cas précédents, le choix du nom de famille se fait alors devant l'officier d'état civil.
Par exemple, Hélène et Théo vivent à l'étranger et pour des raisons administratives n'ont pas pu déclarer leur enfant tout de suite au consulat de France. L'enfant a été déclaré dans le pays où ils travaillent. Ils pourront demander dans un délai de 3 ans à ce que cet acte soit retranscrit auprès des autorités françaises et à bénéficier de l'application de la loi française.

§2 Le choix du prénom à la naissance

Article 57 du Code civil

Les prénoms de l'enfant sont choisis par ses père et mère. […]
Lorsque ces prénoms ou l'un d'eux, seul ou associé aux autres prénoms ou au nom, lui paraissent contraire à l'intérêt de l'enfant ou au droit des tiers à voir protéger le nom de famille, l'officier d'état civil en avise sans délai le procureur de la République. Celui-ci peut saisir le juge aux affaires familiales.

Le choix du prénom de l'enfant est, en principe, libre

Le prénom de l'enfant est, en principe, choisi par ses père et mère. Avant 1993, tout prénom devait être choisi dans le calendrier et l'officier d'état civil (l'agent de la mairie) pouvait s'opposer à un prénom lui semblant porter tort à l'enfant (prénom ridicule par exemple). Depuis 1993, on peut choisir un prénom qui n'est pas dans le calendrier et l'officier d'état civil ne peut plus s'opposer directement au choix d'un prénom : il doit avertir le procureur de la République (le magistrat qui reçoit les plaintes dans l'intérêt de la société). Le procureur décidera s'il faut saisir le tribunal. Dans ce cas, le tribunal essaiera de trouver un prénom en accord avec les parents. Sinon il décidera seul du prénom à donner à l'enfant.

⚠ En pratique, il y a peu de procès.

§3 Le changement de nom

Le changement de nom d'un enfant lié à la reconnaissance par le second parent

Article 311-23 du Code civil

Lors de l'établissement du second lien de filiation et durant la minorité de l'enfant, les parents peuvent, par déclaration conjointe devant l'officier de l'état civil, choisir soit de lui substituer le nom de famille du parent à l'égard duquel la filiation a été établie en second lieu, soit d'accoler leurs deux noms, dans l'ordre choisi par eux, dans la limite d'un nom de famille pour chacun d'eux. Le changement de nom est mentionné en marge de l'acte de naissance.

Toutefois, lorsqu'il a déjà été fait application de l'article 311-21 ou du deuxième alinéa du présent article à l'égard d'un autre enfant commun, la déclaration de changement de nom ne peut avoir d'autre effet que de donner le nom précédemment dévolu ou choisi.

Si l'enfant a plus de treize ans, son consentement personnel est nécessaire.

On rappelle que lorsque l'enfant a fait l'objet d'une reconnaissance par ses deux parents au plus tard le jour de sa déclaration de naissance (ou postérieurement mais simultanément par les deux parents), les parents ont un choix pour l'attribution du nom de famille. Si les deux parents n'ont pas eu ce choix (parce qu'ils ne se trouvaient pas dans une de ces situations), alors, ils peuvent décider postérieurement et conjointement de modifier le nom de l'enfant (qui est celui du parent qui l'a reconnu le premier).

Nous allons envisager ici essentiellement 2 cas :

1. L'enfant qui a été reconnu d'abord par la mère *avant* la déclaration de naissance et ensuite par le père *après* la naissance (ou vice versa) : par exemple, la mère, sachant qu'elle est enceinte va reconnaître son enfant à la mairie, et, une dizaine de jours après la déclaration de naissance, le père passe à la mairie reconnaître lui aussi l'enfant.
2. L'enfant qui est reconnu par ses deux parents après la naissance mais de *façon décalée : la reconnaissance par le père et par la mère postérieurement* à la déclaration de naissance. **Par exemple**, la mère décide de reconnaître l'enfant dès sa naissance mais le père ne reconnaît l'enfant que plusieurs jours après sa naissance : il y a une reconnaissance postérieure à la déclaration de naissance mais décalée.

Dans ce cas, les parents pourront déclarer devant l'officier d'état civil qu'ils souhaitent que leur enfant porte le nom soit du père, soit de la mère, soit un nom composé dans l'ordre préféré par les parents (X--Y ou Y--X), dans la

limite d'un nom pour chacun des deux parents. **Par exemple**, Grégory est le fils de Déborah X et John Y. Déborah a reconnu Grégory avant sa naissance et John a reconnu l'enfant 20 jours après sa naissance. En principe, il porte le nom de sa mère, mais, si ses deux parents sont d'accord, ils pourront décider qu'il portera soit uniquement le nom du père, soit uniquement le nom de la mère, soit un composé des deux noms (étant entendu que chacun ne peut donner qu'un seul nom à l'enfant). Si Grégory a déjà plus de 13 ans, il doit donner son accord pour son changement de nom.
Si la reconnaissance se fait alors que l'enfant a déjà plus de 13 ans, il doit donner son accord sur le nom qu'on lui propose de porter.

⚠ La déclaration de changement de nom prévue à l'article 311-23 n'est applicable que pour les enfants nés à compter du 1er janvier 2005.
En outre, à compter du 1er juillet 2006 (date d'entrée en vigueur de l'ordonnance du 4 juillet 2005) :
– les parents non mariés d'enfant nés avant le 1er janvier 2005 ne peuvent plus effectuer de déclaration conjointe en substitution du nom du père devant le greffier en chef du tribunal de grande instance.
– le juge aux affaires familiales n'est plus compétent pour statuer sur le changement de nom de l'enfant né hors mariage, quelle que soit la date de sa naissance ou les conditions d'établissement de sa filiation.
À compter du 1er juillet 2006, seul un motif légitime permet de solliciter le changement de nom de famille de l'enfant dans les conditions et selon la procédure définies aux articles 61 et suivants du Code civil.

Le changement de nom lié à l'adoption

Article 363 du Code civil

[...]
L'adoption simple confère le nom de l'adoptant à l'adopté en l'ajoutant au nom de ce dernier.
Lorsque l'adopté et l'adoptant, ou l'un d'entre eux, portent un double nom de famille, le nom conféré à l'adopté résulte de l'adjonction du nom de l'adoptant à son propre nom, dans la limite d'un nom pour chacun d'eux. Le choix appartient à l'adoptant, qui doit recueillir le consentement de l'adopté âgé de plus de treize ans. En cas de désaccord ou à défaut de choix, le nom conféré à l'adopté résulte de l'adjonction du premier nom de l'adoptant au premier nom de l'adopté.
En cas d'adoption par deux époux, le nom ajouté au nom de l'adopté est, à la demande des adoptants, soit celui du mari, soit celui de la femme, dans la limite d'un nom pour chacun d'eux et, à défaut d'accord entre eux, le premier nom du mari. Si l'adopté porte un double

nom de famille, le choix du nom conservé appartient aux adoptants, qui doivent recueillir le consentement de l'adopté âgé de plus de treize ans, son consentement personnel à cette substitution du nom de famille est nécessaire. [...]

Dans le cas d'une adoption simple (→ **Voir** p. 69), les règles sont les suivantes :

– soit l'enfant est adopté par une personne seule, dans ce cas, le nombre de noms donné ne peut pas dépasser deux, à savoir le nom de l'adopté auquel on ajoute le nom de l'adoptant, dans la limite d'un nom pour chacun : par exemple, si l'adopté s'appelle Tristant-Freud et l'adoptant s'appelle Pierre-Bru, l'adopté pourra s'appeler Tristant-Pierre ou Trisant-Bru ou Freud-Pierre ou Freud-Bru, peu importe la combinaison des noms, étant entendu que c'est l'adoptant qui va choisir, à moins que l'adopté n'ait plus de 13 ans, auquel cas il devra donner son accord ;

– soit l'enfant est adopté par un couple marié, dans ce cas, le nom ajouté au nom de l'enfant (adopté) est soit le nom du mari, soit le nom de la femme (étant entendu qu'on ne peut prendre qu'un seul nom si le mari ou la femme porte deux noms). En cas de désaccord entre les parents sur le nom à transmettre à l'enfant adopté, c'est le nom du mari qui est transmis.

Par exemple, l'enfant s'appelle Victor et le mari porte le nom de Pierre-Ficht. Nous supposerons que c'est le nom du mari qui est transmis. Il n'y a que deux possibilités : soit Victor-Pierre soit Victor-Ficht. Là encore, si le mineur a plus de 13 ans, il faut son accord.

Dans le cas d'une adoption plénière (→ **Voir** p. 67), les règles sont les suivantes : l'enfant adopté prend le nom de l'adoptant. Si celui-ci est marié et à sa demande, le tribunal peut décider de donner le nom de son conjoint ou les noms accolés des deux époux. Il peut aussi modifier les prénoms de l'enfant à la demande des adoptants.

Le changement de nom pour « motif légitime »

La notion de motif légitime

Article 61 du Code civil

Toute personne qui justifie d'un intérêt légitime* peut demander à changer de nom.

[...]

Article 61-2 du Code civil

Le changement de nom s'étend de plein droit aux enfants du bénéficiaire lorsqu'ils ont moins de treize ans.

Une personne majeure peut demander à changer de nom si elle peut montrer qu'elle a une raison valable, c'est-à-dire « un intérêt légitime* » : un nom ridicule ou qui porte tort (par exemple, un nom qui évoque de mauvais souvenirs historiques...), un nom qui risque de s'éteindre... La demande de changement de nom est faite par la personne concernée à la direction des affaires civiles et du sceau du ministère de la Justice (on peut se renseigner au tribunal d'instance de son domicile pour connaître les démarches à suivre). Le ministère de la Justice étudie la demande. Si la demande est acceptée, le changement est autorisé par une décision du Premier ministre (un « décret »). Mais il faut attendre encore 2 mois avant que le changement soit effectif. Ce délai permet à toute personne ayant un intérêt de s'opposer devant le Conseil d'État, le plus haut tribunal administratif en France, à la demande de changement de nom. Passés donc les 2 mois, le changement de nom devient effectif.

Le consentement du mineur

Article 61-3 du Code civil

Tout changement de nom de l'enfant de plus de treize ans nécessite son consentement personnel lorsque ce changement ne résulte pas de l'établissement ou d'une modification d'un lien de filiation.

L'établissement ou la modification du lien de filiation n'emporte cependant le changement du nom de famille des enfants majeurs que sous réserve de leur consentement.

L'enfant de plus de 13 ans peut s'opposer au changement de nom sauf si ce changement est lié à celui de la filiation, c'est-à-dire au changement du lien de parenté entre les parents et leurs enfants. **Par exemple**, si l'enfant n'avait été reconnu que par sa mère, et qu'ensuite son père décide de le reconnaître, le père pourra lui donner son nom sans que l'enfant ne puisse s'y opposer avant 18 ans.

Le changement de nom pour francisation

Article 1er de la loi du 25 octobre 1972

Toute personne qui acquiert ou recouvre la nationalité française peut demander la francisation* de son nom seul, de son nom et de ses prénoms ou de l'un d'eux, lorsque leur apparence, leur consonance ou leur caractère étranger peut gêner son intégration dans la communauté française.

Une autre possibilité de changer de nom est offerte aux personnes en train d'acquérir la nationalité française (le lien juridique qui existe entre une personne et un pays et qui lui donne en particulier le droit de voter aux grandes élections). Elles peuvent demander la francisation de leur nom et même de leurs prénoms c'est-à-dire le fait de lui donner un aspect français, pour faciliter leur intégration dans la société française. La « francisation* » consiste soit dans la traduction du nom en français, soit en sa modification pour lui faire perdre son apparence ou sa consonance étrangère. **Par exemple**, un enfant ukrainien s'appelant M. Danylo pourra demander à s'appeler M. Daniel. Cette demande (« demande de francisation facultative ») doit être déposée en même temps que la demande de naturalisation. Lorsqu'un des parents obtient la francisation de son nom, l'enfant porte aussi ce nouveau nom. Mais s'il a plus de 13 ans, on doit avoir son accord.

§4 Le changement de prénom

Article 60 du Code civil

Toute personne qui justifie d'un intérêt légitime peut demander à changer de prénom. La demande est portée devant le juge aux affaires familiales* à la requête de l'intéressé ou, s'il s'agit d'un incapable, à la requête de son représentant légal. [...]
S'il l'enfant est âgé de plus de treize ans, son consentement personnel est requis.

La demande de changement de prénom peut être faite soit par le mineur (s'il est assisté de ses parents ou de ses représentants), soit par une personne majeure, c'est-à-dire âgée de plus 18 ans. Elle est faite devant un juge spécialisé qui s'occupe des affaires familiales* (➜ Voir p. 120). La demande doit être faite non pour de simples raisons de convenance ou de mode mais pour un « motif légitime », par exemple : le prénom a été mal pris à l'origine en note par l'agent de la mairie, il est jugé comme traumatisant pour l'enfant (prénom joint au nom à consonance ridicule), il risque de provoquer des discriminations raciales, il gêne l'intégration de l'enfant, dans sa communauté religieuse, etc.

⚠ Dans tous les cas, lorsque la demande concerne un enfant de plus de 13 ans, celui-ci doit donner son accord.

III La nationalité de l'enfant

La nationalité, c'est-à-dire le lien juridique entre une personne et une nation, s'obtient de plusieurs façons.
On n'évoquera que les principales :
– soit on a la nationalité française par filiation (parce que l'un de ses parents au moins est français) : on parle de « droit du sang » ;
– soit on a la nationalité française parce qu'on est né en France (dans certaines conditions) : on parle de « droit du sol » ;
– soit on a la nationalité française par naturalisation, c'est-à-dire par décision de l'État.

§1 La nationalité française par filiation : au moins un des deux parents est français

Article 18 du Code civil

Est français l'enfant dont l'un des parents au moins est français.

Article 18-1 du Code civil

Toutefois, si un seul des parents est français, l'enfant qui n'est pas né en France a la faculté de répudier la qualité de Français dans les six mois précédant sa majorité et dans les douze mois la suivant.

Le principe est simple : tout enfant, que ses parents soient mariés ou non, mais dont l'un des deux est français, bénéficie de la nationalité française. Auparavant, le texte précisait «légitime ou naturel»: depuis la réforme du

4 juillet 2005, cette précision ne figure plus, mais cela change rien au principe.
Quand un seul de ses parents est français, il se peut que l'enfant qui a ainsi bénéficié de la nationalité française veuille finalement avoir la nationalité de l'autre parent. C'est pourquoi l'enfant peut rejeter sa nationalité 6 mois avant sa majorité et au plus tard 12 mois après.

§2 L'attribution de la nationalité française par la naissance sur le sol français ou la résidence en France

La naissance sur le sol français

Article 19 du Code civil

Est français l'enfant né en France de parents inconnus. [...]

Article 19-1 du Code civil

Est français :
1° L'enfant né en France de parents apatrides;
2° L'enfant né en France de parents étrangers et à qui n'est attribué par les lois étrangères la nationalité d'aucun des deux parents. [...]

Article 19-3 du Code civil

Est français l'enfant, légitime ou naturel, né en France lorsque l'un de ses parents au moins lui-même y est né.

Article 19-4 du Code civil

Toutefois, si un seul des parents est né en France, l'enfant français, en vertu de l'article 19-3, a la faculté de répudier* cette qualité dans les six mois précédant sa majorité ou dans les douze mois la suivant. [...]

L'enfant qui est né en France de parents inconnus, de parents apatrides (c'est-à-dire sans patrie comme les réfugiés) ou encore de parents étrangers mais dont l'un au moins était déjà né en France peut bénéficier de la nationalité française.
Ici encore, lorsqu'un seul des parents est né en France, on offre la possibilité à l'enfant de rejeter (« répudier* ») la nationalité française dans un délai de 6 mois avant sa majorité et au plus tard 12 mois après.

La résidence en France

Article 21-7 du Code civil

Tout enfant né en France de parents étrangers acquiert la nationalité française à sa majorité si, à cette date, il a en France sa résidence et s'il a eu sa résidence habituelle en France pendant une période continue ou discontinue d'au moins cinq ans, depuis l'âge de onze ans. [...]

Cet article concerne les enfants qui, bien que nés en France n'ont pas bénéficié de la nationalité française à la naissance. Dans ce cas, si l'enfant a vécu en France de façon continue entre l'âge de 11 à 16 ans (c'est-à-dire qu'il pouvait partir en vacances à l'étranger mais ne pas vivre essentiellement à l'étranger), alors, il pourra obtenir la nationalité française.

§3 La nationalité par décision de l'autorité publique (« naturalisation »)

Article 21-19 du Code civil

Peut être naturalisé [...] :
1° L'enfant mineur resté étranger bien que l'un de ses parents ait acquis la nationalité française [...]

Nous avons vu qu'il pouvait arriver qu'un parent obtienne la nationalité française sans que l'enfant ne l'ait. Cet article permet justement de faire en sorte que l'enfant et son parent en France puissent avoir la même nationalité.

chapitre 4

L'ENFANT MINEUR DANS SA FAMILLE

La protection de l'enfant mineur, c'est-à-dire âgé de moins de 18 ans est assurée par ses parents. Ils exercent sur lui leur autorité (l'autorité parentale) dans son intérêt. Ils doivent assurer son entretien et son éducation.

I Enfant mineur, enfant majeur et enfant émancipé

§1 Les devoirs de l'enfant à tout âge

Chaque enfant doit honneur et respect à ses parents

Article 371 du Code civil

L'enfant, à tout âge, doit honneur et respect à ses père et mère.

Cet article pose la base des relations qui doivent exister entre un enfant et ses parents. Si cet article existe, cela ne veut pas dire pour autant que tous les problèmes qui peuvent exister entre les parents et les enfants peuvent être tranchés par les tribunaux. **Par exemple**, on considère qu'un parent ne peut pas reprocher à son enfant, devant un tribunal, le fait qu'il n'ait ou ne fasse pas preuve d'affection.
Par contre, on considère qu'un enfant doit « honneur et respect » à ses parents : il doit, par exemple, payer les frais d'obsèques de ses parents si ceux-ci n'avaient pas assez d'argent pour le faire.

Les enfants doivent aider leurs parents dans le besoin quel que soit leur âge

Article 205 du Code civil

Les enfants doivent des aliments à leurs père et mère ou autres ascendants qui sont dans le besoin.

Article 207 du Code civil

Les obligations résultant de ces dispositions sont réciproques. [...]

Les enfants ont le devoir d'aider leur parents dans le besoin

Les enfants ne sont pas tenus de rembourser les sommes que les parents ont déboursé pour leur éducation et ce même si les enfants, devenus majeurs, c'est-à-dire âgés de plus de 18 ans, gagnent bien leur vie.
Par contre, si les parents ou grands-parents sont dans le besoin, c'est-à-dire

en grave difficulté financière, ils peuvent demander aux enfants ou petits-enfants de les aider.
Il faut que les parents (ou les grands-parents) soient dans un réel besoin, et non pas qu'ils aient de simples difficultés temporaires. **Par exemple**, si les parents de Jacques ont des difficultés à payer la facture d'électricité, Jacques peut les aider s'il le veut, mais il n'est pas obligé de le faire, car cette difficulté est unique.

⚠ Une question pratique peut se poser si ce sont les grands-parents qui sont dans le besoin. Qui paie ? les enfants ou les petits-enfants ? Les tribunaux ont considéré que ce sont d'abord les enfants qui doivent payer et que, s'ils n'en ont pas les moyens, alors les petits-enfants devront payer.

⚠ Si le parent a perdu l'autorité parentale sur l'enfant, l'enfant n'est plus tenu d'aider le parent dans le besoin : c'est logique, car d'une certaine façon, il n'y a pas eu de contrepartie.

L'obligation d'aide est réciproque

Inversement, les parents, quel que soit l'âge de leur enfant même s'il est très âgé (par exemple 40 ans) et en grave difficulté, doivent aussi l'aider s'ils le peuvent.

§2 Qu'est-ce qu'un mineur ?

C'est une personne qui n'a pas encore 18 ans

Article 388 du Code civil

Le mineur est l'individu de l'un ou de l'autre sexe qui n'a point encore l'âge de dix-huit ans accomplis.

Avant la Révolution française, on était considéré comme mineur lorsqu'on avait moins de 25 ans. La Révolution avait fixé la majorité à 21 ans, et, ce n'est que depuis 1974 que la majorité est fixée à 18 ans.
Être mineur, cela veut aussi dire qu'on ne peut pas tout faire comme un adulte :
– c'est-à-dire que le droit va donner un certain nombre de protections particulières au mineur. **Par exemple**, un mineur n'est pas poursuivi en justice de la même façon qu'un adulte, il ne peut pas passer des contrats comme le ferait un majeur (par exemple, s'il veut acheter une voiture...) ;
– c'est-à-dire aussi que le mineur ne va pas avoir les mêmes droits : par exemple, un mineur ne pourra pas voter aux élections ;

De façon générale, le mineur ne peut faire aucun acte seul, il doit être accompagné de son représentant légal (c'est-à-dire le plus souvent un parent au moins, parfois les deux...).

Le droit fait une différence selon le mineur

– Le mineur n'a pas du tout les moyens de comprendre les choses (on dit que le mineur n'a pas la capacité de discernement) : c'est le cas du nourrisson ou du très jeune enfant. Le mineur ne peut alors faire aucun acte. C'est évident.
– Le mineur a la faculté de comprendre les choses : c'est le cas de l'enfant de 12 ans, par exemple. On admet qu'il peut faire certains actes, mais il lui faut l'aide de ses parents.

Quand est-ce qu'on a 18 ans?

Si être mineur c'est avoir moins de 18 ans, des petits problèmes pratiques peuvent se poser :
– Comment fait-on pour calculer? Est-ce que j'ai 18 ans le jour même de mon anniversaire? Le lendemain? En réalité, le droit compte par heure, c'est-à-dire que si je suis né le 2 mars 1986 à 16 heures, je serai majeur le 2 mars 2004 à 16 h 01.
– Comment est-ce que je fais si je suis né un 29 février? Le 29 février ne « tombe » que tous les 4 ans, et bien sûr le droit ne va pas attendre que le 29 février revienne pour compter les 18 ans! De ce fait, on considère que l'enfant devient majeur à la fin de la journée du 28 février (quelle que soit l'heure de la naissance de l'enfant).
– Comment fait-on si on ne sait pas l'heure à laquelle l'enfant est né? Dans des cas assez rares, on ne sait pas à quelle heure l'enfant est né (soit parce qu'on a oublié de le noter, soit parce que l'enfant a été trouvé et que de ce fait, on ne peut pas savoir à quelle l'heure l'enfant est né). Si le problème se pose, on va en quelque sorte essayer de « deviner », c'est-à-dire qu'on va prendre des renseignements (témoignages, avis médicaux...). C'est à partir de cette heure ainsi fixée qu'on va calculer.

§3 Les mineurs ne peuvent pas passer un contrat

Article 1124 du Code civil

Sont incapables* de contracter**, dans la mesure définie par la loi : Les mineurs non émancipés. [...]

Un enfant mineur est un enfant qui n'a pas encore 18 ans. Jusqu'à cet âge, on dit qu'il est incapable*, c'est-à-dire qu'il ne peut en général exercer lui-même ses droits : il ne peut passer aucun accord** (contrat) avec quelqu'un d'autre créant des droits et des obligations (par exemple, acheter une maison, prendre un crédit à la banque, etc.). Cette règle permet de protéger l'enfant et permet d'éviter qu'il soit engagé dans des actes alors qu'il n'est pas vraiment mûr et ne peut assumer toutes les conséquences.

Tous les actes passés par le mineur n'ont, en règle générale, aucune valeur en droit, on dit qu'ils sont annulables, c'est-à-dire que le représentant légal (parent(s), tuteur) doit demander au juge de les annuler (ils ne sont pas nuls « automatiquement », il faut que le juge intervienne).

⚠ Passé 18 ans, la personne est majeure et donc « capable » de tous les actes de la vie civile sans l'accord de son représentant légal.

§4 Les actes que le mineur ne peut faire en aucun cas tout seul

*Faire une donation**

Article 903 du Code civil

Le mineur âgé de moins de seize ans ne pourra aucunement disposer* [...].

Article 904 du Code civil

Le mineur parvenu à l'âge de seize ans et non émancipé ne pourra disposer que par testament et jusqu'à concurrence seulement de la moitié des biens dont la loi permet au majeur de disposer.

Toutefois, s'il est appelé sous les drapeaux pour une campagne de guerre, il pourra, pendant la durée des hostilités, disposer de la même quotité que s'il était majeur, en faveur de l'un quelconque de ses parents ou de plusieurs d'entre eux jusqu'au sixième degré, ou encore en faveur de son conjoint survivant.

[...]

Un mineur de moins de 16 ans ne peut pas, en principe, disposer*, c'est-à-dire, en particulier, faire une donation*, (un acte juridique par lequel il donne un bien à une autre personne). C'est le principe. Attention, cela ne veut pas dire qu'un mineur ne peut pas faire de cadeaux d'anniversaire ou de cadeaux de Noël, cela veut dire simplement que pour les dons qui ne sont pas « courants », le mineur de moins de 16 ans ne peut pas les faire (➜ Voir p. 98).

Un mineur qui a 16 ans (et plus) ou qui a été émancipé va pouvoir faire une « donation », mais uniquement sur la moitié de ses biens (dont il a la

disposition). **Par exemple**, si Jean a 17 ans et qu'il a sur son compte 1 000 euros, il pourra décider d'en donner 500 à une association.
À l'occasion de la guerre de 14-18 qui avait envoyé au combat des enfants de 16 ans, on avait fait voter une loi qui permettait (et qui permet toujours) aux enfants de 16 ans et plus de faire un testament (ou une donation) par lequel ils donnent tous leurs biens à la famille (par le sang et par le mariage).

*Accepter une succession**

Article 461 du Code civil

Le tuteur ne peut accepter une succession* échue au mineur que sous bénéfice d'inventaire. [...]

Lorsqu'une personne meurt, elle laisse derrière elle des biens et des dettes : c'est sa « succession »*. Tout ceci (biens et dettes) est transmis aux « héritiers », mais il faut bien faire attention que la valeur des biens soit supérieure à celle des dettes, car sinon, on n'hérite que des dettes. C'est pourquoi la loi prévoit qu'un enfant ne peut pas accepter un « héritage » tout seul : il faut qu'on fasse cette vérification avant, et ce sont ses parents qui devront s'en charger (ou alors le tuteur* de l'enfant, c'est-à-dire la personne qui représente l'enfant notamment si les parents sont décédés).
Par exemple, Jean, père de Jeanne, meurt. Il avait une maison qui valait 100 000 euros mais il devait à une société 200 000 euros. Le tuteur va faire ses comptes et finalement, avec Jeanne, décider de refuser l'héritage.
Bien sûr, s'il est évident que les biens sont supérieurs aux dettes, on pourra se passer de cette vérification.

*Se porter caution**

Article 2018 du Code civil

Le débiteur** obligé à fournir une caution* doit en présenter une qui ait la capacité de contracter [...].

Se porter caution*, c'est le plus souvent accepter de payer à la place de quelqu'un qui ne paye pas ou ne peut pas payer, en espérant être remboursé après. Il faut donc que la personne qui va devoir quelque chose à quelqu'un et qui est donc son « débiteur* », choisisse une autre personne qui a vraiment le droit de se porter caution. Or, un mineur n'en a pas le droit.
Par exemple, si Pierre loue un appartement et ne peut plus payer le loyer,

son frère Yan, qui était caution va devoir payer le loyer à sa place au propriétaire.
Dans la mesure où ceci risquerait de mettre en danger les biens de l'enfant, on interdit aux enfants de se porter caution. Mais un problème pratique a pu se poser : par exemple, si l'enfant a 17 ans, on aurait pu s'arranger pour le faire signer et décider qu'à compter de 18 ans il se porterait caution. Les tribunaux sont intervenus et ont annulé ce type de contrats.

§5 Les actes que le mineur peut faire seul ou pour lesquels son accord est nécessaire

Article 389-3 du Code civil

L'administrateur légal* représentera le mineur dans tous les actes civils, sauf les cas dans lesquels la loi ou l'usage autorise les mineurs à agir eux-mêmes. [...]

Le mineur est représenté, en principe, dans tous les actes de sa vie

L'administrateur légal* est la personne qui détient l'autorité parentale, c'est-à-dire qui a autorité sur l'enfant dans son intérêt (le ou les parent(s) ou son « tuteur » si ses deux parents ne peuvent exercer cette autorité ou sont décédés). L'administrateur légal représente le mineur.

Le mineur peut faire certains actes de la vie courante

Bien sûr, la loi tient compte de la réalité, c'est-à-dire que l'on ne va pas interdire à un enfant de faire tous les actes de la vie courante sous prétexte qu'il n'est pas accompagné de ses parents : par exemple, aller acheter une baguette de pain ou encore faire des courses! Pour tous les actes de la vie courante, le mineur peut agir seul : s'il le veut, il peut donc se rendre seul dans un magasin et acheter des cadeaux d'anniversaire. Mais il faudra que ses cadeaux soient des cadeaux que l'on considère comme « courants » pour un mineur. Si on reprend le même exemple, l'enfant pourra acheter une voiture miniature, mais il ne pourra pas s'acheter une vraie voiture.
Il n'est pas facile de savoir ce qu'est précisément un « acte courant », le juge va regarder précisément à qui il a affaire, quel est le montant de l'achat. **Par exemple**, on a jugé que le fait de donner 600 euros à un garagiste comme un premier versement pour acheter une mobylette qui en coûtait 1 100, n'était pas un acte courant car l'enfant travaillait pour cela depuis 2 ans, c'est dire que l'acte était important pour lui.

Le mineur peut faire certains actes « conservatoires »*

Les tribunaux ont admis la possibilité pour un mineur de faire des actes qui, bien que n'étant pas des actes de la vie courante peuvent tout de même être faits par les mineurs sans l'autorisation de leurs parents. Ce sont des actes qui visent à « conserver », c'est-à-dire à protéger un bien ou un droit que l'enfant a.

Il pourra, par exemple, vouloir sauver un bien (par exemple, un toit s'est envolé sur une maison, un mineur peut demander à ce qu'on vienne le bâcher), il pourra aussi si quelqu'un essaie de lui prendre un bien, saisir le juge pour l'en empêcher, etc.

L'accord du mineur est nécessaire dans certains cas

Pour l'essentiel, ce sont des droits que l'on considère comme très personnels (→ **Voir table des matières**).

Ces droits concernent :

- les nom de famille et prénom ;
- la nationalité ;
- la vie professionnelle ;
- la participation au conseil de famille ;
- le droit d'être entendu en justice ;
- les actes médicaux pouvant lui être pratiqués.

§6 Le mineur et la banque

Le livret

Article L. 221-4 du Code monétaire et financier

Les mineurs sont admis à se faire ouvrir des livrets sans l'intervention de leur représentant légal. Ils peuvent retirer sans cette intervention, mais seulement après l'âge de seize ans révolus, les sommes figurant sur les livrets ainsi ouverts, sauf opposition de la part de leur représentant légal.

Les livrets se distinguent des comptes chèques par le fait qu'on n'a pas de « chéquier » pour un livret. On peut avoir une carte de retrait. Les livrets sont destinés à permettre le dépôt des économies des mineurs, ces économies étant rémunérées (c'est-à-dire qu'en échange de leur dépôt, on touche des « intérêts »). **Par exemple**, si Fabien a déposé 1000 euros sur son livret jeune, si le taux pour le livret jeune est de 5 %, s'il ne touche pas à cette somme pendant un an, il touchera l'année d'après 50 euros d'intérêts.

L'ouverture d'un livret par un mineur peut être faite sans l'accord des parents, mais dans la pratique il est bien sûr préférable que les parents aident l'enfant. Les dépôts sur le livret peuvent être faits par le mineur même s'il n'est pas accompagné. Par contre, pour ce qui est des retraits, le mineur doit être accompagné de ses parents s'il a moins de 16 ans. S'il a plus de 16 ans, il pourra faire des retraits tout seul des sommes se trouvant sur son livret si ses parents ne s'y opposent pas.

Le compte chèques

L'ouverture d'un compte chèques

En principe, pour pouvoir ouvrir un compte, le mineur doit être assisté de son représentant légal, c'est-à-dire le plus souvent de ses parents. La raison a déjà été donnée : le mineur est un « incapable », c'est-à-dire qu'il ne peut faire aucun acte seul, sauf à être assisté par ses parents. Le plus souvent, on peut ouvrir un compte chèques à partir de l'âge de 11 ans (mais attention, il faut lire attentivement le contrat pour savoir si la responsabilité des parents ne peut pas être engagée, notamment en cas de découvert bancaire).

⚠ L'ouverture d'un compte pour un mineur n'est pas une obligation légale mais une incitation des banques : les parents peuvent ou non accepter d'ouvrir un compte pour leur enfant. Ils sont tout à fait libres de leur choix. Par exception, l'ouverture d'un compte pour un mineur est obligatoire lorsque le mineur reçoit des capitaux (art. 453 du Code civil).

§7 Le mariage du mineur

Les parents doivent autoriser le mariage d'un mineur

Article 148 du Code civil

Les mineurs ne peuvent contracter mariage sans le consentement de leurs père et mère ; en cas de dissentiment entre le père et la mère, ce partage emporte consentement.

Le principe est que les enfants mineurs doivent avoir l'accord de leurs parents pour pouvoir se marier. Les filles (depuis 2005) – afin d'éviter les mariages forcés – ne peuvent comme les garçons se marier qu'à partir de l'âge de 18 ans, c'est-à-dire qu'à partir du moment où ils ne sont plus mineurs.

Si un seul des parents ne veut pas que le mineur se marie, le principe est qu'il va tout de même pouvoir se marier. En fait, la situation est différente selon

que l'enfant est issu d'un couple marié, d'un couple non marié ou d'un couple qui l'a adopté.
– **Si l'enfant est issu d'un couple marié** : pour se marier, l'enfant doit avoir l'accord d'au moins l'un de ses parents. Si un des parents est décédé, il lui faudra impérativement l'accord du parent restant.
– **Si l'enfant est issu d'un couple non marié** : il faudra l'accord d'au moins un des parents qui a reconnu l'enfant. Si un seul l'a reconnu (ou s'il avait été reconnu par les deux mais que l'autre parent est décédé), il faudra obligatoirement l'accord de ce parent.
– **Si l'enfant a été adopté** : il faudra l'accord de ses parents adoptifs ou au moins de l'un des deux.
Ainsi donc, si l'enfant a un âge suffisant et si ses parents sont d'accord (selon ce que l'on vient de dire), l'enfant va pouvoir se marier comme le ferait un adulte.

Les parents ne choisissent pas le mari ou l'épouse

Article 146 du Code civil

Il n'y a pas de mariage lorsqu'il n'y a point de consentement.

Contrairement à ce qui a pu se faire dans le passé, il n'est pas possible de marier deux personnes qui ne le veulent pas. Autrement dit, si des mineurs veulent se marier, ils se choisissent l'un l'autre, et ce ne sont pas les parents qui le font à leur place.
L'article 180 du Code civil dans sa nouvelle rédaction (qui fait suite à la loi relative à la lutte contre les violences au sein du couple ou contre les mineurs) est venu préciser que la contrainte exercée par l'un des ascendants (c'est-à-dire les père ou mère, grand-père ou grand-mère) est un cas de nullité du mariage (c'est-à-dire qu'on peut le contester devant le juge). Bien plus, la nouvelle loi prévoit que dans ce cas, le ministère public, c'est-à-dire le procureur, pourra lui-même demander la nullité du mariage.
Les parents ne peuvent pas forcer le mariage. Et s'ils le faisaient, le mariage serait annulable. On se doute bien que si les parents ont réussi à forcer Lucie à se marier, alors, elle aura du mal, toute seule, à demander l'annulation du mariage. Dans ce cas, elle pourra simplement informer le procureur de la situation et ainsi, le procureur, pourra lui-même demander l'annulation du mariage.

§8 Un enfant mineur peut être « émancipé », c'est-à-dire devenir un « adulte » avant l'âge de 18 ans

Les cas où l'enfant peut être émancipé

L'enfant mineur se marie

Article 476 du Code civil

Le mineur est émancipé de plein droit par le mariage.

Les garçons comme les filles ne peuvent se marier avant l'âge de 18 ans, sauf consentement de l'un des deux parents (➜ **Voir p. 100**). Le mariage vaut donc émancipation.

À la demande des parents, si l'enfant a atteint l'âge de 16 ans

Article 477 du Code civil

Le mineur, même non marié, pourra être émancipé lorsqu'il aura atteint l'âge de 16 ans révolus.
Après audition du mineur, cette émancipation sera prononcée, s'il y en a de justes motifs*, par le juge de tutelles, à la demande des père et mère ou de l'un d'eux.
Lorsque la demande sera présentée par un seul des parents, le juge décidera, après avoir entendu l'autre, à moins que ce dernier soit dans l'impossibilité de manifester sa volonté.

Lorsque les parents décident de demander au juge qu'il prononce l'émancipation, l'enfant doit avoir au moins 16 ans. Il faut que les deux parents en fassent la demande (en principe), et le juge devra parler à l'enfant avant de dire si oui ou non il pense qu'il est possible d'émanciper l'enfant. En fait, c'est très important de voir l'enfant, car le risque c'est que les parents veuillent émanciper l'enfant pour des motifs qui n'ont rien à voir avec l'intérêt de l'enfant : pour « avoir la paix », c'est-à-dire ne plus être responsable de leur enfant. Or, l'émancipation doit avant tout servir l'enfant : on n'émancipe pas un enfant parce qu'il est simplement turbulent, mais pour de justes motifs*, c'est-à-dire parce qu'il est mûr et capable d'avoir des responsabilités comme un adulte (ou presque). La demande d'émancipation pourra être faite par un seul parent, dans ce cas l'autre parent sera entendu par le juge.

L'enfant est orphelin

Le juge peut décider de l'émancipation d'un orphelin à la demande du conseil de famille.

Les effets de l'émancipation

Le mineur émancipé est un adulte aux yeux de la société

Article 481 du Code civil

Le mineur émancipé est capable, comme un majeur, de tous les actes de la vie civile. [...]

Article 482 du Code civil

Le mineur émancipé cesse d'être sous l'autorité de ses père et mère.
Ceux-ci ne sont pas responsables de plein droit*, en leur seule qualité de père ou de mère, du dommage qu'il pourra causer à autrui postérieurement à son émancipation.

Lorsqu'un enfant n'est pas émancipé, on a vu que ses parents avaient sur lui un pouvoir de « commandement » (l'autorité parentale), c'est-à-dire un pouvoir de lui donner des ordres et de le protéger. Lorsque l'enfant est émancipé, il n'est plus soumis à ce commandement, ce qui veut dire notamment qu'il fait « ce qu'il veut », même si ses parents ne sont pas d'accord avec lui.
Étant un « adulte avant l'âge », on considère que les parents ne sont plus responsables* financièrement des actes du mineur émancipé. En effet, en principe lorsqu'un enfant dégrade quelque chose, ce sont les parents qui doivent payer. Si l'enfant est émancipé, c'est l'enfant lui-même qui devra payer. Attention : si par contre les parents aident l'enfant à commettre cette bêtise, les parents seront également responsables.

Mais il ne l'est pas complètement...

– Par exception : le mineur émancipé doit toujours avoir l'autorisation de ses parents pour se marier ou être adopté.
– Le mineur qui est émancipé ne peut pas voter : il doit attendre d'avoir 18 ans.
– Le mineur émancipé ne peut pas être commerçant.

II Les droits et les devoirs des parents envers les enfants : l'autorité parentale

§1 L'autorité parentale : définition

L'autorité des parents s'exerce dans l'intérêt de l'enfant

Article 371-1 du Code civil

L'autorité parentale est un ensemble de droits et de devoirs ayant pour finalité l'intérêt de l'enfant.
Elle appartient aux père et mère jusqu'à la majorité ou l'émancipation de l'enfant pour le **protéger dans sa sécurité, sa santé et sa moralité,** pour assurer son éducation et permettre son développement, dans le respect dû à sa personne.
Les parents associent l'enfant aux décisions qui le concernent selon son âge et son degré de maturité.

Si les parents prennent des décisions au nom de l'enfant, ils ne peuvent le faire que dans l'intérêt de l'enfant. On verra que parfois les intérêts de l'enfant peuvent entrer en conflit avec les intérêts des parents.
Par exemple, si un enfant possède un patrimoine important et que le père gère ses biens et décide de faire investir l'enfant dans sa société, on considère qu'il y a là un risque de conflit d'intérêt : le père peut vouloir profiter de l'argent de son fils pour le bien de sa société, et non pas forcément pour le bien de son enfant.
Les parents doivent essayer, autant que possible de faire participer l'enfant aux décisions de sa vie, c'est-à-dire qu'ils doivent s'efforcer de ne pas prendre des décisions sans son accord. Toutefois, ils restent ses parents et donc seuls capables de décider en dernier recours, même si l'enfant s'oppose à une décision (sauf exception prévue par la loi : par exemple, les parents ne peuvent pas imposer à une jeune fille de 16 ans de se marier si elle ne le veut pas ➜ Voir p. 101).

Pour les décisions de la vie courante concernant l'enfant, les parents sont censés agir en accord l'un avec l'autre

Article 372-2 du Code civil

À l'égard des tiers* de bonne foi**, chacun des parents est réputé agir avec l'accord de l'autre, quand il fait seul un acte usuel de l'autorité parentale relativement à la personne de l'enfant.

Cet article vient poser une règle très « pratique » pour les parents. Si en effet ce sont les deux parents qui exercent ensemble l'autorité parentale, il n'est pas nécessaire qu'ils soient toujours ensemble pour prendre une décision concernant le mineur.
La loi est venue poser le principe suivant lequel si l'acte est un acte usuel (c'est-à-dire courant et donc sans gravité) un seul parent peut prendre au nom des deux les décisions concernant la personne de l'enfant. Comme on l'a vu, pour les décisions graves l'accord des deux parents est nécessaire (opération chirurgicale importante). Mais pour les actes de la vie courante (inscription à un sport), le parent est censé agir avec l'accord de l'autre parent vis-à-vis du « tiers » *, c'est-à-dire des personnes étrangères à la famille, ici la personne qui est responsable du club sportif. S'il croyait donc vraiment que l'autre parent était d'accord pour être inscrit à son club et qu'il était de « bonne foi** », l'autre parent ne pourra rien lui reprocher.

§2 La garde et la surveillance de l'enfant est assurée par ses parents

Le principe

Article 371-3 du Code civil

L'enfant ne peut, sans permission des père et mère, quitter la maison familiale et il ne peut en être retiré que dans les cas de nécessité que détermine la loi.

L'enfant est tenu de vivre chez ses parents. Si la loi pose ce principe, c'est dans l'intérêt de l'enfant. À cette garde de l'enfant, s'ajoute le pouvoir des parents de surveillance en particulier dans les relations qu'il a avec les autres. On suppose que les parents veulent le bien de l'enfant et que, s'il quitte le foyer familial, il est « en danger » car trop jeune pour affronter les risques de la vie extérieure. C'est pour cela que le mineur qui a fait une fugue sera recherché pour être ramené à son domicile.
Le domicile d'un mineur a une importance particulière. Avoir un domicile, c'est avoir une adresse, un endroit où le courrier peut arriver. C'est cette adresse que l'enfant donne au moment de son inscription à l'école, c'est aussi en fonction de cette adresse que l'enfant sera ou non admis à s'inscrire à l'école.
Mais, si le mineur est en danger chez ses parents (si par exemple, ses parents s'occupent très mal de lui ou s'ils sont violents avec lui), la loi admet que l'enfant puisse être confié à un centre spécialisé par une décision du juge.

La fugue et ses conséquences

Article 108-2 du Code civil

Le mineur non émancipé est domicilié chez ses père et mère.
Si les père et mère ont des domiciles distincts, il est domicilié chez celui des parents avec lequel il réside.

Dans une définition très large et au sens le plus courant, la fugue est le fait pour le mineur de s'absenter d'un lieu où il est censé se trouver (qu'il s'agisse du domicile familial, de l'école, du cours de piano, du cours de danse…), et, plus spécifiquement, de se soustraire à l'autorité de son représentant légal ou de son gardien (parents, institution…). **Par exemple**, Jerry, qui s'est disputé avec ses parents parce qu'ils ne voulaient pas qu'il se rende à un anniversaire et qui quitte le domicile familial, est considéré comme fugueur.
La fugue est considérée comme une disparition d'enfant, ce qui veut dire que si le mineur a quitté anormalement le domicile familial, les parents pourront demander à la police de le rechercher.
Lorsque le mineur est retrouvé, trois possibilités s'offrent au procureur.
– La première solution consiste à « classer sans suite » (c'est-à-dire à ne pas poursuivre les parents), si aucun élément ne permet de penser que le mineur est en danger. **Par exemple**, Fred, ne faisant l'objet d'aucun mauvais traitement et étant parti « sur un coup de tête », sera remis aux mains de ses parents et ses parents ne seront pas inquiétés.
– La deuxième solution consiste à saisir un service éducatif pour vérifier les conditions et le contexte familial (par exemple, si c'est la quatrième fois que Fred fugue, une enquête va être faite pour essayer de savoir pourquoi il a tendance à fuguer ; cette enquête doit permettre de trouver une solution à ce problème).
– Enfin, la dernière solution va consister à prendre une mesure de protection, voire de placement, en cas de danger et d'absence de solution familiale (cas où l'enfant a pris la fuite, par exemple, parce que ses parents le battaient).

§3 Les limites au droit de garde de l'enfant

Les relations avec les grands-parents

Article 371-4 du Code civil

L'enfant a le droit d'entretenir des relations personnelles avec ses ascendants*. Seuls des motifs graves peuvent faire obstacle à ce droit. […]

Cet article pose le principe suivant lequel l'enfant a un véritable droit à connaître ses grands-parents* mais surtout à pouvoir entretenir des relations avec eux. Le plus souvent, l'enfant verra ses grands-parents sans qu'il soit nécessaire de saisir le juge, simplement à l'occasion de réunions de famille. Mais, il se peut, par exemple, que les parents soient fâchés avec les grands-parents et qu'en conséquence, l'enfant ne les voie pas, ou presque pas. Dans ce cas, les grands-parents pourront saisir le juge afin de se voir reconnaître un droit de visite de l'enfant. L'enfant sera amené à donner son avis, mais, ce n'est pas son avis qui, à lui seul, permettra au juge de prendre sa décision. On admet en effet que l'opinion de l'enfant peut être manipulée par ses parents.

Ce droit de visite ne sera accordé que s'il y a un intérêt pour l'enfant, c'est-à-dire si les grands-parents demandent à avoir ce droit de visite bien pour voir l'enfant et non pas pour une autre raison.

Par exemple, si l'enfant n'a jamais vu ses grands-parents et qu'il est déjà âgé (17 ans), le juge aura tendance à refuser ce droit, sauf si bien sûr il pense que c'est dans l'intérêt de l'enfant. Le juge hésitera car le fait que les grands-parents fassent un procès alors que l'enfant va être bientôt majeur (et donc libre de voir qui il veut) peut laisser penser qu'ils le font seulement dans le but d'ennuyer les parents et de leur faire subir un procès.

Le juge cherchera à savoir aussi s'il n'y a pas un risque pour l'enfant à rencontrer ses grands-parents (risque physique ou psychologique).

Par exemple : le juge refusera de donner un droit de visite à des grands-parents qu'il estime « indignes » (s'ils sont fréquemment vus sur la voie publique en état d'ébriété et que du fait de cet état ils n'ont jamais pu aller chercher les enfants à l'école par exemple), ou encore incapables de gérer l'enfant (s'ils ne peuvent pas prendre en charge l'enfant car leurs facultés mentales ne le permettent pas).

Si par contre les grands-parents n'ont que de simples difficultés liées à leur âge (difficulté à s'occuper d'un enfant en bas âge du fait qu'ils ont des difficultés à se déplacer, par exemple), le juge pourra prendre des mesures spéciales afin que, malgré tout, les grands-parents puissent voir leurs petits-enfants. **Par exemple** : il pourra organiser la rencontre dans le cadre d'un centre spécialisé.

L'existence d'une « brouille » entre les parents et les grands-parents n'est donc pas, en principe, un motif suffisant pour « couper » toute relation entre l'enfant et ses grands-parents. Par exception, et parce qu'en matière de droit de l'enfant on accorde la première place à l'intérêt de l'enfant, si cette brouille a des effets extrêmement importants sur l'enfant, il se peut que le juge soit amené à considérer qu'il vaut mieux ne pas reconnaître un droit de visite aux grands-parents afin de préserver une certaine tranquillité à l'enfant. Cette situation est toutefois rare.

Les relations avec les frères et sœurs

Article 371-5 du Code civil

L'enfant ne doit pas être séparé de ses frères et sœurs, sauf si cela n'est pas possible ou si son intérêt commande une autre solution. S'il y a lieu, le juge statue sur les relations personnelles entre les frères et sœurs.

L'article 371-4 a reconnu un véritable droit à l'enfant de connaître ses ascendants (parents et grands-parents), mais il ne parlait pas des frères et sœurs. Cet article le complète et pose le principe suivant lequel les enfants doivent être tous regroupés. Si les parents vivent ensemble, le problème ne se posera pas, mais là où les problèmes vont apparaître, c'est si les parents se séparent ou divorcent. Dans ce cas, les parents devront s'efforcer de regrouper tous les enfants chez le même parent, et lorsque c'est l'autre parent qui aura les enfants, il les aura tous « en même temps », et non pas séparément.

Par exemple, s'il y a deux enfants, chaque parent aura soit d'un coup les deux enfants, soit aucun. Les enfants pourront donner leur avis, même si cet avis n'est qu'indicatif.

Par exception, le juge pourra décider de ne pas maintenir les enfants groupés. Il ne le fera que s'il y a un intérêt pour au moins un enfant. **Par exemple**, si sur deux frères l'un est en conflit avec sa mère et l'autre est en conflit avec son père : là, le juge ne pourra pas faire autrement que de confier un enfant à chaque parent.

Les relations avec d'autres personnes

Article 371-4 du Code civil

[...] Si tel est l'intérêt de l'enfant, le juge aux affaires familiales fixe les modalités des relations entre l'enfant et un tiers, parent ou non.

L'article pose aussi le principe plus large selon lequel le juge peut être saisi pour permettre à toute personne, membre de la famille ou non, de voir l'enfant s'il y a un intérêt pour l'enfant.

On peut citer quelques exemples :

– Cela peut être le cas des oncles et tantes qui ont eu une certaine relation affective avec l'enfant.

– Cela peut être le cas d'un compagnon de la mère de l'enfant (compagnon qui n'est pas le père de l'enfant) mais avec qui l'enfant a établi des liens solides, notamment parce que la mère a vécu longtemps avec lui avant de le quitter. **Par exemple**, Céline et Jean ont vécu ensemble après la séparation. d'Ophélie. Béatrice, la fille de Céline s'entendait bien avec Jean, qu'elle considérait un peu comme son père vu qu'il l'avait élevée pendant 9 ans. Dans ce cas, bien qu'il ne soit pas un membre de la famille de Béatrice, Jean pourra avoir un droit de visite.
– Cela peut être aussi le cas des demi-frères et demi-sœurs. **Par exemple**, Céline a eu d'un premier mariage Béatrice. Elle s'est mariée avec Paul. Paul avait lui-même eu un fils, Pierre. Béatrice est la demi-sœur de Pierre et Pierre est le demi-frère de Béatrice. Si par la suite, Céline se sépare de Paul, Pierre pourra avoir un droit de visite à l'égard de Béatrice, alors même qu'il n'est pas un membre de la famille de Béatrice.

§4 L'ÉDUCATION ET LA SANTÉ DE L'ENFANT

Article 371-1 du Code civil (rappel)

L'autorité parentale est un ensemble de droits et de devoirs ayant pour finalité l'intérêt de l'enfant.
Elle appartient aux père et mère jusqu'à la majorité ou l'émancipation de l'enfant [...], pour assurer son éducation et permettre son développement, dans le respect dû à sa personne.

L'éducation de l'enfant

L'autorité parentale (➜ **Voir** p. 104) inclut le pouvoir de décider de l'éducation de l'enfant. Par exemple, le choix de l'établissement scolaire est fait par les deux parents. De même ils décident ensemble de son éducation religieuse (s'ils ne sont pas d'accord sur la religion que doit adopter l'enfant, il est possible de saisir le juge).
Par ailleurs, afin de faire respecter leurs décisions, les parents peuvent exercer un pouvoir disciplinaire (une sorte de « droit de correction ») qui est toléré par le droit car considéré comme « coutumier ». Ceci veut dire qu'une simple gifle ne constitue pas une violence sur un enfant, mais, si ce pouvoir est exercé de façon exagérée, comme cela a été jugé pour le fait de gifler un enfant de 6 ans puis de lui plonger la tête dans la cuvette des WC et de tirer la chasse d'eau, les parents seront condamnés sévèrement. Plus généralement, les violences faites contre les mineurs sont punies beaucoup plus sévèrement que celles contre les adultes (➜ **Voir** p. 412 et s.).

La santé de l'enfant

De même, seuls les parents peuvent décider ensemble de faire pratiquer une opération sur un enfant mineur. Un problème pratique peut toutefois se poser comme on l'a vu : que faire si les parents ne sont pas là pour donner leur accord ? On distingue différentes hypothèses :
– soit il y a urgence : dans ce cas, le médecin peut décider de pratiquer l'opération ;
– soit il n'y a pas urgence, alors le médecin doit essayer d'avoir l'accord des parents. Dans la mesure où bien sûr les parents peuvent ne pas être présents (cas où les parents travaillent très loin de l'hôpital, ou bien si l'enfant est hospitalisé à l'occasion d'un séjour loin de ses parents), le médecin pourra faire signer par avance une autorisation d'opérer.
Un autre problème peut se poser : que se passe-t-il si les parents ne veulent pas faire pratiquer l'opération ? Là encore, la solution est logique : si la santé de l'enfant est en jeu, le médecin pourra saisir le procureur (le magistrat qui est chargé des poursuites) pour que ce juge ordonne une mesure d'aide à l'enfant (on parle d'assistance éducative).

⚠ Notons aussi qu'une jeune fille peut décider seule de procéder dans les délais prévus par la loi de subir une interruption volontaire de grossesse (un avortement) à condition d'être accompagnée d'une personne majeure (➜ Voir p. 397).

III L'exercice de l'autorité parentale

§1 Les deux parents sont mariés ou vivent ensemble

Article 372 du Code civil

Les père et mère exercent en commun l'autorité parentale.
Toutefois, lorsque la filiation est établie à l'égard de l'un d'entre eux plus d'un an après la naissance d'un enfant dont la filiation est déjà établie à l'égard de l'autre, celui-ci reste seul investi de l'exercice de l'autorité parentale. Il en est de même lorsque la filiation est judiciairement déclarée* à l'égard du second parent de l'enfant. [...]

Les deux parents exercent en commun l'autorité parentale

La loi précise, qu'en principe, ce sont les deux parents (le père et la mère) qui ensemble exercent l'autorité parentale. Ceci ne veut pas dire pour

autant qu'il faut tout le temps l'accord des deux parents pour toute décision concernant l'enfant : on a vu la différence selon que les actes en question sont très importants ou moins importants (**→ Voir p. 104 et s.**).
Si la loi précise que ce sont les deux parents qui exercent, en principe, l'autorité parentale, la situation est en pratique un peu différente selon que l'enfant est issu d'un couple marié ou non.
Si le couple est marié, l'enfant (que l'on appelle « enfant légitime »), est automatiquement soumis à l'autorité parentale de son père et de sa mère.
Si le couple n'est pas marié, seul le parent qui l'a reconnu avant son premier anniversaire exerce l'autorité parentale sur l'enfant (que l'on appelle alors « enfant naturel »). Ceci veut dire, par exemple, que si le père de l'enfant ne voulait pas reconnaître l'enfant au départ et qu'il se décide à le faire 2 ans après la naissance de l'enfant, il ne pourra pas exercer l'autorité parentale sur l'enfant, du moins en principe.
La loi fait également référence à « la filiation judiciairement établie* ». Par cette expression, il faut comprendre tous les cas où c'est le juge qui dit que tel enfant est le fils de telle personne. **Par exemple**, ça peut être le cas d'un parent qui ne reconnaît pas son enfant et dont la mère fait (au nom de son enfant) un procès pour établir la paternité. Cette situation suit le même traitement que les couples non mariés (deuxième cas).

Les exceptions

Article 372 du Code civil

L'autorité parentale pourra néanmoins être exercée en commun en cas de déclaration conjointe des père et mère devant le greffier* en chef du tribunal de grande instance ou sur décision du juge aux affaires familiales.

Par exception, la loi a prévu le cas des parents qui, bien qu'ils n'aient pas reconnu l'enfant aussitôt veulent tout de même exercer l'autorité parentale : il leur est possible d'exercer l'autorité parentale sur l'enfant dans deux cas :
– soit le parent se présente au tribunal (devant un agent qu'on appelle « greffier * », c'est-à-dire un agent administratif du tribunal et non un juge) avec l'autre parent. Ceci va correspondre au cas où, par exemple, le père ne savait pas qu'il avait un enfant parce qu'il avait été éloigné de la mère, du fait de son travail. Dans ce cas, il y a de fortes chances que la mère soit prête à reconnaître au père le droit d'exercer avec elle l'autorité parentale ;
– soit le parent saisit le juge aux affaires familiales (cas où la mère ne veut pas que le père exerce avec elle l'autorité parentale). Cela peut corres-

pondre à différents exemples, et en particulier celui de la mère qui veut un enfant, mais qui ne veut pas de père pour son enfant. Dans ce cas, la mère va cacher l'enfant au père (elle quitte le père et cache sa grossesse), celui-ci ne pouvant le reconnaître dans les délais. Finalement, le père va être informé de cette naissance. En conséquence, s'il veut exercer son autorité parentale sur l'enfant, il pourra saisir le juge.

§2 Les parents sont séparés ou divorcés

En principe, les deux parents continuent à exercer ensemble l'autorité parentale

Article 373-2 du Code civil

La séparation des parents est sans incidence sur les règles de dévolution* de l'exercice de l'autorité parentale. [...]

Le fait que les parents se séparent ou divorcent n'a, en principe, pas de conséquence sur la dévolution* de l'autorité parentale, c'est-à-dire son attribution : elle continue d'être exercée comme elle l'était avant la séparation, c'est-à-dire :
– en principe, ce sont toujours les deux parents qui exercent l'autorité parentale sur l'enfant ;
– si seul l'un des deux exerçait l'autorité parentale, c'est ce même parent qui continue de l'exercer (➜ Voir p. 110).
C'est très important ; pour les décisions essentielles, l'accord des deux parents est nécessaire, or, si les parents sont séparés, il faudra qu'ils se réunissent pour donner leur accord. Par exemple, s'il faut autoriser une opération chirurgicale lourde, l'accord des deux parents sera nécessaire.

Même en cas de séparation, l'enfant a le droit de voir ses deux parents

Article 373-2 du Code civil

[...] Chacun des père et mère doit maintenir des relations personnelles avec l'enfant et respecter les liens de celui-ci avec l'autre parent. [...]

La séparation des parents peut être plus ou moins douloureuse : si, par exemple, la mère a demandé le divorce parce que son mari la trompait régulièrement, elle peut avoir contre le père une certaine rancœur. Elle aura tendance alors à « faire payer » son mari en lui refusant le droit de voir l'enfant ou en le critiquant systématiquement. Le code est venu rappeler un principe simple : quelles que soient les relations entre les père et mère (bonnes ou mauvaises), chacun des parents a le droit d'avoir des relations personnelles avec l'enfant, c'est-à-dire que chacun a le droit de voir l'enfant, mais aussi, en principe de le recevoir chez lui.

Le changement de résidence de l'un des parents

Article 373-2 du Code civil

[...] Tout changement de résidence de l'un des parents, dès lors qu'il modifie les modalités d'exercice de l'autorité parentale, doit faire l'objet d'une information préalable et en temps utile de l'autre parent. En cas de désaccord, le parent le plus diligent saisit le juge aux affaires familiales qui statue selon ce qu'exige l'intérêt de l'enfant. Le juge répartit les frais de déplacement et ajuste en conséquence le montant de la contribution à l'entretien et à l'éducation de l'enfant.

Si les parents sont séparés, ils vivent dans des domiciles différents. Si le droit peut faire en sorte que ce soient les deux parents qui continuent d'exercer l'autorité parentale, il demeure un problème pratique : comment les parents vont-ils pouvoir prendre des décisions pour l'enfant s'ils ne vivent pas ensemble ? Comment le parent pourra-t-il avoir lui aussi l'enfant chez lui si l'autre parent a déménagé et n'a rien dit ? La loi est venue créer une obligation importante : lorsqu'un des parents déménage, il doit avertir l'autre parent suffisamment à l'avance. Cette obligation est même renforcée par une peine d'amende et de prison.

Exceptionnellement, un seul des deux parents peut exercer l'autorité parentale

Article 373-2-1 du Code civil

Si l'intérêt de l'enfant le commande, le juge peut confier l'exercice de l'autorité parentale à l'un des deux parents.

L'exercice du droit de visite et d'hébergement ne peut être refusé à l'autre parent que pour des motifs graves. [...]

L'autorité parentale peut être confiée à un seul des deux parents

On pense que le mieux pour l'enfant, c'est que les deux parents exercent ensemble l'autorité parentale. Mais, dans certaines situations, il peut être préférable qu'un seul des parents l'exerce. Pour savoir quelle est la meilleure solution pour l'enfant :

– On lui demandera son avis s'il est capable d'en donner un qui soit raisonnable, mais ce n'est pas l'avis de l'enfant qui fera la décision : le juge prendra d'autres éléments en compte pour décider.

– On essaiera de déterminer quel est le parent qui est le plus apte à remplir ses devoirs envers l'enfant, ce qui veut dire que le juge donnera l'autorité parentale à un seul des parents si l'autre ne s'occupe pas du tout de l'enfant. **Par exemple**, si la mère s'est remariée et ne s'occupe que de son nouveau foyer et qu'elle agit comme si son enfant n'existait pas, c'est le père qui aura seul l'autorité parentale.

– On regardera quels sont les accords qui avaient été conclus entre les parents pourvu qu'ils respectent l'intérêt de l'enfant (→ Voir p. 119).

– On prendra en compte les résultats des « enquêtes sociales ». En effet, le juge, pour prendre la meilleure décision pour la vie de l'enfant, peut décider de faire effectuer par les services sociaux une « enquête » sur son éducation… Cela va lui permettre de savoir ce qui lui semble le mieux pour l'enfant.

Par contre, le fait qu'il existe un conflit entre les parents (c'est-à-dire si la séparation se passe mal), n'entraîne pas automatiquement que l'autorité parentale soit exercée par un seul parent. Il faut que ce conflit ait des conséquences négatives sur l'enfant. **Par exemple**, si les parents sont tellement différents et ont des modes de vie volontairement différents – par rivalité – le juge va considérer que l'enfant risquera de perdre ses repères. Il donnera alors l'autorité parentale à l'un des parents.

De la même façon, le fait que les parents vivent éloignés l'un de l'autre n'entraîne pas automatiquement l'attribution de l'autorité parentale à un seul parent. Ce n'est pas parce que les parents ne vivent pas au même endroit qu'ils ne sont pas capables de prendre des décisions importantes pour l'enfant.

Le fait qu'un parent soit homosexuel n'a pas pour conséquence qu'on doive lui refuser l'exercice de l'autorité parentale. C'est ainsi que si un père était d'abord marié puis a divorcé car il est devenu homosexuel, ce père pourra continuer d'exercer l'autorité parentale.

Le droit de visite et d'hébergement

Le droit de visite et d'hébergement est la conséquence du droit d'entretenir des relations personnelles avec l'enfant. Il existe au profit de tous les parents, que ceux-ci aient ou non l'autorité parentale.

Le parent qui n'a pas l'enfant (ou n'a pas l'autorité parentale) a tout de même un droit de visite (c'est-à-dire le droit de voir l'enfant) et d'hébergement (c'est-à-dire le droit de recevoir l'enfant chez lui). Là encore, en principe le parent a ce droit, sauf s'il existe un « motif grave », c'est-à-dire une

raison importante pour lui refuser ce droit. Les cas sont assez proches de ceux refusant de donner au parent l'autorité parentale.
Souvent, s'il y a un problème, le juge va essayer de préserver au moins le droit de visite, c'est-à-dire de faire en sorte que l'enfant puisse tout de même voir l'autre parent.

Le refus d'hébergement

Les raisons qui font que l'on va refuser un droit d'hébergement et éventuellement un droit de visite sont très différentes et chaque situation fait l'objet d'une étude par le juge. On peut citer quelques exemples :
– Bien sûr, si le parent ne s'intéresse pas du tout à l'enfant et ne s'y est jamais intéressé et que tout à coup il veut voir l'enfant et le recevoir uniquement dans le but de gêner l'autre parent, on considérera qu'il n'y a pas de raison de lui reconnaître ce droit. C'est le cas par exemple du père qui n'a reconnu l'enfant que très tardivement et qui demande à avoir un droit de visite et d'hébergement alors que l'enfant a un peu plus de 16 ans.
– Il en va de même si le parent a des comportements sexuels qui risquent de mettre en danger l'équilibre de l'enfant.
– Le fait que le père, par exemple, soit alcoolique ne conduit pas automatiquement au refus d'un droit de visite et d'hébergement.
– Le fait que l'un des parents ait un passé judiciaire (c'est-à-dire qu'il ait été condamné par la justice) n'a pas non plus pour conséquence de lui refuser automatiquement un droit de visite et d'hébergement. Tout va dépendre de la gravité des actes et de l'image que le parent donne à l'enfant (s'il a toujours caché son passé et a montré au contraire à son enfant l'image d'un bon parent, on essaiera de lui conserver au moins le droit de visite).
– Si un des parents est très pauvre, cela ne veut pas dire non plus qu'on doive lui refuser le droit de visite. Par exemple, si la mère vit dans un tout petit appartement mais qu'elle peut tout de même y recevoir l'enfant, il n'y a pas de raison de lui refuser ce droit.
– Si le parent vit dans des conditions de saleté telles qu'elles risquent de mettre en danger la santé de l'enfant, il n'y a pas lieu de lui reconnaître un droit d'hébergement et il faut lui reconnaître uniquement un droit de visite (au plus) dans un milieu protégé.
– De la même façon, si un des parents appartient à une secte, cela ne veut pas dire que le parent ne puisse pas recevoir l'enfant. Si par exemple, le père est membre d'une secte, il peut tout à fait recevoir son enfant, pourvu bien sûr que ceci ne risque pas de remettre en cause la santé, la sécurité ou la moralité de l'enfant. Si par contre la secte en question fait courir un risque pour la santé de l'enfant (par exemple elle est favorable à des abus sexuels

sur les enfants), il est logique de refuser le droit d'hébergement et d'encadrer le droit de visite.

Le droit de visite

Des problèmes très pratiques peuvent se poser pour l'organisation du droit de visite :
– Est-ce que la mère peut s'opposer au droit de visite le mercredi après-midi car à ce moment-là l'enfant fait ses activités sportives ? Non, car le juge considère qu'il est plus important de voir son père que de faire du sport et que l'enfant peut trouver un autre horaire pour en faire.
– Est-ce que la mère peut refuser de donner l'enfant à son père le samedi matin parce que le père n'habite pas dans la même ville et ne peut donc pas le conduire à l'école maternelle ? Le juge estime que l'école maternelle n'étant pas obligatoire, la mère ne peut pas refuser.
– Comment peut-on s'organiser pour les vacances scolaires ? Le juge considère qu'il faut regarder quelle est la personne qui a l'emploi du temps le plus modifiable : si un des parents a des congés tout à fait imposés et que l'autre peut choisir son calendrier, c'est à la personne qui a le plus de liberté de faire le plus de sacrifices, dans l'intérêt de l'enfant.

§3 UN DES DEUX PARENTS EST DÉCÉDÉ OU EST PRIVÉ DE L'AUTORITÉ PARENTALE

Article 373-1 du Code civil

Si l'un des père et mère décède ou se trouve privé de l'exercice de l'autorité parentale, l'autre exerce seul cette autorité.

En principe, nous avons vu que ce sont les deux parents qui exercent l'autorité parentale. Il se peut qu'un des parents décède. Dans ce cas, c'est le parent survivant qui exercera seul l'autorité parentale, et ce même si le veuf ou la veuve s'est mise en concubinage. On considère en effet, en principe, que l'autorité parentale ne peut être exercée que par les parents et que donc le concubin n'aura aucun droit sur l'enfant.
La loi prévoit la même solution si les deux parents restent vivants mais si l'un est privé de l'autorité parentale (➜ Voir p. 125). Cela peut correspondre au cas où un des parents est atteint d'une maladie très grave qui ne lui permet plus de s'exprimer (cas de l'état végétatif) ou encore au cas où l'un des parents se voit retirer l'autorité parentale par une décision d'un juge (➜ Voir p. 125).

IV Le devoir parental d'entretien et d'éducation de l'enfant

§1 Les deux parents sont mariés ou vivent ensemble

*Un droit indisponible**

Article 371-2 du Code civil

Chacun des parents contribue à l'entretien et à l'éducation des enfants à proportion de ses ressources, de celles de l'autre parent, ainsi que des besoins de l'enfant.

Cette obligation ne cesse pas de plein droit lorsque l'enfant est majeur.

Sauf s'il a été abandonné, l'enfant (légitime, naturel ou adoptif) aura le droit de demander à ses parents (qu'ils soient mariés, divorcés ou séparés) les moyens de vivre (c'est l'obligation d'entretien) et d'étudier (obligation d'éducation). Il pourra le faire non seulement pendant toute la période où il est mineur (moins de 18 ans), mais aussi après, par exemple s'il fait des études.

Les enfants ne peuvent pas renoncer à ce droit (on dit qu'il est « indisponible* »). En clair, cela veut dire que l'enfant ne peut pas remplir un papier par lequel il renonce à demander des moyens d'existence à ses parents. S'il le faisait, ce papier serait considéré comme nul par le juge (il ferait comme si ce papier n'existait pas et donnerait tout de même l'argent à l'enfant).

Si l'enfant a un droit à disposer de ressources pour vivre et étudier, il ne peut exiger cet argent que dans la mesure où ses parents peuvent le lui donner

Cela veut dire, par exemple, que si ses parents ont peu d'argent, il pourra avoir « peu » d'argent, mais si ses parents n'ont pas du tout d'argent, il pourra ne pas en recevoir; c'est alors l'État qui prendra le relais. Si les parents ont une certaine aisance, l'enfant pourra toucher davantage, mais à la condition que ce qu'il réclame lui soit nécessaire.

L'enfant n'a donc pas un « droit » à avoir de l'argent de poche.

Même si les parents sont aisés, l'enfant ne peut donc pas, en droit – c'est-à-dire devant un tribunal – demander de l'argent de poche. Ce qu'il peut faire, c'est demander de l'argent pour vivre et pour étudier.

L'enfant peut réclamer de l'argent à ses parents mais **il ne peut pas réclamer tout et n'importe quoi**. C'est le juge qui décide de ce qui est nécessaire.
On a considéré, par exemple, que si un enfant fait exprès de dépenser énormément d'argent afin de n'avoir jamais assez, il n'avait pas le droit de réclamer à ses parents de couvrir ses dépenses.
De même, il a été considéré que le fait d'avoir une voiture n'était pas une condition indispensable de la vie de l'enfant (qu'il soit majeur ou mineur, qu'il ait besoin de se déplacer ou non).
L'enfant a donc un droit à être entretenu, mais il ne doit pas en abuser. On considère, par exemple, qu'abuse de ce droit un enfant majeur « éternel étudiant » (étudiant qui échoue de façon quasi systématique aux examens et qui entame chaque année de nouvelles études sans faire d'efforts).
– S'il y a plusieurs enfants, en principe les enfants doivent recevoir la même somme, sauf si naturellement les besoins des enfants sont différents en fonction de leur âge ou d'un handicap.

Le « chantage des parents à la pension » est interdit

Les parents doivent verser leur pension, même si leurs enfants n'ont pas fait preuve d'affection à leur égard ou s'ils ont été insultés en public par eux. On considère en effet que **les parents ne peuvent pas exercer une sorte de « chantage »** sur leurs enfants et que ces situations, critiquables, relèvent du pouvoir disciplinaire des parents.
De même, les parents ne peuvent pas décider de ne pas accorder une pension alimentaire parce que leur enfant n'a pas réussi un examen ou ne fait pas les études que les parents auraient souhaitées. Le choix des études est un choix personnel de l'enfant qui ne peut pas être la condition du paiement d'une pension.
Il reste que les parents peuvent refuser de payer la pension si la poursuite des études n'est pas réelle ou sérieuse : si l'enfant n'a pas de réel projet professionnel et qu'il présente pour la quatrième fois le baccalauréat, il a été jugé légitime que les parents cessent de payer.

Les enfants majeurs ne sont pas obligés de vivre avec leurs parents

Les parents ne peuvent pas refuser de payer la pension au motif que l'enfant ne vit plus dans le logement familial. De même, les parents ne peuvent pas simplement faire valoir que l'enfant est parti de la maison et vit en concubinage (union libre) avec une autre personne. Ils ne peuvent refuser de payer la pension que s'ils montrent que les ressources de l'enfant sont suffisantes (cas du majeur qui vit en concubinage et dont le concubin a des revenus suffisants).

§2 Les parents sont séparés

Le parent qui ne vit pas avec l'enfant doit verser de l'argent (une « pension ») à l'autre parent

Article 373-2-2 du Code civil

En cas de séparation entre les parents [...] la contribution à son entretien et à son éducation prend la forme d'une pension alimentaire versée, [...] par l'un des parents à l'autre, [...]. Cette pension peut en tout ou partie prendre la forme d'une prise en charge directe de frais exposés au profit de l'enfant.
[...]

Lorsque les parents sont séparés, ils demeurent dans l'obligation d'assurer l'entretien (des ressources pour vivre) et l'éducation (des ressources pour pouvoir étudier) de leurs enfants. Si les enfants sont mineurs et confiés à un parent, le parent qui n'a pas les enfants va devoir donner cet argent à l'autre parent.
Pour éviter des complications et des contestations, on accepte que le parent payant cette pension alimentaire puisse payer directement certains frais. **Par exemple**, si l'enfant va dans une école privée payée par le père qui garde l'enfant, on va accepter que la mère paye directement les frais d'école à l'école plutôt que d'obliger la mère à payer au père qui lui-même aurait dû ensuite payer à l'école. C'est plus simple et surtout cela évite que les parents croient que l'argent ne va pas à l'enfant.

Le montant de la pension est fixé d'un commun accord entre les parents (par une « convention »), sinon par le juge

Article 373-2-2 du Code civil

[...] Les modalités et les garanties de cette pension alimentaire sont fixées par la convention* [...] ou, à défaut, par le juge. [...]

Pour savoir combien le parent va donner, on peut s'organiser de différentes façons :
– **Soit ce sont les parents qui se mettent d'accord** (ils signent alors ce qu'on appelle une convention*) et décident ce qu'ils vont donner pour l'enfant. Dans ce cas, il suffira aux parents de présenter cet accord au juge qui va regarder si c'est un bon accord conforme à l'intérêt de l'enfant. **Par exemple**, si l'accord a été « trafiqué » (le père menace de montrer que sa femme l'a trompé et obtient en échange que la mère ne réclame presque rien pour

l'enfant), le juge va le rejeter. Ce qui compte, ce n'est pas l'intérêt des parents ici, mais bien l'intérêt de l'enfant.

– Soit, si les parents ne trouvent pas d'accord ou ne réussissent pas à trouver un « bon accord » pour l'enfant, c'est **le juge qui va décider** comment et combien chaque parent va devoir donner.

V Le rôle du juge en cas de conflit entre les parents

§1 Un juge spécialisé : le « juge aux affaires familiales » veille aux intérêts de l'enfant

Le rôle du juge aux affaires familiales

Article 373-2-6 du Code civil

Le juge du tribunal de grande instance délégué aux affaires familiales règle les questions qui lui sont soumises dans le cadre du présent chapitre en veillant spécialement à la sauvegarde des intérêts des enfants mineurs. [...]

Dans chaque tribunal de grande instance, il y a un juge qui est spécialisé dans les problèmes familiaux : c'est le « juge aux affaires familiales » (JAF).

Son rôle est, comme tout juge, d'essayer de trouver un équilibre, mais, il doit trouver un équilibre qui soit favorable surtout à l'enfant. Pour y arriver, il va pouvoir ordonner une enquête « sociale », c'est-à-dire une enquête pour savoir comment l'enfant vit : dans quelles conditions ? A-t-il une chambre à lui tout seul ? Va-t-il à l'école ? Ses parents prennent-ils soin de lui ? Toute une série de questions qui concernent directement l'enfant. C'est important pour le juge de savoir tout ça, car cela lui permettra de prendre la meilleure décision pour l'enfant.

C'est ainsi, par exemple, que si un accord entre les parents sur le droit de visite a uniquement pour but de simplifier la vie des parents alors que l'enfant risque d'en souffrir (cas où l'enfant est ballotté entre ses deux parents, selon leurs bonnes volontés), le juge s'y opposera.

Le juge examine l'accord (convention) passé entre les parents

Article 373-2-7 du Code civil

Les parents peuvent saisir le juge aux affaires familiales afin de faire homologuer* la convention** par laquelle ils organisent les modalités d'exercice de l'autorité parentale et fixent la contribution à l'entretien et à l'éducation de l'enfant.

Le juge homologue la convention sauf s'il constate qu'elle ne préserve pas suffisamment l'intérêt de l'enfant ou que le consentement des parents n'a pas été donné librement.

Article 373-2-13 du Code civil

Les dispositions contenues dans la convention homologuée ainsi que les décisions relatives à l'exercice de l'autorité parentale peuvent être modifiées ou complétées à tout moment [...].

Les parents sont sans doute les mieux placés pour savoir comment ils pourraient organiser la vie de l'enfant suite à la séparation. C'est pourquoi, ils peuvent passer un accord (on parle de convention) : qui va chercher l'enfant à l'école tel jour ? Qui a l'enfant et quand ? Qui paie quoi ?
Cet accord sera lu par le juge qui pourra décider si cet acte est en effet un « bon accord » (il respecte bien l'intérêt de l'enfant). Il va lui donner force de loi (il l'homologue*). Sinon, il pourra le rejeter.
Enfin, les décisions concernant l'enfant étant très importantes et la situation de l'enfant pouvant changer, on a prévu que l'accord pouvait être remis en cause à tout moment.

Pour concilier les parents, le juge peut faire appel à un « médiateur »*

Article 373-2-10 du Code civil

En cas de désaccord, le juge s'efforce de concilier les parties.
À l'effet de faciliter la recherche par les parents d'un exercice consensuel de l'autorité parentale, le juge peut leur proposer une mesure de médiation et, après avoir recueilli leur accord, désigner un médiateur* familial pour y procéder.
Il peut leur enjoindre** de rencontrer un médiateur familial qui les informera sur l'objet et le déroulement de cette mesure.

Les parents, même séparés, exercent toujours tous les deux, en principe, l'autorité parentale. Mais, vu qu'ils sont séparés, il se peut que les choses ne se passent pas bien et qu'ils soient en désaccord. Le juge va essayer de leur faire faire des concessions réciproques.

S'il ne réussit pas, et pour trouver un « consensus », il pourra leur proposer de rencontrer un « médiateur* », c'est-à-dire une personne qui n'est pas un juge, mais simplement qui cherchera à rapprocher ces points de vue des deux parents. Ce médiateur essaiera de gommer leurs différences. Il pourra aussi les enjoindre**, c'est-à-dire les obliger à rencontrer ce médiateur.

§2 Le juge peut décider du lieu de résidence de l'enfant

L'enfant peut résider chez l'un de ses parents ou en alternance chez l'un et l'autre de ses parents

Article 373-2-9 du Code civil

[...] La résidence de l'enfant peut être fixée en alternance au domicile de chacun des parents ou au domicile de l'un d'eux.
À la demande de l'un des parents ou en cas de désaccord entre eux sur le mode de résidence de l'enfant, le juge peut ordonner à titre provisoire une résidence en alternance dont il détermine la durée. Au terme de celle-ci, le juge statue définitivement sur la résidence de l'enfant en alternance au domicile de chacun des parents ou au domicile de l'un d'eux.

Avant, il était quasiment impossible pour l'enfant d'aller pour une certaine période chez un parent et pour une autre période chez l'autre. L'enfant restait le plus souvent chez un parent et n'allait chez l'autre que pendant le week-end et la moitié des vacances.

La loi du 4 mars 2002 a prévu désormais que l'enfant peut être « partagé en deux », c'est-à-dire qu'il peut passer la moitié de son temps chez l'un et l'autre moitié chez l'autre. Bien sûr, tout dépendra des cas, c'est-à-dire qu'il faudra prouver que ça ne risque pas de gêner l'enfant.

La question du lieu de résidence va souvent être un véritable problème pour les parents : chacun voudra avoir l'enfant chez lui et il y a de fortes chances qu'ils ne soient pas d'accord. Pour cette raison, la loi a prévu que si les parents ne sont pas d'accord, on fera un essai, pour voir comment ça se passe, et, selon les résultats, le juge décidera :

– soit de mettre en place la résidence alternée : on confie l'enfant pour la moitié du temps chez l'un, pour l'autre moitié chez l'autre ;

– soit de confier l'enfant à l'un uniquement avec un droit de visite et d'hébergement à l'autre. C'est, par exemple, la formule « un week-end sur deux et la moitié des vacances ».

Le parent qui a la garde de l'enfant doit le laisser voir l'autre parent

Article 227-5 du Code pénal

Le fait de refuser indûment de représenter un enfant mineur à la personne qui a le droit de le réclamer est puni d'un an d'emprisonnement et de 15000 euros d'amende.

Cet article concerne spécialement le cas des parents divorcés, mais il peut aussi trouver à s'appliquer aux parents qui sont simplement séparés. Comme on considère très important le fait que l'enfant puisse voir chacun de ses deux parents, la loi est venue poser le principe que si un des parents ne respectait pas une décision de justice mettant en place le droit de garde, de visite, d'hébergement… alors, ce parent s'exposait à des sanctions pénales lourdes (jusqu'à 1 an de prison et 15000 euros d'amende).
Il faut toutefois que le parent n'ait pas été simplement négligent ou distrait ou encore « coincé dans un bouchon » une fois pour que l'on puisse mettre en œuvre ces poursuites. Il faut que le parent en question ait eu **l'intention de ne pas présenter ses enfants à l'autre parent**, intention qui pourra être déduite, par exemple, du fait que l'un des parents déménage très loin sans motif légitime (cas du couple qui vit en Martinique et dont l'un des parents vient vivre ensuite en métropole et cache les enfants en métropole).
En outre, le simple fait que l'enfant se refuse, même avec insistance, à voir son autre parent ne peut pas constituer une excuse et « effacer » l'infraction (ce n'est pas un fait justificatif). Ce n'est qu'à titre tout à fait exceptionnel et dans des cas très très rares que l'on a admis que l'attitude de l'enfant pouvait permettre d'effacer cette infraction. La raison en est simple : il serait trop facile sinon au parent qui a la garde habituelle de l'enfant de se retrancher derrière son enfant et même de le « monter » contre l'autre parent afin de ne pas avoir à le présenter. En outre, les juges rappellent que ce sont les parents qui exercent « l'autorité parentale » et qu'en vertu de ce pouvoir, c'est à eux qu'il appartient de diriger la conduite des enfants (et non l'inverse).

Le parent qui a la garde doit signaler à l'autre parent son changement de domicile

Article 227-6 du Code pénal

Le fait, pour une personne qui transfère son domicile en un autre lieu alors que ses enfants résident habituellement chez elle, de ne pas notifier son changement de domicile, dans un délai d'un mois à compter de ce changement, à ceux qui peuvent exercer à l'égard des enfants un droit de visite ou d'hébergement en vertu d'un jugement ou d'une convention judiciairement homologuée, est puni de six mois d'emprisonnement et de 7 500 euros d'amende.

Une fois de plus, pour que la loi soit respectée, elle prévoit des sanctions. Le parent qui a la garde de l'enfant est obligé d'informer de son changement de résidence. S'il ne le fait pas, il pourra être condamné au plus à 6 mois de prison et 7500 euros d'amende.

Le fait pour un parent ou un grand-parent d'enlever un enfant dont la garde a été confiée à un autre parent est puni sévèrement

Article 227-7 du Code pénal

Le fait par tout ascendant légitime, naturel ou adoptif, de soustraire un enfant mineur des mains de ceux qui exercent l'autorité parentale ou auxquels il a été confié ou chez qui il a sa résidence habituelle, est puni d'un an d'emprisonnement et de 15000 euros d'amende.

Les peines sont encore aggravées dans certains cas

Article 227-9 du Code pénal

Les faits définis par les articles 227-5 et 227-7 sont punis de trois ans d'emprisonnement et de 45000 euros d'amende :

1° Si l'enfant mineur est retenu au-delà de cinq jours sans que ceux qui ont le droit de réclamer qu'il leur soit représenté sachent où il se trouve ;

2° Si l'enfant mineur est retenu indûment hors du territoire de la République.

Cet article vient renforcer l'arsenal juridique qui doit permettre de faire en sorte que le couple, même séparé, conserve des relations avec l'enfant. Si un parent ou un grand-parent « enlève » l'enfant à la personne qui en a la garde en vertu d'une décision de justice, cette personne peut faire l'objet de poursuites pénales. Mais, on est venu aggraver ces sanctions dans l'hypothèse où ces faits n'ont pas été simplement le résultat d'un coup de tête, d'une sorte de « coup de folie », mais dans le cas où le parent agit consciemment (ou devrait avoir pris conscience) de la gravité de son acte. On considère ainsi qu'un parent (ou un grand-parent) qui a « enlevé » un enfant pendant 5 jours ne peut pas ne pas avoir eu conscience de la gravité de son geste : pour cette raison, les peines sont plus lourdes, de même si l'enfant est retenu à l'étranger.

VI UN DES PARENTS PEUT ÊTRE PRIVÉ DE L'AUTORITÉ PARENTALE

§1 LES CAS DE RETRAIT TOTAL OU PARTIEL DE L'AUTORITÉ PARENTALE SUITE À UNE FAUTE D'UN DES PARENTS

Le parent porte atteinte à son enfant et a été condamné par la justice

Article 378 du Code civil

Peuvent se voir retirer totalement l'autorité parentale par une disposition expresse du jugement pénal les père et mère qui sont condamnés, soit comme auteurs, coauteurs ou complices d'un crime* ou délit** commis sur la personne de leur enfant, soit comme coauteurs*** ou complices**** d'un crime ou délit commis par leur enfant.

Ce retrait est applicable aux ascendants autres que les père et mère pour la part d'autorité parentale qui peut leur revenir sur leurs descendants.

Si un parent a commis sur son enfant un délit**, c'est-à-dire un acte qui est contraire à la loi (infraction) et qui est puni d'une peine de prison inférieure à 10 ans, ou un crime*, c'est-à-dire une infraction qui est punie d'une peine de prison de plus de 10 ans, il est logique qu'il perde l'autorité parentale. Cette règle s'applique qu'il ait été auteur (ou coauteur***), c'est-à-dire qu'il ait commis l'infraction lui-même, ou « simplement » été complice****, c'est-à-dire qu'il ait donné son aide pour commettre l'infraction. Dans ce cas, le juge, en même temps qu'il décidera de la peine, pourra retirer l'autorité parentale au parent.

Par exemple, si un père a violé sa fille (crime) ou pratiqué des attouchements sur elle (délit qui consiste à toucher des parties intimes de son corps), alors, ce père en plus de sa condamnation pourra perdre l'autorité parentale sur sa fille (➜ Voir également p. 422).

Le parent met en danger l'enfant par son comportement

Article 378-1 du Code civil

Peuvent se voir retirer totalement l'autorité parentale, en dehors de toute condamnation pénale, les père et mère qui, soit par de mauvais traitements, soit par une consommation habituelle et excessive de bois-

sons alcooliques ou un usage de stupéfiants, soit par une inconduite notoire ou des comportements délictueux, soit par un défaut de soins ou un manque de direction, mettent manifestement en danger la sécurité, la santé ou la moralité de l'enfant.
Peuvent pareillement se voir retirer totalement l'autorité parentale, quand une mesure d'assistance éducative avait été prise à l'égard de l'enfant, les père et mère qui, pendant plus de deux ans, se sont volontairement abstenus d'exercer les droits et de remplir les devoirs que leur laissait l'article 375-7.
L'action en retrait total de l'autorité parentale est portée devant le tribunal de grande instance, soit par le ministère public, soit par un membre de la famille ou le tuteur de l'enfant.

Même si le parent n'a pas été condamné à une peine de prison ou à une amende pour avoir commis une infraction contre son propre enfant, il peut quand même perdre l'exercice de l'autorité parentale s'il a manqué gravement à ses devoirs de protection ou si, par son comportement, on pense qu'il serait possible qu'il vienne à y manquer « immédiatement ».
La décision ici sera prise non pas par un tribunal répressif (c'est-à-dire un tribunal chargé de punir), mais par un tribunal civil (c'est-à-dire un tribunal qui règle des problèmes d'ordre privé) : le tribunal de grande instance (TGI).
Les juges considèrent que pour qu'un parent se voie retirer l'autorité parentale, il faut que le risque soit actuel, c'est-à-dire susceptible de se produire très rapidement, et pas simplement probable. **Par exemple**, on a jugé que le fait qu'un parent soit alcoolique n'était pas suffisant pour qu'on lui retire l'autorité parentale si on ne montrait pas que cet alcoolisme mettait en danger la santé de l'enfant. De la même façon, le fait qu'un parent soit relativement paresseux, passe ses journées dans les bars n'est pas suffisant pour qu'on retire à un parent son autorité parentale dans la mesure où ce parent ne présente pas à son enfant l'image d'un alcoolique ou d'un délinquant.
Par exemple, on a jugé que le fait qu'un parent ne prenne pas du tout soin de son enfant qui est gravement malade justifiait qu'on lui retire l'autorité parentale. De la même façon, on a jugé que l'on pouvait retirer l'autorité parentale a un parent qui avait brûlé son enfant avec une cigarette et ce volontairement. Certains tribunaux prennent en compte aussi le cas des infractions sexuelles qui sont commises sur les autres enfants.
Certains tribunaux ont considéré que l'on pouvait retirer l'autorité parentale à un parent qui avait commis une infraction très grave contre l'autre parent, mais ici, tout dépend des cas.

§2 La privation « non fautive »

Article 373 du Code civil

Est privé de l'exercice de l'autorité parentale le père ou la mère qui est hors d'état de manifester sa volonté, en raison de son incapacité, de son absence ou de toute autre cause.

Grâce à l'autorité parentale, les parents vont prendre un certain nombre de décisions, parfois très importantes pour l'enfant. Bien sûr, pour qu'ils puissent le faire, il faut qu'ils aient la possibilité d'exprimer leur volonté. Peu importe donc que le parent soit muet ou sourd, pourvu qu'il puisse exprimer sa volonté, ici par exemple, par un écrit.

Il se peut que le parent **ne puisse pas exprimer sa volonté** car il n'a pas « toute sa tête », c'est-à-dire qu'il est atteint de troubles mentaux ou psychologiques importants. Dans ce cas, le juge retirera l'autorité parentale, car on considère que le parent ne pourra plus remplir son rôle de protection envers l'enfant.

Il se peut également que le parent ne puisse pas exercer l'autorité parentale parce qu'**il est absent**. Cette absence tel que le code y fait référence n'est pas une simple absence « de temps en temps » du domicile familial, c'est ce qui arrive suite à une déclaration d'absence du juge. Elle correspond à une disparition totale du domicile depuis au moins 10 ans.

§3 Les conséquences de la privation totale ou partielle

Article 379 du Code civil

Le retrait total de l'autorité parentale prononcé en vertu de l'un des deux articles précédents porte de plein droit sur tous les attributs, tant patrimoniaux que personnels, se rattachant à l'autorité parentale; à défaut d'autre détermination, il s'étend à tous les enfants mineurs déjà nés au moment du jugement.

Il emporte, pour l'enfant, dispense de l'obligation alimentaire, par dérogation aux articles 205 à 207, sauf disposition contraire dans le jugement de retrait.

Article 379-1 du Code civil

Le jugement peut, au lieu du retrait total, se borner à prononcer un retrait partiel de l'autorité parentale, limité aux attributs qu'il spécifie. Il peut aussi décider que le retrait total ou partiel de l'autorité parentale n'aura d'effet qu'à l'égard de certains des enfants déjà nés.

Lorsqu'un des parents perd l'autorité parentale, le principe, est que l'autre parent exerce seul l'autorité parentale (➜ Voir p. 116). Si toutefois l'autre parent ne peut pas (il a déjà lui-même perdu l'autorité parentale, il est décédé, l'enfant n'a qu'un parent…) alors le juge devra désigner une personne à qui l'enfant sera confié (et celui-ci constituera ce qu'on appelle une tutelle*, c'est-à-dire une structure qui va être chargée de protéger l'enfant).
Le parent qui a perdu l'autorité parentale n'aura plus le droit d'user des biens de l'enfant et ne pourra plus non plus lui demander des aliments, c'est-à-dire des ressources pour survivre s'il rencontre des difficultés.
Le juge pourra décider de se montrer moins sévère et accepter de ne retirer qu'une partie de l'autorité parentale au parent en question, tout dépendra alors de l'affaire (➜ Voir p. 125).

§4 Les possibilités de « récupérer » l'autorité parentale

Article 381 du Code civil

Les père et mère qui ont fait l'objet d'un retrait total de l'autorité parentale ou d'un retrait de droits pour l'une des causes prévues aux articles 378 et 378-1, pourront, par requête, obtenir du tribunal de grande instance, en justifiant de circonstances nouvelles, que leur soient restitués, en tout ou partie, les droits dont ils avaient été privés.
La demande en restitution ne pourra être formée qu'un an au plus tôt après que le jugement prononçant le retrait total ou partiel de l'autorité parentale est devenu irrévocable; en cas de rejet, elle ne pourra être renouvelée qu'après une nouvelle période d'un an. Aucune demande ne sera recevable lorsque, avant le dépôt de la requête, l'enfant aura été placé en vue de l'adoption.
Si la restitution est accordée, le ministère public requerra, le cas échéant, des mesures d'assistance éducative.

Le père ou la mère qui a perdu l'autorité parentale sur son enfant ne l'a pas perdu « à tout jamais » : ce n'est pas parce qu'il s'est mal conduit une fois qu'il perd ses droits sur son enfant. On admet qu'après une période d'un an environ, la personne qui a perdu l'autorité parentale pourra demander à la récupérer. Il faut bien sûr qu'il y ait un changement de comportement : **par exemple**, le parent pouvait avoir perdu l'autorité parentale parce qu'il ne s'occupait pas du tout de son enfant et qu'il le mettait ainsi en danger. Si au bout d'un an il a montré qu'il avait fait des efforts (lettres, présence systématique aux rendez-vous dans le cadre du droit de visite), alors le juge pourra décider, selon le cas, de rendre l'autorité parentale ou simplement une partie de celle-ci.

⚠ Si la privation était « non fautive », en principe le parent peut récupérer également l'autorité parentale (**par exemple**, s'il sort d'un coma dans lequel il avait été plongé, il va récupérer l'autorité parentale).

chapitre 5

Le mineur privé ou séparé de sa famille

Il existe des enfants qui sont privés ou séparés de leur famille. Il s'agit d'abord des orphelins dont les parents sont décédés et dont un tuteur va s'occuper. Il s'agit aussi des enfants dont les parents sont dans l'incapacité d'exercer pleinement leur autorité parentale. On a vu que l'autorité parentale était destinée à protéger l'enfant : sa sécurité, sa santé et sa moralité (article 371-2 du Code civil). Si les parents ne respectent pas ce but ou utilisent très mal leur autorité parentale, la loi prévoit des mesures d'aide (l'assistance éducative), la délégation à une autre personne ou le retrait total de cette autorité.

I L'aide à l'éducation (l'assistance éducative)

§1 Le but de l'assistance éducative

Article 375 du Code civil

Si la santé, la sécurité ou la moralité d'un mineur non émancipé sont en danger, ou si les conditions de son éducation sont gravement compromises, des mesures d'assistance éducative peuvent être ordonnées par justice à la requête des père et mère conjointement, ou de l'un d'eux, de la personne ou du service à qui l'enfant a été confié ou du tuteur, du mineur lui-même ou du ministère public*. Le juge peut se saisir d'office à titre exceptionnel.

Elles peuvent être ordonnées en même temps pour plusieurs enfants relevant de la même autorité parentale.

La décision fixe la durée de la mesure sans que celle-ci puisse, lorsqu'il s'agit d'une mesure éducative exercée par un service ou une institution, excéder deux ans. La mesure peut être renouvelée par décision motivée.

Les parents ne sont pas toujours capables d'assurer leur devoir de protection de l'enfant. Ce n'est pas forcément de leur faute : ils peuvent être malades (hospitalisés, par exemple), éloignés de leurs enfants (retenus à l'étranger) ou en grave difficulté sociale. Dans ce cas, ils vont pouvoir demander une mesure d'aide : c'est l'assistance éducative. S'ils ne le font pas eux-mêmes, le ministère public* incarné par le procureur de la République* et qui représente les intérêts de la société, pourra le faire ou, le juge ou la personne ou le service auquel l'enfant a été confié, ou le mineur lui-même.

Une fois saisi, le juge des enfants va regarder s'il y a vraiment un besoin d'assistance éducative. Il ne s'agit pas pour le juge de donner une aide à toute personne qui en fait la demande, par exemple, parce qu'elle a du mal à aller chercher l'enfant le soir à l'école. Il faut qu'il y ait un problème suffisamment grave, comme, par exemple, un enfant qui n'est pas élevé dans des conditions de propreté satisfaisantes, sans que cela mette en danger sa santé. La mesure vaut pour 2 ans maximum et peut être renouvelée.

Article 375-1 du Code civil

Le juge des enfants est compétent, à charge d'appel, pour tout ce qui concerne l'assistance éducative. [...]

Le juge qui est compétent pour toutes les mesures qui concernent l'assistance éducative n'est pas le juge aux affaires familiales mais c'est le juge des enfants.

§2 Le fonctionnement de l'assistance éducative

L'aide apportée à l'enfant a lieu, en principe, chez lui

Article 375-2 du Code civil

Chaque fois qu'il est possible, le mineur doit être maintenu dans son milieu actuel.
[...]
Le juge peut aussi subordonner le maintien de l'enfant dans son milieu à des obligations particulières, telles que celle de fréquenter régulièrement un établissement sanitaire ou d'éducation, ordinaire ou spécialisé, ou d'exercer une activité professionnelle.

Il s'agit bien d'aider les parents et non pas de les remplacer, c'est pourquoi la mesure d'aide aura lieu autant que possible chez l'enfant. On va en pratique envoyer quelqu'un d'un service spécialisé qui va essayer, avec les parents si possible, de résoudre le problème.
Ce n'est qu'en dernière extrémité que le juge va pouvoir envoyer l'enfant chez une autre personne : il préférera d'abord l'envoyer chez un autre membre de la famille, et si ce n'est pas possible, il l'enverra dans un service spécialisé.

⚠ Dans tous les cas, les mesures prises peuvent être modifiées à tout moment.

Autorité parentale et assistance éducative

Article 375-7 du Code civil

Les père et mère dont l'enfant a donné lieu à une mesure d'assistance éducative, conservent sur lui leur autorité parentale et en exercent tous les attributs qui ne sont pas inconciliables avec l'application de la mesure. Ils ne peuvent émanciper l'enfant sans autorisation du juge des enfants*, tant que la mesure d'assistance éducative reçoit application.
S'il a été nécessaire de placer l'enfant hors de chez ses parents, ceux-ci conservent un droit de correspondance et un droit de visite. Le juge en fixe les modalités et peut même, si l'intérêt de l'enfant l'exige, décider que l'exercice de ces droits, ou de l'un d'eux, sera provisoirement suspendu. Le juge peut indiquer que le lieu de placement de l'enfant doit être recherché afin de faciliter, autant que possible, l'exercice du droit de visite par le ou les parents.

La mesure « d'assistance éducative » est une mesure d'aide et non une sanction : ça veut dire que les parents ont toujours l'autorité parentale, autant que cela reste possible.

– Si par exemple il y a simplement un éducateur qui passe à la maison, ce sont les parents qui gardent totalement ce pouvoir.

– Si par contre l'enfant a été confié à un centre, le parent va perdre une partie de l'autorité parentale au profit du centre. Dans ce cas, la loi indique que le parent garde un droit de visite et un droit de correspondance (ce qui veut dire notamment que le directeur du centre ne peut pas interdire à l'enfant de téléphoner à ses parents). Mais, dans des cas extrêmes, un juge spécialisé (le juge des enfants*) pourra remettre en cause ces droits (dans ce cas, il y a des chances que le parent perde par la suite l'autorité parentale).

⚠ Lorsque l'enfant est confié à un centre, c'est ce centre qui en a la responsabilité en principe (➜ Voir p. 433).

Le coût de l'assistance éducative

Article 375-8 du Code civil

Les frais d'entretien et d'éducation de l'enfant qui a fait l'objet d'une mesure d'assistance éducative continuent d'incomber à ses père et mère ainsi qu'aux ascendants auxquels des aliments peuvent être réclamés, sauf la faculté pour le juge de les en décharger en tout ou en partie.

Les parents doivent payer les frais d'entretien et d'éducation de l'enfant lorsqu'il est confié à une institution, pour autant que le juge ne les en décharge pas. C'est logique : si l'enfant bénéficie de cette aide justement parce que les parents sont en grande difficulté financière, on ne peut pas leur demander de payer. Si par contre l'enfant bénéficie de cette aide parce que ses parents ont des problèmes autres (par exemple des problèmes de santé), il est normal qu'ils paient ces frais.

II La délégation de l'autorité parentale

On a vu que les parents pouvaient perdre l'autorité parentale (➜ Voir p. 125), notamment s'ils avaient commis une faute. Ici, ce n'est pas la même chose : les parents veulent que l'autorité parentale soit confiée à quelqu'un d'autre. On ne peut pas confier l'autorité parentale (qui est tout de même une lourde responsabilité vis-à-vis de son enfant) à n'importe qui. Il faut respecter une procédure qui est là justement pour garantir la protection de l'enfant.

§1 La délégation de l'autorité parentale nécessite une décision du juge

Article 376 du Code civil

Aucune renonciation, aucune cession portant sur l'autorité parentale, ne peut avoir d'effet, si ce n'est en vertu d'un jugement dans les cas déterminés ci-dessous.

C'est le juge et plus précisément le « juge aux affaires familiales » qui est le gardien des intérêts de l'enfant. C'est lui, et lui seul qui va pouvoir accepter de confier l'autorité parentale à une personne autre que les parents. Il pourra décider de confier soit toute l'autorité parentale, soit uniquement une partie.

Cet article peut sembler « évident », mais en fait il correspond à une nécessité : il permet de rendre nul tout contrat par lequel les parents décideraient de confier leurs pouvoirs sur leurs enfants à une autre personne, ce qui serait un moyen détourné d'abandonner un enfant à une autre personne (on a vu que les conventions de « mère porteuse » étaient interdites par exemple...) (➜ Voir p. 46).

§2 Seules certaines personnes peuvent en faire la demande

Article 377 du Code civil

Les père et mère, ensemble ou séparément, peuvent, lorsque les circonstances l'exigent, saisir le juge en vue de voir déléguer tout ou partie de l'exercice de leur autorité parentale à un tiers, membre de la famille, proche digne de confiance, établissement agréé pour le recueil des enfants ou service départemental de l'aide sociale à l'enfance.

En cas de désintérêt manifeste ou si les parents sont dans l'impossibilité d'exercer tout ou partie de l'autorité parentale, le particulier, l'établissement ou le service départemental de l'aide sociale à l'enfance qui a recueilli l'enfant peut également saisir le juge aux fins de se faire déléguer totalement ou partiellement l'exercice de l'autorité parentale.

Dans tous les cas visés au présent article, les deux parents doivent être appelés à l'instance. Lorsque l'enfant concerné fait l'objet d'une mesure d'assistance éducative, la délégation ne peut intervenir qu'après avis du juge des enfants.

En principe, la délégation de l'autorité parentale est volontaire, c'est-à-dire que ce sont les parents qui vont en faire la demande. Par exception, il se peut que la délégation de l'autorité parentale se fasse à la demande d'une institution qui va avoir recueilli l'enfant.

§3 Seules certaines personnes peuvent avoir l'autorité parentale par délégation

Ce sont les parents qui choisissent la personne qui aura, désormais, l'autorité parentale (le délégataire).
Ce peut être :
- un membre de la famille ;
- un proche digne de confiance ;
- un établissement sanitaire ou d'éducation ;
- un service départemental de l'aide sociale à l'enfance.

Article 377-3 du Code civil

Le droit de consentir à l'adoption du mineur n'est jamais délégué.

On a vu que les parents devaient consentir à l'adoption d'un mineur. Cet article vient poser le principe que ce droit ne peut pas être délégué. C'est assez logique : on peut décider de confier un enfant pour son éducation à une institution ou à une autre personne.

troisième partie

L'école

Les questions que se posent enfants et parents au sujet de l'école sont très nombreuses. Par commodité, on les a regroupées en plusieurs parties :

Titre I

La scolarisation et la scolarité : obligation scolaire, inscription, vaccins et visite médicale, contrôle et évaluation des connaissances, orientation, examens sanctionnant les études, en particulier le bac.

Titre II

Vie pratique : dépenses liées à l'éducation, cantine et hygiène, sorties et voyages scolaires, aides financières.

Titre III

La communauté éducative : les droits et devoirs des élèves, le règlement intérieur, le rôle des parents, la discipline et les problèmes de délinquance à l'école.

titre 1

La scolarisation et la scolarité de l'élève

Les objectifs de l'enseignement : participer au développement de l'individu...

Article L. 131-1-1 du Code de l'éducation

Le droit de l'enfant à l'instruction a pour objet de lui garantir, d'une part, l'acquisition des instruments fondamentaux du savoir, des connaissances de base, des éléments de la culture générale et, selon les choix, de la formation professionnelle et technique et, d'autre part, l'éducation lui permettant de développer sa personnalité, d'élever son niveau de formation initiale et continue, de s'insérer dans la vie sociale et professionnelle et d'exercer sa citoyenneté. [...]

Les objectifs de l'enseignement vont de pair : l'acquisition d'une base minimum de connaissances et le développement de l'individu.
L'instruction se fera le plus souvent dans le cadre d'un établissement d'enseignement (école, collège ou lycée), quel que soit son type (public, privé). Il se peut aussi que l'instruction se fasse « dans la famille » notamment pour des motifs religieux, mais à titre exceptionnel.

... et faire partager les valeurs de la République

Article L. 111-1 du Code de l'éducation

Outre la transmission des connaissances, la nation fixe comme mission première à l'école de faire partager aux élèves les valeurs de la République.

Cet article est une innovation de la loi dite « Fillon » du 23 avril 2005. Sans entrer dans les détails de l'histoire, on peut rappeler que l'enseignement public a été un moyen pour les républicains de la IIIe République (1870-1940) de proposer leurs idées et de faire s'enraciner la République à un moment où beaucoup hésitaient encore. On parlait à l'époque des instituteurs comme des « hussards noirs » de la République.
Les valeurs qui sont visées sont celles qui sont définies dans la Constitution : « La France est une République indivisible, laïque, démocratique et sociale. Elle assure l'égalité devant la loi de tous les citoyens sans distinction d'origine, de race ou de religion. Elle respecte toutes les croyances. Son organisation est décentralisée » (**➜ Voir p. 545**).
Les enfants doivent désormais apprendre à l'école primaire l'hymne national et son histoire.

chapitre 1

L'OBLIGATION SCOLAIRE : CHAQUE ENFANT A DROIT À L'INSTRUCTION

L'obligation scolaire se définit comme l'obligation pour tout enfant de 6 à 16 ans d'avoir une instruction. Cette instruction peut prendre en théorie deux formes principales : instruction dans un établissement d'enseignement ou instruction dans la famille. Dans les faits, la scolarisation de l'immense majorité des enfants est assurée par des établissements d'enseignement, publics ou privés. Le non-respect de l'obligation scolaire entraîne des sanctions pour les parents.

I La scolarisation est en principe obligatoire

§1 Les conditions de scolarisation

Un enfant doit être scolarisé de 6 à 16 ans au moins

Article L. 131-1 du Code de l'éducation

L'instruction est obligatoire pour les enfants des deux sexes, français et étrangers, entre six ans et seize ans. La présente disposition ne fait pas obstacle à l'application des prescriptions particulières imposant une scolarité plus longue.

Tous les enfants (garçons et filles) doivent être scolarisés, c'est-à-dire recevoir une instruction, depuis l'âge de 6 ans jusqu'à l'âge de 16 ans (au moins). On considère que c'est un minimum : longtemps, les enfants n'étaient scolarisés que jusqu'à 14 ans !
Avant l'âge de 6 ans, les enfants peuvent être envoyés à l'école (en classe de maternelle) mais ce n'est pas une obligation pour les parents : l'école maternelle n'est pas obligatoire.

⚠ La loi dite « loi Fillon » a créé le « socle commun de connaissances » (➜ Voir p. 185) que le mineur est censé acquérir au cours de sa scolarité obligatoire.

À titre dérogatoire, les jeunes de 15 ans peuvent conclure un contrat d'apprentissage si :
– ils justifient avoir accompli la scolarité du premier cycle de l'enseignement secondaire ;
– ils ont effectué 2 années en centre d'enseignement professionnel ou en classe préparatoire à l'apprentissage ;
– ils atteignent 16 ans avant la fin de l'année civile ;
– ils sont jugés aptes à poursuivre l'acquisition, par la voie de l'apprentissage, du socle commun des connaissances et des compétences (langue française, mathématiques, pratique d'une langue vivante, maîtrise des techniques usuelles de l'information et de la communication...).
À l'âge de 14 ans (par dérogation) : l'apprentissage junior (sous statut scolaire) est possible sous la forme d'une alternance d'enseignements généraux, technologiques et pratiques et de stages en milieu professionnel dans plusieurs entreprises.

Le droit de poursuivre ses études au-delà de 16 ans

Article L. 122-2 du Code de l'éducation

Tout mineur non émancipé dispose du droit de poursuivre sa scolarité au-delà de l'âge de seize ans.

L'école est obligatoire de 6 à 16 ans, ce qui veut dire, de manière évidente qu'à partir de 16 ans, on n'est plus obligé d'aller à l'école si nos parents sont d'accord. Mais, il peut se poser un problème pratique : si par exemple on a 17 ans, que l'on voudrait aller à l'école mais qu'en même temps, nos parents ne le souhaitent pas (parce qu'ils ont besoin de nous pour travailler avec eux dans le commerce). Entre 16 et 18 ans, on n'est pas majeur (ce qui veut dire qu'on ne peut pas prendre une décision seul par principe) et l'école n'est plus obligatoire : un enfant qui souhaiterait aller à l'école et dont les parents ne le voudraient pas pourrait se trouver dans une situation difficile. Pour cette raison, cet article consacre le « droit » de poursuivre sa scolarité au-delà de 16 ans, le cas échéant en obtenant une mesure d'assistance éducative (➜ Voir p. 131).

Les enfants sont prioritairement scolarisés dans les écoles publiques ou privées

Article L. 131-1-1 du Code de l'éducation

[...] (L')instruction obligatoire est assurée prioritairement dans les établissements d'enseignement.

Article L. 131-2 du Code de l'éducation

L'instruction obligatoire peut être donnée soit dans les établissements ou écoles publics ou privés, soit dans les familles par les parents, ou l'un d'entre eux, ou toute personne de leur choix. [...]

L'immense majorité des enfants va à l'école. Il existe cependant une petite proportion d'enfants qui ne vont pas à l'école et qui sont pris en charge par leurs parents pour des raisons personnelles (notamment de croyances). Ce mode de scolarisation hors de l'école est de façon générale très contrôlé et surveillé par la mairie et l'inspection d'académie : le défaut de scolarisation effectif est sévèrement sanctionné (➜ Voir p. 145).

§2 Enseignement public et enseignement privé

Les différentes sortes d'établissement scolaire

Article L. 131-5 du Code de l'éducation

Les personnes responsables d'un enfant soumis à l'obligation scolaire définie à l'article L. 131-1 doivent le faire inscrire dans un établissement d'enseignement public ou privé, ou bien déclarer [...] qu'elles lui feront donner l'instruction dans la famille. [...]

Il existe en France deux grandes catégories d'établissements : les établissements d'enseignement public et les établissements d'enseignement privés. Les établissements d'enseignement public accueillent la majeure partie des élèves. Cet enseignement est laïc (➜ **Voir p. 268**) et gratuit (➜ **Voir p. 226**). Les établissements d'enseignement privé (on parle « d'enseignement libre ») sont souvent religieux, en particulier catholiques, mais ne le sont pas toujours. Ces établissements d'enseignement privé sont de deux sortes :

– **Les établissements privés « sous contrat »**, c'est-à-dire les établissements privés qui ont passé un contrat avec l'État. Ces établissements bénéficient de subventions de la part de l'État et en échange ils s'engagent à respecter les programmes, les modes d'organisation (passage d'une classe dans une autre). La différence va consister éventuellement dans un enseignement religieux et surtout, l'enseignement y est payant.

– **Les établissements privés « hors contrat »** sont tout simplement des établissements qui n'ont pas passé de contrat avec l'État. Le contrôle de l'État est minimum et ne porte pas en particulier sur le respect des programmes même si l'on vérifie les diplômes des enseignants. Ces établissements ne bénéficient pas de subventions de la part de l'État et la scolarité peut y être très chère.

⚠ Lorsqu'un mineur est placé, par décision de justice, dans un centre éducatif fermé (parce qu'il a commis un délit par exemple), il doit bénéficier également d'un enseignement.

§3 L'enseignement d'une langue régionale

Article L. 312-10 du Code de l'éducation

Un enseignement de langues et cultures régionales peut être dispensé tout au long de la scolarité selon des modalités définies par voie de convention entre l'État et les collectivités territoriales où ces langues sont en usage. [...]

D'après la Constitution (➜ Voir p. 546), la langue de la République est le français.
Le problème n'est pas de savoir si on peut suivre un cours de langue régionale (comme on suit un cours d'anglais) : c'est autorisé. Au contraire peut-on au sein d'une école, ne parler que dans une langue régionale (par exemple, en Bretagne, on a des écoles « Diwan » où on ne parle qu'en breton) ? On a considéré que le français étant la langue de la République, on ne peut imposer aux élèves de l'enseignement public l'emploi d'une autre langue ni dans l'enseignement des disciplines autres que la langue considérée, ni dans la vie de l'établissement.

⚠ Le terme employé dans cet article est important : un enseignement de langues et cultures régionales PEUT être dispensé. Cela veut dire que les parents ne peuvent pas exiger la création d'un tel enseignement. Dans le même sens, si un tel enseignement existait et que le professeur s'en va, sans être remplacé, les parents ne peuvent pas exiger l'affectation d'un nouvel enseignant. Ils n'ont pas de droit au maintien de cet enseignement qui a seulement un caractère facultatif.

II La sanction du défaut de scolarisation

La réforme que nous annoncions dans la précédente édition a été, effectivement, adoptée.

§1 L'avertissement par l'inspecteur d'académie

Article L. 131-7 du Code de l'éducation

L'inspecteur d'académie invite les personnes responsables de l'enfant à se conformer à la loi et leur fait connaître les sanctions pénales encourues.

C'est le maire qui est chargé, sur sa commune, de faire la liste de l'ensemble des enfants qui sont en âge d'être scolarisés. Sur cette liste figure le choix des parents (établissement d'enseignement ou scolarisation « dans la famille »). Par rapport à ses registres, le maire peut déterminer quels sont les enfants qui ne sont pas scolarisés.
Le maire communique, ainsi, cette liste des « manquants » à l'inspecteur d'académie qui envoie aux parents un « avertissement » indiquant quelles sont les sanctions pénales* risquées (c'est-à-dire quelles amendes et, éventuellement, quelles peines de prison ils pourraient avoir s'ils ne scolarisent pas leur enfant). Les parents doivent, donc, rétablir la situation, sinon...

§2 Les parents risquent une amende et/ou une peine de prison

Article 227-17-1 du Code pénal

Le fait, par les parents d'un enfant ou toute personne exerçant à son égard l'autorité parentale ou une autorité de fait de façon continue, de ne pas l'inscrire dans un établissement d'enseignement, sans excuse valable, en dépit d'une mise en demeure* de l'inspecteur d'académie, est puni de six mois d'emprisonnement et de 7 500 euros d'amende. [...]

Il faut bien distinguer deux cas :
– soit les parents omettent de déclarer en mairie que l'enfant recevra une éducation « à la maison », et dans ce cas, ils risquent une amende de 750 euros ;
– soit ils refusent ou négligent de manière répétée d'envoyer leur enfant à l'école. Dans ce dernier cas, les parents manquent gravement à leur devoir d'éducation. Si les parents n'obéissent pas à la mise en demeure* de l'inspection d'académie, c'est-à-dire à un ordre de l'inspection d'inscrire leur enfant dans une école, ils risquent 6 mois de prison et 7 500 euros d'amende. À terme, ils risquent de perdre leur autorité parentale et d'être condamnés aussi pour « abandon de famille ». Contrairement aux solutions qui étaient jusqu'alors adoptées, la suspension ou la suppression des allocations familiales n'est plus prévue par les textes.

III La scolarisation des enfants étrangers

Les règles en matière de scolarisation sont les mêmes que pour les enfants français : il existe une obligation scolaire qui s'applique de 6 à 16 ans. Les règles à respecter sont les mêmes, avec toutefois quelques particularités qui sont liées à la situation « d'étranger » :
– la carte de séjour n'est propre qu'au cas des étrangers. Elle ne peut pas être exigée comme condition de l'inscription ;
– les mineurs peuvent venir en France sans leurs parents. Il se pose alors la question de savoir qui en a la charge ;
– enfin, la question des mineurs de 16 à 18 ans étrangers est particulière, car ils ne sont plus soumis en principe à l'obligation scolaire, ce qui explique que dans certaines conditions on puisse refuser leur scolarisation.

Quel que soit son âge, l'inscription ne peut être soumise à la condition de présentation d'un titre de séjour

Circulaire du 20 mars 2002

[...] En conséquence, l'inscription, dans un établissement scolaire, d'un élève de nationalité étrangère, quel que soit son âge, ne peut être subordonnée à la présentation d'un titre de séjour. [...]

C'est à la police de contrôler la régularité de la situation des étrangers en France. Ce n'est pas la mission de l'Éducation nationale. En conséquence, le mineur qui n'a pas de carte de séjour doit être inscrit par l'administration (d'autant plus logiquement qu'il n'est obligé d'avoir une carte de séjour qu'à partir de 18 ans).

S'agissant des majeurs (cas des lycéens éventuellement), ils doivent également être inscrits même s'ils ne peuvent pas présenter une carte de résident (ou une carte de séjour) au moment de leur inscription.

Le cas du mineur de moins de 16 ans qui séjourne en France sans ses parents

Circulaire du 20 mars 2002

[...] L'inscription dans un établissement scolaire ne peut donc être subordonnée à la présentation par la personne qui inscrit l'enfant d'un acte de délégation de l'autorité parentale. [...]

Il se peut que le mineur étranger ne se trouve pas en France avec ses parents et qu'il soit pourtant soumis à l'obligation scolaire (enfant de moins de 16 ans). Dans ce cas l'administration ne peut pas refuser d'inscrire un enfant au simple motif que la personne qui veut l'inscrire ne peut pas rapporter la preuve qu'elle a l'autorité parentale sur cet enfant. En effet, si la personne en question rapporte la preuve qu'elle a la charge de l'enfant (l'enfant vit chez lui), l'administration devra inscrire l'enfant.

Les mineurs étrangers de 16 à 18 ans : la qualité d'étranger ne justifie pas le refus d'inscription

Circulaire du 20 mars 2002

[...] Pour les mineurs étrangers de 16 ans à 18 ans, même s'ils ne sont pas soumis à l'obligation scolaire, il y a lieu de veiller à ce que leur scolarisation puisse être assurée, en prenant en compte naturellement leur degré de maîtrise de la langue française et leur niveau scolaire. [...]

Pour les mineurs de 16 à 18 ans (c'est-à-dire les mineurs pour lesquels la scolarisation n'est plus obligatoire), le même principe s'applique, si ce n'est que l'administration va pouvoir refuser l'inscription si elle s'explique clairement et précisément sur ses raisons (par exemple, si l'enfant ne parle pas du tout la langue française, elle pourra refuser d'inscrire l'élève).

IV La scolarisation des enfants handicapés

En application de la loi pour l'égalité des chances, la participation et la citoyenneté des personnes handicapées, de nouvelles règles sont intervenues pour réglementer la scolarisation des enfants handicapés.
Pour l'heure, toutes les mesures ne semblent pas avoir été adoptées afin de tirer les conséquences de cette évolution de notre législation.

§1 Le principe d'un accès de droit à l'éducation dans l'école la plus proche du domicile

Article L. 112-1 du Code de l'éducation

Pour satisfaire aux obligations qui lui incombent [...], le service public de l'éducation assure une formation scolaire, professionnelle ou supérieure aux enfants, aux adolescents et aux adultes présentant un handicap ou un trouble de santé invalidant. [...]

Cet article pose le principe d'un accès de droit à l'éducation dispensée prioritairement dans l'école ou l'établissement scolaire le plus proche du domicile de l'élève. Cet établissement est appelé établissement de référence. C'est seulement avec l'accord de ses parents (ou du représentant légal) qu'il peut être inscrit dans une école ou un établissement scolaire autre que cet établissement de référence (s'il a besoin d'un dispositif adapté, ou parce qu'il est accueilli par un établissement de santé ou médico-éducatif).
Il est à noter que l'établissement de référence reste l'établissement de l'enfant même si celui-ci doit interrompre provisoirement sa scolarité pour recevoir un enseignement à domicile ou suivre un enseignement à distance.
Si l'enfant doit être scolarisé dans un établissement sanitaire ou médico-éducatif, l'établissement de référence reste par principe l'établissement dans lequel l'enfant est inscrit, sauf s'il apparaît plus pratique qu'il soit inscrit dans un autre établissement proche de l'établissement qui l'accueille. Par

exemple, Jean doit subir un traitement médical lourd en raison d'un cancer. Il est scolarisé à Dourdan mais doit suivre un traitement à Villejuif. Pour pouvoir suivre son traitement, son établissement de référence va devenir Villejuif (et comme ça, il pourra, dans la mesure du possible, poursuivre sa scolarité de manière ordinaire).
L'accès à la formation est garanti avant l'âge de la scolarité obligatoire.

§2 La scolarité de l'enfant handicapé est aménagée dans l'école pour faciliter son intégration

La Maison départementale des personnes handicapées et la Commission des droits et de l'autonomie

Article R.146-31 du Code de l'action sociale et des familles

La Maison départementale apporte aux personnes handicapées et à leur famille l'aide nécessaire à la mise en œuvre des décisions prises par la Commission des droits et de l'autonomie des personnes handicapées, notamment dans leurs démarches auprès des établissements, services et organismes qui accueillent des personnes handicapées.

La Maison départementale des personnes handicapées, dite MDPH, offre un guichet unique pour améliorer l'accueil, la formation et l'aide aux élèves handicapés et à leur famille.
La Commission des droits et de l'autonomie dans le champ de la scolarisation et de l'éducation, prend les décisions d'orientation. Elle peut par ailleurs proposer des solutions de conciliation en cas de désaccord. L'objectif est d'associer les parents à la décision concernant leur enfant.

L'équipe de suivi de la scolarisation

Article D. 351-10 du Code de l'éducation

L'équipe de suivi de la scolarisation [...] ainsi que l'enseignant référent de l'élève [...] facilite la mise en œuvre du projet personnalisé de scolarisation et assure son suivi pour chaque élève handicapé. [...]

L'équipe de suivi de la scolarisation fonde notamment son action sur les expertises du psychologue scolaire ou du conseiller d'orientation psychologue, du médecin de l'Éducation nationale ou du médecin du service de Protection maternelle et infantile et, éventuellement, de l'assistant de service social ou de l'infirmier scolaire qui interviennent dans l'école ou l'établissement scolaire concerné. Le cas échéant, elle fait appel, en lien avec le directeur de l'établissement de santé ou médico-social, aux personnels de ces établissements qui participent à la prise en charge de l'enfant ou de l'adolescent.

Le projet personnalisé de scolarisation

Article L. 112-2 du Code de l'éducation

Afin que lui soit assuré un parcours de formation adapté, chaque enfant, adolescent ou adulte handicapé a droit à une évaluation de ses compétences, de ses besoins et des mesures mises en œuvre dans le cadre de ce parcours, selon une périodicité adaptée à sa situation. [...]
En fonction des résultats de l'évaluation, il est proposé à chaque enfant, adolescent ou adulte handicapé, ainsi qu'à sa famille, un parcours de formation qui fait l'objet d'un projet personnalisé de scolarisation assorti des ajustements nécessaires en favorisant, chaque fois que possible, la formation en milieu scolaire ordinaire. [...]

Les conditions de déroulement effectives de la scolarité d'un enfant sont déterminées dans son projet personnalisé de scolarisation (dit PPS). Ce programme définit les modalités de déroulement de la scolarité avec l'ensemble des accompagnements qui sont nécessaires pour répondre aux besoins particuliers de l'élève. Ce projet définit également les actions pédagogiques, psychologiques, éducatives, sociales, médicales et paramédicales correspondant à l'élève.
Il est élaboré par une équipe chargée d'évaluer les besoins de l'enfant.
Le principe, c'est que le PPS doit prendre en compte, autant que faire se peut, les souhaits de l'enfant et de ses parents. Bien sûr, il faut aussi prendre en considération les besoins de l'enfant.
La Commission des droits et de l'autonomie (CDA) prend ses décisions sur la base du PPS. Elle se prononce sur l'orientation de l'élève vers une école, un établissement scolaire, un établissement médico-social ou encore sur l'éventuelle attribution d'un Auxiliaire de vie scolaire (AVS).

Les matériels à usage individuel peuvent être mis à disposition des enfants handicapés

Circulaire du 5 avril 2001

[...] Le matériel à usage individuel est mis à disposition de l'élève qui doit pouvoir en conserver l'usage s'il change de classe, dans le cadre de l'académie. [...] La spécificité de cette action réside dans la possibilité qu'auront les élèves de ramener les matériels à leur domicile. Il s'agit d'un prêt à usage de biens mobiliers, consenti par l'État en faveur des familles concernées. [...]

Les enfants handicapés doivent pouvoir bénéficier de matériels qui vont leur permettre de suivre une scolarité dans de meilleures conditions.
Si l'enfant suit une scolarité dans un milieu « classique », les CDES (Commission départementale de l'éducation spéciale) donneront un avis sur la nécessité d'avoir tel ou tel matériel. Si un tel matériel est mis à la disposition de l'enfant dans le cadre d'une école, il est normal qu'il puisse en disposer en changeant d'école (que ce changement soit un changement de classe ou un changement de lieu où l'enfant va à l'école – pourvu qu'il reste dans la même académie).
Par ailleurs, afin d'aider l'enfant dans sa scolarité (qui se poursuit aussi à la maison), il peut demander à rapporter ce matériel chez lui. Il faut naturellement que le matériel en question soit un matériel à usage individuel (et non à usage collectif).

Des services spécialisés d'aide aux enfants handicapés interviennent dans l'école ou au domicile

Article 1er du décret du 9 mars 1956

Il peut être créé un service d'éducation spéciale et de soins à domicile rattaché à l'établissement ; ce service peut également être autonome. Son action est orientée, selon les âges, vers :
– la prise en charge précoce pour les enfants de la naissance à 6 ans... ;
– le soutien à l'intégration scolaire ou à l'acquisition de l'autonomie comportant l'ensemble de moyens médicaux, paramédicaux, psycho-sociaux, éducatifs et pédagogiques adaptés.

Les Services d'éducation spéciale et de soins à domicile (SESSAD) apportent un soutien particulier à l'enfant qui ne fait pas l'objet d'une scolarisation spéciale (c'est-à-dire lorsque l'enfant est scolarisé avec ses camarades). Ce service d'aide peut prendre des noms différents selon le type de handicap et selon l'âge de l'enfant :
– SAFEP : Service d'accompagnement familial et d'éducation précoce (déficients sensoriels de 0 à 3 ans) ;
– SSEFIS : Service de soutien à l'éducation familiale et à l'intégration scolaire (déficients auditifs après 3 ans) ;
– SAAAIS : Service d'aide à l'acquisition de l'autonomie et à l'intégration scolaire (déficients visuels) ;

– SSAD : Service de soins et d'aide à domicile (enfants polyhandicapés). Cette aide peut prendre la forme d'actes médicaux afin de faciliter l'intégration de l'enfant (kiné, orthophonie). L'intervention d'un enseignant spécialisé est systématique (il peut intervenir soit à l'école, soit au domicile des parents).

§3 À défaut : la scolarisation de l'enfant handicapé dans un établissement spécialisé

Selon le handicap de l'enfant, « l'intégration individuelle », peut être ou non possible. Si oui, l'enfant fera l'objet d'une inscription comme pour tout enfant avec toutefois une particularité qui tient au fait que l'équipe pédagogique établira, comme on l'a vu, un PPS.
Dans le cas où l'enfant ne peut pas être scolarisé à temps complet dans un établissement ordinaire avec ses camarades, il sera scolarisé dans une structure spécialisée, dotée d'équipements spécifiques. Ces structures portent le nom de :
– Centres d'aide médico-sociale pour les tous petits ;
– CLIS pour l'école primaire : c'est une Classe d'intégration spéciale ;
– UPI pour le collège et le lycée : c'est une Unité pédagogique d'intégration.

§4 L'aménagement des concours et examens pour les personnes handicapées

Article D. 112-1 du Code de l'éducation

Afin de garantir l'égalité de leurs chances avec les autres candidats, les candidats aux examens ou concours de l'enseignement scolaire et de l'enseignement supérieur qui présentent un handicap [...] bénéficient des aménagements rendus nécessaires par leur situation, [...]

Il est évident pour tout le monde qu'un enfant handicapé ne peut pas passer un examen (ou un concours) dans les mêmes conditions que les autres. En effet, son handicap fait qu'il lui faudra souvent plus de temps pour l'épreuve (cas de l'élève malvoyant par exemple).
Ces aménagements peuvent porter sur :
1. Les conditions de déroulement des épreuves, de nature à leur permettre de bénéficier des conditions matérielles, des aides techniques, des aides humaines, appropriées à leur situation ;
2. Une majoration du temps imparti pour une ou plusieurs épreuves, qui ne peut excéder le tiers du temps normalement prévu pour chacune d'elles.

Toutefois, cette majoration peut être allongée, eu égard à la situation exceptionnelle du candidat, sur demande motivée du médecin, dans l'avis mentionné à l'article 4 du présent décret ;
3. La conservation, durant 5 ans, des notes à des épreuves ou des unités obtenues à l'un des examens mentionnés à l'article 2, ainsi que le bénéfice d'acquis obtenus dans le cadre de la procédure de validation des acquis de l'expérience, le cas échéant ;
4. L'étalement sur plusieurs sessions du passage des épreuves de l'un des examens mentionnés à l'article 2 ;
5. Des adaptations d'épreuves ou des dispenses d'épreuves, rendues nécessaires par certaines situations de handicap, dans les conditions prévues par arrêté du ministre chargé de l'Éducation nationale, du ministre chargé de l'Enseignement supérieur ou du président ou directeur de l'établissement.
L'autorité administrative compétente pour organiser l'examen ou le concours s'assure de l'accessibilité aux personnes handicapées des locaux prévus pour le déroulement des épreuves. Elle met en place les aménagements autorisés pour chaque candidat.

Numéro azur Handiscol : 0 810 55 5501
pour les familles d'enfants handicapés en difficulté face aux problèmes de scolarisation

chapitre 2

L'inscription à l'école

Inscrire un enfant à l'école, c'est procéder à une formalité administrative nécessaire afin que son enfant soit admis dans un établissement d'enseignement. Les façons de procéder varient selon le degré d'enseignement : elles sont assez formelles pour le premier degré, quasi automatiques pour le second degré.

Par ailleurs, les enfants bénéficient d'un droit extrêmement important, qui est celui de poursuivre toute sa scolarité pendant un cycle complet dans le même établissement.

I L'INSCRIPTION À L'ÉCOLE MATERNELLE ET À L'ÉCOLE ÉLÉMENTAIRE

La scolarisation d'un enfant n'est obligatoire qu'à compter de 6 ans (→ Voir p. 142), mais il se peut que les parents veuillent que leur enfant soit scolarisé plus tôt. Il pourra alors l'être dans une école maternelle (mais attention, l'existence d'une école maternelle n'est pas obligatoire dans une commune). Dans certains cas, il pourra être admis à l'école élémentaire dans une section « enfantine ».

Par ailleurs, il se peut que les parents préfèrent inscrire l'enfant dans une école plutôt que dans une autre, pour des raisons de commodité (l'école se trouvant sur leur chemin pour se rendre au travail, par exemple). C'est alors la question du choix « géographique » de l'établissement.

§1 L'ÂGE DE L'INSCRIPTION

Les enfants ayant entre 2 et 3 ans : l'inscription n'est pas de droit

Article L. 113-1 du Code de l'éducation

[...]
L'accueil des enfants de 2 ans est étendu en priorité dans les écoles situées dans un environnement social défavorisé, que ce soit dans les zones urbaines, rurales ou de montagne.

Circulaire du 6 juin 1991

Les enfants dont l'état de santé et de maturation physiologique constaté par le médecin de famille est compatible avec la vie collective en milieu scolaire peuvent être admis dans une école maternelle ou dans une classe maternelle. Cette admission est prononcée dans la limite des places disponibles, au profit des enfants âgés de deux ans le jour de la rentrée. Toutefois, les enfants qui atteindront cet âge dans les semaines suivant la rentrée et au plus tard le 31 décembre de l'année en cause pourront être admis, à compter de la date de leur anniversaire, toujours dans la limite des places disponibles. [...]

– **Les enfants qui ont moins de 2 ans le jour de la rentrée ne sont pas admis à l'école maternelle.** Par exception, ces enfants peuvent être admis s'ils fêtent leurs 2 ans entre le jour de la rentrée et le 31 décembre. Ils seront admis à compter de leur anniversaire, après présentation d'un certificat médical. Seront admis prioritairement les enfants dont les parents sont socialement défavorisés.

Par exemple : Cassandre est née le 30 octobre 2001. La rentrée a lieu le 15 septembre 2003. À cette date, Cassandre a moins de 2 ans, elle ne peut donc pas être admise à l'école maternelle. À compter du 30 octobre toutefois, ses parents pourront l'envoyer à l'école s'ils présentent un certificat médical et s'il y a suffisamment de places disponibles.

– Les enfants qui ont **entre 2 et 3 ans le jour de la rentrée scolaire n'ont pas un droit** à être inscrit dans une école maternelle. Les parents peuvent simplement faire une demande, **accompagnée d'un certificat médical**, et, selon les places disponibles, l'administration donnera ou non son accord, en donnant la priorité aux enfants qui sont dans une situation sociale difficile (l'idée étant que si les parents sont défavorisés, il faut leur donner une assistance en priorité).

Par exemple : Fabien est né le 2 janvier 2001. Lors de la rentrée de septembre 2003 (il a 2 ans) ses parents veulent l'inscrire à l'école maternelle. Il pourra y être admis sous deux conditions : 1) que le médecin certifie qu'il peut bien être scolarisé ; 2) qu'il y ait suffisamment de places disponibles pour l'accueillir.

Les enfants ayant entre 3 et 5 ans le jour de leur inscription : l'inscription est « de droit »

Article L. 113-1 du Code de l'éducation

Les classes enfantines ou les écoles maternelles sont ouvertes, en milieu rural comme en milieu urbain, aux enfants qui n'ont pas atteint l'âge de la scolarité obligatoire.

Tout enfant doit pouvoir être accueilli, à l'âge de trois ans, dans une école maternelle ou une classe enfantine le plus près possible de son domicile, si sa famille en fait la demande. [...]

Si la commune a une école maternelle, les enfants qui ont 3 ans le **jour de la rentrée scolaire ont un droit** à être admis dans cette école. C'est le principe (sous réserve des questions géographiques ➜ **Voir p. 158**). Il en sera de même si l'enfant a 4 ans.

Si le **jour de la rentrée** l'enfant n'a pas encore 5 ans, ses parents peuvent demander son inscription à l'école maternelle. S'il n'y a pas d'école maternelle, ils peuvent demander l'inscription de l'enfant dans une section enfantine de l'école élémentaire, **mais ils n'ont pas de droit à son inscription**. Cela va dépendre des places.

⚠ L'inscription à l'école maternelle est toujours gratuite. Certains maires, conscients que l'existence d'une école maternelle n'est pas une obligation légale, avaient décidé de « faire payer l'inscription », c'est-à-dire de soumettre l'inscription à des « frais de participation ». Cette pratique est tout à fait illégale : à partir du moment où il existe une école maternelle, le maire ne peut pas soumettre l'inscription au paiement d'une participation quel que soit l'âge de l'enfant.

Les enfants ayant de 5 à 6 ans le jour de leur inscription

Article 2 du décret du 6 septembre 1990

[...] En l'absence d'école ou de classe maternelle, les enfants de cinq ans dont les parents demandent la scolarisation sont admis à l'école élémentaire dans une section enfantine afin de leur permettre d'entrer dans le cycle des apprentissages fondamentaux prévu à l'article 3.

Si le **jour de la rentrée** l'enfant a 5 ans, l'enfant est en principe inscrit à l'école maternelle. S'il n'y a pas dans la commune d'école maternelle, l'enfant pourra être confié à l'école élémentaire (dans une section enfantine). Les parents ont un droit à son inscription dans l'école élémentaire. Si par contre il y a une école maternelle, bien sûr l'enfant sera confié à cette école maternelle.
Si l'enfant a **5 ans le jour de la rentrée** et que les parents veulent l'inscrire à l'école élémentaire (et non à l'école maternelle), c'est-à-dire **si les parents veulent que leur enfant commence sa scolarité « obligatoire »**, un an plus tôt, c'est possible, mais il faudra faire une **demande de dérogation** auprès de l'inspecteur départemental de l'Éducation nationale. L'inspecteur peut refuser cette demande.

À partir de 6 ans, les élèves doivent être scolarisés en école élémentaire

Article L. 131-5 du Code de l'éducation

[...] La présente obligation s'applique à compter de la rentrée scolaire de l'année civile* où l'enfant atteint l'âge de six ans. [...]

Ce texte précise que l'obligation de scolarisation s'applique « à compter de la rentrée scolaire de l'année civile* – c'est-à-dire l'année qui court du 1er janvier au 31 décembre – pendant laquelle l'enfant atteint l'âge de 6 ans ». Pour savoir si l'enfant doit être scolarisé, on prend comme base non pas l'âge de l'enfant le jour de la rentrée, mais **l'âge que l'enfant aura dans cette année**. En d'autres termes, tout enfant qui aura 6 ans avant le 31 décembre de l'année doit être inscrit.
Exemple : Céline est née en octobre 1996, le jour de la rentrée 2002 (septembre), elle n'avait pas encore fêté ses 6 ans, et pourtant elle a dû être inscrite, parce que c'est en 2002 qu'elle fête ses 6 ans.

§2 Le choix de l'école maternelle ou primaire et les demandes de dérogation

Les parents n'ont pas, en principe, le choix de l'établissement

Article L. 131-5 du Code de l'éducation

[...]
(Dans) les communes qui ont plusieurs écoles publiques, le ressort de chacune de ces écoles étant déterminé par arrêté du maire, les familles doivent se conformer aux dispositions de cet arrêté.
Lorsque, dans une agglomération, il existe plusieurs écoles maternelles ou élémentaires, l'inscription des élèves, dans les écoles publiques ou privées, se fait sur présentation d'un certificat d'inscription sur la liste scolaire prévue à l'article L. 131-6. Ce certificat est délivré par le maire, qui y indique l'école que l'enfant doit fréquenter.

La demande d'inscription se fait auprès de la mairie. Les parents doivent apporter différents documents (livret de famille, carnet de vaccinations, justificatif de domicile). Suite à cette démarche, l'agent de la mairie remet aux parents un « certificat d'inscription scolaire* » (c'est un document officiel) qui est indispensable pour l'inscription à l'école. C'est ce certificat qui détermine dans quelle école l'enfant doit aller. L'affectation dépend du lieu de résidence des parents. En principe, le découpage géographique (la « sectorisation ») correspond à ce qui est le plus commode pour les parents.
Avec ce certificat, les parents doivent ensuite passer à l'école pour faire inscrire leur enfant. Ils doivent présenter ce certificat, un justificatif d'identité, une attestation de vaccination et un certificat médical. L'inscription est ainsi terminée.

⚠ Si l'enfant passe de l'école maternelle à l'école élémentaire au sein d'une même commune, l'inscription se fait en principe « automatiquement ».

L'inscription se fait dans la limite des places disponibles

Si les parents ne sont pas satisfaits de la sectorisation de leur enfant, ils peuvent demander au maire une dérogation. Celui-ci pourra leur refuser, par exemple, faute de place disponible. Il est à noter que cette décision de refus doit être motivée*, (c'est-à-dire justifiée en fait et en droit), elle est par ailleurs susceptible d'un recours devant le juge administratif qui vérifiera alors si la raison invoquée est bien valable.
Exemple : le maire refuse l'inscription de l'enfant parce que les « écoles sont pleines », alors qu'en fait le nombre d'enfants par classe est inférieur à la moyenne recommandée par l'inspecteur d'académie. Les parents peuvent

saisir le juge qui pourra ainsi annuler la décision du maire leur refusant l'affectation dans une autre école de la commune.

Les parents habitant à proximité d'une école peuvent demander (et non exiger) que leur enfant y soit inscrit

Article L. 131-5 du Code de l'éducation

[...]
Les familles domiciliées à proximité de deux ou plusieurs écoles publiques ont la faculté de faire inscrire leurs enfants à l'une ou l'autre de ces écoles, qu'elle soit ou non sur le territoire de leur commune, à moins qu'elle ne compte déjà le nombre maximum d'élèves autorisé par voie réglementaire. [...]

Pour des raisons souvent de convenance (parce que les parents peuvent déposer leur enfant à l'école sur leur trajet), les parents peuvent souhaiter demander l'inscription de leur enfant dans une école autre que celle de leur commune de rattachement (ils habitent par exemple tout près de l'école d'une commune voisine). Ils peuvent faire une demande qui pourra être refusée par la commune voisine.

Les cas précis où les parents ont un droit à ce que leur enfant soit inscrit dans une école d'une commune voisine

Article R. 212-21 du Code de l'éducation

La commune de résidence est tenue de participer financièrement à la scolarisation d'enfants dans une autre commune dans les cas suivants :
1° Père et mère ou tuteurs légaux de l'enfant exerçant une activité professionnelle lorsqu'ils résident dans une commune qui n'assure pas directement ou indirectement la restauration et la garde des enfants, ou l'une seulement de ces deux prestations;
2° État de santé de l'enfant nécessitant, d'après une attestation établie par un médecin de santé scolaire ou par un médecin assermenté au titre du décret n° 59-310 du 14 février 1959, une hospitalisation fréquente ou des soins réguliers et prolongés, assurés dans la commune d'accueil et ne pouvant l'être dans la commune de résidence;
3° Frère ou sœur de l'enfant inscrit la même année scolaire dans une école maternelle, une classe enfantine ou une école élémentaire publique de la commune d'accueil, lorsque l'inscription du frère ou de la sœur dans cette commune est justifiée :
a) Par l'un des cas mentionnés au 1° ou au 2° ci-dessus;
b) Par l'absence de capacité d'accueil dans la commune de résidence;
[...]

Les parents, par exception, ont un droit à ce que leur enfant soit inscrit dans la commune voisine dans les cas suivants :
– Il y a tout d'abord le cas où les **deux parents travaillent** et résident dans une commune **où il n'y a pas de possibilité de garder ou nourrir les enfants**. Dans ce cas, la loi a prévu que les parents devaient pouvoir inscrire leur enfant dans une commune autre qui, pourra offrir ces services aux parents. Il s'agit d'une exception afin de concilier la vie professionnelle des parents et les besoins des enfants. Le juge fait une application très rigoureuse de cette exception : il vérifie que les conditions sont toutes les deux remplies.
Par exemple, il a été jugé que si des parents travaillant tous les deux (condition 1 remplie) confiaient leur enfant de façon continue depuis plusieurs années à une nourrice dans leur commune, la deuxième condition n'était pas remplie (les enfants avaient une possibilité d'être gardés dans leur commune) et qu'en conséquence, les parents n'avaient pas de droit à ce que l'enfant soit envoyé dans une école d'une autre commune.
– Il y a aussi le cas où l'enfant a des **problèmes de santé** : lorsque bien sûr les soins dont l'enfant doit bénéficier ne peuvent lui être prodigués que dans une commune spécifique, il est naturel qu'il ait un droit à être inscrit dans cette commune.
Par exemple, Jennifer souffre de problèmes respiratoires et elle a besoin d'aller au moins trois fois par semaine à l'hôpital pour ses soins. L'hôpital se trouve dans la commune voisine, elle a un droit à être scolarisée dans cette commune voisine.
– Il y a enfin le cas des **fratries** (c'est-à-dire des groupes de frères et sœurs). Le texte est très précis. **En lui-même, le regroupement des frères et sœurs ne permet pas de justifier une dérogation. On obtiendra une dérogation**, si un membre de la fratrie a eu une autorisation d'inscription (que cette autorisation soit à l'école maternelle ou à l'école élémentaire) **pour une des raisons précédentes** (raison professionnelle des parents, problème de santé de l'enfant…). Dans ce cas, le frère ou la sœur aura un droit à être inscrit dans cette commune. Cette exception est donc très précise. Elle suppose elle aussi deux conditions : un frère ou une sœur a été admis (condition 1) et la raison de son admission est une des raisons évoquées plus haut (raison professionnelle des parents ou état de santé de l'enfant) (condition 2).
Par exemple : si un enfant est admis dans une école d'une commune voisine parce que cette école a de nombreuses places disponibles, son frère ou sa sœur n'a pas de droit à y être admis. Si par contre, la raison de son admission tient à son état de santé, son frère ou sa sœur peut être admis dans la même commune.

⚠ Ces cas sont très précis, c'est-à-dire qu'il faut bien remplir *précisément* ces conditions pour pouvoir bénéficier de ces droits.

II L'INSCRIPTION AU COLLÈGE ET AU LYCÉE

La question de l'inscription au collège et au lycée est plus simple que celle de l'inscription à l'école primaire : en effet, dans cette période d'âge, la scolarisation des enfants est obligatoire, c'est pourquoi les questions d'âge ne se posent pas. La seule question posée dès lors est celle du choix « géographique » de l'établissement.

§1 EN PRINCIPE, C'EST LE LIEU DE RÉSIDENCE QUI DÉTERMINE LE CHOIX DE L'ÉTABLISSEMENT

Article D. 211-11 du Code de l'éducation

[...]
Les collèges et les lycées accueillent les élèves résidant dans leur zone de desserte* [...].

Les parents ne peuvent pas choisir le collège ou le lycée de leur choix. Leurs enfants sont affectés dans un collège ou un lycée en fonction de leur lieu de résidence. Dans la mesure où toutes les communes ne sont pas équipées d'un collège ou d'un lycée, l'établissement peut se trouver à une certaine distance, c'est pourquoi il est possible que les parents soient portés à demander une dérogation.

Les « zones de desserte » sont les zones géographiques qui sont déterminées par l'inspection académique (après avis de la commission d'affectation) et qui définissent quels enfants de quelles communes vont dans tel ou tel établissement. C'est un moyen d'assurer à tous le respect de l'égalité. La zone de desserte pour le collège porte le nom de « secteur » et celle pour le lycée le nom de « district ».
L'ensemble des zones de desserte forme ce que l'on appelle la « carte scolaire ».
Cette carte scolaire ne concerne, bien sûr, que les établissements publics, car pour les établissements privés, l'inscription dépend des places disponibles.

§2 Les cas de dérogation

Article D. 211-11 du Code de l'éducation

[...]L'inspecteur d'académie, directeur des services départementaux de l'éducation, détermine pour chaque rentrée scolaire l'effectif maximum d'élèves pouvant être accueillis dans chaque établissement en fonction des installations et des moyens dont il dispose. Dans la limite des places restant disponibles après l'inscription des élèves résidant dans la zone normale de desserte d'un établissement, des élèves ne résidant pas dans cette zone peuvent y être inscrits sur autorisation de l'inspecteur d'académie [...]. Lorsque les demandes de dérogation excèdent les possibilités d'accueil, l'ordre de priorité est arrêté par l'inspecteur d'académie, conformément aux procédures d'affectation en vigueur. Toute dérogation concernant un élève résidant dans un département autre que celui où se trouve l'établissement sollicité ne peut être accordée qu'après avis favorable de l'inspecteur d'académie du département de résidence.

Les dérogations sont à demander à l'inspecteur d'académie. Elles ne sont possibles que dans la mesure où les établissements ont encore des places disponibles. S'il y a plus de demandes que de places disponibles, c'est l'inspecteur d'académie qui va devoir déterminer un « ordre de priorité », c'est-à-dire qu'il va déterminer des critères qui vont permettre de justifier son choix. Il pourra, par exemple, porter attention aux situations dans lesquelles se trouvent les enfants (état de santé, frère ou sœur déjà scolarisé dans l'établissement), aux situations dans lesquelles se trouvent les parents (parents travaillant tous les deux à proximité immédiate de l'établissement sollicité...).

Par exemple : François a des problèmes de vue qui l'empêchent de traverser seul un grand carrefour et sa maman doit accompagner ses frère et sœur à l'école élémentaire le matin. François devra donc se débrouiller tout seul. Or, il a été affecté dans un collège qui l'oblige à traverser un carrefour très dangereux alors qu'il pourrait aller à un autre collège près de chez lui, en traversant une seule rue. Ses parents pourront demander une dérogation pour qu'il puisse aller dans ce collège.

⚠ Si l'inspecteur d'académie répond qu'il ne peut pas accepter la demande de dérogation parce qu'il n'y a pas assez de place et qu'il reste très flou, les parents pourront lui demander de reconsidérer sa décision s'il leur semble qu'il n'a pas eu tous les éléments en sa possession. Les parents pourront aussi saisir le médiateur. Dans des cas difficiles, ils pourront finalement saisir le juge administratif afin de contester la décision.

⚠ Si les parents demandent à ce que l'enfant soit scolarisé dans un établissement d'un autre département, il faudra un avis favorable de l'inspecteur d'académie du lieu de résidence des parents en plus de l'accord de l'inspecteur d'académie du lieu où les parents veulent envoyer leur enfant. C'est assez normal puisqu'il faut respecter les zones de compétence de chacun des inspecteurs d'académie.

III Le droit de poursuivre sa scolarité dans le même établissement tout au long d'un cycle*

Quelle que soit la raison qui fait qu'un enfant se trouve dans un établissement, on considère comme nécessaire à son bon développement le fait qu'il puisse y passer une partie significative de sa scolarité, c'est-à-dire un « cycle* » : une période de la scolarité au cours de laquelle un enfant apprend un certain nombre de connaissances. Ces périodes sont définies par la loi (➜ Voir p. 164).

§1 Quel que soit le niveau, les élèves ont le droit d'être maintenus dans le même établissement à l'intérieur d'un même cycle

Article D. 331-41 du Code de l'éducation

Tout élève admis dans un cycle* de formation doit pouvoir parcourir la totalité de ce cycle dans l'établissement scolaire, sous la seule réserve des dispositions réglementaires relatives aux procédures disciplinaires**.

Pour préserver l'équilibre de l'enfant qui se familiarise avec son école, son collège, ou son lycée ainsi que l'organisation de la vie des parents, une fois l'enfant admis dans un établissement, il a le droit de se maintenir dans cet établissement tout au long du cycle* (➜ Voir p. 164). Bien sûr, si son comportement est inacceptable, l'enfant pourra être exclu à l'issue de ce qu'on appelle une « procédure disciplinaire** » (➜ Voir p. 334 et s.).

§2 Les « cycles » d'enseignement

L'école maternelle et élémentaire

Article D. 321-2 du Code de l'éducation

[...]
1° le cycle des apprentissages premiers, qui se déroule à l'école maternelle;
2° le cycle des apprentissages fondamentaux, qui commence à la grande section dans l'école maternelle et se poursuit pendant les deux premières années de l'école élémentaire;
3° le cycle des approfondissements, qui correspond aux trois dernières années de l'école élémentaire et débouche sur le collège.
[...]

On peut résumer cet article de façon simple :

École maternelle	Petite section
	Moyenne section
Cycle des apprentissages fondamentaux	Grande section
	Cours préparatoire
	Cours élémentaire 1
Cycle des approfondissements	Cours élémentaire 2
	Cours moyen 1
	Cours moyen 2

Le collège

Article D. 332-3 du Code de l'éducation

[...]
1° Le cycle d'adaptation a pour objectif d'affermir les acquis fondamentaux de l'école élémentaire et d'initier les élèves aux disciplines et méthodes propres à l'enseignement secondaire. Il est constitué par le niveau de sixième;
2° le cycle central permet aux élèves d'approfondir et d'élargir leurs savoirs et savoir-faire; des parcours pédagogiques diversifiés peuvent y être organisés; il correspond aux niveaux de cinquième et de quatrième;
3° le cycle d'orientation complète les acquisitions des élèves et les met en mesure d'accéder aux formations générales, technologiques ou professionnelles qui font suite au col-

lège. Il correspond au niveau de troisième.
[...]

Cycle d'adaptation	Sixième
Cycle central d'approfondissement	Cinquième
	Quatrième
Cycle d'orientation	Troisième

Le lycée

Article D. 333-2 du Code de l'éducation

[...]
Les voies générales et technologiques se composent :
a) d'un cycle de détermination constitué par la classe de seconde générale et technologique et des classes de seconde à régime spécifique ;
b) d'un cycle terminal constitué par les classes de première et terminale de la voie générale et les classes de première et terminale de la voie technologique.
[...]

Cycle de détermination	Seconde
Cycle terminal	Première
	Terminale

chapitre 3

Les horaires dans les établissements scolaires

La question des horaires revêt une importance capitale à plusieurs titres : **pour les enfants** tout d'abord, puisque les horaires doivent, dans la mesure du possible respecter les rythmes des enfants ; **pour les parents** également, puisque le plus souvent les parents vont « organiser leur emploi du temps » autour des horaires de leurs enfants (pour aller les chercher, par exemple) ; **pour les enseignants** enfin, puisque les horaires des enfants sont le cadre de leurs horaires de travail.
Le système des horaires diffère selon que l'on est dans le primaire ou le secondaire. Il n'en demeure pas moins que certains éléments sont communs.

I Dispositions communes à l'école primaire, au collège et au lycée

Les dispositions communes sont en fait les dispositions les plus générales : elles concernent l'année scolaire (son organisation globale et son esprit) ainsi que les pouvoirs reconnus aux maires en matière de modification des horaires d'entrée et de sortie.

§1 L'organisation de l'année scolaire

Article L. 521-1 du Code de l'éducation

L'année scolaire comporte trente-six semaines au moins réparties en cinq périodes de travail, de durée comparable, séparées par quatre périodes de vacance des classes. Un calendrier scolaire national est arrêté par le ministre chargé de l'éducation pour une période de trois années. Il peut être adapté, dans des conditions fixées par décret, pour tenir compte des situations locales.

Article L. 521-2 du Code de l'éducation

Les rythmes scolaires tiennent compte des besoins d'expression physique, d'éducation et de pratique corporelle et sportive des élèves.

L'année scolaire est en principe composée de 36 semaines réparties en 5 périodes de travail (les périodes de classe) et 4 périodes de repos (les périodes de vacances). Cette répartition est définie dans ce qu'on appelle le « calendrier scolaire », c'est-à-dire le document qui fixe les dates de début et de fin de cours. Ce calendrier est fixé par le ministre de l'Éducation nationale. Des dérogations à cette organisation sont possibles, elles sont variables suivant les niveaux considérés.
Quelle que soit l'organisation de l'année scolaire, le Code de l'éducation impose de respecter les besoins des élèves en terme d'expression physique et culturelle (au sens large) : cette disposition n'est pas neutre. En effet, on pourrait tout à fait imaginer que l'on conteste le calendrier scolaire parce qu'il ne respecte pas cet équilibre. Le juge est compétent pour annuler le calendrier scolaire, mais attention, il ne fait qu'un contrôle d'une erreur grossière.

⚠ Le calendrier scolaire et les vacances scolaires : les juges ont admis que les calendriers scolaires pouvaient être contestés notamment par certains commerçants dont l'activité est liée aux vacances scolaires (stations de sport d'hiver).

§2 L'aménagement des horaires par le maire en raison de circonstances locales particulières

Article L. 521-3 du Code de l'éducation

Le maire peut, après avis de l'autorité scolaire responsable, modifier les heures d'entrée et de sortie des établissements d'enseignement en raison des circonstances locales.

En principe, les horaires des établissements ne sont pas fixés par le maire mais par l'inspecteur d'académie pour l'école primaire et par le conseil d'établissement pour les collèges et les lycées. Toutefois, le maire peut modifier ces horaires si des circonstances particulières le justifient. Le principal ou le proviseur peut à cette occasion consulter le conseil d'administration.
Par exemple, si une manifestation doit avoir lieu à proximité de l'établissement et qu'il y a un risque pour la sécurité des élèves (des casseurs ayant été repérés par exemple), le maire pourra, après avis de l'autorité compétente, décider de faire se finir les cours un peu plus tôt.

§3 La grève dans les établissements scolaires

Arrêt du Conseil d'État, 7 juillet 1950, *Dehaene*

« Considérant qu'en indiquant, dans le Préambule de la Constitution, que « le droit de grève s'exerce dans le cadre des lois qui le réglementent », l'Assemblée constituante a entendu inviter le législateur à opérer la conciliation nécessaire entre la défense des intérêts professionnels, dont la grève constitue une modalité, et la sauvegarde de l'intérêt général auquel elle peut être de nature à porter atteinte; [...]
Considérant qu'en l'absence de cette réglementation, la reconnaissance du droit de grève ne saurait avoir pour conséquence d'exclure les limitations qui doivent être apportées à ce droit, comme à tout autre, en vue d'en éviter un usage abusif ou contraire aux nécessités de l'ordre public; qu'en l'état actuel de la législation il appartient au gouvernement, responsable du bon fonctionnement des services publics, de fixer lui-même, sous le contrôle du juge, en ce qui concerne ces services, la nature et l'étendue desdites limitations ». [...]

Le droit à appliquer ne nous est pas fourni par la loi ou par un autre texte mais par une décision du plus haut tribunal administratif français : le Conseil d'État.
Le Conseil d'État a considéré que le droit de grève doit être concilié avec un autre principe tout aussi essentiel : la continuité du service public.
La conciliation entre service public et droit de grève devrait être faite par une loi, mais, pour des raisons diverses, il n'existe pas de loi qui vient régir le droit de grève dans l'enseignement. En conséquence, il faudrait que les chefs de service prennent des mesures : différentes circulaires invitent les enseignants à prévenir des grèves (les grèves surprises sont en principe interdites), à essayer d'assurer un accueil des élèves.

⚠ Le fait pour l'Éducation nationale de ne pas réussir à remplacer un professeur absent (pour cause de maladie, par exemple) peut être de nature à entraîner la responsabilité de l'État. Cette solution (d'application limitée car il faut que l'absence ait été particulièrement longue) ne saurait s'appliquer en cas de grève.

II LES HORAIRES À L'ÉCOLE PRIMAIRE

§1 L'ANNÉE SCOLAIRE

Circulaire du 24 avril 1991

L'inspecteur d'académie peut déroger aux dispositions de l'arrêté ministériel fixant le calendrier des vacances scolaires dans les conditions indiquées ci-dessous. Il peut également déroger aux éventuelles adaptations ou expérimentations décidées par le recteur [...].

Le principe est que l'année scolaire est **fixée par un arrêté ministériel** (pour le moment, il y a en fait deux arrêtés ministériels qui s'appliquent : l'arrêté ministériel du 25 juin 2002 pour le CP et CE1, cet arrêté devant petit à petit être généralisé à l'ensemble des classes, et l'arrêté ministériel du 22 février 1995 qui continue de s'appliquer jusqu'à la rentrée 2004). C'est cet arrêté qui fixe les dates de vacances scolaires.
Par exception, il est possible de **« changer » les dates des vacances scolaires**, par exemple, dans le cadre d'expérimentations décidées par le recteur d'académie.

§2 La semaine scolaire

Article 1er de l'arrêté du 25 janvier 2002

La durée moyenne de la semaine scolaire des élèves à l'école maternelle et à l'école élémentaire est fixée à vingt-six heures. [...]

Circulaire du 24 avril 1991

[...] L'inspecteur d'académie peut modifier la répartition des heures d'enseignement dans la semaine, il peut également répartir les heures d'enseignement différemment sur plusieurs semaines [...]

La durée totale de la semaine scolaire à l'école primaire et à l'école élémentaire est fixée, par principe à 26 heures. La répartition de ces 26 heures par matière est fixée par le même arrêté (article 2 de l'arrêté). En principe, le nombre d'heures d'enseignement de telle ou telle matière est définie par référence à la semaine : par exemple, 9 à 10 heures de français par semaine.

Il est possible de modifier la répartition des heures d'enseignement par semaine ou sur plusieurs semaines, mais ces possibilités sont encadrées : l'inspecteur d'académie ne doit pas « allonger » la semaine scolaire (le nombre d'heures est de 26 heures par semaine), le travail ne peut être effectué que sur 5 jours au plus. Par ailleurs, s'il est possible de modifier la répartition des heures sur plusieurs semaines (par exemple, de prévoir que pendant les 4 premières semaines on fera moins des 9 heures de français), il faut que l'on puisse vérifier périodiquement que globalement la durée totale d'enseignement est respectée (pendant les 4 semaines d'après, on fera 10 heures de français par exemple).

⚠ La journée de repos hebdomadaire a été fixée par un arrêté du 12 mai 1972 au mercredi.

§3 La journée scolaire

Circulaire du 24 avril 1991

L'inspecteur d'académie fixe les heures d'entrée et de sortie des écoles dans le cadre du règlement type départemental. Le volume journalier ne doit pas dépasser six heures. [...] [...]

Article 4 de l'arrêté du 25 janvier 2002

L'horaire moyen consacré aux récréations est de 15 minutes par demi-journée à l'école élémentaire. Cet horaire doit s'imputer de manière équilibrée dans la semaine sur l'ensemble des domaines disciplinaires. À l'école maternelle, le temps des récréations est compris entre 15 et 30 minutes par demi-journée.

C'est l'inspecteur d'académie qui fixe par principe les heures d'entrée et de sortie des élèves. Il le fait en respectant deux limites : une limite absolue (la journée ne doit pas dépasser 6 heures) et une limite relative (il doit respecter les capacités des élèves à ne pas supporter une succession d'heures sans coupures). Le maire peut intervenir pour modifier les horaires en raison des circonstances locales particulières (➜ Voir p. 168).

La journée scolaire est toujours marquée par des pauses, les traditionnelles « récréations ». Ces pauses sont très importantes pour l'équilibre des enfants. Leur durée est, elle aussi, fixée par « la loi » : de 15 à 30 minutes pour les écoles maternelles, environ 15 minutes pour les écoles primaires.

§4 LES TRANSPORTS SCOLAIRES (➜ Voir p. 498)

III LES HORAIRES AU COLLÈGE ET AU LYCÉE ET LE REMPLACEMENT DES PROFESSEURS ABSENTS

§1 LES HORAIRES

La liberté des collèges et des lycées est beaucoup plus grande : l'aménagement des horaires (semaine, journée…) relève de la compétence du conseil d'administration.

Article 2 du décret du 30 août 1985

Les collèges, les lycées, les établissements d'éducation spéciale disposent, en matière pédagogique et éducative, d'une autonomie qui porte sur : […]

3° L'organisation du temps scolaire et les modalités de la vie scolaire.

[…]

La définition des horaires d'ouverture relève de la compétence du conseil d'administration. Ceci veut dire que c'est le conseil d'administration (et donc les parents ont leur mot à dire) qui va déterminer à quelle heure le

collège peut ouvrir, quels jours… Comme pour le primaire, il faut respecter les impératifs généraux, à savoir les programmes et le nombre d'heures par matière.
Par exemple, un lycée ouvrait le mercredi après-midi et le samedi matin. Une proposition est avancée pour qu'il ne soit plus ouvert le samedi matin mais uniquement le mercredi « toute la journée » (afin notamment de lutter contre l'absentéisme lors des « ponts »). Une concertation assez large a lieu. Finalement, c'est le conseil d'administration qui détermine la solution.

§2 LE REMPLACEMENT DES PROFESSEURS ABSENTS

Article 2 du décret du 26 août 2005

Le chef d'établissement élabore, en concertation avec les équipes pédagogiques, un protocole pour les remplacements de courte durée qui en fixe les objectifs et les priorités ainsi que les principes et les modalités pratiques d'organisation propres à l'établissement. Il concerne en priorité le remplacement des absences qui sont prévisibles tout au long de l'année scolaire.

Un établissement scolaire, c'est un certain nombre d'enseignants qui y travaillent. Comme toute personne, les enseignants peuvent tomber malades et dès lors, c'est la vie des élèves qui est perturbée (heures de permission, difficultés d'avancer dans les programmes, risque de voir les enfants traîner dans les rues etc.). Pour faire face à ces inconvénients et risques, la loi sur l'école est venue prévoir que le chef d'établissement doit trouver un accord avec les enseignants pour effectuer les remplacements des professeurs absents.
Pour la mise en œuvre de cet accord, le chef d'établissement recherche en priorité l'accord des enseignants qualifiés à même d'effectuer un remplacement de courte durée. C'est le principe : ce qui est recherché, ce n'est pas la contrainte, mais bien plus l'accord.
Lorsque cela est nécessaire à la continuité de la vie scolaire, le chef d'établissement désigne les personnels chargés d'assurer des enseignements complémentaires pour pallier une absence de courte durée.
Les personnels enseignants des établissements d'enseignement du second degré ne peuvent être tenus plus de 60 heures supplémentaires par année scolaire.
Ces heures supplémentaires donnent droit à rétribution spéciale.
Il est à noter, enfin, qu'un enseignant ne peut être tenu d'effectuer plus de 5 heures supplémentaires par semaine.

chapitre 4

Les vaccins et les visites médicales

La protection de la santé des mineurs se fait, bien sûr, dans le cadre familial, mais également dans le cadre scolaire (➜ **Voir p. 177**). Le rôle des infirmiers et des médecins scolaires est essentiel.

Par ailleurs, certaines vaccinations sont obligatoires, d'autres sont facultatives. Elles sont importantes et il est nécessaire d'insister sur ce point.

I Les vaccins

On verra successivement quels sont les vaccins obligatoires et quelles sont les conséquences de ce caractère obligatoire, puis quels sont les vaccins facultatifs.

§1 Les vaccins obligatoires

On fait une différence selon que les vaccins sont obligatoires ou facultatifs. Les vaccins obligatoires sont définis dans une liste. Les vaccins facultatifs sont tous ceux qui ne figurent pas dans cette liste.

La liste des vaccins obligatoires

Article L. 3111-1 du Code de la santé publique

La vaccination antidiphtérique par l'anatoxine est obligatoire [...].

Article L. 3111-2 du Code de la santé publique

La vaccination antitétanique par l'anatoxine est obligatoire et doit être pratiquée en même temps et dans les mêmes conditions que la vaccination antidiphtérique prescrite à l'article L. 3111-1. [...]

Article L. 3111-3 du Code de la santé publique

La vaccination antipoliomyélitique est obligatoire, sauf contre-indication médicale reconnue [...].

Article L. 3112-1 du Code de la santé publique

La vaccination par le vaccin antituberculeux BCG est obligatoire, sauf contre-indications médicales reconnues [...]

Au terme de la loi, **4 vaccins sont obligatoires** :
- le vaccin contre la diphtérie ;
- le vaccin contre le tétanos ;
- le vaccin contre la poliomyélite (le DT-Polio) ;
- le vaccin contre la tuberculose (BCG).

Ces vaccinations sont à la charge des parents. Elles peuvent être organisées dans le cadre scolaire et alors elles sont payantes, sauf le BCG.
Les certificats de vaccinations ou photocopies des carnets de santé figurent dans le dossier de chaque élève (circulaire du 26 juin 1968).

D'autres vaccins peuvent « devenir » obligatoires sur décision du ministre :
– vaccination contre la fièvre typhoïde pour toutes les personnes de 10 à 30 ans résidant dans les zones de territoires menacées par une épidémie de fièvres typhoïdes ;
– vaccination contre le typhus exanthématique pour tous les sujets de 10 à 50 ans et pour toutes catégories de personnes qui résident dans une région contaminée ou qui, du fait de leur profession, se trouvent particulièrement exposées.
En cas de guerre, de calamité publique, d'épidémie ou de menace d'épidémie, la vaccination ou la revaccination antivariolique peut être rendue obligatoire par décret ou par arrêtés préfectoraux pour toute personne, quel que soit son âge.

⚠ Dans le cas de l'enseignement professionnel, d'autres vaccins peuvent être obligatoires. Ces vaccins sont justifiés par l'existence de risques spécifiques (par exemple pour les lycées agricoles).

On peut refuser l'inscription d'un enfant qui n'est pas vacciné pour des raisons autres que médicales

Article R. 3111-17 du Code de la santé publique

L'admission dans tout établissement d'enfants, ayant un caractère sanitaire ou scolaire, est subordonnée à la présentation soit du carnet de vaccination, soit des certificats médicaux attestant que l'enfant a été soumis aux vaccinations obligatoires ou en a été dispensé pour contre-indication médicale.
Au cas où de tels certificats ne peuvent être produits, les vaccinations réglementaires seront effectuées dans les trois mois qui suivent l'admission.

Un enfant qui n'a pas procédé à ses vaccinations obligatoires peut se voir refuser l'inscription dans un établissement scolaire. L'objectif de cette mesure est bien évidemment de protéger ses camarades.
Si l'élève est déjà inscrit et qu'il ne peut pas rapporter la preuve de sa vaccination, il ne pourra pas être exclu sur-le-champ mais à l'issue d'une période de 3 mois au cours de laquelle il devra rapporter la preuve de sa vaccination (c'est-à-dire soit se faire vacciner s'il ne l'avait pas été, soit obtenir d'un médecin un certificat de vaccination). Si le certificat médical rapporté semble douteux, l'administration peut demander à un médecin (le médecin responsable des vaccinations) de vérifier que l'élève est en effet vacciné.
L'exclusion d'un enfant pour cause de défaut de vaccination entraîne pour conséquence un manquement à l'obligation de scolarisation des enfants.
Les parents s'exposent donc à des poursuites (➜ **Voir p. 145**).

On ne peut pas refuser l'inscription d'un enfant dont la vaccination est impossible pour raisons médicales

Article R. 3111-17 du Code de la santé publique

L'admission dans tout établissement d'enfants, ayant un caractère sanitaire ou scolaire, est subordonnée à la présentation soit du carnet de vaccination, soit des certificats médicaux attestant que l'enfant a été soumis aux vaccinations obligatoires ou en a été dispensé pour contre-indication médicale.

[...]

Certains enfants ne peuvent pas être vaccinés pour des raisons de santé. Pour ces enfants, il est naturel de ne pas leur refuser l'inscription dans un établissement scolaire.

Ces élèves ainsi admis deviennent des élèves comme les autres, sous certaines réserves, puisque :

– Il a été jugé qu'il était possible de refuser à un élève qui n'avait pas toutes ses vaccinations (pour motif médical) la pratique de certains sports car ceux-ci pouvaient lui entraîner des blessures à l'origine de maladies contre lesquelles il n'était pas immunisé, c'est-à-dire protégé.

– Il a été jugé possible de refuser à un élève qui n'avait pas toutes ses vaccinations la participation à une classe de neige car celle-ci comportait l'exercice d'un sport qui l'exposait à des risques de maladies contre lesquelles il n'était pas protégé.

§2 Les vaccins facultatifs

Les vaccins facultatifs sont tous ceux qui ne figurent pas dans la liste des vaccins obligatoires. Ce sont, par exemple, les vaccins « recommandés », mais non obligatoires.

Le fait de ne pas avoir fait ces vaccins n'a pas d'incidence sur la scolarité.

II Les soins et visites médicales dans le cadre de l'école

Article L. 111-3 du Code de l'éducation

Dans chaque école, collège ou lycée, la communauté éducative rassemble les élèves et tous ceux qui, dans l'établissement scolaire ou en relation avec lui, participent à la formation des élèves. [...]

Les médecins et infirmiers scolaires participent à la communauté éducative dans la mesure où ils sont appelés à participer à l'information des élèves sur la sexualité, le tabagisme ou encore la drogue. Leur mission est toutefois différente, car ils demeurent des « médecins » et « infirmières », et comme tels sont soumis à certaines obligations.

– Sur la question de l'intervention du médecin scolaire dans le cadre des dispenses à un examen : ➜ Voir p. 215.

§1 Les obligations des médecins et infirmiers

Les médecins et infirmiers scolaires sont soumis au secret professionnel

➜ Voir p. 383 le recours aux médecins.

Le service de soin doit fonctionner « normalement » sous peine d'être déclaré responsable

C'est le juge qui a dégagé le principe suivant lequel lorsqu'un dommage* (c'est-à-dire un dégât, une blessure...) survient du fait d'une mauvaise organisation d'un service, alors l'administration doit être déclarée responsable et doit réparer le dommage en payant des dommages-intérêts.

Par exemple, on a considéré que le fait qu'un médecin renvoie chez lui un enfant juste après quelques soins sommaires et sans prévenir les parents pouvait engager la responsabilité de l'établissement, sachant que l'enfant avait en fait une entorse cervicale qui lui avait valu un arrêt de 6 semaines.

Le médecin scolaire doit communiquer le dossier médical aux parents, sur leur demande

Arrêt du Conseil d'État, 18 avril 1975

« [...] Les familles des élèves sont destinataires de l'ensemble des résultats des examens pratiqués sur leurs enfants dans le cadre de la médecine scolaire et consignes sur le fascicule scolaire du carnet de santé de ceux-ci; qu'il s'ensuit que, lorsqu'elles le demandent, ces familles sont en droit d'obtenir communication, dans des conditions qu'il appartient à l'administration de fixer sous le contrôle du juge, des éléments des dossiers médicaux scolaires de leurs enfants. »

Les familles des élèves mineurs peuvent toujours obtenir la communication, par l'intermédiaire du médecin de leur choix, des dossiers médicaux scolaires de leurs enfants. C'est ce qu'a jugé le plus haut tribunal administratif français (le Conseil d'État).

§2 Le rôle des médecins scolaires et infirmiers

Les visites médicales auxquelles le médecin procède

Article L. 541-1 du Code de l'éducation

Au cours de leur sixième année, tous les enfants sont obligatoirement soumis à une visite médicale. Cette visite, à laquelle les parents ou tuteurs sont tenus, sur convocation administrative, de présenter les enfants, ne donne pas lieu à contribution pécuniaire de la part des familles.

[...]

Des examens médicaux périodiques sont ensuite effectués pendant tout le cours de la scolarité et la surveillance sanitaire des élèves est exercée avec le concours d'un service social.

Article 2 du décret du 27 novembre 1991

Les médecins de l'Éducation nationale sont chargés des actions de prévention individuelle et collective et de promotion de la santé auprès de l'ensemble des enfants scolarisés dans les établissements d'enseignement des premier et second degrés de leur secteur d'intervention.

Ils réalisent le bilan de santé obligatoire lors de l'entrée à l'école élémentaire, le bilan exigé lors du passage dans le cycle secondaire et le bilan d'orientation scolaire ou professionnelle.

[...]

Article 3-5 du décret du 30 août 1985 (modifié par décret du 18 février 1991)

[...]

Les élèves ne peuvent se soustraire aux contrôles et examens de santé organisés à leur intention. [...]

Les médecins de l'Éducation nationale effectuent les examens et contrôles de santé suivants auxquels les élèves sont obligés de se soumettre :

– Ils réalisent le bilan de santé obligatoire lors de l'entrée à l'école élémentaire.
– Ils réalisent le bilan d'orientation scolaire ou professionnelle (sortie de collège) (selon les cas, ils peuvent aussi faire un bilan lors de l'entrée en sixième).
– Ils effectuent toutes les consultations périodiques tout le long de la scolarité.
Si le médecin scolaire décèle une anomalie, il doit en informer les parents (➜ Voir p. 383). Il ne peut pas imposer aux familles de suivre un traitement ou de se rendre à une consultation.

Les médecins et infirmiers scolaires doivent intervenir en cas d'accident

Article R. 4312-22 du Code de la santé publique

L'infirmier ou l'infirmière auquel une autorité qualifiée fait appel soit pour collaborer à un dispositif de secours mis en place pour répondre à une situation d'urgence, soit en cas de sinistre ou de calamité, doit répondre à cet appel et apporter son concours.

En cas d'accident, les infirmières scolaires – comme les médecins – doivent intervenir pour porter secours aux personnes qui ont été blessées. En principe, c'est le médecin scolaire qui organise les secours, mais s'il n'est pas là, c'est l'infirmière scolaire qui remplit cette tâche.

Le médecin scolaire peut examiner l'élève, notamment sur sa demande

Circulaire du 12 janvier 2001

[...] L'infirmier (ère) accueille tout élève qui le (la) sollicite pour quelque motif que ce soit, y compris d'ordre relationnel ou psychologique, dès lors qu'il y a une incidence sur sa santé ou sa scolarité. [...]

À la demande de l'élève, de ses parents, de l'infirmière, de tout membre de l'équipe éducative ou encore de l'assistance sociale, les médecins de l'Éducation nationale peuvent procéder à un examen médical sur la personne de l'élève.

Le médecin scolaire peut intervenir en cas de doute sur la régularité du certificat médical d'inaptitude au sport

Article 3 de l'arrêté du 13 septembre 1989

[...]
Tout enseignant d'éducation physique et sportive peut, lorsqu'il l'estime nécessaire, demander l'examen d'un élève par le médecin de santé scolaire ou le médecin de famille.

Si un enseignant a un doute sur la validité d'un certificat médical ou sur le fait qu'un élève ait une réelle inaptitude au sport, il peut demander au médecin scolaire de l'examiner à nouveau. L'appréciation du médecin de famille ne saurait avoir plus de poids que celle du médecin scolaire. Enfin, le règlement intérieur peut exiger la présence de l'élève dispensé lors des séances.

chapitre 5

Contrôle et évaluation des connaissances en classe, soutien scolaire

Le principal moyen de contrôle des connaissances reste l'interrogation, c'est-à-dire le questionnement de l'élève, quelle que soit sa forme (écrite, orale...).

L'évaluation des connaissances se distingue du « contrôle » des connaissances en ce sens qu'elle a valeur de « diagnostic » : il s'agit de mesurer (et non de vérifier afin de sanctionner) le niveau de connaissances des élèves.

Enfin, un soutien scolaire peut permettre à un enfant de faire face aux difficultés qu'il rencontre.

I Les notes

§1 Le contrôle continu des connaissances

Article L. 311-7 du Code de l'éducation

Durant la scolarité, l'appréciation des aptitudes et de l'acquisition des connaissances s'exerce par un contrôle continu assuré par les enseignants sous la responsabilité du directeur ou du chef d'établissement.

Note du 9 mars 1989
(ne concerne que les collèges et les lycées)

[...] Cette notation comprend notamment, dans le cadre des instructions spécifiques données par chaque chef d'établissement, la correction des devoirs et épreuves, l'attribution de notes et leur communication aux élèves, à l'administration, et aux parents, la participation aux conseils de classe et aux conseils d'orientation, la transcription des appréciations et des notes sur les bulletins.

Le contrôle des connaissances se présente comme un élément essentiel de tout apprentissage. C'est un moment de détermination pour l'élève de ce qu'il a acquis, c'est aussi pour l'enseignant un moment de prise en considération des besoins spécifiques de chaque élève.
Le contrôle peut prendre une forme orale ou une forme écrite. Il peut être prévu ou « surprise » (à partir de la 6e en général), noté (ou non) sur 10, sur 20 ou par référence à des lettres… Certaines pratiques en matière de notation se rattachant à des sanctions disciplinaires sont toutefois interdites, comme le « zéro de conduite » (➜ Voir p. 346).
Le contrôle des connaissances s'exerce aussi dans le cadre des examens (brevet et baccalauréat).

§2 Les deux parents ont le droit d'avoir connaissance des résultats scolaires de leur enfant mineur

Quelle que soit la situation du couple (marié, en union libre, séparé, divorcé…) les deux parents ont un même droit à être informé des résultats de leur enfant. Ils seront tenus informés de ces résultats par un certain nombre de documents qui servent de « navette » entre l'établissement et les parents.

– À l'école primaire, c'est le « **livret scolaire** » qui sert de relais entre les parents et leur « instituteur » (qui est aujourd'hui le plus souvent un professeur des écoles).
– Au collège et au lycée, l'information se fait par davantage de moyens : le **carnet de correspondance** (qui sert à informer les parents de la vie scolaire, comme les possibles absences, les remontrances par les professeurs…) et les **bulletins trimestriels** (qui permettent aux parents d'avoir connaissance des résultats de leur enfant) pour l'essentiel. Le livret scolaire pourra également être communiqué aux parents, mais de façon plus « rare » (car c'est un document de synthèse).

Le droit de connaître les résultats de l'enfant mineur appartient aux deux parents, y compris séparés ou divorcés

Article 373-2-1 du Code civil

[…] Ce parent conserve le droit et le devoir de surveiller l'entretien et l'éducation de l'enfant. […]

Lettre du 13 octobre 1999

[…] Or, les parents ont, tous les deux, le droit de connaître les résultats scolaires de leurs enfants. […]
Il convient, en conséquence, de faire parvenir systématiquement aux deux parents les résultats scolaires de leurs enfants. Ceci suppose que l'adresse des deux parents soit connue des responsables de l'établissement scolaire. Or, j'observe qu'un certain nombre d'imprimés de demandes d'informations aux familles font encore apparaître un seul « responsable légal » et l'adresse d'un seul des parents. Il est donc nécessaire de remédier à cette lacune en faisant en sorte de recueillir au moment de l'inscription, puis à chaque rentrée scolaire, les coordonnées des deux parents.

Dans le cas où les parents sont mariés et vivent ensemble, la communication avec la famille ne pose pas de problème : il suffit d'envoyer un courrier à une seule adresse…
Mais la famille n'a pas qu'une seule forme : il se peut que les parents soient encore mariés mais vivent séparés (peu importe la raison), il se peut qu'ils soient divorcés, il se peut que l'enfant ne vive pas chez ses parents (mais par exemple, chez une grand-mère)… L'école doit tenir compte de toutes ces situations afin de garantir le droit des parents d'être informé des résultats de leur enfant. C'est pourquoi cette circulaire est venue poser le principe suivant lequel les formulaires que les enfants remplissent en début d'année doivent permettre aux enfants d'indiquer l'adresse de chacun de ses parents. Ainsi, les parents auront tous deux communications des résultats de leur enfant.

Le livret scolaire

Article D. 321-10 du Code de l'éducation (école primaire)

Un livret scolaire est constitué pour chaque élève.
Il comporte :
1° les résultats des évaluations périodiques établies par l'enseignant ou les enseignants du cycle réunis en conseil des maîtres;
2° des indications précises sur les acquis de l'élève;
3° les propositions faites par le conseil des maîtres et les décisions prises en fin d'année scolaire sur les conditions dans lesquelles se poursuit la scolarité.
Il est régulièrement communiqué aux parents qui le signent.
Il sert d'instrument de liaison entre les maîtres, ainsi qu'entre le maître et les parents.
Il le suit l'élève en cas de changement d'école.

Dès l'école élémentaire, il existe le livret scolaire : c'est un document qui comporte les évaluations des acquis de chaque élève tout au long de sa scolarité. C'est un document très important. Il est précisé, pour l'école primaire que ce document doit être « régulièrement communiqué aux parents », car il n'y a pas à l'école primaire de « bulletin trimestriel ».
En principe, le livret scolaire suit l'élève au collège et ensuite au lycée, mais la pratique fait que l'on « recommence » parfois un livret au collège, parce que le livret n'a pas été communiqué par l'école primaire. Le livret acquiert une très grande importance à compter de la classe de quatrième, du fait du brevet. Il peut être communiqué aux parents sur leur demande. Il sera communiqué à l'élève au moment du baccalauréat, lors des épreuves.

Le bulletin trimestriel au collège et au lycée

Circulaire du 28 juin 1999

S'agissant des performances scolaires, les informations portées sur le bulletin doivent être suffisamment précises et complètes. [...] Il y a lieu, également, de faire figurer, pour chaque discipline, la note moyenne de la classe ainsi que les notes minimale et maximale attribuées aux élèves de la classe. [...]
Il est utile également de prendre en compte, dans l'évaluation du travail et des activités des élèves, des compétences qui ne portent pas directement sur les performances scolaires : sens de l'initiative, autonomie, prise de responsabilité, travail fourni. [...]

Le bulletin trimestriel n'est obligatoire que pour les collèges et les lycées (il n'est donc pas obligatoire pour les écoles). C'est le moyen de « faire le point » sur un trimestre de travail par l'élève.

II L'ÉVALUATION DES CONNAISSANCES

L'évaluation des connaissances est relativement nouvelle. Elle vise à permettre de faire un simple « constat » des acquis afin d'adapter l'enseignement. Cette évaluation n'est pas une forme de « contrôle », en ce sens qu'elle ne constitue pas une vérification de l'apprentissage des connaissances mais plutôt un bilan.
Auparavant réalisée en CE2, sixième et seconde, elle devrait être réalisée désormais en CE2, sixième et cinquième. Par ailleurs, des « évaluations bilan », plus larges que les simples évaluations, devraient être organisées.

L'objectif : vérifier la bonne acquisition du socle commun de connaissances

Article L. 122-1-1 du Code de l'éducation

La scolarité obligatoire doit au moins garantir à chaque élève les moyens nécessaires à l'acquisition d'un socle commun constitué d'un ensemble de connaissances et de compétences qu'il est indispensable de maîtriser pour accomplir avec succès sa scolarité, poursuivre sa formation, construire son avenir personnel et professionnel et réussir sa vie en société. Ce socle comprend :
– la maîtrise de la langue française ;
– la maîtrise des principaux éléments de mathématiques ;
– une culture humaniste et scientifique permettant le libre exercice de la citoyenneté ;
– la pratique d'au moins une langue vivante étrangère ;
– la maîtrise des techniques usuelles de l'information et de la communication. [...]

Cet article vient définir ce que l'on appelle le socle commun de connaissances, c'est-à-dire les connaissances minimales qu'un élève devra acquérir au cours de sa scolarité obligatoire (entre 6 et 16 ans). Il est défini par le ministère de l'Éducation nationale dans le cadre des cursus scolaires.

⚠ La raison de l'instauration de ce socle est de permettre de mieux évaluer l'enseignement, de savoir si le système scolaire réussit à bien transmettre le savoir. Ce socle sera lui-même évalué grâce aux évaluations (qui ont lieu en classe de CE2 et en sixième) mais aussi grâce au nouveau diplôme national du brevet (DNB).

⚠ Depuis une dizaine d'années, des décrets se sont succédés pour définir les connaissances à acquérir dans le cadre scolaire. Le dernier en date, celui du 11 juillet 2006 est venu expliquer en détail ce que recouvrait le terme « socle commun des connaissances ».
Envisagé comme un « ciment de la nation », une « référence commune », le socle commun des connaissances ne se substitue pas aux programmes scolaires mais démontre une volonté de donner du sens à la culture scolaire fondamentale en se plaçant du point de vue de l'élève et en construisant des ponts entre les disciplines et les programmes.
Ce socle s'organise en sept compétences dont deux, sociale et civique, et autonomie et initiative de l'élève viennent s'ajouter au cinq déjà citées à l'article L. 122-1-1, et sont amenées à être développées. Chaque compétence est conçue comme une combinaison de connaissances, de capacités et d'attitudes définies en annexe du décret.
Le contenu exigent de cet ensemble est allié à une exigence d'évaluation dont les outils seront mis en place auprès des enseignants.

Les évaluations « diagnostiques » en CE2, sixième et cinquième*

Circulaire du 10 avril 2002

Il ne s'agit pas de mesurer des performances par rapport à une norme, d'utiliser les résultats pour des catégorisations, des comparaisons ou classements et des prédictions; cette évaluation ne s'apparente pas à des tests psychologiques et ne constitue pas un examen de passage.

Note de service du 30 avril 2002

[...]
Les évaluations organisées à chaque rentrée au CE2, en sixième et pour la première fois cette année, en cinquième, en français et en mathématiques en fournissant des outils de diagnostic pour chaque élève constituent une aide aux enseignants au moment où ils accueillent les élèves dans un nouveau cycle.

On parle d'évaluations « diagnostiques * » (c'est-à-dire d'évaluations qui font un simple constat et non un contrôle) pour bien mettre l'accent sur le fait que les évaluations, qui sont normalement organisées en CE2, en sixième et depuis 2002 en cinquième, ne sont pas des contrôles ou des examens, mais des outils pour les enseignants afin de déterminer le niveau de chaque élève et de lui proposer un enseignement qui soit aussi adapté que possible.
Ces évaluations portent sur le français et les mathématiques et sont obligatoires.
Les plans personnalisés de réussite éducative s'adressent en priorité à ceux dont les évaluations diagnostiques ont révélé une certaine faiblesse.

Les évaluations diagnostiques facultatives

Rien n'interdit en droit à ce qu'un enseignant, quel que soit le niveau scolaire où il enseigne (primaire ou secondaire) procède à une évaluation afin de mieux cerner les besoins de ses élèves. Il pourra, par exemple, décider d'organiser une évaluation en langue vivante, s'il le souhaite.

Les évaluations bilan au collège

Note de service du 30 avril 2002

[...] Elles répondent à un objectif très précis : confronter, sur la base d'un constat objectif, les résultats du fonctionnement pédagogique du système éducatif aux objectifs qui lui sont assignés, à des étapes importantes du cursus scolaire : en fin d'école et en fin de scolarité au collège.
Les premières auront lieu au printemps 2003. Elles seront renouvelées périodiquement.
[...]

Les évaluations bilan ont pour objectif de tester l'efficacité des politiques en matière d'enseignement. Elles s'insèrent non pas tant dans le cadre de l'évaluation de l'élève mais dans celui de l'évaluation de l'efficacité du système scolaire.

III LE PROGRAMME PERSONNALISÉ DE RÉUSSITE ÉDUCATIVE ET LE SOUTIEN SCOLAIRE

Le programme personnalisé de réussite éducative : présentation générale

Article L. 311-3-1 du Code de l'éducation

À tout moment de la scolarité obligatoire, lorsqu'il apparaît qu'un élève risque de ne pas maîtriser les connaissances et les compétences indispensables à la fin d'un cycle, le directeur d'école ou le chef d'établissement propose aux parents ou au responsable légal de l'élève de mettre conjointement en place un programme personnalisé de réussite éducative.

Prévu par la loi du 23 avril 2005, le Programme personnalisé de réussite éducative (PPRE) concerne les enfants qui rencontrent des difficultés au cours de leur parcours, c'est-à-dire qu'ils risquent de ne pas acquérir le socle commun de connaissances. Il ne s'adresse qu'aux élèves qui sont à l'école primaire ou au collège.
Le Programme personnalisé de réussite éducative prend la forme d'un

contrat signé entre l'établissement (l'école ou le collège), les parents et l'enfant. La mise en place de ce programme peut être décidée à tout moment de la scolarité (le plus souvent, lors des conseils des maîtres ou lors des conseils de classe ou encore, lors de la décision du passage en classe supérieure).
Le décret du 30 mai 2005 a prévu la création d'un conseil consultatif de réussite éducative. Ce conseil est compétent pour donner un avis sur toutes les questions relatives aux projets de réussite éducative. Il propose la répartition des crédits affectés aux dispositifs de réussite éducative.

Le PPRE à l'école

Article D. 321-3 du Code de l'éducation

Les dispositions pédagogiques mises en œuvre pour assurer la continuité pédagogique, en particulier au sein de chaque cycle, prennent en compte les besoins de chaque élève afin de permettre le plein développement de ses potentialités, ainsi que l'objectif de le conduire à l'acquisition des éléments du socle commun de connaissances et compétences fondamentales correspondant à son niveau de scolarité.
À compter de la rentrée scolaire 2006, à tout moment de la scolarité élémentaire, lorsqu'il apparaît qu'un élève ne sera pas en mesure de maîtriser les connaissances et les compétences indispensables à la fin du cycle, le directeur d'école propose aux parents ou au représentant légal de l'enfant de mettre en place un dispositif de soutien, notamment un programme personnalisé de réussite éducative. Un document, préalablement discuté avec les parents de l'élève ou son représentant légal, précise les formes d'aides mises en œuvre pendant le temps scolaire ainsi que, le cas échéant, celles qui sont proposées à la famille en dehors du temps scolaire. Il définit un projet individualisé qui devra permettre d'évaluer régulièrement la progression de l'élève.
[...]

Expérimenté durant l'année scolaire 2005-2006, le Programme personnalisé de réussite éducative s'applique pleinement à partir de la rentrée 2006. Conçu comme un programme particulier pour chaque élève en difficulté, mais s'intégrant au mode de fonctionnement de la classe, le PPRE à l'école définit un objectif clair : apprendre à lire et maîtriser les apprentissages fondamentaux.
En amont de ce principe, la maîtrise de la langue française envisagée comme outil d'apprentissage conduit à une coordination des enseignements maternels et élémentaires, une attention particulière étant portée à l'apprentissage de la lecture au niveau du cours préparatoire. À partir du CE1 le Programme personnalisé de réussite éducative s'organise autour des difficultés de l'élève à la fois dans les apprentissages fondamentaux (lecture, écriture), et dans l'approfondissement des connaissances.

La tenue du livret scolaire retraçant la scolarité de l'élève et dressant un constat des compétences acquises, est conçue comme un élément important, notamment dans la liaison école-collège.
Visant la prévention de la grande difficulté scolaire le PPRE s'attache aussi à empêcher le redoublement, ou à accompagner celui-ci dès lors qu'il n'aura pu être évité.

Les dispositifs de soutien au collège : le PPRE et les autres moyens de soutien

Article L. 311-3-1 du Code de l'éducation

➜ Voir p. 187

Article L. 332-4 du Code de l'éducation

Dans les collèges, des aménagements particuliers et des actions de soutien sont prévus au profit des élèves qui éprouvent des difficultés. Lorsque celles-ci sont graves et permanentes, les élèves reçoivent un enseignement adapté.
Par ailleurs, des activités d'approfondissement dans les disciplines de l'enseignement commun des collèges sont offertes aux élèves qui peuvent en tirer bénéfice.
Des aménagements appropriés sont prévus au profit des élèves intellectuellement précoces ou manifestant des aptitudes particulières, afin de leur permettre de développer pleinement leurs potentialités. La scolarité peut être accélérée en fonction du rythme d'apprentissage de l'élève.
Des actions particulières sont prévues pour l'accueil et la scolarisation des élèves non francophones nouvellement arrivés en France.
Pour l'application des dispositions du présent article, des établissements scolaires peuvent se regrouper pour proposer des structures d'accueil adaptées.

L'objectif du collège est d'aider l'enfant dans l'acquisition du socle commun de connaissances. Tous les enfants n'ont pas le même profil, les mêmes capacités. Certains ont de vraies difficultés. Le collège essaie alors de leur apporter un soutien. Ce soutien peut prendre plusieurs formes :
– le Programme personnalisé de réussite éducative : poursuite de l'apprentissage des connaissances et des compétences du socle commun dans une continuité par rapport à l'enseignement élémentaire (suivi personnel, aide à l'orientation...) ;
– un dispositif transitoire avec le cas échéant un aménagement d'horaires. Cette mesure peut concerner, par exemple, les enfants qui ont des difficultés particulières du fait d'une situation familiale particulièrement difficile (parent très malade) ;

– des aides pour les enfants qui sont « surdoués ». Les enfants surdoués ont en effet une certaine tendance à s'ennuyer en classe car l'enseignement ne les intéresse pas toujours ;
– des aides spécifiques pour les enfants présentant un handicap. (➜ Voir p. 259) ;
– des aides pour les enfants non francophones.

Il ressort de tout ceci que, quelle que soit la situation de l'enfant, le collège (comme toutes les autres classes) essaie de trouver une solution pour permettre l'intégration de tous les enfants.

⚠ Pour une information détaillée sur le PPRE, consulter le site : **eduscol.education.fr**

Le soutien scolaire

Article L. 321-4 du Code de l'éducation

Dans les écoles, des aménagements particuliers et des actions de soutien sont prévus au profit des élèves qui éprouvent des difficultés. Lorsque celles-ci sont graves et permanentes, les élèves reçoivent un enseignement adapté.

On distingue en droit deux choses bien différentes : le soutien scolaire, qui se fait sur le temps scolaire et dans le cadre des horaires de cours obligatoire et les cours particuliers qui se font en dehors des cours.

Le soutien scolaire prend aujourd'hui différentes formes : des Programmes personnalisés d'aide et de progrès (PPAP) pour les élèves de CE2, des études dirigées (pour les élèves qui sont à l'école primaire, en sixième ou en cinquième), des heures de remise à niveau (pour les élèves de sixième et de cinquième), des heures d'aide individualisée (pour les élèves de sixième et de cinquième), des heures d'aide individualisée en informatique (en classe de seconde). Toutes ces formes de soutien scolaire (au sens strict du terme) sont naturellement gratuites.

chapitre 6

L'ORIENTATION DE L'ÉLÈVE

L'orientation, c'est choisir ce que l'on veut faire en fonction de ses capacités. L'orientation d'un élève mineur dépend du choix de ses parents en concertation avec leur enfant et les enseignants.

I L'ORIENTATION À L'ÉCOLE PRIMAIRE

Les différentes orientations envisageables

L'orientation à l'école primaire est pour le moins limitée : le passage d'une classe dans une autre se fait sans choix, les programmes sont imposés... et pour cause, les élèves apprennent les bases mêmes de notre culture (lire, écrire, compter, bases de l'histoire, de la géographie...).

La décision de passage ou de redoublement

Article D. 321-6 du Code de l'éducation

Le maître de la classe est responsable de l'évaluation régulière des acquis de l'élève. Les parents ou le représentant légal sont tenus périodiquement informés des résultats et de la situation scolaire de leur enfant. Dès que des difficultés apparaissent, un dialogue est engagé avec eux.

Au terme de chaque année scolaire, le conseil des maîtres se prononce sur les conditions dans lesquelles se poursuit la scolarité de chaque élève, en recherchant les conditions optimales de continuité des apprentissages, en particulier au sein de chaque cycle.

Les propositions du conseil des maîtres sont adressées aux parents ou au représentant légal pour avis ; ceux-ci font connaître leur réponse dans un délai de quinze jours. Passé ce délai, l'absence de réponse équivaut à l'acceptation de la proposition. Le conseil des maîtres arrête alors sa décision qui est notifiée aux parents ou au représentant légal. Si ceux-ci contestent la décision, ils peuvent, dans un nouveau délai de quinze jours, former un recours motivé, examiné par la commission départementale d'appel prévue à l'article D. 321-8.

Lorsqu'un redoublement est décidé et afin d'en assurer l'efficacité pédagogique, un programme personnalisé de réussite éducative est mis en place.

[...]

L'évolution d'un enfant dans les différents cycles scolaires n'est pas toujours facile. En effet, certains enfants ont des difficultés particulières. Ces difficultés peuvent être liées au fait qu'ils se sentent mal dans leur école, qu'ils ont vécu des événements familiaux difficiles etc. Dans tous les cas, la décision de passage ou de redoublement est une décision qui est prise vis-à-vis des résultats de l'enfant. L'objectif de l'école est de l'aider à acquérir le socle commun de connaissances, c'est-à-dire un ensemble de connaissances fondamentales. Ainsi donc, la première idée à avoir à l'esprit, c'est qu'un redoublement n'est jamais le signe d'un échec mais d'une tentative d'amélioration.

Dans ce contexte, c'est le maître de classe qui apparaît en premier lieu comme le mieux placé pour apprécier l'évolution de l'enfant. Aussi, le décret prévoit qu'il doit tenir les parents informés de l'évolution de l'enfant. C'est dans ce cadre que peut être mis en œuvre, en cas de difficultés spéciales, un PPRE (Programme personnalisé de réussite éducative).

À la fin de chaque année, le conseil des maîtres se prononce sur le passage ou le redoublement de l'enfant.

Le principe est le suivant : c'est le conseil des maîtres qui fait une proposition (par exemple, le redoublement). La proposition est envoyée aux parents qui ont un délai de 15 jours pour y répondre.

– S'ils ne répondent pas, on considère qu'ils acceptent la décision du conseil des maîtres. Dans ce cas, le redoublement sera définitivement décidé par le conseil des maîtres. Les parents vont recevoir cette fois-ci la décision « définitive » de redoublement (et non plus une simple proposition d'orientation)
– Si les parents répondent et qu'ils sont d'accord, dans ce cas, le conseil des maîtres va leur retourner la décision définitive (qu'ils ont acceptée).
– Si les parents contestent la proposition de décision, un dialogue s'engage afin de trouver, d'un commun accord, la solution la meilleure.

Il est à noter que quelle que soit l'hypothèse, les parents ont toujours la possibilité de contester la décision d'orientation devant la commission départementale d'appel.

⚠ En cas de redoublement, un PPRE est toujours mis en œuvre (➔ Voir p. 188).

La contestation de la décision d'orientation

Article D. 321-8 du Code de l'éducation

Les recours formés par les parents de l'élève, ou son représentant légal, contre les décisions prises par le conseil des maîtres sont examinés par une commission départementale d'appel présidée par l'inspecteur d'académie, directeur des services départementaux de l'Éducation nationale.

La commission départementale d'appel comprend des inspecteurs responsables des circonscriptions du premier degré, des directeurs d'école, des enseignants du premier degré, des parents d'élèves et, au moins, un psychologue scolaire, un médecin de l'Éducation nationale, un principal de collège et un professeur du second degré enseignant en collège. Sa composition et son fonctionnement sont précisés par arrêté du ministre chargé de l'Éducation nationale.

Le directeur d'école transmet à la commission les décisions motivées prises par le conseil des maîtres ainsi que les éléments susceptibles d'informer cette instance.

Les parents de l'élève, ou son représentant légal, qui le demandent sont entendus par la commission.

La décision prise par la commission départementale d'appel vaut décision définitive de passage dans la classe supérieure, de redoublement ou de saut de classe.

Les décisions d'orientation qui ont été arrêtées par le conseil des maîtres sont susceptibles d'être contestées par les parents devant la commission d'appel. Cette commission d'appel est présidée par l'inspecteur d'académie.
Faire appel est un droit pour les parents. L'objectif de l'appel n'est pas de « donner tort » à l'enseignant ni de donner raison aux parents (ou l'inverse) mais de solliciter un autre point de vue, plus extérieur.
La commission d'appel examine la décision qui a été prise (le plus souvent, ce sera bien sûr un redoublement qui sera contesté, mais il peut aussi s'agir d'un saut de classe) et regarde quelles sont les raisons qui ont conduit à cette décision.
Les parents peuvent demander à être entendus par la commission.
Le décret mentionne que la décision prise par la commission départementale vaut décision définitive. Cela veut dire que, d'un point de vue administratif, on ne peut plus la contester. La seule façon de contester la décision est alors d'aller devant le juge administratif.

Dans quelles conditions peut-on passer ou sauter une classe ?

Article D. 321-6 du Code de l'éducation

[...] Durant sa scolarité primaire, un élève ne peut redoubler ou sauter qu'une seule classe. Dans des cas particuliers, et après avis de l'inspecteur chargé de la circonscription du premier degré, un second redoublement ou un second saut de classe peuvent être décidés.

Le principe est simple encore une fois : le fait de sauter une classe ou le fait de redoubler une classe n'est qu'un élément qui vise à aider l'enfant dans le cadre de son parcours scolaire. Autrement dit, il n'y a ni fierté à sauter une classe, ni « honte » à en redoubler une.
Le décret prévoit que l'on ne peut sauter qu'une seule classe, de la même façon, on ne peut redoubler qu'une seule fois à l'école primaire.
Ce principe connaît une exception : lorsque l'intérêt de l'enfant le justifie. Par exemple, si un enfant connaît de graves difficultés, cela peut être utile pour lui de redoubler plusieurs fois. Si **par exemple** Jean est étranger, qu'il ne parle pas le français et ses parents non plus, c'est évident qu'il aura plus de difficultés que ses petits camarades. Aussi, pour l'aider, cela pourra être plus utile pour lui de redoubler peut-être deux fois. Dans ce cas, la décision de redoublement sera décidée par le conseil de classe mais obligatoirement après avis de l'inspecteur d'académie. La même procédure s'applique si on veut faire sauter deux classes à un enfant particulièrement précoce.

II L'ORIENTATION AU COLLÈGE ET AU LYCÉE

Au collège et au lycée, la décision d'orientation est essentielle, car les mineurs ont de plus en plus de choix qui s'offrent à eux. C'est pourquoi il existe toute une procédure, c'est-à-dire un ensemble de règles à respecter pour prendre une décision, souvent mal connue. Cette procédure est marquée par le fait qu'elle donne lieu à un dialogue entre l'administration et les parents (ou l'élève majeur). Si la décision prise ne satisfait pas la famille, cette décision pourra être contestée, elle devra alors l'être d'abord devant une commission (la commission d'appel) et ensuite, éventuellement, devant le juge.

Chaque élève, en fonction de son âge, peut demander conseil pour être orienté

Article L. 313-1 du Code de l'éducation

Le droit au conseil en orientation et à l'information sur les enseignements, sur l'obtention d'une qualification professionnelle [...] fait partie du droit à l'éducation.
L'orientation et les formations proposées aux élèves tiennent compte de leurs aspirations, de leurs aptitudes et des perspectives professionnelles liées aux besoins prévisibles de la société, de l'économie et de l'aménagement du territoire.
Dans ce cadre, les élèves élaborent leur projet d'orientation scolaire et professionnelle avec l'aide des parents, des enseignants, des personnels d'orientation et des autres professionnels compétents. Les administrations concernées, les collectivités territoriales, les organisations professionnelles, les entreprises et les associations y contribuent.

Tous les élèves, quel que soit leur niveau (école, mais surtout collège et lycée) peuvent demander à recevoir des conseils pour leur orientation. Cela veut dire simplement que les établissements scolaires doivent leur donner les moyens de choisir l'orientation qui leur plaît le mieux. C'est une « obligation d'information ».

– **Dans les écoles**, ce droit au conseil en orientation est assez limité, puisqu'il va s'agir surtout de faire connaître certains métiers.

– **Dans les établissements du second degré**, il existe un « conseiller d'orientation » qui est une personne dont c'est le métier de renseigner sur les études pouvant être suivies pour exercer tel ou tel métier. Au CDI (centre de documentation et d'information), il existe aussi des fiches à ce sujet. Enfin, les établissements peuvent organiser de véritables rencontres avec des professionnels, ou plus simplement, les « anciens » du lycée.

§1 Les grands moments de l'orientation

L'entrée en sixième au collège

Article L. 332-2 du Code de l'éducation

Tous les enfants reçoivent dans les collèges une formation secondaire. Celle-ci succède sans discontinuité à la formation primaire en vue de donner aux élèves une culture accordée à la société de leur temps. Elle repose sur un équilibre des disciplines intellectuelles, artistiques, manuelles, physiques et sportives et permet de révéler les aptitudes et les goûts. Elle constitue le support de formations générales ou professionnelles ultérieures, que celles-ci suivent immédiatement ou qu'elles soient données dans le cadre de l'éducation permanente.

Circulaire du 15 avril 2005

[...] Intervenant après la période d'accueil et d'adaptation des élèves, ces évaluations constituent un temps fort lors de l'entrée au collège. Leur exploitation pédagogique est, plus que jamais, indispensable. [...]
[...]

Ce n'est que depuis 1975 que tous les enfants entrent au collège (qui est qualifié désormais de collège unique). Auparavant, les enfants entraient soit au collège, soit en enseignement technique. L'entrée au collège s'accompagne d'une évaluation.
L'évaluation des élèves doit permettre de mieux connaître leurs besoins. Cette évaluation est réalisée en mathématiques et en français par les professeurs chargés de l'enseignement de ces matières. Cette évaluation passe souvent aux yeux des enfants pour une sorte de « contrôle » des connaissances, en droit, ce ne doit pas être le cas. L'évaluation doit permettre de déterminer les besoins des élèves et ne doit surtout pas conduire à faire une sorte de classement entre « les bons » et « les moins bons ». L'évaluation est un outil pédagogique*, c'est-à-dire un outil qui sert à l'enseignant afin d'adapter au mieux ses cours avec le niveau de sa classe.
Cette évaluation a lieu en classe de sixième, c'est-à-dire alors que les enfants « débarquent » dans un univers qui leur est tout à fait inconnu. Pour cette raison, la réglementation prévoit que les professeurs ne doivent pas procéder à cette évaluation « dès le début » de l'année scolaire et laisser le temps aux enfants de se familiariser avec les lieux, les nouvelles habitudes, les nouveaux camarades...

La seconde : un moment important d'orientation

Article D. 333-2 du Code de l'éducation

[...]
a) d'un cycle de détermination constitué par la classe de seconde générale et technologique et des classes de seconde à régime spécifique ;
[...]

La classe de seconde est qualifiée par la loi de cycle de « détermination ». Deux grands choix s'offrent, en effet, aux lycéens : la voie générale (avec trois formules : S pour scientifique, L pour littéraire, ES pour économique et sociale) et la voie technologique.
Il est à noter que cette classe comporte des dispositifs d'aide importants (modules dans les matières « fondamentales » et pour les élèves les plus en difficulté des « dispositifs d'aide individualisés »).
L'accent a été mis sur l'apprentissage de l'éducation civique, juridique et sociale ainsi que sur la familiarisation avec les TIC (technologies de l'information et de la communication), tout spécialement pour les élèves qui n'auraient pas suivi la formation dans le cadre du B2i (brevet informatique et Internet) (➜ Voir p. 211).

La première et la terminale : vers le baccalauréat (➜ Voir p. 215)

⚠ Entre 16 et 18 ans :
– il faut se faire recenser dans sa seizième année (➜ Voir p. 518) ;
– avant l'âge de 18 ans, les jeunes sont convoqués à la « journée d'appel de préparation à la défense » (➜ Voir p. 523).

§2 L'ORIENTATION AU COLLÈGE ET AU LYCÉE FAIT L'OBJET D'UN DIALOGUE ENTRE LES PARENTS ET LES ENSEIGNANTS

L'orientation est prise suite à un dialogue entre les parents et les enseignants : on dit qu'elle est « concertée ». Ce dialogue a lieu ici entre les parents (ou l'enfant s'il est majeur) et le chef d'établissement (conseillé par le corps enseignant, naturellement).

Les parents (ou l'élève majeur) font une demande d'orientation qui donne lieu à discussion

Article L. 331-8 du Code de l'éducation

La décision d'orientation est préparée par une observation continue de l'élève. Le choix de l'orientation est de la responsabilité de la famille ou de l'élève quand celui-ci est majeur. [...]

Le choix de l'orientation appartient aux parents pour les élèves mineurs, à l'élève s'il est majeur. En théorie, le choix de l'orientation se fait totalement librement, mais dans la pratique, il faudra tenir compte des résultats (un élève qui n'aurait jamais eu une note au-dessus de la moyenne et dont l'absentéisme est très important pourrait toujours demander son passage en classe supérieure mais il est très peu probable qu'on lui accorde...). De même, il est évident qu'un élève de seconde dont les résultats en mathématiques et en physique sont aux environs de 6/20 ne pourra pas demander son passage en première S (scientifique), car ses résultats sont bien trop faibles. Quand bien même on accepterait son passage, il y aurait toutes les chances que cela ne conduise qu'à un échec. L'orientation de l'élève est donc discutée lors du conseil de classe.

Si le chef d'établissement est d'accord avec la demande d'orientation, il ne peut pas soumettre sa décision à d'autres conditions

Article D. 341-31 du Code de l'éducation

[...] Lorsque ces propositions sont conformes aux demandes, le chef d'établissement prend ses décisions conformément aux propositions du conseil de la classe réuni sous sa présidence et les notifie aux parents de l'élève ou à l'élève majeur.

Si les propositions d'orientation du conseil de classe (et surtout du chef d'établissement, car en droit c'est lui qui décide seul) vont dans le même sens que les demandes des parents ou de l'élève majeur, le chef d'établissement doit prendre la décision conformément à la demande des parents (ou de l'élève majeur). Le chef d'établissement ne peut pas poser des conditions supplémentaires.

Par exemple, Adrien veut passer en troisième, mais, les classes de troisième sont surchargées. Les résultats d'Adrien ne sont pas mauvais, mais « moyens » (il a tout juste la moyenne et les professeurs sont partagés). Le chef d'établissement est d'accord sur le passage d'Adrien en troisième, mais, comme il a peur d'avoir des classes trop chargées, il décide de donner son accord pour son passage en classe supérieure mais « à condition qu'il ait une place dans une classe ». Cette décision du principal est illégale : soit il est d'accord avec le passage, soit il n'est pas d'accord, mais il ne peut pas utiliser son pouvoir de dire oui ou non pour une autre raison que les résultats et les capacités de l'enfant (dans notre exemple, pour éviter que les classes soient trop chargées). Sinon, il y a « détournement de pouvoir » (c'est-à-dire utilisation d'un pouvoir dans un but différent de celui pour lequel ce pouvoir a été confié à l'autorité administrative).

Si les propositions du conseil de classe sont contraires à la volonté des parents (ou de l'élève majeur), un dialogue s'instaure avant que le chef d'établissement ne prenne la décision

Article L. 331-8 du Code de l'éducation

[...] Tout désaccord avec la proposition du conseil de classe fait l'objet d'un entretien préalable à la décision du chef d'établissement. Si cette dernière n'est pas conforme à la demande de l'élève ou de sa famille, elle est motivée. [...]

Article D. 341-32 du Code de l'éducation

Lorsque les propositions ne sont pas conformes aux demandes, le chef d'établissement ou son représentant reçoit l'élève et ses parents, ou l'élève majeur pour les informer des propositions du conseil de la classe et recueillir leurs observations. Les décisions d'orientation ou de redoublement sont ensuite prises par le chef d'établissement qui les notifie* aux parents de l'élève ou à l'élève majeur. [...]

S'il y a un désaccord entre le chef d'établissement et la famille, le chef d'établissement doit recevoir la famille afin de savoir pourquoi elle demande une autre orientation. La famille doit avoir les moyens d'exprimer son point de vue, c'est-à-dire qu'il ne doit pas s'agir d'une simple convocation où le chef d'établissement dit « voilà ce qu'on a décidé ». Sinon, la décision du chef d'établissement pourrait être annulée par la suite par le juge, ici le tribunal administratif.

Par exemple, il a été jugé (c'est le juge administratif qui intervient ici) qu'une réunion avec les parents dans laquelle le chef d'établissement se montrait odieux et ne permettait pas à la mère de l'enfant de s'exprimer (celle-ci ayant perdu ses moyens face à l'agressivité du chef d'établissement) ne constituait pas, en droit, une réunion. Cela veut donc dire que le juge considère que s'il n'y a pas eu un « vrai » dialogue, il fait comme s'il n'y avait pas eu de dialogue du tout : en conséquence, il considère qu'on a manqué à un élément essentiel de la procédure (il annule donc la décision pour « vice de procédure »).

La décision du chef d'établissement doit être motivée

Article D. 341-32 du Code de l'éducation

Les décisions non conformes aux demandes font l'objet de motivations signées par le chef d'établissement. […] Elles sont adressées aux parents de l'élève ou à l'élève majeur qui font savoir au chef d'établissement s'ils acceptent les décisions ou s'ils en font appel, dans un délai de huit jours ouvrables à compter de la réception de la notification* de ces décisions ainsi motivées**.

Suite à ce dialogue, le chef d'établissement va prendre une décision d'orientation. On dit que cette décision est « notifiée* » par le chef d'établissement, c'est-à-dire qu'elle fait l'objet d'un courrier. Par ailleurs, cette décision est « motivée », c'est-à-dire que le chef d'établissement doit dire précisément pourquoi il a pris telle décision d'orientation : il doit être très précis et le juge administratif va pouvoir contrôler les raisons qu'il invoque. Or, le juge considère qu'un motif « passe-partout » équivaut à « pas de motif du tout » et qu'en conséquence la décision devra être annulée.

Par exemple : le proviseur s'oppose à un passage en première S parce que « le dossier est insuffisant ». Le juge va annuler cette décision, parce qu'on pourrait dire cela de tout élève auquel on refuse le passage en classe supérieure. Si par contre, le proviseur avait pris soin de dire « refus de passage en première S parce que l'élève a de trop grandes faiblesses en mathématiques et en physique », le juge n'aurait sans doute pas annulé la décision du proviseur. En clair, ce qui compte c'est qu'à la lecture de la décision, on puisse dire si la situation personnelle de l'enfant a été prise en compte ou si on a affaire à une sorte de « formule passe-partout » qui serait appliquée quel que soit le cas.

Les parents peuvent faire appel de la décision du chef d'établissement devant une commission

Article L. 331-8 du Code de l'éducation

[…]
La décision d'orientation peut faire l'objet d'une procédure d'appel*.

Soit les parents (ou l'enfant majeur) acceptent la décision du chef d'établissement : dans ce cas, la procédure est terminée. Soit les parents ou l'enfant majeur ne sont pas d'accord avec la décision du chef d'établissement. Dans ce cas, il existe une possibilité de faire « appel* », c'est-à-dire de contester la décision d'orientation.

Le délai d'appel

Cette contestation doit d'abord aller devant une instance administrative, la « commission d'appel », qui doit être saisie dans les 8 jours suivant la notification de la décision, (le cachet de la poste fait foi). Cette décision doit comporter la mention du délai de 8 jours pour faire appel. Le délai de 8 jours se calcule de la façon suivante : le jour où l'on reçoit la lettre ne compte pas. On ne commence à compter les jours qu'à partir du lendemain. Bien sûr, les jours fériés ne comptent pas non plus. Pour contester la décision d'orientation, il est nécessaire d'utiliser une lettre recommandée avec accusé de réception, afin de prouver qu'on a bien respecté le délai.

Dans la pratique, peu de parents font appel

Dans la pratique, on constate que très peu de parents font appel de la décision du chef d'établissement (moins de 2 % des décisions d'orientation font l'objet d'une procédure d'appel).

Une fois saisie, la commission d'appel examine à nouveau tout le dossier et peut entendre l'élève

Article D. 341-33 du Code de l'éducation

[...] En cas d'appel, le chef d'établissement transmet à la commission les décisions d'orientation motivées ainsi que tous éléments susceptibles d'éclairer cette instance. [...] Les parents de l'élève ou l'élève majeur qui le demandent sont entendus par la commission. L'élève mineur peut être entendu à sa demande, avec l'accord de ses parents. [...]

Il est à noter que les représentants des parents d'élèves sont présents dans cette commission. Par ailleurs, l'élève pourra être entendu (avec l'accord de ses parents s'il est mineur, de lui-même s'il est majeur) ou ses parents. Cette commission va réexaminer tout le dossier, comme si la première décision n'avait jamais été prise.

La décision de la commission d'appel

Article D. 341-33 du Code de l'éducation

[...] Les décisions prises par la commission d'appel valent décisions d'orientation ou de redoublement définitives. [...]

Article D. 341-15 du Code de l'éducation

Lorsque les parents de l'élève ou l'élève majeur n'obtiennent pas satisfaction pour les voies d'orientation demandées, ils peuvent, de droit, obtenir le maintien de l'élève dans sa classe d'origine pour la durée d'une seule année scolaire.

Après avoir réexaminé tout le dossier, la commission d'appel prend une nouvelle décision d'orientation :
– **soit la commission va dans le sens de la demande des parents** (ou de l'élève majeur). Dans ce cas, cette décision s'impose et le chef d'établissement ne peut pas la contester ;
– **soit la commission ne va pas dans le même sens de la demande des parents et confirme la décision du chef d'établissement** : il ne reste plus pour la famille de l'enfant de deux choix possibles :
1. Les parents demandent le redoublement, qui est alors un droit mais ce droit ne peut valoir que pour un an. Il y a alors un risque que l'année d'après l'enfant se retrouve face aux mêmes difficultés.
2. Les parents contestent la décision devant le juge administratif qui appréciera au vu des résultats, des capacités et de la motivation de l'enfant en question (et non par rapport à ses camarades) si la décision était justifiée ou non. En réalité, le juge n'exerce qu'un contrôle « minimum », c'est-à-dire qu'il vérifie si la décision ne comporte pas une erreur grossière (en droit, on parle d'un contrôle de « l'erreur manifeste d'appréciation »). Ainsi, par exemple, le juge vérifie si la décision d'orientation n'est pas en fait une sanction contre un élève turbulent.

⚠ Les parents considèrent souvent que le fait qu'un enfant passe avec une certaine moyenne signifie que tous les enfants qui ont la même moyenne (ou une moyenne supérieure) doivent passer. C'est pour eux logique, c'est une question d'égalité. En réalité, on ne doit pas comparer seulement les moyennes mais aussi l'ensemble des capacités des enfants.

⚠ La décision de la commission d'appel doit également être motivée.

Le redoublement ne peut être imposé que dans certains cas

Article D. 331-29 du Code de l'éducation

À l'intérieur des cycles des collèges et des lycées, le redoublement ne peut intervenir qu'à la demande écrite des parents de l'élève ou de l'élève majeur, ou, sur proposition du conseil de classe, avec l'accord écrit des intéressés.

Pendant longtemps, les enfants ont vu le redoublement comme une espèce de menace que les parents ou les instituteurs agitaient au-dessus de leur tête « si tu ne travailles pas, tu vas redoubler ! ».
Aujourd'hui, le redoublement est considéré comme une sorte de « nouvelle chance » que l'on propose à un élève qui n'a pas réussi son année scolaire (quelle que soit la raison : familiale, médicale...). Cette nouvelle conception du redoublement explique que l'on ne puisse pas faire redoubler un enfant à l'intérieur d'un cycle sauf accord (ou demande) des parents (ou de l'élève, s'il est majeur). (Pour l'organisation des cycles : ➜ **voir p. 164**).
Par contre, entre deux cycles, le redoublement d'un enfant peut être décidé par l'équipe pédagogique qui essaiera naturellement de faire comprendre à l'enfant que cette décision n'est pas une sanction.

Classes pour lesquelles le redoublement peut être « imposé »	sixième quatrième troisième seconde
Classes pour lesquelles le redoublement ne peut pas être imposé	cinquième première

⚠ Jusqu'à présent, le passage en seconde était totalement indépendant de l'obtention du brevet. Le nouveau brevet devrait entrer en vigueur en 2007. Il ne sera pas un examen d'entrée — au sens juridique — en seconde mais sera passé avant le dernier conseil de classe de troisième.

En cas d'échec au bac, le redoublement de la classe de terminale dans l'établissement est de droit dans la limite des places disponibles

Article D. 331-42 du Code de l'éducation

Tout élève ayant échoué à l'examen du baccalauréat [...] se voit offrir le droit d'une nouvelle préparation de cet examen, le cas échéant, selon des modalités adaptées au niveau des connaissances qu'il a acquises dans les matières d'enseignement correspondant aux épreuves de l'examen. Pour la classe terminale des lycées d'enseignement général et technologique, ce droit s'exerce dans la limite des places demeurées vacantes après l'admission des élèves issus de la classe précédente de l'établissement scolaire et peut entraîner un changement d'établissement après qu'ont été explorées toutes les possibilités d'un maintien sur place de l'élève. Le changement éventuel d'établissement scolaire relève de la compétence de l'inspecteur d'académie.

Les lycéens (ou leurs parents) croient souvent (ou sont portés à croire) que lorsqu'ils ont échoué au baccalauréat, le proviseur peut refuser (pour n'importe quelle raison, et notamment en cas de mauvaise conduite) leur réinscription. C'est tout à fait faux!

Le proviseur ne peut refuser la réinscription que s'il y a un manque de places et dans ce cas, l'inspecteur d'académie est tenu de lui trouver une place dans un autre lycée. Ceci veut dire qu'un lycéen, à qui on aurait refusé la réinscription faute de place, peut tout à fait contester la décision de refus devant le tribunal administratif s'il peut rapporter la preuve que l'établissement disposait encore de suffisamment de places pour l'accueillir. On parle alors d'un « détournement de pouvoir », c'est-à-dire que le chef d'établissement a utilisé un pouvoir qui lui est reconnu par la loi (le pouvoir de refuser l'inscription d'un lycéen ayant échoué au bac lorsqu'il n'y a plus de place), mais dans un but autre que celui prescrit par la loi (il s'en est servi pour appliquer une sanction à un élève qui avait fait preuve d'un manque de discipline, par exemple).

Par ailleurs, l'inscription d'un élève redoublant dans un lycée ne peut pas être l'objet d'une sorte de « chantage » qui consisterait à lui faire signer un contrat par lequel il s'engage à arrêter les cours s'il n'atteint pas la moyenne au premier trimestre. Ce contrat ne peut être qu'un contrat « moral », c'est-à-dire que le chef d'établissement dans l'idée de motiver, peut lui conseiller ce choix, mais en aucun cas ne peut lui ordonner de quitter l'établissement s'il n'atteint pas ce résultat.

chapitre 7

Les examens

Article L. 335-14 du Code de l'éducation

Des examens publics sont organisés pour la délivrance des titres et diplômes sanctionnant les études. La liste de ces titres, les conditions d'inscription des candidats et la composition des jurys d'examen sont fixées par décret. [...]

Les examens publics dans le cadre d'une scolarité classique sont principalement au nombre de deux : **le brevet**, à l'issue du collège et **le baccalauréat**, à l'issue du lycée. Par ailleurs, et de façon facultative, les élèves peuvent passer différents concours, dont le plus célèbre est « le concours général ».

I La fraude aux examens : sanctions disciplinaires et sanctions pénales

La fraude aux examens est un acte grave. Le fait de frauder est contraire à la loi : cela entraîne des sanctions non seulement disciplinaires mais aussi pénales qui peuvent nuire sérieusement à l'élève dans sa vie future. La fraude met aussi en cause gravement un principe fondamental : l'égalité entre les candidats.

§1 La constatation de la fraude

La preuve de son identité

Article 26 de l'arrêté du 18 août 1999 (brevet)

Les candidats doivent faire preuve de leur identité au moment des épreuves.

Les professeurs et autres surveillants doivent vérifier l'identité des élèves le jour de l'épreuve. Les élèves doivent donc pouvoir prouver leur identité, par exemple avec leur carte d'identité ou leur passeport.

⚠ Si vous n'avez pas l'un de ces documents sur vous, vous pouvez également présenter : le livret de famille, le livret militaire, l'extrait d'acte de naissance avec filiation complète...

La fraude lors de l'épreuve du bac

Article 22 du décret du 13 juillet 1992

En cas de flagrant délit de fraude ou tentative de fraude aux examens ou concours, le surveillant responsable de la salle prend toutes mesures pour faire cesser la fraude ou la tentative sans interrompre la participation à l'épreuve du ou des candidats. Il saisit les pièces ou matériels permettant d'établir ultérieurement la réalité des faits. Il dresse un procès-verbal contresigné par les autres surveillants et par le ou les auteurs de la fraude ou de la tentative de fraude. En cas de refus de contresigner, mention est portée au procès-verbal. Toutefois, en cas de substitution de personne ou de troubles affectant le déroulement des épreuves, l'expulsion de la salle des examens peut être prononcée [...]

S'agissant du baccalauréat, la réglementation est très précise. Si le surveillant surprend un élève en train de frauder, il doit faire cesser ce comportement au plus vite. Il va dresser ce qu'on appelle un « procès-verbal », c'est-à-dire consigner sur un document le fait que tel élève a essayé de frauder. Ce document va être signé par les autres surveillants (pour donner plus de poids à son affirmation) et par l'élève (qui peut refuser de signer).
L'élève n'est pas automatiquement expulsé de l'épreuve. Il ne sera expulsé de l'épreuve que s'il avait pris l'identité d'un autre candidat (il avait donc présenté une fausse pièce d'identité) ou si la fraude du candidat risque de troubler le déroulement des épreuves (si le candidat, surpris en pleine fraude, se met à troubler délibérément les épreuves).

Le candidat fraudeur est exclu

Article 27 de l'arrêté du 18 août 1999 (brevet)

Toute fraude ou tentative de fraude pendant les épreuves de l'examen entraîne l'exclusion du candidat.

Article 41 du décret du 13 juillet 1992 (baccalauréat)

Toute sanction prévue au présent article et prononcée dans le cas d'une fraude ou d'une tentative de fraude commise à l'occasion d'une inscription entraîne, pour l'intéressé, la nullité de l'inscription.
Toute sanction prévue au présent article et prononcée dans le cas d'une fraude ou d'une tentative de fraude commise à l'occasion d'un examen entraîne, pour l'intéressé, la nullité de l'épreuve correspondante. L'intéressé est réputé avoir été présent à l'épreuve sans l'avoir subie. La juridiction disciplinaire décide s'il y a lieu de prononcer, en outre, à l'égard de l'intéressé, la nullité du groupe d'épreuves ou de la session d'examen.

La fraude à l'examen peut intervenir à deux moments différents : soit lors de l'inscription, soit lors de l'épreuve.

La fraude lors de l'inscription

L'objectif du fraudeur est de s'inscrire alors qu'il ne remplit pas les conditions pour le faire (il lui manque une attestation par exemple) ou alors le candidat essaie de s'inscrire pour le compte d'un autre candidat (on parle de « substitution de personne »). Si une fraude est commise lors de l'inscription, cette inscription devient nulle et en conséquence, le diplôme est nul.

La fraude lors des épreuves

L'imagination des élèves est parfois sans limite. Si tout le monde se souvient des fameuses « antisèches » cachées au fond des trousses, ou encore des formules inscrites dans les mains ou sur les avant-bras, la technologie offre de nouvelles possibilités bien connues des surveillants (cours tapés dans la calculatrice, utilisation des téléphones portables dans les toilettes, dissimulation de PC de poche et autres assistants numériques digitaux...). Ces pratiques sont interdites.

Les conséquences quant à l'examen sont variables :

– **pour le brevet**, toute fraude, ne serait-ce que dans une seule épreuve, a pour conséquence d'exclure le candidat. Quand bien même ses résultats seraient « bons » dans les autres matières, il est considéré comme exclu ;

– **pour le baccalauréat**, toute fraude entraîne au moins la nullité de l'épreuve lors de laquelle la fraude a été commise. **Par exemple**, si un candidat a essayé de frauder lors de l'épreuve de maths, cette épreuve sera au moins annulée pour lui. Par ailleurs, la juridiction disciplinaire (**➜ Voir ci-dessous**) pourra décider de rendre nuls ses résultats à d'autres épreuves voire à l'ensemble de ses épreuves.

§2 Les poursuites contre le candidat fraudeur

La fraude entraîne une sanction disciplinaire

Article 41 du décret du 13 juillet 1992

Les sanctions disciplinaires applicables aux usagers mentionnés aux c et d de l'article 2 ci-dessus sont :
1° Le blâme ;
2° L'interdiction de subir tout examen conduisant à l'obtention du baccalauréat ou d'un titre ou diplôme délivré par un établissement public dispensant des formations post-baccalauréat pour une durée maximum de cinq ans. Cette sanction peut être prononcée avec sursis si l'interdiction n'excède pas deux ans ;
3° L'interdiction de prendre toute inscription dans un établissement public dispensant des formations post-baccalauréat pour une durée maximum de cinq ans ;
4° L'interdiction définitive de passer tout examen conduisant à un titre ou diplôme délivré par un établissement public dispensant des formations post-baccalauréat et de prendre toute inscription dans un établissement public dispensant des formations post-baccalauréat. [...]

– Pour le **brevet**, la fraude à l'examen entraîne une sanction disciplinaire qui n'a pas fait l'objet de texte spécial.

– Pour le **baccalauréat**, le texte ci-dessus prévoit des sanctions particulièrement graves : le blâme (c'est-à-dire une mention dans le dossier), l'interdiction de se présenter au baccalauréat pendant une durée qui peut aller jusqu'à 5 ans, l'interdiction de s'inscrire dans un établissement public pour une durée pouvant aller jusqu'à 5 ans, l'interdiction définitive de passer tout examen conduisant à un niveau bac ou supérieur et l'interdiction de s'inscrire dans un établissement public.

On peut donner **quelques exemples de décisions** :

– le fait de se présenter à l'examen avec des documents interdits, les fameuses « antisèches », a donné lieu à une exclusion d'un an de tout établissement public préparant au baccalauréat. La même sanction a été donnée à l'encontre d'un élève qui avait préparé des documents pour son oral et qui les avait imprimés sur toute une série de feuilles de couleur afin de pouvoir les sortir quelle que soit la couleur des feuilles de brouillon (il y avait donc préméditation, c'est-à-dire volonté réfléchie de tricher);

– le fait de faire un faux (c'est-à-dire remplir un certificat soi-même, alors qu'il aurait dû être rempli par un professeur) pour pouvoir se présenter à un examen a donné lieu à une exclusion d'un an avec interdiction de passer le baccalauréat avant 2 ans;

– le fait d'être pris en train d'utiliser son téléphone portable lors de l'épreuve a conduit à une exclusion d'un an avec une interdiction de passer l'épreuve de 2 ans;

– le fait d'être pris avec un ouvrage sur la chaise à côté de soi (alors que lors des examens les élèves ne doivent garder que ce qui a été autorisé) a conduit à une exclusion d'un an avec une interdiction de passer le baccalauréat pour un an également;

– le fait que deux copies soient « très proches » peut sembler suspect, ce seul fait n'est pas suffisant pour appliquer une sanction. Mais, si on ajoute à cela que les élèves étaient placés l'un derrière l'autre lors de l'examen, qu'ils avaient avoué avoir discuté lors de l'épreuve, on peut prendre une sanction d'exclusion de tout établissement pendant une durée d'un an avec interdiction de repasser le baccalauréat;

– le fait de présenter une autre personne à sa place est d'une particulière gravité, il a conduit, par exemple, à une exclusion pour une durée de 5 ans de tout établissement avec interdiction de présenter un autre examen (sur les décisions que nous avons consultées, c'est souvent l'exclusion maximale qui est décidée pour ce genre de fraude).

La fraude aux examens est un délit

Article 1er de la loi du 23 décembre 1901

Toute fraude commise dans les examens et les concours publics qui ont pour objet l'entrée dans une administration publique ou l'acquisition d'un diplôme délivré par l'État constitue un délit.

Article 2 de la loi du 23 décembre 1901

Quiconque se sera rendu coupable d'un délit de cette nature, notamment en livrant à un tiers ou en communiquant sciemment avant l'examen ou le concours, à quelqu'une des parties intéressées, le texte ou le sujet de l'épreuve, ou bien en faisant usage de pièces fausses, telles que diplômes, certificats, extraits de naissance ou autres, ou bien en substituant une tierce personne au véritable candidat, sera condamné à un emprisonnement de trois ans et à une amende de 9000 euros ou à l'une de ces peines seulement.

La fraude fait courir une sanction disciplinaire très lourde (généralement une exclusion avec interdiction de présenter l'examen). Elle fait aussi courir en droit des poursuites devant les tribunaux qui peuvent conduire à une peine d'amende et/ou de prison (amende : 9000 euros, prison : jusqu'à 3 ans).

II Le brevet

Le brevet dans la scolarité des élèves

Article L. 332-6 du Code de l'éducation

Le diplôme national du brevet sanctionne la formation acquise à l'issue de la scolarité suivie dans les collèges ou dans les classes de niveau équivalent situées dans d'autres établissements.

Le brevet est le diplôme qu'il faut acquérir après avoir effectué sa scolarité dans un collège (même si la décision d'orientation en classe de troisième est indépendante de la décision d'obtention du brevet.

Environ 78 % des élèves ont leur brevet chaque année.

Dans la mesure où l'enseignement au collège peut être soit général, soit technologique ou soit professionnel, le brevet peut avoir chacun de ces caractères. Mais on dit que le brevet est « unique », car les épreuves sont les mêmes quelle que soit la série (français, mathématiques, histoire, géographie, éducation civique).

Un projet de nouveau brevet est à l'étude : il devrait prendre le nom de « brevet d'études fondamentales ». Il entrerait en vigueur en 2007 et serait passé avant le dernier conseil de classe de troisième.

Le langage courant fait qu'on parle du brevet « tout court » ou du « brevet des collèges », alors que la loi parle du Diplôme national du brevet (DNB).

Les mentions au brevet

Les diplômes délivrés aux candidats admis peuvent porter les mentions suivantes :
– la mention assez bien, quand le candidat a obtenu une note moyenne au moins égale à 12 et inférieure à 14 ;
– la mention bien, quand le candidat a obtenu une note moyenne au moins égale à 14 et inférieure à 16 ;
– la mention très bien, quand le candidat a obtenu une note moyenne au moins égale à 16.
L'entrée en vigueur du nouveau brevet est prévue pour 2007. À l'heure où nous écrivons cet ouvrage, il n'est pas possible de déterminer les contours de cette nouvelle épreuve.
La nouveauté du brevet de 2006 tient au fait que ce dernier comporte désormais des mentions qui sont calquées sur celles que l'on peut acquérir au baccalauréat :
– à partir de 12 : mention assez bien ;
– à partir de 14 : mention bien ;
– à partir de 16 : mention très bien.

Le B2i n'est ni un examen ni un concours mais une attestation

Note de service du 16 novembre 2000

[...] Le brevet informatique et Internet n'est pas un diplôme mais une attestation délivrée dans les écoles et collèges publics et privés sous contrat selon les modalités définies par le présent texte. À l'école, le conseil de cycle a compétence pour attribuer le B2i. Au collège, il est attribué par le chef d'établissement, sur proposition de l'équipe pédagogique de l'ensemble des professeurs de la classe. [...]

Le Brevet Informatique et Internet (B2i) a été mis en place à l'occasion de la rentrée scolaire 2000-2001 dans les collèges et s'est généralisé depuis dans les écoles primaires. Il n'est pas encore applicable à l'ensemble des lycées, mais devrait le devenir prochainement.
Ce brevet comporte deux niveaux (pour le moment) : un correspondant au niveau primaire et l'autre correspondant au niveau collège. Ce brevet ne constitue pas un examen ou un concours, mais simplement une preuve que l'élève maîtrise certaines connaissances en informatique. Le B2i relève donc du contrôle continu. Il n'a rien à voir avec le « Diplôme national du brevet ».

⚠ Il n'y a pas de cours « B2i », mais simplement utilisation de l'outil informatique dans le cadre des différents cours.

§1 L'INSCRIPTION

Les frais d'examen

Article 19 de l'arrêté du 18 août 1999

Les candidats sont assujettis à un droit d'examen dans les conditions identiques à celles fixées pour le brevet des collèges par l'arrêté du 24 décembre 1985. Les élèves boursiers en sont exemptés.

Le passage du brevet est soumis à un droit d'examen, dont le montant est actualisé chaque année. Par exception, les élèves boursiers, c'est-à-dire ceux qui bénéficient d'une aide financière, n'ont pas à payer ce droit d'examen.

L'empêchement insurmontable

Article 21 de l'arrêté du 18 août 1999

Une session est organisée chaque année pour la délivrance du brevet. La date de l'examen est fixée par le recteur d'académie. Pour les candidats qui, pour raison de force majeure dûment constatée, n'ont pu se présenter aux épreuves de l'examen, le recteur* pourra organiser une session de remplacement au début de l'année scolaire suivante.

Le principe est que si on ne s'est pas présenté le jour de l'examen, on ne peut pas repasser le brevet. La raison est simple, c'est le principe d'égalité : tous les élèves d'une même académie doivent avoir le même temps pour se préparer au brevet (toute l'année de troisième) et ils doivent tous passer la même épreuve.
Par exception, on admet que si le candidat inscrit ne pouvait absolument pas se présenter, il pourra à nouveau passer l'épreuve. Il faudra qu'il rapporte la preuve de son empêchement (par exemple, s'il a eu un accident en venant le jour de l'examen, il montrera le papier par lequel il a été admis à l'hôpital avec éventuellement le constat de la gendarmerie). Si cette preuve est suffisante, alors le recteur* (c'est-à-dire la personne qui gère toute l'académie) pourra lui donner l'autorisation de se présenter à la session de remplacement.

⚠ Si la personne n'a pas pu se présenter pour un motif valable (elle a eu un accident) mais qu'elle n'en a pas la preuve (elle a perdu son constat), elle n'est pas admise à se présenter : il faut donc impérativement en cas d'empêchement se constituer une preuve par tous moyens (attestation...). Cette preuve doit être suffisamment solide, c'est-à-dire qu'on ne peut pas faire valoir (en principe) un simple témoignage selon lequel tel enfant aurait été pris, par exemple, d'une crise d'angoisse. Il faudra plutôt un document officiel (certificat d'hospitalisation, par exemple).

§2 Les épreuves

Le contenu des épreuves

Article 17 de l'arrêté du 18 août 1999

Les sujets d'examen et les barèmes de correction afférents sont élaborés pour chaque discipline par une commission académique et fixés par le recteur d'académie. À l'initiative des recteurs d'académie, il pourra être procédé à des groupements interacadémiques pour l'élaboration et le choix des sujets.

Les épreuves sont différentes d'une académie à une autre, mais elles sont déterminées en fonction des programmes nationaux (ce qui fait que tout le monde est censé avoir révisé les mêmes sujets).

La correction des copies

Les corrections ne sont pas « arbitraires », c'est-à-dire que le professeur qui corrige les copies ne fait pas ce qu'il veut : il a une « grille » de correction, c'est-à-dire une feuille où on lui indique comment donner telle ou telle note, ce qui vaut tant de points... Ces grilles sont aussi précises que possible. Elles permettent ce qu'on appelle « l'harmonisation » des notes, c'est-à-dire qu'elles permettent de faire en sorte que, même si le correcteur est différent, même s'il a ses propres méthodes, tout élève pourra avoir à peu près la même note quel que soit le correcteur.

§3 Les résultats

Le brevet n'est pas attribué par ses propres professeurs

Article 23 de l'arrêté du 18 août 1999 modifié

Le brevet est attribué par un jury départemental.
Le jury* est présidé par l'inspecteur d'académie, directeur des services départementaux de l'Éducation nationale, ou son représentant.

Il est composé de membres des personnels enseignants de l'État et peut également comprendre des maîtres contractuels des établissements d'enseignement privés du second degré sous contrat d'association bénéficiant d'un contrat définitif.
Pour la composition du jury, il est fait appel à :
– des enseignants exerçant dans les collèges et les lycées professionnels ;
– des principaux de collège, des proviseurs de lycée professionnel ;
– des membres des corps d'inspection à compétence pédagogique.
Les membres du jury sont désignés par l'inspecteur d'académie, directeur des services départementaux de l'Éducation nationale.
[...]

Article 25 de l'arrêté du 18 août 1999 modifié

Le diplôme est délivré par l'inspecteur d'académie, directeur des services départementaux de l'Éducation nationale.

C'est un jury*, c'est-à-dire un ensemble de personnes, qui va donner le brevet en fonction des résultats obtenus. Ce jury est composé de l'inspecteur d'académie, d'enseignants, de principaux/proviseurs des lycées professionnels...

Ce sont eux qui seront amenés, par exemple, à décider s'il faut prendre une « délibération spéciale », c'est-à-dire une décision par laquelle on va voir s'il n'est pas possible de donner le brevet à un élève dont le dossier montre qu'il a été travailleur, a obtenu des résultats honorables mais dont les notes lors de l'épreuve sont trop « faibles » pour lui permettre d'obtenir le brevet. C'est une sorte de « repêchage ». Il ne faudrait surtout pas croire que ce repêchage est arbitraire, en fonction de la tête de l'élève : la décision est motivée, c'est-à-dire qu'on explique pourquoi on la prend et elle est collégiale* : c'est l'ensemble du jury qui intervient.

C'est l'inspecteur d'académie qui est chargé de la distribution du diplôme, c'est-à-dire que c'est lui qui doit vérifier qu'on imprime les bons diplômes aux élèves qui ont eu le brevet. Il envoie ces diplômes aux élèves directement ou leur fait parvenir par l'intermédiaire du collège.

⚠ À compter de l'épreuve de 2007, on peut dire que ce principe sera de plus en plus remis en cause. En effet, on sait que le brevet en lui-même dépend déjà pour partie des résultats obtenus les deux années précédentes (4e et 3e). Mais, il faudra ajouter une nouvelle catégorie de note : la note vie scolaire (dont les modalités d'évaluation font l'objet d'une expérimentation).

III Le bac

Le baccalauréat est un diplôme assez ancien puisqu'il date... de Napoléon. Il constitue toujours « le » diplôme qui est particulièrement attendu (et craint) par les mineurs car c'est la condition pour accéder à l'université. Le bac est organisé en deux temps : les épreuves anticipées (celles qui ont lieu en fin de première et qui varient suivant la filière : S, ES...) et les épreuves terminales, qui ont lieu en classe de terminale.
Ce diplôme est délivré par un jury qui est, en principe, présidé par un professeur des universités (ce qui est logique, puisqu'on vient de dire que c'était le premier grade universitaire).
C'est aussi le titre qui donne *juridiquement* la qualité d'étudiant. On distingue le bac général et technologique des bacs professionnels.

§1 L'inscription

Les empêchements à présenter le baccalauréat

Article D. 334-19 du Code de l'éducation

Les candidats qui, en cas d'absence justifiée liée à un événement indépendant de la volonté du candidat, n'ont pu subir les épreuves de la session organisée à la fin de l'année scolaire peuvent, avec l'autorisation du recteur, subir des épreuves de remplacement organisées en septembre sur le même modèle que celles prévues à la session normale. Si l'empêchement est motivé par une raison de santé, ils doivent fournir un certificat délivré par un médecin concourant à l'exercice des tâches médico-scolaires.
[...]

Il se peut qu'un élève qui s'était inscrit à la session de juin ne puisse pas se présenter à l'épreuve (maladie, décès d'un proche, accident...). Il devra alors rapporter la preuve de l'impossibilité pour lui de se présenter. Il faut qu'il s'agisse bien d'une réelle « impossibilité » et non pas d'une simple « difficulté ». Si le motif invoqué est médical, il devra passer un examen médical devant le médecin scolaire.
S'il démontre que son motif est valable, l'élève pourra être autorisé par le recteur (c'est-à-dire le responsable de l'éducation dans toute l'académie) à se présenter à la session de septembre.
Il y a en fait deux cas :

– soit le candidat **n'a pu passer aucune épreuve** : dans ce cas, il pourra passer l'ensemble des épreuves en septembre ;
– soit le candidat **a pu passer une partie des épreuves** mais pas toutes. Dans ce cas, on distingue différentes possibilités : 1) le candidat a passé une partie des épreuves anticipées (épreuves de première) : il repasse toutes les épreuves anticipées, la note obtenue est annulée ; 2) le candidat a passé une partie des épreuves de terminale : dans ce cas, le candidat doit repasser toutes les épreuves en septembre ; 3) le candidat est autorisé exceptionnellement à passer toutes les épreuves (anticipées et les autres) la même année ; 4) le candidat est autorisé à passer des épreuves de contrôle.
La session de remplacement ne comporte pas d'épreuves d'éducation physique et sportive ni d'épreuves facultatives, ni d'épreuves ou parties d'épreuve mentionnées qui auraient été réalisées en cours d'année dans l'établissement.
Les notes obtenues à la session normale, à l'épreuve d'éducation physique et sportive et, le cas échéant, aux épreuves facultatives sont reportées et prises en compte lors de la session de remplacement.

§2 Le déroulement des épreuves

L'utilisation des calculatrices ne peut être interdite que dans des cas très précis

Circulaire du 16 novembre 1999

I. Matériel autorisé
Le matériel autorisé comprend toutes les calculatrices de poche y compris les calculatrices programmables, alphanumériques ou à écran graphique à condition que leur fonctionnement soit autonome et qu'il ne soit pas fait usage d'imprimante.
[...]
III. déroulement des épreuves :
– Le candidat n'utilise qu'une seule machine sur la table. Toutefois, si celle-ci vient à connaître une défaillance, il peut la remplacer par une autre.
– Afin de prévenir les risques de fraude, sont interdits les échanges de machines entre les candidats, la consultation des notices fournies par les constructeurs ainsi que les échanges d'informations par l'intermédiaire des fonctions de transmission des calculatrices.
Les chefs de centre d'examen veilleront à ce que les candidats soient convenablement informés de cette règle qui doit être strictement respectée.

La question de l'utilisation des calculatrices a souvent posé problème. On sait en effet que ces machines ne se contentent plus de faire des opérations « simples », comme des additions, des soustractions... Elles sont de plus en plus modernes et certaines, du fait de leur compatibilité avec les ordinateurs, permettent un stockage rapide et important de données. Les risques de fraude sont donc sérieux.

Pourtant, la solution retenue est que toutes les calculatrices sont autorisées, sauf celles qui sont accompagnées d'une imprimante... c'est-à-dire très peu. Chaque élève ne peut utiliser qu'une seule calculatrice (mais il pourra la changer en cours de route si elle ne fonctionne plus). Il ne peut pas consulter le manuel d'utilisation (le risque de fraude serait alors immense). De même, il ne peut pas utiliser les ports infrarouges de sa calculatrice pour communiquer avec son voisin. Il est d'ailleurs possible à un examinateur de demander à deux candidats de se désynchroniser s'il constate que les calculatrices sont d'un même type et donc utilisent un même protocole de communication.

Selon le type d'épreuve, la calculatrice sera ou non autorisée (il est évident qu'elle est inutile pour une épreuve de langue, par exemple !). Mais, même au sein des épreuves scientifiques, on pourra ou non autoriser l'utilisation de la calculatrice.

Remarque : la mise à disposition de « formulaires » lors des épreuves (c'est-à-dire de listes de formules qui peuvent être utiles pour résoudre les problèmes) permet de contrebalancer le risque de déséquilibre entre ceux qui auraient les moyens financiers d'avoir des calculatrices chères (et permettant de stocker beaucoup de données, donc permettant potentiellement de tricher très largement) et ceux qui ont des moyens financiers plus faibles, avec des calculatrices moins perfectionnées. En tout état de cause, le fait d'utiliser sa calculatrice afin de se procurer des informations qui sont, en principe interdites, constitue une fraude, qui peut conduire à des sanctions graves (➜ Voir p. 208).

Les problèmes de santé et le bac

Article D. 312-4 du Code de l'éducation

Dans les examens de l'enseignement du second degré, lorsque l'évaluation certificative résulte d'un contrôle en cours de formation, seuls peuvent être dispensés de l'épreuve d'éducation physique et sportive les candidats reconnus totalement inaptes, pour la durée de l'année scolaire, par un médecin qui délivre, à cet effet, un certificat médical, [...]

Article D. 312-6 du Code de l'éducation

Les candidats handicapés physiques et les inaptes partiels scolarisés peuvent, en fonction des modalités de prise en compte de l'éducation physique et sportive définies par le règlement d'examen, soit bénéficier d'un contrôle en cours de formation adapté à leurs possibilités, soit participer à une épreuve ponctuelle d'éducation physique et sportive

aménagée, selon des modalités précisées par arrêté du ministre chargé de l'éducation.
Pour être autorisés à présenter l'épreuve ponctuelle d'éducation physique et sportive aménagée, ces candidats doivent avoir été déclarés soit handicapés physiques, soit inaptes partiels, et reconnus aptes à passer cette épreuve par le médecin de santé scolaire.

Le bac comporte une épreuve sportive. Cette épreuve est une épreuve « comme les autres ». En conséquence, un candidat ne pourra être dispensé de cette épreuve que s'il peut rapporter la preuve qu'il doit faire l'objet d'une dispense. Pour éviter tout risque de fraude, le certificat de dispense doit être établi par le médecin scolaire (et non par le médecin de famille).
Les candidats qui ont un handicap peuvent aussi bénéficier de cette dispense dans les mêmes conditions, à condition bien sûr que leur handicap les empêche de passer l'épreuve (si **par exemple**, l'élève souffre d'un problème d'élocution, rien ne l'empêche de participer à une épreuve de saut en longueur...). Si le handicap suppose un aménagement pour pouvoir faire l'épreuve, le candidat devra pouvoir bénéficier de cet aménagement (**par exemple**, un élève sourd aura des difficultés à participer à une épreuve de course de vitesse, car il n'entendra pas le signal du départ, on mettra alors en place un système de signalisation).

L'épreuve orale de français

Note de service du 20 juin 2001

Pour la première partie de l'épreuve, l'examinateur propose au candidat un extrait choisi parmi les lectures répertoriées dans le « descriptif des lectures et activités » ainsi qu'une question qui permette au candidat d'organiser et d'orienter son étude. Cette question porte sur l'ensemble du texte.
[...]

Depuis la session 2003 du baccalauréat, l'épreuve orale de français se déroule de façon légèrement différente. Elle comporte un temps de préparation assez long (40 minutes) et se décompose en deux parties : 1) un exposé, 2) une discussion.
La grande question qui se pose en droit est de savoir si l'examinateur peut demander à l'étudiant d'analyser un texte autre qu'un texte qui aurait été étudié en cours. Auparavant, la pratique était courante, ce qui n'était pas sans être critiqué, au motif notamment que l'égalité des chances n'était pas respectée. La solution est désormais très claire : dans la partie « exposé », l'examinateur ne peut prendre qu'un texte qui figure dans « le descriptif des lectures et activités », c'est-à-dire la liste des textes qui ont

été étudiés en cours (que ces textes aient fait l'objet d'une étude plus ou moins complète).

Pour la deuxième partie de l'épreuve, la note de service indique que le correcteur peut prendre :

– une des lectures « cursives » (c'est-à-dire un texte qui a été étudié en classe, mais pas de façon approfondie) faite pendant l'année et relevant du même objet d'étude (c'est-à-dire à peu près le même thème) ;

– l'œuvre intégrale ou le groupement de textes d'où le texte étudié pour la première partie de l'épreuve a été extrait ;

– l'objet d'étude auquel se rattache le texte étudié (c'est-à-dire demander en fait à l'élève de « disserter sur le sujet en général »).

§3 La correction des copies est anonyme

Les copies sont corrigées par des examinateurs différents des professeurs habituels et sont anonymes

Article D. 334-9 du Code de l'éducation

Au cours de la session d'examen organisée à la fin de l'année scolaire, les membres du jury ne peuvent pas examiner leurs élèves de l'année en cours, les épreuves écrites sont corrigées sous couvert de l'anonymat*. Les noms des candidats sont portés à la connaissance du jury au moment de la délibération.

Pour respecter l'égalité entre les candidats, les membres d'un jury du bac ne peuvent pas corriger ou faire passer un examen à un élève qu'ils ont eu en cours l'année précédant le bac. Par ailleurs, les copies sont anonymes*, c'est-à-dire que le correcteur ne connaît pas le nom de l'élève dont il doit corriger la copie. Cet anonymat est garanti par le fait qu'on cachette sa copie à la fin de l'épreuve.

Mais, ce qu'on sait moins en général, c'est que ces copies ne sont décachetées qu'au moment de la délibération du jury. Entre-temps, la copie reste anonyme (il y a un numéro, c'est tout).

§4 Les résultats

Les mentions au baccalauréat

Article D. 332-20 du Code de l'éducation

À compter de la session 2006, les diplômes délivrés aux candidats admis portent les mentions suivantes :
1° La mention « assez bien », quand le candidat a obtenu une note moyenne au moins égale à 12 et inférieure à 14 ;
2° La mention « bien », quand le candidat a obtenu une note moyenne au moins égale à 14 et inférieure à 16 ;
3° La mention « très bien », quand le candidat a obtenu une note moyenne au moins égale à 16.

Jusqu'à présent il existait en fait et non en droit 4 mentions au baccalauréat :
– mention passable : moyenne entre 10 et 12 ;
– mention assez bien : moyenne entre 12 et 14 ;
– mention bien : moyenne entre 14 et 16 ;
– mention très bien : moyenne supérieure à 16.

En droit, le fait d'avoir une mention n'a pas de conséquence : on a le baccalauréat et c'est tout. En réalité, avoir une mention peut porter à conséquence, notamment pour son admission dans une école (certaines écoles, par exemple, acceptent de recruter des élèves sur dossier lorsqu'ils ont eu une mention « très bien »).

⚠ S'il y a eu erreur dans l'affichage des résultats, le candidat qui se croyait reçu ne peut s'en prévaloir.
De même, le baccalauréat peut porter la mention « section européenne », ou « langue régionale » si l'élève a suivi une formation dans ce sens.

Le relevé de notes est personnel, seul le candidat peut, en principe, aller le retirer

Le relevé de notes entre dans la catégorie des actes ayant un caractère nominatif. En conséquence, seul l'élève ou ses parents (si l'élève est mineur) peuvent avoir accès à ce document. Si l'élève est majeur, le relevé de notes ne devrait pas, en principe, pouvoir être remis aux parents.
Un ami (on dit un « tiers » en droit, c'est-à-dire une personne autre que le candidat ou les parents du candidat) pourra tout de même aller chercher ce document s'il a une autorisation (on parle alors de « procuration »). Cette autorisation devra être donnée par le candidat lui-même s'il est majeur, par le représentant légal (le plus souvent les parents) du candidat s'il est mineur. À défaut de cette procuration, les résultats ne seront pas communiqués.

Les cas dans lesquels le candidat peut être admis à passer le « rattrapage »

Article D. 334-8 du Code de l'éducation

Après délibération du jury à l'issue du premier groupe d'épreuves, les candidats ayant obtenu une note moyenne égale ou supérieure à 10 sont déclarés admis par le jury. Les candidats dont la note moyenne est inférieure à 8 sont déclarés ajournés. Ceux qui ont obtenu une note moyenne au moins égale à 8 et inférieure à 10 sont autorisés à se présenter au second groupe d'épreuves dans les conditions fixées par arrêté du ministre chargé de l'Éducation nationale.

Après délibération du jury à l'issue du second groupe d'épreuves, sont déclarés admis les candidats dont la note moyenne pour l'ensemble des deux groupes d'épreuves est au moins égale à 10 sur 20. Les candidats admis à l'issue du second groupe d'épreuves ne peuvent obtenir une mention.

Si la moyenne est comprise entre 8 et 10, on peut bénéficier du « rattrapage », c'est-à-dire à un second groupe d'épreuves. Les candidats qui arrivent au rattrapage passent des épreuves qui sont des épreuves orales dans deux matières (qui étaient forcément des matières écrites). Les notes obtenues dans ces deux matières sont comparées à celles obtenues lors de la première session et on retient la meilleure. On refait le calcul avec ces nouvelles notes et on sait alors si le candidat a ou non son bac.

Exemple : Marine a passé un bac S et elle a obtenu une moyenne de 9/20, notamment à cause de sa note de maths qui était très basse (6/20) et de philosophie (9/20). Elle est appelée au rattrapage et à l'issue de ses deux oraux, a obtenu les notes suivantes : 13/20 en maths et 8/20 en philosophie. On va prendre en compte comme note son 13/20, mais on va garder sa première note de philo car elle était meilleure. C'est avec ces deux notes que l'on va voir si Marine a ou non son bac.

⚠ Même si après le rattrapage on a une moyenne qui dépasse les 12/20, on ne peut pas avoir de mention. Ce qui veut dire que si on reprend l'exemple ci-dessus, même si Marine avait eu 18 aux deux épreuves qu'elle a repassées, ce qui l'aurait conduit à avoir une moyenne de 13/20 (qui donne en principe une mention « assez bien »), elle n'aurait pas eu cette mention, car elle est passée au rattrapage.

La communication des copies d'examen

Note de service du 15 janvier 1982

Dans le cadre de la mise en œuvre des dispositions du titre premier de la loi du 17 juillet 1978 modifiée, relatif à la liberté d'accès aux documents administratifs et des textes réglementaires pris pour son application, il apparaît qu'un nombre croissant de demandes porte sur la communication des copies d'examen et concours [...].
Compte tenu de la position constante de la commission d'accès aux documents administratifs sur ce point, il y a lieu désormais de communiquer les copies d'examen et concours aux candidats qui en font la demande.

Il peut être intéressant pour un élève qui ne comprend pas sa note de demander à voir sa copie, c'est-à-dire à voir quelles appréciations le correcteur a pu porter sur celle-ci. Avant 1982, la pratique de la communication de la copie d'examen n'était pas clairement établie. Depuis lors, il est impératif d'assurer la communication des copies aux élèves qui en font la demande. Par ailleurs, il est précisé que dans le cas où le correcteur apposerait ses commentaires sur une feuille distincte de la copie, celle-ci devra être également communiquée. La demande doit intervenir dans la période d'un an qui suit la notification des résultats.

Le bac fait passer du statut de lycéen au statut d'étudiant

Article D. 334-2 du Code de l'éducation

Le baccalauréat général est délivré au vu d'un examen qui sanctionne les enseignements dispensés dans les classes de première et terminale préparant à ce diplôme.
La réussite à l'examen détermine la collation par l'État du grade universitaire de bachelier.

Dans le langage courant, on dit de plus en plus qu'un lycéen est un étudiant, dans le sens où il poursuit des études. En droit, c'est inexact : ce qui caractérise un étudiant, c'est le fait qu'il ait un « grade universitaire », et le premier grade universitaire qu'on peut avoir, c'est celui de bachelier.

IV Les recours contre les résultats d'examen

§1 Le principe : le jury est souverain*

Article 24 de l'arrêté du 18 août 1999 (brevet)

Le jury est souverain*.

Article D. 334-20 du Code de l'éducation (baccalauréat)

La délivrance du baccalauréat général résulte de la délibération du jury qui est souverain*.

Ce texte ne fait que rappeler un principe que les juges ont dégagé, le jury est souverain*, et libre donc de son appréciation : le juge n'accepte pas de « réexaminer » un dossier, une copie. On voit mal en effet un juge faire repasser devant lui toutes les épreuves...

§2 Les quelques exceptions

Les cas dans lesquels un recours peut être intenté

Il n'existe que deux cas (et pas plus) où l'on va pouvoir contester la décision du jury d'examen :
– **l'erreur matérielle** : c'est une erreur qui se constate simplement, la preuve est donc simple à faire. Cela va être le cas si, par exemple, l'élève a eu 6/20 en maths et qu'après avoir demandé à consulter sa copie, il constate que sa note réelle était de 16/20. Il y a eu une erreur de report de la note, ou encore une erreur informatique. Cela va être aussi le cas si, par exemple, les coefficients qui ont été appliqués à telle ou telle matière ne sont pas ceux qui correspondent à la série de l'élève (si l'élève était en terminale S et que les coefficients qu'on lui a appliqués sont ceux d'une terminale L) ;
– **le non-respect par le jury de la réglementation** : cela va correspondre au cas où, par exemple, le jury n'a pas pris connaissance du livret scolaire de l'élève. C'est, en réalité, un cas très rare.

La procédure à suivre pour contester la décision

Sous réserve d'être dans l'une des deux situations ci-dessus, il existe trois voies de recours :

– un recours que l'on appelle « recours gracieux » qui consiste à écrire au président du jury du concours et à lui demander de « corriger » cette erreur;
– un recours que l'on appelle « recours hiérarchique » qui consiste à écrire au ministre de l'Éducation nationale et à attirer son attention sur telle ou telle irrégularité;
– un recours devant le juge administratif (on parle de recours « contentieux »). Il faudra faire la preuve que l'on est bien dans l'un des cas de recours.
Il est possible auparavant de saisir le médiateur de l'Éducation nationale (➜ Voir p. 332).

V Le concours général

Le concours général a pour fonction de distinguer les meilleurs élèves ou apprentis et de valoriser leurs travaux. La différence avec le baccalauréat c'est que l'épreuve est plus longue et qu'elle se fait sur inscription volontaire. Ce concours se répartit selon deux modalités : le concours général des lycées et le concours général des métiers. Le concours général a été institué en 1744 par l'Université de Paris pour distinguer les meilleurs élèves, à l'initiative de l'abbé Legendre. Les premiers prix furent décernés en 1747 à la Sorbonne. Le concours général s'adressait aux garçons des lycées parisiens, il s'est ouvert aux élèves de province et aux filles en 1924. Limité à l'origine au français, au latin, au grec, à l'histoire, aux mathématiques et à la physique, il s'est ouvert en 1981 aux disciplines technologiques et en 1995 au baccalauréat professionnel.

titre 2

Vie pratique et école

On présentera dans cette partie un certain nombre d'éléments qui sont davantage à destination des parents : la question des dépenses liées à l'éducation, celle des sorties (tant du point de vue de la sécurité, des assurances que de leur financement) et enfin la question des aides financières visant à assurer la meilleure éducation possible.

chapitre 1

Gratuité de l'enseignement public et dépenses liées à l'éducation

Article L. 132-1 du Code de l'éducation

L'enseignement public dispensé dans les écoles maternelles et les classes enfantines et pendant la période d'obligation scolaire définie à l'article L. 131-1 est gratuit.

Article L. 132-2 du Code de l'éducation

L'enseignement est gratuit pour les élèves des lycées et collèges publics qui donnent l'enseignement du second degré [...].

Le principe de gratuité de l'enseignement public est un principe ancien puisqu'il date de la loi du 16 juin 1881. La gratuité de l'enseignement est considérée comme devant être rattachée au Préambule de la Constitution de 1946 (**➜ Voir p. 537**) qui fait de l'« enseignement public gratuit et laïc » un devoir de l'État.

La gratuité de l'enseignement est le fruit d'une conquête, le symbole de « l'École de la République ».

Sous l'Ancien Régime, il est parfois question de la gratuité de l'enseignement : il s'agit alors d'un acte de charité de la part de l'Église catholique, mais la règle générale est le paiement de la scolarité. Le principe de gratuité fait une courte apparition sous la **Révolution** :

La première Constitution française, celle de 1791, dispose : « Il sera créé et organisé une instruction publique, commune à tous les citoyens, gratuite à l'égard des parties d'enseignement indispensables à tous les hommes ». Mais cet objectif ne put être mis en pratique.

Le XIXe siècle : le système, qui va finalement être mis en place à la fin du XVIIIe siècle et au début du XIXe, repose largement sur les « contributions des familles » (on paye pour l'enseignement et pour assurer à l'enseignant des moyens de vivre). Dans les écoles primaires, cette forme de rémunération portait le nom de « rétribution scolaire ». La conséquence est que les maîtres n'avaient souvent pas assez d'argent pour vivre. La loi Guizot, en 1833, marque une première étape dans l'amélioration de la situation en ce qu'elle oblige les communes à prendre en charge l'école, le logement de l'instituteur, ainsi qu'une partie du salaire de ce dernier. Petit à petit, les élèves les plus pauvres vont être exonérés des frais de scolarité (ils ne paient pas). Dans le second degré, l'accès est réservé aux plus aisés.

Peu à peu, l'idée se développe selon laquelle la gratuité de l'enseignement serait une « bonne chose ». Cette idée est portée notamment par la Ligue de l'enseignement, créée en 1866 autour de Jean Macé ; Victor Duruy, ministre de l'Instruction publique, va devenir partisan de cette idée autant par principe démocratique que dans le souci de développer l'instruction. Celui-ci fait voter une loi qui autorise les municipalités à lever une imposition spéciale (quatre « centimes extraordinaires ») pour instituer la gratuité générale dans les écoles (loi du 10 avril 1867). En revanche, dans l'enseignement secondaire, la progression de la gratuité se heurtera longtemps à une forte résistance (dans ce secteur, le principe de gratuité n'est solidement installé que depuis la Libération).

L'œuvre de la IIIe République : le premier principe est constitué par la gratuité de l'enseignement ; loi du 16 juin 1881, supprimant la « rétribution scolaire ». Les deux autres principes sont fondés un an plus tard, le 28 mars 1882 : l'obligation scolaire et la laïcité.

Ainsi, le principe de gratuité de l'enseignement est tout aussi fondamental que l'obligation scolaire (➜ **Voir p. 142**) ou la laïcité (➜ **Voir p. 268**).

I Les manuels, les fournitures, les photocopies

§1 Les manuels scolaires

Le plus souvent, les livres sont gratuits à l'école élémentaire

Article 8 du décret du 29 janvier 1890

Dans les communes où la gratuité des fournitures scolaires n'est pas assurée par le budget municipal, l'acquisition des objets énumérés à l'article 7 est à la charge des familles.

Les ressources provenant de la caisse des écoles et de la subvention de l'État inscrite au budget du ministère de l'Instruction publique pour venir en aide à ces établissements seront affectées en premier lieu à la fourniture gratuite des livres aux élèves indigents.

Le plus souvent, les manuels scolaires sont gratuits dans les écoles élémentaires : la commune décide de prendre en charge cette dépense. Il n'y a cependant pas d'obligation pour la commune d'acheter les manuels et en conséquence il est tout à fait imaginable d'avoir des livres « payants » à l'école élémentaire. Dans la pratique, il est peu envisageable pour un maire de remettre en cause cette tradition.

⚠ C'est par un abus de langage que l'on dit que les manuels sont gratuits dans l'enseignement primaire.

Les manuels scolaires dans les collèges sont gratuits

Circulaire du 9 juillet 1976

[...] L'obligation sera faite aux chefs d'établissement d'assurer la gratuité de la totalité des manuels scolaires de ce cycle d'enseignement [sixième].

Article D. 211-15 du Code de l'éducation

Les dépenses pédagogiques [...] restant à la charge de l'État sont, en fonctionnement, les dépenses afférentes :
1° Pour les collèges, [...]
– à la fourniture des manuels scolaires dans les collèges [...].

La gratuité des manuels dans les collèges date de 1975 et a été mise en place progressivement. Les ouvrages sont achetés par les écoles qui reçoivent des crédits pour constituer des stocks et renouveler les collections. Les élèves doivent prendre grand soin de ces ouvrages pour que leurs camarades de l'année suivante puissent en bénéficier, d'autant que les crédits ne sont pas illimités.

⚠ Le principal du collège peut consulter le conseil d'administration sur les principes de choix des manuels et tous autres outils pédagogiques.

Les manuels scolaires sont, en principe, payants dans les lycées

Article L. 214-6 du Code de l'éducation

La région a la charge des lycées [...]. Elle en assure [...] le fonctionnement à l'exception, d'une part des dépenses pédagogiques à la charge de l'État dont la liste est arrêtée par décret, et d'autre part, des dépenses de personnel. [...]

Article D. 211-15 du Code de l'éducation

Les dépenses pédagogiques [...] restant à la charge de l'État sont, en fonctionnement, les dépenses afférentes :

1° Pour les collèges, les lycées [...]
– à la fourniture des manuels scolaires dans les collèges [...].

Les manuels scolaires sont en principe payants dans les lycées. En effet, il ressort des textes que les manuels ne sont pris en charge par l'État que pour le collège.

Il faut toutefois souligner le rôle non négligeable des conseils généraux (c'est-à-dire du conseil qui représente le département) et des conseils régionaux (c'est-à-dire le conseil qui représente la région) dans l'achat des manuels. Ils peuvent en effet décider de mettre en place des programmes d'achat de livres qui vont conduire à offrir les ouvrages soit à l'ensemble des élèves, soit à certaines catégories d'élèves, comme par exemple les élèves se trouvant dans une situation sociale particulièrement difficile. Ils peuvent aussi mettre en place des bourses spécifiques afin d'aider les élèves connaissant des difficultés financières.

⚠ Le proviseur du lycée peut consulter le conseil d'administration sur les principes de choix des manuels et tous autres outils pédagogiques.

Le poids des cartables

Note du 17 octobre 1995

[...] Il convient de rappeler que le chef d'établissement et les représentants des partenaires intéressés à la vie des élèves peuvent, lors du conseil d'administration, examiner les solutions pratiques à mettre en œuvre, le cas échéant, pour aboutir à une réduction du poids des cartables (qui ne devrait pas dépasser 10 % du poids moyen des élèves); on peut citer par exemple la mise à disposition de casiers individuels fermés.

Le poids des cartables sur les enfants peut avoir des effets néfastes pour leur santé en leur causant des « déformations » de la colonne vertébrale : lordose, scoliose... Dans le but de limiter le poids des cartables pour les enfants les plus jeunes (qui sont aussi ceux qui sont le moins à même d'organiser leur cartable), les chefs d'établissement sont invités à prendre des mesures, comme la mise à disposition de casiers individuels fermés dans lesquels les élèves n'auront qu'à déposer leurs affaires et, à l'occasion des récréations, à les changer.

⚠ La note de service indique que le poids des cartables ne doit pas dépasser en principe 10 % du poids des élèves, ce qui est variable bien sûr suivant l'âge de l'enfant. Elle n'est pas toujours appliquée...

§2 Les fournitures scolaires

Les listes de fournitures doivent respecter le principe de libre concurrence

Circulaire du 15 octobre 1962

Il m'a été signalé que, dans certains établissements, les notices de renseignements remises en début d'année aux parents d'élèves comportaient des indications tendant à recommander, voire imposer, certaines maisons ou marques commerciales pour l'achat des fournitures scolaires (blouses, carnets de correspondance...).

J'ai l'honneur de vous prier de bien vouloir inviter les administrations des établissements en cause à mettre un terme à ces recommandations qui risquent d'entraver le libre choix des familles et le jeu de la concurrence.

Le plus souvent par volonté de bien faire, les enseignants recommandaient certaines marques précises de stylo, de cahier, de blouse et autres fournitures. Pour les parents, ceci constituait une garantie d'avoir « le bon matériel », celui que l'enseignant attendait. Cette pratique est toutefois contraire à un principe : la libre concurrence. C'est pourquoi elle est, en principe, interdite.

Il convient de rappeler dans ce contexte qu'aucune publicité ne doit être faite au sein des établissements en faveur de telle ou telle entreprise.

La sensibilisation à l'économie solidaire et au commerce équitable

Article L. 312-15 du Code de l'éducation

[...] Lors de la présentation de la liste des fournitures scolaires, les élèves reçoivent une information sur la nécessité d'éviter l'achat de produits fabriqués par des enfants dans des conditions contraires aux conventions internationalement reconnues.

Des droits de l'Homme découle la reconnaissance de ceux de l'enfant, l'enfant pouvant se définir finalement comme un homme en devenir. C'est dans cette perspective que l'Éducation nationale souhaite sensibiliser les enfants à l'économie solidaire, c'est-à-dire à une forme d'économie dans laquelle les produits fabriqués ne sont pas le résultat d'une exploitation du travail des enfants. Les enfants sont incités à ne pas acheter de fournitures scolaires qui auraient été fabriquées par des enfants.

§3 LE PROBLÈME DES PHOTOCOPIES

L'utilisation des photocopies est limitée

Circulaire du 19 octobre 2005

La signature de ce contrat autorise l'école à effectuer des copies d'œuvres protégées, destinées uniquement à une utilisation qualifiée de « collective » à des fins exclusivement pédagogiques.

La reproduction par reprographie d'une œuvre protégée pour une utilisation collective requiert le consentement de l'auteur ou de ses ayants droit ou ayants cause. Les activités scolaires n'échappent pas à ce principe.
Toutefois, suite à un protocole d'accord en date du 20 mai 2005, les établissements ont pu passer des contrats d'autorisation « globaux », c'est-à-dire des sortes d'autorisation de faire des photocopies pour un nombre limité de photocopies.
Si un tel contrat a été signé par l'établissement (après accord du conseil d'administration), les enseignants sont autorisés à faire des photocopies d'ouvrage, mais ce droit est limité : il ne peut concerner que des photocopies à destination de *l'ensemble* des élèves, et le nombre de photocopies par élève et par an est limité à environ 180. Le ministre a, par ailleurs, indiqué que les photocopies devaient être indispensables à l'enseignement (ce qui en soit n'a pas d'effet en droit).

La sanction en cas de photocopies non autorisées

Article L. 335-2 du Code de la propriété intellectuelle

Toute édition d'écrits, de composition musicale, de dessin, de peinture ou de toute autre production, imprimée ou gravée en entier ou en partie, au mépris des lois et règlements relatifs à la propriété des auteurs, est une contrefaçon; et toute contrefaçon est un délit.
La contrefaçon en France d'ouvrages publiés en France ou à l'étranger est punie de trois ans d'emprisonnement et de 300 000 euros d'amende.
Seront punis des mêmes peines le débit, l'exportation et l'importation des ouvrages contrefaits.

La protection des droits d'auteur relève d'un service qui s'appelle le Centre français d'exploitation du droit de copie. Ce centre est toujours autorisé à vérifier au sein de tout établissement que la législation sur les droits d'auteur est bien respectée.
Deux situations sont envisageables :

– soit l'établissement **n'a pas signé le contrat** qui prévoit que l'établissement est autorisé à faire des photocopies dans certaines limites, alors, aucune photocopie n'est autorisée et donc toute photocopie fait courir le risque de poursuites ;
– soit l'établissement **a signé le contrat** qui autorise dans certaines limites le recours à la photocopie : dans ce cas, il peut aussi y avoir des contrôles, on vérifiera cette fois-ci que les limites de l'autorisation ont bien été respectées. **Par exemple**, si on prouve qu'un enseignant a fait dans une année plus de 400 photocopies par élève, il pourra faire l'objet de poursuites.
Les poursuites engagées peuvent être de deux ordres :
– soit **des poursuites « pénales »** : c'est le délit de contrefaçon qui est caractérisé par le fait de reproduire une œuvre de l'esprit sans respecter les règles applicables. C'est un délit, ce qui veut dire que l'on risque une peine de 3 ans de prison (maximum) et de 300 000 euros d'amende (maximum) ;
– soit **des poursuites « civiles »**, c'est-à-dire qu'on ne demande pas à ce que l'enseignant fasse l'objet d'une amende et/ou d'une peine de prison, on demande simplement à ce qu'il paye une indemnité, en quelque sorte pour le manque à gagner dont il est à l'origine.

II Les frais de participation

Pour les sorties et voyages scolaires : → Voir p. 242.

§1 La coopérative scolaire à l'école maternelle et à l'école primaire

Circulaire du 10 février 1948

[...] Dans toutes classes où fonctionne vraiment une coopérative scolaire, le travail est plus joyeux, la camaraderie plus profitable, l'idéal plus élevé. [...] La formule à préconiser est celle des coopératives de classe ou d'établissement. Elles ont une valeur vraiment éducative car elles permettent à tous les enfants de participer à l'action avec les moyens de leur âge. Elles contribuent à éviter la déviation possible du mouvement coopératif scolaire vers des buts plus matériels qu'éducatifs.

La coopérative scolaire est une sorte de caisse que l'on va constituer afin de développer chez les élèves un esprit de solidarité et d'améliorer le cadre et les conditions de la vie scolaire. Il s'agit en droit de « sociétés d'élèves » (c'est-à-dire d'accords entre élèves, au moins en droit) au sein des écoles publiques, ces sociétés étant gérées par les élèves avec le concours des enseignants. Dans les faits, ces coopératives sont gérées par les enseignants.

Les ressources proviennent de dons, de subventions, de cotisations et du produit des fêtes qui peuvent être organisées par l'école. **Les versements à la coopérative doivent toujours rester volontaires et libres.** En aucun cas on ne peut **exiger** des parents de participer financièrement à la coopérative. De la même façon, aucun élève ne peut être écarté du bénéfice d'une activité financée par la coopérative au motif que ses parents n'y auraient pas participé. Ces principes de liberté de participation découlent de la nature juridique de la coopérative : soit la coopérative est une section locale de l'Office central de coopération à l'école, c'est-à-dire d'une association loi 1901, soit la coopérative a opté pour la qualité d'association loi 1901 elle-même... mais quelle que soit la solution retenue, l'adhésion à ces associations n'est pas obligatoire.

⚠ La coopérative n'a pas à acheter en lieu et place de la commune du matériel d'enseignement collectif ou du matériel indispensable au fonctionnement de l'école (bureaux par exemple). La coopérative ne remplace pas la commune.

§2 L'adhésion au Foyer socio-éducatif et à l'Association sportive au lycée est facultative (la « maison des lycéens »)

L'adhésion est facultative

Circulaire du 30 mai 1990

Il est interdit de présenter comme obligatoire l'adhésion au foyer socio-éducatif ou à la coopérative scolaire de l'établissement; il s'agit en effet d'associations régies par la loi de 1901 auxquelles l'adhésion doit être volontaire. Par contre, on expliquera aux familles la nécessité et l'intérêt pour l'ensemble des partenaires de disposer d'une association qui bénéficie de ressources propres.

La pratique du sport à l'école peut se faire dans deux cadres différents :

– **dans le cadre des enseignements d'EPS** : la pratique est nécessairement gratuite (couverte par l'article L. 131-1 du Code de l'éducation et l'utilisation des locaux ne doit pas donner lieu en principe au paiement d'une redevance;

– **dans le cadre extrascolaire** : c'est-à-dire dans le cadre d'une association (AS – Association sportive –, ou coopérative scolaire ou encore foyer socio-éducatif), l'adhésion est nécessairement facultative et le paiement d'une cotisation peut être demandé mais ne saurait en aucun cas être obligatoire.

⚠ Le plus souvent, la demande d'adhésion à l'AS (ou aux autres associations) se fait à l'occasion de la rentrée scolaire. Les formules d'incitation peuvent laisser croire que l'adhésion est obligatoire, mais en droit il n'en est rien.

§3 La participation aux frais de fonctionnement du collège ou du lycée est interdite

Les parents n'ont pas à participer aux frais de photocopies

Circulaire du 10 septembre 1992

Mon attention a été appelée sur le développement de demandes adressées par les établissements aux familles de versements destinés en réalité à la couverture des charges de fonctionnement de l'EPLE telles que la reprographie de supports pédagogiques. Ces versements irréguliers prennent d'ailleurs souvent la voie détournée de cotisations d'adhésion devenues de fait obligatoires, à l'association éducative domiciliée dans l'établissement.
[...]

Lors de l'inscription, il n'est pas rare de voir figurer une « ligne », c'est-à-dire une mention indiquant que l'on participe aux frais de photocopies. Le motif, qui est le plus souvent avancé par les établissements, est qu'ils payent une sorte de redevance (les photocopies sont illégales lorsqu'elles sont à usage public, sauf dérogation [➜ **Voir p. 231**]). Et pourtant, ces frais sont des frais qui ne peuvent pas être supportés par les familles (en droit, on dit que ce sont des frais de fonctionnement, qui doivent être supportés soit par l'établissement – pour l'établissement secondaire – soit par la commune – pour les écoles).

Les parents n'ont pas à participer aux frais de correspondance ou de communication

Circulaire du 30 mars 2001

[...] Le principe de gratuité, applicable dans tous les établissements publics locaux d'enseignement, doit être considéré de manière absolue. Il concerne le matériel d'enseignement à usage collectif, les fournitures à caractère administratif et les dépenses de fonctionnement, notamment la production de photocopies à destination des élèves et de leurs familles, les frais de la correspondance adressée aux familles, les frais de téléphone et de télématique.

Cette circulaire est intervenue pour rappeler le principe qui avait déjà été signalé par la circulaire de 1992 et surtout pour condamner une pratique qui consistait à faire payer les frais de photocopie et de correspondance (ou l'un des deux seulement) au Foyer socio-éducatif, l'adhésion au foyer devenant ainsi obligatoire.

L'illégalité est double : d'une part, l'adhésion au foyer ne peut être que facultative, d'autre part et surtout, les frais de photocopies comme les frais de correspondance doivent être supportés par l'établissement et non par les parents. Ce principe s'applique aussi pour les autres frais de correspondance (appels téléphoniques, par exemple).

Il en va de même pour les écoles et/ou les établissements du second degré qui demandent de fournir des enveloppes affranchies : en principe, ces frais doivent être supportés par l'établissement. Par exception toutefois, l'établissement peut demander ces documents si ce dernier ne fait que remplir le rôle d'intermédiaire entre une autre administration et les parents.

Les parents n'ont pas à participer aux frais liés au carnet de correspondance

Article L. 213-2 du Code de l'éducation

Le département a la charge des collèges. À ce titre, il en assure [...] le fonctionnement, à l'exception, d'une part, des dépenses pédagogiques à la charge de l'État dont la liste est arrêtée par décret et, d'autre part, des dépenses de personnels sous réserve des dispositions de l'article L. 216-1.

Article 214-6 du Code de l'éducation

La région a la charge des lycées [...]. Elle en assure [...] le fonctionnement, à l'exception, d'une part, des dépenses pédagogiques à la charge de l'État dont la liste est arrêtée par décret et, d'autre part, des dépenses de personnels sous réserve des dispositions de l'article L. 216-1.

Le carnet de correspondance est un instrument de liaison entre l'établissement (collège ou lycée) et sa famille. Une habitude, sans doute mauvaise, avait été prise de faire payer aux parents les carnets de correspondance qui étaient ainsi de plus en plus spécifiques à l'établissement : on y trouvait des photos de l'établissement, des ornements spécifiques...

Cette pratique est illégale : en effet, les carnets de correspondance sont considérés comme des dépenses liées au fonctionnement de l'établissement et sont donc à la charge soit du département (pour les collèges), soit de la région (pour les lycées).

III Les frais pour certaines prestations sans rapport avec la scolarité

§1 Les photos en milieu scolaire

Les conditions pour pouvoir photographier un élève

Article 9 du Code civil

Chacun a droit au respect de sa vie privée [...]

Le droit à l'image fait partie du droit à la protection de la vie privée (➜ Voir p. 374). En conséquence, il faut une autorisation des parents pour pouvoir prendre un élève en photo. On ne peut pas faire valoir le fait que l'enfant « est en classe » pour se passer de cette autorisation. De la même façon, on ne peut pas faire valoir le fait que cette photo est, traditionnellement, acceptée par les parents.

⚠ Les mêmes principes sont applicables qu'il s'agisse d'une photo argentique (avec une pellicule classique) ou numérique (photo enregistrée sur un support numérique). Si la photo a, en plus, vocation à être diffusée sur l'Internet (cas de l'école ou de l'établissement qui réalise un site sur l'Internet avec les photos de ses élèves), il faut respecter une procédure spéciale car il s'agit d'un fichier nominatif à déclarer. Pour plus de renseignements, aller sur le site de la CNIL (Commission nationale de l'informatique et des libertés) : www.cnil.fr

⚠ L'autorisation de photographier l'élève doit être demandée aux parents. Cette autorisation de photographier l'enfant ne vaut pas engagement d'acheter la photo : ce n'est pas parce qu'un parent a donné son autorisation de photographier son enfant qu'il sera tenu d'acheter la photo.

L'interdiction des photos d'identité

Circulaire du 5 juin 2003

[...] la photographie d'identité, ainsi que toute autre photo qui ne s'inscrit pas dans un cadre scolaire et peut être réalisée par un photographe dans son studio, est de nature, si la prise de vue est effectuée à l'école, à concurrencer les autres photographes locaux. Elle ne peut donc être admise que si elle répond aux besoins de l'établissement et n'est pas proposée aux familles. [...]

La question des photos de classe semble être définitivement tranchée... En droit en effet, cette nouvelle circulaire a remplacé un nombre conséquent de circulaires existantes auparavant et qui posaient des principes ayant donné lieu à des protestations nombreuses, tant de la part des photographes professionnels que de certains parents.

Il y a deux principes :

– Sont interdites de vente aux parents, d'une part, les photos d'identité (c'est-à-dire la petite photo cadrée uniquement sur le visage) et, d'autre part, les photos qui ne s'inscrivent pas dans le cadre scolaire et sont susceptibles d'être réalisées par un photographe dans un studio. **Par exemple**, si un photographe organise la photo au moment de Noël et qu'il prépare toute une mise en scène pour les enfants, cette photo ne s'inscrit pas dans le cadre scolaire et aurait pu, tout à fait, être réalisée dans la boutique du photographe.

– L'autorisation de prendre des photos de classe (prises dans la classe avec le professeur et les camarades) est donnée par les parents.

⚠ Le débat n'est sans doute pas fini, et ceci pour deux raisons. D'abord, la circulaire n'est pas impérative dans sa formulation (ce qui veut dire qu'elle ne crée pas du droit). Le code de bonne conduite signé par les représentants des associations professionnelles de photographes en milieu scolaire prévoit dans son article 2 que le photographe « [...] ne réalisera, à destination des familles, que des photos de classe collectives ou des photos individuelles en situation scolaire ».

On constatera que les termes ne sont pas tout à fait les mêmes : dans la circulaire, il est fait référence aux photos individuelles prises en situation scolaire **et** qui pourraient être réalisées par un photographe dans un studio alors que dans le code de bonne conduite (annexé à la circulaire), il n'est fait référence qu'aux photos individuelles prises dans un cadre scolaire.

§2 Les transports scolaires (➜ Voir aussi p. 498 et s.)

Article L. 213-11 du Code de l'éducation

[...] Le département a la responsabilité de l'organisation et du fonctionnement de ces transports. Il consulte à leur sujet le conseil départemental de l'Éducation nationale. Un décret en Conseil d'État fixe les règles techniques auxquelles doivent répondre les transports scolaires. [...]

La gestion des transports scolaires relève du département, par principe. En réalité, la gestion des transports est plus « complexe » : les communes y sont intéressées, des contrats particuliers sont passés avec certaines sociétés et la question de la détermination et de la modification des arrêts de bus se pose également.

§3 Les assurances scolaires (➜ Voir Sorties, p. 242)

Circulaire du 3 mai 2001

[...]
Les associations de parents d'élèves sont les seules à pouvoir faire distribuer aux élèves des propositions d'assurances scolaires. La proposition d'assurance et le bulletin d'adhésion à l'association doivent être présentés en une seule fois, dans un seul document ou groupe de documents. Aucune proposition d'assurance ne peut être faite en dehors de ces documents. [...]

Le principe est posé avec insistance : seules les associations de parents d'élèves peuvent faire la publicité pour des assurances scolaires. La proposition et le bulletin d'adhésion doivent être joints dans un même document (le plus souvent une enveloppe).

À cette occasion, les chefs d'établissements doivent rappeler que la souscription d'une assurance scolaire ne peut être rendue obligatoire que pour les activités facultatives comme certaines sorties scolaires, pour couvrir les dommages que l'enfant pourrait causer (➜ Voir p. 246). Dans ce cas, les parents sont bien sûr libres de choisir l'assurance de leur choix. Pour toutes les activités scolaires obligatoires, il n'y a pas d'obligation de souscrire une assurance scolaire.

Dans les faits, la souscription d'une assurance est largement recommandée, car l'enfant n'est « couvert » en cas d'accident que si celui-ci fait suite à une faute commise par un membre de du personnel de l'établissement, à un défaut de fonctio[…] (ou à un dommage de travaux publics) ou si le dommage e[…] cas d'accident de travail.

⚠ Le mieux avant de sou[…]velle assurance est de se renseigner auprès de son propre ass[…]voir précisément comment est couvert l'enfant et pour quels ris[…]

§4 Les cantines

Les tarifs des cantines peuvent être […] en fonction de la situation des élèves et de leurs parents

Article 147 de la loi du 29 juil[…]

Les tarifs des services publics administratifs à caractère facultatif peuvent être fixés en fonction du niveau du revenu des usagers et du nombre de personnes vivant au foyer.

Les droits les p[…] ainsi fixés ne peuvent être su[…] au coût par usager de la presta[…] concernée. Les taux ainsi fixés n[…] pas obstacle à l'égal accès de […]s les usagers au service.

Il est possible d'appliquer des tarifs différents selon le niveau de revenu des parents.
De même, est-il admis que l'on pouvait appliquer des tarifs différents selon le lieu de résidence de l'enfant (selon qu'il vit sur le territoire de la commune ou non).

⚠ Le prix du service ne saurait toutefois dépasser le coût réel du service. **Par exemple**, si un repas vaut 5 euros, un enfant dont les parents ont de faible revenus pourra payer 3 euros et un enfant plus aisé pourra payer 5 euros, mais jamais il ne pourra payer 6 euros. C'est la limite absolue.

⚠ Le prix peut être différent selon que le repas est « permanent » ou « imprévu », c'est-à-dire selon que l'on a un abonnement (pour le trimestre, par exemple) ou selon que l'on vient prendre uniquement un repas (pour une occasion déterminée). La justification est la suivante : les repas imprévus causent un « surcoût » pour le service qui justifie en lui-même une surtaxe.

Les paniers-repas pour les … état de santé nécessite un régime alimentaire partic…

… 28 juin 2001

[...]

S'agissant des écoles … cipaux … ès et élémentaires, les ser… rvice de … sont maîtres d'œuv… re associés … restauration et do… on du projet … au moment de la … afin de déter- … d'accueil indivi… ons nécessaires … miner les di… … dans ce cadre, l'existence d'un cli- … Dans ce do… mat de confiance entre la famille et l'École favorise la mise en place de la procédure. Pour le second degré, la mise en place de régimes ou des paniers-repas est de la compétence de l'établissement si un service de restauration est annexé à l'établissement public d'enseignement et, à ce titre, géré en régie.

[...]

Certain… fants ont des allergies ou une maladie les empêchant de consommer d… aliments comme le lait, l'arachide, le soja, le sucre... Or, ces aliments « int… dits » sont parfois très utilisés dans la restauration collective (et donc dans les cantines). Il est donc prévu que ces enfants (et uniquement eux) peuvent apporter leur propre panier-repas.

L'hygiène et la sécurité alimentaire dans les cantines

Article 15 de l'arrêté du 29 septembre 1997

Les responsables [des cantines] des établissements [d'enseignement], ou leurs délégataires, prennent toutes les mesures nécessaires pour s'assurer que les denrées alimentaires qui transitent au sein de leurs établissements, que ce soit au moment des opérations de livraison, d'entreposage, de manipulation, de préparation, de commercialisation, de transport, de distribution ou de remise au consommateur, sont conformes aux dispositions réglementaires en vigueur. [...]

Les crises alimentaires, comme celle de la vache folle, ont conduit les autorités à accorder une attention plus soutenue à la qualité des aliments.

Le principal objectif, c'est d'assurer la traçabilité des produits, c'est-à-dire de faire en sorte que l'on puisse retrouver l'historique de ceux-ci, son utilisation et sa localisation grâce à un système d'enregistrement (le plus souvent, c'est grâce à des étiquettes code-barres). Le suivi est particulièrement rigoureux en ce qui concerne la viande bovine et, de façon générale, on peut dire que les exigences sont encore plus grandes lorsqu'il s'agit de viande hachée etc.

L'interdiction des photos d'identité

Circulaire du 5 juin 2003

[...] la photographie d'identité, ainsi que toute autre photo qui ne s'inscrit pas dans un cadre scolaire et peut être réalisée par un photographe dans son studio, est de nature, si la prise de vue est effectuée à l'école, à concurrencer les autres photographes locaux. Elle ne peut donc être admise que si elle répond aux besoins de l'établissement et n'est pas proposée aux familles. [...]

La question des photos de classe semble être définitivement tranchée... En droit en effet, cette nouvelle circulaire a remplacé un nombre conséquent de circulaires existantes auparavant et qui posaient des principes ayant donné lieu à des protestations nombreuses, tant de la part des photographes professionnels que de certains parents.
Il y a deux principes :
– Sont interdites de vente aux parents, d'une part, les photos d'identité (c'est-à-dire la petite photo cadrée uniquement sur le visage) et, d'autre part, les photos qui ne s'inscrivent pas dans le cadre scolaire et sont susceptibles d'être réalisées par un photographe dans un studio. **Par exemple**, si un photographe organise la photo au moment de Noël et qu'il prépare toute une mise en scène pour les enfants, cette photo ne s'inscrit pas dans le cadre scolaire et aurait pu, tout à fait, être réalisée dans la boutique du photographe.
– L'autorisation de prendre des photos de classe (prises dans la classe avec le professeur et les camarades) est donnée par les parents.

⚠ Le débat n'est sans doute pas fini, et ceci pour deux raisons. D'abord, la circulaire n'est pas impérative dans sa formulation (ce qui veut dire qu'elle ne crée pas du droit). Le code de bonne conduite signé par les représentants des associations professionnelles de photographes en milieu scolaire prévoit dans son article 2 que le photographe « [...] ne réalisera, à destination des familles, que des photos de classe collectives ou des photos individuelles en situation scolaire ».
On constatera que les termes ne sont pas tout à fait les mêmes : dans la circulaire, il est fait référence aux photos individuelles prises en situation scolaire et qui pourraient être réalisées par un photographe dans un studio alors que dans le code de bonne conduite (annexé à la circulaire), il n'est fait référence qu'aux photos individuelles prises dans un cadre scolaire.

défaut de fonctionnement du service (ou à un dommage de travaux publics) ou si le dommage entre dans un des cas d'accident de travail.

⚠ Le mieux avant de souscrire une nouvelle assurance est de se renseigner auprès de son propre assureur pour savoir précisément comment est couvert l'enfant et pour quels risques.

§4 Les cantines

Les tarifs des cantines peuvent être adaptés en fonction de la situation des élèves et de leurs parents

Article 147 de la loi du 29 juillet 1998

Les tarifs des services publics administratifs à caractère facultatif peuvent être fixés en fonction du niveau du revenu des usagers et du nombre de personnes vivant au foyer.

Les droits les plus élevés ainsi fixés ne peuvent être supérieurs au coût par usager de la prestation concernée. Les taux ainsi fixés ne font pas obstacle à l'égal accès de tous les usagers au service.

Il est possible d'appliquer des tarifs différents selon le niveau de revenu des parents.
De même, est-il admis que l'on pouvait appliquer des tarifs différents selon le lieu de résidence de l'enfant (selon qu'il vit sur le territoire de la commune ou non).

⚠ Le prix du service ne saurait toutefois dépasser le coût réel du service. **Par exemple**, si un repas vaut 5 euros, un enfant dont les parents ont de faible revenus pourra payer 3 euros et un enfant plus aisé pourra payer 5 euros, mais jamais il ne pourra payer 6 euros. C'est la limite absolue.

⚠ Le prix peut être différent selon que le repas est « permanent » ou « imprévu », c'est-à-dire selon que l'on a un abonnement (pour le trimestre, par exemple) ou selon que l'on vient prendre uniquement un repas (pour une occasion déterminée). La justification est la suivante : les repas imprévus causent un « surcoût » pour le service qui justifie en lui-même une surtaxe.

Les paniers-repas pour les élèves dont l'état de santé nécessite un régime alimentaire particulier

Circulaire du 28 juin 2001

[...]
S'agissant des écoles maternelles et élémentaires, les services municipaux sont maîtres d'œuvre du service de restauration et doivent être associés au moment de la rédaction du projet d'accueil individualisé afin de déterminer les dispositions nécessaires dans ce cadre.
Dans ce domaine, l'existence d'un climat de confiance entre la famille et l'École favorise la mise en place de la procédure. Pour le second degré, la mise en place de régimes ou des paniers-repas est de la compétence de l'établissement si un service de restauration est annexé à l'établissement public d'enseignement et, à ce titre, géré en régie.
[...]

Certains enfants ont des allergies ou une maladie les empêchant de consommer des aliments comme le lait, l'arachide, le soja, le sucre... Or, ces aliments « interdits » sont parfois très utilisés dans la restauration collective (et donc dans les cantines). Il est donc prévu que ces enfants (et uniquement eux) peuvent apporter leur propre panier-repas.

L'hygiène et la sécurité alimentaire dans les cantines

Article 15 de l'arrêté du 29 septembre 1997

Les responsables [des cantines] des établissements [d'enseignement], ou leurs délégataires, prennent toutes les mesures nécessaires pour s'assurer que les denrées alimentaires qui transitent au sein de leurs établissements, que ce soit au moment des opérations de livraison, d'entreposage, de manipulation, de préparation, de commercialisation, de transport, de distribution ou de remise au consommateur, sont conformes aux dispositions réglementaires en vigueur. [...]

Les crises alimentaires, comme celle de la vache folle, ont conduit les autorités à accorder une attention plus soutenue à la qualité des aliments.
Le principal objectif, c'est d'assurer la traçabilité des produits, c'est-à-dire de faire en sorte que l'on puisse retrouver l'historique de ceux-ci, son utilisation et sa localisation grâce à un système d'enregistrement (le plus souvent, c'est grâce à des étiquettes code-barres). Le suivi est particulièrement rigoureux en ce qui concerne la viande bovine et, de façon générale, on peut dire que les exigences sont encore plus grandes lorsqu'il s'agit de viande hachée etc.

§2 Les transports scolaires (➜ Voir aussi p. 498 et s.)

Article L. 213-11 du Code de l'éducation

[...] Le département a la responsabilité de l'organisation et du fonctionnement de ces transports. Il consulte à leur sujet le conseil départemental de l'Éducation nationale. Un décret en Conseil d'État fixe les règles techniques auxquelles doivent répondre les transports scolaires. [...]

La gestion des transports scolaires relève du département, par principe. En réalité, la gestion des transports est plus « complexe » : les communes y sont intéressées, des contrats particuliers sont passés avec certaines sociétés et la question de la détermination et de la modification des arrêts de bus se pose également.

§3 Les assurances scolaires (➜ Voir Sorties, p. 242)

Circulaire du 3 mai 2001

[...]
Les associations de parents d'élèves sont les seules à pouvoir faire distribuer aux élèves des propositions d'assurances scolaires. La proposition d'assurance et le bulletin d'adhésion à l'association doivent être présentés en une seule fois, dans un seul document ou groupe de documents. Aucune proposition d'assurance ne peut être faite en dehors de ces documents. [...]

Le principe est posé avec insistance : seules les associations de parents d'élèves peuvent faire la publicité pour des assurances scolaires. La proposition et le bulletin d'adhésion doivent être joints dans un même document (le plus souvent une enveloppe).

À cette occasion, les chefs d'établissements doivent rappeler que la souscription d'une assurance scolaire ne peut être rendue obligatoire que pour les activités facultatives comme certaines sorties scolaires, pour couvrir les dommages que l'enfant pourrait causer (➜ Voir p. 246). Dans ce cas, les parents sont bien sûr libres de choisir l'assurance de leur choix. Pour toutes les activités scolaires obligatoires, il n'y a pas d'obligation de souscrire une assurance scolaire.

Dans les faits, la souscription d'une assurance est largement recommandée, car l'enfant n'est « couvert » en cas d'accident que si celui-ci fait suite à une faute commise par un membre de du personnel de l'établissement, à un

L'arrêté du 29 septembre 1997 a été complété par une circulaire du 3 janvier 2002 qui fait suite aux crises alimentaires. L'objectif est ici de s'assurer que les règles essentielles en matière d'hygiène sont bien respectées. Pour ce faire, on a prévu l'application d'une méthode importée des États-Unis : la HACCP (c'est-à-dire en français « Analyse des dangers et maîtrise des points critiques »). Des contrôles inopinés (c'est-à-dire non prévus) peuvent être faits pour vérifier le respect de ces règles.

⚠ En cas d'intoxication alimentaire, la responsabilité de l'administration semble devoir être engagée pour faute présumée*, c'est-à-dire qu'à partir du moment où on a prouvé qu'un enfant souffrait d'une intoxication alimentaire suite à un repas pris au sein de l'établissement, on suppose établie la faute des services de restauration scolaire (on n'a pas à prouver qu'ils n'ont pas respecté les prescriptions en matière d'hygiène et de sécurité alimentaires, ce qui simplifie le recours). Il faut, toutefois, savoir que sur un peu plus d'un milliard de repas servis chaque année, moins de 1 800 cas d'intoxications ont été relevés.

chapitre 2

Les sorties et les voyages

L'éducation se fait en principe dans le cadre de l'école, c'est-à-dire en classe ou en cours de récréation, dans la cours du collège ou du lycée, dans la salle d'étude, dans la bibliothèque (le CDI – Centre de documentation et d'information). Il se peut toutefois que l'éducation soit complétée en dehors de ce cadre « classique ». C'est ce que l'on appelle alors les sorties et les voyages.

Les règles applicables sont très différentes selon que ces sorties ont lieu à l'école primaire ou dans le second degré.

I Le premier degré

Jusqu'en 1999, les sorties scolaires du premier degré étaient soumises aux mêmes règles que les sorties du second degré. Suite à certaines affaires, la réglementation a changé et présente désormais une bien plus grande précision.
On distingue toujours les sorties obligatoires des sorties facultatives.

§1 Dispositions communes aux sorties obligatoires et aux sorties facultatives

Le transport des élèves

Circulaire du 21 septembre 1999

[...]
Le départ et le retour se font à l'école. Pour les sorties occasionnelles avec ou sans nuitée, à titre dérogatoire, tous les élèves peuvent cependant être invités à rejoindre un autre lieu de rassemblement après accord exprès des parents. En cas d'impossibilité ou de refus même d'une seule famille, cette dérogation n'est pas accordée.
Afin d'éviter une perte de temps et une fatigue excessive pour les élèves, il est souhaitable que la durée du déplacement aller-retour ne soit pas supérieure au temps réel de l'activité. L'enseignant, organisateur de la sortie, veille à ce que l'heure de retour indiquée aux familles soit respectée. [...]

Par principe, les parents doivent pouvoir conduire leur enfant à l'école pour qu'il parte ensuite dans le cadre de la sortie. Ce n'est que si la sortie est dite « occasionnelle », c'est-à-dire si elle n'est pas régulière et ne correspond pas aux enseignements réguliers inscrits à l'emploi du temps, que les parents pourront être invités à déposer leur enfant à un autre endroit. Il est à noter que si une seule famille s'y oppose, les enfants devront être déposés à l'école. Il faudra alors que l'enseignant adapte les transports, ce qui peut conduire à des modifications (notamment si la sortie est une sortie facultative, les frais de transports peuvent être de ce fait plus élevés). Mais, en général, toutes les familles sont d'accord.
Le ministère de l'Éducation nationale recommande également de veiller à ce que la durée totale du transport ne dépasse pas le temps de visite. C'est une règle de bon sens.

La sécurité des élèves

Circulaire du 21 septembre 1999

[...] La présence, dans l'équipe d'encadrement, d'un titulaire de l'Attestation de formation aux premiers secours (AFPS), d'un titulaire du brevet national des premiers secours (BNPS) ou du brevet national de secourisme (BNS) n'est pas requise pendant le transport. Elle est en revanche obligatoire :

– lors des sorties scolaires avec nuitée(s), sur le lieu d'hébergement, y compris la nuit (un titulaire de l'AFPS, du BNPS ou du BNS par structure d'accueil suffit) ;

– lors des sorties scolaires occasionnelles, avec ou sans nuitée, en bateau ou en péniche, excepté lorsque le pilote ou un membre d'équipage du bateau ou de la péniche est en possession de ces qualifications. [...]

Type de sortie	Nombre MINIMUM de personnes encadrant la sortie			
	École maternelle, classe maternelle ou classe élémentaire avec section enfantine		École élémentaire	
Sortie régulière ou sortie occasionnelle sans nuitée	Moins de 16 élèves	Plus de 16 élèves	Moins de 30 élèves	Plus de 30 élèves
	2 adultes au moins dont le maître	3 adultes dont le maître pour 24 élèves au plus 4 adultes dont le maître pour 32 élèves au plus	2 adultes au moins dont le maître	3 adultes au moins dont le maître
Sortie avec nuitée	Moins de 16 élèves	Plus de 16 élèves	Moins de 20 élèves	Plus de 20 élèves
	2 adultes dont le maître	Moins de 24 élèves : 3 adultes dont le maître Moins de 32 élèves : 4 adultes dont le maître	2 adultes dont le maître	Moins de 30 élèves : 3 adultes dont le maître Moins de 40 élèves : 4 adultes dont le maître

Les préoccupations en matière de sécurité sont essentielles. Les enseignants sont sensibilisés à ces questions : ils doivent respecter des règles quant aux questions de qualification pour pouvoir encadrer les enfants dans telle ou telle situation (par exemple, si la sortie comporte une nuitée, il faut obligatoirement qu'une personne de l'encadrement ait au moins une formation reconnue en secourisme), de même des règles sont fixées quant au nombre d'accompagnateurs nécessaires.
Le tableau ci-contre reprend en les détaillant les indications fournies par le ministère de l'Éducation nationale. On précisera qu'il s'agit du nombre minimum de personnes encadrant la sortie (le chauffeur de bus n'est pas considéré comme un accompagnateur).
Par ailleurs, des règles spécifiques s'appliquent lorsque les sorties occasionnelles s'accompagnent d'activités physiques (peu importe qu'il y ait une nuitée ou non).

Si la sortie s'accompagne d'une activité physique « classique », il faut se reporter au tableau suivant (issu de la circulaire) :

École maternelle, classe maternelle ou classe élémentaire avec section enfantine	**École élémentaire**
Jusqu'à 16 élèves, le maître de la classe plus un intervenant, qualifié ou bénévole, agréé* ou un autre enseignant	Jusqu'à 30 élèves, le maître de la classe plus un intervenant, qualifié ou bénévole, agréé* ou un autre enseignant
Au-delà de 16 élèves, un intervenant, qualifié ou bénévole, agréé*ou un autre enseignant supplémentaire pour 8 élèves	Au-delà de 30 élèves, un intervenant, qualifié ou bénévole, agréé* ou un autre enseignant supplémentaire pour 15 élèves

Si la sortie s'accompagne d'une activité physique justifiant un encadrement renforcé (alpinisme, ski nautique, escalade, sports de combat, hockey sur glace, sport équestre, spéléologie), il faut alors utiliser le tableau suivant :

École maternelle, classe maternelle ou classe élémentaire avec section enfantine	École élémentaire
Jusqu'à 12 élèves, le maître de la classe plus un intervenant, qualifié ou bénévole, agréé* ou un autre enseignant	Jusqu'à 24 élèves, le maître de la classe plus un intervenant, qualifié ou bénévole, agréé* ou un autre enseignant
Au-delà de 12 élèves, un intervenant, qualifié ou bénévole, agréé*ou un autre enseignant supplémentaire pour 6 élèves	Au-delà de 24 élèves, un intervenant, qualifié ou bénévole, agréé* ou un autre enseignant supplémentaire pour 12 élèves

NB : En dérogation aux taux fixés par le tableau ci-dessus, les conditions d'encadrement pour l'enseignement de la natation sont fixées par la circulaire du 27 avril 1987 modifiée par la circulaire n° 88-027 du 27 janvier 1988 (*BOEN* n° 6 du 11 février 1988).

Le contrôle de la sécurité des structures d'accueil

Circulaire du 5 janvier 2005

[...] L'inspecteur d'académie du département d'accueil doit apprécier, avant de donner son avis sur la demande d'autorisation de sortie avec nuitée(s), si l'accueil est assuré dans une structure en conformité avec les règlements de sécurité existants. [...]

Il est légitime que les parents s'inquiètent sur les conditions de sécurité des structures d'accueil des mineurs lorsque ceux-ci vont y passer une nuit. C'est le cas pour les classes de découverte et pour les séjours scolaires courts. Il faut savoir que c'est l'inspecteur d'académie du département d'accueil de la classe qui a la charge de s'assurer du respect des normes de sécurité par la structure d'accueil. Pour rendre sa tâche plus simple, il dispose d'un répertoire mis à jour régulièrement qui regroupe des structures qui respectent strictement les règles en matière de sécurité.

L'assurance et les sorties scolaires

Circulaire du 21 septembre 1999

[...] La souscription d'une assurance responsabilité civile et d'une assurance individuelle accidents corporels est exigée, conformément aux dispositions de la circulaire n° 88-208 du 29 août 1988 (publiée au BOEN n° 28 du 1er septembre 1988) lorsque la sortie scolaire revêt un caractère facultatif.

– La participation des élèves aux sorties scolaires régulières correspondant aux enseignements réguliers inscrits à l'emploi du temps est toujours obligatoire et gratuite. La souscription d'une telle assurance n'est pas exigée.
– La participation des élèves aux sorties scolaires occasionnelles sans nuitée peut avoir un caractère obligatoire ou facultatif.
La participation est obligatoire quand les sorties se déroulent sur le temps scolaire; elles sont, dans ce cas, gratuites. La souscription d'une assurance n'est pas exigée.
La participation est facultative lorsque les sorties incluent la totalité de la pause du déjeuner ou dépassent les horaires habituels de la classe. Dans ce cas, la souscription d'une assurance est exigée.
– La participation des élèves aux sorties scolaires avec nuitée(s) est toujours facultative. La souscription d'une assurance est donc exigée. Il appartient à l'enseignant de vérifier avant le départ que, pour tout enfant participant à une sortie scolaire facultative, une assurance a été souscrite, conformément au tableau ci-après.
L'enfant non assuré ne pourra pas participer à la sortie. [...]

Une des conditions pour pouvoir participer à la sortie est d'être assuré (si la souscription d'une assurance est obligatoire). Pour savoir si la souscription à une assurance est obligatoire, il faut distinguer :
– si la sortie est obligatoire (➜ **Voir ci-dessous**) : la souscription à une assurance n'est jamais obligatoire ;
– si la sortie est facultative (➜ **Voir p. 248**) (c'est-à-dire si elle n'entre pas dans un cas de sortie obligatoire) : dans ce cas, il est nécessaire d'avoir une assurance (responsabilité civile et accidents corporels) pour pouvoir participer à la sortie.

⚠ La circulaire est très précise sur un point : l'enfant non assuré ne pourra pas participer à la sortie, cela veut dire que si l'enfant ne rapporte pas un certificat d'assurance, l'instituteur (ou le professeur des écoles) doit, en principe, refuser d'emmener l'enfant.

§2 Les sorties obligatoires

Comme leur nom l'indique, les sorties obligatoires sont « obligatoires », c'est-à-dire que les parents ne peuvent pas décider que leurs enfants n'y participent pas. Elles sont par ailleurs gratuites.

Définition de la sortie obligatoire

Circulaire du 21 septembre 1999

[...] Les sorties organisées pendant les horaires habituels de la classe et ne comprenant pas la pause du déjeuner sont obligatoires pour les élèves. Les autres sorties sont facultatives. [...]

Si le ministère de l'Éducation nationale classe les sorties scolaires en différentes catégories (3 catégories), cette classification n'a pas d'effet pour les parents : ils ont juste à savoir que seules les sorties organisées pendant les horaires habituels de la classe et qui ne comprennent pas la pause déjeuner sont des sorties obligatoires. Il y a donc deux conditions à examiner pour savoir si une sortie est obligatoire ou non :

1° Est-ce que la sortie a lieu pendant les horaires de classe ?

2° Est-ce que cette sortie n'inclut pas la pause déjeuner ?

Si la réponse à ces deux questions est affirmative, la sortie est qualifiée de sortie « obligatoire », ce qui a des conséquences (➜ Voir *infra*).

Ce peut être le cas d'une sortie l'après-midi à l'occasion de laquelle les enfants vont se rendre en forêt, par exemple ; ce peut être aussi le cas d'une sortie le matin pour aller voir comment fonctionne la mairie.

Les sorties obligatoires sont gratuites

Circulaire du 21 septembre 1999

[...] Toutes les sorties obligatoires sont gratuites. [...]

La gratuité des sorties obligatoires s'explique du point de vue juridique par le fait que le principe de gratuité de l'enseignement interdit qu'on rende une activité scolaire (comme une sortie « obligatoire ») payante. Les sorties obligatoires sont donc nécessairement gratuites.

§3 Les sorties facultatives

Ces sorties sont dites « facultatives » car la participation des élèves à celles-ci n'est pas obligatoire. Les parents peuvent donc refuser que leur enfant y participe.

Définition de la sortie facultative

Circulaire du 21 septembre 1999

[...]

Pour les sorties facultatives, c'est-à-dire les sorties occasionnelles comprenant la pause du déjeuner ou dépassant les horaires habituels de la classe et les sorties avec nuitée(s), l'enseignant adresse une note d'information aux parents, précisant toutes les modalités d'organisation de la sortie et comportant une note d'information aux parents, précisant toutes les modalités d'organisation de la sortie et comportant une partie détachable. Les horaires et le lieu de départ et de retour doivent y être mentionnés. Après avoir pris connaissance de la note d'information, les parents donnent leur accord pour que leur enfant participe à la sortie, en remettant à l'enseignant la partie détachable qu'ils auront datée et signée. Une réunion peut être préalablement organisée par le maître de la classe avec les parents d'élèves. Pour les sorties avec nuitée(s), cette réunion d'information est indispensable. [...]

La sortie facultative est définie « négativement » pas rapport à la sortie obligatoire, c'est-à-dire que tout ce qui n'est pas une sortie « obligatoire » est une sortie facultative. En conséquence, pour qu'une sortie soit facultative, il suffit :
– soit qu'elle intervienne (en tout ou partie) en dehors des horaires scolaires ;
– soit qu'elle inclut la pause du déjeuner ;
– soit qu'elle intervienne en dehors des horaires scolaires et qu'elle inclut la pause du déjeuner.
Dans la mesure où cette sortie est « facultative », l'information des parents sur les conditions de cette sortie est essentielle. Il s'agit d'indiquer aux parents exactement ce que les enfants vont faire et dans quelles conditions (hébergement, restauration, sécurité...). Afin de s'assurer que les parents prennent bien connaissance de l'ensemble de ces informations, ces dernières sont indiquées sur une feuille qui est attachée à un coupon réponse.
Les sorties facultatives peuvent être précédées d'une réunion d'information. Cette réunion est qualifiée par la circulaire d'« indispensable » lorsque la sortie suppose une nuitée (c'est-à-dire une nuit en dehors du domicile des parents). Ce terme « indispensable » ne signifie pas pour autant que cette réunion soit obligatoire. C'est une forte recommandation du ministère.

II Le second degré

On distingue les sorties scolaires des voyages scolaires, même si des règles leur sont communes.

§1 Les principes communs aux voyages et aux sorties

Le principe : les voyages et sorties ne doivent pas constituer un moyen de discrimination par l'argent

Article L. 551-1 du Code de l'éducation

Des activités périscolaires prolongeant le service public de l'éducation peuvent être organisées avec le concours notamment des administrations, des collectivités territoriales, des associations et des fondations, sans toutefois se substituer aux activités d'enseignement et de formation fixées par l'État.
Elles visent notamment à favoriser, pendant le temps libre des élèves, leur égal accès aux pratiques culturelles et sportives et aux nouvelles technologies de l'information et de la communication. Les établissements scolaires veillent, dans l'organisation des activités périscolaires à caractère facultatif, à ce que les ressources des familles ne constituent pas un facteur discriminant entre les élèves.

Cet article pose deux principes qui ont été mis en œuvre par une circulaire de 1976 (c'est-à-dire un texte qui explique aux enseignants comment appliquer la « lettre » de la loi) qui est toujours en vigueur pour les sorties scolaires dans le cadre des collèges et des lycées.

1° Les « excursions » scolaires (au sens large du terme) doivent avoir pour but d'assurer l'éducation de l'enfant dans un cadre autre que celui de l'établissement. **Par exemple**, on peut organiser une sortie scolaire afin de montrer comment fonctionne une usine ou un FAI (Fournisseur d'accès Internet).

2° Les sorties scolaires, lorsqu'elles sont payantes (➔ **Voir** p. 252) ne doivent pas conduire à mettre en place des discriminations entre les élèves. Cela ne veut pas dire qu'on ne puisse pas du tout faire payer des sorties, mais cela veut simplement dire qu'on ne doit pas organiser des sorties que seule une partie des parents pourrait payer. Par ailleurs, pour les élèves dont les parents ont des difficultés financières, il existe des « fonds », c'est-à-dire des sommes d'argent, qui peuvent être utilisés pour leur venir en aide.

Le chef d'établissement est responsable des sorties et voyages

Circulaire du 20 août 1976

Si la préparation et l'organisation pratique de la sortie ou du voyage peuvent être le fait des enseignants, le chef d'établissement, outre l'accord qu'il lui appartient de donner au projet, conserve la responsabilité entière de l'opération et des engagements avec l'extérieur qu'il exige.

Comme le plus souvent les voyages organisés sont des voyages linguistiques, ce sont les professeurs de langue qui les organisent. Mais, en droit, c'est le chef d'établissement qui en est responsable.
Par ailleurs, il n'y a pas de texte qui définisse le nombre d'accompagnateurs par élève pour les voyages et les sorties dans le second degré. Il n'y a que des usages : le plus souvent, c'est un accompagnateur pour 10 à 15 élèves en plus du professeur qui organise la sortie. Le Foyer social éducatif ne peut organiser des voyages. Certains proviseurs avaient vu là un moyen commode d'échapper à leur responsabilité. Les juges ont considéré que c'était illégal.

Les parents ne doivent pas payer le billet des accompagnateurs

Réponse ministérielle du 25 octobre 2005

Le principe de la gratuité de l'enseignement s'oppose à ce que le coût du voyage des accompagnateurs de voyages scolaires soit supporté par les familles des élèves.

Les accompagnateurs pour les voyages scolaires bénéficient parfois de la gratuité de leur voyage. C'est en quelque sorte une rémunération « en nature » pour le travail qu'ils réalisent (organisation du voyage scolaire, encadrement etc.). Mais, le principe de gratuité de l'enseignement interdit que l'on puisse faire supporter le « prix du billet » (train, avion etc.) aux parents.
Il y a bien sûr toute une série de systèmes qui permettent d'assurer la gratuité : par exemple, pour les visites des musées, il n'est pas rare que les billets soient gratuits pour les accompagnateurs scolaires, pour les compagnies de train, des offres spéciales sont faites etc.
On peut même demander à une entreprise de bien vouloir aider financièrement l'école dans la réalisation de son projet, l'école devant alors « rendre la pareille » (dans le respect du principe de neutralité financière).

§2 Les sorties scolaires

Les sorties scolaires sont caractérisées par le fait qu'elles sont de courte durée (une journée sans nuitée), parfois obligatoires et alors gratuites.

Une sortie scolaire ne comporte pas de nuitée hors de l'établissement

Une sortie, c'est un déplacement d'élève d'une journée (sans nuit) en dehors de l'école.

Les sorties « obligatoires » sont gratuites

Circulaire du 12 juin 1979

[...] Afin d'aider à apprécier le caractère obligatoire ou facultatif des sorties, il convient de préciser que toute sortie qui s'inscrit dans le cadre des programmes officiels d'enseignement est à l'évidence obligatoire pour les élèves. Dans les autres cas, il appartient aux chefs d'établissement et directeurs d'école de décider de la nature des déplacements projetés. À cet égard, le caractère obligatoire d'une sortie ne peut être reconnu que si celle-ci s'inscrit dans le cadre d'une action éducative organisée en période scolaire.

Une sortie est dite « obligatoire » dans deux cas :
– soit elle est **inscrite dans les programmes officiels** (actuellement, il n'y a qu'une seule sortie de ce type, c'est celle qui est prévue en SVT (sciences de la vie et de la Terre) en classe de quatrième) ;
– soit elle est **inscrite dans le projet d'établissement** (c'est-à-dire que l'établissement a décidé d'en faire une sortie obligatoire).
Ces sorties obligatoires interviennent toujours dans le temps scolaire et sont **toujours gratuites**, c'est-à-dire qu'elles sont financées par le collège ou le lycée. **Par exemple**, une sortie une après-midi dans un musée est une sortie obligatoire si elle a été inscrite dans le cadre d'une action éducative (dans le projet d'établissement), mais si la même sortie est organisée un dimanche, cette sortie ne peut pas être obligatoire.

Les sorties « facultatives » peuvent être payantes

Toutes les autres sorties sont dites « facultatives » et peuvent donc être payantes. Dès lors, un collège peut tout à fait refuser d'emmener un élève qui ne paierait pas cette cotisation. Des circulaires récentes sont revenues sur ce principe et ont attiré l'attention de la communauté éducative sur la nécessité de trouver un financement pour les collégiens et lycéens connaissant des difficultés financières importantes.

⚠ Si la sortie peut être payante, le prix de la sortie ne saurait être supérieur au prix de revient pour l'administration : une sortie ne doit jamais être une occasion de faire des bénéfices pour l'établissement.

§3 Les voyages scolaires

Les voyages scolaires sont des déplacements qui comportent au moins une nuit en dehors du domicile ou de l'établissement.

Les voyages scolaires peuvent être payants mais ne sont jamais obligatoires

On a vu que l'autorité parentale fait que ce sont les parents qui sont les « gardiens » de l'enfant, c'est-à-dire qu'ils ont en charge sa protection. Par conséquent, si l'on veut organiser un voyage scolaire, il faut avoir leur accord : c'est pourquoi **un voyage scolaire n'est jamais obligatoire, mais une simple** occasion de compléter la formation de l'élève (par exemple, un échange linguistique).

Par exemple, un proviseur ne peut pas décider d'inscrire un voyage dans le projet d'établissement (comme on le fait pour rendre une sortie obligatoire). C'est illégal.

Le voyage n'étant pas obligatoire, les enfants qui décident de ne pas partir doivent être accueillis au collège ou au lycée. En conséquence il pourra y avoir des « trous » dans les emplois du temps des enfants, les établissements n'ayant pas l'obligation d'assurer l'enseignement en remplacement, mais uniquement l'obligation d'accueillir les enfants.

chapitre 3

Les aides financières pour l'éducation

⚠ Les montants indiqués ci-après sont revus périodiquement. Les valeurs sont données à titre strictement indicatif.

§1 L'ALLOCATION DE RENTRÉE SCOLAIRE

Article L. 532-1 du Code de l'éducation

Une allocation de rentrée scolaire est versée dans les conditions prévues par les dispositions de l'article L. 543-1 du Code de la sécurité sociale, ci-après reproduites :

Article L. 543-1 du Code de sécurité sociale

Une allocation de rentrée scolaire est attribuée au ménage ou à la personne dont les ressources ne dépassent pas un plafond variable en fonction du nombre des enfants à charge, pour chaque enfant inscrit en exécution de l'obligation scolaire dans un établissement ou organisme d'enseignement public ou privé. [...]

Le niveau du plafond de ressources varie conformément à l'évolution des prix à la consommation des ménages hors les prix du tabac, dans des conditions prévues par décret en Conseil d'État. Son montant est fixé par décret et revalorisé [...].

L'allocation de rentrée scolaire est calculée pour chaque enfant qui a au moins 6 ans (le 1er février qui suit la rentrée) et qui a moins de 18 ans (le 15 septembre de l'année scolaire).

Pour savoir si on a le droit de percevoir l'allocation de rentrée scolaire, il faut se munir de sa déclaration d'impôt. Il faut alors prendre en compte le « revenu net catégoriel » (il y a une ligne sur la feuille qui porte ce nom).

Il faut que ce montant ne dépasse pas un plafond : pour indication, en 2004, ce plafond était de : 16726 euros pour un enfant, 20586 euros pour deux enfants, 24446 euros pour trois enfants, 28306 euros pour quatre enfants + 3860 euros par enfant supplémentaire. Si votre montant « revenu net catégoriel » dépasse légèrement, alors l'allocation de rentrée scolaire qui vous est due sera un peu plus faible. Sinon, elle est, en principe, d'un peu plus de 250 euros.

Pour les mineurs qui ont moins de 18 ans et qui sont en apprentissage (et qui perçoivent donc une rémunération), l'allocation est due si cette rémunération est inférieure à 55 % du SMIC. Les jeunes de moins de 18 ans en contrat de qualification ne peuvent se voir reconnaître le droit à cette allocation.

§2 La bourse des collèges

Article L. 531-1 du Code de l'éducation

Pour chaque enfant à charge inscrit dans un collège public, un collège privé ayant passé avec l'État l'un des contrats prévus aux articles L. 442 5 et L. 442-12 du présent code ou dans un collège privé habilité à recevoir des boursiers nationaux, une bourse nationale de collège est attribuée aux familles dont les ressources ne dépassent pas un plafond variable selon le nombre d'enfants à charge et revalorisé comme le salaire minimum de croissance prévu par l'article L. 141-4 du Code du travail.
Le montant de la bourse, qui varie en fonction des ressources de la famille, est fixé en pourcentage de la base mensuelle de calcul des prestations familiales mentionnée à l'article L. 551-1 du Code de la Sécurité sociale.

Article L. 531-2 du Code de l'éducation

[...] Elles sont servies aux familles, pour les élèves inscrits dans un collège public, par l'établissement, après déduction éventuelle des frais de pension ou de demi-pension et, pour les élèves inscrits dans un collège privé, par les autorités académiques.

La bourse des collèges est attribuée à tous les enfants se rendant au collège, peu importe leur âge. Les ressources des parents (le « revenu fiscal de référence », tel qu'il figure sur la déclaration d'impôt) doivent être inférieures à un certain montant.
Le montant de cette bourse varie : il y a trois niveaux (environ 50 euros par an, environ 180 euros par an et environ 288 euros par an) selon le revenu des parents et le nombre d'enfants.
Cette bourse doit être demandée au collège (au chef d'établissement). Elle est versée en trois fois, après déduction éventuelle des frais de demi-pension.

§3 La bourse des lycées

La bourse en elle-même

Article L. 531-4 du Code de l'éducation

Des bourses nationales bénéficient, en fonction des ressources de leur famille, aux élèves inscrits :
1° Dans les classes du second degré des lycées publics, des lycées privés ayant passé avec l'État l'un des contrats prévus aux articles L. 442-5 et L. 442-12 ou des lycées privés habilités à recevoir des boursiers nationaux; [...].

Cette bourse ne se réduit pas aux lycéens, puisque sont concernés :
– tous les lycéens (de la seconde à la terminale, que le lycée soit un lycée général et technologique ou un lycée professionnel) ;
– tous les élèves qui suivent la filière du brevet de technicien;
– tous les élèves de troisième année de CAP en 3 ans ainsi que les élèves des deux premières années de BEP et CAP en 2 ans.
Ces bourses sont attribuées en fonction des ressources des parents. Les redoublants peuvent en bénéficier. Les élèves doivent demander un dossier auprès de leur établissement.
Les différentes primes indiquées ci-dessous peuvent venir compléter la bourse des lycées.

La prime d'entrée en seconde, première et terminale

Note de service du 4 avril 2002

[...] Elles sont attribuées aux élèves boursiers accédant à l'une des classes concernées; les élèves qui redoublent ne peuvent y prétendre. Elles sont versées en une seule fois avec le premier terme de bourse dont elles font partie intégrante.
Leur montant est de 213,43 euros. [...]

Elle est versée en une seule fois, d'un montant d'environ 215 euros. Les élèves redoublant ne peuvent, bien sûr, pas y prétendre (puisque c'est une prime d'« entrée »).

La prime de qualification

Note de service du 4 avril 2002

[...] Elle est attribuée aux élèves boursiers des premières et deuxièmes années de la scolarité en deux ans conduisant au brevet d'études professionnelles et au certificat d'aptitude professionnelle, aux élèves qui préparent un certificat d'aptitude professionnelle en trois ans après la troisième et à ceux qui s'engagent dans la préparation d'une mention ou d'une formation complémentaire au diplôme qu'ils ont précédemment obtenu.
La prime à la qualification est versée en trois fois en même temps que la bourse dont elle fait partie intégrante. [...]

La prime de qualification a un champ d'application qui lui est propre, même si elle reste un complément de la bourse des lycées. Elle est versée :
– aux élèves boursiers de première et deuxième année de CAP ou BEP préparé en 2 ans;

– aux élèves boursiers inscrits en troisième année de CAP en 3 ans après la classe de cinquième ;
– aux élèves boursiers préparant un CAP après la troisième.
Son montant est d'environ 430 euros.

La prime à l'internat

Note de service du 4 avril 2002

[...] Elle est attribuée, trimestriellement, aux élèves boursiers internes. Son montant est de 231 euros par an.

Cette prime vise à permettre d'accorder l'internat à des enfants dont les revenus des parents sont faibles.

La bourse au mérite

C'est un complément de bourse de lycée, attribué aux élèves boursiers de collège et aux élèves boursiers scolarisés en classe de troisième technologique de lycée pour la durée de leur scolarité.
L'élève doit remplir les conditions d'attribution d'une bourse de lycée et doit avoir obtenu de très bons résultats au diplôme national des brevets des collèges. Par ailleurs, il s'engage à poursuivre sa scolarité jusqu'au baccalauréat. Son montant est d'environ 760 euros par an.

§4 Le fonds social pour les cantines

Circulaire du 4 septembre 1997

Le fonds social pour les cantines est mis en place pour faciliter l'accès à la restauration scolaire du plus grand nombre de collégiens, de lycéens et d'élèves de l'enseignement spécialisé du second degré.

Le fonds social pour les cantines a été mis en place pour faire face aux difficultés financières que peuvent rencontrer certaines familles et au risque « d'exclusion sociale » de leur enfant. Il s'agit d'apporter une aide financière par le paiement (le plus souvent direct) des frais de cantine.
Cette circulaire a mis en place ce fonds et en définit les modalités de gestion, c'est-à-dire comment ce fonds doit fonctionner, quels sont les critères à respecter... Il est à noter que le système existe également pour ce qui est des établissements privés (en application de la note de service du 19 novembre 1997).

Le fonds social collégien et le fonds social lycéen

Circulaire du 11 mars 1997

I. Les fonds sociaux sont destinés à faire face à des situations difficiles que peuvent connaître des collégiens, des lycéens et des élèves de l'enseignement spécialisé du second degré ou leurs familles pour assumer les dépenses de scolarité et de vie scolaire. [...]

Les aides accordées par le biais des fonds sociaux sont des aides financières qui peuvent prendre la forme soit d'argent versé aux familles, soit d'aides « en nature » (comme le paiement par le collège ou le lycée des frais de transport, de cantine...).
Ces aides sont des aides exceptionnelles qui sont accordées pour faire face à des dépenses qui normalement devraient revenir aux parents mais qu'ils ne peuvent pas supporter parce qu'elles sont trop importantes. Le fonds social collégien et le fonds social lycéen ne doivent pas, en principe, servir à payer les frais de cantine (c'est logique, car il existe un fonds « spécial cantine »), mais à titre exceptionnel, ils peuvent servir à cette fin. Une procédure de demande doit être respectée.

§5 Les aides aux enfants handicapés

L'allocation d'éducation spéciale

Article L. 541-1 du Code de la Sécurité sociale

Toute personne qui assume la charge d'un enfant handicapé a droit à une allocation d'éducation spéciale, si l'incapacité permanente de l'enfant est au moins égale à un taux déterminé.
Un complément d'allocation est accordé pour l'enfant atteint d'un handicap dont la nature ou la gravité exige des dépenses particulièrement coûteuses ou nécessite le recours fréquent à l'aide d'une tierce personne. Son montant varie suivant l'importance des dépenses supplémentaires engagées ou la permanence de l'aide nécessaire. [...]

L'allocation d'éducation spéciale est une aide financière qui vise à aider les enfants qui ont un handicap. Le montant de cette allocation dépend du pourcentage d'incapacité de l'enfant tel que déterminé par la CDES (Commission départementale d'éducation spéciale) (➜ **Voir p. 151**) :
– **soit l'enfant dépasse un taux X d'incapacité**, alors, il bénéficie de cette allocation « automatiquement ». Il peut, en outre, bénéficier d'un complé-

ment (dont le montant est variable) si son handicap rend nécessaire l'intervention fréquente d'une tierce personne;
– **soit l'enfant a un taux d'incapacité inférieur à X** mais supérieur tout de même à Y : dans ce cas, il n'a droit à cette allocation (et éventuellement à son complément) que s'il doit faire l'objet d'une scolarisation spéciale (il ne peut pas être scolarisé en milieu classique) ou s'il doit faire l'objet de soins à domicile (ces soins à domicile ayant été recommandés par la CDES);
– par exception, l'allocation d'éducation spéciale n'est pas due lorsque l'enfant est placé dans un internat et que les frais de séjour sont pris en charge par l'assurance maladie (c'est logique, car dans ce cas les parents n'ont qu'une charge financière réduite puisque l'enfant est confié à un internat).

titre 3

La communauté éducative

Par « communauté éducative », on entend l'ensemble des personnes qui dans l'établissement scolaire « participent à la formation des élèves » de façon directe (cas des enseignants) ou indirecte (cas des personnels de santé) (article L. 111-3 du Code de l'éducation). Il est important d'insister sur l'appartenance des parents à la communauté éducative.

L'expression employée par le Code de l'éducation est à ce sujet intéressante : on parle de « communauté », ce qui veut bien dire qu'il y a un « rassemblement », une « union » autour d'une idée : l'éducation des élèves.

chapitre 1

Les droits des élèves

On rappelle qu'en plus des droits que nous allons présenter ici, les collégiens et lycéens ont un droit au conseil en orientation (➜ Voir p. 195).

De façon générale, les libertés des élèves sont encadrées

Article L. 511-2 du Code de l'éducation

Dans les collèges et les lycées, les élèves disposent, dans le respect du pluralisme* et du principe de neutralité**, de la liberté d'information et de la liberté d'expression. L'exercice de ces libertés ne peut porter atteinte aux activités d'enseignement.

Cet article est un article « de base », c'est-à-dire un article qui pose un principe général. Son sens est le suivant : au collège comme au lycée, les élèves ont le droit de s'exprimer (c'est-à-dire de parler, d'échanger des opinions et de s'exprimer par d'autres moyens encore) et de s'informer (c'est-à-dire, par exemple, d'avoir un journal du lycée).
Ces droits sont soumis à deux conditions :
1° **Il faut respecter le pluralisme***, c'est-à-dire les différences de point de vue.
2° **Il faut respecter la neutralité**** de l'établissement, c'est-à-dire ne pas prendre des opinions qui seraient clairement politiques ou religieuses. La raison est simple : l'école est un lieu neutre où l'on apprend des savoirs.
Ces libertés sont encadrées, c'est-à-dire limitées, par le règlement intérieur qui est en quelque sorte le « code » de conduite à respecter.
On distingue trois libertés essentielles :
– **la liberté d'expression individuelle** : c'est tout ce qui concerne la personne en elle-même, indépendamment du groupe. **Par exemple**, c'est la liberté de s'exprimer, de porter un type de vêtement... Écoliers, lycéens et collégiens ont sur ce point les mêmes droits ;
– **la liberté d'expression collective** : c'est tout ce qui concerne les groupes et leurs moyens d'expression. C'est par exemple, la possibilité de créer une association, de tenir une réunion, de publier un journal. Cette liberté est plus grande pour les lycéens que pour les collégiens ;
– **la liberté de participation** : c'est tout ce qui concerne la participation des élèves à la vie de l'établissement. Cette liberté n'est reconnue qu'aux lycéens et aux collégiens, pour des raisons évidentes de maturité.
Le décret du 30 août 1985 modifié par un décret du 27 août 2004 est venu créer un article 3-1 qui prévoit que le chef d'établissement et le conseil d'administration, en collaboration avec le conseil des délégués pour la vie lycéenne, veillent à ce que la liberté d'expression dont les élèves disposent individuellement et collectivement s'exerce conformément à ces principes.

I La liberté d'expression individuelle est encadrée par la loi

La liberté d'expression ne permet pas d'excuser des opinions racistes, antisémites ou sexistes (➜ Voir p. 459)

La liberté vestimentaire

Article 9 du Code civil (rappel)

Chacun a droit au respect de sa vie privée. [...]

La liberté de s'habiller comme on l'entend est rattachée en France au principe du respect de la vie privée : toute personne peut, en principe, s'habiller comme elle le souhaite, dès lors que sa tenue est décente.
Ce principe va connaître des restrictions, comme tous les principes. Il faut mettre à part le port des vêtements qui ont une signification religieuse (le foulard islamique par exemple) ou politique car dans ce cas, il s'agit de concilier deux principes : la liberté religieuse, politique et philosophique (qu'on appelle encore liberté de conscience) et le principe de neutralité et de laïcité de l'enseignement (➜ **Voir p. 268**).
La question qui nous intéresse ici est la suivante : le règlement intérieur peut-il interdire le port de certains vêtements ? (étant entendu que ces vêtements n'ont pas de signification religieuse, politique ou philosophique).
Oui, le règlement peut prévoir des interdictions de porter certains vêtements, même si ceux-ci ne sont pas de signes politiques ou religieux, si ces vêtements présentent un *danger pour les élèves dans l'exercice de certaines activités*. Dans la pratique, il sera difficile de trouver des exemples, car on ne voit pas très bien quels vêtements seraient incompatibles avec certaines activités. Dans tous les cas, ces interdictions ne sauraient être générales et absolues, elles doivent être définies avec précision et limitées.
En réalité, la question des vêtements est le plus souvent abordée sous la forme de la *création d'obligations* : obligation d'avoir une blouse, des gants, des lunettes de protection pour les expériences (afin d'assurer la protection des élèves), obligation d'avoir des chaussures de sport différentes des chaussures que l'on met en cours (pour faire respecter l'hygiène).
Parallèlement aux questions d'hygiène et de santé, peut se poser la question de la mode : est-il possible de refuser l'accès d'un élève à un établissement au motif qu'il est habillé de façon « différente » (on suppose à nouveau que

cette façon de s'habiller n'est pas un mode de revendication religieuse ou politique) ? La réponse doit être négative : tout un chacun est libre de porter les vêtements qu'il entend dans les limites définies par la loi. Hormis ce cas, il n'y a pas de « standard » qui puisse être exigé. Dans l'immense majorité des règlements, on indique cependant que « la tenue des élèves doit être *correcte* ».

II La liberté d'expression individuelle et la laïcité

Dans une première approche, on peut dire que la laïcité désigne la séparation entre la religion et l'État : l'État n'exerce aucune influence sur les religions et les religions n'exercent aucune influence sur l'État.
Le contenu du principe de laïcité *en droit* ne peut se comprendre qu'après avoir retracé un rapide historique des relations qui ont existé en France entre l'État et la religion. Quatre temps peuvent être pris en considération.
– **Sous l'Ancien Régime**, en 1516, le Concordat* (c'est-à-dire un « traité ») de Bologne conclu entre François Ier et le pape Léon X va conduire à faire de la religion catholique la religion d'État. Ce Concordat va reconnaître au Roi de nombreux pouvoirs sur l'Église, particulièrement en ce qui concerne la nomination des évêques. Par l'édit de Nantes de 1598, les autres religions vont être tolérées, permettant, ainsi, de mettre fin aux guerres de religion (entre protestants et catholiques). Malheureusement, cet édit va être révoqué en 1685, ce qui va conduire à des destructions de temples protestants, des interdictions de pratiquer le culte... Le seul progrès fait en matière de tolérance va être l'adoption de l'édit de tolérance en 1787 qui va « laïciser » l'état civil (la religion n'est plus indiquée) et le mariage qui pourra être civil et non plus seulement religieux.
– La **Révolution française** marque un tournant dans l'histoire des relations entre l'État et l'Église. Tout d'abord, la Déclaration des droits de l'Homme et du Citoyen du 26 août 1789 (➜ **Voir p. 529**) va poser dans son article 10 le principe de la liberté religieuse. Ensuite, la religion catholique est placée sous l'influence de l'État (la « constitution civile du clergé »).
– Le **Concordat** de 1801 signé entre Napoléon Ier et le pape Pie VII constitue une étape essentielle. Deux principes le caractérisent : la liberté des cultes (valable pour l'ensemble des cultes) et la différence de traitement selon le culte. En d'autres termes, on peut choisir le culte que l'on veut, mais, certains cultes (le culte catholique, les deux principaux cultes protestants et le culte israélite) bénéficient d'un régime plus favorable : ils sont considérés comme des services publics (ce qui signifie que les agents du culte comme

les prêtres vont être salariés par l'État, que les édifices religieux vont être entretenus par l'État...).
Remarque : pour des raisons historiques liées à l'occupation de l'Alsace/ Moselle par les Allemands lors de l'adoption de la loi de 1905, ces deux départements connaissent toujours le régime du Concordat de 1801.
– **La loi du 9 décembre 1905** va aboutir à la séparation des Églises et de l'État.

§1 Le sens du principe de laïcité

On peut dire que le principe de laïcité a un sens positif (ce que l'État s'engage à faire) et sens négatif (ce que l'État s'engage à ne pas faire).

Ce que l'État s'engage à faire : s'assurer du respect de la liberté de conscience

Article 1er de la loi du 9 décembre 1905

La République assure la liberté de conscience. Elle garantit le libre exercice des cultes sous les seules restrictions édictées ci-après dans l'intérêt de l'ordre public.

L'État lui-même doit respecter la liberté de conscience

Les termes employés dans cet article sont très importants : il est écrit que la République « assure » la liberté de conscience, cela veut dire tout d'abord que la République s'engage elle-même à respecter la liberté de conscience (c'est-à-dire à ne pas traiter différemment des personnes en raison de leurs convictions religieuses). **Par exemple**, l'État a le devoir de ne pas défavoriser un agent en fonction de ses convictions religieuses, il n'a pas le droit d'établir de listes de ses agents avec la mention « croyant en telle religion », etc.

L'État doit faire respecter la liberté de conscience

L'État s'engage à faire respecter la liberté de conscience, c'est-à-dire à faire en sorte qu'au sein de la société française, aucune discrimination ne soit faite entre les personnes selon qu'elles ont telle ou telle religion ou attachement philosophique. La reconnaissance de la liberté de conscience est, par ailleurs, garantie par différentes conventions internationales (➜ Voir p. 540 et 559).
C'est ainsi, par exemple, que l'on ne peut pas, sauf situations particulières, refuser l'emploi de quelqu'un au motif qu'il n'a pas telle ou telle conviction religieuse. C'est ainsi également, qu'en principe, la religion ne peut pas

constituer un motif de divorce (mais le divorce pourra être prononcé, du fait de pratiques religieuses excessives ayant conduit à la rupture du couple).

⚠ Le principe de liberté de conscience pose aussi le problème du traitement des « sectes ». Nous nous contenterons d'indiquer, ici, que dans le cas d'abus pratiqués au sein d'une secte (qu'il s'agisse d'abus sexuels, de mise en danger...), des poursuites sont envisageables (comme au sein de tout groupement).

Ce que l'État s'engage à ne pas faire

L'État ne doit pas favoriser une religion vis-à-vis d'une autre

Article 2 de la loi du 9 décembre 1905

La République ne reconnaît [...] aucun culte. [...]

Cet article se comprend très bien si on le rapproche de ce que l'on a dit précédemment sur le Concordat de 1801. En effet, sous ce Concordat, il y avait des religions officielles reconnues par l'État, c'est-à-dire qu'elles bénéficiaient d'aides particulières (notamment, les agents du culte comme les prêtres étaient rémunérés par l'État). Au contraire, les autres religions ne bénéficiaient d'aucune aide. Avec la loi de 1905, toutes les religions doivent être traitées de la même façon : il n'y a plus de religions officielles et de religions non officielles.

L'État ne doit pas s'immiscer dans la vie des communautés religieuses

Article 2 de la loi du 9 décembre 1905

La République ne reconnaît, ne salarie ni ne subventionne aucun culte. En conséquence, à partir du 1er janvier qui suivra la promulgation de la présente loi, seront supprimées des budgets de l'État, des départements et des communes, toutes dépenses relatives à l'exercice des cultes. [...]

La liberté de gestion des communautés religieuses est consacrée. Cela veut dire que, hormis le cas de l'Alsace/Moselle, il n'y a plus de service public religieux. Le principe est, désormais, que les différentes religions gèrent comme elles le veulent leurs biens et leurs personnels. Ce principe connaît toutefois une exception à l'égard des Églises catholiques (en effet, un nombre très important d'églises catholiques est soumis à un régime particulier et complexe, notamment lorsqu'elles ont la qualité de bâtiment officiel).

La liberté de gestion emporte comme conséquence que toutes les subventions sur des fonds publics au profit des différentes communautés religieuses sont en principe interdites. Cela veut dire, par exemple, qu'une commune ne peut pas décider de prendre à sa charge le salaire d'un prêtre.

Ce principe n'est toutefois pas absolu. Ainsi, rien n'empêche une collectivité publique (par exemple, une commune) de financer une activité d'intérêt général (par exemple, un hospice ou une crèche) même si celle-ci est gérée par une communauté religieuse. De même, rien n'interdit qu'une collectivité publique finance un service d'aumônerie (la loi l'autorise expressément dans son article 2). Enfin, une communauté religieuse peut rendre un service à une collectivité publique. **Par exemple**, lorsque le service public diffuse à la télévision une messe, la collectivité publique peut payer ce service. De la même façon, certains tribunaux tolèrent que les frais d'hébergement des personnels des communautés religieuses soit payés partiellement par une collectivité publique (par exemple, une commune loue un local à une communauté pour un prix dérisoire, c'est une subvention déguisée qui devrait en principe tomber sous le coup de l'interdiction et pourtant, les juges n'annulent pas la décision).

§2 La laïcité de l'enseignement public

Quelques éléments doivent tout d'abord être rappelés.

– Le principe de laïcité de l'enseignement public est **antérieur** à la loi de séparation de l'Église et de l'État (la loi de 1905) : les lois Jules Ferry (celle du 28 mars 1882, rendant l'enseignement primaire obligatoire et laïc, et celle du 30 octobre 1886 laïcisant le personnel enseignant) avaient justement pour ambition d'enraciner la République, en faisant de l'école, lieu d'enseignement d'une morale laïque, fondée sur les valeurs de 1789, le « creuset de la nation ».

– Le principe de laïcité ne s'applique qu'à l'enseignement **public**. Cela veut dire que les établissements privés peuvent tout à fait être de type confessionnels, c'est-à-dire que l'on peut avoir des écoles privées confessionnelles.

Les conséquences du principe de laïcité vis-à-vis des personnels de l'établissement : la neutralité

Avis du Conseil d'État, statuant au contentieux, du 3 mai 2000

« 1°) Il résulte des textes constitutionnels et législatifs que le principe de liberté de conscience ainsi que celui de la laïcité de l'État et de neutralité des services publics s'appliquent à l'ensemble de ceux-ci.
2°) Si les agents du service de l'enseignement public bénéficient comme tous les autres agents publics de la liberté de conscience qui interdit toute discrimination dans l'accès aux fonctions comme dans le déroulement de la carrière qui serait fondée sur leur religion, le principe de laïcité fait obstacle à ce qu'ils disposent, dans le cadre du service public, du droit de manifester leurs croyances religieuses.
Il n'y a pas lieu d'établir une distinction entre les agents de ce service public selon qu'ils sont ou non chargés de fonctions d'enseignement.
3°) Il résulte de ce qui a été dit ci-dessus que le fait pour un agent du service de l'enseignement public de manifester dans l'exercice de ses fonctions ses croyances religieuses, notamment en portant un signe destiné à marquer son appartenance à une religion, constitue un manquement à ses obligations.
Les suites à donner à ce manquement, notamment sur le plan disciplinaire, doivent être appréciées par l'administration sous le contrôle du juge, compte tenu de la nature et du degré de caractère ostentatoire de ce signe, comme des autres circonstances dans lesquelles le manquement est constaté ; [...] »

La question pouvait se poser de savoir dans quelle mesure les membres de l'enseignement peuvent afficher un signe d'appartenance religieuse, c'est-à-dire, par exemple, dans quelle mesure un enseignant pouvait venir donner un cours avec une kippa sur la tête ou encore un foulard ou tout autre signe religieux. La question se posait car, on l'a vu, la liberté de conscience est reconnue aux individus. Le Conseil d'État interrogé sur la question a considéré que le principe de laïcité s'oppose au port des signes religieux par les membres de l'enseignement. On remarquera que cette solution, qui date de 2000, était déjà appliquée par le passé, selon les vœux du ministre de l'Éducation nationale.
Tout enseignant affichant un signe religieux peut donc faire l'objet d'une sanction disciplinaire.

⚠ La circulaire du 23 septembre 1967 a rappelé que les chefs de service peuvent accorder aux agents qui désirent participer aux cérémonies célébrées à l'occasion des principales fêtes propres à leur confession les autorisations d'absence nécessaire. Encore faut-il bien sûr que ces autorisations d'absence soient compatibles avec le fonctionnement normal du service.

Les conséquences du principe de laïcité au regard des élèves

1. L'interdiction des discriminations en raison des opinions religieuses des élèves

Les règles posées aux articles 225-1 et 225-2 du Code pénal (➜ **Voir p. 460**) trouvent ici à s'appliquer : les personnels enseignants et plus largement l'ensemble des personnels de l'établissement (comme, par exemple, les surveillants) ne doivent opérer aucune discrimination selon les opinions religieuses des élèves. **Par exemple**, un enseignant, qui attribuerait une mauvaise note à un élève uniquement parce que ce dernier s'est manifesté comme ayant telle croyance, commettrait une discrimination qui l'exposerait à des sanctions pénales.

2. La neutralité des locaux : pas de signes religieux sur les bâtiments publics

Article 28 de la loi du 9 décembre 1905

Il est interdit, à l'avenir, d'élever ou d'apposer aucun signe ou emblème religieux sur les monuments publics ou en quelque emplacement public que ce soit [...]

Le principe de séparation de l'Église et de l'État a pour conséquence que l'ensemble des bâtiments publics ne doit afficher aucun signe religieux. Pour l'école, ceci se traduit en pratique par l'interdiction d'avoir dans les salles de classes des crucifix, des affiches religieuses ou tout autre signe analogue.

⚠ La question s'était posée concernant l'emblème de la Vendée. En effet, il faut savoir que l'emblème de la Vendée est un cœur surmonté d'une croix. Le juge a considéré que l'on pouvait mettre en classe l'insigne de la Vendée puisque cet insigne n'a pas été conçu dans un but de manifestation religieuse et ne tend pas à la promotion d'une religion.

3. Le contenu des enseignements : possibilité de traiter des religions sans les professer; possibilité de traiter de thèmes « sensibles »

Article L. 141-2 du Code de l'éducation

Suivant les principes définis dans la Constitution, l'État assure aux enfants et adolescents dans les établissements publics d'enseignement la possibilité de recevoir un enseignement conforme à leurs aptitudes dans un égal respect de toutes les croyances. [...]

La laïcité emporte d'abord pour conséquence **la laïcité des programmes scolaires** : c'est ainsi que par la loi du 22 mars 1882, l'instruction morale et religieuse a été supprimée et remplacée par une instruction morale et civique. C'est ainsi, également, que s'impose le principe de **la laïcité des manuels scolaires**.

Le problème, qui s'est posé en droit, était celui de savoir si les programmes scolaires pouvaient aborder des thèmes sensibles pour les religions. **Par exemple**, la question s'est posée de savoir dans quelle mesure on pouvait traiter de la contraception, de l'éducation sexuelle. Le Conseil d'État a considéré que l'éducation sexuelle et la formation à la prévention du sida ne portaient pas atteinte aux convictions religieuses et philosophiques des élèves et de leurs parents.

⚠ Dans les départements du Bas-Rhin, du Haut-Rhin et de la Moselle, la législation locale rend l'enseignement religieux obligatoire.

4. La cantine scolaire et le fait religieux

Pour l'heure, il n'y a pas en droit de réponse précise à la question : existe-t-il une *obligation* d'assurer dans les cantines un service prenant en considération les différentes opinions religieuses. Il est évident, que les collectivités locales peuvent organiser un tel service, mais quant à parler d'une obligation, il semble qu'il y ait un pas que le juge administratif se refuse à franchir. Il semble ainsi qu'en l'absence de réglementation nationale ou d'indications précises sur ce sujet et malgré une conception souple du principe de laïcité/neutralité mise en avant par le Conseil d'État en matière de port du foulard islamique, la cantine étant un service public facultatif, il appartient à chaque organe délibérant compétent de poser des règles en la matière.

⚠ Le fait que soit servi du poisson à la cantine le vendredi ne veut pas dire pour autant que les membres d'autres confessions religieuses puissent réclamer un service spécifique.

5. Les cours sont obligatoires, quelles que soient les conceptions religieuses (sauf dispenses au cas par cas)

Arrêt du Conseil d'État, 14 avril 1995, *Monsieur Cohen*

« Les dispositions réglementaires [...] n'ont pas eu pour objet et ne sauraient avoir légalement pour effet d'interdire aux élèves qui en font la demande de bénéficier individuellement des autorisations d'absence nécessaires à l'exercice d'un culte ou à la célébration d'une fête religieuse dans le cas où ces absences sont compatibles avec l'accomplissement des tâches inhérentes à leurs études et avec le respect de l'ordre public dans l'établissement. [...] »

Il n'y a pas de texte de loi sur la question. La solution est celle qui a été donnée ici encore par le plus haut tribunal administratif : le Conseil d'État (comme pour le port du foulard islamique).
Le Conseil d'État considère qu'il est possible d'obtenir des dérogations à l'obligation d'aller en cours, mais, sous conditions :
– ces dérogations ne sont accordées qu'au cas par cas ;
– ces dérogations **doivent être compatibles avec les études et le respect de l'ordre public dans l'établissement.**
En d'autres termes, si l'on doit essayer de concilier l'obligation scolaire et la pratique d'un culte, on ne doit pas arriver à une école « à la carte », où chacun pourrait invoquer tel ou tel motif religieux pour refuser tantôt tel cours ou tantôt tel autre. Les dispenses sont possibles, mais elles doivent garder un caractère exceptionnel.
C'est ainsi, par exemple, qu'on ne peut pas demander une dispense en bloc des cours du samedi pour motifs religieux. De même, on ne peut pas refuser d'aller au cours de SVT en quatrième sous prétexte que c'est un cours relatif à la sexualité.

6. Une instruction religieuse peut être donnée en dehors des heures de classe : les aumôneries dans les établissements scolaires

Article 2 du décret du 24 décembre 1881

L'instruction religieuse sera donnée par les ministres des différents cultes dans l'intérieur des différents établissements, en dehors des heures de classe.

Article R. 141-2 du Code de l'éducation

Dans les établissements publics d'enseignement comportant un internat, une aumônerie est instituée à la demande de parents d'élèves.

Article 1er de l'arrêté du 8 août 1960

Dans les établissements [publics] [...] qui ne reçoivent pas d'élèves internes et ne sont pas encore pourvus d'un service d'aumônerie, ce service peut être institué à la demande de parents d'élèves.

A priori, on pourrait penser que la création d'une aumônerie est contraire au principe de laïcité. En réalité, l'obligation de neutralité suppose aussi qu'en dehors des heures de classes, bien entendu, les enfants puissent pratiquer leur religion. Le problème se pose principalement pour la religion catholique et la création d'aumôneries : un service d'aumônerie peut être

créé dans un établissement public, lorsqu'il existe une demande significative de la part de parents d'élèves.
– La création est « de droit », c'est-à-dire qu'on ne peut pas la refuser, **si l'établissement comporte un internat.**
– **Si l'établissement n'a pas d'internat**, c'est le recteur qui apprécie s'il y a une raison d'instituer une aumônerie (par exemple, si le lycée est tout proche du presbytère, il pourra être porté à refuser, et à plus forte raison si le nombre de parents d'élèves qui en a fait la demande est faible). La pratique semble toutefois aller dans le sens de l'admission des demandes.

§3 Laïcité et port des signes religieux

Article L. 141-5-1 du Code de l'éducation

Dans les écoles, les collèges et les lycées publics, le port de signes ou tenues par lesquels les élèves manifestent ostensiblement une appartenance religieuse est interdit.

Le règlement intérieur rappelle que la mise en œuvre d'une procédure disciplinaire est précédée d'un dialogue avec l'élève.

C'est bien la question du port des signes religieux *dans les écoles publiques* qui semble la plus délicate. Elle a été tranchée par la loi du 15 mars 2004.
Le port de signes religieux ostensibles (c'est-à-dire « volontairement visibles ») par les élèves est interdit dans l'enceinte des établissements d'enseignement publics (aussi bien dans les écoles, les collèges que les lycées). Cette interdiction présente différentes caractéristiques :
1° elle est **égalitaire** en ce qu'elle concerne toutes les religions (il ne s'agit pas de viser telle ou telle religion, mais elle concerne l'ensemble des religions existantes) ;
2° elle est **d'application générale** (elle a vocation à s'appliquer sur l'ensemble du territoire et à l'ensemble des établissements d'enseignement publics, quel que soit le niveau considéré) ;
3° elle **n'est pas absolue** (elle ne vise que les signes ostensibles, c'est-à-dire les signes qui sont faits pour être vus et remarqués) ;
4° elle se veut **conciliatrice** puisque toute sanction disciplinaire, qui pourrait être prise en application de cette loi, se doit d'être précédée d'une tentative de conciliation (c'est-à-dire de résolution amiable).
Cette loi pose toutefois un problème : qu'est-ce qu'un signe religieux ostensible ? La loi ne le définit pas, il faut se référer à la circulaire d'application (**➜ Voir** p. 275). Il est acquis que le port du foulard constitue un signe ostensible, tout comme le port de la kippa.

Qu'en est-il des croix ou de l'étoile de David que l'on porte autour du cou? La question est une question de pur fait : il faudra regarder si on porte ce signe sur les vêtements ou sous les vêtements (sous son tee-shirt, par exemple), si on le fait de manière régulière ou non, si ce signe est « volumineux » ou non... Ce qui est certain, c'est que tout chef d'établissement qui décide de prendre une mesure disciplinaire à l'égard d'un élève en raison du port d'un signe religieux devra **motiver précisément sa décision** (c'est-à-dire faire référence exactement aux faits justifiant sa décision), de façon à caractériser en quoi le signe est un signe ostensible. Sinon, le juge administratif annulera la décision.

Qu'en est-il du « fameux » bandana? On se souvient en effet qu'une polémique s'était élevée lors du vote de la loi, certains prédisant que les élèves porteraient un bandana au lieu et place du foulard. Luc Ferry, alors ministre de l'Éducation nationale, avait répondu que dans ce cas, le bandana devrait être considéré comme un signe religieux ostensible. La loi, en elle-même, ne nous dit rien spécifiquement sur cette question, puisque ce qui est interdit, c'est le port d'un signe d'appartenance religieux ayant un caractère ostensible. Le bandana est-il un signe religieux ostensible? Tout dépend de l'intention de la personne qui le porte. Si la personne le porte en tant qu'accessoire de mode (on peut penser dans ce cas qu'elle ne le mettra pas de manière continue et qu'elle acceptera de l'enlever en cours), ce n'est pas un signe religieux et donc le port est autorisé; si la personne le porte en tant que signe religieux de substitution (pour ne pas mettre un foulard), alors, son port n'est pas autorisé. On comprend ici toute une difficulté pour les chefs d'établissement : il va falloir réussir à rapporter la preuve de l'intention de l'élève.

Remarque : Il convient de rappeler que la loi ne concerne que les écoles publiques. Elle ne concerne pas les écoles privées pour lesquelles il n'y avait pas de solution très claire. La Cour de cassation a été saisie d'une affaire en 2005 qui était relative à une jeune fille qui s'était vue refuser son inscription en classe de cinquième car elle portait le foulard et le règlement intérieur de l'école en interdisait le port. La question qui se posait était donc de savoir si le règlement intérieur d'une école privée pouvait ou non interdire le port du foulard.

La Cour de cassation a considéré que l'interdiction par le règlement intérieur de tous les signes religieux ostensibles n'était pas contraire à l'obligation qui est faite aux établissements d'accueillir tous les enfants sans distinction selon leur origine, leur religion etc.

En d'autres termes, d'un point de vue pratique, une école privée peut donc tout à fait interdire le port de signes religieux ostensibles.

Circulaire du 18 mai 2004 relative à la mise en œuvre de la loi du 15 mars 2004 encadrant, en application du principe de laïcité, le port de signes ou de tenues manifestant une appartenance religieuse dans les écoles, collèges et lycées publics

Étant donné l'importance du débat et des problèmes susceptibles d'être soulevés par l'application de cette circulaire, nous proposons un commentaire de celle-ci.

La loi du 15 mars 2004 encadrant, en application du principe de laïcité, le port de signes ou de tenues manifestant une appartenance religieuse dans les écoles, collèges et lycées publics, marque la volonté très largement partagée de réaffirmer l'importance de ce principe indissociable des valeurs d'égalité et de respect de l'autre. Elle témoigne de la volonté des représentants de la nation de conforter l'école de la République.

La présente circulaire précise les modalités d'application de la loi du 15 mars 2004. Elle abroge et remplace la circulaire du 12 décembre 1989 relative à la laïcité, au port de signes religieux par les élèves et au caractère obligatoire des enseignements, la circulaire du 26 octobre 1993 sur le respect de la laïcité, et la circulaire du 20 septembre 1994 relative au port de signes ostentatoires dans les établissements scolaires.

Ceci constitue le préambule de la circulaire, c'est-à-dire que les auteurs du texte précisent quels sont les objectifs qu'ils se sont assignés et dans quel esprit ils l'ont rédigée.
Par ailleurs, ils précisent également que désormais, en matière de laïcité, c'est uniquement cette circulaire (et la loi qu'elle vient préciser) qui trouve à s'appliquer.
Il est remarquable de voir que la circulaire commence par rappeler les principes applicables : elle vise à faire la synthèse des problèmes relatifs à la laïcité, débordant ainsi le cadre de la loi (qui, elle, ne traite que des signes ostensibles).

I. – LES PRINCIPES

La loi du 15 mars 2004 est prise en application du principe constitutionnel de laïcité qui est un des fondements de l'école publique (➜ Voir p. 545). Ce principe, fruit d'une longue histoire, repose sur le respect de la liberté de conscience et sur l'affirmation de valeurs communes qui fondent l'unité nationale par-delà les appartenances particulières.
L'école a pour mission de transmettre les valeurs de la République parmi lesquelles l'égale dignité de tous les êtres humains, l'égalité entre les hommes et les femmes et la liberté de chacun y compris dans le choix de son mode de vie. Il

appartient à l'école de faire vivre ces valeurs, de développer et de conforter le libre arbitre de chacun, de garantir l'égalité entre les élèves et de promouvoir une fraternité ouverte à tous. En protégeant l'école des revendications communautaires, la loi conforte son rôle en faveur d'un vouloir-vivre-ensemble. Elle doit le faire de manière d'autant plus exigeante qu'y sont accueillis principalement des enfants.

La circulaire rappelle quel est le rôle imparti à l'école : transmettre les valeurs de la République. Or, au sein de ces valeurs républicaines figurent le principe d'égalité et le principe de liberté : la liberté, c'est la possibilité de faire ce que l'on veut dans les limites de la loi ; l'égalité, c'est le droit d'être traité de façon similaire chaque fois que l'on se trouve dans une situation similaire.
La loi vient rejeter les revendications communautaires, c'est-à-dire les revendications de certains groupes qui voudraient avoir des droits uniquement parce qu'ils constituent des groupes déterminés (par exemple, aux États-Unis, les personnes de couleur, en raison de leur couleur, ont certains postes qui leur sont réservés). La conception que l'on se fait en France est qu'il n'y a pas de droits spécifiques à accorder à un groupe (les droits sont attachés aux individus, non pas aux groupes).

L'État est le protecteur de l'exercice individuel et collectif de la liberté de conscience. La neutralité du service public est à cet égard un gage d'égalité et de respect de l'identité de chacun.
En préservant les écoles, les collèges et les lycées publics, qui ont vocation à accueillir tous les enfants, qu'ils soient croyants ou non croyants et quelles que soient leurs convictions religieuses ou philosophiques, des pressions qui peuvent résulter des manifestations ostensibles des appartenances religieuses, la loi garantit la liberté de conscience de chacun. Elle ne remet pas en cause les textes qui permettent de concilier, conformément aux articles L. 141-2, L. 141-3 et L. 141-4 du Code de l'éducation, l'obligation scolaire avec le droit des parents de faire donner, s'ils le souhaitent, une instruction religieuse à leurs enfants.

L'objectif de la loi est de garantir la liberté de conscience de chacun en interdisant le port des signes religieux ostensibles. L'idée qui est avancée, est que les signes ostensibles sont susceptibles de porter atteinte à la liberté de conscience des enfants. Par ailleurs, pour les enfants qui veulent réellement afficher de tels signes, il existe des possibilités (notamment l'éducation de l'enfant dans sa famille, dans une école privée, mais pas dans une école publique).

Parce qu'elle repose sur le respect des personnes et de leurs convictions, la laïcité ne se conçoit pas sans une lutte déterminée contre toutes les formes de discrimination. Les agents du service public de l'Éducation nationale doivent faire preuve de la plus grande vigilance et de la plus grande fermeté à l'égard de toutes les formes de racisme ou de sexisme, de toutes les formes de violence faite à un individu en raison de son appartenance réelle ou supposée à un groupe ethnique ou religieux. Tout propos, tout comportement qui réduit l'autre à une appartenance religieuse ou ethnique, à une nationalité (actuelle ou d'origine), à une apparence physique, appelle une réponse. Selon les cas, cette réponse relève de l'action pédagogique, disciplinaire, voire pénale. Elle doit être ferme et résolue dans tous les cas où un élève ou un autre membre de la communauté éducative est victime d'une agression (qu'elle soit physique ou verbale) en raison de son appartenance réelle ou supposée à un groupe donné.

La circulaire rappelle également que la discrimination fondée sur la religion est susceptible de donner lieu à des poursuites (➜ Voir p. 459).

Parce que l'intolérance et les préjugés se nourrissent de l'ignorance, la laïcité suppose également une meilleure connaissance réciproque y compris en matière de religion. À cet égard, les enseignements dispensés peuvent tous contribuer à consolider les assises d'une telle connaissance. De même, les activités de « vivre ensemble » à l'école primaire, l'éducation civique au collège ou l'éducation civique, juridique et sociale au lycée constituent des moments privilégiés pour faire progresser la tolérance et le respect de l'autre. Plus spécifiquement, les faits religieux, notamment quand ils sont des éléments explicites des programmes, comme c'est le cas en français et en histoire, doivent être utilisés au mieux dans les enseignements pour apporter aux élèves les éléments de culture indispensables à la compréhension du monde contemporain.

Enfin, il est précisé que l'école, notamment dans le cadre de sa mission d'éducation, a vocation à permettre une meilleure connaissance des religions, et ainsi lutter contre l'intolérance religieuse. On peut rappeler à ce sujet que l'étude des guerres de religions figure au programme d'histoire par exemple.

II. – LE CHAMP D'APPLICATION DE LA LOI

Aux termes du premier alinéa de l'article L. 141-5-1 du Code de l'éducation, « dans les écoles, les collèges et les lycées publics, le port de signes ou tenues par lesquels les élèves manifestent ostensiblement une appartenance religieuse est interdit ».

2.1. La loi interdit les signes et les tenues qui manifestent ostensiblement une appartenance religieuse

Les signes et tenues qui sont interdits sont ceux dont le port conduit à se faire immédiatement reconnaître par son appartenance religieuse tels que le voile islamique, quel que soit le nom qu'on lui donne, la kippa ou une croix de dimension manifestement excessive. La loi est rédigée de manière à pouvoir s'appliquer à toutes les religions et de manière à répondre à l'apparition de nouveaux signes, voire à d'éventuelles tentatives de contournement de la loi.

On a souvent présenté la loi comme la loi « sur le voile », mais il a été précisé que cette loi avait une portée plus large car il s'agit bien d'une loi sur le port des signes religieux (quels qu'ils soient). La loi distingue deux catégories de signes religieux : les signes religieux ostensibles et les signes religieux « non ostensibles ».

• Pour les signes religieux ostensibles, leur port au sein des écoles publiques est interdit.

• Pour les autres, leur port est toléré.

Le problème est donc de savoir ce qu'est un signe religieux ostensible. La circulaire apporte des précisions dans deux sens :

1) elle indique que le port du foulard islamique (quel que soit le nom qu'il est susceptible de prendre), de la kippa ou d'une croix de grande dimension manifestement excessive est considéré comme un signe religieux ostensible. En conséquence, leur port est interdit ;

2) elle donne une définition du signe religieux ostensible : c'est un signe « dont le port conduit à se faire immédiatement reconnaître par son appartenance religieuse ». C'est la définition générale qui en est donnée. On remarquera que cette définition n'est pas très précise, car si bien évidemment, pour les principales religions, on peut deviner ce à quoi il est fait référence, la question devient rapidement plus difficile lorsqu'il est question des religions ayant moins d'adeptes.

La loi ne remet pas en cause le droit des élèves de porter des signes religieux discrets.

Elle n'interdit pas les accessoires et les tenues qui sont portés communément par des élèves en dehors de toute signification religieuse. En revanche, la loi interdit à un élève de se prévaloir du caractère religieux qu'il y attacherait, par exemple, pour refuser de se conformer aux règles applicables à la tenue des élèves dans l'établissement.

Ces précisions sont relatives à l'affaire dite du « bandana ». La bandana est un accessoire de mode qui est porté par les élèves et qui n'a pas, en principe, de signification religieuse. Or, le ministre de l'Éducation nationale avait précisé dans une interview qu'il serait éventuellement possible d'en interdire le port s'il faisait l'objet d'un détournement à des fins religieuses. L'affaire avait rebondi dans les médias car on ne savait plus très bien jusqu'où pourrait aller l'interdiction. Finalement, la circulaire vient préciser que le port des différents accessoires des élèves est autorisé, à moins que ces accessoires ne soient détournés de leur vocation (élève qui ne porte pas le voile mais porte un long bandana remplaçant exactement le voile).

2.2. La loi s'applique aux écoles, aux collèges et aux lycées publics

La loi s'applique à l'ensemble des écoles et des établissements d'enseignement scolaire publics. Dans les lycées, la loi s'applique à l'ensemble des élèves, y compris ceux qui sont inscrits dans des formations post-baccalauréat (classes préparatoires aux grandes écoles, sections de technicien supérieur).

La loi s'applique à l'intérieur des écoles et des établissements et plus généralement à toutes les activités placées sous la responsabilité des établissements ou des enseignants y compris celles qui se déroulent en dehors de l'enceinte de l'établissement (sortie scolaire, cours d'éducation physique et sportive...).

La loi trouve à s'appliquer à l'ensemble de l'enseignement public, de la petite école jusqu'au lycée, pendant toute la durée du temps scolaire (aussi bien au sein de l'établissement proprement dit qu'à l'occasion des sorties scolaires, des cours d'éducation physique, des ateliers...).

2.3. La loi ne modifie pas les règles applicables aux agents du service public et aux parents d'élèves

Les agents contribuant au service public de l'éducation, quels que soient leur fonction et leur statut, sont soumis à un strict devoir de neutralité qui leur interdit le port de tout signe d'appartenance religieuse, même discret. Ils doivent également s'abstenir de toute attitude qui pourrait être interprétée comme une marque d'adhésion ou au contraire comme une critique à l'égard d'une croyance particulière. Ces règles sont connues et doivent être respectées. (➜ Voir p. 268)
La loi ne concerne pas les parents d'élèves. Elle ne s'applique pas non plus aux candidats qui viennent passer les épreuves d'un examen ou d'un concours dans les locaux d'un établissement public d'enseignement et qui ne deviennent pas de ce seul fait des élèves de l'enseigne-

ment public. Ceux-ci doivent toutefois se soumettre aux règles d'organisation de l'examen qui visent notamment à garantir le respect de l'ordre et de la sécurité, à permettre la vérification de l'identité des candidats ou à prévenir les risques de fraudes.

2.4. Les obligations qui découlent, pour les élèves, du respect du principe de laïcité ne se résument pas à la question des signes d'appartenance religieuse

La loi du 15 mars 2004 complète sur la question du port des signes d'appartenance religieuse le corpus des règles qui garantissent le respect du principe de laïcité dans les écoles, collèges et lycées publics.

Les convictions religieuses des élèves ne leur donnent pas le droit de s'opposer à un enseignement. On ne peut admettre par exemple que certains élèves prétendent, au nom de considérations religieuses ou autres, contester le droit d'un professeur, parce que c'est un homme ou une femme, d'enseigner certaines matières ou le droit d'une personne n'appartenant pas à leur confession de faire une présentation de tel ou tel fait historique ou religieux. Par ailleurs, si certains sujets appellent de la prudence dans la manière de les aborder, il convient d'être ferme sur le principe selon lequel aucune question n'est exclue *a priori* du questionnement scientifique et pédagogique. (➜ Voir p. 270)

Les convictions religieuses ne sauraient non plus être opposées à l'obligation d'assiduité ni aux modalités d'un examen. Les élèves doivent assister à l'ensemble des cours inscrits à leur emploi du temps sans pouvoir refuser les matières qui leur paraîtraient contraires à leurs convictions. C'est une obligation légale. Les convictions religieuses ne peuvent justifier un absentéisme sélectif par exemple en éducation physique et sportive ou sciences de la vie et de la terre. Les consignes d'hygiène et de sécurité ne sauraient non plus être aménagées pour ce motif.

Des autorisations d'absence doivent pouvoir être accordées aux élèves pour les grandes fêtes religieuses qui ne coïncident pas avec un jour de congé et dont les dates sont rappelées chaque année par une instruction publiée au Bulletin officiel de l'Éducation nationale. En revanche, les demandes d'absence systématique ou prolongée doivent être refusées dès lors qu'elles sont incompatibles avec l'organisation de la scolarité. L'institution scolaire et universitaire, de son côté, doit prendre les dispositions nécessaires pour qu'aucun examen ni aucune épreuve importante ne soient organisés le jour de ces grandes fêtes religieuses.

III. – LE DIALOGUE

Aux termes du second alinéa de l'article L. 141-5-1 du Code de l'éducation tel qu'il résulte de la loi du 15 mars 2004, « le règlement intérieur rappelle que la mise en œuvre d'une procédure disciplinaire est précédée d'un dialogue avec l'élève ».

L'importance accordée au dialogue dans la mise en œuvre de la loi témoigne de la volonté du législateur de permettre une compréhension commune la meilleure possible.

3.1. La mise en œuvre de la loi passe d'abord par le dialogue

Le second alinéa de l'article L. 141-5-1 illustre la volonté du législateur de faire en sorte que la loi soit appliquée dans le souci de convaincre les élèves de l'importance du respect du principe de laïcité. Il souligne que la priorité doit être donnée au dialogue et à la pédagogie.
Ce dialogue n'est pas une négociation et ne saurait bien sûr justifier de dérogation à la loi.

La première chose à rappeler, c'est sans doute que le dialogue ne vaut pas mesure de dérogation, en d'autres termes, le port des signes religieux est interdit et c'est un fait.
Toutefois, et c'est ce qui est important, la loi invite les parties à opter pour une démarche la plus consensuelle possible.

3.2. L'organisation du dialogue relève de la responsabilité du chef d'établissement

Lorsqu'un élève inscrit dans l'établissement se présente avec un signe ou une tenue susceptible de tomber sous le coup de l'interdiction, il importe d'engager immédiatement le dialogue avec lui.
Le chef d'établissement conduit le dialogue en liaison avec l'équipe de direction et les équipes éducatives en faisant notamment appel aux enseignants qui connaissent l'élève concerné et pourront apporter leur contribution à la résolution du problème. Mais cette priorité n'est en rien exclusive de tout autre choix que le chef d'établissement pourrait au cas par cas juger opportun.
Pendant la phase de dialogue, le chef d'établissement veille, en concertation avec l'équipe éducative, aux conditions dans lesquelles l'élève est scolarisé dans l'établissement.
Dans les écoles primaires, l'organisation du dialogue est soumise en tant que de besoin à l'examen de l'équipe éducative prévue à l'article 21 du décret n° 90-788 du 6 septembre 1990.
Le dialogue doit permettre d'expliquer à l'élève et à ses parents que le respect de la loi n'est pas un renoncement à leurs convictions. Il doit également être l'occasion d'une réflexion commune sur l'avenir de l'élève pour le mettre en garde contre les conséquences de son attitude et pour l'aider à construire un projet personnel.
Pendant le dialogue, l'institution doit veiller avec un soin particulier à ne pas heurter les convictions religieuses de l'élève ou de ses parents. Le principe de laïcité s'oppose évidemment à ce que l'État ou ses agents prennent parti sur l'interprétation de pratiques ou de commandements religieux.

Dès qu'un élève se présente en affichant un signe religieux ostensible, un dialogue doit être amorcé avec l'élève et ses parents afin de rappeler les termes de la loi, les sanctions encourues et de voir comment il est possible de concilier convictions religieuses et laïcité.

3.3. En l'absence d'issue favorable au dialogue

Le dialogue devra être poursuivi le temps utile pour garantir que la procédure disciplinaire n'est utilisée que pour sanctionner un refus délibéré de l'élève de se conformer à la loi.
Si le conseil de discipline prononce une décision d'exclusion de l'élève, il appartiendra à l'autorité académique d'examiner avec l'élève et ses parents les conditions dans lesquelles l'élève poursuivra sa scolarité.
Ce n'est qu'en cas d'échec du dialogue qu'une procédure disciplinaire pourra être engagée. L'échec du dialogue sera la marque du refus de l'élève de se soumettre à la loi. Alors, et alors seulement la procédure disciplinaire (pouvant conduire à l'exclusion de l'élève, selon l'importance de l'acte et la personnalité de l'élève → Voir p. 335) pourra être engagée.

IV. – LE RÈGLEMENT INTÉRIEUR

La loi du 15 mars 2004 s'applique à compter de la rentrée scolaire prochaine.
Même si l'interdiction posée par le premier alinéa de l'article L. 141-5-1 est d'application directe, il est utile de la rappeler dans les règlements intérieurs et de veiller à ce que ceux-ci ne comportent plus de référence à la notion de signes ostentatoires qui s'appuyait sur la jurisprudence du Conseil d'État à laquelle la loi nouvelle se substitue.
Les règlements intérieurs doivent rappeler, conformément aux prescriptions du second alinéa de l'article L. 141-5-1, que la mise en œuvre d'une procédure disciplinaire est précédée d'un dialogue avec l'élève.
Les chefs d'établissement sont invités à soumettre aux conseils d'administration les clauses jointes en annexe.

ANNEXE

Modèle d'article à insérer dans le règlement intérieur de l'établissement :
« Conformément aux dispositions de l'article L. 141-5-1 du Code de l'éducation, le port de signes ou de tenues par lesquels les élèves manifestent ostensiblement une appartenance religieuse est interdit.
Lorsqu'un élève méconnaît l'inter-

diction posée à l'alinéa précédent, le chef d'établissement organise un dialogue avec cet élève avant l'engagement de toute procédure disciplinaire. »

⚠ L'accent doit être mis sur l'importance de la conciliation : le plus souvent, un dialogue serein, loin des agitations excessives permet de trouver des solutions de compromis. On peut donner pour preuve le fait que sur les quelque 650 cas constatés à la rentrée scolaire, seuls 47 ont donné lieu à une sanction disciplinaire.

III La liberté d'expression collective

La liberté d'expression collective est cette forme de liberté d'expression qui concerne les groupes et non plus l'élève pris individuellement. La liberté d'expression collective n'est reconnue qu'aux collégiens et lycéens. Derrière cette expression, il y a en fait :
– **La liberté de réunion** : c'est la liberté d'organiser une réunion « officielle », une réunion qui va être déclarée auprès des autorités de l'établissement dans laquelle elle se déroule. La liberté de réunion doit être distinguée de la liberté reconnue aux élèves de s'assembler de façon informelle (dans la cour, par exemple) pour discuter d'un sujet qui les intéresse.
– **La liberté d'association** : c'est-à-dire en fait la liberté de s'associer « officiellement », de créer une structure qui va pouvoir recevoir de l'argent pour réaliser un but collectif. **Par exemple**, une association pourra avoir pour but l'organisation de tournois d'échecs.
– **La liberté de publication, et notamment la liberté de publication de tracts ou encore de journaux.** Il faut alors faire la différence selon que ce journal ne circule que dans l'établissement ou s'il circule également à l'extérieur de l'établissement.

§1 La liberté d'expression collective au collège

La liberté de réunion des collégiens

Article 3-3 du décret du 30 août 1985

Dans les établissements publics locaux d'enseignement du second degré, la liberté de réunion s'exerce dans les conditions ci-après :
1° À l'initiative des délégués des élèves désignés en application de l'article 19, pour l'exercice de leurs fonctions;
[...]

La liberté de réunion des collégiens est très limitée puisqu'ils ne peuvent se réunir (tout du moins dans un cadre officiel, c'est-à-dire dans le cadre du collège) **que pour évoquer des problèmes de la vie scolaire.**
Cette demande de réunion ne peut être faite **que par les délégués**, et, le plus souvent, cette réunion se limitera à préparer le « conseil de classe ». Le délégué demandera à ses camarades quelles sont les demandes des élèves, les questions qu'ils voudraient qu'il pose en leur nom aux professeurs...
Il n'est donc pas possible pour un collégien (délégué ou pas) d'exiger que soit organisée une réunion sur un sujet d'actualité. Il peut, bien sûr, soumettre la proposition à ses professeurs (et notamment à son professeur principal), mais ils pourront le lui refuser.

La liberté d'association des collégiens

Article 3-2 du décret du 30 août 1985

Dans les lycées, la liberté d'association s'exerce dans les conditions ci-après : [...].

Article L. 552-2 du Code de l'éducation

Une association sportive est créée dans tous les établissements du second degré. [...]

À la différence des lycéens, les collégiens n'ont pas de texte qui consacre leur liberté d'association. On en déduit que les collégiens n'ont pas la possibilité de créer une association, sauf lorsque la loi le prévoit, c'est-à-dire uniquement dans le cadre des associations sportives.

La création d'une association sportive est obligatoire dans tous les établissements du second degré

Article L. 552-1 du Code de l'éducation

Composantes de l'éducation physique et sportive, les activités physiques et sportives volontaires des élèves sont organisées dans les établissements par les associations sportives scolaires.

Article L. 552-2 du Code de l'éducation

Une association sportive est créée dans tous les établissements du second degré. L'État et les collectivités territoriales favorisent la création d'une association sportive dans chaque établissement du premier degré.

Les activités physiques exercées dans le cadre de l'association le sont en plus de celles prévues dans le cadre des cours d'EPS.
La création d'une association sportive est toujours obligatoire, aussi bien dans les collèges que dans les lycées. **L'adhésion à l'AS est cependant toujours facultative** (elle est en principe payante ➜ Voir p. 233).
Le plus souvent, les activités de l'association sont organisées le mercredi après-midi, afin de respecter les emplois du temps. Afin de mettre en œuvre les programmes les plus divers, les collectivités territoriales sont invitées (mais ne sont pas obligées) à mettre à disposition des associations les équipements sportifs dont ils disposent (par exemple, stade de foot, piscine municipale...).
Ces associations ne sont pas des associations comme les autres en ce sens que leur organisation doit respecter un certain nombre de règles générales qui sont définies par décret (c'est-à-dire un texte qui émane soit du président de la République, soit du Premier ministre).

Les programmes des associations sportives sont approuvés par le conseil d'administration

Article 16 du décret du 30 août 1985

En qualité d'organe délibératif de l'établissement, le conseil d'administration, sur le rapport du chef d'établissement, exerce notamment les attributions suivantes : [...]
6° Il donne son accord sur : [...]
b) Le programme de l'association sportive fonctionnant au sein de l'établissement. [...]

Les associations sportives déterminent chaque année un programme de manifestations sportives : cross, marathon, pentathlon... Ces programmes sont validés (ils peuvent aussi être rejetés) par le conseil d'administration. La liberté des associations sportives des établissements du second degré est donc particulièrement limitée (dans ses statuts et dans ses activités).

§2 La liberté d'expression collective au lycée

La liberté de réunion des lycéens

Article 3-3 du décret du 30 août 1985

Dans les établissements publics locaux d'enseignement du second degré, la liberté de réunion s'exerce dans les conditions ci-après : [...]

2° Dans les lycées, à l'initiative des associations mentionnées à l'article 3-2 ou d'un groupe d'élèves de l'établissement pour des réunions qui contribuent à l'information des élèves;
Le droit de réunion s'exerce en dehors des heures de cours prévues à l'emploi du temps des participants.
Le règlement intérieur fixe les modalités d'exercice de ce droit après consultation dans les lycées du conseil des délégués pour la vie lycéenne.
Le chef d'établissement autorise, sur demande motivée des organisateurs, la tenue des réunions en admettant, le cas échéant, l'intervention de personnalités extérieures. À cette occasion, il peut solliciter l'avis du conseil d'administration.
Il peut opposer un refus à la tenue d'une réunion ou à la participation de personnalités extérieures lorsque celles-ci sont de nature à porter atteinte au fonctionnement normal de l'établissement ou à contrevenir aux dispositions du présent décret.
L'autorisation peut être assortie de conditions tendant à garantir la sécurité des personnes et des biens.

La liberté de réunion des lycéens – plus âgés – est plus large que celle des collégiens : la réunion peut être demandée **aussi bien par les délégués que par d'autres élèves** (le texte précise que c'est un « groupe » d'élèves, ce qui veut dire *a priori* que la réunion qui viserait à réunir tous les élèves est interdite).

– L'objet de la réunion

Elle peut porter sur la vie scolaire ou plus largement sur tout sujet d'information (c'est-à-dire tout sujet d'ordre général présentant une certaine actualité). Elle peut faire intervenir des personnes qui sont extérieures à l'établissement. Un des problèmes qui va alors se poser va être de savoir ce qu'est un « sujet d'information ». Il n'y a pas de règle générale, tout va se régler au cas par cas.

– La réunion doit respecter les principes de neutralité et de pluralisme (➜ Voir p. 269).

– Le moment et les conditions de la réunion

La réunion ne peut pas intervenir dans le cadre des heures de cours des participants. Le fait d'aller à une réunion n'est donc pas une « excuse » valable et un élève peut être puni pour avoir été à une réunion autorisée certes, mais à laquelle son emploi du temps ne lui permettait pas d'aller. Si le chef d'établissement autorise la réunion, il peut la soumettre à des conditions concernant la sécurité. Il peut, par exemple, indiquer que la réunion qui aura lieu dans telle salle ne peut être ouverte qu'à un nombre déterminé de personnes, car cette salle ne peut pas accueillir plus de x personnes.

– Le chef d'établissement peut s'opposer à ce que la réunion se tienne, par une décision motivée

Il pourra le faire, par exemple, si la réunion a un objet commercial (elle a pour objectif d'assurer la promotion d'un produit), ou encore si elle vise à faire de la propagande. Il pourra de la même façon refuser son autorisation si la demande ne lui a pas été faite assez tôt (le règlement intérieur doit définir plus précisément comment la demande est faite, et notamment dans quelles conditions de délai le proviseur doit être saisi) ou pour des raisons de sécurité.

Cette décision de refus est considérée comme une décision défavorable, c'est pourquoi elle doit être « motivée » (en application de la loi 11 juillet 1979) : le chef d'établissement doit dire précisément pourquoi il refuse que cette réunion se tienne. Dans ce cas, il semble que cette décision puisse être attaquée devant un juge. Le texte indique deux cas dans lesquels le chef d'établissement peut s'opposer : s'il y a une atteinte au principe de neutralité ou au principe de pluralisme (➜ **Voir p. 269 et s.**).

Bien sûr, le fait d'organiser une réunion sans respecter toutes ces conditions constitue une faute pour l'élève et peut entraîner une « punition » voire une sanction (➜ **Voir p. 334**).

La liberté d'association des lycéens*

Article 3-2 du décret du 30 août 1985

Dans les lycées, la liberté d'association s'exerce dans les conditions ci-après :

Le fonctionnement, à l'intérieur des lycées, d'associations déclarées qui sont composées d'élèves et, le cas échéant, d'autres membres de la communauté éducative de l'établissement est autorisé par le conseil d'administration, après dépôt auprès du chef d'établissement d'une copie des statuts de l'association, sous réserve que leur objet et leur activité soient compatibles avec les principes du service public de l'enseignement; en particulier, elles ne peuvent avoir un objet ou une activité de caractère politique ou religieux.

Ces associations peuvent contribuer à l'exercice du droit d'expression collective des élèves.

Si les activités d'une telle association portent atteinte aux principes rappelés ci-dessus, le chef d'établissement invite le président de l'association à s'y conformer.

En cas de manquement persistant, le chef d'établissement saisit le conseil d'administration qui peut retirer l'autorisation après avis du conseil des délégués pour la vie lycéenne. [...]

La liberté d'association* est une liberté qui va permettre à un groupe de jeunes de créer une structure qui va pouvoir recevoir des fonds pour réaliser certains projets. **Par exemple**, un club d'échec va pouvoir prendre la forme d'une association ce qui lui permettra d'avoir un budget propre. Il en va de même pour un club de philatélie (collection de timbres) ou d'astronomie. Avoir la liberté d'association, c'est donc avoir une structure pour gérer un projet collectif mais sans en retirer un bénéfice financier.

La liberté d'association existe, mais, comme pour la liberté de réunion, la liberté de s'associer est très encadrée :

– il faut une **autorisation du conseil d'administration** ;

– il faut que l'association respecte la neutralité et le pluralisme (➜ **Voir p. 269 et s.**). Il est précisé que l'association ne doit pas avoir un objet ou une activité à caractère religieux ou politique. Cette différence entre *l'objet* et *l'activité* n'est pas indifférente : en effet, l'objet d'une association est défini dans ce qu'on appelle « les statuts », c'est-à-dire dans les textes par lesquels on définit quels sont les buts de l'association ; l'activité de l'association, c'est « la vie quotidienne » de l'association, indépendamment de son objet.

Par exemple : on peut tout à fait créer un club d'échecs (l'objet de cette association est le développement du jeu d'échecs) et l'activité être de nature religieuse ou politique (dans les faits, le club d'échecs sert de « point de rendez-vous », et une fois sur place, les élèves ne font que parler de religion et politique).

Si l'objet *ou* l'activité de l'association est contraire à ces principes, le chef d'établissement va inviter le président de l'association à corriger cette situation. S'il ne le fait pas, le chef d'établissement pourra, après avis de la conférence des délégués (➜ **Voir p. 298**), saisir le conseil d'administration afin qu'il retire son autorisation à cette association.

L'association peut éventuellement, par contre, accueillir des adhérents qui ne font pas partie de l'établissement.

NB : la création d'associations sportives au lycée relève du même régime que pour le collège (➜ **Voir p. 284**).

La liberté de publication des lycéens

Article 3-4 du décret du 30 août 1985

Les publications rédigées par des lycéens peuvent être librement diffusées dans l'établissement.

Toutefois, au cas où certains écrits présenteraient un caractère injurieux ou diffamatoire, ou en cas d'atteinte grave aux droits d'autrui ou à l'ordre public, le chef d'établissement peut suspendre ou interdire la diffusion de la publication dans l'établissement ; il en informe le conseil d'administration.

Une publication se définit en droit de façon très large : ce peut être, dans le cas le plus courant, un journal, un tract, une affiche... mais ce peut être aussi tout autre élément des tiné à être publié (film, enregistrement sur cassettes...). Le cas le plus habituel sera tout de même celui de la création d'un journal.

Les lycéens ont le droit de faire un journal qui va circuler librement à l'intérieur du lycée, sauf s'il contient des articles à caractère injurieux ou diffamatoire (c'est-à-dire s'il dit des choses de certaines personnes qui portent atteinte à leur honneur ou s'il rapporte des faits inexacts ➜ **Voir p. 452**). Dans ce cas, le chef d'établissement pourra décider de le suspendre ou de l'interdire. Par ailleurs, l'auteur de la diffamation ou de l'injure pourra faire l'objet de poursuites devant les tribunaux.

Si un journal est mis en place, celui-ci doit respecter la règle du « droit de réponse », qui doit permettre à toute personne mise en cause de s'expliquer sur ce qui a été dit. **Par exemple**, si le journal note que tel enseignant a pris telle position à l'occasion d'un conseil de classe et que l'enseignant veut répondre en précisant ce qui a été dit, le journal *devra* publier la demande de réponse de l'enseignant.

⚠ Ces règles ne valent que pour les journaux internes au lycée : les journaux qui sont vendus en plus à l'extérieur de l'établissement, sont considérés comme des publications comme les autres et donc soumis à la loi sur la presse (loi du 29 juillet 1881).

§3 LA LIBERTÉ DE MANIFESTATION

Le droit de manifester sur la voie publique

Article 6 de la loi du 30 juin 1881

Les réunions ne peuvent être tenues sur la voie publique; elles ne peuvent se prolonger au-delà de onze heures du soir; cependant, dans les localités où la fermeture des établissements publics a lieu plus tard, elles pourront se prolonger jusqu'à l'heure fixée pour la fermeture de ces établissements.

Article 1er du décret-loi du 23 octobre 1935

Les réunions sur la voie publique sont et demeurent interdites dans les conditions prévues par la loi du 30 juin 1881, article 6.

Sont soumis à l'obligation d'une déclaration préalable tous cortèges, défilés et rassemblements de personnes, et d'une façon générale, toutes manifestations sur la voie publique.

Toutefois, sont dispensées de cette déclaration les sorties sur la voie publique conformes aux usages locaux.

En droit, une manifestation se définit comme un rassemblement de personnes qui utilisent la voie publique afin d'exprimer une volonté collective sur un objet particulier.

Une réunion de personnes sur la voie publique sans objet réel (une volonté collective) est bien sûr autorisée par principe : par exemple, si un groupe d'amis se retrouve à une trentaine sur un trottoir, c'est techniquement une réunion de personnes sur la voie publique et il est certain que cette réunion est autorisée !

Par contre, les cortèges, les défilés, les attroupements ayant en commun une revendication sont soumis à un régime d'autorisation préalable, c'est-à-dire qu'on ne peut pas tout à coup décider de défiler : il faut demander une autorisation à la mairie (le plus souvent) ou à la préfecture de police. La raison est simple : si on défile sur la voie publique, il faut prévoir des mesures de sécurité pour les manifestants (fermer la rue par exemple) et pour les riverains (pour éviter les casseurs). Cette déclaration doit être signée par trois organisateurs au moins trois jours francs (c'est-à-dire plein) avant la manifestation.

La dispersion des manifestations

Article 431-3 du Code pénal

Constitue un attroupement tout rassemblement de personnes sur la voie publique ou dans un lieu public susceptible de troubler l'ordre public.

Un attroupement peut être dissipé par la force publique après deux sommations de se disperser demeurées sans effet, adressées par le préfet, le sous-préfet, le maire ou l'un de ses adjoints, tout officier de police judiciaire responsable de la sécurité publique, ou tout autre officier de police judiciaire, porteurs des insignes de leur fonction.

Il est procédé à ces sommations suivant des modalités propres à informer les personnes participant à l'attroupement de l'obligation de se disperser sans délai; ces modalités sont précisées par décret en Conseil d'État, qui détermine également les insignes que doivent porter les personnes mentionnées à l'alinéa précédent.

Toutefois, les représentants de la force publique appelés en vue de dissiper un attroupement peuvent faire directement usage de la force si des violences ou voies de fait sont exercées contre eux ou s'ils ne peuvent défendre autrement le terrain qu'ils occupent.

Une manifestation peut être dispersée par les forces de l'ordre (les compagnies républicaines de sécurité – CRS) lorsque les manifestants sont porteurs d'arme (ce qui constitue bien sûr un danger) ou lorsqu'il y a un risque de trouble important (par exemple, il y a des risques de dégradations par des « casseurs »).

Dans ce cas, la procédure à respecter est définie avec précision. Une première sommation est adressée au moyen d'haut-parleurs « Obéissance à la loi. Dispersez-vous ». Une deuxième et dernière sommation est adressée aux manifestants « Dernière sommation : on va faire usage de la force ». Si on ne peut pas faire usage d'haut-parleurs, on utilise des fusées éclairantes rouges.

⚠ Il ne faut pas confondre la dispersion d'une manifestation et l'usage de la force pour permettre l'accès à un service public. En effet, bloquer l'accès à un service public constitue un délit et comme tel, l'usage de la force est légitime. Contrairement à une idée répandue, si la grève est autorisée, on n'est pas pour autant libre de faire ce que l'on veut lorsque l'on fait grève. Bloquer l'accès à un service public constitue une entrave à la liberté du travail (pour les fonctionnaires) et une gêne pour les bénéficiaires dudit service.

IV La liberté de participation

Une fois de plus, parce que la maturité des enfants est différente, les droits de participer varient suivant qu'on est au collège ou au lycée.

§1 Principes communs aux collèges et aux lycées

L'élection des délégués de classe

Article 19 du décret du 30 août 1985

L'élection des représentants des élèves se fait à deux degrés. Deux délégués d'élèves sont élus au scrutin uninominal à deux tours* dans chaque classe ou, dans le cas d'une organisation différente, dans les groupes définis à cet effet par le ministre de l'Éducation nationale. Pour chaque titulaire, un suppléant** est élu dans les mêmes conditions. Tous les élèves sont électeurs*** et éligibles****. [...]

Article 21 du décret du 30 août 1985

L'élection [...] des élèves comme délégués de classe doit être effectuée au plus tard avant la fin de la septième semaine de l'année scolaire.

L'élection des délégués est organisée en début d'année scolaire, au plus tard 7 semaines après la rentrée. C'est le professeur principal qui est, en principe, chargé d'organiser l'élection (mais, en droit, il se peut que ce soit un professeur désigné par le chef d'établissement).

L'élection ne donne pas lieu à une « campagne électorale » en ce sens qu'il n'y a pas d'affiches à apposer sur des panneaux publics, mais il y a une « information » qui doit être faite sur le rôle et l'importance des délégués de classe (➜ **Voir p. 295 et s.**). Cette information est le plus souvent donnée juste avant l'élection par le professeur chargé d'organiser cette élection.
Il y a deux délégués à élire et deux suppléants** (c'est-à-dire des sortes de « remplaçants », si par exemple le délégué ne peut pas aller à une réunion, c'est le suppléant qui s'y rendra).
Tous les élèves ont le droit de vote, ils sont donc électeurs*** et peuvent donc voter. Ils sont aussi éligibles,**** c'est-à-dire peuvent être candidats à l'élection. Le vote se fait à « bulletin secret », c'est-à-dire que les bulletins ne doivent pas pouvoir être vus (on les met le plus souvent dans des enveloppes). Chaque élève inscrit deux noms sur son bulletin (en principe, il ne doit pas faire d'erreur sur l'orthographe des noms, car ces noms sont inscrits sur le tableau. En droit pur, une erreur sur l'orthographe devrait conduire à écarter le bulletin, la pratique est plus souple).
Les élèves peuvent décider, comme pour toute élection :
– soit de voter pour quelqu'un qui s'est présenté ;
– soit de voter pour quelqu'un qui ne s'est pas présenté (il peut alors arriver qu'une personne soit élue alors qu'elle ne s'est pas présentée. Elle ne deviendra déléguée que si elle accepte le poste) ;
– soit de voter nul (ils indiquent trois noms par exemple) ;
– soit de voter « blanc » (ils ne mettent aucun nom sur leur bulletin).
Les élections ont lieu au scrutin uninominal à deux tours* :
À l'issue du premier tour, est considéré comme élu l'élève qui a reçu la majorité des voix + 1 (on dit que c'est la « majorité absolue » des voix). **Par exemple**, s'il y a 30 élèves dans la classe, si un candidat obtient 16 voix au premier tour, il est déclaré élu. Si un seul délégué a été déclaré élu au premier tour ou si aucun délégué n'a été élu, on organise un second tour.
Au second tour, est considéré comme élu le ou les candidat(s) qui a/ont eu une « majorité relative », c'est-à-dire ceux qui ont eu le plus de voix. **Par exemple**, si dans la classe de 30 élèves il y avait 4 candidats au second tour et un seul délégué restant à élire (le premier ayant été élu à la majorité absolue au premier tour), le candidat qui sera élu sera celui qui a eu le plus de voix. S'il y a égalité, c'est l'âge qui va permettre de faire la différence : c'est le plus jeune (et non le plus âgé) qui est élu.
Les délégués élus le sont pour toute la durée de l'année scolaire.

La participation au conseil de classe

Article 33 du décret du 30 août 1985

Sont membres du conseil de classe :
- les personnels enseignants de la classe ou du groupe de classes ;
- les deux délégués des parents d'élèves de la classe ou du groupe de classes ;
- les deux délégués d'élèves de la classe ou du groupe de classes ;
- le conseiller principal ou le conseiller d'éducation ;
- le conseiller d'orientation.

[...]

Le conseil de classe se réunit au moins trois fois par an, et chaque fois que le chef d'établissement le juge utile.

Le conseil de classe examine les questions pédagogiques intéressant la vie de la classe, notamment les modalités d'organisation du travail personnel des élèves.

Le professeur [...] ou un représentant de l'équipe pédagogique expose au conseil de classe les résultats obtenus par les élèves et présente ses observations sur les conseils en orientation formulés par l'équipe. Sur ces bases et en prenant en compte l'ensemble des éléments d'ordre éducatif, médical et social apporté par ses membres, le conseil de classe examine le déroulement de la scolarité de chaque élève afin de mieux le guider dans son travail et ses choix d'études.

Dans les mêmes conditions et compte tenu des éléments d'informations complémentaires recueillis à la demande, ou avec l'accord de la famille ou de l'élève majeur, le conseil de classe émet des propositions d'orientation dans les conditions définies à l'article 10 du décret du 14 juin 1990 susvisé ou de redoublement.

Le conseil de classe a différentes missions :

1. **Il surveille le déroulement de la scolarité des élèves.** Il attire l'attention d'un élève si, par exemple, il constate un certain relâchement, lui renouvelle ses encouragements si tout va bien... C'est l'occasion pour l'ensemble de la communauté pédagogique (enseignants, chef d'établissement et parents d'élèves) de discuter de chaque élève individuellement.
2. **Il fait des propositions en matière d'orientation.**

Le conseil de classe se réunit au moins une fois tous les 3 mois (c'est-à-dire une fois tous les trimestres). Sont présents lors des réunions : le chef d'établissement (ou son représentant), les délégués des élèves, les représentants des parents d'élèves (➜ **Voir p. 318 et s.**), le conseiller principal d'éducation (ou son représentant) et le conseiller d'orientation. Si l'élève a eu des problèmes de santé, le médecin, l'infirmier scolaire ou enfin l'assistante sociale peuvent également y participer.

La participation au conseil d'administration

Article 11 du décret du 30 août 1985

Le conseil d'administration des collèges et des lycées comprend :
– le chef d'établissement, président;
– l'adjoint au chef d'établissement;
– le gestionnaire de l'établissement;
– le conseiller principal d'éducation ou le conseiller d'éducation le plus ancien;
[...]
– un représentant de la collectivité de rattachement;
[...]
– huit représentants des parents d'élèves et des élèves, dont cinq représentants élus des parents d'élèves et trois représentants élus des élèves pour les établissements régionaux d'enseignement adapté; quatre représentants élus des parents d'élèves et quatre représentants des professions non sédentaires nommés par l'inspecteur d'académie, directeur des services départementaux de l'éducation, pour les écoles régionales du premier degré.

Le conseil d'administration est un **organe administratif**, c'est-à-dire qu'il prend toutes les grandes décisions en matière d'administration et de gestion de l'établissement (il vote notamment le budget *, c'est-à-dire la répartition de l'argent permettant à l'établissement de fonctionner, les réparations qui vont être faites...). Il se réunit au moins 3 fois par an.

Il est composé de 5 « groupes de personnes » :
– les représentants « administratifs » de l'établissement (c'est-à-dire ceux qui gèrent l'établissement comme le proviseur, le proviseur adjoint);
– les représentants des collectivités territoriales (c'est-à-dire le département pour le collège, la région pour le lycée);
– les représentants des personnels (et notamment les enseignants);
– les représentants des parents d'élèves (➜ **Voir p. 318**);
– les représentants des élèves : ces représentants sont au nombre de 5, élus par l'ensemble des délégués des élèves. Le chef d'établissement réunit l'ensemble des délégués, ces délégués votent selon les candidatures (ou peuvent voter pour quelqu'un qui ne s'est pas présenté) pour 5 noms chacun (il n'y a pas de liste de 5 candidats, on vote pour 5 noms). Au premier tour, seuls sont élus ceux qui ont eu la majorité absolue des voix (la moitié + 1), au second tour, sont élus ceux qui ont eu la majorité relative des voix (c'est-à-dire ceux qui ont eu le plus de voix).

Dans les collèges, les délégués de sixième et de cinquième comme tous les autres délégués votent pour l'élection de leurs représentants au conseil d'administration, mais ils ne peuvent pas eux-mêmes être élus (car on considère qu'ils ne sont pas assez mûrs) (➜ **Voir p. 291**).

La participation à la commission permanente du conseil d'administration

Article 27 du décret du 30 août 1985

La commission permanente comprend, dans les établissements régionaux d'enseignement adapté, les membres suivants :
– le chef d'établissement président;
– l'adjoint au chef d'établissement;
[...]
– trois représentants élus des parents d'élèves;
– un représentant élu des élèves.

Article 28 du décret du 30 août 1985

La commission permanente* a la charge d'instruire les questions soumises à l'examen du conseil d'administration. Elle est saisie obligatoirement des questions qui relèvent des domaines définis à l'article 2. Elle veille à ce qu'il soit procédé à toutes consultations utiles, et notamment à celles des équipes pédagogiques intéressées. [...]

Le conseil d'administration ne se réunit pas tout le temps (au moins 3 fois par an certes mais ce n'est pas assez pour faire face à tous les problèmes qui peuvent se poser). C'est pourquoi, il a été créé une commission permanente*, c'est-à-dire un organe qui est chargé de veiller à la préparation des décisions du conseil d'administration. Au sein de cette commission permanente, on trouve un représentant des élèves.

§2 PARTICULARITÉS DE LA PARTICIPATION AU COLLÈGE

Le rôle du délégué de classe au collège

Article 18-1 du décret du 30 août 1985

Les délégués des élèves [au collège ou au lycée] peuvent recueillir les avis et les propositions des élèves et les exprimer auprès du chef d'établissement et du conseil d'administration.

Article 19 du décret du 30 août 1985

[...] Les délégués d'élèves [au collège ou au lycée] élisent selon les mêmes modalités en leur sein les représentants des élèves au conseil d'administration. Sont seuls éligibles les élèves des classes d'un niveau égal ou supérieur à la classe de quatrième. [...]

Article 33 du décret du 30 août 1985

Sont membres du conseil de classe :
[...]
– les deux délégués d'élèves de la classe ou du groupe de classes [au collège ou au lycée].

Le rôle du délégué de classe est essentiel. Il est souvent perçu comme « celui qui porte le cahier de classe et qui va au conseil de classe pour ne rien dire », mais en vérité, son rôle est bien différent. Dans un collège, le délégué de classe a 4 missions :

1. Il représente l'ensemble de la classe, c'est-à-dire qu'**il est le porte-parole des élèves**, auprès de tout l'établissement (administration, enseignants, surveillants...). C'est lui, par exemple, qui va être chargé de demander des modifications d'emploi du temps.
2. **Il participe au conseil de classe** : c'est sans doute sa fonction la plus connue. Il participe à ce conseil qui présente des observations sur l'évolution scolaire de chaque élève. Il fait un rapport à ses camarades sur les remarques d'ensemble qui ont été faites, et il indique à chaque élève qui lui en fait la demande les remarques qui ont été faites à son sujet. C'est en ce sens qu'on peut dire que son rôle est un rôle d'information. Il peut dans ce cadre demander l'organisation d'une réunion (➜ **Voir p. 283 et 285**).
3. **Il participe à l'élection d'autres représentants** : les représentants au conseil d'administration (mais les délégués qui peuvent être élus au conseil d'administration doivent au moins être en classe de quatrième, car dans la mesure où le conseil d'administration a un rôle très technique, on considère qu'il faut que les délégués aient une certaine maturité).
4. **Il peut seul demander l'organisation d'une réunion** mais uniquement dans le champ de sa mission (il ne peut pas demander d'organiser une réunion sur un sujet d'information ➜ Voir p. 283 et 285).

§3 Particularités de la participation au lycée

Un rôle renforcé du délégué de classe

Article 8-1 du décret du 30 août 1985

Afin de permettre l'exercice de la liberté d'expression dans les lycées, le chef d'établissement veille à ce que des panneaux d'affichage et, dans la mesure du possible, un local soient mis à la disposition des délégués des élèves [...].

Au lycée, le délégué de classe a 5 fonctions :

1. **Il représente l'ensemble de la classe, c'est-à-dire qu'il est le porte-parole des élèves**, auprès de tout l'établissement (administration, enseignants, surveillants...). C'est lui, par exemple, qui va être chargé de demander des modifications d'emploi du temps. Pour remplir cette mission d'information, les lycéens délégués disposent d'un droit d'affichage, c'est-à-dire qu'ils doivent pouvoir disposer de panneaux sur lesquels ils vont pouvoir faire

connaître leur activité. Ils sont, bien sûr, responsables de ce qu'ils affichent (si, par exemple, ils décident d'afficher quelque chose de faux ou d'injurieux, ils pourront faire l'objet de mesures disciplinaires et éventuellement de poursuites devant les tribunaux).

2. **Il participe au conseil de classe** exactement comme le délégué des élèves du collège (➜ **Voir p. 293**).

3. **Il participe à l'élection** de représentants au conseil d'administration et à celle des représentants au conseil des délégués des élèves (➜ **Voir p. 294**).

4. Il est **membre de la « conférence des délégués des élèves »** (➜ Voir ci-dessous).

5. **Il peut demander l'organisation d'une réunion** sur un sujet d'information (mais il n'est pas seul à pouvoir le faire, tout élève peut également en faire la demande).

L'assemblée générale des délégués des élèves

Article 29 du décret du 30 août 1985

Dans les lycées, l'ensemble des délégués des élèves est réuni en assemblée générale sous la présidence du chef d'établissement au moins deux fois par an, dont une fois avant la fin de la septième semaine de l'année scolaire. Le ou les adjoints du chef d'établissement et les conseillers principaux d'éducation assistent aux réunions.
Au cours de sa première réunion, il est procédé à l'élection :
a) Des représentants des délégués des élèves au conseil d'administration;
b) Des trois représentants des délégués des élèves au conseil des délégués pour la vie lycéenne.
L'assemblée générale des délégués des élèves constitue un lieu d'échanges sur les questions relatives à la vie et au travail scolaires.

La conférence des délégués des élèves a été supprimée. Désormais, l'ensemble des délégués de classe y compris ceux des classes post-baccalauréat, sont regroupés sous la présidence du chef d'établissement. Cette assemblée générale, qui se réunit au moins deux fois par an, doit être un lieu d'échange sur les questions relatives à la vie et au travail scolaire. Ce doit être l'occasion pour les élus au conseil d'administration, au conseil des délégués pour la vie lycéenne et aux délégués de classe de discuter.

Le conseil des délégués pour la vie lycéenne

Article 30 du décret du 30 août 1985

Dans les lycées, un conseil des délégués pour la vie lycéenne est composé de dix lycéens élus au scrutin plurinominal à un tour, dont trois élus pour un an par les délégués des élèves et sept élus pour deux ans par l'ensemble des élèves de l'établissement. En cas d'égalité des voix, le plus jeune des candidats est déclaré élu. [...]

Article 30-1 du décret du 30 août 1985

Le conseil des délégués pour la vie lycéenne exerce les attributions suivantes :

1° Il formule des propositions sur la formation des représentants des élèves et les conditions d'utilisation des fonds lycéens.

2° Il est obligatoirement consulté :

a) Sur les questions relatives aux principes généraux de l'organisation des études, sur l'organisation du temps scolaire et sur l'élaboration du projet d'établissement et du règlement intérieur;

b) Sur les modalités générales de l'organisation du travail personnel et du soutien des élèves, sur l'information liée à l'orientation et portant sur les études scolaires et universitaires, sur les carrières professionnelles;

c) Sur la santé, l'hygiène et la sécurité, sur l'aménagement des espaces destinés à la vie lycéenne et sur l'organisation des activités sportives, culturelles et périscolaires.

[...]

Le conseil des délégués pour la vie lycéenne se réunit, sur convocation du chef d'établissement, avant chaque séance ordinaire du conseil d'administration. Il est, en outre, réuni en séance extraordinaire, à la demande de la moitié de ses membres ou à celle de la conférence des délégués des élèves. L'ordre du jour est arrêté par le chef d'établissement. Sont inscrites à l'ordre du jour toutes les questions ayant trait aux domaines définis ci-dessus, dont l'inscription est demandée par au moins la moitié des membres du conseil.

[...].

Le conseil des délégués pour la vie lycéenne (CDVL) est un organe qui est élu. L'élection est faite de la façon suivante :

– 3 membres sont élus chaque année par l'ensemble des délégués de toutes les classes ;

– 7 membres sont élus tous les 2 ans par l'ensemble des élèves.

Comme la conférence des délégués, le conseil des délégués a un pouvoir qui est **à la fois d'avis** (il donne son avis lorsqu'on lui demande) **et de proposition** (il fait une proposition alors même qu'on ne lui a pas demandé). Ses pouvoirs sont larges :

a) les principes généraux de **l'organisation des études, l'organisation du temps scolaire** et l'élaboration du projet d'établissement ainsi que l'élaboration ou la modification du règlement intérieur ;

b) les modalités générales de **l'organisation du travail personnel et du soutien des élèves** ;
c) **l'information liée à l'orientation** et portant sur les études scolaires et universitaires, sur les carrières professionnelles ;
d) **la santé, l'hygiène et la sécurité** et l'aménagement des espaces destinés à la vie lycéenne ;
e) **l'organisation des activités sportives, culturelles et périscolaires.**
De plus, ce conseil donne son avis sur les programmes des différentes associations d'élèves.

chapitre 2

Les obligations des élèves

L'affirmation des obligations des élèves

Article L. 511-1 du Code de l'éducation

Les obligations des élèves consistent dans l'accomplissement des tâches inhérentes à leurs études; elles incluent l'assiduité et le respect des règles de fonctionnement et de la vie collective des établissements.

Le Code de l'éducation indique que le mineur a au moins trois grandes obligations pour ce qui est de ses relations avec « l'école » : aller aux cours (on parle de l'obligation d'assiduité), faire son travail et respecter le règlement intérieur dans son ensemble. À ces obligations, il faut ajouter celle de respecter les principes de neutralité et de pluralisme ainsi que le devoir de respecter les personnes et les biens (obligation qui figure, le plus souvent, dans les règlements intérieurs).

I L'OBLIGATION D'ASSIDUITÉ : ÊTRE PRÉSENT, NE PAS ÊTRE EN RETARD...

L'obligation d'assiduité consiste non seulement en une obligation d'aller aux cours, mais aussi en une obligation d'y aller complètement, c'est-à-dire à tous les cours, du début à la fin, sans être en retard et sans pouvoir partir à l'avance. En conséquence de ce principe, des sanctions peuvent être prises en cas de retard ou d'absence injustifiés.

§1 L'OBLIGATION D'ASSIDUITÉ À L'ÉCOLE MATERNELLE

Circulaire du 6 juin 1991

[...] L'inscription à l'école maternelle implique l'engagement, pour la famille, d'une bonne fréquentation [...]. À défaut d'une fréquentation régulière, l'enfant pourra être rayé de la liste des inscrits et rendu à sa famille par le directeur de l'école [...].

On rappellera que l'école maternelle n'est pas obligatoire. Par conséquent, on pourrait être porté à penser qu'il n'y a pas d'obligation d'assiduité pour les élèves de maternelle. C'est inexact : les enfants qui sont inscrits à l'école maternelle doivent y aller « régulièrement » – le texte fait état d'une « bonne fréquentation », cette expression n'est pas une expression juridique – il faut

donc entendre par là que les exigences en matière d'assiduité sont moindres comparées à celle de l'école élémentaire, du collège ou encore du lycée.
Si l'enfant ne vient réellement que de temps en temps à l'école maternelle, le directeur de l'école pourra décider de « rayer l'enfant de la liste des inscrits », c'est-à-dire considérer que l'enfant est « démissionnaire » et qu'il ne viendra plus à l'école. Le directeur d'école ne pourra prendre cette décision qu'après avoir consulté l'équipe pédagogique. On fait remarquer qu'en faisant cela, le directeur d'école permet en fait aux enfants, qui ont été refusés « faute de places disponibles », d'avoir la possibilité d'être inscrits.

§2 L'obligation d'assiduité à l'école élémentaire, au collège et au lycée

Le principe pour l'école élémentaire, le collège et le lycée

Circulaire du 6 juin 1991 (école élémentaire)

[...] La fréquentation régulière de l'école élémentaire est obligatoire, conformément aux textes législatifs et réglementaires en vigueur. [...]

Article 3-5 du décret du 30 août 1985

L'obligation d'assiduité [...] consiste, pour les élèves, à se soumettre aux horaires d'enseignement définis par l'emploi du temps de l'établissement; elle s'impose pour les enseignements obligatoires et pour les enseignements facultatifs dès lors que les élèves se sont inscrits à ces derniers. [...]
Le règlement intérieur de l'établissement [en] détermine les modalités d'application [...]

Pour l'école élémentaire, les dispositions sont différentes (ce ne sont pas les mêmes articles qui s'appliquent), mais le principe est le même : tous les cours sont obligatoires, et ce intégralement.
Le collège et le lycée ont ceci de particulier que l'enseignement comporte une partie obligatoire et une partie facultative (on parle d'« options »). Les options sont des cours qu'on peut décider de suivre ou non, mais, une fois qu'on a décidé de les suivre, il faut les suivre pendant toute l'année.
Par exemple, Jessica a décidé de suivre en quatrième des cours de latin. Elle devra aller à tous les cours de latin, en en respectant les horaires. Ce n'est pas parce que c'est une option qu'elle pourra être absente sans avoir à être excusée.
Pour ce qui est de l'organisation pratique du contrôle des présences, rien n'est dit dans la loi. Les chefs d'établissement sont donc chargés de dire comment on contrôle les présences. Le plus souvent, c'est par le biais du

« cahier de classe », mais cela peut être par des moyens plus élaborés, comme une carte magnétique, une analyse de biométrie (analyse des empreintes digitales), un système de « codes barres »...

On a vu (➜ Voir p. 142) que les enfants étaient obligés d'aller, en principe, à l'école jusqu'à l'âge de 16 ans, mais qu'après il n'y avait plus d'obligation. Peuvent-ils pour autant, quand ils ont entre 16 et 18 ans, venir s'inscrire et venir, uniquement, quand ils en ont envie ? Pas du tout ! On est obligé d'assister à tous les cours à partir du moment où on est inscrit, et ce, quel que soit l'âge. Le fait qu'on ait plus de 16 ans n'y change rien.

Le moyen du suivi : le registre

Article R. 131-5 du Code de l'éducation

Il est tenu, dans chaque école et établissement scolaire public ou privé, un registre d'appel sur lequel sont mentionnées, pour chaque classe, les absences des élèves inscrits. Tout personnel responsable d'une activité organisée pendant le temps scolaire signale les élèves absents, selon des modalités arrêtées par le règlement intérieur de l'école ou de l'établissement.

Toute absence est immédiatement signalée aux personnes responsables de l'enfant qui doivent sans délai en faire connaître les motifs au directeur de l'école ou au chef de l'établissement, conformément à l'article L. 131-8 du Code de l'éducation.

En cas d'absence prévisible, les personnes responsables de l'enfant en informent préalablement le directeur de l'école ou le chef de l'établissement et en précisent le motif. S'il y a doute sérieux sur la légitimité du motif, le directeur de l'école ou le chef de l'établissement invite les personnes responsables de l'enfant à présenter une demande d'autorisation d'absence qu'il transmet à l'inspecteur d'académie, directeur des services départementaux de l'Éducation nationale.

Pour les écoles comme pour les établissements scolaires, il est tenu un registre sur lequel on inscrit les absences des élèves. Tous les enseignants doivent inscrire les élèves qui sont absents sur ce registre (ce qui veut dire que cela vaut aussi bien pour les cours « classiques » que pour les cours qui ont lieu en extérieur, comme à l'occasion des visites, lors des courses d'orientation...). Le contrôle doit être exercé pour l'ensemble des activités scolaires (ce qui veut dire, par exemple, que si l'on ne va pas à une étude surveillée, notre absence sera mentionnée sur ce registre). Les associations de parents d'élève se sont vues assigner un rôle non négligeable puisqu'elles ont la charge de rappeler l'obligation d'assiduité aux familles. Si l'absence est une absence prévisible (par exemple, l'enfant souffre de problèmes de santé et il doit absolument aller un mardi par mois pendant toute l'après-midi à l'hôpital), alors, les parents doivent prévenir l'école

(ou l'établissement). Si par contre l'absence bien que prévisible repose sur un motif illégitime (en réalité, les parents veulent faire manquer leur enfant à un cours le samedi matin pour partir en week-end mais ils prétendent que leur enfant doit aller passer un examen), le chef d'établissement peut demander à ce que les parents fournissent un document à transmettre ensuite à l'inspecteur d'académie. Ceci permettra, le cas échéant, de lancer des poursuites.
Quelle que soit l'absence (prévisible ou non), elle doit toujours être justifiée. Il faut rappeler à ce sujet qu'il s'agit bien d'une obligation scolaire, c'est-à-dire d'un devoir. Les enfants doivent se rendre à l'école et les parents doivent veiller à ce qu'ils y aillent. Les motifs tirés de réunions familiales (sauf exception comme les décès, par exemple) ne constituent pas des causes légitimes.
La circulaire du 23 mars 2004 prévoit que chaque fois qu'une absence est signalée, un dialogue doit s'instaurer entre les parents et l'institution scolaire (soit le conseil d'école, soit le conseiller d'éducation sous l'autorité du chef d'établissement). C'est en cas d'échec de cette recherche de solution négociée que le dossier est transmis à l'inspecteur d'académie.

La conséquence : toute absence et tout retard doivent être justifiés (par les parents pour l'élève mineur ou par le majeur lui-même)

Article L. 131-8 du Code de l'éducation

Lorsqu'un enfant manque momentanément la classe, les personnes responsables doivent, sans délai, faire connaître au directeur ou à la directrice de l'établissement d'enseignement les motifs de cette absence. Les seuls motifs réputés légitimes sont les suivants : maladie de l'enfant, maladie transmissible ou contagieuse d'un membre de la famille, réunion solennelle de famille, empêchement résultant de la difficulté accidentelle des communications, absence temporaire des personnes responsables lorsque les enfants les suivent. Les autres motifs sont appréciés par l'inspecteur d'académie. Celui-ci peut consulter les assistantes sociales agréées par lui, et les charger de conduire une enquête, en ce qui concerne les enfants présumés réfractaires. [...]

Avant même d'expliquer ce texte, on peut dire qu'il est préférable de prévenir (autant que possible) l'établissement de toute absence, si bien sûr l'absence est prévisible. Lorsque l'élève est absent, les parents doivent prévenir aussitôt l'école, le collège ou le lycée.
Les motifs permettant de justifier l'absence sont assez divers et ne sont pas limités :
– maladie de l'enfant ;
– réunion de famille « solennelle » ;

– problème de transports (ainsi donc une grève dans les transports peut excuser une absence ou un retard) ;
– et tous les autres cas qui sont envisageables, à savoir une panne d'ascenseur dans lequel on est resté bloqué, un problème de voiture des parents...

Ce sont les parents qui doivent s'assurer que leur enfant va à l'école et ce sont eux qui doivent justifier toute absence de leur enfant (si l'enfant devient majeur en cours d'année, il peut justifier lui-même son absence, sans demander à ses parents de le faire).

Le certificat médical pour absence ne peut pas être exigé

Article 76 du Code de déontologie médicale

L'exercice de la médecine comporte normalement l'établissement par le médecin, conformément aux constatations médicales qu'il est en mesure de faire, des certificats, attestations et documents dont la production est prescrite par les textes législatifs et réglementaires. [...]

Un médecin n'est obligé de rédiger un certificat médical que dans les cas où la loi (au sens large du terme) lui en donne l'obligation. Or, aucun texte ne prévoit l'obligation pour les médecins de rédiger un certificat médical pour un élève qui a été absent. Le médecin est donc libre de faire ou non un certificat médical.

C'est parce que le médecin est libre d'accepter ou de refuser de faire un certificat médical que l'on ne peut pas exiger de l'enfant qu'il donne un certificat médical en cas d'absence. La pratique montre, toutefois, que dans la plupart des cas les médecins acceptent de rédiger un certificat médical d'absence si l'enfant a été malade, ce qui permet de rassurer l'enfant et constitue à ses yeux un moyen de prouver que l'absence était « réellement » justifiée.

§3 La sanction des absences à l'école élémentaire, au collège et au lycée

Une absence qui n'a pas été justifiée doit pouvoir faire l'objet d'une sanction. La sanction est, d'abord, à l'égard de l'enfant une sanction disciplinaire (➜ Voir p. 335). Les parents, de leur côté, peuvent aussi faire l'objet de sanctions. Ces sanctions sont graduées, c'est-à-dire qu'au fur et à mesure que les absences sont répétées, la sanction va devenir plus grave.

Une loi récente visant à renforcer le système des sanctions contre les absences injustifiées et à lutter ainsi contre l'absentéisme scolaire vient d'être votée.

Le contrat de responsabilité parentale

La loi pour l'égalité des chances du 31 mars 2006 instaure « un contrat de responsabilité parentale ». En cas d'absentéisme scolaire de l'enfant ou « de toute autre difficulté liée à une carence de l'autorité parentale », ce type de contrat peut être passé entre les parents et le conseil général (le département) et peut déboucher sur une « suspension du versement de tout ou partie des prestations familiales afférentes à l'enfant ». Les modalités de ce contrat seront fixées par décret en Conseil d'État.

Les absences injustifiées donnent lieu dans un premier temps à des avertissements par l'inspecteur d'académie

Article L. 131-8 du Code de l'éducation

[...]
L'inspecteur d'académie adresse un avertissement aux personnes responsables de l'enfant et leur rappelle les sanctions pénales dans les cas suivants :
1° Lorsque, malgré l'invitation du directeur ou de la directrice de l'établissement d'enseignement, ils n'ont pas fait connaître les motifs d'absence de l'enfant ou qu'ils ont donné des motifs d'absence inexacts;
2° Lorsque l'enfant a manqué la classe sans motif légitime ni excuses valables au moins quatre demi-journées dans le mois.

Le système est assez compliqué :
– si l'enfant n'apporte pas de raison à son absence ou si les raisons qu'il invoque sont manifestement fausses, l'absence est considérée comme injustifiée. Les parents vont recevoir une demande d'explication. S'ils ne répondent pas à cette demande, ils vont recevoir un avertissement. Dans cet avertis-sement, l'inspecteur d'académie rappelle aux parents leurs obligations légales et les sanctions qu'ils encourent. Par le même courrier, les parents sont convoqués à un entretien au cours duquel l'inspecteur d'académie proposera des solutions. C'est notamment lors de ces entretiens que l'on proposera aux parents de bénéficier de « modules de responsabilité parentale » qui ont pour objectif de permettre une fréquentation normale de la classe par l'enfant. C'est un mécanisme que l'on propose et qui intervient justement pour éviter que l'on engage des poursuites;
– si l'enfant a cumulé 4 demi-journées d'absence sans motif ou excuses valables, un avertissement est adressé aux parents. Ce système des 4 demi-

journées est très critiqué, car il conduit à donner la possibilité à un enfant d'être absent 2 jours par mois sans que ses parents ne puissent être inquiétés. L'enfant peut faire l'objet de deux avertissements. À compter du troisième, l'inspecteur d'académie saisit obligatoirement le procureur de la République qui décidera d'engager (ou non) des poursuites devant le tribunal. Le procureur peut être saisi avant le troisième avertissement, mais les textes indiquent que le procureur est systématiquement saisi à partir du troisième avertissement.

Le procureur saisi pourra décider de poursuivre les parents devant les tribunaux

Article R. 624-7 du Code pénal

Le fait, pour l'un ou l'autre parent d'un enfant soumis à l'obligation scolaire ou pour toute personne exerçant à son égard l'autorité parentale ou une autorité de fait de façon continue, après avertissement donné par l'inspecteur d'académie [...] de ne pas imposer à l'enfant l'obligation d'assiduité scolaire sans faire connaître de motif légitime ou d'excuse valable ou en donnant des motifs d'absence inexacts est puni de l'amende prévue pour les contraventions de la 4e classe. [...]

Article 227-17 du Code pénal

Le fait, par le père ou la mère légitime, naturel ou adoptif, de se soustraire, sans motif légitime, à ses obligations légales au point de compromettre [...] l'éducation de son enfant mineur est puni de deux ans d'emprisonnement et de 30 000 euros d'amende. [...]

Le procureur est saisi automatiquement à partir du troisième avertissement adressé par l'inspecteur d'académie.

Selon les cas (nombre d'absences, comportement des parents...), le procureur pourra décider :

– soit de ne pas poursuivre (il a été saisi, mais il estime que ce n'est pas assez important pour poursuivre) ;

– soit de poursuivre et de demander une simple amende (qui ne pourra pas dépasser 750 euros) ;

– soit de poursuivre les parents sévèrement (il peut aller jusqu'à demander 2 ans de prison et 30 000 euros d'amende !).

Le choix du procureur dépendra, bien sûr, de la situation en cause : si, **par exemple**, les parents ont, certes, oublié de justifier plusieurs absences, mais qu'au total, le nombre d'absences sur les deux derniers mois est de 10 jours, il pourra très bien décider de ne pas poursuivre... Le procureur décidera au cas par cas.

Pour éviter tout problème, les parents ont tout intérêt à coopérer lorsqu'ils reçoivent une demande de justification d'absence de la part de l'inspecteur d'académie.

Les absences à répétition ne permettent pas au chef d'établissement de « rayer » l'élève de sa liste : il doit l'exclure

L'absence prolongée d'un élève n'est pas assimilable à une « démission » (c'est-à-dire à un départ volontaire). En conséquence, le chef d'établissement ne peut pas radier un élève de la liste de ses effectifs pour un tel motif, l'élève fût-il majeur. Seule une sanction d'exclusion définitive peut entraîner cette radiation (le régime est donc différent de ce qui est applicable pour l'école maternelle ➜ Voir p. 311 et 339).

Dans la pratique, cela concerne surtout le cas des lycéens en classe de terminale. Ces classes sont souvent assez chargées et certains chefs d'établissements, las de ne pas pouvoir réagir face à l'absentéisme d'élèves qui sont parfois majeurs (et qui donc remplissent eux-mêmes leurs mots d'absence) avaient décidé de les rayer de la liste. Le juge a considéré que cette pratique constituait un « détournement de pouvoir » (c'est-à-dire que les chefs d'établissement utilisaient un pouvoir reconnu par la loi mais dans un autre but que celui pour lequel il leur avait été confié).

II Faire son travail !

L'obligation de faire son travail est prévue dans la loi. Elle implique que l'élève fasse ses devoirs. Des dispositions spécifiques ont été prises pour l'école élémentaire.

Faire son travail est une obligation, en conséquence, elle est assortie d'une sanction : une mesure disciplinaire (➜ Voir p. 338).

L'obligation de faire ses devoirs est prévue par les textes officiels

Article 8 du décret du 18 février 1991

Les élèves doivent accomplir les travaux écrits et oraux qui leur sont demandés par les enseignants, respecter le contenu des programmes et se soumettre aux modalités de contrôle des connaissances imposées.

On ne le sait pas le plus souvent, même si cela semble évident : les élèves doivent faire leurs devoirs et passer les « interros ». C'est un principe simple qui a différentes conséquences :

– tout d'abord, **les élèves doivent suivre tous les cours** (obligatoires et les options choisies) : ils ne peuvent pas faire du « découpage » et choisir ce qui les intéresse ou pas. **Par exemple**, ils ne peuvent pas décider de suivre que le cours d'algèbre et ne pas suivre celui de géométrie. Pourtant, certains parents avaient considéré que ceci devait être possible au nom de la liberté de conscience de l'enfant (dans ces affaires, les enfants ne voulaient pas suivre le programme de quatrième qui porte sur l'éducation sexuelle...) (➜ **Voir** p. 390) ;

– ensuite, **les élèves sont tenus d'avoir leurs livres** : ils ne peuvent donc pas expliquer qu'ils ne pouvaient pas faire leurs devoirs parce qu'ils n'avaient pas leurs livres...

Les devoirs à la maison à l'école élémentaire ne peuvent pas être écrits

Circulaire du 6 septembre 1994

Dans les écoles élémentaires, des études dirigées, d'une durée quotidienne de trente minutes, sont mises en place, dans chaque classe, pendant le temps scolaire, à la suite des séquences d'enseignement proprement dites et avant le début des activités périscolaires éventuelles [...]. Dans ces conditions, les élèves n'ont pas de devoirs écrits en dehors du temps scolaire. À la sortie de l'école, le travail donné par les maîtres aux élèves se limite à un travail oral ou des leçons à apprendre. [...]

Les devoirs à la maison sont une tâche normale liée à l'éducation. C'est l'occasion pour l'enfant, seul ou non face à ses devoirs, de tester ses connaissances et de mettre en pratique ce qu'il a appris. Ils sont, en principe, autorisés.

Toutefois, dans la mesure où des heures de soutien scolaire (➜ **Voir** p. 190) ont été prévues dans les écoles élémentaires, le ministre a décidé que les élèves de cet âge ne devaient pas avoir de travail écrit à faire à la maison. Mais ils peuvent avoir à faire un travail oral (apprendre une récitation, par exemple).

Ne pas faire son travail peut entraîner une punition ou une sanction

Ne pas faire son travail ne veut pas dire qu'on fera **automatiquement** l'objet d'une punition (décidée par un professeur ou par un surveillant) ou d'une sanction (décidée par le chef d'établissement). Tout dépend en fait des cas, des justifications qui peuvent être avancées. Mais ne pas faire son travail du tout fait courir un risque de sanction disciplinaire (➜ **Voir** p. 334).

chapitre 3

Le règlement intérieur

Dans le primaire comme dans le secondaire, le règlement intérieur existe. Toutefois, compte tenu de l'âge des élèves, il est clair que ce document a une importance pratique plus importante dans le secondaire.

Le règlement intérieur définit les droits (ce que l'on *peut faire* – organiser une réunion) et les obligations (ce que l'on *doit faire* – respecter les horaires, ce que l'on *ne doit pas* faire – dégrader les locaux). La vie dans un établissement repose donc en grande partie sur ce document, qui est un peu l'équivalent d'un « code » au sens où l'on parle du Code de la route.

§1 Le règlement intérieur dans les écoles maternelles et élémentaires

Article 9 du décret du 6 septembre 1990

Un règlement type des écoles maternelles et des écoles élémentaires publiques de chaque département est arrêté par l'inspecteur d'académie, directeur des services départementaux de l'Éducation nationale, après avis du conseil de l'Éducation nationale institué dans le département.

Le règlement intérieur de chaque école est établi par le conseil d'école compte tenu des dispositions du règlement type du département. Il est affiché dans l'école et remis aux parents d'élèves.

Le règlement intérieur des écoles du premier degré n'est pas élaboré avec la même liberté que celui des établissements du second degré. En effet, la loi a prévu un système de « cadres successifs » : d'abord l'inspecteur d'académie fixe les règles générales du règlement intérieur et ensuite, à l'intérieur de ce cadre, le conseil d'école adapte ce règlement type. Le conseil d'école est une structure qui fait intervenir notamment les maîtres d'écoles, les représentants des parents d'élèves et un représentant de la commune. Il se contente le plus souvent de reprendre les instructions de l'inspecteur d'académie, avec quelques toutes petites modifications le cas échéant.
Le règlement intérieur est affiché dans l'école et remis aux parents d'élèves, comme pour le règlement du collège ou du lycée. Les mêmes sanctions sont encourues si les parents refusent de le signer (➜ Voir p. 313).

§2 Le règlement intérieur au collège et au lycée

Le règlement intérieur organise la vie à l'intérieur de l'établissement

Article 3 du décret du 30 août 1985

[...] Il (le règlement) détermine notamment les modalités selon lesquelles sont mis en application :
1° La liberté d'information et la liberté d'expression dont disposent les élèves, dans le respect du pluralisme et du principe de neutralité;
2° Le respect des principes de laïcité et de pluralisme;
3° Le devoir de tolérance et de respect d'autrui dans sa personnalité et dans ses convictions;
4° Les garanties de protection contre toute agression physique ou morale et le devoir qui en découle pour chacun de n'user d'aucune violence;
5° La prise en charge progressive par les élèves eux-mêmes de la responsa-

bilité de certaines de leurs activités. Le règlement intérieur comporte un chapitre consacré à la discipline des élèves. [...]

Article 8 du décret du 30 août 1985

Le chef d'établissement
[...]
2° d) est responsable de l'ordre dans l'établissement. Il veille au respect des droits et des devoirs de tous les membres de la communauté scolaire et assure l'application du règlement intérieur; [...]

Le règlement intérieur de l'établissement, c'est tout simplement une sorte de « code » à respecter dans l'établissement : de la même manière que sur la route, on respecte le Code de la route, dans l'établissement, on respecte le « règlement intérieur ».
Il définit de nombreuses règles dont :
– Les **règles relatives à l'organisation et au fonctionnement de l'établissement** : les horaires, les conditions d'accès aux salles, aux salles de permanence, les conditions de circulation dans l'établissement...
– Les règles relatives à **l'organisation de la vie scolaire** et des études : la gestion des retards, des carnets de correspondance...
– Les **règles relatives à la sécurité** : comment doit-on faire s'il y a un incendie? Peut-on faire des TP sans blouse?
– Les **règles relatives à l'exercice des droits et libertés** : il n'est pas possible, bien sûr, de tout prévoir pour ce qui est de l'exercice des droits et libertés, mais le règlement intérieur va essayer de faire en sorte de préciser comment les collégiens ou les lycées vont pouvoir exercer leurs libertés.
Les collégiens et les lycéens d'âge différent n'ont pas exactement les mêmes droits.
– Les **règles relatives à la discipline** : on indique ici simplement que seules les sanctions qui ont été prévues par le règlement intérieur peuvent être prononcées (**➜ Voir p. 342**). Les élèves sont obligés de s'y soumettre. S'ils ne le font pas, ils peuvent faire l'objet d'une procédure disciplinaire (une fois de plus, c'est un « code », il est donc logique que si les élèves ne le respectent pas, ils puissent être sanctionnés). C'est le chef d'établissement qui est chargé d'assurer l'application du règlement intérieur.

⚠ Pendant longtemps (jusqu'en 1992), on ne pouvait pas demander l'annulation d'un article d'un règlement intérieur devant un juge. Le juge considérait que ce n'était pas assez important pour qu'il ait à se prononcer. Depuis 1992, les juges acceptent de se prononcer sur la question de savoir si un règlement intérieur d'un établissement respecte le droit ou non. Les parents pourront faire valoir la violation de certains principes comme : la gratuité de l'enseignement, la neutralité et la laïcité, le devoir de tolérance et de respect d'autrui dans sa personne et ses convictions, l'égalité des chances et de traitement entre filles et garçons.

Les parents (ou l'élève majeur) doivent signer le règlement intérieur

Circulaire du 11 juillet 2000

Le règlement intérieur constitue un support essentiel pour instaurer un véritable dialogue ainsi que des rapports de coopération avec les familles, notamment par les informations qu'il apporte sur le fonctionnement de l'établissement, l'organisation de contacts avec l'équipe enseignante et éducative et le calendrier des rencontres entre parents et enseignants.
C'est pourquoi il doit être, en début d'année, porté à la connaissance des parents, favorisant ainsi leur intégration à la communauté éducative et leur permettant un meilleur suivi de la scolarité de leurs enfants.

Arrêt du Conseil d'État, 14 avril 1995, *Monsieur Cohen*

« [...] le règlement intérieur pouvait, même en l'absence de disposition législative ou réglementaire instituant une telle procédure, soumettre la possibilité d'une admission définitive dans l'établissement à l'acceptation du règlement intérieur par l'élève, et par ses parents dans le cas d'un élève mineur. [...] »

On pourra remarquer que la circulaire ne pose pas expressément l'obligation de « faire signer » le règlement intérieur par les parents. Il suffit qu'il soit « porté à la connaissance des parents ».
Pourtant, les tribunaux ont admis la possibilité qu'un chef d'établissement refuse d'admettre un élève mineur si les parents refusent de signer le règlement intérieur (un élève majeur qui refuserait de signer le règlement intérieur pourrait donc en toute logique se voir refuser son inscription lui aussi). Cette solution s'explique simplement : la signature du règlement intérieur revêt une signification forte, à savoir l'acceptation de ces règles et l'engagement de s'y soumettre. Le refus de signer ce règlement doit être analysé comme une volonté de ne pas accepter « les règles du jeu » à l'intérieur de l'établissement, alors que ces règles doivent être respectées.

chapitre 4

La participation des parents

Article L. 111-4 du Code de l'éducation

Les parents d'élèves sont membres de la communauté éducative.
Leur participation à la vie scolaire et le dialogue avec les enseignants et les autres personnels sont assurés dans chaque école et dans chaque établissement. [...]

L'école a vocation à assurer le plein développement de l'enfant. Pour ce faire, elle fait intervenir des enseignants, constituant en quelque sorte le pôle « professionnel » et les parents, constituant le pôle « affectif ». Cette « association » est qualifiée par la loi de « communauté », en ce sens qu'il y a bien une union vers un but commun.

La participation des parents au développement de leur enfant se fait selon deux modalités :

– dans un cadre individuel, c'est le suivi de l'enfant par les parents ;

– dans un cadre collectif : c'est la participation des parents par le biais des associations de parents d'élèves.

I Le suivi de la scolarité des enfants par leurs parents

§1 L'ouverture de l'école aux parents

L'ouverture de l'école aux parents peut se résumer de la façon suivante :

Note de service du 13 septembre 1999

[...] Pour pouvoir accompagner la réussite scolaire de leurs enfants, les parents doivent savoir ce qu'est l'institution scolaire et la comprendre ; ils doivent aussi pouvoir participer à la vie de l'établissement.

L'accueil au cours préparatoire

Circulaire du 11 juillet 1985

L'accueil au cours préparatoire : L'organisation de cet accueil devra, dans ce cadre, être l'objet d'une attention toute particulière.

Il faut rappeler que le cours préparatoire est la première année où la scolarisation des enfants est obligatoire (6 ans). Il est en conséquence tout à fait légitime que les parents soient soucieux des conditions de scolarisation de leur enfant, les méthodes qui vont être suivies (d'autant plus que nombre de parents ont déjà entamé l'éducation de leur enfant), comment va être assuré le lien entre l'instituteur et les parents...
Afin de désamorcer tout conflit qui pourrait survenir du fait d'une certaine incompréhension, il est prévu que les parents devront être accueillis et recevoir une présentation de l'institution scolaire. Ils seront par ailleurs informés sur les méthodes suivies (Voir aussi « rencontres parents/enseignants »).

Les journées portes ouvertes sont organisées dans tous les établissements

Circulaire du 11 juillet 1985

Vous veillerez à l'organisation, dans les établissements et les écoles, de journées « portes ouvertes », si possible dès le jour de la rentrée et au plus tard dans la quinzaine qui suit cette rentrée ; elles devront porter tout particulièrement sur l'école maternelle, les classes de cours préparatoire et de sixième, et les premières années du lycée et du lycée d'enseignement professionnel.

Les journées « portes ouvertes » sont des journées pendant lesquelles les parents sont invités à venir découvrir l'école. Ce sont des journées d'information. Leur but est simple : faire connaître l'établissement où l'enfant est scolarisé, ce qui constitue un élément rassurant pour les parents, et permet de faire connaître les possibilités d'orientation de leur enfant.
Pour que ces journées remplissent pleinement leur double rôle, il est recommandé (mais non imposé) que ces journées interviennent entre le jour de la rentrée et les 15 jours qui suivent. Les classes pour lesquelles ces journées « portes ouvertes » sont recommandées sont les classes de préscolarisation ou de première scolarisation (maternelle et CP), la classe de sixième (qui correspond à l'entrée au collège) ainsi que les classes d'orientation (première année de lycée).

Les rencontres parents/enseignants

Note de service du 16 septembre 1986

La note de service [...] du 14 mars 1986 a retenu le principe de rencontres trimestrielles entre les enseignants et les parents d'élèves.
Je souhaite que ces rencontres soient l'occasion d'une étroite collaboration ; instituteurs et parents concourent en effet à l'instruction et à l'éducation des enfants. Il importe donc que leur action soit, autant que possible, complémentaire. Et cette complémentarité ne peut résulter que de contacts étroits, fréquents, confiants.

Dans le premier degré, le principe est que les parents soient invités à rencontrer tous les trimestres leur instituteur. Le texte n'est pas rédigé de façon impérative, ce qui semble indiquer qu'il n'y a pas là une véritable obligation d'organiser des réunions périodiques. Par ailleurs, comme dans le secondaire, rien n'interdit à un parent de demander à discuter avec l'enseignant.
Dans le second degré, aucun texte encore en vigueur ne fait référence à une obligation pour les établissements (collège ou lycée) d'organiser des rencontres entre les parents et les enseignants. Ces rencontres sont en fait souvent organisées. Par ailleurs, les parents peuvent demander à rencontrer certains professeurs.

La semaine des parents à l'école

Note de service du 13 septembre 1999

Des affiches seront distribuées à toutes les écoles, collèges et lycées. Les chefs d'établissement et directeurs d'école veilleront à ce qu'elles soient visibles aussi bien à l'extérieur qu'à l'intérieur de l'établissement. Cette semaine sera organisée en partenariat avec les représentants des fédérations et associations de parents d'élèves, tous les parents qui le souhaitent pouvant en outre être associés à sa mise en œuvre. Pourront également s'y joindre les mouvements associatifs qui interviennent habituellement dans la vie des établissements. Les autorités académiques veilleront à ce que toutes les facilités soient accordées aux écoles et aux établissements pour l'organisation de ces activités.

Le projet « la semaine des parents à l'école » affiche un double objectif :

– **Faire comprendre comment fonctionne l'école** (rôle d'information), c'est-à-dire faire comprendre quels sont les règles de fonctionnement, le contenu du règlement intérieur, les horaires, etc. les questions abordées peuvent donc être très variables ;

– **Faire participer les parents** (rôle de participation), c'est-à-dire inviter les parents et les enseignants à discuter ensemble sur des sujets qui leur semblent importants et intéressants pour la communauté éducative. Une sensibilisation au rôle des associations et fédérations de parents d'élèves pourra, par exemple, être faite.

Le réseau d'écoute, d'appui et d'accompagnement des parents

Circulaire du ministre de la Santé du 9 mars 1999

C'est pourquoi le gouvernement a décidé de développer, avec les différents partenaires concernés, des réseaux d'écoute, d'appui et d'accompagnement des parents avec deux priorités :

– s'adresser à toutes les familles, parce que toutes peuvent être concernées et que cantonner l'action sur des familles à problèmes la rendrait inefficace.

– s'appuyer sur les initiatives qui existent déjà, tout en développant de nouvelles opérations, avec le souci de mettre en réseau les différents intervenants, en respectant leur diversité et en s'efforçant de construire une cohérence et une visibilité de cette action.

Les réseaux d'écoute, d'appui et d'accompagnement des parents (REAAP) ne sont pas des structures « nouvelles » mais l'organisation de structures existantes en réseau visant à résoudre les problèmes que celles-ci sont susceptibles de rencontrer. Cette structure présente donc un intérêt particulier de par son caractère de coordination des actions existantes.

II Les parents participent à la vie éducative par leurs associations représentatives

§1 La représentation des parents dans le premier degré

Le mode de scrutin

Article 1er de l'arrêté du 13 mai 1985

Les représentants des parents d'élèves sont élus, pour une année, au scrutin de liste, à la représentation proportionnelle au plus fort reste. En cas d'égalité des restes, le siège à pourvoir est attribué à la liste qui a obtenu le plus grand nombre de suffrages et, en cas d'égalité du nombre de suffrages, au candidat le plus âgé.
Les votes sont personnels et secrets.
Les votes par correspondance sont autorisés. [...]

Le mode de scrutin, c'est la « façon dont on vote ». Il existe en théorie deux grands modes de scrutin : la représentation proportionnelle qui permet de représenter au mieux les différents groupes mais ne permet pas de constituer une majorité forte et le scrutin majoritaire qui lui permet de désigner des majorités claires mais déforme la représentation. Le mode de scrutin retenu est la représentation proportionnelle.
Le vote est comme toujours personnel, c'est-à-dire que c'est chacun qui doit voter, sauf s'il donne procuration à autrui. Pour faciliter la participation, le vote par correspondance est admis.

Le corps électoral : qui peut voter ?

Article 2 de l'arrêté du 13 mai 1985

Chaque parent est électeur sous réserve de ne s'être pas vu retirer l'autorité parentale. Il ne dispose que d'une voix quel que soit le nombre de ses enfants inscrits dans la même école. [...]

C'est l'une des grandes innovations apportées par la réforme du 17 juin 2004, à savoir que désormais, les deux parents peuvent voter (et d'ailleurs être élus), peu importe qu'ils vivent ensemble ou non. En effet, pendant longtemps, seul le parent qui avait l'enfant à charge pouvait voter : par exemple, si c'est la mère qui avait l'enfant à charge et qu'elle ne vivait plus

avec son mari, seule la mère pouvait voter. Aujourd'hui, les deux parents peuvent voter. C'est logique d'une certaine façon, car en 2002 on a prévu que les parents, même séparés, continuaient à exercer ensemble l'autorité parentale.
La liste électorale, c'est-à-dire la liste des noms des personnes qui peuvent voter est arrêtée par le bureau des élections. Les responsables d'associations et les responsables de liste peuvent prendre connaissance des adresses des parents ayant accepté cette communication pendant une durée de 4 semaines, période commençant 8 jours après la rentrée.
On rappelle que les personnes de nationalité étrangère ont le droit de vote aux élections du conseil d'école.

L'éligibilité : qui peut se présenter ?

Article 3 de l'arrêté du 13 mai 1985

Tout électeur est éligible. Si un candidat se désiste moins de huit jours francs avant l'ouverture du scrutin, il ne peut être remplacé.
Le directeur de l'école, les maîtres qui y sont affectés ou y exerçant, les personnels chargés des fonctions de psychologue scolaire et de rééducateur, le médecin chargé du contrôle médical scolaire et l'assistante sociale, l'infirmière scolaire ainsi que les agents spécialisés des écoles maternelles, les aides éducateurs et les assistants d'éducation exerçant à l'école pour tout ou partie de leur service ne sont pas éligibles. [...]

Toute personne qui a la qualité d'électeur (➜ Voir p. 321) peut se présenter. Mais, si la personne se désiste (c'est-à-dire qu'elle renonce) moins de 8 jours avant le scrutin, alors, elle ne pourra pas être remplacée.
Naturellement, certaines personnes ayant des enfants dans l'école ne sont pas éligibles (pour éviter les risques d'élection automatique) : il s'agit du directeur d'école, des maîtres qui y sont affectés (par contre, un maître d'une autre école peut être élu comme représentants des parents d'élèves) et des personnels de santé qui exercent leur fonction dans cette école (comme pour les maîtres, si une infirmière se présente dans une autre école que celle où elle travaille, elle peut bien sûr être élue).
La liste des candidatures doit parvenir au moins dix jours avant la date du scrutin. Les candidats doivent être classés par ordre préférentiel.

L'organisation pratique du vote

Circulaire du 6 septembre 2000

Les bulletins de vote mentionnent exclusivement le nom de l'école, les noms et prénoms des candidats, ainsi que le sigle de l'union nationale, de la fédération, de l'association de parents d'élèves qui présente la liste ou le nom du premier candidat pour une liste présentée par des parents d'élèves qui ne se sont pas constitués en association. En conséquence, ne peuvent figurer les noms d'associations, fédérations ou unions qui ne regrouperaient pas spécifiquement des parents d'élèves... [...]

Le matériel de vote doit être envoyé aux parents (c'est-à-dire que l'on doit envoyer des bulletins de vote). Si les parents n'habitent pas ensemble, par exemple parce qu'ils sont séparés, l'école doit en principe avoir les deux adresses (notamment parce qu'on rappelle que les deux parents ont le droit d'avoir connaissance des notes de leurs enfants). Les bulletins de vote peuvent être accompagnés de ce que l'on appelle une profession de foi (c'est-à-dire quels sont les engagements du candidat).
Les bulletins doivent mentionner uniquement : le nom de l'établissement, les noms et prénoms des candidats et enfin le sigle de la fédération (s'il en existe un).
Le bureau de vote doit être ouvert pendant au moins 4 heures.
Les élus sont désignés dans l'ordre de la liste.
Il est possible de contester les résultats devant l'inspection académique dans un délai de 5 jours après la proclamation des résultats.

Les délégués de parents d'élèves sont présents au conseil d'école

Article 17 du décret du 6 septembre 1990

Dans chaque école est institué un conseil d'école.
Le conseil d'école est composé des membres suivants :
[...]
– les représentants des parents d'élèves en nombre égal à celui des classes de l'école, élus selon les modalités fixées par arrêté du ministre chargé de l'éducation. Ces représentants constituent au sein du conseil d'école le comité des parents prévu par l'article 14 de la loi du 11 juillet 1975 modifiée susvisée [...].

Le conseil d'école exerce des fonctions importantes : il adopte le projet d'école, vote le règlement intérieur de l'école, donne son avis sur toute une série de questions qui concernent l'école comme la restauration scolaire, les

sorties, les voyages, les actions pédagogiques et donne son accord sur l'organisation d'activités complémentaires.
Le nombre de parents élus est égal au nombre de classes dans l'école.

§2 La représentation des parents au collège et au lycée

Le mode de scrutin

Article 18 de l'arrêté du 30 août 1985

Les représentants des personnels et des parents d'élèves sont élus au scrutin de liste à la représentation proportionnelle au plus fort reste. [...]

Il est identique à celui en vigueur dans le premier degré (➜ Voir p. 318).

Le corps électoral : qui peut voter ?

Article 18 de l'arrêté du 30 août 1985

Chaque parent est électeur et éligible sous réserve pour les parents d'enfant mineur de ne s'être pas vu retirer l'autorité parentale. Il ne dispose que d'une voix quel que soit le nombre de ses enfants inscrits dans le même établissement.
Lorsque l'exercice de l'autorité parentale a été confié à un tiers qui accomplit tous les actes usuels relatifs à la surveillance et à l'éducation de l'enfant, ce tiers exerce à la place des parents le droit de voter et de se porter candidat.

Les règles sont les mêmes que pour le premier degré (➜ Voir p. 318-319).
On rappelle que les personnes de nationalité étrangère ont le droit de vote aux élections du conseil d'école.

L'éligibilité : qui peut se présenter ?

Article 18 de l'arrêté du 30 août 1985

Chaque parent est électeur et éligible. [...]

Toute personne qui a la qualité d'électeur (➜ Voir p. 319) peut se présenter. Mais, si la personne se désiste (c'est-à-dire qu'elle renonce) moins de 8 jours avant le scrutin, alors, elle ne pourra pas être remplacée.

La liste des candidatures doit parvenir au moins 10 jours avant la date du scrutin. Les candidats doivent être classés par ordre préférentiel.

L'organisation pratique du vote

Circulaire du 30 août 1985

Les bulletins de vote sont d'un format et d'une couleur uniques. Ils mentionnent exclusivement le nom de l'établissement, les noms et prénoms des candidats, ainsi que le sigle de la fédération ou de l'association de parents d'élèves qui présente la liste ou le nom du premier candidat pour une liste présentée par des parents d'élèves qui ne se sont pas constitués en association. [...]

Le matériel de vote doit être envoyé aux parents (c'est-à-dire que l'on doit envoyer des bulletins de vote). Si les parents n'habitent pas ensemble, par exemple parce qu'ils sont séparés, l'école doit en principe avoir les deux adresses (notamment parce qu'on rappelle que les deux parents ont le droit d'avoir connaissance des notes de leurs enfants). Les bulletins de vote peuvent être accompagnés de ce que l'on appelle une profession de foi (c'est-à-dire quels sont les engagements du candidat).

Les bulletins doivent mentionner uniquement : le nom de l'établissement, les noms et prénoms des candidats et enfin le sigle de la fédération (s'il en existe un).

Le bureau de vote doit être ouvert pendant au moins 4 heures.

Les élus sont désignés dans l'ordre de la liste.

Il est possible de contester les résultats devant l'inspection académique dans un délai de 5 jours après la proclamation des résultats.

Pour faire suite à une recommandation du médiateur de l'Éducation nationale, il convient, à l'occasion de la distribution du matériel de vote aux parents d'élèves, de leur remettre une courte note mentionnant l'existence du réseau des médiateurs de l'Éducation nationale et précisant aux familles les modalités de leur intervention (Note de service du 25 juin 2004).

Les représentants des parents d'élèves sont présents aux conseils de classe dans les collèges et lycées

Article 33 du décret du 30 août 1985

Sont membres du conseil de classe :
[...]
Les deux délégués des parents d'élèves de la classe ou du groupe de classes
[...]
Le chef d'établissement réunit, au

ponsables des listes de candidats qui ont obtenu des voix lors de l'élection des représentants de parents d'élèves au conseil d'administration, pour désigner les deux délégués titulaires et les deux délégués suppléants des parents d'élèves de chaque classe, à partir des listes qu'ils présentent à cette fin. Le chef d'établissement répartit les sièges compte tenu des suffrages obtenus lors de cette élection.
Dans le cas où, pour une classe, il s'avérerait impossible de désigner des parents d'élèves de la classe, les sièges des délégués pourraient être attribués à des parents d'élèves d'autres classes volontaires. [...]

Le conseil de classe est bien connu des élèves. Il est souvent perçu comme un moment de « vérité », un moment où l'ensemble des professeurs se réunit pour discuter de la situation de chaque élève. Le conseil de classe est présidé par le chef d'établissement (ou son représentant) et 2 parents d'élèves y sont présents. Les parents qui y sont présents sont désignés par le chef d'établissement, sur proposition des personnes ayant conduit une liste de candidats lors des élections des parents d'élèves.

Les délégués de parents d'élèves sont présents aux conseils de discipline dans les collèges et lycées

Article 31 du décret du 30 août 1985 (modifié...)

I. Le conseil de discipline de l'établissement comprend :
- le chef d'établissement ou son adjoint, président;
- [...]
- trois représentants des parents d'élèves dans les collèges et deux dans les lycées;

[...]

Les représentants des parents et des élèves sont élus chaque année par leurs représentants au sein du conseil d'administration au scrutin proportionnel au plus fort reste.
Pour chaque membre élu du conseil, un suppléant est élu dans les mêmes conditions.

Le conseil de discipline intervient, comme son nom l'indique en matière disciplinaire. On se contentera de rappeler qu'il n'intervient que pour prononcer des sanctions* (c'est-à-dire des mesures graves, plus graves que les simples punitions) et qu'il n'intervient, en principe, que pour se prononcer sur l'exclusion éventuelle d'un élève (➜ Voir p. 348). Le chef d'établissement peut toutefois demander la réunion du conseil de discipline dans des cas moins graves.
Dans le conseil de discipline d'un collège, 3 parents d'élèves sont présents et 2 dans un lycée.

Les parents d'élèves sont présents au conseil d'administration dans les collèges et lycées

Article 11 du décret du 30 août 1985

Le conseil d'administration des collèges et des lycées comprend :
[...]
dix représentants des parents d'élèves et des élèves, dont sept représentants élus des parents d'élèves et trois représentants élus des élèves pour les collèges et cinq représentants élus des parents d'élèves et cinq représentants élus des élèves pour les lycées dont un au moins représentant les élèves des classes post-baccalauréat si elles existent.

Article 12 du décret du 30 août 1985

Dans les collèges accueillant moins de 600 élèves et ne comportant pas une section d'éducation spécialisée, la composition du conseil d'administration est ainsi fixée :
[...]
huit représentants des parents d'élèves et des élèves dont six représentants élus des parents d'élèves et deux représentants élus des élèves.

Le conseil d'administration est un organe « administratif », en ce sens que c'est un organe qui s'occupe du fonctionnement de l'établissement (collège ou lycée). C'est le conseil d'administration qui adopte le règlement intérieur*, donne son avis sur un certain nombre de mesures, adopte le budget...

Les parents d'élèves y sont présents et leur nombre varie sensiblement :
– dans le cas des lycées : les parents sont au nombre de 5;
– dans les collèges : les parents sont au nombre de 6 sauf si le collège a plus de 600 élèves, alors ils sont au nombre de 5.

Les représentants des parents d'élèves sont membres de la commission permanente dans les collèges et lycées

Article 26 du décret du 30 août 1985

La commission permanente dans les collèges et lycées comprend les membres suivants : [...]
cinq représentants des parents d'élèves et des élèves dont quatre représentants élus des parents d'élèves et un représentant élu des élèves dans les collèges et trois représentants élus des parents d'élèves et deux représentants élus des élèves dans les lycées.

La commission permanente est une sorte d'antichambre du conseil d'administration : elle prépare les travaux qui seront ensuite délibérés par le conseil d'administration. Les parents y sont également présents au nombre de 4 pour les collèges et 3 pour les lycées.

§3 La représentation des associations de parents d'élèves au niveau du département

Les associations de parents d'élèves sont présentes dans la commission préparatoire à l'affectation des élèves

Article 1er de l'arrêté du 14 juin 1990 relatif à la commission préparatoire à l'affectation des élèves

La composition de la commission préparatoire à l'affectation des élèves prévue à l'article 16 du décret du 14 juin 1990 susvisé est fixée comme suit : [...] ; deux représentants des parents d'élèves de l'enseignement public, au titre des associations les plus représentatives dans le département. Les membres de la commission sont nommés par l'inspecteur d'académie pour une durée d'un an renouvelable, sur proposition des associations en ce qui concerne les représentants des parents d'élèves. Dans les mêmes conditions, l'inspecteur d'académie désigne un nombre égal de suppléants des représentants des parents d'élèves.

La commission préparatoire à l'affectation des élèves est une commission dont le rôle n'est pas négligeable, même si elle ne fait que donner un avis : elle propose des décisions en matière d'affectation des élèves (on rappelle en effet qu'au moment de l'inscription, les enfants peuvent demander à ne pas aller dans un établissement où ils sont normalement affectés, il faut alors solliciter une dérogation ➜ Voir p. 158). La commission préparatoire va donner un avis sur cette affectation.
Les parents d'élèves sont présents dans cette structure, au nombre de 2, étant entendu qu'ils sont nommés (sur proposition des associations jugées les plus représentatives).

Les associations de parents d'élèves sont présentes au sein de la commission d'appel

Article 1er de l'arrêté du 14 juin 1990 relatif à la commission d'appel

La composition de la commission d'appel [...] est fixée comme suit : [...] – trois représentants des parents d'élèves. La commission peut s'adjoindre un médecin de santé scolaire et une assistante sociale scolaire. Les membres de la commission d'appel sont nommés par l'inspecteur d'académie pour une durée d'un an renouvelable, sur proposition des associations en ce qui concerne les représentants des parents d'élèves. Dans les mêmes conditions, l'inspecteur d'académie désigne un nombre égal de suppléants des représentants des parents d'élèves.

La commission d'appel examine les demandes de recours lorsqu'une décision d'orientation prise par le chef d'établissement est contestée par la famille (➜ Voir p. 200). Trois représentants des parents y sont présents, nommés par l'inspecteur d'académie sur proposition des associations de parents d'élèves.

Les associations de parents sont présentes au sein du conseil de discipline départemental

Article 31 du décret du 30 août 1985

[...] IV. Le conseil de discipline départemental est présidé par l'inspecteur d'académie, directeur des services départementaux de l'Éducation nationale ou son représentant. Les autres membres sont [...], deux représentants des parents d'élèves et deux représentants des élèves, ayant la qualité de membre d'un conseil de discipline d'établissement. Ils sont nommés pour un an par le recteur d'académie.

Le conseil de discipline départemental est un conseil qui peut être saisi par le chef d'établissement afin d'appliquer une sanction s'il estime qu'il ne peut pas faire prendre la sanction dans son établissement sans en troubler gravement l'ordre ou la sérénité (➜ Voir p. 349).
Les parents d'élèves y sont présents, au nombre de 2, nommés par le recteur d'académie pour un an.

Les associations de parents d'élèves sont présentes au sein du Conseil départemental de l'Éducation nationale

Article L. 235-1 du Code de l'éducation

Le conseil de l'Éducation nationale institué dans chaque département comprend des représentants des communes, départements et régions, des personnels et des usagers. [...]

Le Conseil départemental de l'Éducation nationale (CDEN) a un rôle qui est purement consultatif. Il donne des avis sur la carte scolaire dans le premier degré mais aussi sur des questions relatives à la scolarisation des élèves dans les collèges.
7 représentants des parents y sont nommés par le préfet et ce pour une durée de 3 ans (sur proposition des associations les plus représentatives).

§4 La représentation des parents au niveau de l'académie

Les associations de parents sont présentes au sein du Conseil académique de l'Éducation nationale

Article L. 234-1 du Code de l'éducation

Le conseil de l'Éducation nationale institué dans chaque académie comprend des représentants des communes, départements et régions, des personnels et des usagers. [...]

Le Conseil académique de l'Éducation nationale est un organisme dont le rôle aussi est purement consultatif. Il formule des propositions sur la modernisation et les évolutions du service public de l'enseignement.
8 représentants des parents d'élèves y sont présents (sur 72 personnes en tout).

Les associations de parents d'élèves peuvent être présentes au sein du Conseil académique de la vie lycéenne (CAVL)

Article 4 du décret du 16 septembre 1991

[...]
Il peut comprendre également des représentants des autres administrations de l'État, des départements et des villes, ainsi que des représentants des parents d'élèves et du monde associatif, périscolaire, culturel ou économique. [...]

Les parents ne sont pas présents « automatiquement » au sein du Conseil académique de la vie lycéenne, sauf si le recteur le décide.
Ce conseil formule des avis sur les questions relatives à la vie lycéenne.

§5 La représentation des associations de parents d'élèves au niveau national

Les parents d'élèves sont présents au sein du Conseil supérieur de l'éducation

Article L. 231-2 du Code de l'éducation

Le Conseil supérieur de l'éducation est présidé par le ministre chargé de l'éducation ou son représentant et composé de représentants [...], des parents d'élèves, des étudiants, des élèves des lycées, des collectivités territoriales, des associations périscolaires et familiales, des grands intérêts éducatifs, économiques, sociaux et culturels. [...]

Le Conseil supérieur de l'éducation est un organisme qui donne essentiellement des avis, par exemple, sur les programmes, les calendriers, les conditions de délivrance des diplômes, etc.
Les parents d'élèves ont 12 représentants (sur 95 membres en tout).

III Les aides accordées aux parents d'élèves élus et aux associations de parents d'élèves

§1 Les aides accordées aux délégués de parents d'élèves

Les horaires des différentes réunions doivent être compatibles autant que possible avec les horaires des parents élus

Circulaire du 3 mai 2001

[...] Eu égard à l'importance du rôle des représentants de parents d'élèves dans les différents conseils qui règlent le fonctionnement des établissements scolaires, il convient d'organiser les réunions de ces instances à des heures qui soient, dans toute la mesure du possible, compatibles avec l'exercice de l'activité professionnelle de ces représentants. [...]

Être représentant de parents d'élèves est une charge bénévole qui est souvent difficile : l'État a reconnu un droit à la formation aux parents d'élèves appartenant aux fédérations les plus représentatives (c'est-à-dire celles qui siègent au Conseil supérieur de l'éducation).

Les parents élus ont un droit à la formation

Article L. 236-1 du Code de l'éducation

[...] L'État apporte une aide à la formation des représentants des parents d'élèves appartenant à des fédérations de parents d'élèves représentées au Conseil supérieur de l'éducation.

Être représentant de parents d'élèves est une charge bénévole qui est souvent difficile : l'État a reconnu un droit à la formation aux parents d'élèves appartenant aux fédérations les plus représentatives (c'est-à-dire celles qui siègent au Conseil supérieur de l'éducation).

Les absences du travail pour participation à certaines réunions de parents peuvent donner lieu à des indemnisations

Article L. 236-1 du Code de l'éducation

Un décret en Conseil d'État détermine les conditions dans lesquelles les représentants des parents d'élèves aux conseils départementaux ou régionaux, académiques et nationaux bénéficieront d'autorisations d'absence et seront indemnisés. [...]

Ce texte pose un principe général qui a été précisé par des textes particuliers. Les solutions diffèrent selon que l'on est agent de l'État ou pas.

Les agents de l'État

Les autorisations spéciales d'absence susceptibles d'être accordées aux agents de l'État parents d'élèves ont fait l'objet d'une circulaire du 17 octobre 1997.

On se contentera de rappeler que les autorisations d'absence ne peuvent valoir que pour la participation à des conseils qui sont soit **départementaux**, soit **régionaux, soit académiques ou nationaux**, mais en aucun cas des conseils d'établissement.

⚠ La publication de cette circulaire est incertaine : la consultation du site Internet « Légifrance » ainsi que de la base de données des ressources de l'Éducation nationale révèle que cette circulaire ne bénéficie pas du même régime de publication que les autres circulaires.

Les autres cas

Article L. 225-8 du Code du travail

I. Lorsqu'un travailleur salarié ou apprenti, membre d'une association déclarée en application de la loi du 1er juillet 1901 relative au contrat d'association ou inscrite au registre des associations en application de la loi du 19 avril 1908 applicable au contrat d'association dans les départements du Bas-Rhin, du Haut-Rhin et de la Moselle ou d'une mutuelle au sens du Code de la mutualité, est désigné comme représentant de cette association ou de cette mutuelle pour siéger dans une instance,

consultative ou non, instituée par une disposition législative ou réglementaire auprès d'une autorité de l'État à l'échelon national, régional ou départemental, ou d'une collectivité territoriale, l'employeur est tenu de lui accorder le temps nécessaire pour participer aux réunions de cette instance.
[...]

Ce texte a donné lieu à toute une série d'arrêtés (c'est-à-dire de textes d'application) dont il n'est pas possible de reproduire le contenu. On rappelle simplement que l'autorisation ne pourra pas être obtenue « de droit » si le parent demande simplement à participer à un conseil d'établissement.

§2 Les aides accordées aux associations de parents d'élèves

Les associations peuvent assurer la publicité de leur action au sein des établissements scolaires

Circulaire du 3 mai 2001

Les directeurs d'école et les chefs d'établissement doivent permettre aux associations de parents d'élèves de faire connaître leur action auprès des autres parents d'élèves [...].

Les associations de parents d'élèves peuvent faire connaître leur action au sein des établissements scolaires et ce aux différents moments de l'année. Dans les 3 jours suivant la rentrée, elles sont invitées à faire parvenir aux chefs d'établissement ou directeurs d'école les documents qu'elles destinent aux familles. Le chef d'établissement n'a pas le droit de refuser de les distribuer (on dit qu'il n'exerce pas de « contrôle *a priori* »). Si ces documents lui semblent illégaux, il pourra saisir les tribunaux.
La raison pour laquelle les associations doivent confier ces documents aux chefs d'établissement, est qu'il s'agit d'assurer la distribution « en même temps », afin que les familles ne risquent pas d'être influencées par une association plutôt que par une autre. Si toutefois une association n'a pas fait parvenir le document sous 3 jours, alors le chef d'établissement assurera la distribution des documents qu'il a déjà reçus, et fera en sorte que les autres documents soient eux aussi distribués « au plus vite ».
En cours d'année, les associations peuvent aussi assurer la publicité de leurs actions, de leurs réunions, etc. Ces documents sont distribués selon la même procédure. Si le document en question ne doit parvenir qu'à une catégorie

particulière d'élèves, c'est à l'association d'assurer le travail préalable à la distribution (classements...).

Les moyens matériels mis à disposition des associations

Circulaire du 3 mai 2001

[...]
Les facilités ainsi accordées sont mises en œuvre dans des conditions de stricte égalité entre les associations concernées et dans le respect des principes de fonctionnement du service public d'éducation (notamment, les principes de laïcité, de neutralité et de pluralisme).

La première exigence qui s'impose est le principe d'égalité. Toutes les associations doivent pouvoir disposer exactement des mêmes moyens matériels, ce qui veut dire, par exemple, que si une association a un local pendant 4 heures par semaine, une autre association devra avoir un local aussi pendant la même durée.
Les associations bénéficient obligatoirement d'une boîte aux lettres qui doit permettre aux élèves de remettre des courriers des parents, et d'un tableau d'affichage. Les associations ne bénéficient d'un local que dans la mesure des moyens de l'établissement.

L'utilisation des locaux par les associations

Circulaire du 3 mai 2001

Le directeur d'école ou le chef d'établissement prend, en accord avec les responsables des associations présentes dans l'école ou l'établissement, toutes les mesures qui lui paraîtront nécessaires pour offrir à ces associations les meilleures possibilités de réunion dans l'enceinte scolaire, sans apporter de perturbation au fonctionnement de l'établissement.
[...]

Les réunions que peuvent organiser les associations de parents d'élèves au sein des établissements sont de deux ordres :
– **les réunions** qui sont **directement liées aux activités d'enseignement** ou qui présentent un intérêt direct pour les élèves : ces réunions ne nécessitent pas l'accord du maire ;
– **les autres réunions** (kermesses, bourses aux vêtements...), supposent cette fois-ci l'accord du maire.

IV Le rôle du médiateur académique dans les conflits entre parents et établissement

Le médiateur a des compétences larges

Article D. 222-37 du Code de l'éducation

Un médiateur de l'Éducation nationale, des médiateurs académiques et leurs correspondants reçoivent les réclamations concernant le fonctionnement du service public de l'Éducation nationale dans ses relations avec les usagers et les agents.

Il existe en fait plusieurs médiateurs : le médiateur de l'Éducation nationale traitant des problèmes nationaux et les « médiateurs académiques » qui sont ses correspondants locaux dans chaque académie et reçoivent les réclamations relatives aux établissements de leur ressort (c'est-à-dire dans leur académie). En pratique et en général, il faut d'abord s'adresser au médiateur académique.

Les problèmes qui lui sont soumis peuvent être assez divers puisqu'il est prévu qu'il est compétent pour toutes les réclamations concernant le fonctionnement du service public de l'Éducation nationale dans l'académie. En principe, il doit donc pouvoir être saisi aussi bien de questions administratives (par exemple une inscription a été refusée) que de questions relatives à l'orientation.

Le médiateur académique ne peut pas être saisi directement

Article D. 222-41 du Code de l'éducation

Les réclamations doivent avoir été précédées de démarches auprès des services et établissements concernés. [...]

L'existence d'un médiateur ne doit pas conduire à rompre toute relation avec l'administration, c'est pourquoi il est prévu qu'en cas de problème, les parents (ou l'élève majeur) doivent d'abord saisir l'administration et seulement ensuite le médiateur.

Le médiateur peut adresser une recommandation à l'établissement concerné

Article D. 222-42 du Code de l'éducation

Lorsque les réclamations leur paraissent fondées, les médiateurs émettent des recommandations aux services et établissements concernés. Ceux-ci les informent des suites qui leur ont été données. Si le service ou l'établissement saisi maintient sa position, il leur en fait connaître par écrit les raisons.

En droit, le médiateur ne peut pas imposer sa décision à l'administration : il n'a qu'un pouvoir de « recommandation » pour régler le différend. Il donne un avis sur comment résoudre tel problème déterminé.
En fait, il est plutôt rare que l'administration de l'Éducation nationale refuse de suivre l'avis du médiateur (même si elle le peut tout à fait), car si elle refuse de le faire, elle devra précisément dire pourquoi elle rejette la proposition du médiateur. Surtout, si le médiateur estime que l'établissement était en tort, il pourra l'inscrire dans son « rapport d'activité », et donc le porter à la connaissance du ministère.

chapitre 5

La discipline à l'école et les problèmes de délinquance en milieu scolaire

Les punitions et les sanctions disciplinaires ont bien changé avec le temps. Si par le passé des punitions aussi humiliantes que le port du bonnet d'âne ou de pancartes « je suis un âne » étaient possibles, si les châtiments corporels ont existé, tout ceci appartient à une époque révolue. L'objectif de la sanction est désormais de faire comprendre la nécessité de respecter la règle au terme d'une procédure précise. La sanction a donc une valeur pédagogique et formatrice.

Le droit disciplinaire distingue deux formes de sanctions :

– **Les punitions qui correspondent aux fautes les moins graves.** Elles sont prononcées par les enseignants, les surveillants et le chef d'établissement pour l'essentiel. Il s'agit de mesures, en général, sans conséquence, sur la scolarité de l'élève.

– **Les sanctions disciplinaires proprement dites qui correspondent aux fautes les plus graves.** Elles sont prises par le chef d'établissement ou le conseil de discipline. Elles sont soumises au contrôle du juge administratif.

⚠ Ces sanctions disciplinaires n'excluent pas des poursuites pénales, s'agissant de la délinquance en milieu scolaire (**➜ Voir p. 355**).

I Les comportements fautifs relevant de sanctions disciplinaires

Avoir commis une « faute disciplinaire » (c'est-à-dire un comportement qui peut donner lieu à une mesure disciplinaire), c'est un peu comme avoir commis une infraction et être poursuivi pour cette infraction (sauf que cette fois, la règle ce n'est pas le Code de la route ou la loi, mais le règlement intérieur).

Les poursuites respectent une procédure, c'est-à-dire toute une série de règles qui expliquent les conditions dans lesquelles un comportement va pouvoir faire l'objet d'une mesure disciplinaire. Ces règles sont au nombre de 3 :

1° **Le comportement qui a causé le trouble peut revêtir n'importe quelle nature** : il peut s'agir d'un acte, d'une parole, d'un geste… l'important est que ce comportement ait causé un trouble.

2° Le comportement, pour donner lieu à des poursuites disciplinaires, doit être **rattachable à la vie de l'établissement** ; ce qui veut dire qu'un comportement fait en pleine ville loin de l'école ne peut faire l'objet d'une sanction.

3° **Le comportement doit pouvoir être reproché à l'élève** et ce précisément (et non pas de façon plus ou moins certaine).

Par ailleurs, on rappellera que le fait qu'un comportement fasse l'objet de poursuites judiciaires n'interdit pas des poursuites disciplinaires.

§1 Tout manquement au règlement intérieur peut donner lieu à une sanction disciplinaire

Article 3 du décret du 30 août 1985 (rappel)

Tout manquement au règlement intérieur justifie la mise en œuvre d'une procédure disciplinaire ou de poursuites appropriées.

Tout manquement à un article du règlement intérieur peut entraîner une mesure disciplinaire. C'est logique : le règlement intérieur, c'est le code, c'est la règle à respecter au sein de l'établissement. Si on ne respecte pas cette règle, on peut faire l'objet d'une « peine », c'est-à-dire une mesure disciplinaire.

Même un comportement qui n'a pas été précisément prévu dans le règlement intérieur peut faire l'objet d'une mesure disciplinaire.
C'est également logique, car le règlement intérieur ne peut pas prévoir à l'avance toutes les situations possibles. Ce qui compte, c'est donc de savoir si le comportement en question a causé un trouble.
Par exemple : un élève refuse de rejoindre sa classe après avoir été convoqué dans le bureau du principal. Ce dernier lui en donne l'ordre. Il refuse et réplique par des injures. Ce fait peut faire l'objet d'une mesure disciplinaire alors même qu'il y a fort à parier qu'aucun règlement intérieur ne prévoit ce cas (précisément).

⚠ Toute infraction pénale (c'est-à-dire toute infraction qui est définie dans le Code pénal) constitue, bien sûr, une faute qui peut donner lieu à une mesure disciplinaire. **Par exemple**, le bizutage, le vol sont des infractions pénales : (on peut être condamné devant les tribunaux pour un de ces faits) et ces faits peuvent donner lieu en plus à des poursuites disciplinaires dans le cadre scolaire (➜ Voir p. 355).

§2 LE COMPORTEMENT PERTURBATEUR DOIT ÊTRE RATTACHABLE À LA VIE DE L'ÉTABLISSEMENT

En principe, les sanctions disciplinaires ne concernent que les actes qui ont été commis dans l'enceinte de l'établissement et pendant les heures de cours. Ce principe connaît toutefois deux tempéraments.

Même en dehors des heures de cours proprement dites, des comportements perturbateurs peuvent donner lieu à des poursuites disciplinaires

Article 8 du décret du 30 août 1985

Le chef d'établissement [...]
2° d) est responsable de l'ordre dans l'établissement. Il veille au respect des droits et des devoirs de tous les membres de la communauté scolaire et assure l'application du règlement intérieur;
[...]

Cet article pose le principe selon lequel le chef d'établissement a un pouvoir de sanction pour faire respecter l'ordre dans l'établissement. Toutefois, on admet qu'il a un pouvoir de sanction plus largement pendant tout le « temps scolaire », c'est-à-dire à partir du moment où l'on pousse la porte de l'établissement jusqu'à ce qu'on le quitte.

Par conséquent, tout comportement perturbateur commis soit pendant les heures de cantine, soit pendant les heures de permanence peut tout aussi bien donner lieu à une sanction disciplinaire. La pratique veut toutefois que l'on soit moins sévère avec la discipline pendant ces périodes.

Des poursuites disciplinaires peuvent être engagées à l'encontre de comportements qui ont eu lieu dans ou à proximité de l'établissement

Article 8 du décret du 30 août 1985 (rappel)

Le chef d'établissement [...]
2° d) Est responsable de l'ordre dans l'établissement. Il veille au respect des droits et des devoirs de tous les membres de la communauté scolaire et assure l'application du règlement intérieur.
[...]

Même si le texte prévoit que le chef d'établissement ne peut organiser que la vie « à l'intérieur » de son établissement, en fait, il est évident qu'il ne peut pas totalement laisser faire n'importe quoi en dehors. C'est pourquoi il peut sanctionner un comportement qui a lieu « aux abords » ou à proximité.
Par exemple, si une bagarre a lieu juste devant la grille de l'établissement, le chef d'établissement peut tout à fait décider de sanctionner les élèves, comme si la bagarre avait eu lieu dans l'établissement. La pratique qui consiste à « régler ses comptes » après les cours n'est donc pas un moyen d'éviter les sanctions disciplinaires. Par ailleurs, et indépendamment des mesures disciplinaires, on rappelle que les faits de violence peuvent donner lieu à des poursuites devant les tribunaux (➜ Voir p. 355 et 436).

§3 L'ACTE DOIT POUVOIR ÊTRE REPROCHÉ À L'ÉLÈVE

Il faut établir que l'élève est bien à l'origine de l'acte perturbateur

Tribunal administratif de Rouen, 13 mars 1998

« Lorsque les reproches formulés à l'encontre d'un élève ne résultent que d'allégations et de témoignages dénués de valeur probante et ne s'accompagnent pas de preuves matérielles, les faits reprochés ne peuvent pas être considérés comme établis ».

Comme dans un procès, il faut trouver qui est le « coupable », qui a causé le trouble. Pour ce faire, il va falloir des preuves suffisamment solides, car sinon, c'est la présomption d'innocence, c'est-à-dire le principe suivant lequel sauf preuve contraire, on est considéré comme innocent, qui va jouer.

Ces preuves vont pouvoir prendre des formes très différentes : témoignages (le cas le plus courant), écrits (si par exemple, un élève s'est vanté d'avoir fait telle chose dans un mail à un ami), etc.
Dans tous les cas, on doit laisser à l'enfant « accusé » le droit de se défendre (➜ Voir procédure p. 350).

II LES MESURES DISCIPLINAIRES DANS LE PREMIER DEGRÉ

L'âge aidant, il est évident que les questions de discipline se posent moins pour les enfants fréquentant les petites écoles. Il faut pourtant rappeler que ces écoles possèdent elles aussi un règlement intérieur (➜ Voir p. 311).

§1 LES ÉLÉMENTS COMMUNS À L'ÉCOLE MATERNELLE ET À L'ÉCOLE ÉLÉMENTAIRE

L'interdiction des châtiments corporels

Circulaire du 6 juin 1991

[...] Tout châtiment corporel est strictement interdit.
[...]

Même si en principe cet article ne devrait concerner que les écoles élémentaires (parce que dans le texte en question, il est inséré dans le chapitre portant sur l'école élémentaire), l'Éducation nationale considère que ce principe de l'interdiction des châtiments corporels s'applique aussi bien à l'école élémentaire qu'à l'école maternelle, au collège et au lycée.
Le principe de l'interdiction des châtiments corporels ne veut pas dire qu'un instituteur ne puisse pas, dans le but de calmer un enfant, lui donner une « légère tape » sur les mains, sans gravité. Il signifie cependant qu'il ne peut pas organiser un châtiment corporel comme le fait de recevoir « une fessée » s'il a commis tel ou tel acte.

L'« isolement » provisoire est une mesure autorisée

Circulaire du 6 juin 1991 (école maternelle)

[...] Un enfant momentanément difficile pourra, cependant, être isolé pendant le temps, très court, nécessaire à lui faire retrouver un comportement compatible avec la vie du groupe. Il ne devra à aucun moment être laissé sans surveillance. [...]

Circulaire du 6 juin 1991 (école élémentaire)

[...] Il est permis d'isoler de ses camarades, momentanément et sous surveillance, un enfant difficile dont le comportement peut être dangereux pour lui-même ou pour les autres. [...]

L'« isolement » est une sanction disciplinaire qui est envisageable pour les enfants qui fréquentent l'école maternelle comme l'école élémentaire. Le recours à cette sanction est toutefois soumis à conditions : l'enfant ne devra pas être laissé sans surveillance. Ceci veut dire qu'un enfant qui est momentanément difficile ne peut pas en principe être « mis à la porte » du cours, car il n'est plus sous la surveillance de l'instituteur, mais il pourra, selon certaines conditions, être envoyé dans la cour de récréation si celle-ci est fermée et que la classe de l'instituteur donne sur cette cour, permettant ainsi à l'instituteur d'observer l'élève.
Il est à noter une différence entre les deux textes (école maternelle et école élémentaire) : il est indiqué que l'isolement d'un élève dans une école maternelle ne peut avoir qu'une durée « très courte », alors qu'il n'y a pas la même indication pour l'école élémentaire, ce qui semble suggérer que le temps d'isolement puisse être plus long (sans toutefois pouvoir devenir excessif).

§2 L'école maternelle

La procédure « disciplinaire » à l'école maternelle n'a fait l'objet que d'un seul texte, la circulaire du 6 juin 1991, et on relèvera que cette circulaire est relativement peu précise sur la question des mesures compte tenu évidemment de l'âge des enfants. Elle ne fait état que de deux types de sanctions : l'isolement provisoire (➜ **Voir ci-dessus**) et le retrait provisoire.

Le retrait provisoire des enfants perturbant gravement et durablement le fonctionnement de la classe

Circulaire du 6 juin 1991

[...]
Toutefois, quand le comportement d'un enfant perturbe gravement et de façon durable le fonctionnement de la classe et traduit une évidente inadaptation au milieu scolaire, la situation de cet enfant doit être soumise à l'examen de l'équipe éducative, prévue à l'article 21 [...], à laquelle participeront le médecin chargé du contrôle médical scolaire et/ou un membre du réseau d'aides spécialisées.
Une décision de retrait provisoire de l'école peut être prise par le directeur, après un entretien avec les parents et en accord avec l'inspecteur de l'Éducation nationale.
Dans ce cas, des contacts fréquents doivent être maintenus entre les parents et l'équipe pédagogique de façon à permettre dans les meilleurs délais sa réinsertion dans le milieu scolaire.

Il est à noter que cette mesure de retrait ne peut être que **provisoire** (le retrait définitif de l'élève – c'est-à-dire son exclusion – n'est pas possible). Par ailleurs, le texte pose très précisément les conditions pour pouvoir décider de cette mesure.
– Il faut tout d'abord que le comportement perturbe **gravement** le fonctionnement de la classe (c'est-à-dire que l'enfant soit excessivement turbulent, comparé à ce que sont ses camarades).
– Il faut ensuite que ce comportement soit **fréquent et surtout régulier**, c'est-à-dire qu'il ait une certaine continuité d'application : il n'est pas suffisant de montrer que pendant quelques jours l'enfant a été turbulent, il faut qu'il le soit « durablement ».
La décision de retrait provisoire est soumise à des conditions de procédure assez importantes, puisqu'il est nécessaire de recueillir l'avis de l'équipe éducative (y compris le médecin scolaire), d'entendre les parents et d'avoir l'accord de l'inspecteur de l'Éducation nationale.
Une fois la décision prise, dans la mesure où cette décision ne peut être que provisoire, le directeur va entretenir des relations avec la famille de l'élève afin d'essayer de déterminer quand, au plus tôt, l'élève pourra être de nouveau admis.

§3 L'ÉCOLE ÉLÉMENTAIRE

Aux termes de la circulaire du 6 juin 1991, l'instituteur (ou le professeur des écoles selon son statut) bénéficie d'une plus grande liberté dans le choix de la mesure disciplinaire, puisqu'il est indiqué :

« En cas de travail insuffisant, après s'être interrogé sur ses causes, le maître ou l'équipe pédagogique de cycle décidera des mesures appropriées ». Toute une série de mesures sont donc envisageables (sous réserve des châtiments corporels qui sont interdits bien sûr), notamment : les réprimandes, l'isolement temporaire (➜ **Voir ci-dessous**) et le changement d'école.

Les réprimandes éventuellement portées à la connaissance des familles

Circulaire du 6 juin 1991

[...] Les manquements au règlement intérieur de l'école, et en particulier toute atteinte à l'intégrité physique ou morale des autres élèves ou des maîtres peuvent donner lieu à des réprimandes qui sont, le cas échéant, portés à la connaissance des familles. [...]

Les réprimandes constituent une sanction simple : il s'agit pour l'instituteur (ou le professeur des écoles selon son statut) de faire un reproche grave à un élève, qui par exemple, n'aurait pas fait son travail. Selon la gravité, ces réprimandes pourront légalement être portées à la connaissance des parents.

La décision de changement d'école

Circulaire du 6 juin 1991

[...] Dans le cas de difficultés particulièrement graves affectant le comportement de l'élève dans son milieu scolaire, sa situation doit être soumise à l'examen de l'équipe pédagogique [...].
S'il apparaît, après une période probatoire d'un mois, qu'aucune amélioration n'a pu être apportée au comportement de l'enfant, une décision de changement d'école pourra être prise par l'inspecteur de l'Éducation nationale, sur proposition du directeur et après avis du conseil d'école. La famille doit être consultée sur le choix de la nouvelle école. Elle peut faire appel de la décision de transfert devant l'inspecteur d'académie, directeur des services départementaux de l'Éducation nationale.
[...]

On ne parle pas d'exclusion définitive pour l'école mais de « changement d'école », même si les conséquences de cette décision sont identiques.
La décision de changement d'école ne peut être prise que si le comportement de l'élève est particulièrement difficile. Cela suppose de respecter un certain nombre de règles en matière de procédure.

– **Dans un premier temps**, l'équipe pédagogique va essayer d'apporter des solutions adaptées au problème que rencontre l'élève. À cette occasion, le médecin scolaire devra obligatoirement intervenir pour donner son avis. Suite à ces mesures, l'enfant va être « mis à l'épreuve », c'est-à-dire qu'on va regarder si son comportement s'améliore. Dans ce cas, la procédure disciplinaire peut être arrêtée.

– **Dans un deuxième temps**, après une période d'un mois (que le droit qualifie de « période probatoire »), si la conduite de l'élève ne s'est pas améliorée, alors, le directeur de l'école devra demander l'avis du conseil d'école (c'est-à-dire de l'ensemble des maîtres et des représentants des parents d'élèves) sur la décision à prendre. Il pourra, ensuite, demander à l'inspecteur d'académie de procéder au changement d'école de l'enfant.

Si l'inspecteur d'académie décide de changer l'enfant d'école, il devra simplement consulter les parents sur le changement d'école.

III Les mesures disciplinaires dans le second degré

Dans le second degré, la distinction entre la punition et la sanction disciplinaire devient très nette. La punition est une mesure qui doit répondre aux atteintes les moins graves à l'ordre et aux manquements les moins graves aux obligations des élèves (par exemple, un retard de 10 minutes non excusé). La sanction, dont la liste est définie par les textes, est plus grave, elle répond aux troubles plus importants et aux manquements majeurs aux obligations des élèves (➜ Voir p. 334).

§1 Les différentes mesures disciplinaires

Les punitions envisageables

Circulaire du 11 juillet 2000

Inscription sur le carnet de correspondance, excuses orales ou écrites, devoir supplémentaire assorti ou non d'une retenue ; exclusion ponctuelle d'un cours ; [...] retenue pour faire un devoir ou un exercice non fait [...].

Cette circulaire ne fait que donner une liste de quelques punitions qui peuvent être données si un élève s'est mal conduit.

La liste ne prétend pas être complète. Les punitions peuvent être différentes d'un établissement à un autre.
Par exemple : un élève n'a pas fait un devoir, ou alors il est arrivé en retard ou encore il a été un peu insolent. Ces punitions ne sont pas « graves » et ne seront pas indiquées sur le dossier de l'enfant. On veut juste lui indiquer qu'il ne doit pas continuer à se conduire de cette façon.

⚠ Toutefois, **seules peuvent être appliquées les punitions qui ont été prévues dans le règlement intérieur**. On ne peut pas contester ces punitions devant le juge.

⚠ Un abus manifeste de punitions, à caractère vexatoire notamment, est susceptible d'un recours devant le juge administratif.

Les sanctions existantes

Article 3 du décret du 30 août 1985

Le règlement intérieur comporte un chapitre consacré à la discipline des élèves. Les sanctions qui peuvent être prononcées à leur encontre vont de l'avertissement et du blâme à l'exclusion temporaire ou définitive de l'établissement ou de l'un de ses services annexes. La durée de l'exclusion temporaire ne peut excéder un mois. Des mesures de prévention, d'accompagnement et de réparation peuvent être prévues par le règlement intérieur. Les sanctions peuvent être assorties d'un sursis total ou partiel. Il ne peut être prononcé de sanctions ni prescrit de mesure de prévention, de réparation et d'accompagnement que ne prévoirait pas le règlement intérieur.

Les sanctions répondent aux atteintes graves à l'ordre au sein de l'établissement. À la différence des punitions, le nombre de sanctions envisageable est limité. Ces sanctions sont au nombre de quatre (par ordre croissant de gravité) :
– l'avertissement ;
– le blâme ;
– l'exclusion temporaire de l'établissement pour une durée maximale d'un mois ;
– l'exclusion définitive.

Ces deux dernières sanctions peuvent être ou non assorties d'un sursis, c'est-à-dire que les sanctions peuvent ne pas être appliquées tout de suite, mais si l'élève recommence à mal se conduire, cette sanction lui sera appliquée. Dans la pratique, le sursis ne sert à rien, car si l'enfant recommence à mal se conduire, il faut reprendre toute la procédure : ce qui est long et

décourage en général l'administration. Elle préférera alors prononcer une sanction moins lourde, mais qui sera applicable tout de suite.
On peut contester les sanctions devant le juge administratif.

⚠ L'exclusion d'un cours est tout à fait possible, si l'élève perturbe l'enseignant (l'article L. 921-1 du Code de l'éducation rappelle à ce sujet que les enseignants sont responsables de l'activité scolaire). Cette « exclusion » est une simple punition et n'a rien à voir avec l'exclusion/sanction qui consiste à interdire à l'élève de venir à l'établissement pendant cette période.

⚠ Le placement dans un dispositif relais ne peut jamais constituer une sanction. Les dispositifs relais sont des dispositifs d'aide et non de sanction.

Un cas particulier : les conséquences de la sanction « exclusion définitive »

Article 5 du décret du 18 décembre 1985

Lorsqu'une sanction d'exclusion définitive est prononcée [...] à l'encontre d'un élève soumis à l'obligation scolaire, le recteur ou l'inspecteur d'académie [...], selon le cas, doit être informé immédiatement et [...] aussitôt pourvoir à son inscription dans un autre établissement ou centre public d'enseignement par correspondance.

Jusqu'à l'âge de 16 ans, il existe, en principe, une « obligation scolaire », ce qui veut dire que l'enfant doit pouvoir suivre un enseignement soit dans une école, soit à distance (➜ Voir p. 142). Dès lors, si un enfant est exclu d'un établissement parce qu'il s'est mal conduit, il doit pouvoir continuer d'être éduqué mais ailleurs, dans un autre établissement. L'exclusion ne veut donc pas dire qu'on « en a fini » avec l'école.

⚠ Pour se rendre dans un nouvel établissement, il est possible que l'élève ait certaines difficultés que les parents ne sont pas forcément prêts à supporter. Il faut cependant rappeler qu'ils sont pourtant tenus d'assurer la scolarisation de leur enfant, au risque sinon de faire l'objet de poursuites (➜ Voir p. 145).

Les sanctions « collectives » sont illégales

Il n'y a pas précisément de texte qui interdise les sanctions collectives. Elles sont toutefois clairement illégales car le principe est celui de la personnalité de la sanction : même si plusieurs personnes ont commis ensemble un même acte, on ne peut pas donner de façon groupée la même sanction. Il faut, comme toujours, apprécier la situation au cas par cas. Au final, tous les élèves pourront avoir la même sanction, mais la décision d'appliquer telle sanction aura été prise individuellement.

Les punitions collectives sont-elles légales ? Il faut s'entendre sur les termes : si on entend punition collective comme étant la même punition donnée individuellement à chaque élève parce qu'il avait causé un trouble, la punition collective est assurément légale ; si par contre on entend par punition collective une punition donnée à un groupe sans que l'on sache vraiment si tout le monde est bien responsable du trouble (cas du brouhaha, par exemple), alors cette punition doit être considérée comme illégale. Dans un cas comme dans l'autre, le juge considère qu'il ne peut pas être saisi, vu que la mesure est « insignifiante » : les enseignants sont donc de fait (et non de droit) libres de prendre des punitions collectives, et on reconnaîtra que l'atteinte au droit est ici tout de même mineure...

L'affichage de la sanction dans l'enceinte de l'établissement

Lettre de la direction des affaires juridiques du 1er mars 1999

Le règlement intérieur de chaque établissement peut prévoir expressément que le chef d'établissement puisse décider de rendre publiques [les décisions de sanction].

Il n'y a pas de texte officiel sur la question, seulement une lettre de l'administration, c'est-à-dire un avis qui a été donné par une personne qui est chargée, au sein de l'administration de l'Éducation nationale, de résoudre les problèmes de droit.
Selon cette lettre, le règlement intérieur peut organiser l'affichage de la sanction prise avec le nom de l'élève concerné. Ceci peut être considéré comme une mesure de dissuasion, mais on peut douter de l'efficacité d'une telle mesure, qui peut avoir une sorte « d'effet boomerang » qui est, pour un élève, de se faire connaître comme un « caïd ».

Les mesures éducatives et les travaux d'intérêt collectif

Article 3 du décret du 30 août 1985

[...] Des mesures de prévention, d'accompagnement et de réparation peuvent être prévues par le règlement intérieur [...].

Ces mesures peuvent être prises en plus ou à la place des sanctions. Elles constituent le moyen d'amener l'élève à comprendre en quoi son acte est « mauvais », en quoi, par exemple, le fait d'avoir écrit sur un mur est une action à ne pas refaire. La mesure va pouvoir consister, par exemple, à lui

proposer de nettoyer lui-même ce mur, ce qui lui permettra de comprendre l'importance et les conséquences de son acte.
Il peut s'agir également de lui faire rencontrer sa victime et de lui demander de s'excuser dans le cas d'un acte de violence. Si l'élève réalise déjà en quoi son comportement est « perturbateur », c'est un premier pas vers sa responsabilisation.

Des pratiques illégales : le zéro pour mauvaise conduite, la diminution d'une note pour mauvaise conduite...

Circulaire du 11 juillet 2000

[...] Il convient également de distinguer soigneusement les punitions relatives au comportement des élèves de leur travail personnel. Ainsi n'est-il pas permis de baisser la note d'un devoir en raison du comportement d'un élève ou d'une absence injustifiée. Les lignes et les zéros doivent également être proscrits. [...]

Certains enseignants continuent de faire une sorte de « chantage » qui consiste à dire : « si vous ne vous conduisez pas bien, je baisserai votre note ». Ce chantage est interdit. De même, le fait de mettre un zéro à un élève qui n'est pas venu en classe est interdit.
La raison de cette interdiction est simple : lorsque l'enseignant met une note, il apprécie le travail fourni par l'élève, lorsqu'il décide d'une punition ou demande une sanction, il juge le comportement de l'élève. Ce sont deux choses différentes.
Par exemple : un élève, pour ne pas risquer de faire baisser sa moyenne, décide de ne pas venir à une interrogation. L'enseignant constate que l'élève n'est pas venu et décide de lui mettre un zéro. Si cette note a un effet sur son passage, par exception à la règle selon laquelle un élève ne peut pas contester sa note devant le juge, on admettra qu'il puisse le faire. Car en effet, de deux choses l'une : soit l'enseignant peut prouver que l'absence de l'élève était volontaire, et dans ce cas, il peut décider d'une punition ou demander à la rigueur une sanction, soit il ne le peut pas, et dans ce cas, il n'y a pas de raison qu'il utilise un pouvoir qu'il a (celui d'attribuer une note) dans un but autre que celui pour lequel il lui a été confié ; il met des notes pour apprécier la qualité du travail de ses élèves, non pour exercer une sorte de « droit disciplinaire sans règles propres ».

§2 Les compétences des différentes « autorités »

Le pouvoir disciplinaire des enseignants et des surveillants

Article 6 du décret du 18 décembre 1985

[...] Lorsque le chef d'établissement, saisi par écrit d'une demande [...] émanant d'un membre de la communauté éducative, décide de ne pas engager de procédure disciplinaire, il lui notifie sa décision motivée. [...]

Les **punitions** peuvent être données par les enseignants ou par les surveillants (au sens large du terme, conseil d'éducation, surveillant de salle, documentaliste dans certains cas...).

Si un enseignant ou un surveillant souhaite qu'un élève fasse l'objet d'une **sanction** (parce qu'il estime que le comportement en question est grave), il doit en faire la demande au chef d'établissement. Le chef d'établissement décidera seul s'il y a lieu d'appliquer une sanction. S'il refuse et que la demande avait été faite par écrit, il devra motiver son choix. L'enseignant ou le surveillant qui avait fait la demande pourra cependant toujours donner une simple punition.

Le pouvoir disciplinaire du chef d'établissement et du conseil de discipline

Article 8 du décret du 30 août 1985

le chef d'établissement : [...]

e) Engage les actions disciplinaires et intente les poursuites devant les juridictions compétentes. À l'égard des élèves, il peut prononcer seul [...], les sanctions suivantes : l'avertissement, le blâme ou l'exclusion temporaire, de huit jours au plus, de l'établissement ou de l'un de ses services annexes, ainsi que les mesures de prévention, d'accompagnement et de réparation prévues à cet article. [...]

– **C'est le chef d'établissement qui décide si un comportement doit donner lieu ou non à une sanction disciplinaire.** Il peut tout à fait décider, pour des raisons diverses, de ne pas demander à ce qu'on applique une sanction à un élève pour un comportement déterminé, et préférer une simple punition.

Par exemple, un élève dont les parents connaissent une période très difficile, pourra ne pas faire l'objet d'une sanction pour dégradation, alors même que, pour une dégradation identique, un autre élève avait fait l'objet d'une sanction (avertissement). Le chef d'établissement « personnalise », c'est-à-dire adapte, la mesure à la personne.

– **Le chef d'établissement peut prendre seul toutes les sanctions à l'exception de décisions d'exclusion pour une durée de plus de 8 jours.** Ces décisions (exclusion temporaire « longue » et exclusion définitive) relèvent du conseil de discipline. Le chef d'établissement pourra toutefois décider de saisir le conseil de discipline de toute sanction qu'il peut prendre seul, afin de donner plus de poids à cette mesure.

Par exemple : un élève a causé un trouble grave dans la salle de permanence en utilisant une bombe lacrymogène. Le chef d'établissement considère que ce comportement doit faire l'objet d'une sanction disciplinaire. Il hésite sur le type de sanction à prendre et veut aussi faire de cette affaire un « exemple », c'est-à-dire montrer à l'ensemble des élèves que ce comportement est intolérable. Pour donner plus de poids à sa décision, il va demander à ce que le conseil de discipline se réunisse. À l'inverse, le chef d'établissement peut tout à fait décider de donner un blâme ou un avertissement ou d'exclure l'élève pour une durée de 6 jours s'il veut agir vite et montrer aux élèves que tout comportement qui cause un trouble, lorsqu'il est avéré et non contesté, fait immédiatement l'objet d'une sanction.

Le pouvoir disciplinaire du conseil de discipline

Article 31 du décret du 30 août 1985

[...] Le conseil de discipline est saisi par le chef d'établissement. Il a compétence pour prononcer à l'encontre des élèves l'ensemble des sanctions et des mesures mentionnées à l'article 3, dans les conditions fixées par ce même article. [...]

Le chef d'établissement *doit* saisir le **conseil de discipline pour prononcer une décision d'exclusion d'une durée supérieure à 8 jours** (c'est le conseil de discipline qui prend la décision). C'est une garantie en fait pour l'élève, la procédure devant le conseil de discipline est très organisée et très précise. Le chef d'établissement *peut* saisir le conseil de discipline pour appliquer toutes les autres sanctions.

Le conseil de discipline départemental peut être saisi pour prendre certaines sanctions

Article 31 du décret du 30 août 1985

[...]
III. Lorsque, pour des faits d'atteinte grave aux personnes ou aux biens, un chef d'établissement engage une action disciplinaire à l'encontre d'un élève qui a déjà fait l'objet d'une sanction d'exclusion définitive de son précédent établissement ou est l'objet de poursuites pénales, il peut, s'il estime que la sérénité du conseil de discipline n'est pas assurée ou que l'ordre et la sécurité dans l'établissement seraient compromis, saisir le conseil de discipline départemental. [...]

Le chef d'établissement peut décider de demander au conseil de discipline départemental de prendre une sanction lorsque :
– l'élève a déjà fait l'objet d'une mesure d'exclusion définitive ;
– l'élève fait en même temps l'objet de poursuites pénales et le chef d'établissement estime qu'il ne peut pas prendre une mesure de sanction sans troubler gravement la sérénité dans son établissement.
Par exemple : un élève a frappé un enseignant, menacé d'autres enseignants et le chef d'établissement. Il y a, ici, un risque important que la sanction ne puisse pas être prise dans l'établissement dans un climat suffisamment apaisé. Pour éviter que la sanction ne soit prise dans ces conditions, on va permettre au chef d'établissement de saisir le conseil de discipline départemental.
Ce conseil de discipline, au sein duquel siègent notamment des représentants d'associations de parents d'élèves, est une structure qui offre des garanties de compétence et d'indépendance. Il pourra prendre la sanction adaptée dans ce genre de cas « particulièrement difficiles ».

L'intervention des agents de police aux abords ou à l'intérieur des établissements

Cette intervention est légitime pour assurer l'ordre public en cas d'incident sérieux ou de recherches d'auteurs d'infractions. La présence permanente de policiers dans des établissements « difficiles » est plus controversée. Néanmoins le ministère de l'Éducation nationale a choisi d'expérimenter, en concertation avec le ministère de l'Intérieur, à compter de 2006, la présence d'un « policier référent » dans les établissements qui en font la demande. Il assurera une permanence dont les modalités seront arrêtées par le conseil d'administration de l'établissement.

§3 La procédure de sanction doit respecter certaines règles

Les règles rappelées ci-après ne sont pas directement applicables aux punitions, qui, du fait qu'elles ne constituent pas des mesures graves et ne sont pas soumises aux mêmes exigences. Seules les sanctions sont soumises à ces règles. La sanction doit être prise après que l'élève a été entendu, celui-ci pouvant l'être soit directement (il s'exprime lui-même pour s'expliquer) soit indirectement (il fait intervenir un avocat). Le choix de la sanction doit être proportionné au comportement de l'élève dans son ensemble (et non uniquement à l'acte qu'il a commis). En conséquence de ces deux principes, le système des « points » comme le système des « tableaux de bord » ne sont légaux que s'ils ne sont pas « automatiques ».

Les droits de la défense : tout élève a le droit de s'expliquer directement ou par l'intermédiaire d'un représentant

Article 6 du décret du 18 décembre 1985, (procédure devant le conseil de discipline)

[...] Le chef d'établissement précise (*dans la lettre de convocation adressée par pli recommandé au moins huit jours avant la séance du conseil de discipline*) à l'élève cité à comparaître les faits qui lui sont reprochés et lui fait savoir qu'il pourra présenter sa défense oralement ou par écrit, ou se faire assister par la personne de son choix. Si l'élève est mineur, cette communication est également faite aux personnes qui exercent à son égard l'autorité parentale ou la tutelle, afin qu'elles puissent produire leurs observations. Elles sont entendues, sur leur demande, par le chef d'établissement et par le conseil de discipline. Elles doivent être informées de ce droit. [...] l'élève cité à comparaître, son représentant légal et la personne éventuellement chargée de l'assister pour présenter sa défense peuvent prendre connaissance du dossier auprès du chef d'établissement. [...]

Article 24 de la loi du 12 avril 2000 (procédure devant le chef d'établissement)

Exception faite des cas où il est statué sur une demande, les décisions individuelles qui doivent être motivées [...] n'interviennent qu'après que la personne intéressée a été mise à même de présenter des observations écrites et, le cas échéant, sur sa demande, des observations orales. Cette personne peut se faire assister par un conseil ou représenter par un mandataire de son choix. L'autorité administrative n'est pas tenue de satisfaire les demandes d'audition abusives, notamment par leur nombre, leur caractère répétitif ou systématique. [...]

On a déjà insisté sur le fait que la décision de sanction pouvait être prise soit par le chef d'établissement seul, soit par le conseil de discipline (➜ **Voir p. 347**). Quelle que soit l'autorité qui prend la décision de sanction, le droit de « se défendre » doit être assuré. Il pourra l'être selon deux modalités :

1. **L'élève doit pouvoir s'expliquer.** Il peut décider de s'expliquer lui-même sur son comportement. **Par exemple**, il expliquera qu'il a certes blessé un de ses camarades avec un cutter, mais que c'était dans le cadre d'un enseignement technique, suite à un geste malheureux... Il lui faudra alors prouver ce qu'il avance (s'il prétend que c'est un geste malheureux et que l'élève a été blessé pendant un cours de philosophie, son argumentation ne tiendra évidemment pas...). L'élève peut aussi décider de ne pas se défendre lui-même mais préférer recourir au concours d'un adulte voire d'un avocat, dont c'est le métier. Alors, c'est l'avocat qui ira devant le conseil de discipline (le mineur peut d'ailleurs accompagner son avocat).
2. **L'élève (et son défenseur) a le droit de consulter le dossier** (on parle en droit du principe du « contradictoire », c'est-à-dire du principe selon lequel on peut contester tout élément de preuve qui est apporté). C'est essentiel, car c'est pour lui le moyen de remettre en cause un certain nombre d'éléments invoqués à son encontre.

Par exemple : un élève est accusé d'avoir inscrit des injures sur de nombreux murs, y compris ceux du bureau du chef d'établissement. La lecture du dossier montre que l'élève a été poursuivi suite à une dénonciation d'un élève. Il n'y a pas d'autre personne pour prouver que c'est bien lui qui a fait cet acte. Les poursuites disciplinaires ne peuvent pas être continuées, car il n'y a pas de certitude que ce soit lui (on dit qu'il bénéficie du doute, car, comme dans un procès, toute personne est présumée innocente jusqu'à preuve du contraire).

Les élèves sont convoqués (devant le chef d'établissement ou devant le conseil de discipline) le plus souvent par voie de lettre recommandée avec accusé de réception. Si un élève n'a pas pu se faire entendre, la procédure de sanction doit être annulée. Par exception, et parce que certains « petits malins » veulent éviter la sanction, on admet que si un enfant essaie de s'arranger pour justement ne jamais pouvoir aller devant le conseil de discipline, alors, le fait que l'enfant ne se soit pas exprimé ne rend pas nulle la procédure. C'est le cas si l'enfant et son représentant légal ne va pas chercher le courrier à la poste ou s'il s'arrange pour changer l'adresse qu'il avait donnée à l'école (il prétend qu'il a déménagé et fait envoyer la lettre à une fausse adresse). En clair, l'enfant doit être entendu, mais, s'il joue avec la procédure, il peut ne pas l'être.

Le principe de proportionnalité : l'appréciation de la gravité dépend des faits et de l'élève

L'élève s'étant expliqué sur son comportement et si le chef d'établissement ou le conseil de discipline estime qu'il y a lieu d'appliquer une sanction, il va falloir la définir. Il faut adapter la sanction, c'est-à-dire faire un choix de façon à ce que la réponse de l'établissement au comportement de l'élève soit la meilleure possible. C'est ce qu'on appelle « le principe de proportionnalité » : une faute disciplinaire très grave peut entraîner une sanction très grave, une faute moins grave doit entraîner une sanction moins grave.
Il n'y a pas que l'acte qui doit être pris en compte pour déterminer quelle sanction appliquer, mais bien **l'ensemble du comportement de l'élève** et de sa situation.
La conséquence de ce principe est simple : le fait qu'un élève ait une sanction pour un comportement déterminé (graffitis sur un mur par exemple), ne signifie pas que tout élève qui fera un graffiti devra avoir la même sanction disciplinaire. Tout dépend de l'élève. Bien sûr, dans un souci de transparence et de lisibilité, les enseignants feront en sorte d'appliquer toujours à peu près les mêmes sanctions (en les modulant légèrement selon le caractère et la situation de l'élève). Mais, à aucun moment la sanction ne peut devenir automatique (➜ Voir p. 353).

La décision de sanction doit être clairement motivée

Article 1er de la loi du 11 juillet 1979

Les personnes physiques [...] ont le droit d'être informées sans délai des motifs des décisions administratives individuelles défavorables qui les concernent.

C'est très important : on ne peut pas dire « vous êtes exclu du collège parce que vous vous êtes mal conduit ». Il faut être très précis : par exemple, il faut dire « dans la mesure où vous avez injurié tel professeur à telle heure, que vous aviez auparavant menacé tel élève tel jour, etc., nous avons décidé de vous exclure... ». Il faut être tellement précis que le juge cherche à savoir quelle était la nature des injures prononcées...
En effet, si le conseil de classe reste « général » (en affirmant « vous avez eu une conduite inadmissible »), le juge, s'il est saisi, considérera que la décision n'est pas suffisamment précise (on dit « motivée » en droit) et l'annulera...

De plus, au-delà de l'aspect contentieux, il y a l'impératif de lisibilité, c'est-à-dire de clarté : si une décision est clairement motivée, l'élève en comprend mieux le sens et acquiert ainsi peu à peu le sens de sa responsabilité.

Hormis le cas d'exclusion définitive, aucune trace n'est gardée dans le dossier de l'élève au-delà d'un an

Article 3 du décret du 30 août 1985

[...] Toute sanction, hormis l'exclusion définitive, est effacée du dossier administratif de l'élève au bout d'un an. [...]

Les sanctions qui ont été prises sont effacées chaque année du dossier de l'élève, sauf lorsque l'élève a fait l'objet d'une mesure d'expulsion définitive. La raison pour laquelle ces sanctions sont conservées dans le dossier de l'élève au cours de l'année est simple : c'est le moyen de prouver si tel ou tel élève a déjà fait l'objet de sanctions, si on peut faire preuve d'une certaine indulgence, ou non. On efface ces sanctions au bout d'un an car le dossier scolaire ne doit pas devenir une sorte de « casier » de l'élève, comme on parle d'un casier judiciaire.

Le système des « points » comme le système des « tableaux de bord » est légal, mais sous certaines conditions

Circulaire du 11 juillet 2000

On ne sanctionne pas uniquement en fonction de l'acte commis mais également et surtout s'agissant de mineurs, en considération de la personnalité de l'élève et du contexte de chaque affaire.

Le **système des points** est un système qui a été inventé afin de faire du règlement intérieur une sorte d'équivalent du Code de la route. Tout élève a un nombre de points (comme pour le permis de conduire) et lorsqu'il commet une faute, on lui retire des points.
Un des problèmes qui risque de se poser, c'est qu'on fasse une sorte de grille :
– Un retard de 15 minutes : – 1 point.
– Une injure à un professeur : – 2 points...
Un règlement qui prévoirait un système aussi « mécanique » serait illégal. Il faut que la sanction soit prise en fonction de la personne de l'élève et non pas uniquement en fonction de l'acte. En clair, le règlement peut indiquer

un **barème indicatif** des sanctions, mais il ne doit jamais y avoir de sanction automatique. De plus, la décision d'exclusion pour une durée de plus de 8 jours ne peut être prise de façon mécanique, car, comme on l'a vu, elle suppose toujours l'intervention du conseil de discipline.

Les « **tableaux de bord** » sont des tableaux qui sont le plus souvent joints aux règlements intérieurs et qui indiquent quelles sanctions ont été prononcées pour tels agissements les années précédentes. Il semble que ces tableaux puissent tout à fait figurer en annexe (c'est-à-dire à titre d'information), mais qu'en aucun cas le conseil d'administration ne doive appliquer *automatiquement* une même sanction pour des faits identiques. Le choix de la sanction dépend de l'élève *et* des faits qu'il a commis, et non pas seulement des faits (➜ Voir p. 352).

§4 La contestation de la sanction

On rappellera qu'on ne peut contester qu'une décision de sanction, pas une punition (➜ Voir p. 342). La procédure de contestation est différente selon que la sanction prise est une décision d'exclusion supérieure à 8 jours ou non.

Quelle que soit la sanction prise, il faut savoir que le fait de la contester ne permet pas d'échapper à l'application de cette sanction : à partir du moment où la sanction a été décidée, elle doit être respectée et appliquée.

La sanction prise est une décision d'exclusion supérieure à 8 jours : la contestation doit d'abord être portée devant le recteur avant de pouvoir être portée devant le juge

Article 31-I du décret du 30 août 1985

Toute sanction d'exclusion supérieure à huit jours prononcée par le conseil de discipline peut être déférée, dans le délai de huit jours, au recteur d'académie [...].

On rappellera que les décisions d'exclusion temporaire pour une durée de plus de 8 jours ne peuvent être prises que par le conseil de discipline, ce qui constitue en soi une garantie pour les élèves.

Les décisions d'exclusion supérieure à 8 jours peuvent être réexaminées. C'est le recteur qui prend cette décision, mais il doit faire intervenir une commission qui va obligatoirement donner son avis. Cette commission comprend un inspecteur d'académie, des représentants des associations de parents d'élèves, un professeur et un chef d'établissement. En tout état de cause, c'est le recteur qui va prendre la décision, en principe dans un délai d'un mois.

Si les parents (ou l'élève majeur) ne sont toujours pas satisfaits de la décision qui a été prise, ils pourront alors décider d'attaquer la décision devant le juge administratif.

⚠ On ne peut pas « sauter une étape » et décider de saisir aussitôt le juge (dans le cas des décisions d'exclusion supérieures à 8 jours) : il faut impérativement demander un réexamen de la décision au rectorat et en cas de réponse négative ou de non-réponse, saisir le juge.

⚠ Il faut rappeler que si la procédure n'a pas été respectée, la décision pourra être annulée.

La sanction prise n'est pas une mesure d'exclusion de plus de 8 jours : elle peut être contestée directement devant le juge administratif

Il n'existe pas de texte spécifique qui indique que l'on puisse faire un recours contre une sanction disciplinaire autre que la décision d'exclusion pour une durée de plus de 8 jours. Ce sont les tribunaux qui ont admis cette possibilité.

La décision peut être contestée de deux façons : soit devant l'administration (devant l'inspecteur d'académie si la décision a été prise par le principal d'un collège, devant le recteur si la décision a été prise par un proviseur), soit directement devant le juge.

IV La délinquance en milieu scolaire : les sanctions pénales

On ne donnera ici que quelques illustrations des « infractions pénales » qui peuvent être commises à l'intérieur d'un établissement. On rappellera que ces infractions peuvent donner lieu à des mesures disciplinaires mais aussi à des poursuites devant les tribunaux. Elles concernent aussi bien les enseignants (mais également les personnels de l'établissement) que les élèves. Notons que lorsqu'un membre du personnel enseignant est la victime, il peut demander, outre une sanction disciplinaire, que le mineur soit poursuivi devant les tribunaux (on dit qu'il porte plainte). On signalera la publication d'un guide par le ministère de l'Éducation nationale *Aide au diagnostic de sécurité en milieu scolaire* qui permet aux chefs d'établissements de s'assurer de la cohérence de leur action avec les autres services concernés (notamment la police et la gendarmerie).

La question de la légalité de présence de policiers au sein des établissements scolaires a, parfois, été soulevée dans la presse. En droit, aucune disposition ne s'y oppose.

§1 Les victimes sont les personnels enseignants, les personnels de l'établissement ou les élèves

Les injures et outrages concernant un enseignant (ou tout membre du personnel de l'établissement)*

Article 433-5 du Code pénal

Constituent un outrage puni de 7500 euros d'amende les paroles, gestes ou menaces, les écrits ou images de toute nature non rendus publics ou l'envoi d'objets quelconques adressés à une personne chargée d'une mission de service public, dans l'exercice ou à l'occasion de l'exercice de sa mission, et de nature à porter atteinte à sa dignité ou au respect dû à la fonction dont elle est investie.

[...]

Lorsqu'il est adressé à une personne chargée d'une mission de service public et que les faits ont été commis à l'intérieur d'un établissement scolaire ou éducatif, ou, à l'occasion des entrées ou sorties des élèves, aux abords d'un tel établissement, l'outrage est puni de six mois d'emprisonnement et de 7500 euros d'amende.

Lorsqu'il est commis en réunion, l'outrage prévu au premier alinéa est puni de six mois d'emprisonnement et de 7500 euros d'amende, et l'outrage prévu au deuxième alinéa est puni d'un an d'emprisonnement et de 15000 euros d'amende.

Les personnels enseignants ont le droit au respect. Toute injure, tout outrage* (c'est-à-dire toute parole ou tout comportement qui porte atteinte à leur honneur) constitue une faute qui peut donner lieu à une sanction ou au minimum à une punition. La loi est d'ailleurs même venue poser le principe selon lequel ces actes constituaient des « infractions » (c'est-à-dire des actes que le droit sanctionne) susceptibles de donner lieu à une condamnation par les tribunaux.

Si l'injure (ou l'outrage) est faite en public (par exemple à l'occasion d'une réunion), la faute est particulièrement grave c'est pourquoi le membre du personnel pourra porter plainte (en plus de la sanction disciplinaire) : l'élève qui a fait cette injure pourra être condamnée à verser une amende allant jusqu'à 7500 euros (elle risque par ailleurs 6 mois de prison).

⚠ L'outrage peut aussi prendre la forme d'un geste ou d'un comportement : par exemple, le fait pour un élève de « singer » un professeur (c'est-à-dire de mimer un professeur en le ridiculisant en public) peut, dans certaines conditions, constituer un délit d'outrage. De la même façon, le fait de suivre un enseignant dans les rues et de le regarder d'un air narquois pendant plusieurs heures peut, dans certaines conditions, constituer un délit d'outrage.

Les menaces de s'en prendre aux biens d'un enseignant (ou de toute autre personne)

Article 322-12 du Code pénal

La menace de commettre une destruction, une dégradation ou une détérioration dangereuses pour les personnes est punie de six mois d'emprisonnement et de 7 500 euros d'amende lorsqu'elle est soit réitérée, soit matérialisée par un écrit, une image ou tout autre objet.

Article 322-13 du Code pénal

La menace, par quelque moyen que ce soit, de commettre une destruction, une dégradation ou une détérioration est punie d'un an d'emprisonnement et de 15 000 euros d'amende lorsqu'elle est faite avec l'ordre de remplir une condition. La peine est portée à trois ans d'emprisonnement et 45 000 euros d'amende s'il s'agit d'une menace de destruction, de dégradation ou de détérioration dangereuses pour les personnes.

Les menaces peuvent être portées indifféremment contre les élèves ou le personnel enseignant. Dans la pratique, le risque est souvent celui de voir les enseignants menacés de « représailles » ou leurs biens (le plus souvent la voiture de l'enseignant) pourraient avoir « des soucis ». On assiste alors à un véritable chantage. Ce comportement est très grave et peut faire l'objet de poursuites judiciaires et d'une sanction disciplinaire :
– **lorsque la menace a été réitérée** (c'est-à-dire lorsqu'elle a été faite plus d'une fois) ;
– **lorsque la menace a été faite sous la forme d'un écrit** (par exemple, un mot a été mis dans le casier d'un professeur et une enquête révèle que c'est tel élève qui avait mis le mot de menace dans le casier du professeur) ;
– **lorsque la menace est faite afin d'obtenir quelque chose. Par exemple**, un élève demande à un de ses professeurs de « revoir la note » qu'il lui a attribuée, sinon il pourrait bien « avoir des problèmes » : ceci constitue une menace.

Les poursuites devant les tribunaux pourront conduire à une peine de prison allant de 6 mois et 7 500 euros d'amende (menace simple), à un an et 15 000 euros d'amende (menace assortie d'une condition). Dans les cas les plus graves (menace très grave assortie d'une condition), la peine de prison peut aller jusqu'à 3 ans de détention et 45000 euros d'amende.

Les dégradations des biens appartenant à l'enseignant (ou à toute autre personne)

Article 322-1 du Code pénal

La destruction, la dégradation* ou la détérioration d'un bien appartenant à autrui est punie de deux ans d'emprisonnement et de 30000 euros d'amende, sauf s'il n'en est résulté qu'un dommage léger. [...]

Les biens des personnels enseignants, comme les biens de toutes personnes, doivent pouvoir bénéficier d'une certaine protection : c'est la raison pour laquelle la loi prévoit une amende de 30000 euros et une peine pouvant aller jusqu'à 2 ans de prison en cas de dégradation* importante (c'est-à-dire en cas de dégât important causé à un bien).

Par exemple : un élève, mécontent d'avoir eu de mauvais résultats à son brevet blanc décide de crever les pneus de la voiture d'un de ses enseignants, de lui casser les vitres et de la rayer sur toute sa longueur. On dit qu'il commet une dégradation.

Les menaces physiques sur le personnel enseignant

Article 222-17 du Code pénal

La menace de commettre un crime ou un délit contre les personnes dont la tentative est punissable est punie de six mois d'emprisonnement et de 7500 euros d'amende lorsqu'elle est, soit réitérée, soit matérialisée par un écrit, une image ou tout autre objet.

La peine est portée à trois ans d'emprisonnement et à 45000 euros d'amende s'il s'agit d'une menace de mort.

Article 222-18 du Code pénal

La menace, par quelque moyen que ce soit, de commettre un crime ou un délit contre les personnes, est punie de trois ans d'emprisonnement et de 45000 euros d'amende, lorsqu'elle est faite avec l'ordre de remplir une condition.

La peine est portée à cinq ans d'emprisonnement et à 75000 euros d'amende s'il s'agit d'une menace de mort.

De la même façon que les menaces de s'en prendre aux biens, celles de s'en prendre aux personnes peuvent faire l'objet de poursuites. Les conditions sont les mêmes qu'il s'agisse de menaces contre le personnel enseignant ou un élève.

La menace de porter atteinte à une personne peut faire l'objet de poursuites lorsque :

– Cette menace a été soit répétée, soit a donné lieu à un écrit (on peut penser, par exemple, à un mail authentifié. La peine encourue est alors de 6 mois de prison et 7500 euros d'amende ;

– Cette menace est une menace « très grave », puisque c'est une menace de mort. La peine encourue est alors de 3 ans de prison et 45000 euros d'amende ;

– Cette menace est assortie d'une condition, c'est-à-dire qu'on demande à ce que quelque chose soit fait sinon... La peine de prison pourra alors aller jusqu'à 5 ans et 75000 euros d'amende.

Les violences physiques sur le personnel enseignant

Article 222-13 du Code pénal

Les violences ayant entraîné une incapacité de travail inférieure ou égale à huit jours ou n'ayant entraîné aucune incapacité de travail sont punies de trois ans d'emprisonnement et de 45000 euros d'amende lorsqu'elles sont commises :

[...] 4° sur [...] toute autre personne dépositaire de l'autorité publique, [...] dans l'exercice ou du fait de ses fonctions, lorsque la qualité de la victime est apparente ou connue de l'auteur ;

[...]

Le personnel enseignant doit bénéficier d'une protection particulière : c'est pourquoi le fait d'exercer une violence sur un enseignant ou un membre de l'administration fait risquer non seulement une sanction très grave, mais aussi des poursuites devant un juge (jusqu'à 3 ans de prison et 45000 euros d'amende).

Le fait de violence est largement entendu, puisqu'on a considéré, par exemple, que le fait de jeter le contenu d'une tasse de café sur un enseignant pouvait constituer un fait de cette nature.

De la même façon, le fait d'envoyer un chien sur un professeur constitue un acte de violence volontaire qui fait risquer à celui qui a envoyé l'animal des poursuites devant les tribunaux. On a considéré également que le fait de montrer une arme (un simple couteau), même sans s'en servir, pouvait constituer un acte de violence singulier.

§2 Les victimes sont plus particulièrement les élèves : les exemples du bizutage et du racket

Là encore, on ne citera que quelques infractions (le bizutage et le racket), on renverra pour d'autres infractions à la partie « mineur et justice » (*cf.* vol, recel...). On rappelle par ailleurs que les règles concernant les menaces de s'en prendre aux biens ou aux personnes sont les mêmes qu'il s'agisse d'un élève ou d'un enseignant.

*Le bizutage**

Article 225-16-1 du Code pénal

Hors les cas de violences, de menaces ou d'atteintes sexuelles, le fait pour une personne d'amener autrui, contre son gré ou non, à subir ou à commettre des actes humiliants ou dégradants lors de manifestations ou de réunions liées aux milieux scolaire et socio-éducatif est puni de six mois d'emprisonnement et de 7500 euros d'amende.

Pendant longtemps, dans les écoles (collèges, lycées et surtout « grandes écoles »* – c'est-à-dire les classes préparatoires et les écoles « de renom ») il y avait une sorte de « tradition » qui consistait à faire subir pendant une ou plusieurs journées des mauvais traitements aux « petits nouveaux » (qui portaient alors le nom de « bizuts »).

Il y a toujours des « dérives », soit, en réalité, des pratiques devenant de véritables séances d'humiliation. C'est pourquoi est intervenu cet article qui interdit désormais toute forme de bizutage, sous peine d'une très forte amende (7500 euros) et 6 mois de prison.

Le bizutage se définit en droit comme le fait de forcer quelqu'un à faire quelque chose d'humiliant dans un cadre scolaire ou lié au milieu scolaire.

Remarque

1° Le fait que le bizutage ait lieu devant l'école (et non à l'intérieur) n'empêche pas le chef d'établissement non seulement de saisir la justice, mais aussi de décider de sanctions disciplinaires (exclusion, par exemple) (➜ Voir p. 347).

2° Le chef d'établissement peut demander l'intervention de la police en cas de bizutage important.

*Le racket**

Article 312-1 du Code pénal

L'extorsion est le fait d'obtenir par violence, menace de violences ou contrainte soit une signature, un engagement ou une renonciation, soit la révélation d'un secret, soit la remise de fonds, de valeurs ou d'un bien quelconque.
L'extorsion est punie de sept ans d'emprisonnement et de 100 000 euros d'amende.

Article 312-2 du Code pénal

L'extorsion est punie de dix ans d'emprisonnement et de 150 000 euros d'amende :
1° Lorsqu'elle est précédée, accompagnée ou suivie de violences sur autrui ayant entraîné une incapacité totale de travail pendant huit jours au plus;
2° Lorsqu'elle est commise au préjudice d'une personne dont la particulière vulnérabilité, due à son âge, à une maladie, à une infirmité, à une déficience physique ou psychique ou à un état de grossesse, est apparente ou connue de son auteur.

Certains élèves (souvent «plus forts» et agissant en bandes) sont devenus des spécialistes du racket qui consiste en des menaces accompagnées ou non de violences pour obtenir un bien d'un autre élève. L'exemple type est celui du « caïd » qui exige de l'argent d'un autre élève, pour soit disant, lui éviter des « ennuis »...
Ce comportement constitue non seulement une faute disciplinaire (qui peut conduire jusqu'à l'exclusion définitive du collège ou du lycée), mais aussi une infraction pénale qui fait risquer :
– Jusqu'à 7 ans de prison et 100 000 euros d'amende **s'il n'y a pas eu de violence et si la victime n'était pas particulièrement faible**;
– Jusqu'à 10 ans de prison et 150 000 euros d'amende si le racket s'est accompagné de violences graves (ou plus précisément si l'acte de violence n'a pas entraîné une incapacité de plus de 8 jours, c'est le médecin qui déclare la durée de l'incapacité) ou si le racket a été accompli sur une personne vulnérable.
Par exemple, si la victime est un élève en classe de sixième et que la personne qui a fait le racket est en terminale, on peut considérer que la victime est une « personne particulièrement vulnérable » et en conséquence, l'élève de terminale pourra être poursuivi devant les tribunaux;
– Jusqu'à 15 ans de prison et 150 000 euros d'amende si le racket s'est accompagné de violences graves (la personne a eu une incapacité de travail d'une durée supérieure à 8 jours).

– Jusqu'à 20 ans de prison et 150 000 euros d'amende lorsque le racket a été commis en bande organisée ;
– Jusqu'à 30 ans de prison et 150 000 euros d'amende si le racket a été accompli avec une arme. C'est la même peine si le racket a été accompli en bandes organisées et avec une arme.
Les élèves qui sont victimes de tels actes doivent en informer immédiatement leurs parents et l'administration qui met alors tout en œuvre pour faire cesser le racket.
Remarque : certains « petits malins », pour ne pas se « faire prendre » pratiquent le racket dans les transports en commun, de telle sorte, pensent-ils, qu'ils ne peuvent pas faire l'objet de poursuites. Ils se trompent...
Dans la mesure où le racket est une infraction pénale, il suffit de porter plainte à la gendarmerie ou au commissariat et ce « petit malin » se verra convoqué et poursuivi.

§3 L'intrusion et les dégradations de bâtiments

La dégradation des locaux publics

Article 322-2 du Code pénal

L'infraction définie au premier alinéa de l'article 322-1 est punie de trois ans d'emprisonnement et de 45 000 euros d'amende et celle définie au deuxième alinéa du même article de 7 500 euros d'amende et d'une peine de travail d'intérêt général, lorsque le bien détruit, dégradé ou détérioré est :
1° Destiné à l'utilité ou à la décoration publiques et appartient à une personne publique ou chargée d'une mission de service public; [...]

Tous les locaux de l'établissement bénéficient d'une protection particulière du fait qu'ils servent à un service public (le service public de l'enseignement). Cela veut dire que toute dégradation dans l'établissement, où qu'elle ait lieu, peut faire l'objet de poursuites devant les tribunaux. Ceux-ci condamneront alors à une peine qui peut aller jusqu'à 3 ans de prison et 45 000 euros d'amende.
Il faut, bien sûr, prouver qu'il y a eu une intention d'abîmer les locaux, c'est-à-dire il faut montrer que cela n'est pas arrivé suite à un concours malheureux de circonstances. **Par exemple**, un élève qui l'hiver glisse sur une plaque de verglas et endommage une vitre ne peut pas faire l'objet de poursuites pour dégradation. Si par contre un élève a cassé une vitre avec un marteau, il est évident qu'il en avait l'intention.

Les tags, les graffitis, les inscriptions

Article 322-1 du Code pénal

[...]
Le fait de tracer des inscriptions, des signes ou des dessins, sans autorisation préalable, sur les façades, les véhicules, les voies publiques ou le mobilier urbain est puni de 3 750 euros d'amende et d'une peine de travail d'intérêt général lorsqu'il n'en est résulté qu'un dommage léger.

Voir aussi l'article 322-2 du Code pénal, ci-avant.

Les tags et graffitis peuvent constituer une forme d'expression artistique... C'est un fait. Mais il n'est pas possible d'invoquer sa liberté d'expression pour recouvrir les murs des établissements de dessins, croquis, paroles... En effet, l'article 322-1 alinéa 2 du Code pénal précise que le fait de tracer des inscriptions, des signes ou des dessins, sans autorisation préalable, sur les façades, les véhicules, les voies publiques ou le mobilier urbain est puni de 3 750 euros d'amende lorsqu'il n'en est résulté qu'un dommage léger.

La loi n° 2002-1138 du 9 septembre 2002, en son article 24, est venue aggraver la répression en ajoutant à l'amende la faculté pour le juge d'infliger une peine de travail d'intérêt général.

Lorsque le tag a détérioré le support sur lequel il a été apposé, le dommage est manifestement plus important et, dès lors, c'est l'article 322-1 alinéa 1er qui doit être requis. En vertu de ce texte, la peine encourue par le contrevenant est de 2 années d'emprisonnement et de 30 000 euros d'amende.

En outre, il ressort de l'article 322-3 du Code pénal que les faits visés à l'article 322-1 alinéa 1er sont punis de 5 ans d'emprisonnement et de 75 000 euros d'amende lorsqu'ils sont réalisés à la suite de l'introduction dans les lieux par ruse, effraction ou escalade, ou s'ils ont été perpétrés par plusieurs personnes agissant en qualité d'auteur ou de complice ou lorsqu'ils sont facilités par la particulière vulnérabilité apparente ou connue de l'auteur, d'une personne (le propriétaire ou le gardien des lieux par exemple) ou enfin, si les actes en question sont commis au préjudice d'un témoin, d'une victime ou d'une partie civile soit pour l'empêcher de dénoncer le fait, de porter plainte ou de déposer en justice, soit en raison de sa dénonciation, sa plainte ou sa déposition.

Le Code pénal prévoit également comme susceptibles d'encourir cette sanction aggravée la destruction, la dégradation et la détérioration d'un bien appartenant à des personnes dépositaires de l'autorité publique ou chargées d'une mission de service public, en vue d'influencer leurs comportements dans l'exercice de leurs fonctions ou de leurs missions.

Les incendies et tentatives d'incendie

Article 322-6 du Code pénal

La destruction, la dégradation ou la détérioration d'un bien appartenant à autrui par l'effet d'une substance explosive, d'un incendie ou de tout autre moyen de nature à créer un danger pour les personnes est punie de dix ans d'emprisonnement et de 150000 euros d'amende.

Le fait de mettre le feu (avec de l'essence ou toute autre substance explosive comme des engrais) à un établissement fait encourir une peine de prison pouvant aller jusqu'à 10 ans et une amende pouvant aller jusqu'à 150000 euros. C'est un fait très grave qui donnera lieu à une appréciation différente selon les cas (si par exemple l'élève a mis le feu à la poubelle, la sanction, qui sera lourde bien sûr, sera tout de même moins lourde que si l'élève a mis le feu dans une salle en y répandant de l'essence).

L'intrusion de personnes non autorisées dans l'enceinte du collège ou du lycée

Article R. 645-12 du Code pénal

Le fait de pénétrer dans l'enceinte d'un établissement scolaire, public ou privé, sans y être habilité en vertu de dispositions législatives ou réglementaires ou y avoir été autorisé par les autorités compétentes est puni de l'amende prévue pour les contraventions de la 5e classe.
Les personnes coupables de la contravention prévue au présent article encourent également les peines complémentaires suivantes :
1° La confiscation de la chose qui a servi à commettre l'infraction ou de la chose qui en est le produit;
2° Le travail d'intérêt général pour une durée de 20 à 120 heures. La récidive de la contravention prévue au présent article est réprimée conformément à l'article 132-11.

Toute personne qui entre dans un collège ou un lycée sans y être autorisée (elle n'est pas élève, ce n'est pas un parent d'élève qui aurait un rendez-vous avec un professeur) risque une amende qui peut aller jusqu'à 1500 euros.
Cet article est utilisé notamment pour les « grands frères » qui entrent dans les établissements pour « régler leurs comptes ». Il suffit que le chef d'éta-

blissement puisse les identifier (ce qui se fait, en principe, assez simplement dans le cas des « grands frères ») et l'amende leur sera donnée. Enfin, on peut penser que cette infraction est aussi applicable aux élèves qui ont fait l'objet d'une exclusion temporaire ou définitive et qui viennent dans l'établissement alors qu'ils n'y sont plus admis...

quatrième partie

La société

Cette quatrième partie traite des principaux problèmes auxquels est confronté le mineur – et ses parents qui en assurent la protection – dans la vie en société. On rappellera que cette question a déjà été partiellement traitée sous l'angle des « actes de la vie courante » (→ **Voir p. 98 et s.**). La protection du mineur est organisée par la loi qu'il s'agisse de sa vie privée, de sa santé, des violences dont il peut faire l'objet, de sa liberté – d'aller et venir – et plus largement de « circuler » hors de l'école et du domicile familial, ainsi que des conditions dans lesquelles il peut travailler. Pour autant, le mineur est responsable civilement et pénalement de ses actes en fonction de son âge et de sa maturité.

Enfin, un chapitre spécial est consacré à ceux qui atteignent juste la majorité et ont donc passé 18 ans.

chapitre 1

La protection de la vie privée

La protection de la vie privée est un droit de l'Homme. Les mineurs bénéficient d'une protection « renforcée » de leur vie privée, c'est-à-dire que non seulement ils bénéficient de la protection reconnue aux adultes, mais en plus viennent s'ajouter un certain nombre de protections spécifiques.

I La protection « générale » de la vie privée

Article 9 du Code civil

Chacun a droit au respect de sa vie privée. [...]

Cet article tout comme la Convention européenne des droits de l'Homme (➜ **Voir** p. 557) pose un principe général : toute personne (qu'il s'agisse d'un mineur ou d'un majeur) a droit à ce que sa vie privée soit protégée, à ce qu'elle soit respectée. Cette protection de la vie privée concerne les différents aspects de la personne : son domicile bien sûr, mais aussi son image sa voix, ses correspondances, ses choix... En cas de violation de la vie privée, la sanction est en général le paiement de « dommages-intérêts » à la victime (c'est-à-dire une somme d'argent pour réparer l'atteinte à la vie privée) avec éventuellement des mesures pour limiter les effets de la violation (par exemple, l'interdiction de publier les photos prises d'un mineur sans autorisation). Dans certains cas très précis (*cf.* par exemple ci-dessous), la violation de la vie privée permet aussi à la victime (et donc pour ce qui nous intéresse, au mineur) de porter plainte et de demander une condamnation pénale (une amende et éventuellement une peine de prison).

⚠ Les technologies de l'information peuvent être une menace pour la vie privée. Consulter le site junior de la CNIL : www.cnil.fr

§1 La protection du domicile et de l'adresse personnelle

Le droit de ne pas voir ses coordonnées communiquées

Article L. 34 du Code des postes et télécommunications

[...] Parmi les droits garantis figure celui pour toute personne d'être mentionnée sur les listes d'abonnés ou d'utilisateurs publiées ou, sur sa demande, de[...] Parmi les droits garantis figurent ceux pour toute personne d'être mentionnée sur les listes d'abonnés ou d'utilisateurs publiées dans les annuaires ou consultables par l'intermédiaire d'un service de renseignements ou de ne pas l'être, de s'opposer à l'inscription de certaines données la concernant dans la mesure compatible avec les nécessités de la constitution des annuaires et des services de renseignements auxquels ces listes sont destinées, d'être informée préalablement des fins auxquelles sont établis, à partir de ces listes, des annuaires et services de renseignements et des possibilités d'utilisation reposant sur des fonctions de recherche intégrées à leur version électronique, d'interdire que les informations nominatives la concernant soient utilisées dans des opérations commerciales, ainsi que de pouvoir obtenir communication desdites informations nominatives et exiger qu'elles soient rectifiées, complétées, clarifiées, mises à jour ou effacées [...]

Le droit de ne pas voir ses coordonnées communiquées découle tout d'abord de l'article 9 du Code civil : en application de cet article, toute personne a le droit à ce que les informations relatives à son identité (hormis son nom bien sûr) ne soient pas communiquées. **Par exemple**, il n'est pas possible de révéler où une personne habite (encore moins un mineur) à qui que ce soit : ce droit est très important, car cela veut dire qu'en principe une administration (une école, par exemple) ne doit pas communiquer les coordonnées d'un élève.

En ce qui concerne les télécommunications (c'est l'exemple que nous avons retenu comme exemple dans l'article cité ci-avant et plus particulièrement le téléphone), la règle est « inverse », c'est-à-dire que le principe est que l'on est recensé dans l'annuaire (ce qu'on appelle « les pages blanches ») et que nos coordonnées téléphoniques sont accessibles à tous. Il est toutefois possible d'adhérer à un service (que l'on appelle communément la « liste rouge ») pour ne pas figurer dans l'annuaire : on ne pourra pas trouver les coordonnées de la personne et on ne pourra pas non plus les obtenir (ni par un service sur l'Internet, ni aux renseignements).

⚠ L'inscription du numéro de téléphone sur liste rouge pourra être prise en compte pour savoir s'il y a eu une atteinte à notre droit à l'anonymat. En effet, si par exemple, je reproche à mon école d'avoir communiqué mes coordonnées à un parent d'élève et que je suis sur liste rouge, le juge se montrera « sévère ». Par contre, si le journal du lycée indique toutes mes coordonnées sans mon accord, il y a une telle publicité que nécessairement il y a une atteinte à mon droit à l'anonymat et donc à ma vie privée (peu importe que je sois sur liste rouge ou non).

§2 La protection des correspondances

Les correspondances des mineurs (au même titre que les correspondances des majeurs) bénéficient d'une protection contre les atteintes par les particuliers (c'est-à-dire par d'autres personnes) et par l'État et ses agents (par exemple, par des fonctionnaires de police).

La violation des correspondances par des particuliers

Article 226-15 du Code pénal

Le fait, commis de mauvaise foi, d'ouvrir, de supprimer, de retarder ou de détourner des correspondances arrivées ou non à destination et adressées à des tiers, ou d'en prendre frauduleusement connaissance, est puni d'un an d'emprisonnement et de 45 000 euros d'amende.

Est puni des mêmes peines le fait, commis de mauvaise foi, d'intercepter, de détourner, d'utiliser ou de divulguer des correspondances émises, transmises ou reçues par la voie des télécommunications ou de procéder à l'installation d'appareils conçus pour réaliser de telles interceptions.

Cet article protège tous les types de correspondance : les correspondances « classiques » (comme le courrier) et les correspondances transmises par la voie électronique (comme les mails, discussions sur les *chats*, SMS...).

La protection du courrier

On considère qu'il y a atteinte au « secret des correspondances » chaque fois qu'il y a ouverture, détournement, suppression ou retard dans le courrier. **Par exemple**, si un moniteur de colonie de vacances décide volontairement de ne pas remettre une lettre à un enfant ou de la lire avant de la lui remettre, il y a atteinte au secret des correspondances.
On considère qu'il y a également atteinte au secret des correspondances quand une personne prend frauduleusement connaissance d'une lettre adressé à un majeur ou à un mineur, c'est-à-dire sans y être autorisé. **Par exemple**, si un voisin ouvre volontairement une lettre qui est adressée à une personne de son immeuble, il viole le secret des correspondances.
On dit qu'il faut qu'il y ait eu une « intention » de porter atteinte au secret des correspondances, c'est-à-dire qu'il faut avoir agi volontairement. Cela signifie que si une personne ouvre une lettre qui était adressée à une autre personne par erreur, il n'y a pas atteinte au secret des correspondances.

La protection des correspondances en général : téléphone fixe ou portable, message électronique

Aujourd'hui, les correspondances ne se limitent plus au « papier-crayon », les mineurs utilisant souvent abondamment leur téléphone portable pour échanger des SMS, voire des mails... Ces nouvelles formes de communication sont également protégées : le fait de les intercepter (c'est-à-dire, par exemple, de « voler le mot de passe » pour consulter la messagerie électronique d'une personne), de les détourner, de les utiliser ou de les faire connaître (par exemple, en retransmettant les mails récupérés à une liste de diffusion) constitue une violation du secret des correspondances. **Par**

exemple, un mineur qui va utiliser un logiciel pour récupérer le mot de passe de la messagerie d'un autre élève et ensuite l'espionner pourra être poursuivi.
Outre le fait que leur vente est le plus souvent illégale, il faut savoir que l'on ne peut pas faire valoir le fait qu'un tel appareil soit en vente pour justifier son acte. Il vaut mieux donc ne pas les télécharger.

⚠ Afin de faire respecter son droit à la vie privée, il est préférable de ne pas transmettre trop d'informations sur l'Internet.

⚠ Lors de l'inscription dans les « salons » de *chat*, il est souvent nécessaire de remplir des « fiches d'inscription ». Seuls quelques champs sont obligatoires (ils sont marqués par un astérisque (*) et il s'agit des nom, prénom et âge le plus souvent), les autres sont facultatifs. Il ne sert à rien de les remplir, même si, il est vrai, les prestataires font de réels efforts en matière de sécurité.

⚠ Dans les *chats*, il est préférable de ne pas échanger de photo, non seulement parce qu'il y a un risque que le fichier ait un virus, mais aussi parce que notre image n'appartient qu'à nous. Or, une fois une photo transmise, on ne peut jamais être sûr qu'elle ne sera pas réutilisée ailleurs. Pour ce qui concerne les « montages » (ou *fakes*) (➜ Voir p. 467).

La violation de correspondances commise par l'État et ses agents

Article 432-9 du Code pénal

Le fait, par une personne dépositaire de l'autorité publique ou chargée d'une mission de service public, agissant dans l'exercice ou à l'occasion de l'exercice de ses fonctions ou de sa mission, d'ordonner, de commettre ou de faciliter, hors les cas prévus par la loi, le détournement, la suppression ou l'ouverture de correspondances ou la révélation du contenu de ces correspondances, est puni de trois ans d'emprisonnement et de 45 000 euros d'amende. [...]

L'État et ses agents peuvent aussi « porter atteinte » aux correspondances des mineurs. Cette violation peut prendre les mêmes formes que celle commise par les particuliers (atteinte aux correspondances quel que soit leur type).
En principe, cette atteinte au secret des correspondances est illégale, mais, dans certains cas très précis, elle peut être légale : la correspondance des personnes qui sont placées en « détention » est, en principe, surveillée comme peut l'être dans des conditions très strictes celle des personnes qui font l'objet de poursuites pénales.

§3 La protection de l'image des personnes (et notamment de celle des mineurs)

La protection de l'image des personnes va dépendre du lieu où elle se trouve. Dans un lieu public, il est *a priori* normal que la protection soit plus faible (parce qu'on est déjà visible par tout le monde) que dans un lieu « privé » (où, par définition, on est « caché », ou du moins plus « isolé »), en particulier à son domicile qui est inviolable. Le principal article à appliquer ici est l'article 9 du Code civil, mais, pour certaines questions précises, il existe des textes particuliers.

Les personnes (et notamment les mineurs) se trouvant dans un lieu public : la vidéosurveillance

Article 10 de la loi du 21 janvier 1995

[...]
VI. Le fait de procéder à des enregistrements de vidéo surveillance sans autorisation, de ne pas les détruire dans le délai prévu, de les falsifier, d'entraver l'action de la commission départementale, de faire accéder des personnes non habilitées aux images ou d'utiliser ces images à d'autres fins que celles pour lesquelles elles sont autorisées est puni de trois ans d'emprisonnement et de 45 000 euros d'amende, sans préjudice des dispositions des articles 226-1 du Code pénal et L. 120-2, L. 121-8 et L. 432-2-1 du Code du travail. [...]

Lorsqu'un majeur ou un mineur se trouve dans un lieu public, son image est protégée. Mais, dans la mesure où le lieu est un lieu « public » (un square, un supermarché, une rue…), il est normal que cette image soit moins protégée que si c'était un lieu privé.

– C'est dans ce cadre que l'on admet, par exemple, que des caméras de surveillance soient placées dans les **supermarchés** : ces caméras ne visent pas « une personne en particulier » (on ne « suit » pas quelqu'un) on « surveille » de façon générale, l'ensemble des personnes se trouvant là (par ailleurs, ces caméras sont très utiles pour éviter les vols).

– C'est dans ce cadre aussi que se place la « vidéosurveillance », c'est-à-dire cette pratique qui consiste à placer des caméras dans des lieux publics (en principe uniquement sur **la voie publique**) afin d'assurer la protection de certains bâtiments et de leurs abords (éviter les graffitis sur les lycées, par exemple), d'assurer la régulation du trafic routier (éviter les « bouchons »), de constater les infractions au Code de la route, ou encore de prévenir certaines infractions dans des lieux qui sont particulièrement exposés à des risques de vol ou d'agression (par exemple, une ruelle dans laquelle de nombreuses agressions ont eu lieu). La vidéosurveillance est abordée dans de nombreux films comme étant une sorte de « moyen d'espionnage ». En fait, en France, elle est très réglementée, c'est-à-dire que pour poser des caméras, il faut respecter beaucoup de conditions (il faut certaines autorisations, on ne peut filmer que certains endroits, on ne peut pas conserver, en principe, les enregistrements au-delà d'un mois maximum). Si l'on ne respecte pas ces règles (qui sont donc définies strictement), on s'expose à des sanctions très lourdes puisque la peine de prison peut aller jusqu'à 3 ans et l'amende jusqu'à 45000 euros. En pratique, cela veut dire que si une personne est filmée par une de ces caméras de vidéo surveillance alors que ces caméras avaient été installées illégalement, elle pourra porter plainte.

⚠ Il est intéressant de savoir que toute personne a le droit d'obtenir un accès aux enregistrements qui la concernent et de vérifier si la destruction en a bien été faite (sauf motif lié à la Défense nationale, au déroulement de procédures engagées devant les tribunaux...).

Les personnes (et notamment les mineurs) se trouvant dans un « lieu privé » et particulièrement à leur domicile

Article 226-1 du Code pénal [le lieu privé en général]

Est puni d'un an d'emprisonnement et de 45000 euros d'amende le fait, au moyen d'un procédé quelconque, volontairement de porter atteinte à l'intimité de la vie privée d'autrui :

[...] 2° En fixant, enregistrant ou transmettant, sans le consentement de celle-ci, l'image d'une personne se trouvant dans un lieu privé.

Lorsque les actes mentionnés au présent article ont été accomplis au vu et au su des intéressés sans qu'ils s'y soient opposés, alors qu'ils étaient en mesure de le faire, le consentement de ceux-ci est présumé.

Article 226-4 du Code pénal [protection particulière du domicile]

L'introduction ou le maintien dans le domicile d'autrui à l'aide de manœuvres, menaces, voies de fait ou contrainte, hors les cas où la loi le permet, est puni d'un an d'emprisonnement et de 15000 euros d'amende.

Les lieux privés (comme le domicile) sont des lieux dans lesquels l'image de la personne ne peut pas être saisie sans son autorisation expresse (c'est-à-dire spéciale). La raison en est simple : on ne peut pas déduire du lieu et des circonstances que la personne ait accepté qu'on la photographie (en plus sa photographie n'apporte rien à « l'information » au sens général du terme).

Les tribunaux ont donné une définition assez intéressante du « lieu privé » : il s'agit, bien sûr, du domicile, mais aussi plus largement des lieux où la personne peut se dire chez soi, comme une chambre d'hôtel, une chambre d'hôpital... La question des places de camping pose davantage de problèmes, eu égard aux emplacements et au fait que le lieu ne soit pas cloisonné. Assurément, il faut considérer qu'une caravane constitue un lieu privé, mais la question des « auvents » est incertaine...

Par exception, on admet qu'il est possible de saisir l'image d'une personne dans un lieu privé et sans son autorisation expresse si on le fait « ouvertement » (c'est-à-dire sans être caché, sans utiliser de « procédé » pour récupérer l'image). L'exemple le plus simple qui puisse être donné est celui des réunions de famille : lorsqu'un oncle prend une photo à l'occasion d'un anniversaire, il n'a pas besoin d'obtenir une autorisation ! Il le fait ouvertement (devant le mineur) et on considère que tout le monde est d'accord... Si par contre la photo du même anniversaire avait été prise par cette même personne depuis le toit d'un immeuble avec un téléobjectif sans que le mineur ne le sache, là on pourrait considérer qu'il y a une atteinte à la vie privée du mineur.

⚠ Lorsque l'atteinte à la vie privée s'accompagne d'une violation de domicile (c'est-à-dire si une personne s'est introduite illégalement chez autrui), il est possible de porter plainte pour « violation de domicile ». Les peines sont alors très lourdes : jusqu'à 1 an de prison et 15 000 euros d'amende.

§4 La protection des paroles et de la voix

La protection de la voix

La voix est un élément de notre personnalité : on reconnaît quelqu'un à la voix, on peut « vivre de sa voix » (cas des chanteurs, de certains commentateurs, des imitateurs...). En conséquence, notre voix doit être protégée. C'est en application de l'article 9 du Code civil que cet élément est ici protégé.

Mais protégée contre quoi ? Notre voix, c'est-à-dire « notre timbre de voix », le son de celle-ci doit être protégée contre toutes les personnes qui voudraient l'imiter et profiter ensuite de la ressemblance. C'est tout le problème des imitateurs. On considère que ceux-ci peuvent tout à fait librement imiter une voix, mais ne peuvent le faire que s'il est évident pour tout le monde qu'il s'agit bien d'une imitation. **Par exemple**, si un imitateur doit faire un « spot » radio (une publicité), il peut imiter la voix de qui il veut, mais il doit s'arranger pour que les personnes qui écoutent ce spot sachent que ce n'est pas la personne imitée qui fait ce spot (par exemple, on entendra dans le spot

« si c'était Monsieur X, que dirait-il? » et là l'imitateur répond en imitant Monsieur X).

Par ailleurs, il faut savoir que des dispositions spécifiques s'appliquent aux « montages », c'est-à-dire aux assemblages de « morceaux de voix » (on met bout à bout des mots prononcés par une personne pour faire des phrases que la personne n'a jamais prononcées).

La protection des paroles prononcées à titre privé ou confidentiel : les enregistrements

Article 226-1 du Code pénal

Est puni d'un an d'emprisonnement et de 45000 euros d'amende le fait, au moyen d'un procédé quelconque, volontairement de porter atteinte à l'intimité de la vie privée d'autrui :

1° En captant, enregistrant ou transmettant, sans le consentement de leur auteur, des paroles prononcées à titre privé ou confidentiel;

[...] Lorsque les actes mentionnés au présent article ont été accomplis au vu et au su des intéressés sans qu'ils s'y soient opposés, alors qu'ils étaient en mesure de le faire, le consentement de ceux-ci est présumé.

Les nouvelles technologies présentent des risques assez importants pour la protection de la vie privée. Pour ne prendre que deux exemples : les enregistreurs « MP3 » (c'est-à-dire un format qui permet d'enregistrer une longue durée dans une très bonne qualité) permettent facilement des enregistrements à l'insu des personnes (et même des montages ➜ **Voir p. 467**) ; dans une moindre mesure, la plupart des téléphones portables comportent aujourd'hui une fonction « dictaphone » (qui permet d'enregistrer les paroles d'une personne).

Or, toute parole qui a été prononcée à titre privé ou confidentiel bénéficie d'une protection de par la loi (peu importe qu'on ait prononcé cette parole dans un lieu public ou dans un lieu privé). En conséquence, le fait de capter, d'enregistrer ou de transmettre des paroles prononcées par une personne constitue une atteinte à la vie privée – y compris en classe! – qui peut faire l'objet de poursuites en justice. La personne qui a enregistré quelqu'un d'autre sans qu'il le sache (et donc sans son accord), risque une peine qui peut aller jusqu'à 1 an de prison et 45000 euros d'amende.

⚠ Les conversations téléphoniques sont considérées comme privées, mais, le numéro de téléphone de la personne qui appelle peut être affiché, si elle le souhaite, sur le téléphone sans qu'il y ait atteinte au secret de la vie privée.

⚠ Le simple fait d'enregistrer une conversation, peu importe qu'on la diffuse ou non, est une atteinte à la vie privée. Bien sûr, le fait de diffuser l'enregistrement constitue aussi une atteinte à la vie privée.

§5 Les choix intimes de vie font partie de la vie privée

Article R. 624-4 du Code pénal

L'injure non publique commise envers une personne ou un groupe de personnes à raison de leur origine ou de leur appartenance ou de leur non-appartenance, vraie ou supposée, à une ethnie, une nation, une race ou une religion déterminée est punie de l'amende prévue pour les contraventions de la 4e classe.
Est punie de la même peine l'injure non publique commise envers une personne ou un groupe de personnes à raison de leur sexe, de leur orientation sexuelle ou de leur handicap.

Tout ce qui concerne les opinions d'un être humain (c'est-à-dire ce qu'il peut penser, ce en quoi il peut croire) ou ses « orientations sexuelles » (s'il est hétérosexuel, homosexuel) relève de la protection de la vie privée. En conséquence, il est interdit de les porter à la connaissance d'autres personnes sauf s'il s'agit d'actes contraires à la loi (racisme, pédophilie, etc.). On indiquera à cette occasion que l'article reproduit ci-dessus s'insère dans un ensemble des mesures visant à poursuivre les auteurs de propos homophobes (c'est-à-dire des propos qui sont dirigés contre les homosexuels).

II La protection particulière de la vie privée des mineurs

Les parents ont la charge de protéger la vie privée de leurs enfants (rappel)

Article 371-1 du Code civil (rappel)

L'autorité parentale est un ensemble de droits et de devoirs ayant pour finalité l'intérêt de l'enfant.
Elle appartient aux père et mère jusqu'à la majorité ou l'émancipation de l'enfant pour le protéger dans sa sécurité, sa santé et sa moralité, pour assurer son éducation et permettre son développement, dans le respect dû à sa personne.
[...]

Les mineurs bénéficient tout d'abord d'une protection spéciale de leur vie privée par l'intermédiaire de leurs parents. En effet, ces derniers étant (en principe) titulaires de l'autorité parentale (➜ Voir p. 104), ce sont eux qui ont le devoir de les protéger, et notamment contre les atteintes à leur vie privée.

Le mineur étant « incapable » (c'est-à-dire ne pouvant pas passer valablement un contrat tout seul), tous les contrats qui portent sur l'utilisation d'un élément de la personne du mineur devront être passés avec ses parents. Mais, ces contrats portant sur un élément personnel de l'enfant (son image, sa voix…), doivent aussi comporter, en principe, l'accord de l'enfant.

La protection de la vie privée du « mineur victime »

Article 39 *bis* de la loi du 29 juillet 1881

Est puni de 15 000 euros d'amende le fait de diffuser, de quelque manière que ce soit, des informations relatives à l'identité ou permettant l'identification :
- d'un mineur ayant quitté ses parents, son tuteur, la personne ou l'institution qui était chargée de sa garde ou à laquelle il était confié ;
- d'un mineur délaissé dans les conditions mentionnées aux articles 227-1 et 227-2 du Code pénal ;
- d'un mineur qui s'est suicidé ;
- d'un mineur victime d'une infraction.

Les dispositions du présent article ne sont pas applicables lorsque la publication est réalisée à la demande des personnes ayant la garde du mineur ou des autorités administratives ou judiciaires.

Le sens dans lequel nous employons l'expression de « mineur victime » est large : nous visons ici aussi bien le cas du mineur qui a été victime de lui-même (il s'est suicidé), de ses parents (il a été délaissé et ses parents ont été poursuivis pour cela), d'autres personnes (il a fait l'objet d'une agression par exemple) ou encore victime de son mal-être (cas du mineur qui a fugué).

Lorsqu'un mineur est « victime » (au sens où nous venons de le dire), les médias sont libres de rapporter l'affaire (ce qui s'est passé), mais ils ne peuvent pas reproduire l'image du mineur (ou toute autre information permettant une identification, comme son adresse, son nom et son âge).

En pratique, cela veut dire que si, par exemple, un mineur a été agressé, les journaux peuvent raconter les circonstances de l'agression mais ne peuvent pas diffuser la photo du mineur. La raison de cette interdiction est simple : on considère que, par principe, il est suffisant pour les nécessités de l'information de faire connaître les faits, et qu'il est préférable pour le mineur de ne pas être « affiché » dans les journaux, afin de ne pas troubler plus encore son existence. Si le support est un support vidéo, la protection de l'image du mineur sera obtenue grâce aux « mosaïques » (c'est-à-dire la décomposition du visage du mineur en petites images), cette mosaïque devant être suffisamment déformante (on a condamné, par exemple, un journal télévisé ayant fait usage de mosaïques « peu déformantes »). L'amende encourue est de 15000 euros.

Par exception toutefois, il est possible de diffuser des informations permettant d'identifier un « mineur victime » (photo, éléments textuels…) si la diffusion de cette information a été faite à la demande de ses représentants légaux – le plus souvent ses parents – ou à la demande des autorités administratives ou judiciaires. **Par exemple**, il n'est pas rare dans le cas où un mineur a fugué ou disparu que les parents essaient d'avoir le soutien des médias pour permettre d'aider les forces de police dans leurs recherches.

Les débats devant les juges des mineurs ne sont pas toujours publics

Article 14 de l'ordonnance du 2 février 1945 (tribunal pour enfants et cour d'assises des mineurs)

Seuls seront admis à assister aux débats la victime, qu'elle soit ou non constituée partie civile, les témoins de l'affaire, les proches parents, le tuteur ou le représentant légal du mineur, les membres du barreau, les représentants des sociétés de patronage et des services ou institutions s'occupant des enfants, les délégués à la liberté surveillée.

[…]

– Devant le juge des enfants, seuls se présentent les parents (ou plus largement le représentant légal de l'enfant), le procureur et l'avocat.

– Devant les autres tribunaux (tribunal pour enfant ou cour d'assises des mineurs), peuvent être présents d'autres personnes, définies par la loi (d'autres membres du barreau, par exemple).

– Quel que soit le juge, le huis clos peut être décidé, c'est-à-dire qu'on va interdire l'accès de la salle à toute personne (hormis les parents et les témoins). Il s'agit en fait de protéger l'avenir de l'enfant.

⚠ Le juge peut ordonner au mineur de sortir, dans certaines circonstances. **Par exemple**, le juge peut décider qu'il vaut mieux que le mineur ne soit pas présent pour évoquer son enfance, notamment si elle a été difficile.

chapitre 2

La santé des mineurs

La protection de la santé des mineurs est un objectif essentiel non seulement pour les parents, titulaires de l'autorité parentale, mais aussi pour l'État, qui met en œuvre un certain nombre d'actions à cette fin.

Nous traiterons ici de 3 questions :

1. **L'accès à la santé par le mineur** : il s'agira alors de voir comment un mineur (seul ou avec ses parents) peut avoir accès aux soins ;
2. **Les mineurs et la sexualité** : il s'agira de traiter de questions comme le recours à la contraception et à l'IVG ;
3. **Les mineurs et l'alcool, le tabac et les drogues.**

⚠ Les numéros de téléphone suivants peuvent par ailleurs être utiles pour toute information complémentaire :

FIL SANTÉ JEUNES : 0800235236
ÉCOUTE SANTÉ : 0800150160
DROGUES ALCOOL TABAC INFO SERVICE : 113
SUR LES PROBLÈMES DE SEXUALITÉ
ET DE CONTRACEPTION : 0800803803

I L'accès à la santé

Lorsqu'un enfant est malade, les parents (ou plus généralement les personnes qui ont l'autorité parentale) ont le devoir de prendre soin de lui et le font, en général, naturellement. S'ils manquaient à cette obligation, ils pourraient faire l'objet de poursuites devant les tribunaux (*cf.* mise en péril). Pour leur permettre de satisfaire à cette obligation, la loi a prévu la possibilité de demander à bénéficier d'un congé (non rémunéré) sous certaines conditions.

Chargés d'assurer la protection de la santé, ce sont les parents qui choisiront le médecin traitant et le traitement à suivre. C'est par leur intermédiaire (ce sont eux qui cotisent pour leur enfant) que le mineur bénéficiera de la protection sociale.

§1 Un parent peut prendre un congé non rémunéré lorsque son enfant est malade

Article L. 122-28-8 du Code du travail

Tout salarié a le droit de bénéficier d'un congé non rémunéré en cas de maladie ou d'accident, constatés par certificat médical, d'un enfant de moins de seize ans dont il assume la charge au sens de l'article L. 513-1 du Code de la Sécurité sociale. La durée de ce congé est au maximum de trois jours par an. Elle est portée à cinq jours si l'enfant est âgé de moins d'un an ou si le salarié assume la charge de trois enfants ou plus âgés de moins de seize ans. [...]

Le congé dont peut bénéficier le parent si son enfant est malade est un congé non rémunéré (c'est-à-dire que le parent n'est pas payé pendant cette période). Le parent ne peut en bénéficier que si son enfant a moins de 16 ans et s'il en assume la charge (c'est-à-dire, par exemple, que si les parents sont divorcés, le parent qui n'a pas la charge de l'enfant ne pourra pas demander à en bénéficier).

Le parent ne dispose de ce droit qu'à raison de 3 jours par an (portés à 5 si l'enfant a moins d'un an ou si le parent a la charge de 3 enfants de moins de 16 ans). Au-delà de ces 3 jours (ou 5 selon), le parent n'a plus de droit à bénéficier de ce congé non rémunéré, mais il pourra, le cas échéant, faire une demande à son employeur.

Le plus souvent, des conventions collectives (c'est-à-dire des textes spéciaux qui régissent telle ou telle profession) ou des conventions d'établissement (c'est-à-dire des accords passés au niveau de l'entreprise) prévoient des mesures qui sont plus favorables (le congé peut alors être plus long et/ou rémunéré).

§2 Le choix du médecin traitant

Article R. 3711-13 du Code de la santé publique

En cas de désaccord entre le père et la mère, le juge aux affaires familiales choisit le médecin traitant du mineur dans les conditions de l'article 372-1-1 du Code civil.

Chargés d'assurer la protection de la santé du mineur, les titulaires de l'autorité parentale (le plus souvent les parents) sont libres du choix du médecin. En principe, ce choix ne pose pas de problème car on a recours au médecin de famille, au médecin auquel les parents sont eux-mêmes habitués et en qui ils ont confiance.

Parfois, il se peut qu'il y ait des problèmes, notamment si les parents sont séparés ou divorcés. Dans ce cas, s'il y a un vrai conflit, c'est le juge aux affaires familiales qui sera saisi et qui déterminera quel médecin est le médecin traitant du mineur.

⚠ Si le mineur veut aller consulter un médecin « tout seul », c'est-à-dire sans ses parents, il le peut. **Par exemple**, il peut vouloir consulter un médecin pour lui parler de problèmes dont il a peur de parler avec ses parents, qu'il s'agisse de problèmes psychologiques, sexuels, mais aussi de maltraitance de la part de ses parents. Sur la question du paiement du médecin : ➜ Voir p. 388.

§3 L'obligation d'informer les parents et le secret médical

L'obligation d'informer les parents de l'état de santé de leur enfant

Article L. 1111-2 du Code de la santé publique

Toute personne a le droit d'être informée sur son état de santé. [...] Cette information est délivrée au cours d'un entretien individuel. [...] Les droits des mineurs [...] sont exercés, selon les cas, par les titulaires de l'autorité parentale ou par le tuteur. [...] Les intéressés ont le droit de recevoir eux-mêmes une information et de participer à la prise de décision les concernant, d'une manière adaptée [...] à leur degré de maturité [...].

Les titulaires de l'autorité parentale (le plus souvent les parents) ayant en charge la protection de la santé de l'enfant, doivent être informés par le médecin de son état de santé. Cette obligation d'information s'applique à tous les médecins, de toutes les spécialités et est accomplie, en principe, à l'occasion d'un entretien avec le mineur et ses parents. Cette information est essentielle, car elle est le moyen de faire comprendre quelle est la thérapie qui est envisageable (c'est-à-dire comment on peut soigner le mineur). Elle permet aussi au mineur de poser des questions et d'avoir ainsi un peu moins « peur ». Ses parents étant présents, ils peuvent aussi poser des questions au médecin.
Par exception, si la situation est grave, et que l'enfant refuse que ses parents soient mis au courant de son état de santé, le médecin devra essayer de convaincre l'enfant d'informer ses parents. Mais, si le mineur s'obstine, le médecin pourra décider de ne pas avertir les parents.

La communication du dossier médical du mineur aux parents est permise

Article L. 1111-7 du Code de la santé publique

[...] Sous réserve de l'opposition prévue à l'article L. 1111-5 (voir ci-dessous), dans le cas d'une personne mineure, le droit d'accès est exercé par le ou les titulaires de l'autorité parentale. À la demande du mineur, cet accès a lieu par l'intermédiaire d'un médecin. [...] La consultation sur place des informations est gratuite. Lorsque le demandeur souhaite la délivrance de copies, quel qu'en soit le support, les frais laissés à sa charge ne peuvent excéder le coût de la reproduction et, le cas échéant, de l'envoi des documents.

Les titulaires de l'autorité parentale, peuvent aussi accéder au « dossier médical » de l'enfant, c'est-à-dire à un document qui retrace toutes les informations concernant les soins et les examens qu'a subis le mineur. C'est un dossier qui est très complet et il peut être utile pour les parents de demander à le consulter avec l'aide d'un autre médecin, pour éviter justement de commettre un « contresens » qui pourrait les conduire, par exemple, à prendre une mauvaise décision sur le meilleur traitement à suivre. La communication du dossier est toujours gratuite, même si les frais de reproduction peuvent être payants. Elle se fait au plus tôt sous 48 heures, au plus tard sous 8 jours étant précisé que si les informations datent de plus de 5 ans, la communication se fait au plus tard sous 2 mois (c'est en fait le temps d'accéder aux archives).
Il existe des règles particulières qui font exception à cette obligation d'information en ce qui concerne la sexualité (➜ Voir p. 387).

Le secret médical protège le mineur (comme le majeur) contre les « tiers »

Article 226-13 du Code pénal

La révélation d'une information à caractère secret par une personne qui en est dépositaire soit par état ou par profession, soit en raison d'une fonction ou d'une mission temporaire, est punie d'un an d'emprisonnement et de 15 000 euros d'amende.

Médecins et infirmières sont tenus, du fait de la nature de leurs fonctions, au secret professionnel. Ce secret s'applique vis-à-vis des tiers, c'est-à-dire vis-à-vis de toutes les personnes à l'exception des parents (voir ci-avant).

Le secret couvre non seulement ce qui leur a été confié (ce que le mineur leur a dit) mais, aussi, ce qu'ils ont vu (par exemple, en faisant un examen de santé du mineur), entendu ou compris (par exemple, si une mineure s'est présentée à un médecin pour lui demander qu'il lui prescrive la « pilule » – pour la contraception –, alors ce médecin ne devra pas le révéler, notamment, à des amies de cette mineure, car ceci est couvert par le secret médical).

Si un médecin révèle une de ces informations, le mineur ou ses parents pourront porter plainte et le médecin pourra être condamné devant les tribunaux à une peine de prison pouvant aller jusqu'à 1 an et une amende pouvant atteindre 15 000 euros.

Les limites du secret médical et du secret professionnel

Article 226-14 du Code pénal

L'article 226-13 n'est pas applicable dans les cas où la loi impose ou autorise la révélation du secret. En outre, il n'est pas applicable :

1° A celui qui informe les autorités judiciaires, médicales ou administratives de privations ou de sévices, y compris lorsqu'il s'agit d'atteintes sexuelles, dont il a eu connaissance et qui ont été infligées à un mineur […];

2° Au médecin qui, […], porte à la connaissance du procureur de la République les sévices ou privations qu'il a constatés, sur le plan physique ou psychique, dans l'exercice de sa profession et qui lui permettent de présumer que des violences physiques, sexuelles ou psychiques de toute nature ont été commises. Lorsque la victime est mineure, son accord n'est pas nécessaire;

3° Aux professionnels de la santé ou de l'action sociale qui informent le préfet et, à Paris, le préfet de police du caractère dangereux pour elles-mêmes ou pour autrui des personnes qui les consultent et dont ils savent qu'elles détiennent une arme ou qu'elles ont manifesté leur intention d'en acquérir une.

[…]

Certaines personnes sont tenues au secret professionnel (cf. ci-avant). Ce secret n'est pas absolu, il a pour limite la protection de l'intérêt de l'enfant. Dans trois cas, la loi permet de faire exception au principe du secret professionnel :

– **pour l'ensemble des personnes tenues au secret professionnel**, il est possible d'informer les autorités compétentes (l'administration, les autorités médicales ou encore la justice) de sévices ou de privations dont un enfant serait victime ;

– **pour le médecin**, il est possible de porter à la connaissance du procureur tout signe constaté par lui de maltraitance, quelle que soit sa forme ;

– **pour les professionnels de santé ou de l'action sociale** (comme, par exemple, certains travailleurs sociaux), il est possible de déroger au secret qui leur est imposé lorsque la personne en cause veut acquérir une arme (en acheter une, par exemple) ou lorsqu'elle a déjà acquis une arme. L'idée étant, ici, qu'une personne en détresse psychologique et en possession d'une arme constitue un danger possible pour la société.

§4 Le consentement aux soins

Le consentement du mineur doit être recherché

Article L. 1111-4 du Code de la santé publique

Toute personne prend, avec le professionnel de santé et compte tenu des informations et des préconisations qu'il lui fournit, les décisions concernant sa santé.
Le médecin doit respecter la volonté de la personne après l'avoir informée des conséquences de ses choix. Si la volonté de la personne de refuser ou d'interrompre un traitement met sa vie en danger, le médecin doit tout mettre en œuvre pour la convaincre d'accepter les soins indispensables.
Aucun acte médical ni aucun traitement ne peut être pratiqué sans le consentement libre et éclairé de la personne et ce consentement peut être retiré à tout moment. [...].
Le consentement du mineur [...] doit être systématiquement recherché s'il est apte à exprimer sa volonté et à participer à la décision.

Lorsqu'un mineur est malade, il est conduit par ses parents chez un médecin qui l'examine. Ce médecin va proposer un traitement. Selon l'âge du mineur, le médecin va essayer d'avoir l'accord de l'enfant pour pratiquer ce traitement : si par exemple, l'enfant a moins de 7 ans, il est absurde d'essayer d'avoir l'accord de l'enfant car il est trop jeune pour comprendre toute l'importance de ce qui est en jeu, le médecin ne fera qu'expliquer à l'enfant afin d'éviter qu'il n'ait trop peur, afin de le rassurer. Si par contre le mineur a 14 ans, le médecin va réellement essayer d'avoir l'accord du mineur, car il est déjà beaucoup plus mûr. Mais, **quel que soit l'âge de l'enfant, le principe est que ce sont les parents qui décident du traitement que l'enfant va suivre.** Autrement dit, l'accord de l'enfant n'est pas essentiel pour choisir le traitement : c'est logique, car on considère que les parents (ou plus exactement les personnes qui ont l'autorité parentale) prendront une meilleure décision que leur enfant (ils sont plus âgés, ils ont plus de recul). Ainsi donc, même si un mineur de 14 ans avait accepté un traitement, si ses parents s'y opposent, il ne suivra pas ce traitement. S'il y a un désaccord entre les parents, c'est le juge aux affaires familiales qui sera saisi (**➜ Voir p. 120 sur l'autorité parentale**) et qui prendra la décision.

Exceptionnellement et dans l'intérêt de l'enfant, le médecin peut se priver de l'accord des parents

Article L. 1111-4 du Code de la santé publique (suite)

[...] Dans le cas où le refus d'un traitement par la personne titulaire de l'autorité parentale ou par le tuteur risque d'entraîner des conséquences graves pour la santé du mineur [...], le médecin délivre les soins indispensables.

Article L. 1111-5 du Code de la santé publique

Par dérogation à l'article 371-2 du Code civil le médecin peut se dispenser d'obtenir le consentement du ou des titulaires de l'autorité parentale sur les décisions médicales à prendre lorsque le traitement ou l'intervention s'impose pour sauvegarder la santé d'une personne mineure, dans le cas où cette dernière s'oppose expressément à la consultation du ou des titulaires de l'autorité parentale afin de garder le secret sur son état de santé. Toutefois, le médecin doit dans un premier temps s'efforcer d'obtenir le consentement du mineur à cette consultation. Dans le cas où le mineur maintient son opposition, le médecin peut mettre en œuvre le traitement ou l'intervention. Dans ce cas, le mineur se fait accompagner d'une personne majeure de son choix. [...]

Par exception toutefois, dans le cas des décisions très graves qui concernent la préservation de la santé de l'enfant, si celui-ci s'oppose à ce que ses parents soient informés et ce malgré les efforts du médecin pour le convaincre d'informer ses parents, alors, les parents pourront ne pas être informés et le médecin **pourra** décider d'appliquer le traitement. C'est une exception « rare », puisqu'il faut que l'affaire soit grave et que le mineur soit suffisamment mûr.

§5 Les mineurs sont couverts par la Sécurité sociale de leurs parents

Article L. 313-3 du Code de la Sécurité sociale

Par membre de la famille, on entend :
[...]
2° jusqu'à un âge limite, les enfants non salariés, à la charge de l'assuré ou de son conjoint, qu'ils soient légitimes, naturels, reconnus ou non, adoptifs, pupilles de la nation dont l'assuré est tuteur, ou enfants recueillis;
3° jusqu'à des âges limites et dans les conditions déterminées par décret en Conseil d'État :
a) les enfants placés en apprentissage dans les conditions déterminées par le Code du travail;
b) les enfants qui poursuivent leurs études;
c) les enfants qui, par suite d'infirmités ou de maladies chroniques, sont dans l'impossibilité permanente de se livrer à un travail salarié;
[...]

Les cotisations

Les enfants sont le plus souvent des « ayants droit », c'est-à-dire qu'ils bénéficient de la Sécurité sociale par l'intermédiaire de leurs parents (ce ne sont pas eux qui cotisent, ce sont uniquement leurs parents). On distingue 2 cas :
1° *Les enfants de moins de 16 ans* (quels qu'ils soient : naturels, légitimes, adoptifs…), non salariés à la charge de l'assuré ou de son conjoint sont considérés comme des ayants droit.
2° *Les enfants qui sont « assimilés » à des enfants de moins de 16 ans* pour la protection par la Sécurité sociale. Il s'agit d'une part des enfants de moins de 18 ans placés en apprentissage, et d'autre part des enfants de moins de 20 ans, poursuivant des études (avec prolongation éventuelle en cas d'interruption pour maladie) ou qui sont par suite d'infirmité ou de maladie chronique, dans l'impossibilité d'exercer une activité professionnelle.
En dehors de ces cas généraux, l'enfant ne bénéficie pas de la protection sociale par l'intermédiaire de ses parents. Il doit donc cotiser lui-même (cas de l'enfant de plus de 16 ans qui travaille). Il est un assuré social « à part entière ».

Les remboursements

Pour ce qui concerne *les remboursements*, il existe 2 possibilités :
1° Soit l'enfant est un *ayant droit « autonome »*, il a alors une carte de bénéficiaire de l'assurance maladie à son nom propre (une carte « vitale »), et les remboursements des frais sont effectués sur son compte. Ceci concerne : les enfants non étudiants de plus de 16 ans, les enfants en appren-

tissage de moins de 18 ans et les enfants étudiants de moins de 20 ans (depuis le 1er janvier 2000, le remboursement est automatique).
2° Soit l'enfant *dépend entièrement de l'assuré social* dont il est l'ayant droit, les remboursements des frais sont alors effectués sur le compte du parent.
Concrètement, le système fonctionne de la façon suivante : la plupart des médecins sont aujourd'hui équipés de lecteurs de carte « vitale » et lorsque le mineur se présente, il donne sa carte. Il y a alors un traitement automatique (l'information est renvoyée à un serveur). Si le mineur est un « ayant droit autonome », c'est lui qui est remboursé sur son compte. Si par contre il n'est pas autonome, ce sont ses parents qui seront remboursés.
Pour ce qui est de la mutuelle, reportez-vous au contrat de vos parents. Tout dépend du contrat qu'ils ont avec elle.

⚠ Si un mineur veut consulter un médecin sans que ses parents le sachent, le plus simple est de se rendre à un centre de Protection maternelle infantile (PMI), car dans ce centre on ne paie pas du tout (c'est directement la Sécurité sociale qui paye). On peut trouver les adresses de ces centres dans l'annuaire ou sur Internet.

II Les mineurs et la sexualité

Les mineurs sont souvent mal à l'aise vis-à-vis de leur sexualité. Or, cette situation peut être dangereuse pour leur santé (ils peuvent adopter des comportements à risque). En conséquence, une large information leur est adressée. Ils bénéficient d'un accès spécifique à la contraception (c'est-à-dire aux moyens pour ne pas avoir d'enfant tout en ayant des relations sexuelles). Enfin, les jeunes filles mineures peuvent avoir des relations sexuelles et une grossesse non désirée. Elles peuvent alors décider, sous certaines conditions, de recourir à l'interruption volontaire de grossesse – IVG – (c'est-à-dire avorter).

⚠ **Sur les problèmes de sexualité et de contraception : 0800803803**

§1 L'information et la prévention

On rappellera tout d'abord l'importance d'un dialogue franc, clair et précis entre l'enfant et ses parents sur les questions de sexualité. Ce dialogue est fondamental pour que le mineur puisse aborder sa sexualité sans complexe, et qu'il encourt dès lors le moins de risques possibles pour sa santé. Les

parents sont libres d'informer leur enfant par le moyen qui leur semble le mieux adapté.
Au-delà de cette information « parentale », le mineur va recevoir de l'information sur sa sexualité à l'école et en dehors de l'école.

L'information et la prévention en milieu scolaire

Article L. 312-16 du Code de l'éducation

Une information et une éducation à la sexualité sont dispensées dans les écoles, les collèges et les lycées à raison d'au moins trois séances annuelles et par groupes d'âge homogène. Ces séances pourront associer les personnels contribuant à la mission de santé scolaire [...].

Circulaire du 17 février 2003

2.1.1 À l'école primaire, l'éducation à la sexualité suit la progression des contenus fixée par les programmes pour l'école. Les temps qui lui sont consacrés seront identifiés comme tels dans l'organisation de la classe. Ils feront cependant l'objet, en particulier aux cycles 1 et 2, d'une intégration aussi adaptée que possible à l'ensemble des autres contenus et des opportunités apportées par la vie de classe ou d'autres événements. Aussi, à l'école, le nombre de trois séances annuelles fixé par l'article L. 312-16 du Code de l'éducation doit-il être compris plutôt comme un ordre de grandeur à respecter globalement dans l'année que comme un nombre rigide de séances qui seraient exclusivement dévolues à l'éducation à la sexualité. L'ensemble des questions relatives à l'éducation à la sexualité est abordé collectivement par l'équipe des maîtres lors de conseils de cycle ou de conseils de maîtres. Les objectifs de cet enseignement intégré aux programmes ainsi que les modalités retenues pour sa mise en œuvre feront en outre l'objet d'une présentation lors du conseil d'école.

2.1.2 Au collège et au lycée, le chef d'établissement établit en début d'année scolaire les modalités d'organisation et la planification de ces séances, inscrites dans l'horaire global annuel des élèves, garantissant ainsi la mise en œuvre et la cohérence de ce dispositif, qui sera intégré au projet d'établissement et présenté au conseil d'administration. Pour les lycées, il fera également l'objet d'un débat au conseil de la vie lycéenne. [...].

Les questions de sexualité sont des questions importantes pour les adolescents. Il est donc primordial qu'ils bénéficient d'une information claire par l'école, dans la mesure où cette information peut ne pas leur avoir été donnée par leurs parents. Cette information constitue le premier moyen de prévention des « conduites à risques ». Selon les classes, le ministère de l'Éducation nationale considère qu'en tout cette éducation à la santé représente environ 30 à 40 heures par an (pour l'école et le collège).

Cette information est donnée à plusieurs occasions :
– **les cours**, et tout particulièrement les cours de sciences de la vie et de la terre (SVT) permettent d'apporter des éléments d'information. Le programme de quatrième comporte en effet une partie consacrée à ce sujet ;
– **des activités complémentaires** peuvent être mises en place dans le cadre des projets d'établissement, c'est-à-dire des objectifs que se fixe chaque établissement.

⚠ Il est interdit de faire de la publicité en faveur de l'interruption volontaire de grossesse (avortement), mais il a été jugé que le fait de donner une information claire et objective sur celle-ci était légal.

Un exemple de mesure de prévention en matière scolaire : le distributeur de préservatifs

Note de service du 26 juin 1992

Dans cet esprit, des proviseurs ont autorisé l'installation des distributeurs de préservatifs dans leur lycée. Je souhaite que cette initiative se généralise.
Dans ce but, les chefs d'établissement rechercheront un accord entre tous les interlocuteurs concernés (équipe éducative, personnels de santé, parents d'élèves et élèves) et ils solliciteront l'avis du conseil d'administration de l'établissement sur cette décision.

L'installation d'un distributeur de préservatifs dans une école peut se faire librement, pourvu que tous les membres de la communauté éducative en soient d'accord.

L'information et la prévention en dehors du milieu scolaire

Article L. 2112-2 du Code de la santé publique

Le service doit organiser :
1° des consultations prénuptiales, prénatales et postnatales et des actions de prévention médico-sociale en faveur des femmes enceintes; [...]
En outre, le service doit participer aux actions de prévention des mauvais traitements et de prise en charge des mineurs maltraités [...].

Article L. 2311-5 du Code de la santé publique

Les centres de planification ou d'éducation familiale peuvent, dans le cadre de leurs activités de prescription contraceptive et sous la responsabilité d'un médecin, assurer le dépistage et le traitement de maladies transmises par la voie sexuelle. [...]

En dehors de l'école, le mineur va être informé sur sa sexualité (et sur les comportements à risque) à différentes occasions. On soulignera tout d'abord l'importance des « **brochures** » qui sont mises à disposition des mineurs chez les pharmaciens, dans les hôpitaux... On insistera également sur le rôle de la **presse pour mineurs** (les magazines) : celle-ci présente le plus souvent sous forme de questions/réponses très simples des informations sur la sexualité. Enfin, l'Internet est aussi un moyen pour le mineur d'avoir une information sur la sexualité (attention toutefois : il vaut mieux se renseigner plutôt auprès de sites officiels, car pour les autres sites, on ne peut pas être sûr du contenu de l'information). On insistera enfin sur le rôle des **associations**, parfois relayées par les pouvoirs locaux, qui jouent également un rôle d'information exceptionnel.
Une institution particulière doit jouer un rôle dans l'information des mineurs sur la sexualité : la **Protection maternelle infantile** (PMI). Ces centres jouent un rôle important en matière de « contraception » (➜ **Voir ci-dessous**) et peuvent, dans le cadre de cette activité, faire des examens pour détecter les maladies sexuellement transmissibles (MST) dont le sida. La consultation par les mineurs est gratuite.

§2 La contraception et les relations sexuelles

La contraception concerne aussi bien les garçons que les filles. Toutefois, pour les garçons, le seul moyen de contraception est constitué par l'utilisation du préservatif. C'est un moyen de contraception qui présente beaucoup d'avantages : on peut l'acheter facilement, il est peu cher et constitue en outre la seule protection efficace contre le sida : seul le préservatif permet un rapport protégé.
Dans les développements suivants, nous traiterons quasi uniquement de la contraception des jeunes filles.

L'accès des mineurs à la contraception

Article L. 5134-1 du Code de la santé publique

I. – Le consentement des titulaires de l'autorité parentale ou, le cas échéant, du représentant légal n'est pas requis pour la prescription, la délivrance ou l'administration de contraceptifs aux personnes mineures.
[...]

Article L. 2311-4 du Code de la santé publique

Les centres de planification ou d'éducation familiale sont autorisés à délivrer, à titre gratuit, des médicaments, produits ou objets contraceptifs, aux mineurs désirant garder le secret [...]

Au sens général, on l'a vu, la contraception est un procédé pour ne pas avoir d'enfant. Il existe différentes méthodes de contraception : le stérilet, le diaphragme, la « pilule » (c'est-à-dire, comme son nom l'indique l'utilisation d'une « pilule », d'un médicament pour ne pas avoir d'enfant). Le plus souvent, une mineure qui envisage d'avoir des relations sexuelles va demander à utiliser la « pilule », car c'est le moyen le plus simple.

⚠ Utiliser un moyen de contraception ne constitue pas un moyen pour se protéger contre les maladies sexuellement transmissibles comme la syphilis ou surtout le sida; seul le préservatif le permet.

⚠ Pour avoir recours à la contraception, il est sans doute préférable de demander conseil d'abord à ses parents qui sauront le mieux renseigner leur enfant. Si la jeune fille mineure envisage d'utiliser la « pilule », elle pourra se rendre avec un de ses parents (le plus souvent la mère) chez un médecin. Il faut savoir que la loi prévoit uniquement le remboursement de certains contraceptifs (la majorité des pilules et le stérilet). Les autres moyens de contraception ne sont pas pris en charge (notamment les crèmes spermicides, c'est-à-dire qui tuent les spermatozoïdes).

Pour des raisons diverses (parce que l'adolescent peut avoir du mal à parler de sa sexualité à ses parents, par exemple), on considère qu'un adolescent doit **pouvoir avoir accès seul aux moyens de contraception**. C'est une exception au principe suivant lequel les traitements qui sont suivis par les enfants sont décidés par leurs parents.

Une mineure peut donc :

– **soit aller voir un médecin** et demander d'avoir un moyen de contraception. C'est une solution qui offre l'avantage à la jeune fille mineure de discuter avec le médecin, d'avoir des informations. Comme l'entretien dans le cabinet est individuel, il n'y a pas grand risque : elle se rend chez le médecin comme si elle y allait pour « un mal de tête ». Le médecin rappellera quels sont les différents moyens de contraception (stérilet, pilule…) et proposera une solution à la jeune fille. L'inconvénient, c'est que la consultation doit être payée par l'enfant (il peut être remboursé, mais dans ce cas, il y a des risques que ses parents sachent qu'il est allé voir le médecin);

– **soit aller voir un pharmacien** et demander à ce que celui-ci lui donne un « contraceptif ». Le pharmacien doit alors le faire;

– **soit se rendre**, comme on l'a vu, dans un centre que l'on appelle une « **PMI** » (Protection maternelle et infantile) dont les consultations sont totalement gratuites et confidentielles. Pour les jeunes filles qui veulent avoir accès à la contraception en toute sécurité, avec une information très complète et en toute discrétion, c'est le meilleur moyen.

Les relations sexuelles des mineurs

Article 227-25 du Code pénal

Le fait, par un majeur, d'exercer sans violence, contrainte, menace ni surprise une atteinte sexuelle sur la personne d'un mineur de quinze ans est puni de cinq ans d'emprisonnement et de 75 000 euros d'amende.

Pour la question du viol ou des attouchements : ➜ Voir p. 425.

Il est interdit à un adulte, même qui vient d'avoir 18 ans, **d'avoir des relations sexuelles avec un mineur de moins de 15 ans.** Les relations sexuelles d'un adulte avec un mineur de moins de 15 ans qui se prostitue sont punies tout aussi sévèrement par la loi (le « client » pourra d'ailleurs être poursuivi quel que soit son âge, qu'il soit majeur ou mineur). Par ailleurs, le mineur qui se prostitue risque une lourde amende (➜ Voir p. 423).

Après 15 ans, le mineur pourra avoir des relations sexuelles avec un majeur : encore faut-il que ce majeur n'ait pas une « influence » sur lui, sinon on parle de « **détournement de mineur** ». **Par exemple**, un mineur de 16 ans ne pourra pas avoir de relation sexuelle avec un de ses professeurs tout simplement parce que ce professeur a une influence, une relation d'autorité sur lui. S'il avait des relations sexuelles avec lui, les parents pourraient porter plainte.

Enfin, le mineur est **libre de ses « orientations sexuelles »**, c'est-à-dire qu'à partir de l'âge de 15 ans en droit (et sous les réserves expresses ci-dessus), et en réalité bien plus tard, le mineur peut avoir des relations soit avec un homme, soit avec une femme. L'homosexualité n'est pas un délit. On considère que les orientations sexuelles d'une personne font partie de sa vie privée et qu'en conséquence, elle a le droit que celles-ci soient respectées.

⚠ Il est essentiel pour la santé des mineurs de se protéger contre les maladies sexuellement transmissibles (MST) et notamment contre le virus du sida dont on meurt encore. L'utilisation du préservatif constitue un moyen efficace, libre (on peut acheter des préservatifs seul dans une pharmacie ou un distributeur) et peu cher. En cas de doute après une relation sexuelle qui a été « mal protégée », consulter immédiatement un médecin et/ou téléphoner à :

Sida info service : n° vert : 0800840800

Nous ne traitons ici que des relations sexuelles qui sont voulues par le mineur, c'est-à-dire auxquelles le mineur est consentant.

⚠ Il convient de rappeler que le fait d'avoir des relations sexuelles alors que l'on a le virus du SIDA, que l'on en est conscient et de ne pas se protéger malgré tout, peut conduire à des poursuites. En effet, la Cour de cassation l'a admis pour un individu qui avait décidé de contaminer autant de personnes que possible parce qu'il se considérait, pour sa part, comme condamné (Chambre criminelle, 10 janvier 2006).

Allo enfance maltraitée : 119 ou 0800 50 41 41

La contraception d'urgence (la « pilule du lendemain »)

Article L. 5134-1 du Code de la santé publique

[...] Dans les établissements d'enseignement du second degré, si un médecin ou un centre de planification ou d'éducation familiale n'est pas immédiatement accessible, les infirmiers peuvent, à titre exceptionnel et en application d'un protocole national déterminé par décret, dans les cas d'urgence et de détresse caractérisés, administrer aux élèves mineures et majeures une contraception d'urgence. Ils s'assurent de l'accompagnement psychologique de l'élève et veillent à la mise en œuvre d'un suivi médical. [...]

La contraception d'urgence (ou pilule du lendemain) consiste à réparer un « oubli » : on a eu une relation sexuelle non protégée, on n'a donc pas utilisé de moyen de contraception et on a peur de « tomber enceinte ». La contraception d'urgence consiste à prendre une pilule dans un délai très proche de la relation sexuelle (« le lendemain »), d'où le nom de « pilule du lendemain ».

Il est possible d'avoir recours à la contraception d'urgence éventuellement sans en informer ses parents. La contraception d'urgence peut, en principe, être délivrée par les médecins et infirmiers scolaires ou par les pharmaciens, mais dans des conditions bien définies. Il faut que la jeune fille se trouve dans **une situation de détresse et d'urgence caractérisée** (que l'infirmier scolaire ou le pharmacien estimera). **Par exemple**, ce sera sans doute le cas si la jeune fille explique qu'elle n'osera jamais le dire à sa famille, qui est particulièrement hostile à toute relation sexuelle avant le mariage et qu'elle a eu une relation sexuelle la veille.

Si le médecin, l'infirmier ou le pharmacien estime que l'utilisation de la pilule du lendemain est « médicalement possible » (c'est-à-dire s'il n'est pas trop tard), il va demander à la jeune fille si elle veut que ses parents (plus précisément les personnes qui ont l'autorité parentale sur elle) soient informés. Elle est libre d'accepter ou de refuser. Quelle que soit sa décision, le médecin (l'infirmier ou le pharmacien) va alors lui donner une pilule. S'il est trop tard pour avoir recours à la contraception d'urgence, la jeune fille sera orientée vers un service qui pourra lui donner de l'aide. Lorsque la jeune fille a recours à la contraception d'urgence, le médecin ou l'infirmier lui donne des informations sur la contraception « usuelle ».

⚠ En cas de contraception habituelle et suite à un oubli, il est possible de ne pas avoir recours à la pilule du lendemain.

⚠ Mais le mieux est de prendre conseil rapidement avec un médecin ou une infirmière scolaire.

§3 L'INTERRUPTION VOLONTAIRE DE GROSSESSE

L'interruption volontaire de grossesse est l'opération qui consiste à « arrêter une grossesse », c'est-à-dire à avorter. C'est une décision qui est très importante et qui ne peut être prise que dans deux cas :
1. Soit la mère ne désirait pas la grossesse (par exemple, c'est une enfant mineure qui a eu une relation sexuelle mais elle ne veut pas garder l'enfant).
2. Soit l'enfant est atteint d'un trouble important (la mère, qui peut être mineure, est enceinte d'un enfant qui a un trouble important).

La mère ne désirant pas la grossesse

Les conditions de délai

Article L. 2212-1 du Code de la santé publique

La femme enceinte que son état place dans une situation de détresse peut demander à un médecin l'interruption de sa grossesse. Cette interruption ne peut être pratiquée qu'avant la fin de la douzième semaine de grossesse.

Le délai posé de 12 semaines est nouveau : par le passé, on ne pouvait mettre fin à la grossesse que dans les 10 premières semaines. L'allongement de ce délai a été voulu pour permettre aux femmes (ou jeunes femmes) de recourir plus facilement à ce procédé. Il n'est pas rare pour une enfant mineure d'avoir « honte » d'être enceinte, parce que sa sexualité la gêne et de ce fait, elle ne va pas oser demander de l'aide (ni à ses parents, ni à un médecin, ni à un infirmier ou médecin scolaire).

La décision de recourir à l'IVG : une décision « éclairée » et « voulue »

Article L. 2212-7 alinéa 2 du Code de la santé publique

Si la femme mineure non émancipée désire garder le secret, le médecin doit s'efforcer dans l'intérêt de celle-ci d'obtenir son consentement pour que le ou les titulaires de l'autorité parentale [...] soient consultés [...].
Si la mineure ne veut pas effectuer cette démarche, ou si le consentement n'est pas obtenu, l'interruption volontaire de grossesse ainsi que [...] les soins qui lui sont liés peuvent être pratiqués à la demande de l'intéressée [...]. Dans ce cas, la mineure se fait accompagner dans sa démarche par la personne majeure de son choix. [...]

La décision de recourir à l'IVG étant grave, la mineure doit donner son accord en toute connaissance de cause (on dit qu'il doit être « éclairé »), c'est pourquoi un entretien avec une personne qualifiée est obligatoire pour les mineures non émancipées.

Le consentement à l'interruption volontaire de grossesse est « personnel » : c'est-à-dire que c'est la jeune fille et la jeune fille seule qui décide de recourir à l'avortement (l'accord de la jeune fille est demandé par le médecin dans le cadre d'un entretien « seul à seul »). Ses parents ne peuvent pas lui imposer cette décision ni s'y opposer.

Deux situations peuvent se produire :

1. Soit les parents sont d'accord avec le choix de la jeune fille (c'est-à-dire qu'elle les a informés, ce qu'elle est libre de faire ou pas) : dans ce cas, ce sont les parents qui vont « soutenir » la jeune fille dans cette épreuve, car un avortement est toujours psychologiquement difficile à supporter.
2. Soit les parents ne sont pas d'accord ou n'ont pas été mis au courant de la décision de la jeune fille d'avorter : dans ce cas, elle devra avoir l'aide d'une personne majeure (par exemple, le père de l'enfant, ou toute autre personne majeure) pour procéder à son avortement. Là encore, le rôle de cette personne est d'aider psychologiquement la jeune fille face à cette épreuve.

⚠ Il n'est pas possible de forcer une mineure à « avorter ».

Article 223-10 du Code pénal

L'interruption de la grossesse sans le consentement de l'intéressée est punie de cinq ans d'emprisonnement et de 75000 euros d'amende.

Cet article vise surtout à protéger la mineure sur qui les parents ou le père de l'enfant pourraient faire pression afin qu'elle recoure à l'IVG. Forcer une mineure à avorter est un délit qui est puni par la loi (jusqu'à 5 ans de prison et 75000 euros d'amende).

L'IVG est pratiquée uniquement par un médecin

Article L. 2212-2 du Code de la santé publique

L'interruption volontaire d'une grossesse ne peut être pratiquée que par un médecin.

[...]

Seul un médecin peut pratiquer une IVG et il doit le faire dans un établissement de santé (et non pas en cabinet), ce qui veut dire, par exemple, qu'une sage femme ne peut pas le faire (que ce soit en cabinet ou en milieu hospitalier).
Il n'existe pas de médecin spécialisé dans les IVG.

⚠ Le médecin peut refuser de pratiquer une IVG, pour des motifs qui sont liés à sa conscience. Dans ce cas, il doit informer la patiente le plus tôt possible.

Le cas où l'enfant est atteint d'un trouble grave

Par exception au principe suivant lequel l'avortement ne peut être pratiqué que pendant les 12 premières semaines de la grossesse, il est possible de pratiquer un avortement selon les mêmes conditions quelle que soit la période si l'enfant que porte la mère est atteint d'un grave trouble.

III L'alcool, le tabac et les drogues

L'objectif de protection de la santé des mineurs a imposé l'édiction de mesures particulières visant à les protéger contre l'alcool, le tabac et les drogues.
Pour toute information complémentaire :

Drogues alcool tabac Info Service : 113

§1 L'alcool

L'alcool présente des dangers pour les mineurs qu'il est important de connaître, d'où une abondante information à leur destination. La consommation d'alcool trop jeune peut être dangereuse, c'est pourquoi la vente d'alcool aux mineurs est réglementée. Enfin, sans même qu'il soit question d'acheter de l'alcool, il se peut que le mineur soit simplement « incité », c'est-à-dire « invité » à consommer de façon habituelle et excessive de l'alcool : les parents pourront faire cesser cette « mauvaise influence » en portant plainte.

⚠ On rappelle que l'accès des mineurs aux débits de boissons est limité par la loi (➜ Voir p. 475).

L'information des mineurs sur les risques liés à l'alcool

Circulaire du 20 septembre 1999

[...]
Je demande aux recteurs, en relation avec les doyens des universités qui ont été informés de cette campagne, d'inscrire, dans le cadre de leur projet académique, un programme d'actions de prévention et de lutte contre la consommation excessive de boissons alcoolisées visant d'abord les élèves des lycées, mais aussi l'ensemble des jeunes.

Comme toujours, la protection des mineurs contre les risques est d'abord assurée par les parents, titulaires de l'autorité parentale. Ils ont en charge de mettre en garde le mineur contre les risques liés à l'alcoolisme : dépendance, risques d'accident, effets négatifs sur la santé. Il faut rappeler d'ailleurs que les parents qui abusent de l'alcool de façon très fréquente peuvent perdre l'autorité parentale (en tout ou partie) sur leur enfant (➜ Voir p. 125).
L'information des mineurs sur les risques liés à l'alcool est également donnée par l'intermédiaire des médias et notamment les différentes « campagnes » de publicité. Des brochures sont fréquemment mises à disposition dans les pharmacies, les mairies, les centres de loisirs… Une fois de plus, le rôle des associations, relayées parfois par les pouvoirs locaux, ne doit pas non plus être négligé.
Surtout, l'école joue un rôle considérable dans la prévention des risques liés à l'alcool (les textes cités ci-dessus en rappellent le principe). Des informations générales sont données aux mineurs avec éventuellement l'intervention de professionnels de santé (le médecin scolaire peut être amené à intervenir pour répondre aux questions des élèves) et d'associations (des associations d'anciens alcooliques peuvent intervenir également et présenter des points de vue « frappants » pour les mineurs).

La restriction de la vente d'alcool aux mineurs

Article L. 3342-1 du Code de la santé publique

Dans les débits de boissons et tous commerces ou lieux publics, il est interdit de vendre ou d'offrir à titre gratuit à des mineurs de moins de seize ans des boissons alcooliques à consommer sur place ou à emporter.

Article L. 3342-2 du Code de la santé publique

Il est interdit dans les débits de boissons et autres lieux publics et à quelque jour ou heure que ce soit, de vendre ou d'offrir à titre gratuit à des mineurs de plus de seize ans, pour être consommées sur place, des boissons du troisième, du quatrième ou du cinquième groupe.

Le droit fait une différence selon l'âge et le type de boissons.
Les boissons se répartissent en 5 groupes (définis par l'article L. 3321-1 du Code de la santé publique) :

Les boissons du premier groupe ou boissons sans alcool	Eaux minérales ou gazéifiées, jus de fruits ou de légumes non fermentés ou ne comportant pas, à la suite d'un début de fermentation, de traces d'alcool supérieures à 1,2 degré, limonades, sirops, infusions, lait, café, thé, chocolat.
Les boissons du deuxième groupe ou boissons fermentées non distillées	Vin, bière, cidre, poiré, hydromel, auxquels sont joints les vins doux naturels bénéficiant du régime fiscal des vins, ainsi que les crèmes de cassis et les jus de fruits ou de légumes fermentés comportant de 1,2 à 3 degrés d'alcool.
Les boissons du troisième groupe	Vins doux naturels autres que ceux appartenant au groupe 2, vins de liqueur, apéritifs à base de vin et liqueurs de fraises, framboises, cassis ou cerises, ne titrant pas plus de 18 degrés d'alcool pur.
Les boissons du quatrième groupe	Rhums, tafias, alcools provenant de la distillation des vins, cidres, poirés ou fruits, et ne supportant aucune addition d'essence ainsi que liqueurs édulcorées au moyen de sucre, de glucose ou de miel à raison de 400 grammes minimum par litre pour les liqueurs anisées et de 200 grammes minimum par litre pour les autres liqueurs et ne contenant pas plus d'un demi-gramme d'essence par litre.
Les boissons du cinquième groupe	Toutes les autres boissons alcooliques.

⚠ Les boissons « prémix », c'est-à-dire un mélange de boisson alcoolique (comme le whisky, par exemple) et non alcoolique (un soda) en récipient (le plus souvent des canettes) de moins de 60 cl, appartiennent au deuxième ou troisième groupe des boissons selon leur pourcentage d'alcool.

Pour les mineurs de moins de 16 ans

La question est simple, à savoir que les mineurs **ne peuvent absolument pas acheter ou recevoir gratuitement** des boissons alcoolisées. Ils ne peuvent ni consommer sur place ni « acheter à emporter » des boissons alcoolisées ayant plus de 1,2 degré d'alcool.

Cela veut dire, par exemple, qu'un mineur de moins de 16 ans ne peut pas se rendre dans un supermarché pour acheter une bouteille d'alcool (vin, liqueur…). Par ailleurs, la pratique de la « carte d'identité » qui consiste à prendre la carte d'identité des parents pour aller acheter une bouteille d'alcool et prétendre que ce sont les parents qui leur ont donné ne devrait pas être admise.

On rappelle que les mineurs de moins de 16 ans n'ont pas accès seuls aux débits de boissons (comme par exemple, les bars, les boîtes de nuit...). Ils ne peuvent donc bien évidemment pas y acheter de l'alcool.

Pour les mineurs de plus de 16 ans

La question est plus complexe. Le mineur ne peut consommer, avec modération, sur place que des boissons assez « légères » (de la première ou de la deuxième catégorie) comme le vin, la bière, le cidre, les vins doux naturels et certains kirs mais non des alcools forts.

Il est interdit d'inciter un mineur à consommer de l'alcool

Article 227-19 du Code pénal

Le fait de provoquer directement un mineur à la consommation habituelle et excessive de boissons alcooliques est puni de deux ans d'emprisonnement et de 45000 euros d'amende. Lorsqu'il s'agit d'un mineur de quinze ans ou que les faits sont commis à l'intérieur d'un établissement scolaire ou éducatif ou, à l'occasion des entrées ou des sorties des élèves, aux abords d'un tel établissement, l'infraction définie par le présent article est punie de trois ans d'emprisonnement et de 75000 euros d'amende.

On considère que l'alcool est plus dangereux pour les mineurs que pour les majeurs, car ceux-ci sont plus influençables ; ils vont avoir tendance le plus souvent à se « laisser aller », et donc à consommer de façon excessive de l'alcool s'ils y sont incités. En conséquence, le droit a prévu qu'il est interdit d'inciter un mineur à consommer de l'alcool de façon « habituelle et excessive ».

Cela signifie qu'il est possible de proposer à un mineur de plus de 16 ans (parce qu'en dessous de cet âge, les mineurs ne « boivent pas d'alcool » selon la loi) de boire un verre à une occasion, comme par exemple un anniversaire, une fête, la réussite d'un examen. D'ailleurs, même si le mineur a moins de 16 ans, il est peu probable que l'on considère ceci comme une infraction, car si bien sûr il y a mise à disposition d'alcool à titre gratuit (et donc on manque aux dispositions de l'article L. 3342-1 du Code de la santé publique), ce fait n'est pas « très grave » s'il est isolé, encore plus s'il est réalisé dans le contexte maîtrisé qu'est celui de la famille.

Mais, certaines personnes ne sont pas toujours « bien intentionnées » et elles peuvent vouloir inciter un mineur à consommer de l'alcool de façon **habituelle** et **excessive**. C'est tout le problème des « mauvaises relations ». Les parents peuvent porter plainte auprès des services de police : la personne en cause risque alors une peine pouvant aller jusqu'à 2 ans d'emprisonnement et 45 000 euros d'amende.

Cette infraction s'applique que l'alcool soit offert (c'est-à-dire payé par la personne qui fait boire le mineur) ou non.

⚠ Le fait de faire boire un mineur jusqu'à l'ivresse est puni d'une amende pouvant aller jusqu'à 3 750 euros. Les parents peuvent là aussi porter plainte.

⚠ Le fait d'inciter un mineur à boire à proximité ou dans l'école est puni encore plus sévèrement : ceci peut concerner notamment le cas des « faux grands frères » qui attendent les plus jeunes à la sortie... (➜ **Voir p. 418 et 419**)

§2 Le tabac

L'information sur les risques liés au tabac

L'information sur les risques liés au tabac se fait dans les mêmes conditions que celle sur les risques liés à l'alcool : les parents jouent un rôle au premier plan, les médias, les associations et l'école jouent également un rôle très important.

⚠ La réglementation sur la publicité en faveur du tabac à l'occasion des manifestations sportives a notamment pour but de préserver les mineurs. Les mentions légales inscrites sur les paquets de cigarette doivent également permettre aux mineurs de prendre conscience des risques liés au tabac.

La vente de tabac aux mineurs

Article L. 3511-2-1 du Code de la santé publique

Il est interdit de vendre ou d'offrir gratuitement, dans les débits de tabac et tous commerces ou lieux publics, des produits du tabac ou des ingrédients définis au deuxième alinéa de l'article L. 3511-1 à des mineurs de moins de seize ans. [...]

L'interdiction de vendre des cigarettes à des mineurs de moins de 16 ans est entrée en vigueur. En pratique, cela se traduit par deux choses bien concrètes : d'une part, dans les bureaux de tabac, on doit trouver une affiche avec la mention « interdiction de vente de tabac aux mineurs de moins de 16 ans, article L. 3511-2-1 du Code de la santé publique » et d'autre part, on ne peut pas demander à son enfant de moins de 16 ans d'aller acheter des cigarettes pour soi.

Les mineurs de moins de 16 ans ne peuvent pas acheter de tabac, si le vendeur a un doute sur l'âge du mineur, il peut leur demander leur carte d'identité. Il convient toutefois de préciser deux choses : d'une part, l'amende encourue par le débitant de tabac qui est de 75 euros au plus, d'autre part, le débitant de tabac pourra faire valoir qu'il a été trompé sur l'âge du mineur (par exemple si un mineur de 15 ans vient et qu'il en semblait 18, il se peut qu'il n'ait même pas pensé que l'enfant en question pouvait avoir moins de 16 ans !).

La consommation de tabac en général

La loi dite « loi Evin » a posé le principe de l'interdiction de fumer « dans les lieux affectés à un usage collectif, hormis dans les emplacements qui, sauf impossibilité, devront être mis à la disposition des fumeurs ». En principe donc, les lieux affectés à un usage collectif doivent prévoir des locaux « fumeurs » et des locaux « non fumeurs » séparés. **Par exemple**, dans les aéroports, il n'est pas permis de fumer, sauf dans certaines salles. De même, dans les restaurants, il y a une salle fumeur et une salle « non fumeurs ». Ces locaux sont signalés par des panneaux.

La consommation de tabac au collège et au lycée

Article L. 3511-7 du Code de la santé publique

Il est interdit de fumer dans les lieux affectés à un usage collectif, notamment scolaire, et dans les moyens de transport collectif, sauf dans les emplacements expressément réservés aux fumeurs. [...]

Article R. 3512-1 du Code de la santé publique

Le fait de fumer dans l'un des lieux mentionnés à l'article R. 3511-1, hors d'un emplacement mis à la disposition des fumeurs, est puni de l'amende prévue pour les contraventions de la 3e classe.

Les locaux scolaires font l'objet de règles très précises déterminées dans le Code de la santé publique. Dans les **collèges et les lycées**, l'interdiction de fumer s'étend en principe à **tous les lieux** (y compris aux lieux non couverts comme la cour de récréation), **fréquentés par les élèves, pendant la durée de cette fréquentation**. Cette interdiction vaut d'ailleurs aussi bien pour les personnels enseignants que pour les élèves.

Toutefois, dans les **lycées**, si les locaux sont distincts de ceux des collèges (c'est-à-dire si le collège et le lycée ne forment pas un seul établissement), des salles (exceptées celles affectées à l'enseignement, au travail et aux réunions) peuvent être mises à la disposition des lycéens fumeurs. Des mesures particulières peuvent être prises pour permettre aux enseignants de fumer.

Dans les locaux à usage collectif **destinés à l'accueil et à l'hébergement des mineurs de moins de 16 ans** (cas des internats et des « cantines »), ceux-ci (les mineurs de moins de 16 ans) ne peuvent accéder aux emplacements mis à la disposition des fumeurs.

Le chef d'établissement met en place une « signalisation apparente » (des panneaux d'affichage). Cette signalisation est obligatoire pour rappeler l'interdiction de fumer dans les lieux vus ci-dessus et indiquer les emplacements mis à la disposition des fumeurs.

§3 Les stupéfiants (« les drogues »)

Drogue Info Service : 0 800 23 13 13

L'information sur les risques liés aux drogues

Les risques liés aux drogues sont particulièrement importants. Il existe toute une série de drogues différentes qui sont parfois banalisées dans l'esprit des mineurs parce qu'elles se présentent sous la forme de « pilules », comme des « médicaments » ; certaines autres drogues présentent l'image de drogues « naturelles » (comme l'utilisation de préparations à base de champignons hallucinogènes). Or, quelle que soit la forme dans laquelle elle se présente, une drogue constitue toujours un risque pour le mineur : par exemple, les drogues hallucinogènes peuvent conduire au suicide, les hallucinations pouvant être particulièrement morbides.

L'information des mineurs sur les risques liés aux drogues est assurée par les parents, l'école, les services de santé, les médias et un certain nombre d'associations très actives.

Les substances considérées comme des « drogues »

Article R. 5181 du Code de la santé publique

Sont interdits la production, la mise sur le marché, l'emploi et l'usage :
1° Du cannabis, de sa plante et de sa résine, des préparations qui en contiennent ou de celles qui sont obtenues à partir du cannabis, de sa plante ou de sa résine; [...]

En droit, on ne parle pas de « drogue », mais de « stupéfiant ». On découvre toujours de nouvelles drogues, car il suffit de changer un peu la composition pour en obtenir. Par conséquent, nous ne pas donnerons pas ici les articles faisant la liste de toutes les substances qui sont considérées comme des drogues, car cette liste serait bien trop longue et trop technique. Nous avons simplement reproduit l'article qui concerne le cannabis, ce produit est considéré aujourd'hui comme une drogue (il y a régulièrement des débats sur la question de sa « légalisation », mais pour l'heure le cannabis est bien une « drogue »).
D'autres produits sont considérés également comme des drogues : on proposera la classification simplifiée ci-dessous :

Les stimulants (du système nerveux)	Cocaïne, Crack, Amphétamines dont Ecstasy
Les dépresseurs (qui ont un effet de « relâchement »)	GHB, Benzodiazépines
Les opiacés	Héroïne, Codéïne, Méthadone, Subutex ®
Les hallucinogènes	LSD, Champignons hallucinogènes, Kétamine, Cannabis et dérivés

La consommation de stupéfiants est interdite sauf nécessité médicale

Article L. 3421-1 du Code de la santé publique

L'usage illicite de l'une des substances ou plantes classées comme stupéfiants est puni d'un an d'emprisonnement et de 3 750 euros d'amende.

La consommation de substances considérées comme des stupéfiants est interdite par principe. Toute personne qui consomme une de ces substances risque une peine pouvant aller jusqu'à 1 an de prison et 3 750 euros d'amende. Toutefois, il est possible « d'échapper » à la peine en acceptant de se soumettre à une cure de désintoxication.

Une personne qui incite un mineur à consommer de la drogue (peu importe que le mineur « passe à l'acte » et en consomme ou non), risque une peine pouvant aller jusqu'à 5 ans de prison et 75 000 euros d'amende. Les parents peuvent donc utiliser cette mesure pour faire « reculer » les personnes qui seraient dans l'entourage de leur enfant et qui inciteraient ces derniers à faire usage de stupéfiants.

Le fait de vendre des produits qui sont considérés comme des stupéfiants ou simplement d'en fournir est considéré comme un trafic de stupéfiants et peut faire l'objet de peines très lourdes.

Drogue Info Service : n° vert : 0 800 23 13 13

chapitre 3

Le mineur victime

Le mineur victime va faire l'objet d'une protection renforcée due à sa qualité de mineur.
Comme toute personne, il bénéficie de deux niveaux de protection : une protection en droit civil et une protection en droit pénal. La protection de l'enfant en droit civil concerne tous les aspects de la vie « familiale » du mineur, c'est-à-dire la place du mineur au sein de la famille, la protection du patrimoine du mineur, la protection contre les mauvais traitements, la protection enfin contre ses propres parents. La protection de l'enfant en droit pénal – le droit des peines – reprend une partie de la protection de l'enfant en droit civil en en renforçant certains aspects, mais surtout, cette protection concerne les rapports entre le mineur et le reste de la société. Il s'agit de protéger le mineur contre les agressions et les violences.

I La protection du mineur en droit civil

Cette protection couvre deux aspects : la protection des intérêts de l'enfant et le contrôle de l'exercice effectif de l'autorité parentale. Par ailleurs, l'accent doit être mis sur les services spécialisés de protection des intérêts de l'enfant.

§1 L'expression de l'enfant et la défense de ses intérêts

De façon générale, le mineur peut être entendu par le juge dans toute affaire le concernant

Article 388-1 du Code civil

Dans toute procédure le concernant, le mineur capable de discernement peut, sans préjudice des dispositions prévoyant son intervention ou son consentement, être entendu par le juge ou la personne désignée par le juge à cet effet.
Lorsque le mineur en fait la demande, son audition ne peut être écartée que par une décision spécialement motivée. Il peut être entendu seul, avec un avocat ou une personne de son choix. Si ce choix n'apparaît pas conforme à l'intérêt du mineur, le juge peut procéder à la désignation d'une autre personne. [...]

Si l'enfant est suffisamment mûr, c'est-à-dire s'il est capable de réaliser l'importance des questions qui sont en jeu, le juge pourra décider d'entendre le mineur, c'est-à-dire lui demander son avis sur telle ou telle mesure. **Par exemple**, le juge pourra demander à un mineur de 15 ans, s'il juge qu'il est suffisamment mûr, chez quel parent il veut résider (dans le cadre d'un divorce). Le juge ne fait que demander un avis, c'est-à-dire qu'il n'est pas obligé de suivre l'opinion du mineur.
Le mineur peut être entendu soit directement par le juge, soit par une autre personne (par exemple, un service spécialisé), le mineur pouvant de son côté s'exprimer seul ou demander à avoir l'aide d'un avocat. S'il a recours à un avocat, le mineur aura le droit à « l'aide juridictionnelle » (c'est-à-dire qu'il ne paiera pas l'avocat lui-même).

⚠ Si le juge ne demande pas à entendre le mineur et que celui-ci veut donner son avis, il peut demander à être entendu. Dans ce cas, le juge devra l'entendre sauf s'il motive sa décision, c'est-à-dire s'il peut expliquer pourquoi il ne veut pas entendre le mineur. **Par exemple**, le juge peut considérer qu'il ne doit pas entendre le mineur parce qu'il est « manipulé » par un parent, ou alors qu'il ne doit pas entendre le mineur « tout de suite », parce qu'il attend un autre moment de la procédure, plus propice.

Certains textes particuliers organisent la défense des intérêts du mineur

Nous avons déjà parlé de toutes ces procédures dans la deuxième partie. On se contentera donc ici de les rappeler.

– Le mineur doit donner un simple **avis** (c'est-à-dire une opinion qui ne fait pas la décision, qui n'est qu'un élément éclairant le juge, mais c'est le juge qui prend la décision) dans deux cas : au cours de la procédure de divorce (article 290 du Code civil) et si des mesures d'assistance éducative sont envisagées.

– Le mineur doit donner son **accord** (c'est-à-dire que la décision ne peut pas être prise sans lui) en cas de changement de nom (quel que soit son âge s'il est légitimé, s'il a plus de 13 ans dans les autres cas), pour son adoption s'il a plus de 13 ans (**➜ Voir p. 66**).

Enfin, les intérêts du mineur doivent être défendus contre les éventuels risques liés à « l'administration légale » (c'est-à-dire au fait que ce sont les parents qui gèrent par principe les biens de leur enfant). S'il y a un conflit d'intérêts (par exemple, il y a un risque qu'un parent profite de la fortune de l'enfant), un administrateur spécial pourra être désigné pour gérer les biens de l'enfant.

La loi du 4 mars 2002 a prévu la protection des enfants mineurs étrangers entrant en France. En effet, lorsque ceux-ci entrent en France sans être accompagnés, une personne sera spécialement désignée pour l'aider dans toutes ses démarches.

§2 Le contrôle ou le retrait de l'autorité parentale

Si les parents ne s'occupent pas suffisamment de leur enfant ou s'en occupent mal, ils peuvent faire l'objet de mesures d'aides ou de mesures de sanction. Ces mesures ont déjà été étudiées dans la deuxième partie.

– **Les mesures d'aide** sont ce qu'on appelle des mesures « d'assistance éducative ». Elles sont décidées par le juge des enfants et peuvent consister à limiter l'exercice de l'autorité parentale, à contrôler l'exercice de cette autorité (on va, par exemple, mettre à l'épreuve les parents de conduire l'enfant régulièrement à l'école à l'heure…), ou encore à confier l'enfant à des services. Ces mesures étant des mesures d'assistance, l'enfant sera maintenu dans la famille autant que possible.

– Si l'exercice de l'autorité parentale n'est pas correctement assuré par les parents, ceux-ci pourront faire l'objet de « **sanctions** ». Ces sanctions sont de trois types : la délégation de l'autorité parentale (→ Voir p. 133), le retrait de l'autorité parentale (→ Voir p. 125) ou encore la déclaration judiciaire d'abandon qui concerne les parents qui se désintéressent de leur enfant depuis plus d'un an (cette déclaration va permettre ensuite à l'enfant d'être adopté).

Allô enfance maltraitée n° vert : 0 800 50 41 41 ou faire le 119

§3 Les services de protection des mineurs

Le service d'aide sociale à l'enfance

Article L. 221-1 du Code de l'action sociale et des familles

Le service de l'aide sociale à l'enfance est un service [...] chargé des missions suivantes :
1° Apporter un soutien matériel, éducatif et psychologique aux mineurs, à leur famille, [...]
3° Mener en urgence des actions de protection en faveur des mineurs mentionnés au 1° du présent article ;
4° Pourvoir à l'ensemble des besoins des mineurs confiés au service et veiller à leur orientation, en collaboration avec leur famille ou leur représentant légal ;
5° Mener, notamment à l'occasion de l'ensemble de ces interventions, des actions de prévention des mauvais traitements à l'égard des mineurs [...].

Le service de l'aide sociale à l'enfance (ASE) est un service dont la mission essentielle est de venir en aide aux enfants et à leur famille par des actions de prévention individuelle ou collective, de protection et de lutte contre la maltraitance. Il faut rappeler d'ailleurs que selon le Préambule de la Constitution de 1946 (→ Voir p. 543), l'État garantit, notamment à l'enfant, la protection de la santé.
Plus précisément, le service ASE s'adresse à des mineurs (ou à des jeunes majeurs âgés de moins de 21 ans) confrontés à de graves difficultés sociales (par exemple, si le mineur vit dans une famille très pauvre) ou présentant des risques d'inadaptation sociale (on estimera alors au cas par cas). Il mène notamment des actions de prévention des mauvais traitements. Il propose des interventions adaptées à chaque situation. Une aide individuelle peut être apportée : ainsi le soutien peut prendre la forme d'aide financière (allocation mensuelle), d'intervention à domicile de travailleur familial et/ou de service d'action éducative. Une action collective peut être menée.

Dans sa mission de protection de l'enfance en danger, le service ASE signale au procureur de la République ou au juge des enfants les cas d'urgence dont il a connaissance et participe au recueil d'informations relatives aux enfants maltraités. Réciproquement, le procureur de la République informe les services de l'ASE des mesures urgentes qu'il a prises. Le défenseur des enfants informe le président du Conseil général concerné des affaires susceptibles de justifier une intervention du service de l'ASE.

Le défenseur des enfants

Article 1er de la loi du 6 mars 2000

[...] un défenseur des enfants [...] est chargé de défendre et de promouvoir les droits de l'enfant [...].
Il reçoit les réclamations individuelles d'enfants mineurs ou de leurs représentants légaux [...].
Lorsqu'il a été saisi directement par l'enfant mineur, il peut en informer son représentant légal.
Les réclamations peuvent lui être présentées par les associations reconnues d'utilité publique qui défendent les droits des enfants.

Le défenseur des enfants est une institution créée par la loi du 6 mars 2000. Elle a des missions très larges puisque chaque fois qu'un droit des enfants a été violé, cette institution peut être saisie.
Les personnes qui peuvent s'adresser au défenseur des enfants sont très nombreuses :
– soit **l'enfant mineur** concerné (peu importe qu'il écrive seul sa lettre de réclamation sans en informer ses parents) ;
– soit **son représentant légal** (parents, tuteur...) ;
– soit **des associations** reconnues d'utilité publique défendant les droits des enfants.
Dans la pratique, la réclamation doit être directement adressée au défenseur, de préférence par lettre recommandée avec avis de réception, mais la réclamation peut être, également, faite directement à partir du site sur l'Internet dont l'adresse figure ci-après. Si la réclamation est effectuée par un mineur, le défenseur peut en informer son représentant légal (sauf si bien sûr le représentant légal est la personne qui est accusée par le mineur...). Le recours est gratuit.
Selon le type de plainte qui est adressée, le défenseur des enfants pourra ou devra saisir l'autorité qui est compétente :
– si une administration, une collectivité locale ou encore un service public est en cause, le dossier pourra être transmis au médiateur de la République. C'est lui qui prendra alors l'affaire en charge ;

– si la plainte est dirigée contre une personne privée (c'est-à-dire soit une personne « en chair et en os », soit une entreprise), le défenseur va établir des recommandations en vue de régler le problème soulevé.

Si le défenseur n'obtient pas de réponse satisfaisante, il peut rendre publiques ses recommandations. Il peut, par conséquent, informer :

– les autorités judiciaires, si l'affaire est susceptible de donner lieu à une mesure d'assistance éducative ou concerne un mineur impliqué dans une procédure en cours ;

– le président du conseil général, si l'affaire implique l'intervention du service de l'aide sociale à l'enfance.

DÉFENSEUR DES ENFANTS
104 boulevard Auguste-Blanqui
75013 PARIS
Téléphone : 01 53 63 58 51
Fax : 01 53 63 58 79
Adresse Internet : **www.defenseurdesenfants.fr**

⚠ Il est possible également de contacter le défenseur des enfants par message électronique à l'adresse Internet indiquée ci-dessus. C'est parfois une solution plus simple pour les enfants, car il n'y a pas d'enveloppe ou de timbre à trouver.

⚠ Bon à savoir : lorsqu'un dossier est transmis au défenseur des enfants, il fait l'objet d'une étude et, si celle-ci estime que ce n'est pas au défenseur de traiter de cette question, alors, le défenseur saisit l'autorité compétente.

⚠ Le défenseur des enfants est assisté dans sa mission de correspondants territoriaux devant faciliter le traitement des dossiers. Leur liste est consultable sur le site du défenseur.

II La protection pénale du mineur

Le droit pénal, c'est le droit qui applique des « peines », c'est-à-dire soit des amendes, soit des « peines de prison ». C'est ce qu'on appelle souvent le droit « répressif », car c'est ce qui définit quels comportements la société refuse : par exemple, lorsqu'on dit que le vol est interdit, c'est du droit pénal, car on interdit un comportement (le vol) et on prévoit que si quelqu'un commet un tel acte alors il risque une peine (jusqu'à 3 ans de prison et 45 000 euros d'amende).

Le mineur est du fait de son âge dans une situation de faiblesse : on pourra plus facilement abuser de lui, on pourra plus facilement le manipuler, le violenter et il sera plus complexé pour se plaindre. En conséquence, on a « aménagé » des règles pour les mineurs. Les peines sont généralement plus lourdes lorsqu'on s'attaque à un mineur, des infractions spéciales ont été créées, des règles particulières s'appliquent lorsque le mineur victime vient au procès (par exemple, les débats pourront ne pas être publics).

En cas de MAUVAIS TRAITEMENTS, il est possible d'appeler aux numéros suivants :
Allô enfance maltraitée (SNATEM) : 119
SOS violences scolaires : 0 801 55 55 00
Jeunes violences écoute : 0 800 20 22 23

§1 LE SIGNALEMENT DES ENFANTS VICTIMES DE MALTRAITANCE

C'est quoi « signaler » ?

Article 434-1 du Code pénal

fait, pour quiconque ayant connaissance d'un crime dont il est encore possible de prévenir ou de limiter les effets, ou dont les auteurs sont susceptibles de commettre de nouveaux crimes qui pourraient être empêchés, de ne pas en informer les autorités judiciaires ou administratives est puni de trois ans d'emprisonnement et de 45 000 euros d'amende.

[...]

Article 434-3 du Code pénal

Le fait, pour quiconque ayant eu connaissance de privations, de mauvais traitements ou d'atteintes sexuelles infligés à un mineur de quinze ans ou à une personne qui n'est pas en mesure de se protéger en raison de son âge, [...] de ne pas en informer les autorités judiciaires ou administratives est puni de trois ans d'emprisonnement et de 45 000 euros d'amende.

[...]

Un enfant peut faire l'objet de maltraitance, c'est-à-dire, par exemple, être battu par ses parents ou être négligé par eux, ce qui le met en danger. De manière générale, on peut dire que la loi impose à tous de ne pas se taire lorsque l'on a connaissance de faits de maltraitance.

Les médecins, les personnels médicaux et paramédicaux, les travailleurs sociaux, les magistrats, les enseignants et les personnels de la police nationale et de la gendarmerie doivent bénéficier en application de l'article L. 542-1 du Code de l'éducation d'une formation visant à leur permettre de satisfaire à cette obligation.

Deux attitudes, pouvant se succéder dans le temps, sont susceptibles d'être adoptées lorsque l'on a connaissance d'un enfant en situation de danger.

– La première, consiste **à informer**, c'est-à-dire à porter à la connaissance des équipes de professionnels (assistantes sociales, psychologues, médecins ou infirmières scolaires...) par voie orale (entretien, téléphone) ou écrite (courrier, télécopie) la situation d'un enfant que l'on croit en danger (inquiétude sur des comportements inhabituels, faits observés, propos entendus ou rapportés...). **Par exemple**, un médecin scolaire constatant qu'un élève est très attaché au fait de se laver les mains de façon très répétée (ce qui peut être un signe qu'il fait l'objet d'atteintes sexuelles) va téléphoner à l'assistance sociale afin qu'elle obtienne davantage d'informations.

– La seconde, qui doit être adoptée dès lors que l'on a fait une « petite enquête » (on a évalué ce qui n'était au départ qu'une intuition), c'est **le signalement** proprement dit, c'est-à-dire l'opération qui consiste à alerter l'autorité administrative (les services de protection des mineurs) ou judiciaire (le juge). **Par exemple**, le médecin scolaire, après avoir consulté l'assistance sociale et les parents (selon le cas) va décider de saisir l'inspecteur d'académie afin qu'il avertisse le président du conseil général.

⚠ Certaines personnes (notamment les médecins) sont tenues au secret professionnel, c'est-à-dire qu'elles ne peuvent révéler des faits divulgués à l'occasion de l'exercice de leur profession, sous peine de sanctions. Ces personnes tenues au secret professionnel croient souvent qu'elles ne peuvent pas signaler du fait de ce secret qui les lie. La modification récente de la loi leur permet, aujourd'hui, de signaler bon nombre d'atteintes aux mineurs Cela veut dire, par exemple, que si un médecin scolaire signale un enfant dont il pense qu'il fait l'objet de mauvais traitements, il ne sera pas sanctionné (article 226-14-2 du Code pénal).

ENFANCE MALTRAITÉE
Assistance et accueil téléphonique 24 heures sur 24 au numéro de téléphone : **119** (appel gratuit)

Les sanctions

L'absence de signalement

Article 434-1 du Code pénal

(➜ Voir p. 413)

Si on ne signale pas, on peut faire l'objet de poursuites, pour ne pas avoir dénoncé un crime, pour ne pas avoir fait connaître des mauvais traitements sur un mineur (notamment, si ces mauvais traitements ont un caractère sexuel)... Les sanctions peuvent être très lourdes jusqu'à 3 ans de prison et 45 000 euros d'amende.

Les signalements erroné et abusif

Le signalement **erroné** ne donne pas lieu à des poursuites. **Par exemple**, si un agent croyait de bonne foi que tel enfant faisait l'objet de mauvais traitements alors qu'en fait il ne souffrait que de problèmes affectifs (il ne s'entendait pas avec son beau père, par exemple), il ne peut faire l'objet de poursuites.

Le signalement **abusif** peut constituer une infraction (**➜ Voir p. 452**) (dénonciation calomnieuse). Il faut alors qu'il y ait eu une intention de nuire de la part de la personne considérée, par exemple, on dénonce des faits de viol uniquement par rancune personnelle.

§2 LA PROTECTION DE L'EMBRYON (➜ Voir p. 71)

Nous avons déjà évoqué cette question dans la deuxième partie. On en rappellera uniquement les traits essentiels. Les manipulations et les expérimentations sur les embryons humains sont, par principe, interdites.

Le recours à l'IVG (Interruption volontaire de grossesse) n'est possible que dans deux cas : 12 semaines après le début de la grossesse ou à n'importe quel moment si l'enfant conçu est atteint d'un trouble très grave. En dehors de ces cas, on ne peut pas porter atteinte à l'embryon.

§3 La mise en péril des mineurs

La privation de soins

Article 227-15 du Code pénal

Le fait, par un ascendant légitime, naturel ou adoptif ou toute autre personne exerçant à son égard l'autorité parentale ou ayant autorité sur un mineur de quinze ans, de priver celui-ci d'aliments ou de soins au point de compromettre sa santé est puni de sept ans d'emprisonnement et de 100000 euros d'amende.

Constitue notamment une privation de soins le fait de maintenir un enfant de moins de 6 ans sur la voie publique ou dans un espace affecté au transport collectif de voyageurs, dans le but de solliciter la générosité des passants.

On a vu que l'autorité parentale (➜ **Voir p. 104**), est un ensemble de droits et d'obligations qui appartiennent aux parents (en règle générale) dans l'intérêt de l'enfant. Ces droits et obligations doivent permettre aux parents d'élever leur enfant au mieux. Si les parents sont négligents (c'est-à-dire s'ils ne prennent pas suffisamment soin de leurs enfants), en principe, ils feront l'objet de mesures d'aides (des mesures d'assistance éducative) et éventuellement de sanctions, comme le retrait total ou partiel de cette autorité parentale (➜ **Voir p. 125**).

Mais, il se peut que leur faute soit tellement importante que l'on considère qu'il soit nécessaire de les poursuivre en justice. Il faut alors que cette faute soit **volontaire** (c'est-à-dire qu'ils n'aient pas cru, par exemple, laisser l'enfant à leur conjoint alors qu'en fait il était abandonné à lui-même) et que cette faute ait une **certaine gravité** : le texte indique en effet que cette faute doit avoir pour conséquence de « compromettre la santé du mineur ». Ainsi donc, un parent qui aurait simplement oublié d'aller chercher son enfant à l'école le soir ne pourra pas faire l'objet de poursuites, car en soi, cet oubli est regrettable, mais ne met pas en danger la vie de l'enfant. Si par contre, les parents ont « oublié » leur enfant sur une aire d'autoroute et ce volontairement, pour le punir de « ne pas avoir été sage », il est évident que cet acte est particulièrement grave et dangereux pour lui et dès lors des poursuites seront possibles.

Le deuxième alinéa de cet article concerne tout spécialement un phénomène qui s'est développé et qui consiste pour certains parents à laisser leurs enfants de moins de 6 ans sur la voie publique ou dans les transports en commun (la SNCF, la RATP...) afin qu'ils recueillent de l'argent. Ces mineurs ne font pas la mendicité, ils sont là et « attendent ». On considère que le comportement des parents n'est pas ici si éloigné de celui qui consiste à inciter les gens à faire la mendicité, d'où la possibilité d'engager désormais des poursuites contre ces parents. Pour les enfants de plus de 6 ans, il existe un délit qui est celui de l'incitation des mineurs à la mendicité.

L'exploitation de l'image du mineur à des fins pornographiques

Article 227-23 du Code pénal

Le fait, en vue de sa diffusion, de fixer, d'enregistrer ou de transmettre l'image ou la représentation d'un mineur lorsque cette image ou cette représentation présente un caractère pornographique est puni de cinq ans d'emprisonnement et de 75 000 euros d'amende.

[...]

Les peines sont portées à sept ans d'emprisonnement et à 100 000 euros d'amende lorsqu'il a été utilisé, pour la diffusion de l'image ou de la représentation du mineur à destination d'un public non déterminé, un réseau de télécommunications.

Le fait de détenir une telle image ou représentation est puni de deux ans d'emprisonnement et 30 000 euros d'amende. [...]

L'actualité a révélé un attrait malsain de certaines personnes pour des images de mineurs à caractère pornographique. Des réseaux ont été démantelés. Les poursuites qui ont été faites contre ces personnes ont été rendues possibles grâce à ce texte qui punit d'une peine pouvant aller jusqu'à 5 ans de prison et 75 000 euros d'amende le fait d'enregistrer (par quelque moyen que ce soit) ou de transmettre l'image d'un mineur à des fins pornographiques. Lorsque cette image est diffusée à l'aide d'un réseau (par exemple, si les images sont diffusées par Internet, ou grâce à un autre système, comme un système de « catalogues » de cassettes vidéos), les peines sont encore plus lourdes (jusqu'à 7 ans de prison et 100 000 euros d'amende).
La loi pour la confiance dans l'économie numérique a par ailleurs prévu *expressément* que désormais la tentative de commettre un tel délit pouvait être sanctionnée également.
Le simple fait d'avoir une telle image (notamment sur son ordinateur) constitue aussi un délit. C'est très important à savoir, car certains sites se permettent de récupérer les adresses électroniques et ensuite de faire des envois mails non désirés (on parle de *spamming*). Certains de ces mails comportent des photos à caractère pornographique voire pédophile. Si un mineur reçoit une telle image, il doit tout de suite en avertir ses parents qui l'aideront à trouver une solution appropriée. Il faut savoir qu'il existe des logiciels pour bloquer ces mails non désirés.

L'abus de la faiblesse du mineur

Article 223-15-2 du Code pénal

Est puni de trois ans d'emprisonnement et de 375000 euros d'amende l'abus frauduleux de l'état d'ignorance ou de la situation de faiblesse [...] d'un mineur, [...] pour conduire ce mineur [...] à un acte ou à une abstention qui lui sont gravement préjudiciables. [...]

Le délit d'abus de faiblesse n'a fait l'objet que de peu d'applications en ce qui concerne les mineurs, bien qu'il ait vocation aussi à s'appliquer à eux. Cet article concerne tous les cas dans lesquels une personne va tirer profit de la faiblesse du mineur afin de lui faire commettre un acte qui va au final lui être très défavorable.

⚠ Cet article peut être pourtant très utile pour des parents dont l'enfant a signé un contrat dont ils demandent l'annulation (par exemple, le mineur a signé pour acheter seul une encyclopédie d'une valeur de 2000 euros). Cet acte étant très important, les parents devaient signer eux aussi. Mais il se peut que le temps de saisir le tribunal, pour demander l'annulation du contrat, soit long et que les parents préfèrent essayer de régler le problème autrement. Une bonne solution va consister à porter plainte pour « abus de faiblesse » : la société, qui s'est rendue responsable de cet acte et qui n'a pas accepté de « résilier » le contrat lorsqu'elle a appris que les parents ne l'avaient pas signé, pourra ainsi être poursuivie.

La « corruption » de la morale du mineur

Article 227-22 du Code pénal

Le fait de favoriser ou de tenter de favoriser la corruption d'un mineur est puni de cinq ans d'emprisonnement et de 75000 euros d'amende. Ces peines sont portées à sept ans d'emprisonnement et 100000 euros d'amende lorsque le mineur est âgé de moins de quinze ans ou lorsque le mineur a été mis en contact avec l'auteur des faits grâce à l'utilisation, pour la diffusion de messages à destination d'un public non déterminé, d'un réseau de télécommunications ou que les faits sont commis à l'intérieur d'un établissement scolaire ou éducatif ou, à l'occasion des entrées ou des sorties des élèves, aux abords d'un tel établissement.

On considère en droit qu'il n'existe pas de « morale » de référence, car chacun est libre de penser ce qu'il veut. Il n'y a donc pas en principe de « délit d'opinion ». Toutefois, en ce qui concerne les mineurs, on considère qu'il faut les préserver, les protéger contre certaines « mauvaises influences » qui ne sont rien d'autres que des « incitations » à commettre des actes néfastes et aussi souvent illégaux.

Il existe toute une série d'articles qui portent sur ce sujet. Tout d'abord, le fait de fabriquer ou de diffuser des messages à caractère pornographique susceptibles d'être vus par un mineur est puni par la loi. Ensuite, certaines incitations à commettre des actes interdits par la loi sont réprimées : interdiction d'entraîner un mineur à commettre des crimes ou des délits, interdiction de provoquer un mineur à faire usage de drogues (➜ **Voir p. 406**). Certains comportements sont interdits tout simplement parce qu'on les considère comme dangereux pour la santé du mineur, c'est ainsi que l'on punit l'incitation d'un mineur à faire usage de façon habituelle et excessive de boissons alcooliques (➜ **Voir p. 401**).

La corruption de mineur (que l'on appelait avant l'incitation à la débauche) occupe une place à part. Il s'agit du comportement qui consister à favoriser ou tenter de favoriser la « corruption d'un mineur », c'est-à-dire de l'inciter à exercer sa sexualité même si le mineur ne passe pas à l'acte. L'incitation à la débauche doit être un acte volontaire : **par exemple**, une personne qui invite, en connaissance de cause, un mineur à entrer dans un lieu où se déroulent des actes sexuels, est coupable d'incitation à la débauche. De la même façon, une personne qui a une correspondance avec un mineur dans laquelle elle l'incite à avoir des relations sexuelles « le plus tôt possible et avec tout type de partenaires » est coupable de cette infraction.

Résumé des peines risquées

Infraction	Peine normale	Peine aggravée
Diffusion de message à caractère pornographique susceptible d'être vu par un mineur	3 ans de prison 75 000 euros d'amende	
Corruption de mineur (incitation à la débauche)	5 ans de prison 75 000 euros d'amende	7 ans de prison 100 000 euros d'amende lorsque commise : – sur un mineur de moins de 15 ans – en utilisant un réseau – à l'intérieur d'un établissement scolaire

Infraction	Peine normale	Peine aggravée
Incitation à commettre des crimes ou des délits	5 ans de prison 150 000 euros d'amende	7 ans de prison 150 000 euros d'amende lorsque commise : – sur un mineur de moins de 15 ans – à l'intérieur d'un établissement scolaire
Incitation à faire usage illicite de stupéfiants	5 ans de prison 100 000 euros d'amende	7 ans de prison 150 000 euros d'amende lorsque commise : – sur un mineur de moins de 15 ans – à l'intérieur d'un établissement scolaire
Incitation à la consommation habituelle et excessive de boissons alcooliques	2 ans de prison 45 000 euros d'amende	3 ans de prison 75 000 euros d'amende lorsque commise : – sur un mineur de moins de 15 ans – à l'intérieur d'un établissement scolaire
Incitation à la mendicité	2 ans de prison 45 000 euros d'amende	3 ans de prison 75 000 euros d'amende lorsque commise : – sur un mineur de moins de 15 ans

§4 Les violences non sexuelles exercées sur le mineur

Les types de violence

Article 222-14 du Code pénal

Les violences habituelles sur un mineur de quinze ans [...] sont punies :

1° De trente ans de réclusion criminelle lorsqu'elles ont entraîné la mort de la victime;

2° De vingt ans de réclusion criminelle lorsqu'elles ont entraîné une mutilation ou une infirmité permanente;

3° De dix ans d'emprisonnement et de 150 000 euros d'amende lorsqu'elles ont entraîné une incapacité totale de travail pendant plus de huit jours;

4° De cinq ans d'emprisonnement et de 75 000 euros d'amende lorsqu'elles n'ont pas entraîné une incapacité totale de travail pendant plus de huit jours.

Tous les articles du Code pénal s'appliquent, c'est-à-dire que tous les actes de violence commis contre un mineur sont susceptibles de faire l'objet de poursuites. Notre présentation mettra l'accent sur le fait que lorsque les violences sont exercées contre un mineur, ces violences sont plus sévèrement sanctionnées. Par ailleurs, il existe un délit spécifique qui s'appelle le délit de « violences habituelles sur un mineur de moins de 15 ans ».

Les violences commises sur un mineur sont sanctionnées plus sévèrement :

Acte de violence	Peine « normale »	Peine lorsque cette violence est pratiquée sur une personne mineure
Meurtre ou assassinat sur un mineur de moins de 15 ans	30 ans de prison	Perpétuité
Violence ayant entraîné la mort sans intention de la donner	15 ans de prison	20 ans de prison
Violence ayant entraîné une mutilation ou une infirmité permanente*	10 ans de prison 150 000 euros d'amende	15 ans de prison

Est considéré comme des actes de mutilation le fait de pratiquer une **excision** sur une personne **mineure**. La loi de lutte contre les violences au sein du couple et à l'égard des mineurs est venue renforcer les moyens de poursuivre les auteurs d'excision. En effet, pendant longtemps, un problème qui se posait était le suivant : comment faire pour les mineurs étrangers qui vivaient en France mais faisaient l'objet d'une excision dans leur pays ? Comme ils n'étaient pas français et que l'excision était pratiquée dans leur pays, on ne pouvait pas leur appliquer la loi française… La nouvelle loi leur permet de bénéficier de la loi française et de soumettre les auteurs de l'excision (malheureusement, souvent les parents) à des peines devant les tribunaux français.

⚠ Les peines peuvent encore être aggravées, si par exemple, elles sont commises par un ascendant (le père, la mère ou un grand-parent).

⚠ **Le délit de violence habituelle sur un mineur de moins de 15 ans**

La création de ce délit correspond à la volonté de ne pas laisser se développer des mauvais traitements infligés par des personnes qui sont en charge d'enfants. Il peut s'agir, par exemple, de personnels de santé chargés d'autistes. Il a été jugé que des personnels chargés d'encadrer des autistes ne pouvaient pas faire valoir une quelconque raison liée aux soins pour expliquer les privations de repas, les enfermements dans les placards, les obligations de ramassage des excréments. Pour des actes aussi graves, les peines prévues sont très lourdes.

La détection de violences non sexuelles commises sur les personnes mineures

Ce sont d'abord **les parents** qui ont en charge la protection de leur enfant contre les actes de violence. Ils pourront intervenir directement pour faire cesser le trouble et éventuellement pour porter plainte.

Il se peut aussi que le mineur fasse l'objet de mauvais traitements de la part de sa famille. **Le médecin** a, à ce sujet, une obligation d'informer les autorités administratives et judiciaires des mauvais traitements ou atteintes sexuelles infligées à un mineur de moins de 15 ans.

Plus largement, **toute personne** (le mineur ou un proche du mineur, un ami, un camarade de classe) peut **signaler** un mauvais traitement en s'adressant soit à l'assistante sociale de secteur (elle peut alors rendre visite à la famille, saisir les autorités compétentes s'il est nécessaire de protéger l'enfant), soit au médecin de santé scolaire (il peut voir l'enfant en milieu scolaire ce qui est « discret » si les mauvais traitements sont imposés par les parents), soit au médecin de Protection maternelle et infantile (PMI), soit enfin à l'inspecteur de l'Aide sociale à l'enfance auprès du Conseil général.

⚠ Il existe par ailleurs une assistance téléphonique pour l'enfance en danger : il suffit au mineur de composer le **119**, **numéro gratuit**, disponible 24 heures sur 24. La communication ne figure pas sur la facture de téléphone détaillée des parents.

§5 Les atteintes sexuelles

On rappelle que lorsqu'un mineur de moins de 15 ans a une relation sexuelle avec un adulte (ou lorsqu'un mineur de 15 à 18 ans a une relation sexuelle avec un adulte ayant une influence sur lui), la personne majeure peut faire l'objet de poursuites.

En application de la loi du 9 mars 2004 (articles 7 et 8 du Code de procédure pénale), les crimes et délits sexuels commis sur des personnes mineures pourront faire l'objet de poursuites pendant une durée plus longue. En effet, le délai pendant lequel on peut porter plainte lorsque l'on a été victime **d'un crime de nature sexuelle** (un viol, par exemple) est, désormais, de 30 ans à compter de la majorité. Cela veut dire que si, par exemple, une jeune fille avait été violée par son oncle lorsqu'elle était mineure, elle pourra porter plainte jusqu'à l'âge de 18 + 30 = 48 ans.

Si on a été victime **d'un délit de nature sexuelle** (par exemple, on a fait l'objet d'attouchements), alors, on pourra porter plainte pendant 20 ans à compter de sa majorité, c'est-à-dire jusqu'à l'âge de 38 ans (18 + 20 = 38 ans).
La raison de cette modification est la suivante : souvent, lorsqu'un mineur a été victime d'une infraction de nature sexuelle, il hésite à porter plainte car il ne sait pas si c'est lui qui a tort ou l'agresseur.
On traitera ici de la prostitution, du proxénétisme, des attouchements et des viols commis sur des personnes mineures.

La prostitution des mineurs

Article R. 625-8 du Code pénal

Le fait, par tout moyen, de procéder publiquement au racolage d'autrui en vue de l'inciter à des relations sexuelles est puni de l'amende prévue pour les contraventions de la 5e classe.

Article 225-12-1 du Code pénal

Le fait de solliciter, d'accepter ou d'obtenir, en échange d'une rémunération ou d'une promesse de rémunération, des relations de nature sexuelle de la part d'un mineur qui se livre à la prostitution, y compris de façon occasionnelle, est puni de trois ans d'emprisonnement et 45000 euros d'amende. [...]

Si un mineur se prostitue, il peut faire l'objet de poursuites. Surtout, le « client » peut faire l'objet de sanctions très lourdes.
– **Le mineur** (garçon ou fille) **qui se prostitue** : il peut faire l'objet d'une contravention s'il incite dans un lieu public une personne à avoir des relations sexuelles avec lui. C'est ce qu'on appelle le délit de « racolage ».
– **Le client qui accepte d'avoir des relations sexuelles** avec un mineur se prostituant (rappel) : depuis une loi du 4 mars 2002, le fait de solliciter, d'accepter ou encore d'obtenir d'un mineur des relations de nature sexuelle en échange d'une somme d'argent, d'une promesse de rémunération (par exemple) constitue un délit. Le client risque une peine pouvant aller jusqu'à 3 ans de prison et 45000 euros d'amende. Les premières applications de cette loi montrent que les juges sont ici très sévères.
Ces peines peuvent être alourdies si l'on peut prouver que le client a eu plusieurs relations avec des mineurs ou s'il a utilisé un réseau pour rencontrer le mineur (minitel, Internet...) ou encore si l'on peut prouver qu'il a abusé de ses fonctions. Dans ce cas, la peine risquée est de 5 ans de prison et 75000 euros d'amende.
Enfin, les peines sont encore alourdies lorsque le mineur avait moins de 15 ans : jusqu'à 7 ans de prison et 100000 euros d'amende.

⚠ Le fait d'être client à l'étranger d'un mineur qui se prostitue peut aussi faire l'objet de poursuites en France. Le « tourisme sexuel » tel que les médias l'ont appelé est donc puni par la loi française. Il est à noter d'ailleurs que désormais (depuis 2006) les auteurs de ces infractions peuvent se voir interdire pour une durée maximale de 5 ans la sortie du territoire français. Si le client est un mineur, il peut aussi faire l'objet d'une condamnation.

⚠ Afin de mieux lutter contre les réseaux de prostitution, la loi pour la lutte contre les violences au sein du couple et à l'égard des mineurs est venue étendre les possibilités de poursuite : désormais, un Français qui se rend à l'étranger pour se rendre coupable de proxénétisme de mineurs (c'est-à-dire recruter des prostituées et les faire travailler pour lui) pourra faire l'objet de poursuites en France.

L'exhibition sexuelle (ancien « outrage public à la pudeur »)

Article 222-32 du Code pénal

L'exhibition sexuelle imposée à la vue d'autrui dans un lieu accessible aux regards du public est punie d'un an d'emprisonnement et de 15 000 euros d'amende.

L'outrage public à la pudeur (que l'on appelle aujourd'hui l'exhibition sexuelle) consiste à imposer à quelqu'un (et notamment à un mineur) la vue (et simplement la vue, pas de contact physique) d'un corps le plus souvent nu. Il faut que la vue soit « imposée », c'est-à-dire que l'on n'ait pas cherché à voir cette nudité.

Le plus souvent, il faudra prendre en compte le lieu dans lequel s'est produit ce fait : si **par exemple**, le mineur a été exposé à la vue de personnes nues dans un lieu public, c'est en quelque sorte « automatique », il y a bien exhibition (au moins si le lieu était ouvert à cette heure : on a considéré, par exemple, qu'un mineur qui avait vu deux personnes faisant l'amour dans un restaurant alors que le restaurant était fermé – le mineur s'étant introduit par effraction – ne pouvait pas porter plainte pour outrage à la pudeur). Si le lieu est un lieu privé, en principe, il n'y a pas d'atteinte à la pudeur, sauf si le mineur pouvait le voir ou y accéder.

⚠ Faire l'amour en voiture est-il un « outrage public à la pudeur » ? Les juges ont eu à trancher cette question et ont considéré, par exemple, que le fait de faire l'amour dans une voiture dans un garage souterrain ne constituait pas une atteinte à la pudeur car les personnes en question n'avaient pas cherché à être vues.

Les attouchements

Article 222-27 du Code pénal

Les agressions sexuelles autres que le viol sont punies de cinq ans d'emprisonnement et de 75000 euros d'amende.

En droit, on ne parle pas d'attouchement sexuel mais d'agression sexuelle. Les agressions sexuelles ce sont les atteintes sexuelles (hors le viol) commises avec violence, contrainte, menace ou surprise.

Un mineur peut faire l'objet d'un tel acte. Dans ce cas, la peine que risque la personne est plus lourde : 7 ans de prison et 100000 euros d'amende au maximum.

Le viol, l'inceste et les « tournantes »

Article 222-23 du Code pénal

Tout acte de pénétration sexuelle, de quelque nature qu'il soit, commis sur la personne d'autrui par violence, contrainte, menace ou surprise est un viol.

Le viol est puni de quinze ans de réclusion criminelle.

Article 222-24 du Code pénal

Le viol est puni de vingt ans de réclusion criminelle : [...]

2° Lorsqu'il est commis sur un mineur de quinze ans; [...]

4° Lorsqu'il est commis par un ascendant légitime, naturel ou adoptif, ou par toute autre personne ayant autorité sur la victime;

5° Lorsqu'il est commis par une personne qui abuse de l'autorité que lui confèrent ses fonctions;

6° Lorsqu'il est commis par plusieurs personnes agissant en qualité d'auteur ou de complice;

7° Lorsqu'il est commis avec usage ou menace d'une arme; [...]

Le viol se définit comme le fait d'imposer un acte de pénétration sexuelle à une personne en utilisant soit la violence, soit la contrainte, soit la menace, soit la surprise. **Par exemple**, il y a viol si une jeune fille mineure est obligée d'avoir des relations sexuelles avec un de ses camarades, sous la menace d'une arme. Le droit étant très technique, nous n'entrerons pas davantage dans les définitions.

Il faut savoir que ce qu'on appelle **les « tournantes »** sont en fait des viols en réunion. Ils sont punis de 20 ans de prison. Il en va de même des viols qui sont faits sous la menace d'une arme.

⚠ La pédophilie est un viol ou une atteinte au mineur (➜ **Voir p. 425**) selon qu'il y ait violence ou non. Elle est pratiquée sur des enfants qui ont moins de 15 ans et elle est punie de la prison (20 ans en principe mais la peine peut aller en cas de torture ou d'actes de barbarie jusqu'à la perpétuité).

⚠ On sait que les époux ont des « devoirs conjugaux », et c'est au nom de ces devoirs conjugaux que l'on prétendait, dans l'opinion commune, qu'il ne pouvait pas y avoir de viol entre époux. En réalité, les tribunaux considéraient qu'il pouvait y avoir viol, même entre époux. La loi pour la lutte contre les violences au sein du couple est venue préciser que la qualité de conjoint, de concubin ou pacsé ne saurait être une cause d'irresponsabilité ou d'atténuation de la responsabilité de l'auteur du viol. L'article 222-22 du Code pénal dans sa nouvelle rédaction est donc clair : il y a viol dès que la relation sexuelle n'était pas désirée. L'existence d'une relation entre les deux personnes (quel que soit leur sexe) ne justifie rien.

§6 La protection du mineur dans le cadre de l'autorité parentale

Ces infractions ont déjà été évoquées dans la deuxième partie. On les rappellera donc simplement pour mémoire.

– La soustraction d'un enfant des mains de ceux qui exercent l'autorité parentale ou auxquels il a été confié ou chez qui il a sa résidence habituelle constitue un délit de « **détournement de mineur** ». C'est en application de cet article qu'un parent peut être poursuivi s'il ne reconduit pas l'enfant chez l'autre parent comme cela avait été déterminé (➜ **Voir p. 124**).

– Le refus de se soumettre à une décision de justice qui accorde à certaines personnes le droit de réclamer l'enfant (par exemple, une décision de justice accordant aux grands-parents le droit de voir leur petit-fils) ou encore le fait de ne pas tenir informé l'autre parent d'un déménagement constitue un délit de « **non-représentation d'enfant** ».

– Le fait pour les père et mère de ne pas respecter leurs obligations légales constitue un **abandon moral** ; le fait de ne pas verser pendant plus de 2 mois, au profit d'un enfant, une pension (quelle que soit sa forme) fixée par une décision de justice constitue un **abandon de famille**.

Des atteintes à l'état civil (non-déclaration d'enfant, substitution d'enfant ayant entraîné une atteinte à l'état civil) ou encore le refus d'inscrire un enfant en dépit d'une mise en demeure de l'inspection académique constituent également des infractions.

Pour mémoire, les peines risquées sont les suivantes :

<table>
<tr><th>Infraction</th><th>Peine normale</th><th>Peine aggravée</th></tr>
<tr><td rowspan="2">Détournement de mineur</td><td>Par un ascendant :
1 an de prison
15 000 euros d'amende</td><td>– si le mineur est retenu plus de 5 jours sans que ceux qui ont le droit de le réclamer sachent où l'enfant se trouve ou si le mineur est retenu hors du territoire : 5 ans de prison et 45 000 euros d'amende
– si le mineur a été retenu par un ascendant déchu de l'autorité parentale : 3 ans de prison et 45 000 euros d'amende</td></tr>
<tr><td>Par une autre personne (sans fraude ni violence) :
5 ans de prison
75 000 euros d'amende</td><td></td></tr>
<tr><td>Non-représentation d'enfant</td><td>1 an de prison
15 000 euros d'amende</td><td>3 ans de prison
45 000 euros d'amende
– si le mineur est retenu plus de 5 jours sans que ceux qui ont le droit de le réclamer sachent où l'enfant se trouve ou si le mineur est retenu hors du territoire
– si le mineur a été retenu par un ascendant déchu de l'autorité parentale</td></tr>
</table>

Infraction	Peine normale
Abandon moral ou matériel de l'enfant	2 ans de prison 300 000 euros d'amende
Abandon de famille	2 ans de prison 15 000 euros d'amende
Non-inscription dans un établissement d'enseignement	2 ans de prison 30 000 euros d'amende
Substitution volontaire, simulation ou dissimulation ayant entraîné une atteinte à l'état civil	3 ans de prison 45 000 euros d'amende
Non-déclaration d'enfant	Contravention pouvant aller jusqu'à 1 500 euros.

chapitre 4

La responsabilité civile et pénale du mineur

Dans la vie courante, un mineur peut causer des dommages à quelqu'un d'autre (on dit à « autrui ») et se pose la question de sa responsabilité. Cette responsabilité a deux aspects :

– **La responsabilité « civile »** qui consiste le plus souvent à payer une somme d'argent pour réparer le tort qu'on a causé. Par exemple, si un mineur a cassé un carreau, il faut le remplacer. Bien sûr, peuvent intervenir ici alors les assurances. La responsabilité civile est engagée devant des tribunaux qu'on appelle les tribunaux « civils » ;

– **La responsabilité « pénale »**, c'est-à-dire la responsabilité des mineurs lorsqu'ils ont commis des actes qui sont interdits par la loi. Par exemple, si un mineur crève les pneus d'une voiture, c'est un acte qui est interdit par la loi, il pourra faire l'objet de poursuites devant des tribunaux qui sont spécialisés pour les mineurs. La responsabilité pénale ne peut être engagée que s'il existe un texte de loi (on appelle cela le « principe de légalité »).

Un même acte peut donner lieu à l'engagement de la responsabilité civile *et* de la responsabilité pénale : par exemple, dans le cas des graffitis (« tags »), le mineur pourra être condamné pour avoir violé la loi (c'est la responsabilité pénale) et en même temps, le juge pourra décider de condamner les parents à payer les frais pour remettre le mur en état (c'est la responsabilité civile).

Un acte peut aussi très bien ne donner lieu qu'à l'engagement de la responsabilité civile. Un acte peut être conforme à la loi (il n'y a pas d'infraction à la loi) et en même temps causer un dommage. **Par exemple** : un mineur essaie de faire une figure de danse avec une camarade de classe. Cette figure est une figure « sportive » et malheureusement, le mineur ne réussit pas à rattraper sa camarade qui tombe et se fait très mal. Le mineur n'a commis aucun acte qui aurait été contraire à la loi (on est libre heureusement de danser!) et pourtant, parce qu'on considère le plus souvent qu'une personne qui a subi un dommage ne doit pas rester sans réparation (c'est-à-dire sans indemnité), le mineur, ou plus exactement ses parents, pourront voir leur responsabilité engagée (leur assurance va alors intervenir). Par contre, un acte qui donne lieu à l'engagement de la responsabilité pénale donnera le plus souvent lieu à l'engagement de la responsabilité civile.

I LA RESPONSABILITÉ CIVILE

Pour engager la responsabilité civile d'un mineur, il faut au moins trois éléments :
1. **Un dommage** (nous parlerons ici d'accident) : par exemple, une personne a été blessée, ou alors, une personne a été injuriée...
2. **Un fait « générateur »**, c'est-à-dire un comportement qui est à l'origine de ce dommage. Ce peut être une faute (le mineur a volontairement frappé un de ses camarades), ce peut être l'intervention d'une chose dont il n'a pas eu la maîtrise (comme un boomerang lancé par un mineur dans un parc, si ce boomerang dans sa course vient toucher une personne).
3. **Un lien de causalité**, c'est-à-dire un élément qui permette de relier le dommage au fait générateur : si une personne se plaint de maux de tête et peut prouver que le mineur l'a frappée à la tête, il y a un lien de causalité.

En droit pur, la responsabilité civile d'un mineur peut intervenir soit dans le cadre d'un contrat, soit en dehors de tout contrat. Dans la mesure où le mineur ne peut pas conclure seul de contrat, nous ne traiterons pas de sa « responsabilité contractuelle ». Ce qui nous intéressera ici ce sera donc **uniquement la question de la responsabilité du mineur en dehors de tous ces contrats. Par exemple**, la responsabilité d'un enfant qui casse un carreau ou qui blesse un camarade.

Le mineur lui-même est responsable, c'est-à-dire que s'il cause un dommage, c'est-à-dire un tort à quelqu'un, il doit le réparer. Mais, dans la mesure où le mineur n'est évidemment pas en mesure de payer, on se tournera vers ses parents ou vers d'autres personnes à qui l'enfant avait été confié et qui n'ont pas su prévenir le dommage.

§1 LA RESPONSABILITÉ DU MINEUR LUI-MÊME

La responsabilité du mineur sera rarement recherchée seule, car les enfants sont dans l'immense majorité des cas « insolvables », c'est-à-dire qu'ils n'ont pas les moyens de rembourser les dégâts qu'ils ont causés.

Le mineur peut commettre une faute ou une imprudence

Article 1382 du Code civil

Tout fait quelconque de l'homme, qui cause à autrui un dommage, oblige celui par la faute duquel il est arrivé, à le réparer.

Article 1383 du Code civil

Chacun est responsable du dommage qu'il a causé non seulement par son fait, mais encore par sa négligence ou par son imprudence.

Du fait de leur jeune âge, les mineurs sont parfois plus « portés » à causer des dommages, soit volontairement, soit involontairement. On pourrait penser que les enfants sont irresponsables dans la mesure où, compte tenu, de leur âge ils sont « tout jeunes » et qu'en conséquence ils ne comprennent pas forcément les risques qu'ils font courir aux autres.

Les tribunaux français ont admis pourtant que les mineurs pouvaient commettre des fautes (volontaires ou d'imprudence) et ce **quel que soit leur âge** (même pour les enfants très très jeunes). **Par exemple**, un enfant de 5 ans peut tout à fait être considéré comme ayant commis une faute s'il renverse par maladresse une casserole d'eau bouillante sur un de ses camarades. Cette solution peut sembler aberrante, mais en fait elle s'explique par des raisons techniques : pour que la responsabilité des parents puisse être engagée (et donc qu'ils paient eux-mêmes), il faut que le mineur ait commis une faute. Or, si on n'accepte pas de qualifier les actes du mineur qui causent un accident de « faute », la responsabilité des parents ne pourra être engagée : cela voudra dire en pratique que dans notre affaire, l'autre enfant qui a reçu de l'eau bouillante sur lui ne pourrait pas recevoir d'indemnité.

⚠ Dans les sports de combat, il est normal de frapper son adversaire, c'est même le but du jeu. Chaque fois que l'on donne un coup, on ne peut pas voir sa responsabilité engagée. C'est ce que l'on appelle l'acceptation des risques. Toutefois, il ne faut pas croire pour autant que l'on peut tout faire : il faut respecter les règles du sport, sinon on est considéré comme fautif. **Par exemple**, on a jugé que le fait de pratiquer le karaté avec les mains tendues (et non les poings fermés) constituait une faute et pouvait à ce titre engager la responsabilité de l'enfant (et de ses parents). De même, dans d'autres sports comme le rugby, le fait de donner un coup de pied sur le visage d'un adversaire au sol constitue une faute.

Le mineur doit maîtriser les choses dont il a la garde

Article 1384 du Code civil

On est responsable non seulement du dommage que l'on cause par son propre fait, mais encore de celui qui est causé par le fait [...] des choses que l'on a sous sa garde.

[...]

Les mineurs sont amenés à avoir entre leurs mains de nombreux objets qui sont le plus souvent « inoffensifs », comme, par exemple, un jouet, un cerceau, une branche... Or, ces objets peuvent dans leurs mains être à l'origine d'un accident : **par exemple**, un mineur peut tomber de la balançoire et dans sa chute blesser l'un de ses camarades. On dit que l'accident a été causé par la chose, c'est-à-dire que la chose a été l'instrument du dommage. De la même façon que pour la faute, on considère qu'un mineur en dépit de son jeune âge peut être considéré comme ayant la garde de la chose, c'est-à-dire comme ayant le pouvoir de direction et de contrôle sur la chose. Il est donc responsable des dommages qu'il cause du fait des choses dont il a la garde, ici la balançoire.

De la même façon, un mineur qui joue avec un ballon en s'entraînant à marquer des buts et qui tire tellement mal que le ballon va dans le carreau d'une habitation à proximité va être considéré comme responsable.

§2 La responsabilité des parents du fait de leur enfant mineur

Article 1384 du Code civil

[...] Le père et la mère, en tant qu'ils exercent l'autorité parentale, sont solidairement responsables du dommage causé par leurs enfants mineurs habitant avec eux. [...]

Les parents, ayant l'autorité parentale sur leur enfant, doivent veiller à leur éducation, les protéger, leur apprendre à vivre paisiblement en société. C'est en se fondant sur ce principe que le législateur a considéré que les parents devaient être responsables des accidents qui sont causés par leurs enfants.

Pendant longtemps, les tribunaux considéraient que les parents n'étaient responsables des dommages causés par leur enfant que si eux-mêmes avaient commis une faute dans leur devoir d'éducation et de surveillance : autrement dit, si les parents avaient été des parents attentifs, attentionnés, il n'y avait pas lieu d'engager leur responsabilité, c'est-à-dire de les condamner à payer une indemnité.

Depuis 1997, les tribunaux ont considéré que cette solution ne devait pas être maintenue. Ils ont en effet estimé qu'il était injuste pour la victime d'une maladresse ou d'une faute commise par le mineur de ne pas être indemnisée, sous prétexte que les parents avaient assuré leur devoir d'éducation et de surveillance. Ils considèrent désormais que les parents sont responsables des accidents causés par leurs enfants si l'acte commis par l'enfant est bien la cause directe de l'accident (par exemple, si le mineur a blessé un de ses camarades avec un bâton, c'est bien son acte qui est à l'origine de l'accident) et si le mineur « réside habituellement » avec ses parents.

Cela veut dire, par exemple, que si un mineur a été envoyé en vacances chez une grand-mère pour une durée assez courte, l'enfant est considéré comme « résidant habituellement chez ses parents » et en conséquence, s'il commet un acte qui est la cause directe d'un accident, ce sont ses parents (qui pourront être à plusieurs centaines de kilomètres de là) qui seront responsables (et qui devront payer). Pour ce qui est des parents divorcés, on considère, par principe, que c'est le parent qui a la garde habituelle de l'enfant qui est responsable des dommages causés par l'enfant. La présence d'un enfant mineur dans un établissement scolaire, même en régime d'internat ne supprime pas la responsabilité des parents en raison des actes commis par leur enfant.

Les parents ne peuvent donc prétendre à vouloir diminuer les indemnités qu'ils auront à payer que s'ils réussissent à montrer que l'accident est survenu par la force majeure (c'est-à-dire un événement irrésistible et imprévisible) ou par la faute de la victime.

§3 La responsabilité des personnes ou associations ayant la charge d'un enfant mineur

La responsabilité des personnes chargées de l'encadrement éducatif ou récréatif des enfants : enseignants et surveillants

Article 1384 du Code civil

Les instituteurs [...] [sont responsables], du dommage causé par leurs élèves et apprentis pendant le temps qu'ils sont sous leur surveillance.

Cet article ne fait référence qu'à la responsabilité des « instituteurs » du fait de leurs élèves. En fait, l'emploi de cette expression s'explique par l'ancienneté de cet article (1937) et aujourd'hui, à la place du mot « instituteurs », il faut désigner l'ensemble des enseignants et des formateurs sportifs qui interviennent dans le cadre scolaire.

Pour les membres de l'enseignement public, l'article L. 911-4 du Code de l'éducation précise que chaque fois que l'accident a été commis par un élève qui avait été confié à un enseignant du fait de ses fonctions, c'est l'État qui est responsable au lieu et place des enseignants. C'est une « substitution » qui s'opère ainsi : l'État prend la place de ses enseignants. Les raisons sont multiples : c'est le moyen d'assurer aux familles des indemnités (parce que rien ne dit sinon que l'instituteur ne serait pas « insolvable »), c'est le moyen aussi pour l'État de ne pas rendre la profession trop lourde en matière de responsabilités. Il faut faire la preuve d'une faute dans la surveillance des enfants : par exemple, on a considéré qu'il y avait une faute commise par un enseignant s'il laissait les enfants seuls dans la cour de récréation, sachant pertinemment qu'ils étaient ainsi laissés à eux-mêmes (en les laissant seul, il ne pouvait pas intervenir pour faire cesser une bagarre dans la cour de récréation). On a considéré aussi, par exemple, qu'un professeur qui ne surveillait pas ses élèves lors d'un changement de salle (les élèves suivant le professeur en principe dans ce lycée), commettait une faute dans leur surveillance. Les professeurs pourront diminuer leur responsabilité en montrant qu'ils n'ont commis aucune faute dans leur devoir de surveillance.

La responsabilité des associations, clubs de sport et autres structures ayant la charge des enfants mineurs

Arrêt de la Cour de cassation, 21 octobre 2004

« Vu l'article 1384, alinéa 1er, du Code civil ;
Attendu selon ce texte, que les associations sportives, ayant pour mission d'organiser, de diriger et de contrôler l'activité de leurs membres, sont responsables des dommages qu'ils causent à cette occasion, dès lors qu'une faute caractérisée par une violation des règles du jeu est imputable à l'un de ses membres, même non identifié. »

Pour l'heure, on ne peut pas dire avec certitude quel est l'état du droit. En effet, il semble que la jurisprudence, c'est-à-dire les tribunaux, n'ait pas encore adoptée une position bien claire. On peut toutefois penser que la solution qui doit trouver à s'appliquer est la même que celle qui s'applique pour les associations ayant la charge de majeurs (comme les associations sportives) : une association est responsable du fait des dommages qui ont été causés par ses membres. Ceci signifie qu'une association pourrait, dans des conditions à déterminer, être responsable des dommages causés par un mineur à qui il a été confié.

II La responsabilité pénale des mineurs

La responsabilité pénale d'une personne ne peut être mise en cause que dans le cas où une infraction a été commise.

L'infraction
Commettre une infraction, c'est commettre un acte qui est interdit par une loi (un texte voté par le Parlement) ou un règlement (un texte pris par une

autorité administrative). Lorsqu'on commet une infraction, on risque une « peine », c'est-à-dire soit une amende (une somme d'argent à payer), soit une amende et une peine de prison (en principe, car notamment pour les mineurs, il existe des peines « spécialement adaptées »).

Les différentes sortes d'infractions
On fait la différence en droit entre trois types d'infractions, ces infractions étant classées selon leur gravité.

Contravention	Acte qui est puni par une « amende », c'est-à-dire une somme à payer à l'État. **Exemple :** le fait d'injurier quelqu'un de façon « non publique » est puni par une amende. C'est une contravention.
Délit	Acte qui est puni par la loi par une peine de prison inférieure à 10 ans et/ou d'une amende. **Exemple :** le fait de commettre un vol est puni (s'il n'y a pas eu violence ou usage d'arme...) de 3 ans de prison et d'une amende de 45 000 euros. C'est un délit.
Crime	Acte qui est puni par la loi d'une peine de prison d'au moins 10 ans. **Exemple :** le fait de commettre des actes de violence très graves (ayant entraîné la mort) peut conduire à une condamnation très lourde. C'est un crime.

⚠ Le fait d'être condamné à une peine de prison et/ou une amende ne signifie pas qu'on n'ait pas non plus à payer des « dommages-intérêts », c'est-à-dire une somme d'argent pour réparer ce qu'on a fait. **Par exemple**, si un mineur a cassé une vitrine, il a commis une « dégradation », il doit payer par exemple une amende (ce sont ses parents qui vont payer, à moins qu'il n'ait de l'argent) et en plus, ils devront payer pour les réparations.

⚠ La loi prévoit désormais que si des parents ne se présentent pas à une convocation d'un magistrat (avant le jugement ou le jour du jugement), ceux-ci pourront faire l'objet de poursuites assez lourdes, puisque l'amende peut aller jusqu'à 3 750 euros.

⚠ Les informations données ci-dessous ont été considérablement simplifiées. Elles ne sont donc pas toutes « exactes » pour tous les cas envisageables.

§1 La responsabilité pénale des mineurs est atténuée en fonction de leur âge

La responsabilité d'un mineur qui a commis une infraction va dépendre de son âge. L'âge pris en compte est celui du mineur à la date de l'infraction et non celui qu'il a lorsqu'il se fait arrêter ou lorsqu'il « passe » devant le juge. **Par exemple**, si Serge a commis un vol 3 mois avant ses 18 ans, il relève en principe, des tribunaux pour mineurs, peu importe que le jour du jugement il soit devenu majeur.

Les sanctions encourues par les mineurs de moins de 10 ans

Article 122-8 du Code pénal

Les mineurs capables de discernement sont pénalement responsables des crimes, délits ou contraventions dont ils ont été reconnus coupables, dans des conditions fixées par une loi particulière qui détermine les mesures de protection, d'assistance, de surveillance et d'éducation dont ils peuvent faire l'objet. [...]

On remarque tout d'abord que ce texte ne fait pas référence à un âge minimum à partir duquel un mineur pourrait ou ne pourrait pas passer devant un juge pénal. Il fait référence à la « capacité de discernement », c'est-à-dire au fait que le mineur a « compris et voulu » l'acte qui lui est justement reproché. C'est donc au cas par cas que l'on va savoir si un mineur peut avoir conscience de son acte.

Dans la pratique, on estime qu'avant **l'âge de 7 ans** (l'âge de raison), un mineur ne pourra pas être envoyé devant un juge « pénal ». Est-ce à dire pour autant qu'un mineur de moins de 7 ans qui commet un acte très grave ne pourra faire l'objet d'aucune mesure ? Oui et non en fait, oui dans la mesure où le juge pénal ne pourra pas prendre de mesures contre lui et non parce que d'autres mesures pourront être prises par d'autres juges (par exemple – ce qui se fera le plus souvent dans ce genre de situations – le mineur fera l'objet d'une mesure d'assistance éducative). À partir de l'âge de 7 ans, le mineur pourra donc faire l'objet de mesures de « protection, d'assistance, de surveillance et d'éducation ». C'est ce qu'on appelle les « **mesures éducatives** ».

Les principales mesures sont les suivantes :

Mesure de réparation	consistant à réparer le tort causé à la victime ou à la collectivité
Suivi du mineur par un éducateur	sous forme de mesure de liberté surveillée

Placement	dans un centre d'accueil et d'observation ou tout autre lieu éducatif habilité

Les sanctions encourues par les mineurs de 10-13 ans

Article 2 de l'ordonnance du 2 février 1945

Le tribunal pour enfants et la cour d'assises des mineurs prononceront, suivant les cas, les mesures de protection, d'assistance, de surveillance et d'éducation qui sembleront appropriées.
Ils pourront cependant, lorsque les circonstances et la personnalité des mineurs l'exigent, soit prononcer une sanction éducative à l'encontre des mineurs de 10 à 18 ans, conformément aux dispositions de l'article 15-1, soit prononcer une peine à l'encontre des mineurs de 13 à 18 ans en tenant compte de l'atténuation de leur responsabilité pénale. [...]

Pour les enfants de 10 à 13 ans, toutes les réponses possibles pour les mineurs de moins de 10 ans s'appliquent.
Depuis une loi du 9 septembre 2002, les mineurs de 10 à 13 ans peuvent faire aussi l'objet de « sanctions éducatives ».
Ces sanctions éducatives ont été présentées comme des sanctions que les parents auraient pu prendre mais qui sont prises par le juge suite à une certaine « incapacité » des parents (les parents peuvent manquer de pouvoirs sur leur enfant, par exemple).
Ces sanctions éducatives sont les suivantes :

Confiscation	d'un objet détenu ou appartenant au mineur et ayant servi à la commission de l'infraction ou qui en est le produit. Ceci va concerner, par exemple, les armes à feu qui peuvent être désormais confisquées ou encore tout autre objet ayant servi à l'infraction.
Interdiction de paraître	pour une durée qui ne saurait excéder un an, dans le ou les lieux dans lesquels l'infraction a été commise et qui sont désignés par la juridiction, à l'exception des lieux dans lesquels le mineur réside habituellement. Ceci va concerner, par exemple, le cas des « conflits entre bandes rivales ». Ces bandes se déplacent pour aller « régler leurs comptes » avec d'autres « bandes » et le plus souvent, avant que le conflit n'ait éclaté, la police ne peut rien entreprendre si ce n'est rester présente. Cette mesure permet de saisir les mineurs. Elle peut aussi s'appliquer au cas où le mineur procède à des rackets de certains commerçants, en leur interdisant de s'approcher des commerces.

Interdiction de rencontrer la victime ou les complices	Cette interdiction a pour but de permettre aux victimes de reprendre une vie plus normale et dans son autre volet (interdiction de revoir les complices), elle doit permettre au mineur de retrouver une voie sociale plus saine.
Proposition de réparer le dommage qu'il a causé	Cette mesure doit faire comprendre au mineur quelles sont ses responsabilités.
Obligation de suivre un stage d'éducation civique	Ce stage doit être l'occasion pour le mineur de comprendre quelles sont les obligations auxquelles il est tenu. Ce stage ne peut durer plus d'un mois.

Les sanctions encourues par les mineurs de 13 à 16 ans : mesures éducatives, sanctions éducatives et peines « adaptées »

Article 20-2 de l'ordonnance du 2 février 1945

Le tribunal pour enfants et la cour d'assises des mineurs ne peuvent prononcer à l'encontre des mineurs âgés de plus de 13 ans une peine privative de liberté supérieure à la moitié de la peine encourue. Si la peine encourue est la réclusion criminelle à perpétuité, ils ne peuvent prononcer une peine supérieure à vingt ans de réclusion criminelle.

Le mineur de 13 à 16 ans peut, comme le mineur de 10 à 13 ans, faire l'objet de mesures éducatives ou de « sanctions » éducatives.

Il peut, par ailleurs, faire l'objet d'une peine, c'est-à-dire soit d'une amende, soit d'une peine de prison, soit des deux, étant entendu que dans ce cas, les peines qu'il risque sont divisées par deux. C'est ce qu'on appelle en droit « **l'excuse de minorité** », c'est-à-dire qu'on considère que vu le jeune âge du mineur, il est nécessaire de faire preuve de clémence.

Par exemple, un mineur de 15 ans a commis un vol sans violence. Le texte de loi (article 311-1 du Code pénal) indique que le vol est puni de 3 ans de prison et 45 000 euros d'amende. Le mineur ne risque qu'une peine de 18 mois de prison et 22 500 euros d'amende.

Si la peine risquée était la « réclusion criminelle à perpétuité » (c'est-à-dire ce qu'on appelle plus communément la « prison à vie »), le mineur de 13 à 16 ans ne risquera alors « que » 20 ans de prison.

Les sanctions encourues par les mineurs de 16 à 18 ans

Article 20-2 de l'ordonnance du 2 février 1945

[...] Toutefois, si le mineur est âgé de plus de 16 ans, le tribunal pour enfants et la cour d'assises des mineurs peuvent, à titre exceptionnel, et compte tenu des circonstances de l'espèce et de la personnalité du mineur, décider qu'il n'y a pas lieu de faire application des dispositions du premier alinéa. Cette décision ne peut être prise par le tribunal pour enfants que par une disposition spécialement motivée.

Comme le mineur de 13 à 16 ans, le mineur de 16 à 18 ans peut faire l'objet de mesures éducatives et de sanctions éducatives. Par principe, il bénéficie aussi de « l'excuse de minorité » (c'est-à-dire qu'on divise les peines qu'il risque par deux).
Par exception toutefois, le juge (quel qu'il soit) pourra décider d'écarter cette excuse et prononcer la sanction « entière » (sans la diviser) s'il considère que vu la personnalité du mineur et les circonstances de l'infraction, il n'y a pas lieu de l'accorder. C'est ce qui a été fait dans le cas de maltraitances faites par des mineurs de 17 ans sur un enfant de 5 ans (viols répétés).

Le « stage de citoyenneté », nouvelle sanction pénale

⚠ Depuis le 1er octobre 2004, le stage de citoyenneté constitue une nouvelle sanction pénale applicable aux mineurs de 13 à 18 ans ainsi qu'aux majeurs auteurs d'infractions. Ce stage est notamment une alternative à la peine d'emprisonnement : cette peine peut être prononcée par un tribunal pour éviter au prévenu la prison ou comme accompagnement d'une peine prononcée avec un sursis. Instauré par la loi du 9 mars 2004 « portant adaptation de la justice aux évolutions de la criminalité », ce stage a, *in fine*, pour objectif de sensibiliser le condamné aux « valeurs républicaines de tolérance », notamment en cas d'infractions à caractère raciste. D'une durée maximale d'un mois, le stage est composé de modules de formation ne pouvant excéder six heures par jour. Si le condamné ne respecte pas les obligations résultant du stage de citoyenneté, il est passible de 2 ans de prison et de 30 000 euros d'amende.

§2 Les infractions impliquant des mineurs sont traitées par des autorités spécialisées

Le mineur va être poursuivi, l'affaire va être instruite puis jugée par des autorités spécialisées.

Les poursuites sont faites par des policiers et des magistrats spécialisés

Article L. 522-6 du Code de l'organisation judiciaire

Au sein de chaque tribunal de grande instance dans le ressort duquel un tribunal pour enfant a son siège, un ou plusieurs juges d'instruction désignés par le premier président sur la proposition du procureur général et un ou plusieurs magistrats du parquet désignés par le procureur général sont chargés spécialement des affaires concernant les mineurs.

Lorsqu'une infraction a été commise, on dit qu'on « poursuit son auteur », c'est-à-dire qu'on en recherche le coupable. Cette poursuite fait intervenir des policiers et des gendarmes qui sont de plus en plus spécialisés (il existe, par exemple, une brigade des mineurs).
Ces policiers et ces gendarmes agissent sous le contrôle d'une personne qu'on appelle le « procureur de la République » c'est la personne qui est en charge de faire respecter la loi.

L'instruction est réalisée par le juge des enfants ou un juge d'instruction

Article 5 de l'ordonnance du 2 février 1945

Aucune poursuite ne pourra être exercée en matière de crime contre les mineurs sans information préalable.
En cas de délit, le procureur de la République en saisira, soit le juge d'instruction*, soit par voie de requête le juge des enfants et, à Paris, le président du tribunal pour enfants. Il pourra également saisir le tribunal pour enfants conformément à la procédure de jugement à délai rapproché prévue par l'article 14-2; [...]

L'instruction, c'est la période pendant laquelle on recherche les preuves contre l'auteur supposé de l'infraction (on dit qu'on « instruit à charge »), on recherche les preuves allant dans le sens contraire (on dit qu'on « instruit à décharge »), on recueille toutes les informations utiles sur la personne qui fait l'objet des poursuites. C'est donc une phase très importante car elle est très « complète », elle permet de « situer l'affaire ». Le juge d'instruction a donc pour charge de faire les recherches quand une infraction a été commise.
Dans la mesure où cette période est une garantie, **l'instruction est en principe obligatoire pour les affaires impliquant des mineurs**. Elle sera réalisée soit par un juge pour enfant, soit par un juge d'instruction. Par exception, dans certaines affaires qui sont considérées comme simples, il se peut qu'il n'y ait pas d'instruction et que le mineur soit jugé « tout de suite ».

Le jugement du mineur en cas de contravention

Article 1er alinéa 2 de l'ordonnance du 2 février 1945

Ceux auxquels est imputée une contravention de police de cinquième classe sont déférés aux juridictions pour enfants dans les conditions prévues à l'article 20-1.

Lorsqu'un mineur commet un acte contraire à la loi mais puni par une simple amende, deux cas peuvent se produire :
– Soit l'amende risquée est inférieure à 750 euros, dans ce cas, il va devant le tribunal de police. Lorsque les juges de proximité auront été mis en place, le mineur pourra aussi aller devant ces juges de proximité.
– Soit l'amende risquée dépasse 750 euros, dans ce cas il va devant le juge des enfants.

Par exemple : un mineur se conduit mal et commet un acte de violence volontaire ayant entraîné une incapacité de travail inférieure à 8 jours. Si on regarde la loi, on constate que la peine qui est risquée est une contravention de 5e classe (article R. 625-1 du Code pénal). C'est donc le juge des enfants qui sera compétent.

Le jugement du mineur en cas de délit ou de crime

Article 1er alinéa 1 de l'ordonnance du 2 février 1945

Les mineurs auxquels est imputée une infraction qualifiée crime ou délit ne seront pas déférés aux juridictions pénales de droit commun, et ne seront justiciables que des tribunaux pour enfants ou des cours d'assises des mineurs.

1. Lorsqu'un mineur commet un acte qui lui fait risquer une peine de prison (par exemple un vol avec violence) mais dont la **peine de prison risquée est inférieure à 10 ans** (dans le texte), il va :
– Soit devant un juge spécialisé qu'on appelle **le juge des enfants** : le juge des enfants est un juge spécialisé qui existe dans chaque tribunal de grande instance. On dit qu'il « statue » à juge unique, c'est-à-dire que lorsqu'on se présente devant lui, le juge est seul, il n'a pas de collègues avec qui discuter de l'affaire. Le juge des enfants va procéder à ce qu'on appelle « l'instruction », c'est-à-dire qu'il va rechercher tous les éléments de preuve (pour établir ou non la culpabilité de l'enfant), il va se renseigner également sur la personnalité du mineur. Le juge des enfants peut prononcer certaines peines, mais pas toutes, il ne peut prononcer que certaines peines relativement légères : déclaration de culpabilité (il dit que le mineur est coupable)

avec dispense de peine (mais il ne prend aucune peine), admonestation (il attire solennellement l'attention du mineur sur l'importance de son acte et sur les risques pour lui s'il recommence), placement dans un établissement spécialisé, mise sous surveillance judiciaire. S'il considère qu'il faut une « peine », c'est-à-dire une amende et/ou une peine de prison, il renvoie devant le tribunal pour enfants.

– **Soit devant le tribunal pour enfant**. Le tribunal pour enfant est composé de 3 personnes : le juge des enfants et 2 « assesseurs » (c'est-à-dire 2 personnes qui assistent le juge des enfants). Le tribunal pour enfant est généralement saisi parce que le juge des enfants considère qu'il faut une peine « assez lourde ». Il peut être saisi aussi par un magistrat qu'on appelle le « juge d'instruction » (c'est-à-dire, on l'a vu, un juge dont le métier est de faire des recherches lorsqu'une infraction a été commise) dans les mêmes conditions.

Par exemple : un mineur commet un acte de violence entraînant une incapacité de travail de plus de 8 jours (nous supposerons que cette violence est « simple », c'est-à-dire qu'il n'y a pas eu de mutilation...) : la peine risquée est une peine de 3 ans de prison et 45 000 euros d'amende.

Deux situations peuvent se produire : soit c'est le juge des enfants qui est saisi (par le procureur), soit c'est le juge d'instruction qui est saisi (les victimes peuvent saisir un juge d'instruction).

Si c'est le juge des enfants qui est saisi : soit il décide de prendre une peine légère, et dans ce cas il peut le faire tout seul, soit il décide de prendre une peine plus lourde, et dans ce cas il renvoie le mineur devant le tribunal pour enfants.

Si c'est le juge d'instruction qui est saisi, dans ce cas, ce dernier ne pourra que renvoyer le mineur devant le tribunal pour enfants.

2. **Lorsqu'un mineur commet un crime (c'est-à-dire un acte très grave qui lui fait risquer au moins 10 ans de prison)** :

Le mineur va devant un tribunal qu'on appelle la cour d'assises des mineurs. Par exception, si ce crime a été commis par un mineur de moins de 16 ans, le mineur va devant le tribunal pour enfant. La cour d'assises des mineurs est donc compétente pour tous les crimes commis par les mineurs de 16 à 18 ans.

La cour d'assises des mineurs comprend, comme la cour d'assises (des majeurs) un jury, c'est-à-dire un ensemble de citoyens « comme tout le monde » qui va être amené à donner son opinion sur la culpabilité du mineur. Le jury est aidé par des magistrats (des juges) qui sont spécialisés et plus habitués à ces affaires.

§3 L'enquête

Nous avons vu que l'enquête était réalisée par des forces de police spécialisées (gendarmerie ou police nationale) sous le contrôle du procureur (lui-même ayant une personne chargée spécialement des mineurs).
Lors de l'enquête, les forces de police vont essayer de « rassembler » des preuves et ils pourront avoir recours dans ce cadre à une procédure qu'on appelle la « garde à vue ». Cette procédure permet de retenir une personne contre son gré afin de l'interroger, parce qu'on la soupçonne d'avoir commis une infraction relativement grave. Elle n'a généralement pas lieu dans une « prison » mais directement dans les locaux de la police (ou de la gendarmerie). Le placement en garde à vue va dépendre de l'âge du mineur. Dans tous les cas, des droits sont reconnus au mineur placé en garde à vue.

La garde à vue des mineurs de 13 ans n'est pas possible en principe

Article 4 de l'ordonnance du 2 février 1945

I – Le mineur de 13 ans ne peut être placé en garde à vue. Toutefois, à titre exceptionnel, le mineur de 10 à 13 ans contre lequel il existe des indices graves ou concordants laissant présumer qu'il a commis ou tenté de commettre un crime ou un délit puni d'au moins cinq ans d'emprisonnement peut, pour les nécessités de l'enquête, être retenu à la disposition d'un officier de police judiciaire avec l'accord préalable et sous le contrôle d'un magistrat du ministère public ou d'un juge d'instruction spécialisés dans la protection de l'enfance ou d'un juge des enfants, pour une durée que ce magistrat détermine et qui ne saurait excéder douze heures. [...]

Selon ce texte, le mineur ayant entre 10 et 13 ans ne pourra être « retenu » que si deux conditions sont remplies :
1° L'acte qu'il est soupçonné d'avoir commis doit être puni par la loi d'une peine de prison d'au moins 5 ans. Il doit exister des indices conséquents. Ce peut être le cas par exemple d'un acte de vol avec des violences assez graves (7 ans de prison).
2° Un magistrat spécialisé (par exemple le juge des enfants) devra donner son accord et assurer le contrôle de cette retenue.
La retenue n'est possible en principe que pendant 12 heures. Par exception, il est possible de prolonger la durée de la retenue de 10 heures si le magistrat spécialisé donne son accord (et en principe, le mineur doit alors être présenté à ce magistrat). Le mineur doit systématiquement consulter son avocat.

La garde à vue des mineurs de plus de 13 ans est possible

Le mineur de plus de 13 ans peut être placé en garde à vue comme le serait une personne majeure (ou presque), c'est-à-dire *globalement* s'il existe des indices qu'il a commis une infraction ou si l'on pense qu'il peut fournir des informations nécessaires à l'enquête. En principe, la garde à vue ne peut durer que 24 heures. Cette durée peut être prolongée une fois.
Par exception, en cas de délit puni par la loi de moins de 5 ans de prison, la garde à vue du mineur ayant entre 13 et 16 ans ne pourra pas être prolongée.

⚠ Un mineur de moins de 10 ans ne peut pas être placé en garde à vue.

Les droits du mineur (quel que soit son âge) lorsqu'il est placé en garde à vue

L'information d'un parent ou d'un proche

En principe, lorsqu'un mineur est placé en garde à vue, ses parents (ou les personnes qui sont responsables de l'enfant) sont informés du placement du mineur en garde à vue. Par exception, il se pourra que la garde à vue ne soit pas portée à leur connaissance (pendant 24 heures ou 12 heures) si la garde à vue ne peut pas faire l'objet d'une prolongation.

L'examen médical

Deux situations différentes sont à distinguer :
– soit le mineur a moins de 16 ans, dans ce cas l'examen médical est « automatique », c'est-à-dire que le mineur devra obligatoirement être examiné par un médecin ;
– soit le mineur a plus de 16 ans, dans ce cas, l'examen médical n'est pas automatique.

Le droit de s'entretenir avec un avocat

Le mineur, quel que soit son âge doit être informé qu'il a le droit de s'entretenir avec un avocat. S'il a moins de 13 ans, il consulte obligatoirement son avocat. Si le mineur demande à s'entretenir avec un avocat, celui-ci viendra pour lui expliquer des informations d'ordre général.
Par ailleurs, le représentant légal du mineur (le plus souvent les parents) est également informé de son droit propre à demander à ce que le mineur puisse s'entretenir avec un avocat. Cette mesure est une mesure protectrice de l'enfant, car on considère que même si on dit quelque chose à un mineur, il ne se rend pas forcément bien compte de l'importance de ses actes.

L'enregistrement audiovisuel des interrogatoires

Les interrogatoires des mineurs peuvent être traumatisants, en conséquence, le législateur a prévu que ceux-ci pouvaient être enregistrés pour éviter un nouvel interrogatoire. Ces enregistrements ne peuvent être visionnés qu'avant l'audience de jugement (et non le jour du jugement) en cas de contestation du contenu du procès-verbal de l'interrogatoire (sur décision soit du juge d'instruction, soit du juge des enfants).

§4 La décision de poursuivre le mineur et l'instruction de l'affaire

À la fin de l'enquête, le procureur a différentes possibilités : soit il décide de ne pas poursuivre (il n'a pas assez de preuve, par exemple), soit il décide de ne pas poursuivre mais il prend une « mesure alternative » (c'est-à-dire une mesure indiquée ci-dessous), soit enfin il décide de poursuivre.

Les mesures alternatives à la poursuite du mineur

Les mesures alternatives sont les suivantes :

Rappel à la loi	L'objectif est alors de favoriser la prise de conscience par le mineur et en présence de ses parents de l'importance de la loi et des graves conséquences pour lui s'il ne la respecte pas. Cette mesure ne concerne, en principe, que les infractions de faible gravité (vol d'un paquet dans un supermarché, par exemple).
Orientation vers une structure spécialisée	Cette mesure concerne surtout les infractions qui font craindre pour la santé du mineur (consommation de drogue, conduite en état d'ébriété...). Le mineur pourra alors être orienté vers un médecin, une association...
La régularisation d'une situation d'infraction	Il s'agit alors de « corriger » un manquement à une obligation imposée par la loi. **Par exemple**, si un mineur circule sur un scooter qui est « trafiqué » lui permettant ainsi de rouler trop vite, on pourra lui demander de « régulariser » sa situation.
Les mesures de réparation	Il peut s'agir de 3 cas. Soit réparer les dégâts causés (le plus souvent par le paiement d'une somme d'argent, en accord avec ses parents), soit la « réparation directe » auprès de la victime (par exemple, si le mineur a causé un tort à une compagnie de transport, il pourra, avec l'accord de cette compagnie, décider de réparer son tort), soit la réparation par équivalent (c'est-à-dire un travail dans l'intérêt de la collectivité avec intervention d'un service éducatif).
La médiation pénale	Le procureur essaie alors de résoudre le conflit « sans jugement ». Le ministère de la Justice déconseille de recourir à cette procédure dans le cas des mineurs.

Le mineur est poursuivi

Si le procureur décide de poursuivre, en principe, il saisit un magistrat qui va procéder à **l'instruction** (c'est-à-dire une personne qui va faire une enquête « plus approfondie »).

Par exception, il pourra aussi décider de saisir directement le juge : c'est alors ce qu'on appelle la **procédure de jugement à délais rapprochés**. Cette procédure permet au procureur de la République de traduire directement un mineur de 13 à 18 ans devant le tribunal pour enfants, si des investigations sur les faits ne sont pas nécessaires et lorsque les infractions commises présentent une certaine gravité ; de le juger rapidement (dans un délai qui ne peut être inférieur à 10 jours ni supérieur à 1 mois), sans phase d'enquête ou d'instruction préalable devant le juge des enfants ou le juge d'instruction (c'est donc une exception au principe précédent suivant lequel il y a toujours une phase d'instruction).

La phase d'instruction

Comme on l'a vu, l'instruction est une période de l'enquête qui est menée soit par le juge pour enfants, soit par un juge qu'on appelle le juge « d'instruction ». C'est une phase qui consiste à recueillir des informations sur la personnalité du mineur, à approfondir les recherches et à déterminer si l'affaire doit et peut être jugée (par exemple, s'il n'y a pas assez de preuves ou si on peut montrer que le mineur avait agi en légitime défense, alors, il n'y a pas lieu de faire juger l'affaire).

L'instruction est systématique s'agissant des mineurs (il existe des exceptions, mais nous ne les développerons pas ici).

Cette phase peut être relativement longue et le magistrat qui en est chargé va pouvoir prendre des mesures « provisoires » : soit des mesures provisoires à caractère éducatif (comme le placement en liberté surveillée), soit des mesures provisoires à caractère répressif : c'est alors le contrôle judiciaire (qui permet, par exemple, à un magistrat de s'assurer que le mineur ne prend pas la fuite) ou la détention provisoire (c'est-à-dire le placement en prison jusqu'à ce que le mineur soit jugé).

Le mineur de 13 à 18 ans peut être placé sous contrôle judiciaire pendant la durée de l'instruction

Article 10-2 de l'ordonnance du 2 février 1945

I. Les mineurs âgés de 13 à 18 ans peuvent être placés sous contrôle judiciaire dans les conditions prévues par le Code de procédure pénale, sous réserve des dispositions du présent article. [...]

Le mineur peut être placé, pendant la durée de l'instruction, sous contrôle judiciaire afin de protéger les preuves, de faire cesser le trouble, de le protéger lui-même contre d'éventuelles représailles... Les raisons du placement d'un mineur sous contrôle judiciaire sont globalement très différentes. Ce qu'il faut savoir c'est que le mineur doit respecter ces obligations, car selon son âge, le manquement à ces obligations pourrait le conduire à être envoyé sinon en détention provisoire.

La matière est ici très complexe, mais cette complexité ne traduit que la volonté de prendre les solutions les mieux adaptées en fonction de l'âge du mineur et de la gravité de l'infraction qu'il a commise. On en présentera uniquement l'esprit général :

– Les mineurs de 13 à 18 ans ayant commis un crime peuvent être placés sous contrôle judiciaire, étant entendu que ce placement peut s'accompagner ou se résumer à un placement dans un centre éducatif fermé.

– Les mineurs de 16 à 18 ans ayant commis **un délit** peuvent être placés sous contrôle judiciaire et éventuellement dans un centre éducatif fermé dans les mêmes conditions que les mineurs ayant commis un crime.

– Les mineurs de 13 à 16 ans ayant commis un délit ne peuvent être placés dans un centre éducatif fermé que sous certaines conditions très précises (la peine risquée doit être au moins égale à 5 ans de prison et le mineur doit déjà avoir fait l'objet de mesures éducatives).

La détention provisoire du mineur est très réglementée

La détention provisoire est une mesure par laquelle une personne va être maintenue en prison avant d'être jugée, soit pour assurer sa sécurité, soit pour faire cesser tout risque de trouble à l'ordre public (par exemple, on a peur que la personne ne fasse pression sur des complices). La détention provisoire est « exceptionnelle », en ce sens qu'en principe on ne peut pas être envoyé en prison avant d'être jugé.

Un mineur qui a commis une infraction sera donc en principe laissé libre (comme les personnes majeures) avec certaines obligations à remplir (on parle de contrôle judiciaire), comme, par exemple, l'interdiction d'approcher telle ou telle personne, l'obligation de se présenter régulièrement au commissariat, de se maintenir dans un centre éducatif fermé.

La détention provisoire des mineurs a été profondément modifiée par la loi du 9 septembre 2002 modifiant l'ordonnance du 2 février 1945. Le placement en détention provisoire va dépendre de l'âge du mineur.

Les mineurs de moins de 13 ans

Les mineurs de moins de 13 ans ne peuvent pas être placés en détention provisoire. La raison en est très simple : on considère qu'ils sont trop jeunes. Ils peuvent par contre être placés dans des foyers d'accueil.

Les mineurs de 13 à 16 ans

Article 11 de l'ordonnance du 2 février 1945

[...] Les mineurs âgés de 13 ans révolus et de moins de 16 ans ne peuvent être placés en détention provisoire que dans l'un des cas suivants :
1° S'ils encourent une peine criminelle;
2° S'ils se sont volontairement soustraits aux obligations d'un contrôle judiciaire prononcé conformément aux dispositions du III de l'article 10-2. [...]

Les mineurs ayant entre 13 ans et moins de 16 ans ne peuvent être placés en détention provisoire que dans deux cas :
– soit le mineur est accusé d'avoir commis un crime : il peut alors être placé en détention provisoire pour une durée de 6 mois maximum (le renouvellement de la détention provisoire est, en principe, exceptionnel) ;
– soit le mineur est accusé d'avoir commis un délit : dans ce cas, celui-ci ne pourra être placé en détention provisoire que sous certaines conditions très strictes (il doit ne pas avoir respecté certaines obligations et la peine risquée doit satisfaire à des conditions...).

Les mineurs de plus de 16 ans

Article 11 de l'ordonnance du 2 février 1945

[...] Les mineurs âgés de 16 ans révolus ne peuvent être placés en détention provisoire que dans l'un des cas suivants :
1° S'ils encourent une peine criminelle;
2° S'ils encourent une peine correctionnelle d'une durée égale ou supérieure à trois ans;
3° S'ils se sont volontairement soustraits aux obligations d'un contrôle judiciaire prononcé conformément aux dispositions de l'article 10-2. [...]

Les mineurs de 16 ans révolus ne peuvent être placés en détention provisoire que dans 3 cas :
– si le mineur a commis un crime (par exemple, s'il a tué quelqu'un) ;
– si le mineur a commis un délit (il a commis par exemple, un vol avec violences) ;
– quelle que soit l'importance de l'infraction commise, si le mineur a manqué aux obligations de son « contrôle judiciaire ». C'est une disposition nouvelle depuis la loi du 9 septembre 2002 qui permet aux mineurs qui y sont le mieux à même (les mineurs de 16 ans) de comprendre que s'ils ne respectent pas ce qu'on leur a dit, ils risquent tout simplement d'aller en prison pendant une certaine durée avant leur procès.

Par exemple, si un mineur avait commis un vol et qu'on lui avait demandé de ne plus s'approcher du commerce où il avait commis ce vol avec armes et violences et qu'ensuite il est allé menacer le commerçant, il pourra être envoyé en « détention provisoire », c'est-à-dire en prison, éventuellement jusqu'au jour de son procès.

La fin de l'instruction

Lorsque l'instruction est terminée, le magistrat qui en était chargé (juge des enfants ou juge d'instruction) va pouvoir décider soit d'arrêter la procédure (le mineur ne sera pas jugé), soit d'arrêter la procédure et de prendre une mesure alternative (→ **Voir ci-avant**), soit de saisir un juge adapté (→ **Voir ci-avant également**).

§5 LE JUGEMENT

Le jugement et l'« appel »*

Le jugement est la dernière phase des poursuites, c'est le moment où le juge va examiner les preuves, entendre le mineur et prendre une décision sur la mesure adaptée (en fonction de l'âge du mineur de sa situation personnelle et de la gravité des faits).
On rappelle que le juge qui va rendre son jugement est différent selon le type d'infraction commise (→ **Voir ci-dessous**). On rappelle également que le mineur a droit à l'aide juridictionnelle (c'est-à-dire une somme d'argent pour payer son avocat). De même, la publicité des débats est, en principe, restreinte. La décision concernant un mineur n'est pas, en principe, publiée, sauf si l'identité du mineur peut être préservée.
Les possibilités de contester la décision dépendent du juge qui a pris la décision :
– Toutes les décisions rendues par le juge des enfants (en audience de cabinet ou par le tribunal pour enfant), à l'exception des mesures d'instruction, peuvent être contestées (on dit qu'on fait « appel* »). La contestation doit intervenir dans les 15 jours de la notification de la décision (c'est-à-dire du moment où la décision est portée à la connaissance), soit par une déclaration au greffe du tribunal pour enfants, soit par une lettre recommandée avec accusé de réception adressée à ce même greffe. L'affaire sera alors à nouveau jugée par la chambre spéciale des mineurs à la cour d'appel selon la même procédure que devant le juge des enfants. La procédure devant la cour d'appel est orale, ce qui veut dire que soit le mineur, soit son avocat doit se présenter devant la cour pour « soutenir » (défendre en droit) l'appel (une lettre ou même des conclusions ne peuvent être prises en compte par la cour).

S'il y a uniquement appel du mineur (ou de ses représentants légaux, c'est-à-dire de ses parents), la cour d'appel ne pourra pas aggraver la décision prise en première instance (c'est-à-dire que la peine ne pourra pas être plus lourde). Mais s'il y a également appel du procureur de la République, ce qui est le cas le plus fréquent, la cour pourra aussi l'aggraver.
La décision pourra enfin être contestée devant la Cour de cassation. La Cour de cassation, quant à elle, ne peut apprécier que la bonne application de la règle de droit (elle ne revient pas sur les faits).
– Les décisions de la cour d'assises des mineurs ne peuvent faire l'objet que d'un pourvoi en cassation.

Le casier judiciaire

Le casier judiciaire comporte 3 bulletins :
Le bulletin n° 1 : il ne peut être délivré qu'aux autorités judiciaires (c'est-à-dire aux juges), comporte la mention de toutes les décisions prononcées par le juge des enfants, le tribunal pour enfants et la cour d'assises des mineurs (sauf la décision de mise sous protection judiciaire).
Le bulletin n° 2 : il ne peut être délivré qu'au préfet, aux administrations publiques et aux autorités militaires.
Le bulletin n° 3 : il ne peut être remis qu'à l'intéressé. Il n'y figure aucune des décisions prononcées par les juridictions pour mineurs.
Le mineur bénéficie d'un « retrait automatique du casier judiciaire » des infractions les moins graves lors de l'accession à sa majorité : les fiches relatives à des peines d'amende ainsi qu'à des peines d'emprisonnement n'excédant pas 2 mois sont retirées automatiquement du casier judiciaire ; les fiches relatives à des mesures éducatives sont retirées dès leur expiration, et celles relatives à des peines avec sursis, dès l'expiration du délai d'épreuve sont également retirées.
Après l'expiration d'un délai de 3 ans à compter d'une décision prise à l'égard d'un mineur entraînant une peine d'emprisonnement supérieure à 2 mois, et si la rééducation du mineur apparaît acquise, le tribunal pour enfants peut décider la suppression du casier judiciaire de la fiche concernant cette décision. Cette suppression n'est pas automatique.

III La délinquance des mineurs : incivilités, actes de violence, racisme...

§1 Les infractions « non violentes »

Elles sont le fait tout autant des adultes que des mineurs.

Le vol sans violence

Article 311-1 du Code pénal

Le vol est la soustraction frauduleuse de la chose d'autrui.

Tout le monde sait ce qu'est le vol et pourtant, la définition qu'en donne le droit est très précise. Voler, c'est prendre quelque chose à quelqu'un sachant que ce n'est pas à soi. **Par exemple**, un mineur veut un stylo qu'il a vu dans une papeterie, il le glisse dans sa poche et s'en va. Il y a vol, car il s'est emparé d'une chose (le stylo) alors qu'il n'en était pas le propriétaire (il appartenait au papetier) et pour ce faire il a agi « frauduleusement » (il s'est caché, il a fait usage de ruse).

On apportera quelques précisions (sans prétendre traiter de toute la matière) :

– Lorsqu'il y a remise par erreur, il n'y a pas vol : ceci va concerner le cas où un mineur qui achète un bien reçoit de bonne foi « trop » d'argent en retour, le commerçant faisant une erreur. Il n'y a pas vol !

– Le vol, lorsqu'il n'est pas accompagné de violences est puni de 3 ans de prison et 45 000 euros d'amende. S'il a en plus recours à la violence ou à des armes (que ces armes soient des vraies ou des armes « en plastique », des copies) les peines deviennent beaucoup plus lourdes (elles peuvent atteindre jusqu'à 20 ans de prison). Le vol sur des personnes « vulnérables » (personnes âgées ou handicapées, autres mineurs) est sanctionné également de façon plus sévère (jusqu'à 5 ans de prison et 75 000 euros d'amende).

⚠ Le fait d'inciter un mineur à voler (notamment s'il a moins de 13 ans mais pas seulement) est aussi un délit : la personne qui va inciter le mineur à le faire risque une peine qui peut aller jusqu'à 5 ans de prison et 150 000 euros d'amende.

Diffamation, injure, dénonciation calomnieuse...

Article 29 de la loi du 29 juillet 1881

Toute allégation ou imputation d'un fait qui porte atteinte à l'honneur ou à la considération de la personne ou du corps auquel le fait est imputé est une diffamation. [...]

Un mineur (comme un adulte) fait, par exemple, courir une rumeur suffisamment précise se rapportant directement à une personne et sans preuve, cette rumeur étant susceptible de porter atteinte à l'honneur de cette personne (on prétend, par exemple, que la personne en question a commis une infraction, comme un vol, un viol). C'est ce qu'on appelle de la « diffamation ». Le droit fait alors la différence selon que cette atteinte a été publique (elle a été révélée et a fait l'objet de mesures de publicité) ou non. **Par exemple**, un mineur qui va faire croire que tel professeur de chant a été condamné par le passé pour avoir tué sa femme se rend coupable de « diffamation » : il porte atteinte à l'honneur d'une personne précisément visée, en invoquant un fait précis et inexact, dans le but de lui nuire.

Article 29 de la loi du 29 juillet 1881

[...] Toute expression outrageante, termes de mépris ou invective qui ne renferme l'imputation d'aucun fait est une injure.

Pour les injures et atteintes aux fonctionnaires : ➜ **Voir p. 355.**
Les injures sont caractérisées par le fait qu'elles sont prononcées sans intention de faire croire que quelque chose est vrai : **par exemple**, un mineur injurie le père d'un de ses camarades en le traitant de « porc » et autres qualificatifs. Ceci e st d'ailleurs l'occasion de constater qu'il n'est pas nécessaire pour que l'on puisse parler d'injure que le terme soit grossier. On distingue selon que l'injure est publique ou non (**par exemple**, on a considéré que le fait de laisser des injures sur un répondeur – et éventuellement un répondeur d'un téléphone portable – constituait une injure non publique).
En principe, l'injure donne lieu à une amende :

– si elle n'est pas publique, l'amende est de 38 euros, si elle est à caractère raciste, elle est portée à 750 euros ;
– si elle est publique : l'injure est punie d'une amende pouvant aller jusqu'à 12 000 euros.

Article 226-10 du Code pénal

La dénonciation, effectuée par tout moyen et dirigée contre une personne déterminée, d'un fait qui est de nature à entraîner des sanctions judiciaires, administratives ou disciplinaires et que l'on sait totalement ou partiellement inexact, lorsqu'elle est adressée soit à un officier de justice ou de police administrative ou judiciaire, soit à une autorité ayant le pouvoir d'y donner suite ou de saisir l'autorité compétente, soit aux supérieurs hiérarchiques ou à l'employeur de la personne dénoncée, est punie de cinq ans d'emprisonnement et de 45000 euros d'amende. [...]

Pour se « venger », un mineur va voir la police ou une autorité officielle afin de dénoncer une personne au sujet d'un acte illégal qu'elle n'a pas, en fait, commis : on parle de « dénonciation calomnieuse ». Le mineur a menti afin de déclencher des mesures qui nuiront à la personne dénoncée. La peine prévue pour ces faits est lourde : jusqu'à 5 ans de prison et 45000 euros d'amende. **Par exemple**, un mineur écrit une lettre au proviseur du lycée accusant tel professeur d'avoir tenté d'abuser de lui. **Par exemple** également, un mineur se rend à la gendarmerie et prétend que telle personne a voulu lui faire consommer de la drogue (un de ses camarades).

⚠ La condamnation pour dénonciation calomnieuse suppose toutefois que la personne qui a été calomniée soit préalablement déclarée innocente par un tribunal.

Gestes obscènes et injures envers les agents de la force publique

Article 433-5 du Code pénal

Constituent un outrage puni de 7500 euros d'amende les paroles, gestes ou menaces, les écrits ou images de toute nature non rendus publics ou l'envoi d'objets quelconques adressés à une personne chargée d'une mission de service public, dans l'exercice ou à l'occasion de l'exercice de sa mission, et de nature à porter atteinte à sa dignité ou au respect dû à la fonction dont elle est investie.

Lorsqu'il est adressé à une personne dépositaire de l'autorité publique, l'outrage est puni de six mois d'emprisonnement et de 7500 euros d'amende.

Lorsqu'il est commis en réunion, l'outrage prévu au premier alinéa est puni de six mois d'emprisonnement et de 7500 euros d'amende, et l'outrage prévu au deuxième alinéa est puni d'un an d'emprisonnement et de 15000 euros d'amende.

Il semble qu'une partie des jeunes perde le sens des valeurs et oublie le respect dû aux agents de la force publique. Pour autant, il est bon de rappeler qu'un geste obscène quel qu'il soit ou qu'une injure à l'égard d'un agent de la force publique constituent bien une infraction susceptible de donner lieu à des poursuites pénales. L'auteur du geste encourt une amende pouvant aller jusqu'à 7500 euros et une peine de prison pouvant aller jusqu'à 6 mois (il faut rappeler ici que les mineurs bénéficient de ce qu'on appelle l'excuse de minorité, c'est-à-dire qu'ils encourent une peine égale à la moitié de la peine encourue par les majeurs, mais, pour les 16-18 ans, le juge peut écarter cette excuse de minorité).

Fausses alertes à la bombe

Article 322-14 du Code pénal

Le fait de communiquer ou de divulguer une fausse information dans le but de faire croire qu'une destruction, une dégradation ou une détérioration dangereuse pour les personnes va être ou a été commise est puni de deux ans d'emprisonnement et de 30000 euros d'amende.

Est puni des mêmes peines le fait de communiquer ou de divulguer une fausse information faisant croire à un sinistre et de nature à provoquer l'intervention inutile des secours.

Soit parce qu'ils veulent se rendre intéressants, soit plus simplement parce qu'ils veulent perturber le déroulement d'une épreuve, soit enfin par une sorte de « curiosité malsaine », certains mineurs sont tentés de déclencher les signaux d'alerte (alerte incendie) ou encore de faire une « alerte à la bombe ». C'est un acte particulièrement stupide en ce qu'il entraîne d'une part une perte de temps pour les services spécialisés (qui peut d'ailleurs être mortelle si on imagine qu'en même temps il y a une « vraie » alerte à la bombe), d'autre part le risque que les camarades (si cette alerte a lieu à l'école) croient qu'il s'agit d'une nouvelle « mauvaise farce » alors qu'il peut s'agir cette fois-ci d'une vraie alerte...
Cette infraction est donc très grave et il est normal qu'elle puisse être punie lourdement : jusqu'à 2 ans de prison et 30000 euros d'amende. **Par exemple**, à l'occasion du plan « Vigipirate », une personne (majeure) a été condamnée à 3 mois de prison ferme pour avoir fait une fausse alerte à la bombe, après « comparution immédiate » (c'est-à-dire passage « presqu'immédiat » devant le juge). Les systèmes d'alarme incendie sont conçus de telle manière qu'on ne peut pas les déclencher « par maladresse », il est donc inutile d'invoquer cette circonstance.

⚠ Le fait d'appeler un service comme les pompiers, les gendarmes etc. constitue cette infraction et peut en conséquence faire l'objet de poursuites s'il n'y a pas de raison « valable ».

⚠ Les appels téléphoniques malveillants à autrui, notamment lorsqu'ils sont réalisés contre des personnes « privées » peuvent faire l'objet de poursuites. L'article 222-16 du Code pénal permet de faire engager des poursuites et les peines encourues sont lourdes : jusqu'à 1 an de prison et 15000 euros d'amende.

Port d'une arme (arme blanche, pistolet à grenailles, armes à feu)

Article 106 du décret du 6 mai 1995

Est puni de la peine d'amende prévue pour les contraventions de la 5e classe :
1° Tout mineur de moins de 16 ans qui détient ou acquiert un matériel, une arme, un élément d'arme, des munitions ou éléments de munition classés en 5e, 7e ou 8e catégorie, ainsi qu'une arme nommément désignée de la 6e catégorie.
2° Tout mineur de plus de 16 ans qui détient ou acquiert un matériel, une arme, un élément d'arme, des munitions ou éléments de munition visés au 4° de l'article 23 ci-dessus sans remplir les conditions prévues à cet article.

Le principe est très clair : les mineurs n'ont pas le droit de détenir ou d'acquérir une arme, sauf cas particuliers.
– **Les mineurs de 9 à 16 ans** ne peuvent acquérir que certaines armes de 7e catégorie de faible puissance. Ils doivent pour cela disposer de l'autorisation de la personne exerçant l'autorité parentale, et être titulaires d'une licence de fédération sportive.
– **Les mineurs de 16 à 18 ans** ne peuvent acquérir des armes de 5e, 6e ou 7e catégorie que si deux conditions sont réunies : 1° s'ils disposent de l'autorisation du titulaire de l'autorité parentale ;
2° s'ils sont titulaires du permis de chasser ou d'une licence de fédération sportive reconnue pour la pratique du tir, du ball-trap ou des armes blanches.
Présentation résumée des différentes catégories d'armes :

Première catégorie	armes de guerre et leurs munitions.
Deuxième catégorie	matériels destinés à porter ou à utiliser les armes de guerre (chars, avions, navires).
Troisième catégorie	matériel de protection contre les gaz de combat.

Quatrième catégorie	armes à feu de défense et leurs munitions soumises à autorisation.
Cinquième catégorie	armes de chasse et leurs munitions (fusils de chasse notamment).
Sixième catégorie	armes blanches (couteaux, crans d'arrêts...).
Septième catégorie	armes de tir, de foire ou de salon et leurs munitions, comme les pistolets à grenailles, pourvu qu'ils ne soient pas d'une puissance trop importante.
Huitième catégorie	armes et munitions historiques et de collection.

§2 Les actes de violence des mineurs

On renverra également aux infractions évoquées dans la troisième partie consacrée à la délinquance en milieu scolaire (➜ **Voir p. 355**).

Les faits de violence contre les personnes

Article 222-11 du Code pénal

Les violences ayant entraîné une incapacité totale de travail pendant plus de huit jours sont punies de trois ans d'emprisonnement et de 45 000 euros d'amende.

Le droit considère que l'on peut parler de violence :

– **Même si l'acte est « unique »** peu importe qu'il n'y ait pas de répétition (par exemple, un seul coup de poing suffit à faire constater l'acte de violence).

– Cet acte doit être **réalisé** (c'est-à-dire que le fait de ne pas « passer à l'acte » constitue une simple « menace ». **Par exemple**, le fait de menacer quelqu'un de lui « cracher au visage » est une menace et non un acte de violence (le fait de cracher étant un acte de violence).

– Cet acte peut prendre **différentes formes** : il peut s'agir bien sûr d'un coup (cas le plus courant), mais aussi tout acte qui sans contact « physique » a pu causer un grave trouble chez la personne. **Par exemple**, il est prévu que le fait de harceler quelqu'un au téléphone peut constituer un acte de violence (article 222-16 du Code pénal). On a, par exemple, considéré que le fait d'envahir le bureau d'un proviseur à plusieurs, sans y avoir été invité... et en vue de l'impressionner constituait un acte de violence. Le problème, est alors de prouver que l'on voulait causer ce trouble chez la personne : par exemple, si cinq élèves entrent dans le bureau du proviseur pour discuter avec lui sans en avoir reçu l'autorisation, il n'y a pas lieu de considérer que

c'est un acte de violence, car ils ne voulaient pas « lui faire peur ».
– Il y a acte de violence si l'acte a été commis avec une intention, c'est-à-dire si le mineur a commis un acte « dans le but » de... **Par exemple**, un mineur qui donne un coup de coude à un camarade alors qu'il se baissait pour ramasser son sac ne commet pas un acte de violence, peu importe la gravité de la blessure !
– À partir du moment où l'acte a été volontaire peu importe que l'on en n'ait pas voulu les conséquences (par exemple, un mineur sort un poignard et la personne saute par la fenêtre, il doit en supporter les conséquences) ou que l'on n'ait pas atteint la personne visée (par exemple, un mineur lance une chaise et atteint son professeur au lieu du camarade).
– Certaines violences sont tolérées par « l'usage » : ces usages sont limités. Ils concernent essentiellement le domaine du sport (des élèves qui jouent au rugby peuvent avoir des blessures « légères », de même des mineurs pratiquant la boxe...).

Type d'acte	Sanction prévue	Exemple
Acte de violence ayant entraîné une incapacité de travail inférieure à 8 jours	En principe, c'est une contravention de 4e ou de 5e classe	Coups portés au visage ayant simplement causé un « bleu »
Acte de violence ayant entraîné une incapacité de travail supérieure à 8 jours	3 ans de prison et 45 000 euros d'amende	Coups portés au ventre. Plusieurs côtes ont été cassées
Type d'acte	**Sanction prévue**	**Exemple**
Acte de violence ayant entraîné une mutilation ou une infirmité permanente	10 ans de prison et 150 000 euros d'amende	Coups portés au visage ayant entraîné la perte d'un œil, l'affaiblissement de l'ouïe
Acte de violence ayant entraîné la mort sans intention de la donner	15 ans de prison	Coups portés à la tête ayant entraîné la chute d'une personne, cette personne se brisant la nuque.

⚠ Il existe pas moins de 12 cas d'aggravation ! Pour des raisons évidentes, nous ne les reproduirons pas, mais nous rappellerons que les actes de violence contre les agents des services publics, qui représentent donc l'État, sont encore plus sévèrement punis.

⚠ Les faits de violence commis à l'occasion des manifestations sportives (hooliganisme) font l'objet d'une réglementation particulière : l'article 42-7 de la loi du 16 juillet 1984 prévoit en effet une peine d'amende de 15000 euros et d'1 an de prison contre toute personne qui aura provoqué des spectateurs à la haine ou à la violence contre soit l'arbitre, soit un juge sportif, soit un joueur, soit tout autre groupe de personnes.

Les « chiens dangereux » (pitbull, rotweiller, staff américains, dogs argentins...)

Article L. 211-16 du Code rural

I. L'accès des chiens de la première catégorie aux transports en commun, aux lieux publics à l'exception de la voie publique et aux locaux ouverts au public est interdit. Leur stationnement dans les parties communes des immeubles collectifs est également interdit.

II. Sur la voie publique, dans les parties communes des immeubles collectifs, les chiens de la première et de la deuxième catégorie doivent être muselés et tenus en laisse par une personne majeure. Il en est de même pour les chiens de la deuxième catégorie dans les lieux publics, les locaux ouverts au public et les transports en commun. [...]

L'expression « chien dangereux » est parfois contestée. Pour autant, le législateur a toutefois tenu à soumettre la détention de certains chiens à des règles particulières, ces chiens étant utilisés le plus souvent comme « des armes ». En principe, un mineur ne peut pas posséder de tel chien. En réalité, il arrive qu'un mineur ait la garde d'un « chien dangereux » qui est la propriété de ses parents. Promener un « chien dangereux » en ville est soumis à certaines conditions. En principe, la personne qui promène le « chien dangereux » se doit d'être majeure. Ensuite, la loi fait une distinction selon que le chien est « très dangereux » ou « dangereux ».

– Pour les chiens « très dangereux » : on n'a pas le droit de les promener dans les lieux publics, dans les transports en commun et dans tous les lieux qui sont ouverts au public.

– Pour les chiens « dangereux » (pitbull, rotweiler…) : le chien doit être tenu en laisse et porter une muselière.

– Certaines races de chiens dangereux devraient être interdites prochainement.

⚠ Le fait d'exercer publiquement des sévices graves ou de commettre un acte de cruauté sur un animal domestique, apprivoisé ou tenu en captivité ou d'abandonner cet animal est sévèrement puni : jusqu'à 2 ans de prison et 30000 euros d'amende.

§3 La discrimination : les actes de racisme/les actes homophobes

Les propos, injure et insigne racistes ou homophobes

Article 24 de la loi du 24 juillet 1881

[...] Ceux qui, par l'un des moyens énoncés à l'article 23, auront provoqué à la discrimination, à la haine ou à la violence à l'égard d'une personne ou d'un groupe de personnes à raison de leur origine ou de leur appartenance ou de leur non-appartenance à une ethnie, une nation, une race ou une religion déterminée, seront punis d'un an d'emprisonnement et de 45 000 euros d'amende ou de l'une de ces deux peines seulement.

Seront punis des peines prévues à l'alinéa précédent ceux qui, par ces mêmes moyens, auront provoqué à la haine ou à la violence à l'égard d'une personne ou d'un groupe de personnes à raison de leur sexe, de leur orientation sexuelle ou de leur handicap ou auront provoqué, à l'égard des mêmes personnes, aux discriminations prévues par les articles 225-2 et 432-7 du Code pénal. [...]

Article 33 de la loi du 24 juillet 1881

[...] Sera punie de six mois d'emprisonnement et de 22 500 euros d'amende l'injure commise, dans les conditions prévues à l'alinéa précédent, envers une personne ou un groupe de personnes à raison de leur origine ou de leur appartenance ou de leur non-appartenance à une ethnie, une nation, une race ou une religion déterminée. [...]

La loi du 30 décembre 2004 est venue mettre sur le même niveau les injures racistes (c'est-à-dire les injures qui sont faites le plus souvent en raison de la couleur de la peau) et les injures homophobes (c'est-à-dire les injures qui sont faites parce que la personne « n'aime pas » les homosexuels).

Le premier constat à faire, c'est que les textes qui existent « en droit » sont très nombreux. Chaque texte sanctionne des « comportements racistes ou homophobes différents ».

– Il y a tout d'abord les **injures raciales/homophobes** : il va s'agir d'un mineur qui va utiliser des termes montrant qu'il méprise une personne pour des raisons raciales (ou parce que la personne est homosexuelle). Il risque alors jusqu'à 1 an de prison et 22 500 euros d'amende.

– Il y a également **la provocation à la haine ou à la violence raciale/homophobe** : ce texte va concerner, par exemple, un mineur qui, à l'occasion d'une réunion va tenir des propos qui par leur contenu incitent ses camarades à des actes de violence racistes (ou homophobes). **Par exemple**, si un lycéen lors d'une réunion sur le sujet « le racisme » prétend qu'« il faut en finir avec le problème des étrangers et que la solution est dans les armes… » [nous coupons volontairement la suite des propos], alors il peut faire l'objet de poursuites. Les peines vont varier selon que cette provocation s'est faite en public (la peine peut alors aller jusqu'à 1 an de prison et 45000 euros d'amende) ou non (la peine est alors une amende qui peut aller jusqu'à 1500 euros). Il en va de même si les propos sont homophobes, naturellement.

– Il y a ensuite toutes les infractions concernant les « **crimes contre l'humanité** » : l'extermination par les nazis de millions de juifs pendant la seconde guerre mondiale. Le fait de contester l'existence de ces faits historiques ou de les montrer de façon « favorables » constitue une infraction qui fait risquer une peine de prison (un an) et/ou une amende.

– Il y a enfin le port des insignes et emblèmes rappelant ceux des responsables de crimes contre l'humanité. Cela va concerner, par exemple, les mineurs qui vont porter les uniformes des nazis. Ils risquent alors une amende qui peut être très lourde (1500 euros).

Les actes de racisme

Article 225-2 du Code pénal

La discrimination [...] commise à l'égard d'une personne physique ou morale, est punie de trois ans d'emprisonnement et de 45000 euros d'amende lorsqu'elle consiste :
1° À refuser la fourniture d'un bien ou d'un service ;
2° À entraver l'exercice normal d'une activité économique quelconque ;
3° À refuser d'embaucher, à sanctionner ou à licencier une personne ;
4° À subordonner la fourniture d'un bien ou d'un service à une condition ;
5° À subordonner une offre d'emploi, une demande de stage ou une période de formation en entreprise à une condition fondée sur l'un des éléments visés à l'article 225-1 ;
6° À refuser d'accepter une personne à l'un des stages visés par le 2° de l'article L. 412-8 du Code de la sécurité sociale.

Article 225-18 du Code pénal

Lorsque les infractions définies à l'article précédent ont été commises à raison de l'appartenance ou de la non-appartenance, vraie ou supposée, des personnes décédées à une ethnie, une nation, une race ou une religion déterminée, les peines sont portées à trois ans d'emprisonnement et à 45000 euros d'amende pour les infractions définies aux deux premiers alinéas de l'article 225-17 et à cinq ans d'emprisonnement et à 75000 euros d'amende pour celle définie au dernier alinéa de cet article.

Ces actes de racisme peuvent être commis soit par les mineurs, soit contre des mineurs. On les regroupera en deux catégories :

– **Les « discriminations raciales »** : il s'agit d'un comportement consistant à faire une différence entre deux personnes simplement en raison de leur « race ». Les différences fondées sur la race sont interdites. Ces « discriminations » (ou encore « ségrégations ») sont susceptibles de se produire à différentes occasions : par exemple, il se peut que l'on refuse l'accès à un endroit à un mineur en raison de sa couleur de peau (un café), qu'on refuse de lui vendre un produit ou encore de lui servir un repas... Tous ces actes sont des actes de discrimination qui font courir une peine pouvant aller jusqu'à 2 ans de prison et 30 000 euros d'amende ;
– **La violation de tombes à caractère raciste ou « antireligieux »** : ceci correspond, par exemple, à une affaire tristement connue, du cimetière de Carpentras. Dans cette ville, le cimetière avait été saccagé et n'avaient été visées que les tombes appartenant à des personnes juives. Les corps (ou les ossements) avaient été sortis des cercueils et mutilés. Il s'agit d'un acte très grave : la peine risquée est de 3 ans de prison et 45 000 euros d'amende. Si, comme dans cette affaire il y a eu en plus une « atteinte à l'intégrité du cadavre » (c'est-à-dire si on a sorti le cadavre de son cercueil), alors les peines sont encore plus lourdes : jusqu'à 5 ans de prison et 75 000 euros d'amende.

⚠ La loi pour l'égalité des chances est venue renforcer les pouvoirs d'une institution : la HALDE. La Haute autorité de lutte contre les discriminations et pour l'égalité a pour mission de permettre une meilleure intégration sociale. Elle participe notamment à la lutte contre les discriminations. **Par exemple,** si une personne s'est rendue coupable d'une discrimination en raison de la couleur de la peau. En principe, elle encourt des poursuites qui sont longues et qui peuvent conduire à une peine très lourde.

Pour éviter cela, on va pouvoir lui proposer une « transaction », c'est-à-dire une solution amiable, qui va consister à indemniser la victime, et/ou payer une amende, afficher un communiqué, et/ou enfin faire connaître l'information au sein de son entreprise. L'objectif, c'est d'éviter le procès afin que cela aille vite. Si la personne qui a accepté la transaction ne s'exécute pas, elle pourra alors être poursuivie.

⚠ La loi pour l'égalité des chances a introduit en droit français la pratique du « testing ». Cette pratique consiste par exemple à se rendre à l'entrée d'une boîte de nuit et à vérifier que l'on ne refuse pas l'entrée aux personnes en raison de leur couleur de peau. Si c'est le cas, l'huissier (qui est présent mais qui n'a pas indiqué qu'il était là) va faire un constat et ensuite l'établissement pourra être poursuivi pour pratique discriminatoire.

Il est à noter que le même système s'applique pour la location d'un appartement, d'une voiture etc. On pense parfois que l'on peut « choisir » qui l'on veut : c'est vrai, mais encore faut-il le faire sur des critères qui ne sont pas discriminatoires.

§4 Les mineurs et les nouvelles technologies

Nous avons tenu à consacrer des développements particuliers à cette catégorie d'infractions car le mineur ne s'en rend pas forcément compte. En effet, les nouvelles technologies ont ceci d'intéressant qu'il n'y a pas « d'opération matérielle » comme dans le vol ou les violences, il y a simplement une opération qui sera « numérique » ou plus simplement « informatique ». Or, ce domaine n'échappe pas à l'emprise du droit.

Pour surfer sur Internet en connaissance de cause, on peut **consulter le site de la CNIL (Commission nationale informatique et libertés) à l'adresse suivante : www.cnil.fr.** Un espace juniors est fait spécialement pour les mineurs avec des réponses aux questions pratiques qu'ils peuvent se poser.

Le régime des blog

Les blog, weblog, log ou encore joueb sont des « pages web évolutives », ou si l'on veut, plus simplement, des formes modernes de journaux intimes. Ces pages présentent des avantages par rapport aux formes classiques d'expression sur Internet : on peut les créer et les faire évoluer avec une simplicité impressionnante (il n'y a pas besoin de s'y connaître en informatique pour pouvoir commencer).

Du point de vue du droit, il n'y a pas de règles spécifiques qui s'appliquent aux blogs, mais il convient de rappeler :

• L'Internet n'est pas un espace qui échappe au droit, ce qui veut dire que l'on ne peut pas faire ou dire ce que l'on veut. **Par exemple**, si on diffuse sur un Internet des messages injurieux ou racistes (**➜ Voir p. 452 et 459**), on peut être poursuivi pour ces infractions.

• On ne peut pas faire ce que l'on veut avec l'image des gens : on ne peut pas se permettre de prendre les gens en photo pour ensuite diffuser leur photo (ou une vidéo) sur son blog sans leur autorisation (**➜ Voir p. 374**). Il ne faut pas croire que la multiplication des téléphones mobiles qui font appareil photo (et pour certains qui enregistrent de la vidéo) soit une justification.

• On ne peut pas diffuser de la musique d'un artiste comme on veut depuis son blog. Les artistes et les sociétés de disque n'ont de cesse de le répéter : les musiques appartiennent aux artistes. La SACEM a d'ailleurs la tâche de poursuivre ce genre de pratiques.

⚠ La question s'est posée de savoir si une sanction disciplinaire pouvait être prise par un établissement à l'encontre d'un élève qui avait, sur son blog, diffusé des images truquées de ses professeurs. Les élèves faisaient valoir qu'il s'agit d'un « journal intime ». Bien sûr, cet argument ne tient pas car justement, ce qui caractérise le blog, c'est qu'il est ouvert à tous. En conséquence, il s'agit là d'un comportement qui n'est pas dénué de tout lien avec l'organisation de l'établissement (un peu comme si la photo avait été diffusée dans le collège ou le lycée) et bien sûr une sanction peut être prise.

Les baladeurs/lecteurs MP3

Article L. 112-2 du Code de la propriété intellectuelle

Sont considérés notamment comme œuvres de l'esprit au sens du présent Code :

[...]

5° Les compositions musicales avec ou sans paroles ;

Il n'y a pas de règles spécifiques aux baladeurs MP3. D'ailleurs, le baladeur MP3 n'est qu'un type particulier de lecteur (une chaîne, certains téléphones portables ou un PDA équipé d'une carte mémoire peuvent lire des MP3) utilisant un format spécifique de fichier audio (le format MP3 pour Mpeg audio-Layer 3, mais il existe d'autres formats comme WAV). Ce qui explique la multiplication des fichiers MP3 c'est tout simplement le fait que ces fichiers sont peu volumineux en terme d'espace disque (3 Mo pour un titre en moyenne) et qu'ils conservent l'ensemble des fréquences que notre oreille est susceptible de reconnaître.

Les règles concernant les MP3 sont les suivantes :

• **On peut télécharger des MP3 à la condition de les acheter** : on ne peut pas utiliser des logiciels de *peer to peer* (comme emule) pour récupérer le tout dernier album. C'est une atteinte aux droits d'auteur (➜ **Voir p. 470**). Une double politique a été engagée en ce sens : d'une part, les collégiens et lycéens sont sensibilisés (on leur indique clairement que le téléchargement sans acheter le titre est payant), d'autre part, des sanctions réelles sont prises (de lourdes peines d'amende ou des travaux d'intérêt général le plus souvent).

⚠ Certains ont cru qu'ils pouvaient invoquer soit leur ignorance (« je ne savais pas que je n'avais pas le droit »), soit l'existence de taxes spécifiques pour justifier leur action. En droit, tout ceci ne sert à rien : l'infraction existe (c'est-à-dire que l'on est responsable). De la même façon, il n'y a pas en droit de « quota » en dessous duquel on « laisse faire » : on peut faire l'objet de poursuite que l'on ait téléchargé un titre ou plusieurs.

• On peut faire l'objet d'une sanction disciplinaire si on utilise un baladeur en MP3 en cours (tout simplement parce qu'on n'est pas attentif). Par contre, on peut penser, en l'état de la jurisprudence, qu'on ne peut pas interdire la possession d'un baladeur MP3 dans l'enceinte d'une cours d'école.

Pour la création d'un site web, il faut s'identifier

Article 6 de la loi du 21 juin 2004

III. – 2. Les personnes éditant à titre non professionnel un service de communication au public en ligne peuvent ne tenir à la disposition du public, pour préserver leur anonymat, que le nom, la dénomination ou la raison sociale et l'adresse du prestataire mentionné au 2 du I, sous réserve de lui avoir communiqué les éléments d'identification personnelle prévus au 1.

Trop souvent oubliées sur les pages web que nous avons consultées, les éditeurs non professionnels (les mineurs le plus souvent entrent dans cette catégorie, à moins qu'ils n'envisagent déjà de se lancer dans une activité professionnelle), doivent faire figurer sur leur site web les coordonnées de l'hébergeur (hébergeur qui lui dispose des coordonnées personnelles du mineur). L'objectif est le suivant : on ne met que les coordonnées de l'hébergeur pour éviter d'être « dérangé » par des appels malveillants ou tout autre tracas de ce genre, cependant l'hébergeur a les coordonnées de l'auteur du site pour pouvoir, si nécessaire les retransmettre à la justice afin d'engager des poursuites le cas échéant.
La sanction en cas de non-respect de cette obligation est très lourde, puisqu'elle peut aller jusqu'à 1 an de prison et 75000 euros d'amende.

Les internautes ont un droit de réponse

Article 6 de la loi du 21 juin 2004

IV. – Toute personne nommée ou désignée dans un service de communication au public en ligne dispose d'un droit de réponse, sans préjudice des demandes de correction ou de suppression du message qu'elle peut adresser au service [...].

Le droit de réponse, c'est le droit, pour une personne qui a été nommément mise en cause de faire paraître une réplique à des propos qu'il juge faux. Par exemple, si un enfant reproche sur son site Internet à un enseignant d'avoir tenu des propos racistes, l'enseignant a la possibilité de faire paraître un droit de réponse sur ce site Internet. Il faut que les propos aient été injurieux, illicites ou diffamatoires (pour la définition et les sanctions, → Voir p. 452). L'auteur du site doit le faire dans les 3 jours, sinon, il s'expose à une amende de 3 750 euros.

C'est la preuve une fois de plus que, sur Internet, on ne peut pas faire ou écrire ce que l'on veut.

⚠ La loi prévoit que ce droit de réponse existe également si les propos ont été tenus sur un forum.

Les droits du consommateur internaute

Article 19 de la loi du 21 juin 2004

Sans préjudice des autres obligations d'information prévues par les textes législatifs et réglementaires en vigueur, toute personne qui exerce [une activité de commerce électronique] [...] est tenue d'assurer à ceux à qui est destinée la fourniture de biens ou la prestation de services un accès facile, direct et permanent utilisant un standard ouvert aux informations suivantes :

1° s'il s'agit d'une personne physique, ses nom et prénoms et, s'il s'agit d'une personne morale, sa raison sociale;

2° l'adresse où elle est établie, son adresse de courrier électronique, ainsi que son numéro de téléphone; [...]

Le mineur en principe ne peut pas conclure de contrat, sauf, si ce contrat peut être considéré comme un contrat d'usage, c'est-à-dire un contrat qu'un mineur peut conclure en raison de son montant (faible) et de son objet (il achète par exemple un T-shirt mais il ne peut pas acheter, sans ses parents, une voiture!).

Le mineur, généralement adolescent, bénéficie des règles de protection de tout consommateur internaute : il a un droit à l'information. Il doit en effet avoir accès à un certain nombre de données comme l'adresse, le téléphone, le mail, le prix des biens et des services (notamment il doit figurer clairement sur le site si les frais de transport sont inclus ou non), ainsi que les conditions générales de vente (par exemple, quelles sont les conditions de garantie du produit livré).

Avant de passer sa commande, le consommateur doit avoir un récapitulatif de la commande qu'il a remplie en ligne : c'est ce que l'on appelle la validation. Par exemple, un mineur décide d'acheter sur Internet un baladeur MP3 et casque audio : il va les sélectionner à travers différentes pages. Avant de valider sa commande et de choisir le mode de paiement (par carte bancaire, par chèque, par contre-remboursement), il doit avoir un récapitulatif de ce qu'il a commandé, lui indiquant le prix de chaque objet et le prix total.

De plus, le mineur, comme tout consommateur, doit recevoir un accusé de réception lui indiquant que sa commande a bien été prise en compte et validée : le plus souvent, c'est tout simplement un mail au format HTML qui est une copie de l'écran de validation.

Quelques règles relatives à l'usage des e-mails (courriels, mèl...)

Le spamming

Le *spamming*, c'est une pratique qui consiste à envoyer des e-mails que l'on n'avait pas désirés : par exemple, si je m'inscris à une liste de diffusion ou à une lettre d'information, ce n'est pas du *spamming* car j'ai voulu précisément recevoir ces mails. Par contre, si tout à coup je reçois une lettre d'information ou des publicités que je ne voulais pas, c'est ce qu'on appelle du *spamming*.

En droit, on ne parle pas de *spamming* mais, on dit que la prospection directe, c'est-à-dire au moyen d'un automate d'appel, d'un télécopieur ou d'un courrier électronique, de toute personne qui n'a pas exprimé son consentement préalable à recevoir des prospections directes par ce moyen est en principe interdite. C'est l'apport de la loi du 21 juin 2004 (loi pour la confiance dans l'économie numérique). Pour que la pratique soit légale, il faut avoir donné préalablement son accord, sinon c'est interdit.

En conséquence, il faut faire bien attention lorsqu'on remplit un formulaire sur Internet : souvent, avant la validation du formulaire (par exemple pour s'inscrire à un *chat*), il y a une case à cocher « oui, j'accepte de recevoir les informations et j'autorise le site à transmettre mes coordonnées... ». Si on coche cette case, on peut recevoir beaucoup d'e-mails non désirés et en droit, on ne peut pas s'en plaindre.

⚠ Il existe sur les logiciels de messagerie le plus souvent des filtres anti-spam. On peut souscrire aussi auprès de son prestataire des options « anti-spam ». Une pratique toute simple consiste à ouvrir une boîte e-mail qui ne sert justement qu'à s'abonner à des listes : ainsi, si les mails deviennent trop nombreux, on peut simplement fermer cette boîte et en ouvrir une autre. On renverra nos lecteurs également aux précieuses informations du site de la CNIL.

Le hoax *(les chaînes de courrier)*

Le *hoax* est une pratique très répandue sur l'Internet. Elle repose le plus souvent sur un bon sentiment : on reçoit un mail nous indiquant qu'une personne cherche un rein ou qu'un enfant a perdu son chien et il nous est demandé, simplement, de transmettre le mail afin de ne pas « rompre la chaîne de l'espoir ». Derrière certaines de ces chaînes, réelles, se cache en fait une pratique commerciale qui consiste, pour la personne à l'origine du

mail, à faire diffuser une bannière publicitaire (qui figure le plus souvent en bas du mail) et qui rapporte de l'argent.
Cette pratique permet de déjouer les filtres anti-spam (car lorsque le courrier est envoyé, il est envoyé par une personne à ses amis!). En droit, il ne semble pas que cette pratique entre systématiquement dans le cas de l'escroquerie, mais elle peut parfois être qualifiée comme telle.

Les montages (fakes)

Article 226-8 du Code pénal

Est puni d'un an d'emprisonnement et de 15000 euros d'amende le fait de publier, par quelque voie que ce soit, le montage réalisé avec les paroles ou l'image d'une personne sans son consentement, s'il n'apparaît pas à l'évidence qu'il s'agit d'un montage ou s'il n'en est pas expressément fait mention. [...]

Les nouvelles technologies offrent des possibilités de montage extraordinaires : les appareils photos numériques par leurs qualités sans cesse plus performantes, les scanners, les imprimantes, les logiciels de retraitement des images... Toute la chaîne du travail ayant pour support l'image est largement perfectionnée permettant ainsi aux mineurs (qui sont souvent familiers de l'outil informatique) de faire des « retouches », voire des « montages ». On appelle « montage » le fait d'associer différentes images éparses pour en faire une seule : par exemple, on va mettre le corps d'une personne avec la tête d'une autre.
La réalisation d'un montage à titre privé est tout à fait libre : les mineurs sont libres d'imaginer à quoi pourrait ressembler telle personne de leur entourage avec un corps de dragon... Par contre, **la publication** de ces montages est interdite par principe. Par exception, la publication de ces montages est autorisée dans 2 cas :
1° si le montage est évident (cas de telle personne à qui on a donné un corps de dragon) ;
2° si le montage indique expressément (c'est-à-dire que c'est écrit dessus) que c'est un montage. Ce deuxième cas concerne les montages « camouflés », c'est-à-dire les montages tellement fins qu'ils permettent la confusion.
Par exemple, vont entrer dans cette catégorie de montages l'assemblage d'une photo avec un arrière-plan différent.
Les peines risquées sont lourdes : jusqu'à 1 an de prison et 15000 euros d'amende.

⚠ Lorsque les montages portent atteinte à l'honneur ou à la considération d'une personne, l'auteur du délit encourt des peines sévères (→ Voir p. 452 et s.). Ceci va concerner notre exemple d'une personne présentée avec un corps monstrueux.
Ces mêmes règles s'appliquent aux montages réalisés à partir des voix.

Le décodage frauduleux des émissions de télé réservées aux abonnés (« piratage » du câble, du satellite...)

Article 79-3 de la loi du 30 septembre 1986

Est punie de six mois d'emprisonnement et de 7 500 euros d'amende l'organisation, en fraude des droits de l'exploitant du service, de la réception par des tiers des programmes mentionnés à l'article 79-1.

On est parfois surpris de constater qu'au sein de cours de récréation, des cours de collèges et de lycées circulent ce qu'on appelait avant des « décodeurs pirates » ou encore des « cartes pirates ». Ces objets servent le plus souvent à capter frauduleusement les émissions du câble, du satellite... Or, il est important de rappeler que l'achat, la vente et la détention de ces produits est interdite. En cas de condamnation, le tribunal peut prononcer la confiscation des équipements et matériels servant à capter illégalement les émissions.

L'accès à des réseaux sans autorisation

Article 323-1 du Code pénal

Le fait d'accéder ou de se maintenir, frauduleusement, dans tout ou partie d'un système de traitement automatisé de données est puni de deux ans d'emprisonnement et de 30 000 euros d'amende. [...]

Ce que l'on appelle couramment le « piratage » est en fait très imprécis. Le piratage peut être constitué par différentes atteintes.
La première et la plus connue est celle de l'accès à un réseau sans autorisation. On va considérer qu'il y a accès non autorisé, par exemple, si l'accès se fait en utilisant des moyens techniques frauduleux (on utilise un branchement qui n'est pas permis), ce qui sera rarement réalisé par les mineurs.
Par contre, un exemple d'accès frauduleux qui peut être réalisé par les mineurs consiste à forcer l'accès d'un serveur en utilisant des logiciels spécialisés ou en inspectant le code source pour trouver une faille. Cet acte est illégal et puni sévèrement : jusqu'à 2 ans de prison et 30 000 euros d'amende.

Le délit est constitué, c'est-à-dire que l'on peut être poursuivi, même si on n'a « rien touché », si on n'a rien modifié, si on a fait cela juste par défi. De même, on peut être poursuivi si on a simplement tenté, sans avoir réussi, d'accéder au réseau.

Le dérèglement des réseaux informatiques

Article 323-2 du Code pénal

Le fait d'entraver ou de fausser le fonctionnement d'un système de traitement automatisé de données est puni de cinq ans d'emprisonnement et de 75000 euros d'amende.

Il s'agit d'une infraction qui consiste à pénétrer un réseau et/ou à en fausser le fonctionnement. Il va s'agir, par exemple, de l'introduction d'un programme destiné à perturber le fonctionnement d'un système (tel un cheval de Troie, une bombe logique ou encore un virus). Sur le plan du droit, cette infraction est sévèrement punie puisque la peine peut aller jusqu'à 5 ans de prison et 75000 euros d'amende.

On peut donner comme « exemple » l'infraction commise par un pirate connu sous le nom de « Mafia boy » (pirate certes Canadien et infraction commise au Canada, mais si elle avait été commise en France, elle aurait sans doute pu relever de cet article). Il avait utilisé une technique qui avait conduit à rendre impossible l'accès à un célèbre moteur de recherche.

Le fait de faire transiter un virus par un pays étranger ne permet pas d'échapper à la règle : la personne peut être condamnée, même si elle passe par un pays où la réglementation est moins « stricte ».

La modification des données se trouvant sur un réseau : les virus

Article 323-1 alinéa 2 du Code pénal

[...]
Lorsqu'il en est résulté soit la suppression ou la modification de données contenues dans le système, soit une altération du fonctionnement de ce système, la peine est de trois ans d'emprisonnement et de 45000 euros d'amende.

Cette infraction concerne surtout les « professionnels » du virus, c'est-à-dire les mineurs qui manipulent les virus (fabriqués par eux ou trouvés sur Internet, selon qu'ils sont *hackers* ou simples *crackers*). Un virus est une sorte de « logiciel » qui fonctionne comme un parasite : une fois qu'il a été activé, il va se « reproduire » dans d'autres programmes et ainsi de suite de

proche en proche. On peut classer ces virus en deux grandes catégories : les virus « paisibles » ou « simples » qui sont les virus qui ne font que se reproduire et conduisent petit à petit à un ralentissement de la machine (étouffement de la machine qui n'a plus de mémoire disponible pour travailler) et les virus « acides » ou « sophistiqués » qui sont des virus supprimant ou altérant les données d'autres fichiers (éventuellement dans le but de prendre le contrôle de l'ordinateur à distance).
L'utilisation d'un de ces types de virus quelconque fait risquer une peine qui peut aller jusqu'à 3 ans de prison et 45000 euros d'amende.

Les copies d'œuvre illégales par l'intermédiaire d'Internet

Quelles sont les œuvres protégées ?

Article L. 112-2 du Code de la propriété intellectuelle

Sont considérés notamment comme œuvres de l'esprit au sens du présent Code :
1° Les livres, brochures et autres écrits littéraires, artistiques et scientifiques ;
2° Les conférences, allocutions, sermons, plaidoiries et autres œuvres de même nature ;
3° Les œuvres dramatiques ou dramatico-musicales ;
4° Les œuvres chorégraphiques, les numéros et tours de cirque, les pantomimes, dont la mise en œuvre est fixée par écrit ou autrement ;
5° Les compositions musicales avec ou sans paroles ;
6° Les œuvres cinématographiques et autres œuvres consistant dans des séquences animées d'images, sonorisées ou non, dénommées ensemble œuvres audiovisuelles ;
7° Les œuvres de dessin, de peinture, d'architecture, de sculpture, de gravure, de lithographie ;
8° Les œuvres graphiques et typographiques ;
9° Les œuvres photographiques et celles réalisées à l'aide de techniques analogues à la photographie ;
10° Les œuvres des arts appliqués ;
11° Les illustrations, les cartes géographiques ;
12° Les plans, croquis et ouvrages plastiques relatifs à la géographie, à la topographie, à l'architecture et aux sciences ;
13° Les logiciels, y compris le matériel de conception préparatoire ;
[...]

Toutes les créations de l'esprit, pourvu qu'elles aient un caractère d'originalité, sont protégées en principe par les droits d'auteur, peu importe le contenu (qu'il soit brillant ou non, vrai ou faux). Cela veut dire, par exemple, qu'un cours d'un professeur est protégé par principe par le droit d'auteur et qu'en conséquence il n'est pas possible de le mettre en ligne pour ses camarades. Il faudra son autorisation. Par contre, rien n'interdit à un élève de reprendre le thème du cours et de proposer sa propre analyse. Il faudra alors qu'il adopte une forme différente de présentation.

On attirera spécialement l'attention sur la protection reconnue :
– À la musique et aux disques (que ceux-ci soient reproduits partiellement – cas de la chanson se trouvant « seule » au format MP3 – ou intégralement – cas de l'album le plus souvent compressé et réunissant un ensemble de chansons au format MP3). Par ailleurs, les partitions sont également protégées ;
– Aux DVD, films passant à la télévision (ou par le satellite, le câble...) que les mineurs ont les moyens de « copier » dans des formats d'échange (DivX le plus souvent, mais aussi VCD) ;
– Aux ouvrages que les mineurs peuvent être amenés à numériser.

⚠ La question de savoir si la numérisation constituait une atteinte au droit d'auteur est aujourd'hui réglée. Au départ, certains tribunaux avaient considéré qu'il n'y avait pas de « reproduction » de l'œuvre (car il n'y avait pas de support papier) mais désormais les tribunaux sont unanimes : il y a bien atteinte aux droits d'auteur par l'effet de la numérisation (sauf autorisation bien sûr).

La question du téléchargement des MP3, DivX, logiciels et autres documents protégés...

Article L. 335-4 du Code de la propriété intellectuelle

Est punie de deux ans d'emprisonnement et de 150 000 euros d'amende toute fixation, reproduction, communication ou mise à disposition du public, à titre onéreux ou gratuit, ou toute télédiffusion d'une prestation, d'un phonogramme, d'un vidéogramme ou d'un programme, réalisée sans l'autorisation, lorsqu'elle est exigée, de l'artiste interprète, du producteur de phonogrammes ou de vidéogrammes ou de l'entreprise de communication audiovisuelle. [...]

Il existe sur Internet toute une série de procédés permettant la diffusion et la mise en commun (les communautés *peer to peer* comme kazaa, emule...) de données informatiques (logiciels, MP3, DivX...). Les mineurs pensent le plus souvent en toute bonne foi que ces communautés ne font rien « d'illégal » et que ceci constitue le moyen le plus simple, le plus rapide et surtout le plus économique « d'échanger » des fichiers et de récupérer des jeux, des albums et des films. Parfois, ils sont même confortés dans cette idée par certains qui prétendent que, ce faisant, ils ne font qu'utiliser leur droit d'avoir une copie d'une œuvre pourvu que cette copie soit à usage privé.
Tout ceci est faux... Il y a deux groupes d'infractions :
– D'une part, le mineur comme le majeur qui « **met en ligne** » des œuvres protégées (même s'il a lui-même l'original de l'œuvre) commet un délit de contrefaçon, il ne peut pas faire valoir la copie privée puisque justement il « coche » dans son logiciel qu'il « partage » ce fichier. **Par exemple**, un

mineur a acheté un album. Il le convertit au format MP3 et dans son logiciel d'échange, il le coche en tant que « partagé » (ou simplement il le place dans un répertoire « partagé »), il commet un délit de contrefaçon.

– D'autre part, le mineur qui ne « partage » pas mais qui « **télécharge** » (c'est-à-dire qui récupère les fichiers qui sont partagés par la communauté) commet lui aussi un délit de contrefaçon.

Le mineur risque donc une peine qui peut aller jusqu'à 2 ans de prison et 150 000 euros d'amende.

⚠ En plus de cette amende, l'auteur dont les droits ont été bafoués va pouvoir demander une indemnisation, c'est-à-dire qu'il va réclamer l'argent que cela lui a fait perdre.

Les fraudes à la carte bancaire

Article L. 163-4 du Code monétaire et financier

Est puni des peines prévues à l'article L. 163-3 le fait pour toute personne :

1. De contrefaire ou de falsifier une carte de paiement ou de retrait;
2. De faire ou de tenter de faire usage, en connaissance de cause, d'une carte de paiement ou de retrait contrefaite ou falsifiée;
3. D'accepter, en connaissance de cause, de recevoir un paiement au moyen d'une carte de paiement contrefaite ou falsifiée.

Les « Yes card »

Circulent, de plus en plus sur Internet, un certain nombre d'informations visant à permettre la création de toutes pièces de cartes qui autorisent des retraits de faible importance sur des comptes divers. Cette opération est une opération de falsification et fait risquer des sanctions très lourdes puisqu'elles peuvent aller jusqu'à 7 ans de prison et 750 000 euros d'amende.

Le détournement des numéros de carte bancaire

Dans le cadre du paiement par Internet, il n'est pas nécessaire d'entrer le « code confidentiel », il suffit de taper le numéro (à 16 chiffres) de la carte bancaire ainsi que la date d'expiration. Or, certaines personnes (et parfois des mineurs qui ne réalisaient pas forcément l'importance de leur acte) ont mémorisé ces numéros (ou récupéré ceux-ci dans des listes d'internautes peu sourcilleux) pour procéder au paiement de leurs achats. Il s'agit ici d'un délit d'escroquerie.

chapitre 5

La circulation des mineurs

La circulation des mineurs en ville, à travers champs, en forêt, de jour comme de nuit est en principe libre. C'est ce qu'on appelle le principe de « libre circulation », c'est-à-dire ce droit de l'Homme essentiel qu'est la liberté d'aller et venir. Mais, parce que les mineurs doivent être protégés, cette liberté est encadrée.

– Tout d'abord, les parents exercent dans le cadre de leur autorité parentale un contrôle non négligeable (c'est par exemple la question de l'autorisation de sortie des mineurs). La loi est venue aussi limiter la liberté des mineurs dans le but de les préserver (contre les effets de l'alcool par exemple).

– Pour assurer la paix publique, les mineurs peuvent également faire l'objet de « contrôles d'identité ».

I La libre circulation des mineurs est réduite dans certains cas

Les mineurs bénéficient d'une protection étatique (c'est-à-dire par l'État) et d'une protection « parentale » (c'est-à-dire par leurs parents). Le plus souvent, cette protection est mal supportée par les mineurs puisqu'elle constitue une limite. Elle n'en est pas moins essentielle.

§1 La limitation de la liberté de circulation des mineurs par leurs parents

On se contentera ici de rappeler que le mineur est placé pendant toute la période de sa minorité (c'est-à-dire jusqu'à 18 ans ou sinon jusqu'à 16 ans si le mineur est émancipé) sous la protection de ses parents. C'est dans ce cadre que les parents peuvent tout à fait interdire à un mineur de « sortir » le soir et qu'ils peuvent aussi lui « imposer » un horaire pour rentrer à la maison (le fameux « pas après minuit »). Il s'agit là encore d'un droit pour les parents, mais aussi d'un devoir : des parents qui seraient excessivement négligents pourraient faire l'objet de mesures d'assistance éducative voire de « sanctions » (➜ Voir p. 125).

On rappellera également que les parents peuvent interdire à un mineur de fréquenter certaines personnes, à l'exception des ascendants (➜ Voir p. 106 et s.). Toutefois, le juge aux affaires familiales pourra être saisi si ces limitations sont « excessives » (la personne qui veut voir le mineur et qui en est privée pourra saisir le juge aux affaires familiales).

§2 L'interdiction prise par certains maires de circuler la nuit dans certains quartiers

Arrêt du Conseil d'État, 27 juillet 2001

« La légalité des mesures restreignant à cette fin la liberté de circulation des mineurs est subordonnée à la double condition qu'elles soient justifiées par l'existence de risques particuliers dans les secteurs pour lesquels elles sont édictées et qu'elles soient adaptées par leur contenu à l'objectif de protection pris en compte ».

Différents maires ont voulu interdire la circulation des mineurs non accompagnés (de moins de 13 ans), la nuit, dans certains quartiers de la ville, ces

quartiers étant considérés comme « sensibles ». Les maires ont prétendu faire ce que les parents ne faisaient pas.
Les raisons invoquées étaient simples : les mineurs de moins de 13 ans ne peuvent pas faire l'objet de peines (mais uniquement de mesures ou de sanctions éducatives et en conséquence les délinquants se « servent » des mineurs de moins de 13 ans pour commettre des infractions. Par ailleurs, ces maires considéraient qu'il était plus « sage » que des mineurs de moins de 13 ans ne circulent pas seuls la nuit dans certains quartiers car ils risquaient d'être soit en danger (risque d'agression) soit sous de mauvaises influences (on allait les inciter à commettre certains actes). Le problème était de savoir si ces maires en avaient le droit. Certaines associations ont contesté ces mesures des maires au motif qu'il y avait une atteinte à la liberté d'aller et venir. Le Conseil d'État, c'est-à-dire le plus haut tribunal administratif en France, a rendu une décision en considérant que ces mesures étaient légales sous deux conditions :
1° le maire doit prouver qu'il existe des circonstances locales particulières : par exemple, il doit prouver que dans tel quartier il y a une certaine concentration de délinquance. C'est logique de poser cette condition : si le quartier est « calme », on ne voit pas pourquoi un mineur ne pourrait pas se promener... ;
2° le maire doit prouver que cette mesure est « adaptée ».
Cette mesure est appliquée dans certaines villes, selon ce que le maire juge le mieux adapté.

§3 L'accès des mineurs aux « débits de boissons » : bars, boîtes de nuit...

Tout établissement qui vend de l'alcool se doit d'avoir une « licence », c'est-à-dire une autorisation. On rappellera qu'il existe différentes catégories de licence (**➜ Voir tableau p. 476**). Les mineurs peuvent librement accéder aux établissements qui ont une licence de première catégorie (c'est-à-dire un établissement qui ne vend pas d'alcool à plus de 1,2 degré).

Un mineur de moins de 16 ans ne peut pas entrer seul

Article L. 3342-3 du Code de la santé publique

Il est interdit de recevoir dans les débits de boissons des mineurs de moins de 16 ans qui ne sont pas accompagnés de leur père, mère, tuteur ou toute autre personne de plus de 18 ans en ayant la charge ou la surveillance. [...]

Un mineur de moins de 16 ans doit forcément être accompagné par une personne ayant plus de 18 ans (son père, sa mère ou toute autre personne) pour aller dans un bar, un café ou une boîte de nuit. L'explication de cette mesure est simple : un parent peut souhaiter aller dans un café ou un bar et vouloir que son enfant vienne avec lui (pour consommer un jus d'orange par exemple).

Un mineur de moins de 16 ans peut entrer seul (non accompagné) dans certains débits de boissons (qui ne vendent pas du tout d'alcool).

Les propriétaires du débit de boissons qui laissent entrer des mineurs de moins de 16 ans non accompagnés risquent une amende qui peut aller jusqu'à 750 euros.

Les mineurs de plus de 16 ans peuvent entrer seul dans les débits de boissons, ce qui est normal puisqu'ils peuvent acheter certaines boissons alcoolisées (mais pas toutes) (→ **Voir p. 398**).

1re catégorie	Autorisation de vente à consommer sur place pour les boissons du premier groupe	Toute boisson dont le taux d'alcool reste inférieur à 1,2 degré
2e catégorie	Autorisation de vente à consommer sur place pour les boissons des deux premiers groupes	*Idem* + vin, bière, cidre, poiré, hydromel, auxquels sont joints les vins doux naturels bénéficiant du régime fiscal des vins, ainsi que les crèmes de cassis et les jus de fruits ou de légumes fermentés comportant de 1,2 à 3 degrés d'alcool
3e catégorie	Autorisation de vente à consommer sur place pour les boissons des trois premiers groupes	*Idem* + vins doux naturels autres que ceux appartenant au groupe 2, vins de liqueur, apéritifs à base de vin et liqueurs de fraises, framboises, cassis ou cerises, ne titrant pas plus de 18 degrés d'alcool pur
4e catégorie	Autorisation de vente à consommer sur place pour toutes les boissons dont la consommation demeure autorisée, y compris celles du quatrième et cinquième groupe	*Idem* + toutes les autres boissons alcoolisées

L'ivresse sur la voie publique est interdite, même si on est un « simple piéton »

Article L. 3341-1 du Code de la santé publique

Une personne trouvée en état d'ivresse dans les rues, chemins, places, cafés, cabarets ou autres lieux publics, est, par mesure de police, conduite à ses frais au poste le plus voisin ou dans une chambre de sûreté, pour y être retenue jusqu'à ce qu'elle ait recouvré la raison.

Dans la mesure où la vente d'alcool aux mineurs est réglementée, il est évident que les mineurs ne sont pas forcément « familiers » des limites qu'ils doivent savoir s'imposer. Ils risquent donc de se trouver plus facilement en état d'ébriété (ils ont trop bu). Or, ils ne savent pas forcément que le fait d'être « saoul » sur la voie publique peut les conduire au poste de police. En fait cette mesure n'est pas vraiment une « sanction », mais plus une mesure de protection du mineur : on a peur qu'étant « saoul », le mineur ne vienne à se mettre en danger lui-même, par exemple, en allant marcher directement sur la route. Un mineur pourra être « ramassé » par la police s'il est en état d'ébriété évident, c'est-à-dire s'il titube et que toute son attitude est « désordonnée » (par exemple, il fait de grands gestes et chante dans la rue).

⚠ Par ailleurs, on rappelle qu'un mineur qui serait en état d'ébriété sur son booster pourrait faire l'objet de poursuites, notamment s'il commet un accident.

§4 La restriction de l'accès à certains lieux (marchands de journaux, sex-shops, cinémas, stades...)

Les marchands de journaux

Article 14 de la loi du 16 juillet 1949

Le ministre de l'intérieur est habilité à interdire :

– de proposer, de donner ou de vendre à des mineurs de 18 ans les publications de toute nature présentant un danger pour la jeunesse en raison de leur caractère licencieux ou pornographique, ou de la place faite au crime, à la violence, à la discrimination ou à la haine raciale, à l'incitation à l'usage, à la détention ou au trafic de stupéfiants [...].

Lorsque certaines publications présentent un danger pour les mineurs en raison de leur caractère « licencieux » (c'est-à-dire impudique) ou pornographique (c'est-à-dire clairement sexuel), ou de la place faite au crime ou à la violence (par exemple, un journal qui va présenter des actes de violence sur des animaux comme étant des actes « normaux »), ou de la place faite à des actes de racisme ou encore de la place accordée aux « drogues », ces journaux peuvent être interdits à la vente aux mineurs par une décision du ministre de l'Intérieur. Le ministre peut d'ailleurs décider que ces journaux ne pourront pas être mis à la vue des mineurs et qu'on ne pourra pas en faire la publicité.

⚠ Il est prévu que les journaux à caractère pornographique doivent être placés « hors de la vue » des mineurs, c'est ce qui fait qu'ils sont placés en hauteur chez les marchands de journaux.

⚠ Ces mesures n'interdisent pas non plus que ces journaux puissent faire l'objet de poursuites. Il existe en effet un article du Code pénal (article 227-24) qui punit de 3 ans de prison et 75 000 euros d'amende le fait de publier des messages à caractère pornographique, violent ou susceptible de porter gravement atteinte à la dignité humaine.

Le cinéma

Les films sont classés selon l'âge auquel un mineur peut y accéder

Article 19 du Code de l'industrie cinématographique

La représentation cinématographique est subordonnée à l'obtention de visas délivrés par le ministre chargé du cinéma.

Les films sont classés en différentes catégories, selon qu'ils sont visibles par tous ou seulement par une partie ou encore interdits (voir tableau). Une commission de contrôle (la commission de classification des œuvres cinématographiques) conseille le ministre dans la classification à donner aux films. C'est le ministre qui prend la décision de classification.

Il n'existe pas de critères bien établis dans la loi pour savoir ce qui fait que tel ou tel film sera interdit à tous les mineurs ou seulement aux moins de 16 ans... La commission va apprécier quel est l'intérêt des mineurs (le plus souvent, elle va prendre en compte la présence de scènes de violences, de scènes pornographiques...). Il faut préciser que des représentants de la jeunesse sont présents au sein de la commission.

Présentation de la classification des films

Film autorisé pour tous publics
Film interdit aux mineurs de moins de 12 ans
Film interdit aux mineurs de moins de 16 ans
Film interdit à l'ensemble des mineurs (moins de 18 ans)
Film pornographique ou d'incitation à la violence
Film interdit à la diffusion

Le contrôle à l'entrée des salles de cinéma

Les affiches doivent comporter la mention « interdit aux moins de... »

Article 5 du décret du 23 février 1990

Lorsque le visa d'exploitation comporte une interdiction de représentation aux mineurs de douze, de seize ans ou de dix-huit ans [...] [où lorsqu'il s'agit de film à caractère pornographique ou d'incitation à la violence], mention de l'interdiction ou de l'inscription doit être faite, de façon claire, intelligible et apparente sur toutes affiches, annonces publicitaires ou bandes-annonces concernant l'œuvre, quel que soit leur mode de diffusion. [...]

Lorsque le film n'est pas susceptible d'être vu par tout public, il doit y avoir une affiche mentionnant cette restriction (à défaut, le directeur de la salle de cinéma risque une peine d'amende de 1 500 euros).

Le contrôle à l'entrée des salles est une obligation

Le directeur du cinéma (ou son employé) peut demander au mineur une pièce d'identité (comportant sa photo) pour connaître l'âge du mineur afin d'être sûr qu'il puisse bien voir tel ou tel film. **Par exemple**, certains mineurs « font plus jeune que d'autres », et il se peut que la personne contrôlant l'accès veuille vérifier que le mineur a bien plus de 16 ans pour aller voir tel film interdit aux moins de 16 ans.
C'est une mesure qu'il faut accepter car la personne qui laisse entrer un mineur pour voir un film interdit à sa catégorie d'âge risque une amende de 1 500 euros.

Les sanctions vis-à-vis de l'accompagnateur complice

Il n'est pas rare que pour contourner une mesure d'interdiction, un mineur « s'arrange » avec un ami majeur qui va assurer au personnel chargé de contrôler l'entrée que le mineur est majeur. **Par exemple**, Fred, qui a 17 ans, s'est arrangé avec Mathieu (qui en a 19) pour aller voir un film interdit aux mineurs.

Cette situation est problématique pour le personnel chargé de contrôler l'entrée dans les salles de cinéma. La loi est, donc, venue poser le principe que le personnel devait obtenir une attestation écrite et que moyennant cette attestation, il n'encourait pas l'amende. Par contre, la personne qui a accompagné le mineur et qui l'a aidé à aller voir ce film pourra faire l'objet d'une amende qui peut atteindre 1 500 euros. Dans notre exemple, Mathieu encourt donc une amende de 1 500 euros.

⚠ Cette solution s'applique même si le complice est un parent (que ce soit le père, le grand-père...).

Les autres documents (vidéos, CD-ROM, jeux vidéos)

Article 32 de la loi du 17 juin 1998

La mise à la disposition du public de tout document fixé soit sur support magnétique, soit sur support numérique à lecture optique, soit sur support semi-conducteur, tel que vidéocassette, vidéodisque, jeu électronique, est soumise aux dispositions du présent chapitre. [...]

Lorsque le document mentionné au premier alinéa présente un danger pour la jeunesse [...] l'autorité administrative peut, [...] interdire :

1° De le proposer, de le donner, de le louer ou de le vendre à des mineurs ;

2° De faire en faveur de ce document de la publicité par quelque moyen que ce soit. Toutefois, la publicité demeure possible dans les lieux dont l'accès est interdit aux mineurs.

[...]

Cette loi prévoit que lorsqu'un de ces « nouveaux médias » présente un risque pour les mineurs, une autorité administrative (le plus souvent le ministre de l'Intérieur) pourra décider d'en interdire la vente aux mineurs, elle pourra également interdire d'en faire la publicité (sauf dans les lieux dont l'accès est interdit aux mineurs).

Par exemple, on a vu des cas de « jeux vidéos » interdits à la vente aux mineurs parce qu'ils étaient très violents et qu'ils incitaient les mineurs à commettre uniquement des crimes et délits, des « bonus spéciaux » étant accordés lorsque le mineur « tuait » des agents de police. Eu égard à l'importance des jeux vidéos chez les mineurs, on considère qu'il y a un risque pour leur moralité.

La restriction de l'accès aux stades de foot

Article 42-12 de la loi du 16 juillet 1984

Lorsque, par son comportement d'ensemble à l'occasion de manifestations sportives, une personne constitue une menace pour l'ordre public, le représentant de l'État dans le département et, à Paris, le préfet de police peuvent, par arrêté motivé, prononcer à son encontre une mesure d'interdiction de pénétrer ou de se rendre aux abords des enceintes où de telles manifestations se déroulent ou sont retransmises en public.

L'arrêté, valable sur le territoire national, fixe le type de manifestations sportives concernées. Il ne peut excéder une durée de trois mois.

Le représentant de l'État dans le département et, à Paris, le préfet de police peuvent également imposer, par le même arrêté, à la personne faisant l'objet de cette mesure l'obligation de répondre, au moment des manifestations sportives objet de l'interdiction, aux convocations de toute autorité ou de toute personne qualifiée qu'il désigne.

Le fait, pour la personne, de ne pas se conformer à l'un ou à l'autre des arrêtés pris en application des alinéas précédents est puni de 3 750 euros d'amende.

Un décret en Conseil d'État fixe les modalités d'application du présent article.

Un certain nombre de personnes se comportent mal à l'occasion de manifestations sportives. Il s'agit souvent de groupes extrêmes qui ne sont pas intéressés par le sport mais plutôt par la volonté d'en « découdre ». Les mineurs sont naturellement plus influençables et souvent ils suivent le mouvement. Il faut savoir toutefois qu'ils peuvent se voir priver de leur accès au stade pour ce genre de comportement et ce pendant une durée de 3 mois. Il faut savoir aussi que s'ils réussissaient ensuite à accéder au stade, ce ne serait pas une victoire pour eux, car alors, ils risquent une amende de 3 750 euros.

II Les contrôles d'identité par les forces de police

Les cas dans lesquels on peut contrôler l'identité d'une personne sont définis de manière très précise par la loi. On en rappellera ici les règles, sachant que les mineurs y sont toujours « sensibles ».

§1 Les cas dans lesquels un contrôle d'identité peut être organisé

Il existe toute une série de cas très divers dans lesquels un agent de police peut procéder à un contrôle d'identité. On peut les regrouper en deux catégories : les cas généraux (que nous allons voir) et les cas particuliers que nous citerons seulement pour mémoire (lutte contre le terrorisme, contrôle douanier, contrôle de lutte contre le travail clandestin).

Le contrôle d'identité est autorisé dans le but de prévenir un « trouble »

Article 78-2 du Code de procédure pénale

[...] L'identité de toute personne, quel que soit son comportement, peut également être contrôlée, selon les modalités prévues au premier alinéa, pour prévenir une atteinte à l'ordre public, notamment à la sécurité des personnes ou des biens [...].

Les tribunaux considèrent que ce contrôle ne peut avoir lieu que si les forces de police justifient de circonstances particulières et précises de temps et de lieu indiquant qu'il y a un risque d'atteinte à l'ordre public.
Par exemple, on a considéré que le fait que dans un quartier il y ait une certaine augmentation de vols de bicyclettes et de scooters ne permettait pas à lui seul de justifier un contrôle d'identité. Par contre, dans les mêmes circonstances, si un mineur était trouvé avec des outils à la main, le contrôle d'identité était possible.

⚠ Le mineur dont l'identité est contrôlée doit de toute façon s'y soumettre. Il ne pourra contester le contrôle qu'après, et non refuser de s'y soumettre.

Le contrôle des mineurs dans le cadre d'une enquête

Article 78-2 du Code de procédure pénale

Les officiers de police judiciaire [...] peuvent inviter à justifier, par tout moyen, de son identité toute personne à l'égard de laquelle existe une ou plusieurs raisons plausibles de soupçonner :
– qu'elle a commis ou tenté de commettre une infraction;
– ou qu'elle se prépare à commettre un crime ou un délit;
– ou qu'elle est susceptible de fournir des renseignements utiles à l'enquête en cas de crime ou de délit;
– ou qu'elle fait l'objet de recherches ordonnées par une autorité judiciaire. [...]

Cette procédure correspond à 4 cas :
– soit l'agent de police considère que la personne a commis ou tenté de commettre une infraction : cela va être le cas où un vol à l'étalage vient d'être commis et les forces de police constatent qu'un mineur marche dans la rue à vive allure, se retournant très souvent, respirant rapidement, comme s'il venait de courir. Le contrôle de l'identité du mineur va être possible, suivi éventuellement d'une fouille ;
– soit l'agent de police considère qu'il existe un indice laissant supposer que telle personne est susceptible d'avoir des renseignements utiles à l'enquête : le contrôle d'identité est alors le moyen de se rapprocher du mineur, de connaître son identité ;
– soit l'agent de police pense que cette personne fait l'objet de poursuites (ceci va correspondre au cas où le mineur fait l'objet d'un avis de recherches) ;
– soit l'agent de police agit sur demande du procureur de la République (c'est-à-dire que le procureur a indiqué qu'il recherchait telle personne et que l'officier de police exécute les ordres du procureur). Dans ces 4 cas, le contrôle d'identité par la police est légal.

§2 La preuve de son identité par le mineur

Deux situations peuvent se produire : soit le mineur peut prouver son identité, soit il ne le peut pas (ou alors il refuse de le faire).

Le mineur peut prouver son identité « par tout moyen »

Article 78-2 du Code de procédure pénale

Les officiers de police judiciaire [...] peuvent inviter à justifier, par tout moyen, de son identité.

Ce texte indique que la personne peut prouver son identité « par tout moyen ». Le moyen le plus simple et le plus commun va consister à présenter sa « carte d'identité ».
La carte nationale d'identité est une pièce d'identité, c'est-à-dire justement une pièce qui permet de « dire » qui on est. Même périmée, elle permet de justifier de son identité, tant que la photo est ressemblante. Elle n'est pas obligatoire et elle est valable pendant 10 ans. Au-delà, on peut la faire renouveler.
Tout mineur de moins de 18 ans peut se faire établir une carte d'identité, s'il est de nationalité française. Il n'y a pas d'âge minimum pour en faire la demande et elle est gratuite. Les parents ou l'enfant doivent remplir le formulaire de demande et le signer. Les parents (ou le tuteur) doivent remplir

et signer « l'autorisation du représentant légal » qui figure dans le formulaire de demande. Le parent qui accompagne l'enfant doit présenter le livret de famille et une pièce d'identité à son nom. Elle est délivrée dans des délais qui sont variables selon les préfectures.
Si le mineur ne l'a pas sur lui, il lui suffira de présenter une carte officielle avec une photographie.

⚠ Aujourd'hui, le port du foulard islamique est interdit sur les photos d'identité. Cette interdiction s'explique pour une raison plus « pratique » que religieuse : il s'agit de faire en sorte que l'on puisse reconnaître la personne, tout simplement.

Le mineur ne peut pas prouver son identité : il peut être retenu

Article 78-3 du Code de procédure pénale

Si l'intéressé refuse ou se trouve dans l'impossibilité de justifier de son identité, il peut, en cas de nécessité, être retenu sur place ou dans le local de police où il est conduit aux fins de vérification de son identité [...]
Lorsqu'il s'agit d'un mineur de 18 ans, le procureur de la République doit être informé dès le début de la rétention. Sauf impossibilité, le mineur doit être assisté de son représentant légal.
La personne qui fait l'objet d'une vérification ne peut être retenue que pendant le temps strictement exigé par l'établissement de son identité. La rétention ne peut excéder quatre heures [...].

Le mineur qui ne peut pas (il n'a pas de carte à donner pour prouver son identité) ou ne veut pas donner son identité peut être retenu. Dans ce cas, il bénéficie d'un certain nombre de droits :
1° Ses parents et le procureur sont immédiatement informés (on leur téléphone).
2° Il est tout de suite informé de ses droits à savoir droit de faire prévenir toute personne de son choix.
Le mineur ne peut être retenu que le temps nécessaire à l'établissement de son identité. Ce temps ne peut pas être supérieur à 4 heures.

⚠ Les forces de police, pour établir l'identité du mineur vont procéder comme suit : elles vont d'abord inviter le mineur à fournir des documents permettant d'établir son identité. Puis, si le mineur ne coopère pas ou s'il donne des faux renseignements, alors et alors seulement, les forces de police pourront prendre ses empreintes (avec l'accord du procureur) et des photos. Le mineur ne peut pas refuser la prise de ses empreintes.
Ce n'est pas parce que le mineur a été retenu pour établir son identité qu'il va pouvoir être poursuivi.

chapitre 6

Les moyens de transport

Le mineur est d'abord un piéton, et comme tel il doit respecter les règles qui s'appliquent au piéton. Mais, il n'est pas rare que le mineur se comporte également comme un « piéton spécial », puisqu'il se déplace à l'aide de rollers, de skate, ou encore de trottinette.

S'il n'est pas piéton, le mineur peut être « usager » des transports en commun. Des règles concernant la présentation d'un titre de transport ou encore le respect des personnels s'appliquent. Nous donnerons ici uniquement l'exemple du train.

Le mineur est aussi souvent un « conducteur de deux roues » : il peut l'être à partir de n'importe quel âge sur un vélo, il peut l'être à partir de 14 ans sur une mobylette, un scooter, un booster...

Enfin, le mineur peut être un « jeune conducteur » dans le cadre de l'apprentissage anticipé de la conduite (conduite accompagnée).

Dans tous les cas, on rappelle que selon les principes généraux de la responsabilité, ce sont les parents qui sont responsables des accidents qui ont été causés par leurs enfants (sauf cas particuliers).

I Les piétons et « assimilés » : rollers, skate, trottinette...

On rappellera ici quelques règles générales relatives à la circulation des piétons, puis des règles moins connues, comme celles sur la circulation des personnes en rollers, en skate...

Rappel des règles générales

On ne prétend pas ici rappeler toutes les règles qui s'appliquent aux piétons. Simplement, il semble important et utile de rappeler que les piétons doivent marcher en principe sur les trottoirs et que s'il n'y pas de trottoir, ils doivent marcher sur le bord de la route dans le sens opposé des voitures (c'est-à-dire de façon à voir les voitures arriver en face d'eux).
On rappelle également que les mineurs doivent utiliser les passages piétons, respecter les feux de circulation... Toutes les règles qui s'appliquent aux piétons en général s'appliquent au piéton mineur en particulier.

Les personnes à rollers ou en skate sont considérées comme des piétons

Article R. 412-34 du Code de la route

[...]
I. – Sont assimilés aux piétons :
1° Les personnes qui conduisent une voiture d'enfant, de malade ou d'infirme, ou tout autre véhicule de petite dimension sans moteur ;

[...]
III. – La circulation de tous véhicules à deux roues conduits à la main est tolérée sur la chaussée. Dans ce cas, les conducteurs sont tenus d'observer les règles imposées aux piétons.

Il n'existe pas (encore) de règles propres aux rollers ou personnes en trottinette, skate... Toutes ces personnes entrent dans la catégorie que le droit appelle les personnes conduisant un « véhicule de petite dimension sans moteur ».
La conséquence est que ces personnes doivent adapter leur allure à la circulation sur les trottoirs, elles doivent aussi et surtout respecter toutes les règles qui s'appliquent aux piétons : emprunter les passages piétons, respecter les feux à piétons et surtout elles doivent utiliser les trottoirs. Elles ne sont pas autorisées à circuler sur la route, les pistes cyclables ou la voie de bus sauf si les autorités locales de police (le maire le plus souvent) décident de leur « ouvrir » les pistes (c'est le cas parfois pour les voies vertes qui fleurissent dans nos villes).

⚠ Les personnes à rollers étant considérées comme des piétons, le port des protections (genouillère, coudière, protège poignet et casque) n'est pas obligatoire. Il est pourtant à recommander vivement pour des raisons évidentes de sécurité.

La légalité des arrêtés anti-rollers

Arrêt de la Cour de cassation, 18 novembre 2003

« [...] les maires peuvent, notamment, réglementer la pratique de la planche à roulettes, afin d'assurer le bon ordre, la sûreté, la sécurité et la salubrité publiques; [...] la légalité de ces mesures est subordonnée à leur nécessité [...] »

Certains maires ont, semble-t-il, considéré que la pratique du skate ou des rollers hors de zones réservées et/ou aménagées était susceptible de présenter un danger pour les piétons. En conséquence, ils en ont interdit la pratique en dehors de ces zones. La Cour de cassation considère que ces arrêtés sont légaux.

II Les deux roues

On distinguera selon que le deux roues est « motorisé » (la mobylette, le scooter, le booster...) ou non (le vélo).

§1 Les vélos

Le port du casque à vélo

Il n'existe pas à l'heure actuelle d'obligation de porter le casque. Une proposition de loi vise à rendre le port du casque obligatoire pour tous les vélos. Cette proposition part du constat que dans les pays où le port du casque à vélo est obligatoire, le nombre d'accidents mortels est plus faible.

Les vélos et les pistes cyclables, les vélos et les trottoirs

Article R. 431-9 du Code de la route

Pour les conducteurs de cycles à deux ou trois roues, l'obligation d'emprunter les bandes ou pistes cyclables est instituée par l'autorité investie du pouvoir de police après avis du préfet.

[...]

Les conducteurs de cycles peuvent

circuler sur les aires piétonnes, sauf dispositions différentes prises par l'autorité investie du pouvoir de police, à la condition de conserver l'allure du pas et de ne pas occasionner de gêne aux piétons.

Hors agglomération, les conducteurs de cycles peuvent circuler sur les accotements équipés d'un revêtement routier.

Article R. 412-34 du Code de la route

I. […] Les enfants de moins de huit ans qui conduisent un cycle peuvent également les [les trottoirs] utiliser, sauf dispositions différentes prises par l'autorité investie du pouvoir de police, à la condition de conserver l'allure du pas et de ne pas occasionner de gêne aux piétons. […]

– Lorsqu'il existe des pistes cyclables.

Il n'y a pas d'obligation de principe pour les vélos de rouler sur les pistes cyclables. La circulation des vélos sur les pistes cyclables peut être rendue obligatoire par le maire (ou par une autre autorité compétente). Le plus souvent, il sera préférable pour des raisons de sécurité et de bon sens de circuler sur les pistes cyclables.

– Lorsqu'il n'y a pas de pistes cyclables.

Dans ce cas, les vélos roulent en principe sur la route. Toutefois, ils peuvent rouler aussi sur les aires piétonnes (les voies piétonnes et non les trottoirs). Ils doivent alors rouler au pas (ce qui veut dire à une allure très faible, vu que l'allure d'un piéton est d'environ 5 km/h, alors que la vitesse d'un vélo est aisément de 15 km/h) et ne pas gêner les piétons.

Les vélos ne peuvent rouler sur les trottoirs que dans des cas très précis : hors agglomérations (mais il n'y a que peu de trottoirs hors agglomérations), le long des routes pavées et le long des routes en travaux (car il y a alors un risque qu'ils ne viennent à tomber). Là encore, les vélos doivent adapter leur allure. Par exception, un mineur de moins de 8 ans peut toujours rouler sur le trottoir, pourvu bien sûr qu'il adapte sa vitesse (la raison de cette exception est simple : le mineur de moins de 8 ans est moins « expérimenté »).

Si un cycliste manque à une de ces règles, il risque une amende qui peut aller jusqu'à 150 euros.

Les sonnettes sont obligatoires sur les vélos !

Article R. 313-33 du Code de la route

[…]

Tout cycle doit être muni d'un appareil avertisseur constitué par un timbre ou un grelot dont le son peut être entendu à 50 mètres au moins. L'emploi de tout autre signal sonore est interdit.

[…]

Disposition inconnue et relativement surprenante, cet article rappelle que les vélos sont tenus d'avoir une « sonnette » (le code parle d'un appareil avertisseur). La contravention peut aller jusqu'à 11 euros ! Il est tout de même plus sûr d'en avoir une...

§2 Les scooters, mobylettes, boosters...

Les conditions pour pouvoir conduire une mobylette, un scooter...

Article R. 211-2 du Code de la route

I. – Tout conducteur de cyclomoteur doit être âgé d'au moins quatorze ans.
II. – Tout conducteur de cyclomoteur doit être titulaire du brevet de sécurité routière ou du permis de conduire.
III. – Le fait de contrevenir aux dispositions des deux alinéas précédents est puni de l'amende prévue pour les contraventions de la 2e classe. [...]

Article 6 du décret du 12 février 1993

L'obtention du premier niveau de l'attestation scolaire de sécurité routière est exigée pour l'inscription à l'un des stages d'initiation à la conduite des cyclomoteurs à deux roues, destinés aux jeunes volontaires de quatorze et quinze ans. Ces stages se déroulent hors temps scolaire sous la responsabilité d'organismes autorisés par le préfet. Un brevet de sécurité routière est délivré par le préfet aux stagiaires qui auront subi avec succès la vérification de leur aptitude pratique à la conduite du cyclomoteur.
[...]

Deux conditions doivent être réunies pour pouvoir conduire un scooter, une mobylette, un booster... :
1° Il faut avoir au moins 14 ans.
2° Il faut avoir son brevet de sécurité routière. Le brevet de sécurité routière doit être passé auprès d'auto-écoles. Il ne peut être passé qu'à partir de 14 ans et si le mineur a déjà eu son attestation de sécurité routière (qu'il a passé en principe en cinquième). Le brevet de sécurité routière était organisé en trois séances d'une heure en principe (on pouvait faire un stage en une journée). Pendant la première demi-heure, le mineur était évalué. Ensuite, grâce à une radio on lui donnait des conseils, le formateur étant en voiture derrière le mineur. Il est désormais prévu, en application d'un arrêté du 9 juillet 2004 que la formation dure 5 heures et non plus 3. On peut penser que globalement, la formation va garder la même organisation.

⚠ Il n'est pas nécessaire de reprendre deux heures si on a déjà obtenu le brevet de sécurité routière.
Cet article s'applique même si on « essaie » simplement de conduire un cyclomoteur.

⚠ Il est important d'avoir toujours sur soi le brevet de sécurité routière car le conducteur d'un scooter ou d'une mobylette peut être contrôlé par un agent de police. Il faudra alors présenter le « brevet de sécurité routière » (comme un conducteur présente « ses papiers »). Sinon, on risque une amende de 150 euros. Il est prévu toutefois que les agents de police peuvent laisser au mineur un délai de 5 jours pour présenter le brevet de sécurité routière (article R. 233-1 du Code de la route).

Le transport d'un passager est autorisé, sous conditions

Article R. 431-5 du Code de la route

Sur les motocyclettes, tricycles et quadricycles à moteur, cyclomoteurs et cycles, le transport de passagers n'est autorisé que sur un siège fixé au véhicule, différent de celui du conducteur. Pour l'application du présent article, la selle double ou la banquette est assimilée à deux sièges.

Le fait pour tout conducteur de transporter des personnes sans respecter les dispositions du présent article est puni de l'amende prévue pour les contraventions de la deuxième classe.

Le principe est que l'on ne peut transporter un passager que si le passager a un siège différent de celui du conducteur. Cela veut dire qu'il faut qu'il existe un siège (et non pas simplement un endroit où on pourrait s'asseoir plus ou moins) et il faut que ce siège soit différent de celui du conducteur (le conducteur ne peut pas rester debout sur les pédales de sa mobylette, par exemple pour laisser son passager s'asseoir). On considère qu'une selle double ou qu'une banquette vaut deux sièges.
Dans la pratique, cela veut dire qu'une personne qui se promène en scooter ou en booster peut transporter un passager, alors qu'une personne ayant une mobylette n'a pas le droit d'en transporter. L'amende encourue peut aller jusqu'à 130 euros.

Le port du casque est obligatoire pour le conducteur comme pour le passager

Article R. 431-1 du Code de la route

En circulation, tout conducteur ou passager d'une motocyclette, d'un tricycle à moteur, d'un quadricycle à moteur ou d'un cyclomoteur doit porter un casque de type homologué.
Le fait, pour tout conducteur ou passager, de contrevenir aux dispositions du présent article est puni de l'amende prévue pour les contraventions de la quatrième classe.
Conformément à l'article L. 431-1, le véhicule à deux roues à moteur dont le conducteur circule sans être coiffé d'un casque peut être immobilisé dans les conditions prévues aux articles L. 325-1 à L. 325-3. [...]

Le port du casque est obligatoire sur les scooters, mobylettes et autres. C'est un **élément de sécurité indispensable**. Le conducteur doit porter le casque et son passager aussi. Le casque en question doit être un casque « homologué », c'est-à-dire un casque qui a respecté certaines règles précises (par exemple, on ne peut pas mettre un casque de vélo pour conduire une mobylette !).
Si le conducteur (ou son passager) ne le porte pas, il peut faire l'objet d'une amende allant jusqu'à 750 euros. Il est donc préférable tant pour la sécurité du mineur que pour ses parents de s'assurer que le mineur porte bien son casque, qui peut d'ailleurs être aussi un objet « sympa ».
Pour les parents, la question du port du casque est également essentielle au niveau de l'assurance : les assureurs peuvent diminuer le montant des indemnisations qu'elles accordent en cas d'accident si le mineur ne portait pas son casque.

⚠ Certaines personnes ne peuvent « physiquement » pas porter de casque (c'est-à-dire qu'après consultation d'un médecin, on constate qu'elles ne peuvent pas porter de casque). Les tribunaux ont considéré qu'il fallait en déduire qu'elles ne devaient pas conduire de mobylettes ou de scooters...

III Les voitures et les mineurs

§1 La prévention routière

La formation à la prévention routière

Article D. 312-43 du Code de l'éducation

Afin de permettre aux élèves, usagers de la route, d'acquérir des comportements responsables, un enseignement des règles de sécurité routière est dispensé aux élèves des écoles primaires et des collèges, et des classes de même niveau des établissements d'enseignement public et d'enseignement privé.

Cet enseignement s'intègre obligatoirement dans le cadre des horaires et des programmes en vigueur dans les établissements d'enseignement public et d'enseignement privé sous contrat. Il a un caractère transdisciplinaire. Les conditions de sa mise en œuvre sont fixées par instructions du ministre chargé de l'éducation en vue d'assurer, notamment, une continuité dans l'apprentissage des règles de sécurité routière.

L'école s'inscrit dans une optique citoyenne de prévention des risques liés à la circulation. Dans ce cadre, un enseignement portant sur la sécurité routière a lieu dans les écoles. Cet enseignement peut faire intervenir des agents de police qui sont les mieux à même de présenter les règles en matière de sécurité routière. Cet enseignement est sanctionné par deux attestations.

Les Attestations scolaires de sécurité routière (ASSR)

Article 1er de l'arrêté du 12 février 1993

L'attestation scolaire de sécurité routière de premier niveau sanctionne la formation théorique obligatoire assurée en milieu scolaire aux élèves des établissements publics et privés sous contrat. Elle est délivrée aux élèves qui ont obtenu une note au moins égale à 10 sur 20 après avoir subi un contrôle des connaissances des règles de sécurité routière et de leur application.

Article 5 de l'arrêté du 12 février 1993

L'attestation scolaire de sécurité routière de second niveau s'adresse à l'ensemble des élèves des classes de troisième et de niveau correspondant.

L'attestation scolaire de sécurité routière comprend deux niveaux :
– une attestation que l'on passe en classe de cinquième. Il s'agit d'une évaluation à partir d'une cassette vidéo des connaissances théoriques et des capacités de réaction des mineurs. L'attestation est donnée à tous les élèves qui ont obtenu une note supérieure à 10/20. Cette attestation est nécessaire pour passer ensuite le « brevet de sécurité routière » et pouvoir conduire un scooter, une mobylette... ;
– une attestation que l'on passe en classe de troisième. Cette attestation est passée dans les mêmes conditions que l'attestation de premier niveau. Elle doit permettre de préparer le mineur à la conduite des véhicules, c'est pourquoi elle est obligatoire pour pouvoir passer le permis de conduire (art. R. 221-5 du Code de la route).
À partir de 2007, ces évaluations se dérouleront sous forme multimédia (TEST@ssr) ce qui nécessite une modifications des textes réglementaires.

Le port de la ceinture de sécurité en voiture par les mineurs

Article R. 412-2 du Code de la route

I. – En circulation, tout conducteur d'un véhicule à moteur dont les sièges sont équipés de ceintures en application des dispositions du livre III et dont le nombre de places assises, y compris celle du conducteur, n'excède pas neuf doit s'assurer que les passagers âgés de moins de dix-huit ans qu'il transporte sont maintenus soit par un système homologué de retenue pour enfant, soit par une ceinture de sécurité. [...]

Les mineurs sont tenus de porter une ceinture de sécurité en voiture, peu importe qu'ils soient assis à l'avant ou à l'arrière du véhicule. Il faut savoir que ce sont les parents qui sont responsables du port de la ceinture de sécurité des mineurs. Jusqu'à un décret du 27 mars 2003, les conducteurs ne devaient s'assurer du port de la sécurité que pour les mineurs de moins de 13 ans ; désormais, **les conducteurs doivent s'assurer du port de la ceinture de sécurité par l'ensemble des mineurs, quel que soit leur âge**. Si la personne qui conduit (nous supposons que ce soit un parent) est arrêtée alors que l'enfant ne portait pas la ceinture de sécurité, alors, elle risque, non seulement, une amende mais, en plus, un retrait de points du permis de conduire (trois points).

⚠ On ne peut pas se prévaloir de l'exception des « arrêts fréquents » pour justifier l'absence de port de ceinture de sécurité des enfants (ou des parents).

Ne pas troubler le conducteur !

Tout le monde le sait, les enfants, plus ils sont jeunes, plus ils sont difficiles à « tenir » en voiture. Les longs trajets peuvent être pour eux un calvaire et aussi pour leurs parents ! En réalité, il faut savoir que le fait de perturber le chauffeur est passible d'une contravention (à notre connaissance, jamais appliquée à l'égard des enfants).

⚠ Rien n'interdit en droit l'installation de dispositifs permettant de regarder des films à l'arrière du véhicule. Ce peut être un moyen de maintenir une certaine sérénité...

L'obligation d'avoir un dispositif adapté pour les enfants de moins de 10 ans

Article R. 412-2 du Code de la route

I. – En circulation, tout conducteur d'un véhicule à moteur dont les sièges sont équipés de ceintures en application des dispositions du livre III et dont le nombre de places assises, y compris celle du conducteur, n'excède pas neuf doit s'assurer que les passagers âgés de moins de treize ans qu'il transporte sont maintenus soit par un système homologué de retenue pour enfant, soit par une ceinture de sécurité.

II. – De même, il doit s'assurer que tout enfant de moins de dix ans est retenu par un système homologué de retenue pour enfant adapté à sa morphologie et à son poids.

[...]

Jusqu'à l'âge de 10 ans, l'utilisation d'un système de retenue pour enfants est obligatoire (c'est-à-dire que la simple ceinture de sécurité ne suffit pas). Ce dispositif de protection doit être :

– adapté au poids et à l'âge de l'enfant (on ne va pas utiliser un même système selon que l'on a affaire à un bébé ou à un enfant de 9 ans !) ;

– être correctement utilisé ;

– homologué (c'est-à-dire avoir passé avec succès un certain nombre de tests).

On peut présenter cela sous la forme suivante :

de 0 à 9 mois (soit moins de 9 kg)	lit nacelle (fixé le long de la banquette arrière avec filet de protection) ou **siège dos à la route**
de 9 mois à environ 3 à 4 ans (soit 9 kg à 18 kg environ)	**siège baquet à harnais** ou **siège harnais à réceptacle**
de 3 à 4 ans environ à 10 ans (soit plus de 15 kg)	**siège rehausseur** (interdit à l'avant, s'utilise en combinaison avec les ceintures arrières du véhicule) **ET harnais ou ceinture trois sangles** (relié aux ancrages inférieurs des ceintures arrières)

§2 LE MINEUR APPRENANT À CONDUIRE UNE VOITURE ENTRE 16 ET 18 ANS

La conduite accompagnée

Article R. 211-5 du Code de la route

I. – L'apprentissage anticipé de la conduite est un apprentissage particulier dispensé en vue de l'obtention de la catégorie B du permis de conduire. [...]
II. – Il comprend deux périodes :
1° Une période initiale de formation dans un établissement d'enseignement de la conduite des véhicules à moteur et de la sécurité routière ;
2° Une période de conduite accompagnée, au cours de laquelle l'élève conducteur est astreint à parcourir une distance minimale et est soumis à deux contrôles pédagogiques au moins. Le livret d'apprentissage précise le contenu et la progressivité de la formation.
III. – Pendant la période de conduite accompagnée, l'élève conducteur doit être sous la surveillance constante et directe d'un accompagnateur titulaire de la catégorie B du permis de conduire depuis trois ans au moins.
[...]

La conduite accompagnée est une formation qui est ouverte aux mineurs de 16 à 18 ans. Elle comporte deux temps : un temps de formation à l'issue duquel le mineur passe « le code » et un temps de pratique (de 1 à 3 ans) pendant lequel le mineur va « rouler » avec à ses côtés un accompagnateur. Il devra alors parcourir une distance totale d'au moins 3000 km.
Le « grand frère » (ou la « grande sœur ») peut tout à fait être inscrit en tant qu'accompagnateur : il suffit qu'il ait eu son permis depuis au moins 3 ans.

⚠ Penser à consulter votre assureur pour la conduite accompagnée. Généralement l'assureur pratique une « surtaxe ».

La conduite d'un véhicule sans permis est interdite

Article R. 221-1 du Code de la route

II. Sauf dans le cas des personnes justifiant qu'elles apprennent à conduire dans les conditions prévues par les articles R. 211-3 à R. 211-5, le fait de conduire un véhicule sans être titulaire de la catégorie du permis de conduire exigée pour le véhicule considéré, est puni de l'amende prévue pour les contraventions de cinquième classe. [...]

Il est interdit à un mineur de conduire sans permis. Certains parents apprennent à conduire à leurs enfants sur les parkings (ce qui en principe est également interdit). L'amende risquée est très lourde : jusqu'à 1 500 euros d'amende.

IV Les transports en commun

On rappellera ici que les dégradations exposent le mineur à des poursuites (➜ Voir p. 362), de même que le fait de manquer de respect au chauffeur (insulte, violence, menaces) (➜ Voir p. 452).

Le voyageur doit être muni d'un titre de transport valide (métro, bus, RER, train)

Lorsqu'un mineur est contrôlé (comme un majeur !) et qu'il n'a pas son titre de transport, le contrôleur va lui proposer une « transaction », c'est-à-dire une sorte d'accord par lequel il lui propose de ne pas engager de poursuites s'il accepte de payer tout de suite une certaine somme. Le montant de cette somme est défini par rapport à une grille (cela dépend si on voyage dans un train ou dans un métro, par exemple). Il est toujours plus intéressant de payer cette somme, car au final ça coûte moins. Il faut payer cette somme « tout de suite », c'est-à-dire en principe en « liquide » (contre un reçu) ou parfois en chèque.

Il se peut qu'on ait sur soi ni chèque ni « liquide ». Dans ce cas, on ne peut pas faire cette « transaction » : le contrôleur dresse alors ce qu'on appelle un procès-verbal (un PV) où il indique quelle est l'infraction qu'il a constatée. On dispose alors d'un délai pour payer cette somme qui est supérieure à la première puisqu'elle inclut des frais de dossier (qui sont variables eux aussi). En principe, les poursuites s'arrêtent là. Mais, si on ne paye toujours pas, alors le procès-verbal est transmis au procureur de la République qui va faire payer une amende pouvant être très lourde.

Les amendes risquées sont les suivantes :

– voyage dans un RER, un métro ou un bus sans titre de transport valable (déjà utilisé, non composté, carte dont on n'est pas le propriétaire) : contravention de troisième classe, c'est-à-dire pouvant aller jusqu'à 450 euros ;

– voyage dans un train sans titre de transport valable : contravention de quatrième classe (jusqu'à 750 euros d'amende).

⚠ Vous pouvez contester l'infraction et ce de deux façons différentes : soit devant le procureur (si le procureur a été saisi) soit devant la compagnie (RATP, SNCF) (et dans ce cas, vous pourrez, par exemple, expliquer votre situation : vous voyagiez sans billet, mais en fait vous bénéficiez d'un abonnement et étant étourdi, vous aviez oublié votre carte chez vous, vous en joignez la photocopie. Il se peut alors que la société de transport fasse exceptionnellement un geste si vous êtes de bonne foi).

⚠ Contrairement à une idée reçue, les agents contrôleurs ont le droit de relever l'identité et l'adresse des personnes qui n'ont pas de titres valables de transport. Si le contrevenant refuse de donner son identité, l'agent pourra saisir soit la gendarmerie, soit la police afin qu'ils lui permettent de procéder à un contrôle d'identité.

⚠ Lorsqu'on voyage de façon habituelle... sans titre de transport, la situation devient sérieuse. On considère qu'une personne qui a fait l'objet de 10 contraventions sur les 12 derniers mois pour circulation sans titre de transport peut être poursuivie et peut être soumise à une peine allant jusqu'à 6 mois de prison et 7500 euros d'amende.

Le respect des contrôleurs et agents de chemins de fer est une obligation légale pour les adultes comme pour les mineurs

Article 26 de la loi du 15 juillet 1845 (modifié par l'ordonnance du 19 septembre 2000)

L'outrage adressé à un agent d'un exploitant de réseau de transport public de voyageurs est puni de six mois d'emprisonnement et de 7500 euros d'amende.

Lorsqu'il est commis en réunion, l'outrage est puni d'un an d'emprisonnement et de 15000 euros d'amende.

Même s'ils ne portent pas des uniformes comme la police ou la gendarmerie, on dit que les agents (et notam ment les contrôleurs) des transports exercent des missions de « police », c'est-à-dire qu'ils font respecter la règle. C'est une police qui est « spéciale », car c'est la police des transports (alors que les forces de police, c'est-à-dire la police nationale et la gendarmerie nationale, sont chargées de la police générale).
En conséquence, le manque de respect à l'égard d'un agent de chemin de fer peut entraîner des poursuites au titre de « l'outrage » (insulte, manquement à la considération nécessairement due) et fait risquer des peines pouvant aller jusqu'à 6 mois de prison et 7500 euros d'amende.
Afin de lutter contre le phénomène des « bandes », c'est-à-dire des groupes, on a prévu que les peines étaient multipliées par deux lorsque ces outrages étaient commis en groupe. Par ailleurs, les attaques, résistances avec violence ou voie de fait constituent des actes de rébellion, comme envers la police.

Les transports d'animaux ou de vélos

Les animaux

Pour ne pas gêner les voyageurs, les chiens ne sont pas autorisés dans les transports en commun. Toutefois les animaux de petite taille, convenablement enfermés dans des sacs ou paniers sont autorisés dans le métro, le RER, les bus et tram. De même pour les chiens guides d'aveugles tenus par un harnais spécial.
Les chiens tenus en laisse et muselés sont admis dans le RER.

Les vélos

Pour des raisons évidentes de place disponible, il n'est pas possible d'emporter une bicyclette dans le métro, les bus, les trams... Par exception, sur la ligne 1 du métro à Paris, par exemple, le transport d'une bicyclette est possible le dimanche et les jours fériés, jusqu'à 16h30.
Dans le RER, il est permis de transporter une bicyclette à certains moments et d'effectuer avec celle-ci des correspondances entre les lignes du réseau : les samedis, dimanches et jours fériés toute la journée ; les autres jours avant 6h30, entre 9 heures et 16h30, puis après 19 heures. Pour les règles applicables dans d'autres villes, il faut se renseigner auprès des compagnies de transport en commun.

V Les transports scolaires

La carte de transport

Article L. 213-11 du Code de l'éducation

Les transports scolaires sont des services réguliers publics, au sens de l'article 29 de la loi n° 82-1153 du 30 décembre 1982 d'orientation des transports intérieurs. [...]

La carte de transport permet d'obtenir une importante réduction de prix sur les transports scolaires pouvant aller jusqu'à la gratuité : tout dépend de l'organisation locale, car ce sont les collectivités locales qui ont en charge les transports scolaires. Cette réduction s'applique à un aller/retour pendant les jours de classe.
Pour en bénéficier l'enfant doit :
– **être scolarisé dans un établissement d'enseignement public ou privé sous contrat** (primaire ou secondaire jusqu'à la terminale) ;

– **habiter à une certaine distance de l'établissement** (cette distance dépend de la décision des collectivités locales, mais l'idée est que si l'enfant habite à côté de son école, il n'y a pas lieu de payer pour un transport en bus).

⚠ Les transports scolaires peuvent être soit organisés par les communes ou les départements pour desservir à titre principal les établissements d'enseignement (on parle alors des bus scolaires), soit sur des lignes régulières (services de cars, SNCF, RATP...). Mais, quel que soit le mode retenu, la réduction offerte par la carte scolaire trouve à s'appliquer.

⚠ Il existe des bourses individuelles de transport si aucun transport scolaire n'est organisé dans votre commune : renseignez-vous auprès de votre établissement et de votre mairie.

⚠ L'élève handicapé, qui ne peut utiliser les moyens de transport en commun en raison de son handicap, peut bénéficier du remboursement des frais de transport de son domicile à son établissement scolaire. Le remboursement est intégral, même pour le transport en taxi, il est juste nécessaire de faire valoir d'une part, sa scolarisation et d'autre part, un taux de handicap au moins égal à 50 %.

La responsabilité du département, du maire, des établissements scolaires et des parents en matière de transports scolaires

Article L. 213-11 du Code de l'éducation

[...] Le département a la responsabilité de l'organisation et du fonctionnement de ces transports. [...]

Si on veut expliquer les choses simplement, on peut dire que l'organisation et le fonctionnement des transports scolaires relèvent de la compétence **du département**. **Par exemple**, si l'agencement des bus est mal prévu (les enfants devraient pouvoir faire un changement de bus, mais en fait ils ne le peuvent pas et doivent, de ce fait, rentrer à pied sur une longue distance), il y a une faute (liée à l'organisation défectueuse du service) et la responsabilité du département pourra être engagée.

La sécurité des enfants sur la voie publique et hors de l'enceinte scolaire relève de la responsabilité **du maire**, c'est-à-dire que lors des trajets entre le domicile et l'arrêt de bus, ou entre l'arrêt de bus et l'école, c'est le maire qui est responsable en cas de dommage subi par l'enfant. C'est, également, le maire qui est responsable, en principe, si l'arrêt de bus se dégrade et blesse un enfant.

Les établissements scolaires n'ont aucun pouvoir quant à l'organisation des transports et ils ne peuvent prendre, en droit, aucune mesure visant à organiser ces services même si c'est pour assurer la protection des enfants. Par contre, le plus souvent, les établissements scolaires se montrent soucieux de participer à l'élaboration des trajets (mais ils disposent seulement d'un simple pouvoir d'avis).

Les parents sont responsables des dommages causés par leur enfant durant les transports scolaires. **Par exemple**, si un enfant éventre un siège, ce sont ses parents qui devront payer les réparations. De la même façon, si durant le trajet il y a une bagarre et qu'un enfant en blesse un autre, ce sont les parents qui seront déclarés responsables.

La possibilité de refuser à un enfant de monter dans le bus en cas de non-présentation de la carte de transport

Article 1134 du Code civil

Les conventions légalement formées tiennent lieu de loi à ceux qui les ont faites. [...]

Le plus souvent, il est prévu dans le règlement intérieur que le chauffeur puisse refuser l'accès au bus à des enfants qui ne présenteraient pas leur carte de bus. Cette possibilité est légale, elle ne constitue que l'exécution du contrat.

⚠ Dans la pratique, on va distinguer deux cas :
– soit c'est **un oubli occasionnel** : le chauffeur connaît tel élève qui prend le bus couramment et l'enfant a oublié, ce matin-là, sa carte. Dans ce cas, le chauffeur pourra le laisser monter (en notant son nom et en demandant à sa compagnie de vérifier qu'il a bien encore un titre valide, selon le cas) ;
– soit c'est **un oubli « régulier »** qui conduit en quelque sorte à douter de la validité ou de l'existence d'un titre de transport pour cet élève. Dans ce cas, le chauffeur pourra refuser de laisser monter l'élève dans le bus.

Les mesures de sécurité

Le port de la ceinture de sécurité

Article R. 412-2 du Code de la route

I. – En circulation, tout conducteur d'un véhicule à moteur dont les sièges sont équipés de ceintures en application des dispositions du livre III et dont le nombre de places assises, y compris celle du conducteur, n'excède pas neuf doit s'assurer que les passagers âgés de moins de treize ans qu'il transporte sont maintenus soit par un système homologué de retenue pour enfant, soit par une ceinture de sécurité.

II. – De même, il doit s'assurer que tout enfant de moins de dix ans est retenu par un système homologué de retenue pour enfant adapté à sa morphologie et à son poids. [...]

C'est parce que les conséquences de certains accidents auraient pu être beaucoup moins graves si les enfants avaient porté une ceinture de sécurité que désormais les autocars doivent en être équipés. Cependant, cette obligation connaît une double limitation :

– elle ne vaut que pour les nouveaux autocars, c'est-à-dire ceux qui ont été mis en circulation après le décret de juillet 2003. Les autocars déjà existants ne sont pas tenus de faire installer des ceintures de sécurité ;

– elle ne s'applique qu'aux autocars, c'est-à-dire que les autobus (qui sont les véhicules qui transportent les gens en ville) ne sont pas tenus d'être équipés de ceintures (ce qui se comprend aisément, dans la mesure où justement les trajets sont très courts).

Lorsque l'autocar est équipé de ceintures de sécurité, les enfants sont tenus de mettre leur ceinture (cette obligation doit être affichée dans le véhicule), faute de quoi, ils risquent une amende de 135 euros. Par exception, les enfants peuvent ne pas mettre leur ceinture dans deux cas :

– lorsque leur morphologie ne le permet pas (si par exemple, l'enfant est handicapé) ;

– si l'enfant a obtenu un certificat d'exemption (par exemple, la morphologie de l'enfant le permet mais le port de celle-ci, en cas d'accident, risquerait de conduire à des conséquences très graves pour l'enfant [car il a des os fragiles, par exemple], il peut alors avoir un certificat d'exemption).

Deux places pour trois ?

Article 52 de l'arrêté du 2 juillet 1982

[...]

2° Dans les véhicules conçus pour le transport d'adultes, tout siège transversal sans accoudoir central (ou avec accoudoir escamotable) prévu pour deux personnes peut servir pour trois enfants dont l'âge n'excède pas douze ans [...], et sous réserve d'être bordé par un accoudoir du côté de l'allée ou d'être contigu à un autre siège.

[...]

Il y a comme un mythe : souvent, on prétend que l'on peut, dans un bus, asseoir trois élèves lorsqu'il n'y a que deux places... Cette règle existe, mais sous conditions :
– elle ne vaut que pour les enfants de moins de 12 ans ;
– elle ne s'applique pas aux sièges munis de ceintures (article 2 de l'arrêté du 1er août 2003) ;
– il faut que les deux places soient enserrées (soit par un accoudoir, soit par un autre siège) ;
– elle ne s'applique que pour les transports de moins de 50 km (au total).
Il est donc possible d'asseoir 3 enfants sur 2 sièges sous ces strictes conditions. Il est à noter toutefois, que le transporteur s'expose en cas d'accident à l'engagement de sa responsabilité.

⚠ Le ministère de l'Éducation nationale considère que cette pratique est interdite pour tous les déplacements pendant le temps scolaire (c'est-à-dire les sorties ou les voyages scolaires).

Les strapontins ne peuvent pas être utilisés lors des sorties ou des voyages scolaires

Circulaire du 21 septembre 1999

[...] Il convient d'exiger du transporteur que le nombre de personnes participant à la sortie ne dépasse pas le nombre de places assises, hors strapontins (signalées sur la carte violette, configuration « transports d'adultes » lorsque le véhicule n'a pas été conçu uniquement pour le transport en commun d'enfants). Ce nombre de places fera l'objet d'une deuxième vérification par l'enseignant, juste avant le départ. [...]

Parfois, compte tenu du nombre d'élèves, les enseignants pourraient avoir des prix beaucoup plus attractifs si un élève acceptait de s'asseoir sur un strapontin. Le ministère de l'Éducation nationale interdit cette pratique pour des raisons de sécurité. Car, il n'est pas possible de transporter des enfants sur des strapontins.

⚠ L'article 46 de l'arrêté du 2 juillet 1982 interdit par ailleurs qu'un enfant vienne s'asseoir sur le siège « guide », c'est-à-dire ce siège qui est à l'avant du car et qui est, normalement, destiné au guide lors des visites touristiques. La raison est, là encore, la préservation de la sécurité des élèves.

Doit-on prévoir des accompagnateurs pour les trajets vers et depuis l'école ?

Il n'existe aucune réglementation imposant l'existence d'accompagnateurs pour les enfants se rendant ou revenant de l'école. En pratique, et aussi surprenant que cela puisse paraître, il n'y a pas d'obligation à ce qu'il y ait un accompagnateur pour les enfants des petites classes (mêmes maternelles) qui se rendent ou reviennent de l'école.

⚠ S'agissant des sorties et des voyages scolaires, des règles spécifiques relatives à l'accompagnement des élèves existent (→ **Voir** p. 244).

chapitre 7

« Petits boulots » et travail des mineurs

Les mineurs peuvent accéder au monde du travail en principe à partir de l'âge de 16 ans. Dans certains cas particuliers, ils peuvent commencer à travailler un peu plus tôt. C'est bien sûr l'occasion de se familiariser avec un environnement différent, mais il est nécessaire également d'assurer encore plus la protection des mineurs. Pour cette raison, des règles particulières viennent s'ajouter aux règles déjà protectrices du droit du travail.

L'incapacité juridique du mineur (rappel)

Article 1124 du Code civil

Sont incapables* de contracter**, dans la mesure définie par la loi : Les mineurs non émancipés; [...]

Un mineur est dit incapable*, c'est-à-dire qu'il ne peut en général exercer lui-même ses droits : il ne peut passer aucun accord** (contrat) avec quelqu'un d'autre créant des droits et des obligations.
Par exception, on admet qu'un contrat de travail passé par un mineur seul puisse être valable mais seulement s'il est démontré que les parents, bien qu'en ayant eu connaissance, ne s'y sont pas opposés.
Quoi qu'il en soit, même si les parents ont été tenus au courant du contrat de travail et qu'ils ne s'y sont pas opposés, le contrat de travail d'un mineur de 14 à 16 ans doit être signé aussi par les parents. De même pour les contrats de travail signés par les enfants travaillant dans le secteur de la mode et du spectacle (pour les enfants de moins de 16 ans ➜ Voir p. 513).

I L'ÂGE

En principe, un mineur ne peut commencer à travailler qu'à partir de 16 ans

Article L. 211-1 du Code du travail

[...] Les mineurs de moins de 16 ans ne peuvent être admis ou employés dans les établissements et professions mentionnés au premier alinéa de l'article L. 200-1 [établissements familiaux] que dans les cas suivants [...]

Article L. 261-2 du Code du travail

Toute infraction aux dispositions des articles L. 211-7-1, L. 211-11 et L. 211-12 est punie de cinq ans d'emprison-

Il existe en France une obligation scolaire de 6 à 16 ans. En conséquence, de 6 à 16 ans le travail des mineurs est, en principe, interdit.
Les enfants qui atteignent 16 ans au cours du semestre de l'année peuvent demander une autorisation de travailler à l'inspecteur d'académie afin de pouvoir commencer à travailler dès le début des grandes vacances.

Par exemple, Pierre est né en octobre 1990, donc, en principe, il ne peut pas travailler avant le mois d'octobre 2006, c'est-à-dire après les vacances scolaires de l'année 2005-2006. Par exception, on admet qu'il pourra demander une autorisation à l'inspecteur d'académie pour pouvoir travailler dès le début des vacances scolaires.

Les exceptions au principe

Avant 16 ans : le travail occasionnel en famille

Article L. 211-1 du Code du travail

II. Les dispositions prévues au I ci-dessus ne sont pas applicables dans les établissements mentionnés au deuxième alinéa de l'article L. 200-1, sous réserve qu'il s'agisse de travaux occasionnels ou de courte durée, qui ne puissent être considérés comme étant nuisibles, préjudiciables ou dangereux.

Les jeunes peuvent effectuer des travaux occasionnels ou de courte durée dans les établissements où ne sont employés que les membres de la famille, sous l'autorité du père, de la mère ou du tuteur. C'est une exception qui concerne surtout le cas des artisans qui peuvent avoir besoin à l'occasion d'un « coup de main » de leur enfant pour tel ou telle tâche, par exemple, à l'occasion des fêtes. Cette aide doit rester absolument occasionnelle.

À partir de 14 ans : le « job d'été »

Article L. 211-1 du Code du travail

I. [...] Ces dispositions ne font pas obstacle à ce que ces mineurs, lorsqu'ils ont plus de quatorze ans, se livrent à des travaux adaptés à leur âge pendant leurs vacances scolaires, à condition que leur soit assuré un repos effectif d'une durée au moins égale à la moitié de chaque période de congés. Les employeurs sont tenus d'adresser une déclaration préalable à l'inspecteur du travail qui dispose d'un délai de huit jours pour s'y opposer.
[...]

Afin de permettre au mineur de « se faire un peu d'argent de poche », la loi permet à un mineur de 14 ans de travailler pendant les vacances scolaires. Il doit bien s'agir uniquement d'un travail pendant les vacances scolaires et encore, uniquement certaines vacances scolaires.

⚠ Pour les mineurs de 14 à 16 ans, la loi précise :
– que la durée des vacances scolaires doit être d'au moins 14 jours et que le mineur ne pourra travailler que pendant la moitié de cette période.

Par exemple, si le mineur veut travailler pendant les « grandes vacances », il ne pourra travailler qu'un mois sur les deux. Au-delà de 16 ans, le mineur n'est plus tenu par cette limite ;
– que le contrat de travail du mineur doit nécessairement comporter la signature de ses parents.

À partir de 15 ans : le contrat d'apprentissage

Article L. 117-3 du Code du travail

Nul ne peut être engagé en qualité d'apprenti s'il n'est âgé de seize ans au moins à vingt-cinq ans au début de l'apprentissage. Toutefois, les jeunes âgés d'au moins quinze ans peuvent souscrire un contrat d'apprentissage, s'ils justifient avoir effectué la scolarité du premier cycle de l'enseignement secondaire, ou s'ils remplissent les conditions prévues au sixième alinéa de l'article L. 337-3 du Code de l'éducation.

L'entrée en apprentissage ne peut se faire en principe qu'à partir de l'âge de 16 ans. Par exception toutefois, si l'élève a effectué la scolarité du premier cycle de l'enseignement secondaire il pourra être admis en apprentissage dès l'âge de 15 ans. (➜ Voir p. 142)

II Les règles relatives au travail des mineurs

Les règles qui s'appliquent au travail des mineurs sont très nombreuses. Il y a superposition des règles de protection des mineurs : les règles générales du droit du travail s'appliquent, s'ajoutent à cela des règles particulières pour tous les mineurs, puis des règles particulières pour les mineurs de moins de 16 ans.
Deux situations particulières nous ont semblé également devoir être précisées : les « jobs d'été » ou « petits boulots » et le travail des enfants mannequins, étant entendu que les règles générales s'appliquent toujours.

§1 Les règles générales du droit du travail s'appliquent

Les règles générales du droit travail s'appliquent aux jeunes qui peuvent être recrutés (selon les conditions d'âge que l'on a précisé ci-dessus). Le contrat pourra prendre la forme d'un contrat de travail à durée indéterminée (CDI), d'un contrat à durée déterminée (CDD) ou d'un contrat de travail temporaire.

⚠ Des renseignements utiles peuvent également être trouvés sur le site : www.travail.gouv.fr.
Des contrats de travail associant formation et travail dans l'entreprise sont spécifiquement ouverts aux jeunes en fonction de leur situation : contrat d'apprentissage, contrat de qualification, contrat d'adaptation et contrat d'orientation.
À titre d'illustration pratique, on rappellera que les retenues sur salaire lorsqu'il manque de l'argent dans la caisse sont interdites. C'est une « sanction pécuniaire » qui par principe est interdite. Le mineur peut contester la décision devant le conseil de prud'hommes.

§2 Des règles particulières s'appliquent pour tous les mineurs

La durée du temps de travail est limitée

Article L. 212-13 du Code du travail

[...] Les jeunes travailleurs âgés de moins de 18 ans [...] ne peuvent être employés à un travail effectif excédant huit heures par jour, non plus que la durée fixée, pour une semaine, par l'article L. 212-1. [...]

Article L. 212-14 du Code du travail

Lorsque le temps de travail quotidien est supérieur à quatre heures et demie, les jeunes travailleurs de moins de 18 ans [...] doivent bénéficier d'un temps de pause d'au moins trente minutes consécutives. Aucune période de travail effectif ininterrompue ne peut excéder une durée maximale de quatre heures et demie.

Les jeunes salariés (tout comme les apprentis) de moins de 18 ans ne peuvent être employés à un travail effectif de plus de 7 heures par jour et de 35 heures par semaine. Il faut savoir que le temps pendant lequel on se change le matin, par exemple, ne fait pas partie du temps de travail effectif. Des autorisations spéciales peuvent être données par l'inspecteur du travail pour dépasser cette durée (dans la limite de 5 heures par semaine au-delà des 35 heures : la limite absolue est donc 40 heures par semaine).
Les mineurs ne peuvent pas travailler sans pause pendant plus de 4 h 30 min. Après toute période de travail de 4 h 30, les jeunes bénéficient obligatoirement d'une pause de 30 minutes consécutives (et non pas plusieurs petites pauses).

La durée du repos quotidien des jeunes de moins de 18 ans est de 12 heures consécutives. En fait, cette durée ne concerne que les jeunes de 16 à 18 ans car les jeunes de moins de 16 ans ne peuvent avoir un repos quotidien inférieur à 14 heures consécutives.

Les mineurs ne peuvent pas travailler les jours fériés

Article L. 222-2 du Code du travail

Les jeunes travailleurs et apprentis, âgés de moins de 18 ans ne peuvent être employés les jours de fête reconnus par la loi, même pour rangement d'atelier, dans les usines, manufactures, mines, carrières, chantiers, ateliers et leurs dépendances de quelque nature que ce soit, publics ou privés, laïques ou religieux, même lorsque ces établissements ont un caractère d'enseignement professionnel ou de bienfaisance, ainsi que dans les offices publics et ministériels, les professions libérales, les sociétés civiles, les syndicats professionnels et associations de quelque nature que ce soit.

Les mineurs ne sont pas autorisés à travailler les jours fériés légaux (*cf.* liste ci-dessous). Par exception, ils peuvent être employés dans les usines à feu continu (c'est-à-dire les usines qui ne s'arrêtent jamais, parce qu'il y a des roulements). Cette exception est donc très limitée.

Liste des jours fériés légaux :

Jours fériés
Le 1er janvier
Le lundi de Pâques
Le 1er mai
Le 8 mai
L'Ascension
Le lundi de Pentecôte (journée travaillée)
Le 14 juillet
L'Assomption
La Toussaint
Le 11 novembre
Le jour de Noël

L'interdiction du travail de nuit des mineurs

Article L. 213-7 du Code du travail

Le travail de nuit est interdit pour les jeunes travailleurs âgés de moins de 18 ans [...].

Le travail de nuit des jeunes de moins de 18 ans (travailleur ou apprenti), compris entre 22 heures et 6 heures (entre 20 heures et 6 heures pour les jeunes de moins de 16 ans), est interdit.

Le repos de nuit des jeunes travailleurs ne peut être inférieur à 12 heures consécutives.

Il peut être fait exception, pour les jeunes de 16 à 18 ans, aux interdictions précédentes, en vue de prévenir des accidents imminents ou de réparer les accidents survenus, en cas d'extrême urgence et si les travailleurs adultes ne sont pas disponibles. **Par exemple**, un mineur de 17 ans peut tout à fait terminer son travail à 21 h 30. À cette heure se produit un accident et on lui demande de rester pour aider à faire face aux problèmes de sécurité : le mineur est alors amené à travailler après 22 heures, il le fait légalement dans ce cas.

À titre exceptionnel, l'inspecteur du travail peut accorder des dérogations pour les établissements commerciaux et ceux du spectacle. La raison de l'existence de cette exception est très simple à comprendre : certains de ces établissements ferment assez tard et il serait difficile pour eux d'employer des mineurs s'ils ne pouvaient pas les faire travailler au-delà des heures légales. **Par exemple**, si un mineur veut travailler dans le monde du spectacle (le cirque), les spectacles ayant lieu le soir, il ne serait pas facile de le faire travailler sans cette exception.

Sous certaines conditions, le travail des apprentis boulangers et de certains métiers de la restauration et de l'hôtellerie peut être autorisé de nuit. La loi du 26 juillet 2005 n'a cependant pas étendu cette possibilité au secteur de la pâtisserie, alors qu'elle le prévoyait au départ.

Les mineurs ne peuvent pas exercer certains travaux

Article R. 234-12 du Code du travail

Les jeunes travailleurs de moins de 18 ans ne peuvent être employés :
Au travail des cisailles, presses de toute nature, outils tranchants, autres que ceux mus par la force de l'opérateur lui-même;
Au travail d'alimentation en marche des scies, machines à cylindres, broyeurs, malaxeurs, mus mécaniquement.

On ne peut pas ici faire la liste de tous les travaux pour lesquels l'emploi des mineurs est par principe interdit. Il s'agit le plus souvent de travaux qui présentent un danger pour lui : par exemple, l'utilisation de cisailles. La liste de ces travaux « interdits » aux mineurs se trouve aux articles R. 234-11 et suivants du Code du travail. Cet article peut être consulté dans le Code du travail Dalloz ou sur www.legifrance.gouv.fr.

Le salaire des mineurs

Article R. 141-1 du Code du travail

Le salaire minimum de croissance applicable aux jeunes travailleurs de l'un ou de l'autre sexe, âgés de moins de 18 ans et de capacité physique normale, comporte un abattement désormais fixé :
- à 20 p. 100 avant 17 ans;
- à 10 p. 100 entre 17 et 18 ans.

Cet abattement est supprimé pour les jeunes travailleurs justifiant de six mois de pratique professionnelle dans la branche d'activité dont ils relèvent.

Les jeunes de moins de 18 ans titulaires d'un contrat de travail (mis à part les contrats de travail de type particulier, comme les contrats d'apprentissage ou les contrats d'adaptation...) sont rémunérés au minimum :
- sur la base du SMIC minoré de 20 % avant 17 ans;
- sur la base du SMIC minoré de 10 % entre 17 et 18 ans.

Si le jeune a 6 mois de pratique professionnelle dans la branche, le mineur perçoit au minimum le SMIC (l'accord ou la convention collective applicable peut être plus favorable).

⚠ Les salaires des mineurs ne sont pas soumis à la « jouissance légale », c'est-à-dire que les parents ne peuvent pas en disposer, contrairement aux autres biens du mineur.

⚠ Pour les impôts, en principe, il est « rattaché » à ses parents, c'est-à-dire que l'enfant mineur qui travaille ne « paie pas » ses propres impôts. Il y a une seule déclaration qui est faite et l'enfant compte dans le « nombre de parts » auquel a droit le foyer. Par exception toutefois, s'il a fondé un foyer distinct il pourra être imposé à part.

§3 Les stages en entreprise

Article L. 331-4 du Code de l'éducation

La scolarité peut comporter, à l'initiative des établissements scolaires et sous leur responsabilité, des périodes de formation dans des entreprises, des associations, des administrations ou des collectivités territoriales en France ou à l'étranger. Ces périodes sont conçues en fonction de l'enseignement organisé par l'établissement qui dispense la formation. Elles sont obligatoires dans les enseignements conduisant à un diplôme technologique ou professionnel.

Les jeunes âgés de moins de 16 ans peuvent effectuer des « stages en entreprise », dans les conditions suivantes :

– les élèves de **l'enseignement général** peuvent faire des visites d'information organisées par leurs enseignants ou suivre des séquences d'observation durant les deux dernières années de leur scolarité obligatoire. **Le décret du 29 mai 1996 est venu préciser qu'en classe de troisième tous les élèves accomplissent une séquence d'observation en milieu professionnel**;

– les élèves suivant un **enseignement alterné** ou un **enseignement professionnel**, durant les deux dernières années de leur scolarité obligatoire, effectuent des stages d'initiation, d'application ou des périodes de formation en milieu professionnel. Ces stages sont dits « obligatoires », leur durée est variable.

Dans ces deux cas, le jeune ne conclut pas un « contrat de travail » (il ne devient pas un salarié), mais une convention doit être passée entre l'entreprise et l'établissement scolaire dont relève l'élève.

Les stages, qu'ils soient obligatoires ou non ne donnent pas lieu à une rémunération, c'est-à-dire qu'on ne touche pas d'argent pour le travail qu'on a fourni.

Par exception, si l'employeur est satisfait, il peut (mais il n'est en aucun cas obligé) décider de verser une **gratification**, c'est-à-dire une somme assez modeste pour remercier le stagiaire. La loi pour l'égalité des chances est venue modifier la façon dont la gratification est imposable (c'est-à-dire soumise à l'impôt). Avant, l'employeur avait tout intérêt à ne pas dépasser 30 % du SMIC, car sinon, il se retrouvait à devoir payer des charges assez importantes. Désormais, l'employeur ne paye toujours pas de charges en dessous de 30 % du SMIC, mais au-delà, il n'en paye que « très progressivement ». Ce dispositif vise à permettre de verser plus facilement une indemnité.

– Pour les **stages obligatoires**, l'employeur donnera éventuellement une gratification.

– Pour les **stages facultatifs** : en principe une gratification est versée. Il est à noter que lorsque le stage dure plus de 3 mois, la gratification semble être obligatoire dorénavant. C'est une avancée, même si, statistiquement, cela ne concerne que peu de cas. Le montant de la rémunération pourra (mais ce n'est pas obligatoire) être fixé par convention de branche ou par accord professionnel étendu ou à défaut par décret.

⚠ Il est à noter que la loi relative à l'égalité des chances est venue rappeler l'interdiction de procéder à des discriminations dans le recrutement des stagiaires (notamment en raison de leur origine religieuse, culturelle, ethnique etc.). Les maisons de l'emploi doivent participer notamment à la lutte contre ces pratiques discriminatoires.

⚠ Afin de faciliter l'accès des jeunes aux stages, ils bénéficient de ce que l'on appelle le CV anonyme prévu par l'article 24 de la loi pour l'égalité des chances.

§4 Les emplois du spectacle, de la publicité et de la mode : des règles très strictes

Les règles présentées ici valent pour les mineurs de 0 à 16 ans. Elles sont une exception aux règles générales présentées ci-avant compte tenu du nombre d'abus auxquels ont donné lieu l'emploi des enfants et, plus largement, des mineurs dans les métiers du spectacle et de la mode.

*Le travail dans les entreprises de spectacle est soumis à une autorisation préfectorale**

Article L. 211-6 du Code du travail

Les enfants de l'un ou de l'autre sexe qui n'ont pas dépassé l'âge de la fréquentation scolaire obligatoire ne peuvent, sans autorisation individuelle préalable*, être, à quelque titre que ce soit, engagés ou produits, soit dans une entreprise de spectacles, sédentaire ou itinérante, soit dans une entreprise de cinéma, de radiophonie, de télévision ou d'enregistrements sonores.

Une autorisation individuelle préalable est également exigée pour les enfants engagés ou produits par une personne physique ou morale en vue d'exercer une activité de mannequin [...]

Toutefois, l'autorisation prévue à l'alinéa précédent n'est pas requise si l'enfant est engagé par une agence de mannequins titulaire de la licence** [...] et qui a obtenu un agrément*** lui permettant d'engager des enfants.

L'emploi d'un mineur de plus de treize ans, en vue d'exercer les activités définies aux deux premiers alinéas, est subordonné à son avis favorable écrit.

Les mineurs peuvent être amenés à travailler dans ce qu'on appelle les « entreprises de spectacle », c'est-à-dire tout ce qui est relatif aux médias (radio, télévision, cinéma, mode...).

Le risque, ici, est que le mineur (quel que soit son âge) soit en quelque sorte « exploité » par ses parents, c'est-à-dire qu'il ne devienne plus qu'une source de revenus. C'est pourquoi, un système d'autorisation préfectorale* est prévu : c'est une autorisation qui est donnée par le préfet, le représentant de l'État dans le département, et une commission spéciale (qui est composée de spécialistes de l'enfance). Par ailleurs, une loi de 2004 est venue ajouter une condition : l'accord de l'enfant doit être donné et il doit être écrit.

Par exemple, si les parents de Marco, 13 ans, ont été contactés afin qu'il présente une émission télévision pour les mineurs, Marco ne pourra pas signer le contrat, et même si ses parents sont d'accord, il ne pourra pas « tout de suite » travailler pour cette chaîne de télévision. Il faudra d'abord avoir l'autorisation de la préfecture. C'est une garantie importante.

Par exception toutefois, il n'est pas nécessaire d'avoir cette autorisation préfectorale lorsque l'enfant est engagé par une agence de mannequins qui a une licence** spéciale, délivrée par l'État (cette licence est la preuve que l'État contrôle son activité et vérifie qu'elle respecte bien certaines conditions), et un agrément***, c'est-à-dire un accord lui permettant d'engager des enfants.

Par exemple, si Tiffanie, 15 ans, veut devenir mannequin, elle ne peut pas en principe commencer à travailler, même avec l'autorisation de ses parents. Il lui faut, normalement, une autorisation du préfet. Toutefois, si l'agence, pour laquelle Tiffanie veut travailler, a une licence spéciale et un agrément pour engager des enfants, alors, Tiffanie pourra, tout à fait, travailler pour cette agence, à la condition bien sûr que ses parents l'acceptent.

Dans la mesure où le risque d'exploitation d'un enfant est très important, il est prévu que le manquement à ces conditions d'engagement soit puni de 5 ans de prison et d'une amende de 75 000 euros. Des peines particulièrement lourdes sont, également, prévues si on fait travailler un mineur sans aucune autorisation dans un de ces secteurs.

Le temps de travail des enfants mannequins est strictement réglementé

Article L. 211-7-1 du Code du travail

Durant les périodes scolaires, l'emploi d'un enfant scolarisé exerçant l'activité de mannequin et la sélection préalable en vue de cette activité ne peuvent être autorisés que les jours de repos hebdomadaire autres que le dimanche.

L'emploi d'un enfant non scolarisé exerçant l'activité de mannequin et la sélection préalable en vue de cette

activité ne peuvent être autorisés que deux jours par semaine à l'exclusion du dimanche.
L'emploi et la sélection d'un enfant scolarisé ou non ne peuvent excéder des durées journalières et hebdomadaires maximales fixées dans les conditions mentionnées à l'article L. 211-9.

Si l'enfant n'est pas scolarisé (parce qu'il a **moins de 6 ans**), l'activité de mannequin n'est autorisée que 2 jours par semaine, à l'exception du dimanche. C'est ce qui fait, par exemple, que lorsqu'on tourne un film avec un bébé, il y a toujours plusieurs bébés, car ils ne peuvent être présents que 2 jours par semaine au maximum.
Pour les enfants de **6 à 16 ans**, pendant la période scolaire, les jours de défilé et les jours de sélection ne peuvent intervenir qu'en semaine, jamais le dimanche. Pendant les vacances scolaires, le mineur ne doit pas travailler pendant une durée supérieure à la moitié de la durée totale des vacances.
Par exemple, si un mineur en classe de cinquième travaille comme mannequin, il ne peut pas défiler le dimanche. Pendant les grandes vacances, il ne peut travailler qu'un mois sur les deux.

Le paiement des salaires des mineurs engagés dans les métiers du spectacle et de la mode est soumis à des règles particulières

Article L. 211-8 du Code du travail

La commission fixe la part de la rémunération perçue par l'enfant dont le montant peut être laissé à la disposition de ses représentants légaux.
Le surplus est affecté à la constitution d'un pécule [...] jusqu'à la majorité de l'enfant.
[...]
Lorsque, en application du troisième alinéa de l'article L. 211-6, l'emploi d'un enfant n'est pas soumis à autorisation, les règles de répartition de la rémunération perçue par cet enfant entre ses représentants légaux et le pécule* sont fixées par la décision d'agrément de l'agence de mannequins qui emploie l'enfant.
Le président de la commission est toutefois compétent pour autoriser des prélèvements sur le pécule dans les conditions fixées au premier alinéa. [...]

Les salaires pouvant être perçus par ces mineurs dans le cadre de leur travail peuvent être importants. Pour éviter des « dérives », on a prévu un certain nombre de règles à respecter.
Les salaires perçus par le mineur vont être partagés en deux par la commission qui s'est prononcée lors de l'autorisation du travail du mineur :
– une part va être mise de côté pour le mineur et dont il disposera lorsqu'il deviendra majeur ou lorsqu'il sera émancipé. C'est ce qu'on appelle le

« pécule »*. Les parents ne peuvent pas utiliser cette part et le mineur ne le peut pas non plus. Par exception, le mineur pourra, tout de même, se servir de cette part s'il y a une situation d'urgence, il lui faudra alors l'autorisation de cette commission ;

– une part va être mise à la disposition des parents, au titre de ce qu'on appelle la « jouissance légale », c'est-à-dire le droit pour les parents de profiter d'une partie des biens de l'enfant en contrepartie de la charge que l'enfant représente pour eux.

Par exemple, Djamila a réalisé son rêve de devenir danseuse. Elle a obtenu l'autorisation de la commission et du préfet, et elle perçoit maintenant un salaire. Ce salaire, durant toute sa minorité va être partagé en deux : un pourcentage pour elle (qui est mis de côté) et un pourcentage pour ses parents. C'est la commission spéciale qui a déterminé quel était le pourcentage qui lui revenait et quel était le pourcentage qui revenait à ses parents.

Cas particulier : les enfants employés par des agences de mannequins ayant fait l'objet d'une licence et d'un agrément

Lorsque l'enfant en question est un mannequin et qu'il travaille pour une agence de mannequins ayant fait l'objet d'une licence et d'un agrément, l'autorisation du préfet n'est pas nécessaire, par conséquent, la commission n'est jamais saisie. Il faut tout de même séparer l'argent versé à l'enfant en deux parts (comme précédemment), mais cette fois-ci c'est l'agence qui fait ce partage (et non la commission) et il est examiné par l'État lors de l'agrément.

Si on ne respecte pas ces règles, sur le paiement des salaires des mineurs, on risque une amende de 3 750 euros.

chapitre 8

18 ANS

18 ans est le plus souvent envisagé uniquement comme « l'âge auquel on peut passer son permis », alors qu'en fait, toute une série de changements s'opèrent. Lorsque le mineur accède à ses 18 ans :

– il est alors un nouvel électeur, c'est-à-dire qu'il fait partie de la communauté des citoyens, il sera amené à participer aux élections, à désigner ses représentants lors des différentes élections (députés, sénateurs, maire et membres du conseil municipal...) ;

– il devient majeur, et en conséquence, ne bénéficie plus de règles particulières de protection : il peut désormais passer un contrat tout seul, ce qui peut sembler *a priori* une mesure positive, mais ce qui suppose aussi qu'il soit suffisamment mûr pour ne pas faire n'importe quoi (car cette fois-ci, il n'y a plus, en droit, de « rattrapage » par ses parents) ;

– il peut encore être rattaché, sous certaines conditions, à ses parents pour ses impôts (*cf.* ci-dessous) et pour sa sécurité sociale ;

– le plus souvent, le majeur va devenir à partir de 18 ans un « étudiant », c'est-à-dire qu'il va avoir « en poche » son baccalauréat. Ce statut d'étudiant va lui donner un certain nombre de droits spécifiques ;

– l'entrée à l'université va souvent s'accompagner de la recherche d'un appartement. On rappellera rapidement les règles en matière de bail.

⚠ Le **recensement dès 16 ans** est nécessaire pour s'inscrire aux examens.

⚠ Sur l'obligation de recensement, le Code du service national dispose que « tout Français âgé de 16 ans est tenu de se faire recenser ». Cette démarche doit être effectuée par le mineur — ou son représentant légal — à la mairie de son domicile entre le jour de son seizième anniversaire et la fin du troisième mois suivant. Cette obligation ne s'impose qu'aux Français, les jeunes gens de nationalité étrangère résidant en France en sont exclus. Par ailleurs, entre 16 et 25 ans, les jeunes gens (filles et garçons) doivent être en règle avec cette obligation pour avoir le droit de s'inscrire aux examens et concours soumis au contrôle de l'autorité publique (baccalauréat, permis de conduire, concours administratifs...). **Une copie de l'attestation de recensement est nécessaire pour ouvrir un dossier d'inscription.**

Un nouvel électeur

Article L. 11-1 du Code électoral

Sans préjudice de l'application des dispositions de l'article L. 11, sont inscrites d'office sur la liste électorale de la commune de leur domicile réel les personnes qui remplissent la condition d'âge depuis la dernière clôture définitive des listes électorales ou la rempliront avant la prochaine clôture définitive de ces listes, sous réserve qu'elles répondent aux autres conditions prescrites par la loi.

L'inscription sur les listes électorales est directement subordonnée au recensement (➜ Voir p. 518). Le mineur qui atteint l'âge de 18 ans entre les dates de clôture de listes électorales, soit entre le 1er mars de l'année en cours, et le 28 (ou 29) février de l'année suivante est inscrit d'office sur les listes électorales. Il est inscrit sans faire de demande individuelle sur les listes électorales de sa commune de résidence, lors des opérations de révision annuelle. Les fichiers des jeunes de 18 ans pouvant être incomplets, il est préférable de se renseigner auprès de sa mairie, pour vérifier. En cas de litige, il est possible de saisir le tribunal d'instance.

L'imposition du mineur devenu majeur

– Un enfant mineur au 1er janvier de l'année d'imposition est compté à la charge de ses parents pour le calcul de leur impôt sur le revenu de cette même année. Pour la période qui suit sa majorité, l'enfant peut opter pour le rattachement au foyer de ses parents. Toutefois, s'il devient majeur en cours d'année, l'enfant a tout intérêt à déposer une déclaration de revenus personnelle pour la période allant de la date de son anniversaire au 31 décembre de cette même année. Cette solution avantage les parents quand l'enfant a encaissé des revenus après sa majorité. En effet, les parents bénéficient pour l'année entière de la majoration de leur quotient familial sans avoir à déclarer les revenus encaissés par l'enfant après sa majorité. Bien entendu, les revenus encaissés par l'enfant entre le 1er janvier et le jour de ses 18 ans sont à déclarer par ses parents sur leur propre déclaration des revenus.
Par exemple : si un mineur est né le 30 septembre 1985. Il a ses 18 ans le 31 septembre 2003. Supposons qu'il ait travaillé pendant les vacances d'été et qu'il ait gagné 1 000 euros. Il a travaillé pendant les vacances d'octobre et a gagné 200 euros. Le mineur va pouvoir décider de demander une imposition à part pour la période allant du 30 septembre 2003 au 31 décembre 2003 (c'est-à-dire pour ses 200 euros). Pour le reste (les 1 000 euros), il pourra être imposé avec ses parents (il leur apporte donc sa « part » fiscale) mais, ses 1 000 euros sont imposables également.

– Dans le cas particulier où l'enfant a perçu des revenus réguliers l'année de sa majorité, les parents peuvent demander l'imposition distincte de l'enfant (mineur au 1er janvier). Celui-ci est alors imposé sur la totalité de ses revenus de l'année. Le quotient familial des parents est calculé sans cet enfant.

⚠ L'année au cours de laquelle un enfant atteint sa majorité, les parents ne peuvent en aucun cas déduire de leurs revenus une pension alimentaire pour l'entretien de cet enfant si ce dernier est à leur charge fiscalement (soit pour la période antérieure à la majorité soit pour l'année entière).

– Un apprenti majeur sous contrat peut être rattaché au foyer fiscal de ses parents à condition d'être âgé de moins de 21 ans au 1er janvier de l'année d'imposition ou d'être âgé de moins de 25 ans s'il est toujours scolarisé.

Droit des élèves majeurs

Les lycéens majeurs

Devenu majeur, le lycéen peut accomplir les actes suivants : prendre ou annuler une inscription, choisir seul son orientation, engager des procédures d'appel portant sur son orientation ou sur une procédure disciplinaire, demander une bourse. Sauf instructions écrites de l'élève majeur, la correspondance scolaire (relevés de notes, convocations, etc.) est adressée aux parents. En cas d'opposition du majeur, ils en seront avisés et le chef d'établissement étudiera avec le majeur les dispositions à prendre.

S'il n'est plus à la charge de ses parents, il doit s'engager par écrit à régler tous les frais de scolarité et apporter la preuve que ses revenus sont suffisants, ou la caution d'une personne solvable. Attention toutefois, car chaque lycée peut ajouter, dans le règlement intérieur, des dispositions complémentaires.

Les étudiants majeurs

Lors de l'inscription à l'université, le majeur reçoit une « carte d'étudiant », c'est-à-dire une carte officielle qui atteste qu'il a la qualité d'étudiant. Cette carte donne droit à un certain nombre d'avantages à connaître :

– Auprès des CROUS (Centres régionaux des œuvres universitaires et scolaires), bourses, aides au logement (les « Cités U » pour cités universitaires), le Resto U (pour « Restaurant universitaire »), voyages universitaires...

– Auprès des cinémas et de certaines boutiques : des réductions de tarifs.

– Des places « réservées » aux étudiants dans certains cas (par exemple l'Opéra national de Paris réserve pour bon nombre de ses spectacles des places à des étudiants afin que ceux-ci puissent y accéder à des tarifs préférentiels).

⚠ Si les parents paient les frais liés à la scolarité, le certificat de scolarité leur permet de faire valoir leurs droits en matière d'impôts, de sécurité sociale et de prestations familiales.

Les bourses pour les élèves majeurs

Les bourses de l'enseignement supérieur sont destinées à permettre à leurs bénéficiaires d'entreprendre des études supérieures auxquelles, sans cette aide, ils auraient été contraints de renoncer en raison de leur situation sociale. Il s'agit des bourses sur critères sociaux versées par les CROUS (centres régionaux des œuvres universitaires et scolaires) qui instruisent les demandes. Il existe également des bourses sur critères universitaires attribuées au sein de chaque académie.

Ces bourses sont attribuées si différentes conditions sont réunies :

– des conditions relatives au diplôme : il faut bien évidemment être titulaire du baccalauréat ou d'un diplôme équivalent ;

– des conditions relatives à la nationalité : les bourses sont en principe réservées aux étudiants français. Toutefois, le droit d'avoir une bourse est également ouvert à certains étudiants étrangers résidant effectivement et régulièrement en France avec leur famille depuis au moins 2 ans. Les ressortissants de l'un des États membres de l'Union européenne peuvent également prétendre à être boursiers ;

– des conditions d'âge : pour être candidat à une bourse, il faut avoir moins de 26 ans au 1er octobre lors de la première demande de bourse ;

– des conditions relatives à la scolarité : il faut avoir une scolarité « non chaotique ». Durant le premier cycle, la durée maximale d'attribution d'une bourse ne peut être supérieure à 3 ans (c'est-à-dire qu'on peut redoubler une fois) ;

– des conditions relatives aux revenus des parents : les ressources et charges prises en compte sont celles des parents, bien que l'étudiant soit majeur, et ce en raison de l'obligation faite aux parents par l'article 203 du Code civil qui prévoit que les parents doivent subvenir aux besoins de leurs enfants même après leur majorité ;

– des conditions particulières : l'éloignement par rapport au domicile, par exemple.

Quelques problèmes « classiques »

– **L'inscription à une mutuelle étudiante** n'est pas obligatoire. Leurs tarifs varient selon les garanties que l'on choisit.

– **Le contrat de bail**

Lorsqu'un majeur « prend un appartement », il signe le plus souvent un « contrat de bail », c'est-à-dire un document par lequel il s'engage à payer le

loyer en échange de la mise à disposition de l'appartement. Les parents devront le plus souvent se porter caution (c'est-à-dire qu'ils accepteront de payer le loyer si leur enfant ne le payait pas).
Le contrat de bail doit comporter différentes mentions obligatoires (article 3 de la loi du 6 juillet 1989) :

Le nom et l'adresse du bailleur ou son siège social ainsi que ceux de son mandataire (c'est-à-dire le plus souvent de l'agence de location)	Ces renseignements sont indispensables ne serait-ce que pour payer le loyer ou appeler en cas de problème. En cas de vente de la chose louée, le nouveau bailleur est tenu de notifier au locataire ses coordonnées et, le cas échéant, celles de son mandataire
La date de prise d'effet du bail	C'est-à-dire à partir de quand le bail s'applique
La durée du bail	En principe, la durée du bail est de 3 ans
La description de la chose louée	C'est l'énumération des pièces composant le logement et des annexes au logement comprises dans la location (cave, jardin, garage...)
La description des « équipements d'usage commun »	La désignation, s'il y a lieu des locaux comme un parking, un local à vélos, un interphone, un ascenseur...
La destination de la chose louée	Il faut préciser si l'appartement est loué à usage professionnel ou non
Le montant du loyer et les termes de son paiement	C'est-à-dire combien on paye et « tous les combien » on paye (est-ce qu'on paye d'avance ou non, est-ce qu'on paye tous les mois, est-ce qu'on paye par prélèvement bancaire ou par chèque...)
Les règles de révision du loyer	Le loyer ne peut pas augmenter librement : il ne peut augmenter que par rapport à des taux définis dans la loi. Il faut choisir quel taux on prend en compte (en général, il n'y a pas de grande différence)
Le montant du dépôt de garantie	Le dépôt de garantie, c'est comme son nom l'indique une garantie pour le propriétaire qui va exiger en général 2 mois de loyer d'avance (il ne peut pas demander plus). C'est une garantie que le propriétaire va utiliser uniquement si le locataire ne paie pas son loyer ou s'il le dégrade. Si le locataire paye tous ses loyers et s'il ne dégrade pas le logement, il récupère ces deux mois de loyer à la fin du bail

La personne qui loue un appartement peut, dans certains cas, bénéficier d'une « Aide personnalisée au logement » (APL). Il faut alors se renseigner auprès de la CAF (Caisse d'allocations familiales).

Il est interdit de « sous-louer » son appartement (article 6 de la loi du 6 juillet 1989).

On ne peut pas quitter son appartement sans respecter une procédure : il faut envoyer une lettre avec accusé de réception (ou signifiée par acte d'huissier) et il faut faire cela en principe 3 mois avant la date à laquelle on veut partir (dans 6 cas, le délai est d'un mois).

Entre 16 et 18 ans, la journée d'appel de préparation à la défense

⚠ L'obligation de participer à une journée d'appel de préparation à la défense (JAPD) est établie par l'article L. 114-2 du Code du service national et fait suite à l'enseignement de défense dispensé dans le milieu scolaire (article L. 312-12 du Code de l'éducation). Cette journée a lieu, en principe, entre le recensement et le dix-huitième anniversaire. Les grands infirmes titulaires d'une carte d'invalidité, les personnes atteintes d'une maladie invalidante ou d'un handicap les rendant définitivement inaptes à participer à cette obligation en sont exemptés sur leur demande et sur justificatif.

⚠ Après l'âge de 18 ans et sauf cas de force majeure, les jeunes gens doivent avoir participé à la JAPD pour pouvoir s'inscrire à certains concours et examens. Une copie du certificat de participation à l'appel de préparation à la défense doit être fournie. Ainsi, entre 16 et 18 ans, seule l'attestation de recensement est exigée. À partir de 18 ans et jusqu'à 25 ans, le certificat de participation à la JAPD est nécessaire.

cinquième partie

Les droits fondamentaux de la personne humaine

Le but de cet ouvrage n'est pas de se substituer à ceux d'éducation civique qui expliquent notamment le fonctionnement des institutions. On a donc choisi de présenter les règles fondamentales concernant la vie du mineur en famille, à l'école ou en société et dont la connaissance est nécessaire au futur citoyen.

« L'ignorance, l'oubli ou le mépris des droits de l'Homme sont les seules causes des malheurs publics et de la corruption des gouvernements. » Cette citation semble très actuelle et pourtant, elle est issue du Préambule de la Déclaration des droits de l'Homme et du Citoyen de 1789. La connaissance des droits de l'Homme est fondamentale pour la formation du citoyen, à ce point que cette même déclaration poursuivait en affirmant : « cette Déclaration, constamment présente à tous les membres du corps social, leur rappelle sans cesse leurs droits et leurs devoirs ». Connaître les droits de l'Homme est donc essentiel car c'est le moyen de faire respecter ses droits et de respecter les droits des autres.

Il existe de très nombreux textes portant sur les droits de l'Homme. Il nous a fallu faire un choix : nous avons retenu, pour les textes nationaux, la Déclaration des droits de l'Homme et du Citoyen de 1789, le Préambule de la Constitution de 1946 et les premiers articles de la Constitution de 1958. Mais, dans la mesure où de plus en plus les droits de l'Homme sont à envisager au niveau international, il nous a semblé essentiel également d'en retenir quelques-uns : la Déclaration universelle des droits de l'Homme, la Convention européenne des droits de l'Homme et la Convention internationale sur les droits de l'enfant.

La valeur en droit des textes commentés ci-après n'est pas la même pour tous. Leur valeur morale est bien évidemment tout à fait considérable. La Déclaration des droits de l'Homme et du Citoyen du 26 août 1789, le Préambule de la Constitution du 27 octobre 1946 et celui de la Constitution du 4 octobre 1958 ont une valeur juridique (c'est-à-dire qu'ils s'imposent au Parlement lorsqu'il rédige la loi). De même, la Convention européenne des droits de l'Homme s'impose en France et au niveau européen existe un tribunal qui est spécialement chargé de la faire respecter par les États : la Cour européenne des droits de l'Homme. Au contraire, la Déclaration universelle des droits de l'Homme comme la Convention des droits de l'enfant n'ont qu'une valeur « morale », même si elles peuvent inciter les États à mettre en œuvre leurs principes dans les lois. Le commentaire que nous avons fait de ces différents textes se veut « situé », c'est-à-dire que l'on a essayé de relier chaque article à son contexte historique pour le relier au présent.

La connaissance des droits fondamentaux peut être approfondie par la consultation du site Internet suivant :
WWW.ASSEMBLEE-NATIONALE.FR

chapitre 1

Les textes français

I La Déclaration des droits de l'Homme et du Citoyen

Ce texte date du 26 août 1789, c'est-à-dire qu'il a été adopté au tout début de la Révolution française. C'est un texte qui est encore aujourd'hui très important, notamment parce que notre Constitution du 4 octobre 1958 y fait référence dans son Préambule. Le Conseil constitutionnel, gardien de la Constitution, vérifie en effet que les lois qui sont adoptées par le Parlement respectent bien les principes contenus dans cette déclaration.

Si les hommes de la Révolution ont employé le mot de « déclaration », c'est tout simplement parce que, pour eux, ces droits appartenaient aux hommes « dans la nature », avant même qu'il existe une forme d'État. En conséquence, on n'accorde pas ces droits aux personnes, on ne fait que « reconnaître » (c'est-à-dire constater) que ces droits appartiennent à tous les hommes.

Enfin, ce texte est souvent présenté comme la première déclaration des droits. Or, s'il est vrai que la qualité de ce texte est exceptionnelle (on y retrouve tout l'esprit des Lumières), il faut rappeler que l'on trouve les premières déclarations des droits aux États-Unis et au Royaume-Uni.

Le principe de liberté et d'égalité

Article 1er

Les hommes naissent et demeurent libres et égaux en droits. Les distinctions sociales ne peuvent être fondées que sur l'utilité commune.

L'affirmation de la naissance « libre » est essentielle, surtout dans le contexte de la Révolution française : en effet, avant la Révolution, il existait ce qu'on appelait des « serfs », c'est-à-dire des personnes qui travaillent toute leur vie sur une même terre. On a souvent contesté le fait qu'ils aient été libres (même s'ils n'étaient pas des « esclaves »).

Le texte parle bien d'hommes, et à l'époque, on ne visait que les « êtres du sexe masculin », ce n'est que par la suite qu'on a considéré qu'il fallait reconnaître les mêmes droits aux hommes et aux femmes. Il a fallu ainsi attendre 1944 pour que les femmes aient enfin le droit de vote, 1965 pour qu'une femme puisse travailler sans l'accord de son mari, que les deux parents aient à égalité autorité sur les enfants (l'autorité parentale), 1985 pour que dans la gestion des biens de la famille, le mari et la femme aient les mêmes droits !

Le principe d'égalité tel qu'il a été affirmé en 1789 est un principe d'égalité « en droits », c'est-à-dire qu'il n'y a pas forcément une égalité « en fait », mais tous les hommes doivent avoir la possibilité de faire valoir leurs droits, à égalité. Dans le contexte de la Révolution, la reconnaissance de l'égalité « en droits » est vitale, car avant on n'avait pas les mêmes droits selon que l'on était noble, membre de l'Église ou « autre » (on disait membre du tiers état). Les distinctions sociales (c'est-à-dire les différences entre les individus) ne peuvent être justifiées que par des différences « d'utilité commune » (par exemple, le fait que telle personne soit plus intelligente que telle autre, et non pas en raison de sa naissance). Aujourd'hui, la conception de l'égalité est plus vaste. Non seulement est affirmée l'égalité de tous devant la loi, mais on admet qu'on puisse pour réaliser l'égalité en fait, faire des différences : par exemple, l'impôt sur le revenu est calculé en fonction des ressources de chacun. Surtout, on essaie de réaliser l'égalité en tenant compte de la situation des personnes mais aussi des territoires (d'où, par exemple, la création des zones d'éducation prioritaire).

Les « droits naturels de l'homme »

Article 2

Le but de toute association politique est la conservation des droits naturels et imprescriptibles de l'homme. Ces droits sont la liberté, la propriété, la sûreté, et la résistance à l'oppression.

Derrière l'expression « association politique », il faut comprendre en fait le but de « tout État » qui est de protéger les droits qu'a tout homme, à savoir la liberté, la propriété, la sûreté (le fait de ne pas être arrêté sans raison valable) et le droit de résister si on fait l'objet d'une contrainte trop importante (par exemple, si le gouvernement devient une dictature, on a le droit d'essayer de le renverser, c'est pourquoi l'action des résistants français sous l'Occupation était exemplaire). Pour les hommes de la Révolution, tous ces droits appartenaient aux hommes en raison de leur qualité d'homme.

Le principe de la souveraineté nationale

Article 3

Le principe de toute souveraineté réside essentiellement dans la nation. Nul corps, nul individu ne peut exercer d'autorité qui n'en émane expressément.

La souveraineté, c'est le pouvoir de ne pas être soumis à d'autres pouvoirs, autrement dit, c'est le pouvoir « suprême » de commander.
Pour les hommes de la Révolution, la source de la souveraineté n'appartient plus au roi mais à la « nation », entité abstraite qui aujourd'hui est synonyme en démocratie de « peuple ». L'article 3 de la Constitution de 1958 énonce d'ailleurs que « la souveraineté nationale appartient au peuple ».

La définition de la liberté

Article 4

La liberté consiste à pouvoir faire tout ce qui ne nuit pas à autrui : ainsi, l'exercice des droits naturels de chaque homme n'a de bornes que celles qui assurent aux autres membres de la société la jouissance de ces mêmes droits. Ces bornes ne peuvent être déterminées que par la loi.

Il y a deux façons de voir la liberté : soit la liberté est la possibilité de faire ce que l'on veut sans aucune limite, mais dans ce cas, cela devient vite « la loi du plus fort », soit la liberté est la liberté de faire ce que l'on veut dans le respect des droits des autres (ce qui permet à tout le monde de s'épanouir, qu'il soit fort ou faible). C'est cette définition qui est retenue par les hommes de la Révolution et qui reste valable. La liberté suppose donc des limites. Pour les hommes de la Révolution, ces limites ne peuvent être posées que par la loi, c'est-à-dire un texte qui est voté par une assemblée. Il semble en effet aux hommes de la Révolution que la loi soit la meilleure garantie de la liberté, car elle est débattue par les représentants du peuple. On considère aujourd'hui que la loi peut être « oppressive » et ne pas forcément respecter les droits de l'Homme. C'est pourquoi, elle doit respecter la Constitution qui les garantit.

Les limites à la liberté

Article 5

La loi n'a le droit de défendre que les actions nuisibles à la société. Tout ce qui n'est pas défendu par la loi ne peut être empêché, et nul ne peut être contraint à faire ce qu'elle n'ordonne pas.

Les limites à la liberté ne doivent pas être excessives : la loi ne peut interdire que ce qui est « mauvais » pour la société. Par ailleurs, le principe est que lorsqu'il n'existe pas de loi, les actes sont autorisés. Enfin, on n'est jamais obligé de faire ce que la loi n'impose pas de faire.

La formation de la loi

Article 6

La loi est l'expression de la volonté générale. Tous les citoyens ont droit de concourir personnellement, ou par leurs représentants, à sa formation. Elle doit être la même pour tous, soit qu'elle protège, soit qu'elle punisse. Tous les citoyens étant égaux à ses yeux sont également admissibles à toutes dignités, places et emplois publics, selon leur capacité, et sans autre distinction que celle de leurs vertus et de leurs talents.

La loi ayant ce rôle essentiel de définir les limites des libertés, il était normal que les hommes de la Révolution essaient de dire ce qu'est la loi. Ils définissent la loi en se référant en fait à la pensée d'un auteur : Jean-Jacques Rousseau (1712-1778). Pour lui, la loi c'est l'expression de la volonté générale, c'est-à-dire en quelque sorte la volonté « du groupe ».
La loi est rédigée aujourd'hui soit directement par les citoyens (cas du référendum) soit par les représentants des citoyens (c'est-à-dire par le Parlement). La loi doit être la même pour tous (il n'y a pas de discrimination). La conséquence de ceci, c'est que tous les hommes peuvent accéder aux places et emplois publics selon leur mérite garanti aujourd'hui par les concours (alors qu'avant, pour être fonctionnaire, il fallait acheter « sa place » en quelque sorte).

Le principe de légalité des délits et des peines

Article 7

Nul homme ne peut être accusé, arrêté ni détenu que dans les cas déterminés par la loi, et selon les formes qu'elle a prescrites. Ceux qui sollicitent, expédient, exécutent ou font exécuter des ordres arbitraires, doivent être punis; mais tout citoyen appelé ou saisi en vertu de la loi doit obéir à l'instant : il se rend coupable par la résistance.

Cet article intervient en fait en réaction notamment à une pratique du roi, les « lettres de cachet ». Cette pratique, en fait assez rare, consistait à envoyer des personnes en prison par simple lettre du roi, sans jugement, sans droit de se défendre, sans motif... D'où cet article qui prévoit que personne ne peut être accusé ou arrêté en dehors des cas prévus par la loi. Seule la loi détermine les cas dans lesquels les comportements d'une personne sont fautifs et sont donc des « infractions ». Par ailleurs, il ne peut y avoir de sanctions – des peines – autres que celles définies par la loi. En clair, à chaque infraction correspond une sanction et chaque individu doit savoir à quoi il s'expose en violant la loi.

Les peines doivent être nécessaires et non rétroactives

Article 8

La loi ne doit établir que des peines strictement et évidemment nécessaires, et nul ne peut être puni qu'en vertu d'une loi établie et promulguée antérieurement au délit, et légalement appliquée.

La loi doit définir des peines nécessaires dans l'intérêt de la société, c'est-à-dire qu'il soit utile de punir tel ou tel comportement : par exemple, en France on a longtemps puni l'adultère (le fait de tromper son mari ou sa femme). Mais aujourd'hui, sans considérer que c'est « bien », on considère qu'il n'est pas nécessaire d'envoyer le fautif en prison ! Par ailleurs, on ne doit pas subir une peine qui serait excessive : elle doit être proportionnée à la faute : par exemple, subir la peine de mort pour avoir volé une motocyclette est excessif, de même subir une simple amende pour un viol serait scandaleux. Il faut donc que la peine soit en rapport avec l'infraction.
Une personne ne peut être ni poursuivie, ni condamnée pour des faits qui sont devenus une faute en vertu d'une loi postérieure à cette faute : c'est ce qu'on appelle le principe de non-rétroactivité de la loi pénale. Ainsi, si la loi crée tel délit pour sanctionner tel comportement en 2004, une personne qui l'aurait commis en 2003, ne pourra pas être poursuivie ou condamnée pour ce délit.

La présomption d'innocence

Article 9

Tout homme étant présumé innocent jusqu'à ce qu'il ait été déclaré coupable, s'il est jugé indispensable de l'arrêter, toute rigueur qui ne serait pas nécessaire pour s'assurer de sa personne doit être sévèrement réprimée par la loi.

Le fait d'être présumé innocent, c'est-à-dire considéré par principe comme tel est fondamental. C'est considérer que tout homme est libre et respectable jusqu'à ce que sa culpabilité ait été établie par un juge indépendant et impartial. C'est à la justice de démontrer que la personne est coupable.

La liberté d'opinion

Article 10

Nul ne doit être inquiété pour ses opinions, même religieuses, pourvu que leur manifestation ne trouble pas l'ordre public établi par la loi.

La liberté d'opinion (c'est-à-dire la liberté de penser ce que l'on veut) est très importante notamment dans le cadre de la Révolution, car les guerres de religion ne sont pas si loin (un siècle plus tôt à peine) et la reconnaissance à toute personne de la liberté de penser ce qu'il veut, notamment en matière de religion est le moyen d'assurer la paix.
Comme toute liberté, cette liberté est limitée par le fait que la manifestation de ces opinions (c'est-à-dire leur expression publique) ne trouble pas l'« ordre public » défini par la loi (c'est-à-dire les valeurs fondamentales de la société). **Par exemple**, la manifestation d'opinions racistes est contraire à l'ordre public (➜ Voir p. 459).

La liberté de communication

Article 11

La libre communication des pensées et des opinions est un des droits les plus précieux de l'homme : tout citoyen peut donc parler, écrire, imprimer librement, sauf à répondre à l'abus de cette liberté dans les cas déterminés par la loi.

Sous l'Ancien Régime, on pratiquait la technique dite de la « censure », c'est-à-dire que les ouvrages, pour pouvoir être publiés, devaient être autorisés par une sorte de police qui décidait si tel ou tel livre n'était pas « dangereux ». Cette censure était très critiquée. Les hommes de la Révolution vont rejeter ce principe de la censure et considérer que tout homme a le droit de s'exprimer librement (il n'est fait référence qu'aux moyens d'expression de l'époque). Comme pour toute liberté, il existe des limites et celui qui abuse de sa liberté peut être poursuivi (par exemple, celui qui ment et porte atteinte à l'honneur d'une personne peut faire l'objet de poursuites).
Aujourd'hui, la liberté de communication, condition de la démocratie, est évidemment entendue de façon beaucoup large et concerne non seulement la presse écrite mais aussi les médias audiovisuels. Mais pour que les destinataires de cette liberté, c'est-à-dire les citoyens, puissent exercer leurs choix sans être influencés par des intérêts privés, la liberté de communication c'est aussi le respect par les médias du pluralisme des courants de pensée et d'opinion.

La force publique est au service de tous

Article 12

La garantie des droits de l'Homme et du Citoyen nécessite une force publique : cette force est donc instituée pour l'avantage de tous, et non pour l'utilité particulière de ceux auxquels elle est confiée.

Les libertés sont limitées par la loi. Mais, pour qu'une liberté puisse exister, il faut aussi une certaine paix fondée sur des valeurs communes qui supposent l'existence d'une « force publique » (police, armée, justice...) qui la fasse respecter au nom de tous. Cet article rappelle le principe selon lequel cette force doit servir à tous et non à ceux qui l'exercent (ils ne doivent pas en abuser).

Le principe de l'imposition « proportionnelle »

Article 13

Pour l'entretien de la force publique, et pour les dépenses d'administration, une contribution commune est indispensable : elle doit être également répartie entre tous les citoyens, en raison de leurs facultés.

Pour subvenir aux dépenses de l'État, il faut que chaque citoyen puisse y contribuer. C'est le principe de l'impôt qui n'était pas payé avant la Révolution par certaines catégories (les nobles et les membres de l'Église payaient beaucoup moins d'impôt). Chacun étant égal devant la loi, tous les citoyens doivent payer l'impôt en « raison de ses facultés ». Il y a les impôts indirects (que tout le monde paye, par exemple, la TVA) et un impôt sur le revenu. Il est considéré comme juste que ceux qui gagnent peu n'en payent pas ou peu et ceux qui ont de bons revenus en payent plus, au nom de la solidarité.

Le droit de consentir à l'impôt

Article 14

Tous les citoyens ont le droit de constater, par eux-mêmes ou par leurs représentants, la nécessité de la contribution publique, de la consentir librement d'en suivre l'emploi, et d'en déterminer la quotité, l'assiette, le recouvrement et la durée.

Le droit de consentir à l'impôt, c'est le droit d'accepter de payer l'impôt. Or, celui-ci était fixé arbitrairement avant la Révolution et sans contrôle.

Cet article pose donc une des bases de la démocratie : c'est aux représentants du peuple, et donc au Parlement, de voter l'impôt en déterminant sa quotité, c'est-à-dire sa valeur, son assiette, c'est-à-dire les personnes, l'objet ou l'activité concernés et de contrôler l'usage qui en est fait par le gouvernement.

Le droit de regard sur le fonctionnement de l'administration

Article 15

La société a le droit de demander compte à tout agent public de son administration.

La société suppose pour son fonctionnement une administration, c'est-à-dire un ensemble de personnes qui mettent en œuvre les décisions qui sont prises par nos représentants. Or, dans la mesure où ces agents des administrations sont sous l'autorité du gouvernement et le contrôle du Parlement, il est normal en démocratie que l'on puisse savoir comment fonctionne telle ou telle administration. En conséquence, on peut demander de rendre compte de ce qui est fait. Dans la pratique, cette demande est faite par les élus du peuple qui vont, par exemple, questionner un ministre sur le fonctionnement de tel ou tel de ses services.

La garantie des droits et la séparation des pouvoirs

Article 16

Toute société dans laquelle la garantie des droits n'est pas assurée, ni la séparation des pouvoirs déterminée, n'a point de Constitution.

La garantie des droits des citoyens suppose un droit au recours devant un juge indépendant contre une décision qui serait arbitraire. Elle suppose aussi que tous les pouvoirs ne soient pas dans les mêmes mains (le roi avant la Révolution). C'est pourquoi, la Révolution française a posé le principe de la « séparation des pouvoirs », initié par Montesquieu. Il y a trois fonctions dans l'État : celle de faire la loi, celle de l'exécuter, celle de sanctionner sa violation. Aucune autorité ne doit posséder ces trois pouvoirs à la fois. Ils doivent être confiés à des organes distincts : le pouvoir législatif vote les lois, le pouvoir exécutif les exécute, le « pouvoir » judiciaire vérifie qu'elles soient bien respectées.

La garantie du droit de propriété

Article 17

La propriété étant un droit inviolable et sacré, nul ne peut en être privé, si ce n'est lorsque la nécessité publique, légalement constatée, l'exige évidemment, et sous la condition d'une juste et préalable indemnité.

Les hommes de la Révolution étaient issus pour l'essentiel de la bourgeoisie et étaient donc très attachés au droit de propriété. Pour cette raison, ils parlent du droit de propriété comme d'un droit « inviolable et sacré ». Personne ne peut être privé de ce droit, sauf dans les cas qui sont déterminés par la loi et moyennant une indemnisation juste et préalable, c'est-à-dire une somme d'argent correspondant vraiment à la privation du bien et payée avant qu'on ne prive la personne de son bien (par exemple en cas de nationalisation d'une industrie, d'une expropriation pour cause d'utilité publique).

II Le Préambule de la Constitution de 1946

Le Préambule de la Constitution du 27 octobre 1946 est un texte important dans notre histoire, notamment parce qu'il intervient au lendemain de la Seconde Guerre mondiale. Il est marqué par le souvenir des atrocités de la guerre. Il est aussi marqué par la montée des « contestations sociales » et la nécessité de reconnaître des droits économiques et sociaux aux individus pour que l'égalité entre les citoyens soit plus réelle. Comme la Déclaration des droits de l'Homme et du Citoyen de 1789, le Préambule de 1946 fait partie intégrante de notre Constitution actuelle.

La fidélité à la Révolution française et à la République

1. Au lendemain de la victoire remportée par les peuples libres sur les régimes qui ont tenté d'asservir et de dégrader la personne humaine, le peuple français proclame à nouveau que tout être humain, sans distinction de race, de religion ni de croyance, possède des droits inaliénables et sacrés. Il réaffirme solennellement les droits et libertés de l'homme et du citoyen consacrés par la Déclaration des droits de 1789 et les principes fondamentaux reconnus par les lois de la République.

Le premier alinéa du Préambule de la Constitution du 27 octobre 1946 comme le premier article de la Déclaration universelle des droits de l'Homme commence par une sorte de rappel : tous les hommes ont droit à la dignité (la Déclaration universelle des droits de l'Homme l'affirme expressément alors que le Préambule de la Constitution de 1946 ne le fait qu'indirectement en indiquant que des régimes ont tenté « d'asservir et de dégrader la personne humaine »). Ce principe s'applique quelle que soit la race, la religion et la croyance, c'est affirmer ici que ce principe vaut pour toute personne, et donc que ce principe est universel.

Ce premier alinéa se termine sur un rappel de l'attachement de la France aux principes consacrés par la Déclaration des droits de l'Homme et du Citoyen de 1789 et sur les « Princip es fondamentaux reconnus par les lois de la République » (liberté d'association, gratuité de l'enseignement, laïcité...).

Principe d'égalité « homme-femme »

3. La loi garantit à la femme, dans tous les domaines, des droits égaux à ceux de l'homme.

Dans le prolongement de la Révolution française et de la Déclaration des droits de l'Homme et du Citoyen de 1789, qui proclame l'égalité politique et sociale entre tous les citoyens, des voix s'élevèrent pour réclamer l'égalité des droits entre les deux sexes (**Olympe de Gouges** publie dès 1791 une Déclaration des droits de la femme et de la citoyenne, par exemple). La lutte pour l'égalité des droits politiques s'est organisée au cours du XIXe siècle. Aux États-Unis, le Wyoming va accorder à ses habitantes le droit de vote dès 1869. En France, petit à petit l'enseignement commence à s'ouvrir au « sexe faible » (c'est ainsi qu'on le considérait à l'époque). En 1891, la Fédération française des sociétés féministes voit le jour. De telles organisations vont se multiplier durant la « Belle Époque », qui voit des femmes revendiquer le droit à l'épanouissement sexuel (à l'image de Colette, par exemple). Le combat individuel et collectif des femmes va être décisif dans leur processus d'émancipation. La conquête de leurs droits doit beaucoup également à leur rôle particulièrement actif pendant les deux guerres mondiales. Il faudra attendre la fin de la Seconde Guerre mondiale pour que l'égalité homme/femme soit reconnue au moins en principe. Cet alinéa du Préambule de la Constitution de 1946 en est un exemple. Le combat pour les droits des femmes va ensuite être relayé par les Nations unies (notamment en 1975

« année internationale de la femme »). En 1979 est adoptée une convention internationale sur l'élimination de toute discrimination à l'égard des femmes. En France, le 10 mars 1999, l'Assemblée nationale, adoptait à l'unanimité et à main levée le projet de loi constitutionnelle sur l'égal accès des hommes et des femmes aux mandats et fonctions électives. Combiné avec le premier alinéa, on déduit que l'être politique (pour la France tout du moins) est un être universel, abstrait, asexué. Si les hommes naissent libres et égaux en droits, le politique ne se fonde plus aujourd'hui sur la nature, encore moins sur le biologique. C'est en cela même que la République et ses principes sont « universels » bien qu'il reste beaucoup à faire pour que l'égalité entre les sexes, notamment sur le plan professionnel, devienne une réalité.

Le droit d'asile

4. Tout homme persécuté en raison de son action en faveur de la liberté a droit d'asile sur les territoires de la République.

L'asile est un droit en vertu duquel une personne qui se réfugie dans certains endroits bénéficie d'une protection pendant le temps qu'elle y reste. L'asile, recherché par les personnes qui font l'objet de persécutions (c'est-à-dire de poursuites sans motif valable et généralement politiques), leur permet d'échapper à ces poursuites. Le texte indique que la personne doit être persécutée « en raison de son action en faveur de la liberté », c'est-à-dire par exemple qu'une personne qui fait l'objet de poursuites simplement parce qu'elle a commis une fraude aux examens ne peut pas demander l'asile. La personne qui par contre fait l'objet de poursuites sans raison ou en raison de ses opinions peut demander l'asile.

On peut aussi demander l'asile quand on se trouve en territoire étranger. Les locaux diplomatiques sont inviolables (en vertu de l'article 22 de la Convention de Vienne du 18 avril 1961), c'est-à-dire qu'il n'est pas permis aux agents de l'État accréditeur – de l'État où l'ambassade se trouve – d'y pénétrer. En conséquence, une personne qui se trouve dans une ambassade peut demander à ne pas en ressortir, si elle craint des poursuites. C'est au chef de la mission (par exemple, l'ambassadeur) de prendre la décision. L'exemple le plus célèbre est celui du cardinal Mindszenty, longtemps réfugié à l'ambassade des États-Unis à Budapest.

Le droit d'obtenir un emploi et l'égalité de traitement

5. Chacun a le devoir de travailler et le droit d'obtenir un emploi. Nul ne peut être lésé, dans son travail ou son emploi, en raison de ses origines, de ses opinions ou de ses croyances.

Cet article fait état d'un droit « d'obtenir un emploi ». Cela ne veut pas dire que l'État est tenu de donner à tout le monde un emploi, la création des emplois dépend surtout du secteur privé, mais cela veut dire que l'État doit tout mettre en œuvre pour favoriser l'emploi et lutter contre le chômage.
Le droit à l'emploi se fait dans les mêmes conditions quelles que soient la religion, l'origine ou les opinions de la personne. Cela veut dire notamment qu'il est interdit de refuser d'employer un demandeur d'emploi car il aurait une couleur de peau différente.

La liberté syndicale

6. Tout homme peut défendre ses droits et ses intérêts par l'action syndicale et adhérer au syndicat de son choix.

Lointains héritiers des corporations du Moyen Âge, longtemps combattus (notamment par la loi Le Chapelier de 1791), les syndicats existent et sont aujourd'hui reconnus. Le syndicalisme moderne s'est développé en France tout au long du XIXe siècle, parfois dans la clandestinité. La liberté syndicale a été reconnue en France par la loi Waldeck-Rousseau du 21 mars 1884. La Constitution de 1946 la consacre solennellement.
En droit, on dit que les syndicats sont des associations (régies par la loi du 1er juillet 1901 sur les associations). Ils ont pour objet « l'étude et la défense des droits ainsi que des intérêts matériels et moraux, tant collectifs qu'individuels de leurs membres » (Code du travail). Ils ont un caractère exclusivement professionnel.
La liberté syndicale a deux aspects : un aspect collectif (liberté de création et de fonctionnement des syndicats) et un aspect individuel (liberté d'adhérer ou de ne pas adhérer à un syndicat, d'adhérer au syndicat de son choix et d'en démissionner).

Le droit de grève

7. Le droit de grève s'exerce dans le cadre des lois qui le réglementent.

Le droit de grève se définit comme une suspension collective et concertée du travail en vue de faire aboutir une revendication professionnelle. C'est une suspension collective du travail, ce qui veut dire qu'*a priori* on ne peut pas faire grève « tout seul ». C'est une suspension « concertée », car le plus souvent la grève doit être organisée, c'est dire prévue (les grèves dans le secteur public doivent obligatoirement être annoncées, on dit qu'il faut « déposer un préavis »). C'est une suspension du travail, ce qui veut dire qu'il faut cesser tout travail : cette cessation collective et provisoire de l'activité doit être faite dans le but de faire aboutir une revendication professionnelle précise.

Le droit de grève a longtemps été combattu en France, notamment par la loi Le Chapelier de 1791. Les personnes qui se mettaient en grève étaient licenciées sur-le-champ. Dans la fonction publique, la reconnaissance du droit de grève a été particulièrement difficile d'autant plus que l'on considère que les services publics doivent fonctionner de manière continue. Aujourd'hui, le droit de grève est reconnu (notamment en référence à cet alinéa du Préambule de la Constitution de 1946). Les fonctionnaires peuvent également exercer leur droit de grève, sauf aménagement pour certains services publics (par exemple, ni les policiers ni les militaires n'ont le droit de grève).

Le droit à la participation

8. Tout travailleur participe, par l'intermédiaire de ses délégués, à la détermination collective des conditions de travail ainsi qu'à la gestion des entreprises.

Au lendemain de la Seconde Guerre mondiale, l'idée selon laquelle les salariés doivent participer à la détermination de leurs conditions de travail et à la gestion des entreprises se fait jour. On considère qu'il s'agit là d'un moyen efficace pour « faire entrer la démocratie économique dans l'entreprise ».

Cette participation n'est pas le fait directement des salariés mais de leurs représentants, les « délégués ». Cette idée va être développée au travers de toute une série d'institutions : comités d'hygiène et de sécurité, comités d'entreprise, commission mixte paritaire dans la fonction publique, conventions collectives, c'est-à-dire des accords entre patronat et syndicats sur les conditions de travail.

Les services publics

9. Tout bien, toute entreprise, dont l'exploitation a ou acquiert les caractères d'un service public national ou d'un monopole de fait, doit devenir la propriété de la collectivité.

La notion de « service public national » doit d'abord être précisée. En France, l'expression « service public » recouvre des missions très diverses, car elle s'applique aux compétences de l'État (défense, sécurité, justice) comme à d'autres missions essentielles (l'Éducation nationale, la protection sociale...). D'un point de vue juridique, le service public est une activité d'intérêt général placée sous le contrôle de l'administration.
Cet alinéa indique qu'en principe un service public « national », c'est-à-dire qui s'applique à toute la nation doit être la propriété de l'État, ce qui autorise, par exemple, les nationalisations, c'est-à-dire le transfert de la propriété d'un bien du secteur privé au secteur public. Par ailleurs, le Conseil constitutionnel a considéré que les services publics nationaux pouvaient être gérés par des personnes privées, à l'exception des services publics à valeur constitutionnelle (comme la justice, la police...).

La protection de la famille

10. La nation assure à l'individu et à la famille les conditions nécessaires à leur développement.

En droit, la famille, a longtemps été ignorée par les textes. Le Code civil français ne lui donnait pas un « sens juridique ». Le premier texte qui en fit officiellement mention fut la loi du 12 juillet 1909 (ce texte portait sur le bien de famille insaisissable). L'institution des allocations familiales, en 1932, élargit le champ d'application des mesures législatives qui consacrent aujourd'hui la notion de prestations familiales, comprenant de multiples allocations. Le Préambule de la Constitution de 1946 fait mention de cette idée de « famille » et de sa protection.
La protection de la famille est réalisée notamment par la reconnaissance par l'État des « associations familiales » et par l'importance accordée de nos

jours aux prestations familiales et sur le plan fiscal par les réductions d'impôt en fonction du nombre d'enfants.
Enfin, ce texte est aussi protecteur des étrangers vivant en France dans leur droit au respect de leur vie familiale, notamment pour justifier dans certaines conditions, leur droit à faire venir sur le sol national leur famille (droit au regroupement familial).

La protection de la santé

11. Elle garantit à tous, notamment à l'enfant, à la mère et aux vieux travailleurs, la protection de la santé, la sécurité matérielle, le repos et les loisirs. Tout être humain qui, en raison de son âge, de son état physique ou mental, de la situation économique, se trouve dans l'incapacité de travailler a le droit d'obtenir de la collectivité des moyens convenables d'existence.

La protection de la santé de tous – et particulièrement des plus faibles – est un devoir de l'État qu'il s'agisse par exemple, de l'organisation des soins et de la bonne marche des hôpitaux, de la réglementation de l'hygiène, de la prévention de certaines maladies et la lutte contre certains comportements à risques. La protection de la santé suppose aussi le libre choix du médecin, la protection de l'intégrité physique des personnes.
Enfin, les plus démunis ont droit à la sécurité matérielle, c'est-à-dire à des moyens convenables d'existence. C'est en vertu de ce principe qu'ont été institués, par exemple, l'assurance vieillesse, l'assurance chômage, le revenu minimum d'insertion (RMI), la couverture maladie universelle qui permet à tous et surtout aux plus faibles de bénéficier de soins gratuits ou remboursés.

La solidarité nationale

12. La nation proclame la solidarité et l'égalité de tous les Français devant les charges qui résultent des calamités nationales.

En vertu du principe d'égalité des citoyens, tous sont solidaires en cas de calamités nationales (inondations, calamités agricoles, attentats, tremblement de terre, guerre, etc.). C'est pourquoi, il appartient à l'État d'indemniser les victimes de ces « calamités ».

Le droit à l'instruction, à la formation professionnelle et à la culture

13. La nation garantit l'égal accès de l'enfant et de l'adulte à l'instruction, à la formation professionnelle et à la culture. L'organisation de l'enseignement public gratuit et laïque à tous les degrés est un devoir de l'État.

L'éducation est un projet global qui a pour objet le développement harmonieux de la personnalité au bénéfice de tous et chacun tandis que l'instruction (ou l'enseignement) a une visée plus précise : elle se propose de transmettre des connaissances ou des savoir-faire plus ou moins spécialisés. Dans le langage courant, on utilise souvent un mot pour l'autre.
La nation « garantit » l'égal accès à l'instruction comme à la formation professionnelle et à la culture, à l'enfant comme à l'adulte : chacun est égal devant la loi et a un égal accès au service public. La conséquence en est aussi la neutralité du service public qui ne connaît que des citoyens sans distinction d'origines. La seconde obligation pour l'État est d'assurer un enseignement public, gratuit et laïc.

Principe de soumission au droit international

14. La République française, fidèle à ses traditions, se conforme aux règles du droit public international. Elle n'entreprendra aucune guerre dans des vues de conquête et n'emploiera jamais ses forces contre la liberté d'aucun peuple.

Au lendemain de la Seconde Guerre mondiale, la guerre apparaît comme encore plus monstrueuse qu'auparavant, notamment du fait de la découverte des crimes nazis. Ceci permet entre autre de comprendre pourquoi le Préambule de la Constitution de 1946 affirme que la France n'emploiera jamais ses forces contre la liberté d'un peuple.
Par ailleurs, la France affirme son consentement à l'égard de l'ensemble du droit international ou plus précisément s'engage à ce que la loi le respecte. La France peut, par ailleurs, consentir à des limitations de souveraineté. Celles-ci nécessitent cependant qu'elles soient inscrites dans la Constitution.

III LA RÉPUBLIQUE DANS LA CONSTITUTION DE 1958

Les principes ci-dessous sont énoncés dans le corps même de la Constitution.

Article 1er

La France est une République indivisible, laïque, démocratique et sociale. Elle assure l'égalité devant la loi de tous les citoyens sans distinction d'origine, de race ou de religion. Elle respecte toutes les croyances. Son organisation est décentralisée.

La France est une République indivisible

Le principe suivant lequel la République française est indivisible signifie que l'on doit envisager la République comme formant un « tout » : il n'y a qu'un peuple français et non une mosaïque de peuples (il n'y a pas par exemple de peuple corse, breton, basque). La République ne connaît que des citoyens égaux en droit quelles que soient leurs origines.

La République assure l'égalité de tous devant la loi

On a déjà évoqué ce principe à plusieurs reprises. Notons qu'il vaut aussi en matière de suffrage, de justice, d'égal accès aux emplois publics, devant le service public, entre nationaux et étrangers pour les droits économiques et sociaux. Il autorise même, dans une certaine mesure des différences de traitement entre les citoyens pour corriger certaines inégalités et dans un but d'intérêt général.

La France est une République laïque

Le principe de laïcité a déjà été évoqué à plusieurs reprises (➜ **Voir p. 265 et s.**). En découle le principe de séparation des Églises et de l'État, l'interdiction du port de façon ostensible d'insignes religieux à l'école, mais limite aussi la faculté pour les collectivités locales de financer les établissements d'enseignement privé.

La France est une République « démocratique »

On sait que le mot démocratie s'explique par son étymologie (c'est-à-dire par l'étude de l'origine du mot). Démocratie nous vient de la Grèce antique (aux environs du Ve siècle av. J.-C.) et il signifiait le pouvoir du *dêmos*, du « petit peuple », par opposition à l'aristocratie – pouvoir de quelques-uns, les nobles ou les riches – et à la monarchie – pouvoir d'un seul. La démocratie, c'est donc le pouvoir du peuple. Dans nos grands États, se pose la question de savoir comment le peuple peut gouverner sachant qu'on ne peut pas toujours faire voter l'ensemble du peuple sur toutes les questions qui se posent. C'est ce qu'on appelle la « représentation » : on considère que le peuple gouverne par l'intermédiaire de ses représentants (les députés – à l'Assemblée nationale – et les sénateurs – au Sénat –), ces représentants étant élus par le peuple. Celui-ci peut aussi directement voter la loi par référendum.

Aujourd'hui, le mot de démocratie ne signifie plus simplement que c'est le peuple qui gouverne, mais signifie aussi que le gouvernement se fait en respectant les droits de l'Homme.

La France est une République sociale

Dire que la France est une République sociale, c'est dire qu'elle assure une certaine « cohérence », une certaine unité. Cela veut dire notamment que l'État se doit d'intervenir pour lutter contre l'exclusion sociale.

L'organisation de la France est « décentralisée »

La décentralisation consiste dans le transfert de compétences de l'État au profit des collectivités locales (communes, départements, régions). Dans le respect de l'unité de la République, cet article issu de la révision constitutionnelle de 2003 consacre un processus entamé en France depuis 1884 et surtout 1982 qui consiste à transférer des compétences de l'État à ces collectivités.

Article 2

La langue de la République est le français.
L'emblème national est le drapeau tricolore, bleu, blanc, rouge.
L'hymne national est la « Marseillaise ».
La devise de la République est « Liberté, Égalité, Fraternité ».
Son principe est : gouvernement du peuple, par le peuple et pour le peuple.

La langue de la République est le français

L'emploi du français est obligatoire dans les services publics.

L'emblème national est le drapeau tricolore

Bleu, blanc, rouge !

L'hymne national est la Marseillaise

Depuis le 14 juillet 1795, la Marseillaise est notre « chant national ».

La devise de la République : « Liberté, Égalité, Fraternité »

Cette devise est apparue sur les édifices publics à partir de 1793 ainsi que sur les pièces de monnaie. Elle exprime les valeurs de notre République.

Le gouvernement du peuple par le peuple et pour le peuple

Cette expression peut avoir l'air de se « répéter » mais en fait, elle fait référence à des idées bien différentes :
– gouvernement du peuple « par le peuple », c'est la référence à la « démocratie », au fait que c'est le peuple qui a le pouvoir ;
– gouvernement du peuple pour le peuple, c'est la référence à l'objectif : le gouvernement se fait dans l'intérêt du peuple et non dans un intérêt particulier (celui de certains citoyens précis par exemple).

Article 3

La souveraineté nationale appartient au peuple qui l'exerce par ses représentants et par la voie du référendum.
Aucune section du peuple ni aucun individu ne peut s'en attribuer l'exercice.
Le suffrage peut être direct ou indirect dans les conditions prévues par la Constitution. Il est toujours universel, égal et secret.
Sont électeurs, dans les conditions déterminées par la loi, tous les nationaux français majeurs des deux sexes, jouissant de leurs droits civils et politiques.
La loi favorise l'égal accès des femmes et des hommes aux mandats électoraux et fonctions électives.

« La souveraineté nationale appartient au peuple », c'est ici la référence à la démocratie. Le peuple exerce sa souveraineté (c'est-à-dire le pouvoir le plus élevé) soit par les représentants élus au suffrage universel, soit par la voie du référendum (c'est-à-dire que c'est le peuple qui vote directement la loi).
La souveraineté appartient à « tout » le peuple, ce qui veut dire qu'aucune partie du peuple ne peut prétendre exercer cette souveraineté. C'est très important, car cela veut dire qu'on ne peut pas exclure une partie du peuple, pour des raisons d'origine, par exemple.
Le suffrage, c'est le droit de voter. On peut désigner une personne soit directement (c'est le cas du président de la République ou de nos députés) soit indirectement (on choisit des personnes qui elles-mêmes sont ensuite chargées de désigner d'autres personnes : c'est le cas de nos sénateurs). Le suffrage est universel, c'est-à-dire que toute personne âgée de 18 ans révolus peut voter, sans distinction. Le suffrage enfin est secret, c'est-à-dire qu'on vote ce qu'on veut sans que personne n'en ait connaissance (➜ Voir

p. 571). C'est une condition très importante pour pouvoir être libre de voter réellement ce qu'on veut (sinon, on risque d'être influencé).
Les personnes qui peuvent voter sont en principe les « nationaux français », c'est-à-dire toutes les personnes qui ont la nationalité française, et uniquement eux. Toutefois, pour les élections municipales, les personnes de nationalité d'un des pays de l'Union européenne peuvent, sous certaines conditions, participer également à l'élection. Pour être électeur, il faut avoir « ses droits civils et politiques », c'est-à-dire qu'il ne faut pas, par exemple, avoir fait l'objet d'une condamnation par un juge qui nous les aurait fait perdre.
Le dernier alinéa est récent (1999). Il précise que la loi favorise l'égal accès des hommes et des femmes aux mandats électoraux. C'est une réponse au fait qu'en France les femmes ne sont pas très nombreuses à être présentes dans les assemblées élues (Assemblée nationale, Sénat, assemblées locales...). Désormais, la loi peut prévoir des dispositions pour favoriser l'accès des femmes aux mandats et fonctions électives.

Article 4

Les partis et groupements politiques concourent à l'expression du suffrage. Ils se forment et exercent leur activité librement. Ils doivent respecter les principes de la souveraineté nationale et de la démocratie.

Ils contribuent à la mise en œuvre du principe énoncé au dernier alinéa de l'article 3 dans les conditions déterminées par la loi.

On peut définir un parti politique comme un groupement structuré d'hommes et de femmes (c'est-à-dire qu'il y a une organisation) partageant les mêmes idées sur l'organisation et la gestion de la société. La création de ce groupement se fait dans un but : mobiliser l'opinion sur un certain nombre d'objectifs (c'est le programme du parti politique) et participer au pouvoir (que ce soit dans l'opposition ou dans la majorité).
En France, les partis politiques se sont développés durant le XXe siècle. On peut dire que les partis politiques sont essentiels car ils remplissent trois rôles très importants pour la démocratie :
1°) Ils concourent à la formation et à la mobilisation de l'opinion publique.
2°) Ils sont responsables de l'élaboration des programmes électoraux, qui deviendront, si le parti accède au pouvoir, les politiques gouvernementales.
3°) Ils participent à la sélection du personnel politique, en investissant les candidats et en leur apportant un soutien matériel (de l'argent, des structures) et humain (des militants) au cours des campagnes électorales.

Pour cette raison, la reconnaissance de l'importance des partis politiques par le texte même de la Constitution est fondamentale. Le texte va même plus loin puisqu'il affirme la liberté de formation (c'est-à-dire de création) et de fonctionnement des partis politiques (sous réserve que les partis politiques respectent la démocratie – le gouvernement du peuple par le peuple – et la souveraineté nationale).

Les partis politiques doivent essayer de favoriser l'égal accès des femmes aux fonctions électives, notamment en présentant suffisamment de femmes aux élections.

chapitre 2

Les textes internationaux

I La Convention européenne de sauvegarde des droits de l'Homme et des libertés fondamentales

Ce texte a été adopté le 4 novembre 1950. C'est un texte dont l'importance est toute particulière parce qu'il consacre des droits fondamentaux et surtout, parce qu'il existe un organe qui est chargé de faire respecter ces droits : la Cour européenne des droits de l'Homme. S'il est porté atteinte à un de ces droits par un État, il est aujourd'hui possible (sous certaines conditions) de se plaindre devant la Cour européenne des droits de l'Homme et l'État pourra être condamné.

Les engagements des États

Article 1er

Les Hautes Parties contractantes reconnaissent à toute personne relevant de leur juridiction les droits et libertés définis au titre I de la présente Convention.

Les États se sont engagés par cette convention à reconnaître ces droits aux particuliers. C'est un principe essentiel, cela veut dire que l'on ne fait pas une simple « déclaration de principes », mais que l'on prend un vrai engagement.

Le droit à la vie

Article 2

1. Le droit de toute personne à la vie est protégé par la loi. La mort ne peut être infligée à quiconque intentionnellement, sauf en exécution d'une sentence capitale prononcée par un tribunal au cas où le délit est puni de cette peine par la loi.
2. La mort n'est pas considérée comme infligée en violation de cet article dans les cas où elle résulterait d'un recours à la force rendu absolument nécessaire :
– pour assurer la défense de toute personne contre la violence illégale;
– pour effectuer une arrestation régulière ou pour empêcher l'évasion d'une personne régulièrement détenue;
– pour réprimer, conformément à la loi, une émeute ou une insurrection.

L'article pose un principe (le droit à la vie) et des exceptions (les cas dans lesquels il peut être porté atteinte à la vie). Le droit à la vie est reconnu, mais

il n'est pas possible de définir à partir de quand commence la vie. À partir de l'embryon ? À partir de la naissance ? On a vu qu'en France il y avait de sérieux doutes (➜ **Voir p. 40**). En tout cas, le droit à la vie s'oppose en principe à ce qu'on puisse tuer une personne (interdiction du meurtre), sauf si la mort est décidée par un tribunal. En fait, il faut rappeler que le texte a été adopté en 1950 et qu'à cette époque de nombreux pays (dont la France) pratiquaient encore la peine de mort. On a donc rédigé un article qui prend en compte ce qui existait à l'époque. Depuis, la convention a connu des « ajouts » (on parle d'amendements) et un texte (le protocole nº 6) prévoit que la peine de mort n'est plus appliquée (mais ce texte ne s'applique qu'aux États qui ont accepté de le signer, or, certains États comme l'Arménie n'ont pas voulu le signer). En France, la peine de mort n'a été abolie qu'en 1981 et son abolition devrait être consacrée par une révision constitutionnelle. On remarque aussi que si cet article reconnaît un droit à la vie, on peut se demander si on a un droit à la mort (c'est-à-dire le droit de demander de ne plus vivre quand on souffre de trop, par exemple quand on est malade).
On peut tuer quelqu'un sans pour autant se rendre coupable d'une violation de cet article dans trois cas (et la Cour européenne des droits de l'Homme insiste sur le fait qu'il n'y a que ces trois cas qui constituent des exceptions) : tout d'abord, en cas de légitime défense (c'est-à-dire, par exemple, si on est attaqué et qu'on répond), ensuite, dans le cadre d'une arrestation ou pour éviter une évasion (si les forces de police ne pouvaient pas utiliser la force, on ne voit pas comment ils pourraient arrêter les délinquants), pour faire face à une émeute ou à une insurrection (c'est-à-dire en cas de manifestation dangereuse).

L'interdiction de la torture

Article 3

Nul ne peut être soumis à la torture ni à des peines ou traitements inhumains ou dégradants.

La torture consiste en tout acte par lequel on inflige à quelqu'un d'autre une douleur ou une souffrance aiguë, mentale ou physique dans le but d'obtenir des renseignements ou des aveux, pour la punir ou l'intimider ou tout autre motif. Elle est encore largement pratiquée dans des États non démocratiques. Même dans des démocraties, même si elle est illégale, elle peut être parfois utilisée. Il faut savoir que récemment la France a même été condamnée – exceptionnellement – par la Cour européenne des droits de l'Homme parce que certains policiers avaient, lors d'un interrogatoire, maltraité gravement un suspect. Quant aux traitements inhumains ou dégradants, il s'agit d'un traitement qui provoque volontairement chez la victime de graves souffrances morales ou physiques, sans justification. C'est en vertu de ce principe, par exemple, qu'il est possible pour un État signataire de cette convention de refuser la demande d'extradition d'un condamné à mort aux États-Unis parce qu'il va vivre dans ce qu'on appelle les « couloirs de la mort » et la longue attente avant exécution constitue un traitement inhumain.

L'interdiction du travail forcé

Article 4

1. Nul ne peut être tenu en esclavage ni en servitude.
2. Nul ne peut être astreint à accomplir un travail forcé ou obligatoire.
3. N'est pas considéré comme « travail forcé ou obligatoire » au sens du présent article :

– tout travail requis normalement d'une personne soumise à la détention dans les conditions prévues par l'article 5 de la présente Convention, ou durant sa mise en liberté conditionnelle;

– tout service de caractère militaire ou, dans le cas d'objecteurs de conscience dans les pays où l'objection de conscience est reconnue comme légitime, un autre service à la place du service militaire obligatoire;

– tout service requis dans le cas de crises ou de calamités qui menacent la vie ou le bien-être de la communauté;

– tout travail ou service formant partie des obligations civiques normales.

L'esclavage est interdit. Ce texte pose aussi l'interdiction du travail forcé ou obligatoire : c'est un principe très important, car cela veut dire que toute personne a le droit de ne pas travailler si elle le veut. Le texte prend ensuite soin de préciser que certains travaux ne sont pas des « travaux forcés » : le travail dans le cadre de la détention (les prisonniers qui travaillent ne font pas des travaux forcés), les travaux dans le cadre du service militaire, les services qui sont exigés des personnes en cas de calamité (par exemple, si on ordonne à une personne d'aider les pompiers en cas d'inondation, ce n'est pas du travail « forcé »), les travaux dans le cadre des obligations civiques (par exemple, on peut demander dans le cadre des obligations civiques d'aller voter, ce n'est pas un « travail forcé »).

Remarque : les objecteurs de conscience, sont les personnes qui ne veulent pas faire leur service militaire pour des raisons idéologiques ou philosophiques (ils sont contre toute forme de guerre, par exemple). Pour respecter leur liberté de pensée, certains États ont prévu la possibilité de faire un « service civil », c'est-à-dire que ces personnes travailleraient dans une administration (et non au combat). Ce travail n'est pas non plus du travail forcé.

Le droit à la sûreté

Article 5

1. Toute personne a droit à la liberté et à la sûreté. Nul ne peut être privé de sa liberté, sauf dans les cas suivants et selon les voies légales :
– s'il est détenu régulièrement après condamnation par un tribunal compétent ;
– s'il a fait l'objet d'une arrestation ou d'une détention régulières, pour insoumission à une ordonnance rendue, conformément à la loi, par un tribunal ou en vue de garantir l'exécution d'une obligation prescrite par la loi ;
– s'il a été arrêté et détenu en vue d'être conduit devant l'autorité judiciaire compétente, lorsqu'il y a des raisons plausibles de soupçonner qu'il a commis une infraction ou qu'il y a des motifs raisonnables de croire à la nécessité de l'empêcher de commettre une infraction ou de s'enfuir après l'accomplissement de celle-ci ;
– s'il s'agit de la détention régulière d'un mineur, décidée pour son éducation surveillée ou de sa détention régulière, afin de le traduire devant l'autorité compétente ;
– s'il s'agit de la détention régulière d'une personne susceptible de propager une maladie contagieuse, d'un aliéné, d'un alcoolique, d'un toxicomane ou d'un vagabond ;
– s'il s'agit de l'arrestation ou de la détention régulières d'une personne pour l'empêcher de pénétrer irrégulièrement dans le territoire, ou contre laquelle une procédure d'expulsion ou d'extradition est en cours.

2. Toute personne arrêtée doit être informée, dans le plus court délai et dans une langue qu'elle comprend, des raisons de son arrestation et de toute accusation portée contre elle.

3. Toute personne arrêtée ou détenue, dans les conditions prévues au paragraphe 1. c du présent article, doit être aussitôt traduite devant un juge ou un autre magistrat habilité par la loi à exercer des fonctions judiciaires et a le droit d'être jugée dans un délai raisonnable, ou libérée pendant la procédure. La mise en liberté peut être subordonnée à une garantie assurant la comparution de l'intéressé à l'audience.

4. Toute personne privée de sa liberté par arrestation ou détention a le droit d'introduire un recours devant un tribunal, afin qu'il statue à bref délai sur la légalité de sa détention et ordonne sa libération si la détention est illégale.

5. Toute personne victime d'une arrestation ou d'une détention dans des conditions contraires aux dispositions de cet article a droit à réparation.

La sûreté, c'est le fait de ne pas être arrêté sans raison valable et sans garantie que nos droits seront respectés. Le principe, c'est la liberté, en conséquence, on ne peut être arrêté et mis en prison qu'après avoir été condamné.

Dès qu'une personne est arrêtée, elle doit être informée (dans sa langue, ce qui suppose le cas échéant qu'un interprète intervienne) des raisons de son arrestation (ce qu'on lui reproche). Toute personne a le droit d'être présentée dans les plus brefs délais devant un juge (c'est ici une garantie qui est traditionnelle et que l'on appelle l'*habeas corpus*, en référence à un texte britannique). On considère en effet qu'un juge est une garantie pour nos libertés. Si la personne peut être mise en détention provisoire, elle ne doit l'être que pendant un temps raisonnable (c'est-à-dire qu'avant d'être jugée, la personne peut être envoyée en prison, mais, dans ce cas, elle ne doit pas rester trop longtemps en prison avant d'être jugée, sinon, elle doit être relâchée).

Toute personne qui est arrêtée a le droit de contester son arrestation et si elle prouve qu'elle a été arrêtée sans raison, elle doit pouvoir demander une indemnité (par exemple, elle doit pouvoir réclamer une partie du salaire qu'elle a perdu).

Le droit à un procès équitable

Article 6

1. Toute personne a droit à ce que sa cause soit entendue équitablement, publiquement et dans un délai raisonnable, par un tribunal indépendant et impartial, établi par la loi, qui décidera, soit des contestations sur ses droits et obligations de caractère civil, soit du bien-fondé de toute accusation en matière pénale dirigée contre elle. Le jugement doit être rendu publiquement, mais l'accès de la salle d'audience peut être interdit à la presse et au public pendant la totalité ou une partie du procès dans l'intérêt de la moralité, de l'ordre public ou de la sécurité nationale dans une société démocratique, lorsque les intérêts des mineurs ou la protection de la vie privée des parties au procès l'exigent, ou dans la mesure jugée strictement nécessaire par le tribunal, lorsque dans des circonstances spéciales la publicité serait de nature à porter atteinte aux intérêts de la justice.

2. Toute personne accusée d'une infraction est présumée innocente jusqu'à ce que sa culpabilité ait été légalement établie.

3. Tout accusé a droit notamment à :

– être informé, dans le plus court délai, dans une langue qu'il comprend et d'une manière détaillée, de la nature et de la cause de l'accusation portée contre lui ;

– disposer du temps et des facilités nécessaires à la préparation de sa défense ;

– se défendre lui-même ou avoir l'assistance d'un défenseur de son choix et, s'il n'a pas les moyens de rémunérer un défenseur, pouvoir être assisté gratuitement par un avocat d'office, lorsque les intérêts de la justice l'exigent ;

– interroger ou faire interroger les témoins à charge et obtenir la convocation et l'interrogation des témoins à décharge dans les mêmes conditions que les témoins à charge ;

– se faire assister gratuitement d'un interprète, s'il ne comprend pas ou ne parle pas la langue employée à l'audience.

Cet article est sans doute celui qui est le plus discuté, du moins en France, parce que son application a posé de nombreux problèmes. Dans ses principes, il est simple et tout le monde est d'accord, mais, dans son application, il y a de nombreuses difficultés.

1. Toute personne a le droit à ce que son affaire soit examinée par des juges « indépendants et impartiaux » (c'est-à-dire qui n'ont pas de préjugé sur l'affaire et qui n'ont pas d'intérêt à ce que l'on décide que telle personne est ou non coupable). Le jugement doit être public (ce qui permet à tout le monde de savoir comment l'affaire s'est passée et éventuellement aux journalistes de rapporter cette affaire), mais, dans certains cas, l'accès à la salle peut être limité (par exemple, si c'est un mineur qui est en cause). Le jugement doit être fait dans des délais « raisonnables » (c'est-à-dire que l'affaire ne doit pas durer trop longtemps).

2. Ce point n° 2 pose le principe de la présomption d'innocence : on suppose que toute personne est innocente jusqu'à ce qu'elle ait fait l'objet d'une condamnation définitive par un juge. C'est un principe essentiel, car cela veut dire que ce n'est pas à la personne de prouver qu'elle est innocente, c'est au procureur de le faire et de trouver des preuves.

3. Ce point définit les droits des personnes qui sont accusées : le droit d'être informé des raisons de son arrestation, cette information devant être faite dans une langue que la personne comprend (c'est un droit très important, car sinon on ne peut pas se défendre si on ne sait pas ce qu'on nous reproche) ; le droit d'avoir du temps pour préparer sa défense (c'est aussi un droit important, parce que si on est accusé le soir et qu'on est jugé le lendemain, on ne peut pas rapporter la preuve qu'on n'est pas coupable, on ne peut pas trouver de témoins...) ; le droit de se défendre ou d'avoir un avocat ; le droit de faire interroger les témoins que l'on veut ; le droit d'avoir un interprète.

Le principe de « prévisibilité »

Article 7

1. Nul ne peut être condamné pour une action ou une omission qui, au moment où elle a été commise, ne constituait pas une infraction d'après le droit national ou international. De même il n'est infligé aucune peine plus forte que celle qui était applicable au moment où l'infraction a été commise.

2. Le présent article ne portera pas atteinte au jugement et à la punition d'une personne coupable d'une action ou d'une omission qui, au moment où elle a été commise, était criminelle d'après les principes généraux de droit reconnus par les nations civilisées.

Le principe de prévisibilité, c'est le principe suivant lequel on ne peut pas être puni pour quelque chose qui n'était pas interdit au moment où on l'a fait : **par exemple**, si le fait d'utiliser un téléphone dans certains lieux n'est pas puni par la loi le lundi, je peux le faire. Si par contre, le mardi un texte est pris, alors, à partir du mercredi, je peux être condamné. Le principe de « prévisibilité » ne signifie pas que l'on doive nous indiquer tout ce qui est interdit (on ne reçoit pas de courrier nous indiquant que c'est interdit), mais il signifie uniquement qu'on doit avoir les moyens de le savoir (or, la loi est publiée et nul n'est censé ignorer la loi).
Le deuxième point s'explique par des raisons historiques notamment : en effet, lors de la Seconde Guerre mondiale, des actes atroces ont été commis en particulier à l'égard du peuple juif.

Le droit au respect de sa vie privée

Article 8

1. Toute personne a droit au respect de sa vie privée et familiale, de son domicile et de sa correspondance.
2. Il ne peut y avoir ingérence d'une autorité publique dans l'exercice de ce droit que pour autant que cette ingérence est prévue par la loi et qu'elle constitue une mesure qui, dans une société démocratique, est nécessaire à la sécurité nationale, à la sûreté publique, au bien-être économique du pays, à la défense de l'ordre et à la prévention des infractions pénales, à la protection de la santé ou de la morale, ou à la protection des droits et libertés d'autrui.

Il n'est pas facile de dire ce qu'est la vie privée. *A priori*, on pourrait penser que c'est tout ce qui n'est pas la vie publique, mais, ce ne serait que déplacer le problème : en effet, qu'est-ce que la vie publique ? En principe, tout ce qui se fait dans un lieu public n'est pas protégé, mais, comme toujours, il faut reconnaître qu'il peut exister un certain nombre d'exceptions : par exemple, une personne qui embrasse une autre dans un lieu public, accepte-t-elle d'être photographiée et qu'ensuite son image soit diffusée dans tous les journaux ? Ce n'est donc pas si simple comme on l'a vu (➜ Voir p. 374).
En fait, la Cour européenne des droits de l'Homme a donné une définition assez large de ce qu'est la vie privée en considérant notamment que les choix de vie, les choix intimes relevaient de la vie privée et plus largement de la liberté personnelle. Elle a ainsi condamné les États qui punissaient les relations entre homosexuels. Les États doivent s'assurer que personne ne porte atteinte à notre vie privée, sauf nécessité : il faut une raison valable (par exemple, dans le cas d'une enquête de police, on peut mettre quelqu'un sur table d'écoute. Par contre, on ne peut pas mettre quelqu'un sur table

d'écoute s'il n'y a pas de preuve qu'il ait pu faire ou tenté de faire quelque chose qui est interdit).

Liberté de pensée, de conscience et de religion

Article 9

1. Toute personne a droit à la liberté de pensée, de conscience et de religion ; ce droit implique la liberté de changer de religion ou de conviction, ainsi que la liberté de manifester sa religion ou sa conviction individuellement ou collectivement, en public ou en privé, par le culte, l'enseignement, les pratiques et l'accomplissement des rites.

2. La liberté de manifester sa religion ou ses convictions ne peut faire l'objet d'autres restrictions que celles qui, prévues par la loi, constituent des mesures nécessaires, dans une société démocratique, à la sécurité publique, à la protection de l'ordre, de la santé ou de la morale publiques, où à la protection des droits et libertés d'autrui.

Cet article pose un principe et les limites qui peuvent être apportées à ce principe. Le principe, c'est celui de la liberté de pensée, de conscience et de religion (c'est-à-dire qu'on peut penser ce qu'on veut, on peut avoir les idées qu'on veut, on peut croire en ce qu'on veut – ce qui implique normalement aussi le droit de ne pas croire). La religion suppose le plus souvent que l'on accomplisse des « rites », c'est-à-dire des cérémonies (par exemple, dans la religion catholique, on va à la messe, dans la religion musulmane, on va à la mosquée...). Comme on reconnaît la liberté de religion, on reconnaît la conséquence de cette liberté, c'est-à-dire le droit de « pratiquer » sa religion (soit tout seul, par exemple dans la prière, soit en groupe, par exemple dans les processions, dans les bâtiments qui sont consacrés au culte...).

Comme toute liberté, la liberté de pensée, de conscience et de religion peut faire l'objet de limitations. Ces limitations ne peuvent pas être « arbitraires », mais elles doivent avoir une raison valable : il faut qu'elles soient justifiées par un intérêt « important » (par exemple, la sécurité nationale) et qu'elles soient nécessaires (c'est-à-dire que plutôt que d'interdire une manifestation religieuse, on va essayer de voir où elle pourrait être organisée quel jour et avec quel dispositif de sécurité pour permettre que la manifestation ait lieu). L'interdiction n'interviendra que si c'est vraiment impossible.

La liberté d'expression

Article 10

1. Toute personne a droit à la liberté d'expression. Ce droit comprend la liberté d'opinion et la liberté de recevoir ou de communiquer des informations ou des idées sans qu'il puisse y avoir ingérence d'autorités publiques et sans considération de frontière. Le présent article n'empêche pas les États de soumettre les entreprises de radiodiffusion, de cinéma ou de télévision à un régime d'autorisations.
2. L'exercice de ces libertés comportant des devoirs et des responsabilités peut être soumis à certaines formalités, conditions, restrictions ou sanctions prévues par la loi, qui constituent des mesures nécessaires, dans une société démocratique, à la sécurité nationale, à l'intégrité territoriale ou à la sûreté publique, à la défense de l'ordre et à la prévention du crime, à la protection de la santé ou de la morale, à la protection de la réputation ou des droits d'autrui, pour empêcher la divulgation d'informations confidentielles ou pour garantir l'autorité et l'impartialité du pouvoir judiciaire.

La liberté d'expression suppose d'une part la liberté d'émettre des opinions (je suis libre de dire ce que je veux) et d'autre part la liberté de recevoir l'information (je suis libre de recevoir l'information que je veux, je suis libre en quelque sorte d'accéder aux médias ou pas). Cette liberté suppose que l'État n'intervienne pas dans l'émission et la réception des opinions (c'est-à-dire que les États ne doivent pas intervenir pour « filtrer » les opinions, en se faisant les juges de ce qui est bien et de ce qui n'est pas bien).
La liberté d'expression peut faire l'objet de limitations pourvu qu'il y ait une raison valable : **par exemple**, en France, on considère que les opinions qui sont émises dans la presse pour les enfants ne doivent pas les inciter à la violence, au racisme... c'est une limitation (l'État contrôle), mais cette limitation est justifiée par un motif d'intérêt général.

La liberté de réunion et la liberté d'association

Article 11

1. Toute personne a droit à la liberté de réunion pacifique et à la liberté d'association, y compris le droit de fonder avec d'autres des syndicats et de s'affilier à des syndicats pour la défense de ses intérêts.
2. L'exercice de ces droits ne peut faire l'objet d'autres restrictions que celles qui, prévues par la loi, constituent des mesures nécessaires, dans une société démocratique, à la sécurité nationale, à la sûreté publique,

à la défense de l'ordre et à la prévention du crime, à la protection de la santé ou de la morale, ou à la protection des droits et libertés d'autrui. Le présent article n'interdit pas que des restrictions légitimes soient imposées à l'exercice de ces droits par les membres des forces armées, de la police ou de l'administration de l'État.

La liberté de réunion et la liberté d'association sont deux libertés qui sont « proches » : la liberté de réunion c'est la liberté de se retrouver « ponctuellement », à une occasion (par exemple, on se réunit pour débattre autour d'un thème), la liberté d'association c'est la liberté de s'unir de façon durable autour d'une idée, d'un but (par exemple, on s'associe pour lutter contre les mauvais traitements envers les animaux). La liberté d'association peut avoir une forme particulière : c'est la liberté syndicale. La liberté syndicale, c'est la liberté de se regrouper pour défendre ses intérêts en tant que travailleur.

Les réunions doivent être « pacifiques », c'est-à-dire qu'elles ne doivent pas se faire en armes et ne doivent pas être « menaçantes ».

Des limites à ces droits peuvent être portées pour des raisons valables. Les forces de police peuvent limiter ces droits : **par exemple**, lorsqu'il y a une manifestation, la police peut intervenir pour « disperser » les manifestants si des personnes qui profitent de la foule se mettent à saccager les magasins.

Le droit de se marier et de fonder une famille

Article 12

À partir de l'âge nubile*, l'homme et la femme ont le droit de se marier et de fonder une famille selon les lois nationales régissant l'exercice de ce droit.

L'âge nubile*, c'est l'âge à partir duquel on peut avoir des enfants.

Le droit de se marier peut paraître évident, mais en fait il ne l'a pas toujours été. Parfois, pour faire en sorte que les minorités ne se « mélangent » avec le reste du groupe, on avait interdit à des personnes de se marier avec d'autres (par exemple, en Inde, qui n'est certes pas un pays ayant signé cette convention, on a longtemps interdit le mariage entre des personnes qui ne venaient pas du même milieu – on parlait alors du système des castes). Ces personnes ont le droit de fonder une famille, c'est-à-dire d'avoir des enfants. Il faut remarquer que le droit de « fonder une famille » et de se marier se fait selon « les lois nationales », c'est-à-dire selon ce qui est voulu par chaque État. En conséquence, cet article n'est pas une contrainte pour les États mais plus une déclaration de principes.

Le droit au recours

Article 13

Toute personne dont les droits et libertés reconnus dans la présente Convention ont été violés a droit à l'octroi d'un recours effectif devant une instance nationale, alors même que la violation aurait été commise par des personnes agissant dans l'exercice de leurs fonctions officielles.

Lorsqu'un des droits qui est évoqué dans cette convention a été violé, les personnes ont le droit d'avoir un recours (c'est-à-dire de se plaindre), ce recours devant être effectif (c'est-à-dire qu'il doit être possible – par exemple, il ne doit pas coûter trop cher – et il doit servir à quelque chose – il faut que la décision serve ensuite à quelque chose). Ce recours doit exister même si l'atteinte a été faite par un agent de l'État (par exemple, si c'est un agent de police qui a porté atteinte à un de ces droits, le recours doit exister et doit être utile).

Le droit à la non-discrimination

Article 14

La jouissance des droits et libertés reconnus dans la présente Convention doit être assurée, sans distinction aucune, fondée notamment sur le sexe, la race, la couleur, la langue, la religion, les opinions politiques ou toutes autres opinions, l'origine nationale ou sociale, l'appartenance à une minorité nationale, la fortune, la naissance ou toute autre situation.

La discrimination, c'est faire une différence qui n'est pas justifiée : c'est par exemple, refuser un droit à quelqu'un en raison de sa couleur de peau, en raison de ses opinions, en raison de sa langue... la discrimination s'oppose à l'égalité : l'égalité, c'est reconnaître des droits équivalents à chacun selon sa situation. Par exemple, tous les individus ont le même droit à l'éducation, mais tous les individus ne paient pas les mêmes impôts (car ils n'ont pas tous les mêmes revenus). La discrimination est interdite.

II La Déclaration universelle des droits de l'Homme de 1948

La Déclaration universelle des droits de l'Homme a été adoptée le 10 décembre 1948.
Elle a certains points communs avec la Déclaration des droits de l'Homme et du Citoyen mais elle est aussi plus large : elle est « universelle » (elle a été adoptée par une organisation internationale – l'ONU – et non pas un seul pays – la France –), elle consacre davantage de droits (par exemple le droit à une couverture sociale n'était pas consacré dans la Déclaration des droits de l'Homme et du Citoyen, pour des raisons historiques, car on ne connaissait pas ce droit à l'époque), enfin, la Déclaration universelle des droits de l'Homme repose en grande partie sur l'idée que la paix et les droits (c'est-à-dire les droits reconnus à l'Homme) sont liés. Elle n'a cependant qu'une valeur morale et non pas juridique.

Liberté, égalité en dignité et en droits

Article 1er

Tous les êtres humains naissent libres et égaux en dignité et en droits. Ils sont doués de raison et de conscience et doivent agir les uns envers les autres dans un esprit de fraternité.

Dès leur naissance, les hommes sont libres. C'est le premier principe à comprendre de cet article. C'est un principe important, parce qu'il faut savoir que dans le passé, on ne pensait pas qu'il en allait ainsi : **par exemple**, dans l'Antiquité, à Rome, les « esclaves » dès qu'ils naissaient étaient considérés comme des choses et n'étaient pas libres.
Les hommes sont libres et « égaux en dignité et en droits ». Il y a ici deux choses : l'égalité en droits (ce qui veut dire que les hommes ont tous les mêmes droits, ils peuvent tous faire les mêmes choses), et l'égalité en « dignité ». Cette référence à l'égalité en « dignité » est pour partie le résultat de la Seconde Guerre mondiale où les juifs ont souffert terriblement d'une idée selon laquelle ils seraient une « race inférieure » qui devrait être « supprimée ». Le rappel du principe d'égalité en dignité dès ce premier article a pour but justement d'éviter qu'à l'avenir on puisse à nouveau prétendre de telles choses.
Cet article est intéressant enfin pour un troisième point : il met l'accent sur

le fait que les êtres humains (homme et femme) ont des droits et qu'ils **doivent s'en servir** (on dit qu'ils « doivent agir »).
Cet article est intéressant enfin pour un troisième point : il met l'accent sur le fait que les êtres humains (homme et femme) ont des droits et qu'ils **doivent s'en servir** (on dit qu'ils « doivent agir »).

Le principe de non-discrimination

Article 2

1. Chacun peut se prévaloir de tous les droits et de toutes les libertés proclamés dans la présente Déclaration, sans distinction aucune, notamment de race, de couleur, de sexe, de langue, de religion, d'opinion politique ou de toute autre opinion, d'origine nationale ou sociale, de fortune, de naissance ou de toute autre situation.

2. De plus, il ne sera fait aucune distinction fondée sur le statut politique, juridique ou international du pays ou du territoire dont une personne est ressortissante, que ce pays ou territoire soit indépendant, sous tutelle, non autonome ou soumis à une limitation quelconque de souveraineté.

La discrimination est, nous l'avons déjà dit, le fait de faire une différence entre deux situations qui sont identiques : **par exemple**, on accepte de servir à manger à un client blanc mais on refuse de servir à manger à un client noir. Cet article rappelle le principe de non-discrimination, en essayant de faire une liste de toutes les situations de discrimination : couleur, sexe, religion, opinion, fortune, naissance... mais, comme il n'est pas possible de faire la liste de toutes les discriminations, il est mentionné à la fin de l'article « ou de toute autre situation ». C'est important, parce qu'aujourd'hui, avec nos connaissances sur l'ADN, il y a aussi un risque de discrimination (➜ Voir p. 51).

Le droit à la vie « au sens large »

Article 3

Tout individu a droit à la vie, à la liberté et à la sûreté de sa personne.

Reconnaître le droit à la vie, c'est reconnaître un droit pour tout être humain (handicapé ou non, grand ou petit, blanc ou noir...) de vivre tout simplement parce que c'est un être humain. (**Sur l'embryon ➜ Voir p. 40**).

Ce droit à la vie s'accompagne d'un droit à « la liberté et à la sûreté ». Le mot sûreté est différent du mot « sécurité » en droit : le mot sûreté sert à parler du droit de ne pas être arrêté sans raison valable. On comprend alors mieux le sens de cet article : c'est le droit d'être vivant et en liberté, sans être arrêté sans raison valable.

L'interdiction de l'esclavage

Article 4

Nul ne sera tenu en esclavage ni en servitude; l'esclavage et la traite des esclaves sont interdits sous toutes leurs formes.

L'esclavage, c'est considérer qu'un homme est une chose, c'est prétendre qu'on peut être propriétaire d'un homme comme on est propriétaire d'une marchandise. L'esclavage est également contraire aux principes de l'article 1er (liberté et égalité en dignité et en droits), il est donc normal qu'il soit interdit.
Aujourd'hui apparaissent notamment en France des formes nouvelles d'esclavage : certaines personnes emploient le plus souvent des enfants étrangers (qui ne connaissent pas la langue) et les font travailler des heures durant sans les payer. Ces enfants n'ont aucun droit et sont le plus souvent maltraités... Cet acte est un acte d'esclavage d'une nouvelle forme comme l'emploi d'adultes, souvent étrangers, non déclarés à l'Urssaf, mal payés et travaillant dans des conditions scandaleuses.

L'interdiction de la torture

Article 5

Nul ne sera soumis à la torture, ni à des peines ou traitements cruels, inhumains ou dégradants.

La torture est en principe interdite, comme tous les actes qui sont cruels, inhumains ou diminuants (car ces actes sont contraires à l'article 1er selon lequel les hommes sont égaux en dignité).
La torture (et les autres actes du même type) ont été utilisés (et le sont encore dans certains pays) pour faire « parler » des personnes : **par exemple**, lorsque Jean Moulin a été arrêté en 1943, c'est Klaus Barbie qui l'a torturé jusqu'à ce que mort s'en suive pour avoir des renseignements sur la

résistance française. Ce sont des actes particulièrement cruels. Beaucoup de textes internationaux interdisent la torture, mais, dans les faits, elle existe encore dans de nombreux pays.

La personnalité juridique

Article 6

Chacun a le droit à la reconnaissance en tous lieux de sa personnalité juridique.

Cet article peut sembler compliqué et technique. En fait, c'est un article qui est très important : en vertu de celui-ci tous les êtres humains sont considérés par les États comme des « personnes » ayant des droits. **Par exemple**, en application de cet article, les femmes doivent avoir des droits comme les hommes, de même, les personnes qui sont issues des minorités... toutes ces personnes auront donc un nom, un prénom, un patrimoine (des biens), le droit d'aller devant les tribunaux...

L'égalité devant la loi

Article 7

Tous sont égaux devant la loi et ont droit sans distinction à une égale protection de la loi. Tous ont droit à une protection égale contre toute discrimination qui violerait la présente Déclaration et contre toute provocation à une telle discrimination.

Le principe d'égalité avait été proclamé dès l'article 1er et l'article 2 avait posé le principe de l'interdiction des discriminations. Cet article vient rappeler que la loi (c'est-à-dire le texte qui est voté par le Parlement selon une procédure définie) doit lui-même respecter ce principe d'égalité.

Le droit au juge

Article 8

Toute personne a droit à un recours effectif devant les juridictions nationales compétentes contre les actes violant les droits fondamentaux qui lui sont reconnus par la constitution ou par la loi.

Parfois, les droits sont violés : **par exemple**, une personne est arrêtée sans raison valable, un bien appartenant à une personne est volé... chaque fois qu'un droit est violé, la personne victime doit avoir la possibilité de s'adresser à un juge. Le texte précise même qu'il doit s'agir d'un recours « effectif », c'est-à-dire qu'il ne faut pas que ce soit une formalité qui ne sert à rien ou encore un recours théoriquement possible (mais impossible en fait, par exemple à cause du coût élevé), mais il doit s'agir d'un « vrai droit ».
On ne peut toutefois pas saisir un juge pour n'importe quel droit que l'on trouverait « dans l'air du temps » : il faut que ce droit soit garanti soit par la Constitution (c'est-à-dire le texte fondamental qui définit le rôle des pouvoirs publics, les droits des citoyens...), soit par la loi.

L'interdiction de la détention « sans raison valable »

Article 9

Nul ne peut être arbitrairement arrêté, détenu ou exilé.

Être détenu, c'est être enfermé en prison. On ne peut pas être envoyé en prison sans raison valable prévue par la loi.
Être détenu, ce peut être aussi compris dans le sens d'être enfermé : c'est alors être enfermé par des personnes (on appelle cela de la séquestration). C'est une infraction et les personnes qui nous retiennent peuvent être poursuivies.

Le droit au procès équitable

Article 10

Toute personne a droit, en pleine égalité, à ce que sa cause soit entendue équitablement et publiquement par un tribunal indépendant et impartial, qui décidera, soit de ses droits et obligations, soit du bien-fondé de toute accusation en matière pénale dirigée contre elle.

Le droit au procès « équitable », c'est le droit d'avoir un procès qui n'est pas « faussé » ou « truqué », celui d'avoir un juge qui est indépendant (ce n'est pas un membre du gouvernement ou un membre de la famille de la victime), impartial (il n'a pas d'opinion déjà faite sur l'affaire). Le juge rend sa décision, en principe, en public : c'est une garantie que le reste de la société saura ce qui a été fait.

Par exemple, dans les dictatures, il y a souvent des procès qui sont « joués d'avance », c'est-à-dire que bien sûr les gens sont « jugés », mais avant même le début du procès, tout le monde sait qu'ils seront condamnés.

La présomption d'innocence

Article 10

Toute personne a droit, en pleine égalité, à ce que sa cause soit entendue équitablement et publiquement par un tribunal indépendant et impartial, qui décidera, soit de ses droits et obligations, soit du bien-fondé de toute accusation en matière pénale dirigée contre elle.

La présomption d'innocence, c'est comme on l'a vu, considérer qu'une personne est innocente jusqu'à ce qu'un juge ait, suite à un procès équitable, déclaré qu'elle est coupable. C'est un principe très important, parce que cela veut dire que ce sont aux personnes qui accusent de montrer que la personne est bien « coupable ».
La présomption d'innocence est parfois difficile à comprendre aujourd'hui du fait des médias : on a tendance à croire qu'une fois que l'enquête est terminée, tout est fini. Or, il faut attendre le procès qui doit permettre de comprendre comment les choses se sont passées précisément et qui sont les coupables. C'est pour cela qu'il est important de ne pas supposer à l'avance qu'une personne est coupable.

Le droit à la protection de la vie privée

Article 12

Nul ne sera l'objet d'immixtions arbitraires dans sa vie privée, sa famille, son domicile ou sa correspondance, ni d'atteintes à son honneur et à sa réputation. Toute personne a droit à la protection de la loi contre de telles immixtions ou de telles atteintes.

Toute personne a le droit à ce que sa vie privée soit protégée. Cette vie privée doit être protégée non seulement contre les atteintes qui pourraient être faites par les autres personnes (par exemple, un voisin un peu trop curieux), mais aussi contre les atteintes qui pourraient être faites par l'État (et ses services) sans raison valable (par exemple, écouter un journaliste sans que ce journaliste n'ait rien à se reprocher).

La liberté de circulation

Article 13

1. Toute personne a le droit de circuler librement et de choisir sa résidence à l'intérieur d'un État.
2. Toute personne a le droit de quitter tout pays, y compris le sien, et de revenir dans son pays.

La liberté de circulation, c'est la liberté d'aller et venir non seulement à l'intérieur d'un pays, mais aussi à travers le monde. Bien sûr, cette liberté ne saurait être absolue, parce que sinon il y aurait des risques pour la sécurité des États (par exemple, les groupements de délinquants pourraient passer les frontières trop facilement). Mais le principe est la liberté de pouvoir sortir de son pays sans être inquiété.

Le droit de demander l'asile

Article 14

1. Devant la persécution, toute personne a le droit de chercher asile et de bénéficier de l'asile en d'autres pays.
2. Ce droit ne peut être invoqué dans le cas de poursuites réellement fondées sur un crime de droit commun ou sur des agissements contraires aux buts et aux principes des Nations unies.

Demander l'asile, comme on l'a vu c'est demander à un État qu'il nous laisse entrer sur son territoire parce que l'on fait l'objet de persécutions sur le territoire d'où l'on vient. **Par exemple**, un journaliste qui défend la liberté pourra demander l'asile si dans le pays d'où il vient il fait l'objet de poursuites très graves.

Le droit d'avoir une nationalité

Article 15

1. Tout individu a droit à une nationalité.
2. Nul ne peut être arbitrairement privé de sa nationalité, ni du droit de changer de nationalité.

La nationalité, c'est le lien juridique qui unit un pays à une personne (➜ Voir p. 89). Selon la Déclaration universelle des droits de l'Homme, toute personne a le droit d'avoir une nationalité et personne ne peut la perdre sans raison valable. C'est en fait très important, car si un pays peut retirer facilement la nationalité à une personne, alors, il peut expulser cette personne.

Le droit de fonder une famille

Article 16

1. À partir de l'âge nubile, l'homme et la femme, sans aucune restriction quant à la race, la nationalité ou la religion, ont le droit de se marier et de fonder une famille. Ils ont des droits égaux au regard du mariage, durant le mariage et lors de sa dissolution.

2. Le mariage ne peut être conclu qu'avec le libre et plein consentement des futurs époux.

3. La famille est l'élément naturel et fondamental de la société et a droit à la protection de la société et de l'État.

Cet article est relativement précis. Il pose différents principes : tout d'abord, la liberté pour l'homme et la femme de se marier quelle que soit sa race, sa religion... C'est très important, car cela pourrait être l'occasion de persécuter une minorité (religieuse, par exemple) en leur interdisant de se marier. Ensuite, les personnes qui se marient ont le droit de « fonder une famille », ce droit va se traduire le plus souvent par le droit d'avoir des enfants. Les personnes qui se marient sont libres de se marier, c'est-à-dire que ce qui fait le mariage, c'est le choix des personnes (et non par exemple, la tradition). La famille a le droit d'être protégée par la société et par l'État.

Le droit de propriété

Article 17

1. Toute personne, aussi bien seule qu'en collectivité, a droit à la propriété.

2. Nul ne peut être arbitrairement privé de sa propriété.

Le droit de propriété est aujourd'hui comme hier un droit essentiel. On peut distinguer deux formes de la propriété : la propriété individuelle (une chose appartient à un individu) et la propriété collective (une chose appartient à plusieurs individus). Ces deux formes de propriété sont reconnues et protégées, ce qui veut dire que l'on ne peut pas en être privé sans une raison valable, par exemple, un bien ne peut pas être confisqué « sans raison ». **Par exemple**, en France, lorsqu'un bien est acheté par l'État parce qu'il va servir dans le cadre d'un projet d'ensemble (la construction d'un aéroport...), il faut respecter toute une série de règles (pour vérifier que ce terrain est vraiment utile à la communauté) et le propriétaire est toujours indemnisé.

La liberté de l'esprit

Article 18

Toute personne a droit à la liberté de pensée, de conscience et de religion; ce droit implique la liberté de changer de religion ou de conviction ainsi que la liberté de manifester sa religion ou sa conviction seule ou en commun, tant en public qu'en privé, par l'enseignement, les pratiques, le culte et l'accomplissement des rites.

Ce texte reconnaît aux individus tout d'abord la liberté de pensée, c'est-à-dire la liberté de réfléchir comme on veut et d'avoir les idées que l'on veut. Cette liberté de pensée s'applique à tous les domaines de l'esprit : culture, art, religion... La question est très sensible quand on parle de religion, car en effet, dans beaucoup de pays il y a ce qu'on appelle une « religion d'État », c'est-à-dire une religion officielle. Ce texte garantit la liberté pour toute personne, quel que soit l'État où il se trouve, de choisir la religion qu'il veut et de pouvoir en changer comme il veut.
Mais, comme reconnaître la liberté de religion serait un peu abstrait si on ne pouvait pas la pratiquer, le texte prévoit que les individus sont également libres de pratiquer leur religion : ils doivent pouvoir exprimer leur conviction religieuse en public (par exemple, lors des processions) comme en privé (chez eux), ils doivent pouvoir éduquer leurs enfants dans cet esprit, etc.
Par exemple, en France, à l'occasion de certaines fêtes musulmanes, il est prévu que des centres spéciaux soient mis en place pour l'abattage de moutons selon le rite musulman : ces centres sont mis en place pour faire respecter les règles d'hygiène (le mouton doit être égorgé et découpé aussitôt) et permettre aux musulmans de pratiquer leur rite.

La liberté d'expression

Article 19

Tout individu a droit à la liberté d'opinion et d'expression, ce qui implique le droit de ne pas être inquiété pour ses opinions et celui de chercher, de recevoir et de répandre, sans considérations de frontières, les informations et les idées par quelque moyen d'expression que ce soit.

La liberté d'expression est un droit très important parce que c'est lui qui permet aux hommes de parler, d'échanger des idées, des opinions, de les écrire, de les recevoir. C'est en quelque sorte ce qu'on pourrait appeler aujourd'hui avec nos mots modernes la liberté de « communiquer », car c'est non seulement la liberté d'émettre (je dis ce que je pense) mais aussi la liberté de recevoir (j'écoute ce que je veux). Cette liberté doit être assurée malgré l'existence des frontières. Bien sûr, des limitations à ce droit peuvent être apportées pour des raisons liées, par exemple, à la protection des enfants (cas des sites Internet qui font l'éloge de la violence, par exemple).

La liberté de réunion et d'association

Article 20

1. Toute personne a droit à la liberté de réunion et d'association pacifiques.
2. Nul ne peut être obligé de faire partie d'une association.

La liberté de réunion, c'est la liberté de se retrouver, un jour, à une date... c'est un droit qui est ponctuel. La liberté d'association, c'est la liberté de se regrouper autour d'une idée et de mettre en commun un projet. Ces deux libertés sont essentielles, car elles participent notamment à la liberté d'expression et aux libertés de l'esprit. Elles sont aussi le moyen de participer à la vie politique (les réunions politiques sont l'occasion de débat). Le texte est toutefois précis : il parle des réunions et associations pacifiques, c'est-à-dire que par exemple, une réunion « en armes » (qui présente donc un danger pour la paix) peut être interdite.
Le deuxième point de cet article précise que personne ne peut être obligé de participer à une association. En soi, on pourrait penser que cela ne porte pas à conséquence, mais il y a en fait un risque important : en effet, les régimes totalitaires rendent obligatoire la participation à des associations pour faire en sorte que les enfants « pensent » comme le veut l'État.

Le droit au suffrage

Article 21

1. Toute personne a le droit de prendre part à la direction des affaires publiques de son pays, soit directement, soit par l'intermédiaire de représentants librement choisis.
2. Toute personne a droit à accéder, dans des conditions d'égalité, aux fonctions publiques de son pays.
3. La volonté du peuple est le fondement de l'autorité des pouvoirs publics; cette volonté doit s'exprimer par des élections honnêtes qui

doivent avoir lieu périodiquement, au suffrage universel égal et au vote secret ou suivant une procédure équivalente assurant la liberté du vote.

Le suffrage, c'est le droit de voter. « Toute personne a le droit de prendre part » aux affaires publiques : c'est l'affirmation ici du droit de toute personne de participer à la conduite politique de son pays, c'est-à-dire le droit (et, si on se réfère au premier article, en quelque sorte le devoir) de participer à la conduite de la vie de son pays soit directement (par exemple, dans le cas d'un référendum) soit indirectement (en désignant un représentant, un député, un sénateur...). C'est un droit essentiel. Tout individu à partir d'un certain âge a ce droit.

La participation des individus vise aussi l'accès aux emplois publics. La raison de ceci est simple : il ne doit pas exister une sorte de « classe » qui exercerait le pouvoir et une « classe » qui n'aurait comme seul pouvoir que celui de mettre un bulletin dans une urne.

Le troisième point affirme enfin que la légitimité des pouvoirs publics vient du vote : ceci nous semble évident dans les démocraties. Si c'est le vote qui est le fondement de l'autorité des pouvoirs publics, il est logique que soient organisées des élections aussi sincères et honnêtes que possibles (on ne doit pas truquer les élections).

La sécurité sociale

Article 22

Toute personne, en tant que membre de la société, a droit à la sécurité sociale ; elle est fondée à obtenir la satisfaction des droits économiques, sociaux et culturels indispensables à sa dignité et au libre développement de sa personnalité, grâce à l'effort national et à la coopération internationale, compte tenu de l'organisation et des ressources de chaque pays.

La sécurité sociale est un système d'assurance contre les risques de la vie (maladie) et du travail (accident de travail par exemple). C'est donc un système essentiel pour les hommes qui vivent en société et c'est pourquoi ce droit à la sécurité sociale est reconnu à tous.

L'article évoque également un droit qui est celui de bénéficier de droits économiques, sociaux et culturels.

Le droit au travail

Article 23

1. Toute personne a droit au travail, au libre choix de son travail, à des conditions équitables et satisfaisantes de travail et à la protection contre le chômage.
2. Tous ont droit, sans aucune discrimination, à un salaire égal pour un travail égal.
3. Quiconque travaille a droit à une rémunération équitable et satisfaisante lui assurant ainsi qu'à sa famille une existence conforme à la dignité humaine et complétée, s'il y a lieu, par tous autres moyens de protection sociale.
4. Toute personne a le droit de fonder avec d'autres des syndicats et de s'affilier à des syndicats pour la défense de ses intérêts.

Le droit au travail est assez développé. Il y a tout d'abord l'affirmation du principe : tout individu a le droit au travail, c'est-à-dire qu'il doit être en mesure de trouver du travail (l'État n'a pas l'obligation de lui donner un travail, il doit simplement l'aider à trouver un travail et lui garantir sinon des moyens pour vivre). Les individus sont libres de choisir le travail qu'ils veulent (cela veut dire qu'on ne peut pas vivre dans une société où dès le départ on saurait quel travail on va faire). Lorsque les personnes travaillent, elles ont droit à des conditions correctes de travail, à un salaire identique pour un travail identique (pas de discrimination), ce salaire ne devant pas être dérisoire (il doit permettre de vivre honorablement).
Les travailleurs ont le droit de former des syndicats, c'est-à-dire des associations qui doivent leur permettre de se défendre contre leur employeur.

Le droit au repos et aux loisirs

Article 24

Toute personne a droit au repos et aux loisirs et notamment à une limitation raisonnable de la durée du travail et à des congés payés périodiques.

Au début du XIXe siècle, les « congés payés » (c'est-à-dire la période de l'année pendant laquelle les personnes qui travaillent sont payées mais ne travaillent pas) n'existaient pas (ou très rarement). Les travailleurs n'avaient pas le droit au repos. Avec le temps et les risques, l'idée va se développer selon laquelle les hommes ont le droit de se reposer chaque jour pendant une certaine durée (en France, ce sont d'abord les enfants qui vont avoir des lois en leur faveur) puis chaque année (ce sont les « congés payés » à partir de 1936), le temps de travail étant limité.

Le droit au « bien-être »

Article 25

1. Toute personne a droit à un niveau de vie suffisant pour assurer sa santé, son bien-être et ceux de sa famille, notamment pour l'alimentation, l'habillement, le logement, les soins médicaux ainsi que pour les services sociaux nécessaires; elle a droit à la sécurité en cas de chômage, de maladie, d'invalidité, de veuvage, de vieillesse ou dans les autres cas de perte de ses moyens de subsistance par suite de circonstances indépendantes de sa volonté.
2. La maternité et l'enfance ont droit à une aide et à une assistance spéciales. Tous les enfants, qu'ils soient nés dans le mariage ou hors mariage, jouissent de la même protection sociale.

Définir ce qu'est le « bien-être » est impossible. Tout dépend des personnes... Pourtant, cet article propose une sorte de définition « minimale » de ce qu'est le bien être : bonne santé, niveau de vie correct, protection contre un certain nombre de risques liés à la vie (accident, veuvage, maladie...). Cet article pose un principe suivant lequel tous les hommes ont ces droits. Par ailleurs, cet article met l'accent sur la protection particulière dont doivent bénéficier la mère et son enfant.

Le droit à l'éducation

Article 26

1. Toute personne a droit à l'éducation. L'éducation doit être gratuite, au moins en ce qui concerne l'enseignement élémentaire et fondamental. L'enseignement élémentaire est obligatoire. L'enseignement technique et professionnel doit être généralisé; l'accès aux études supérieures doit être ouvert en pleine égalité à tous en fonction de leur mérite.
2. L'éducation doit viser au plein épanouissement de la personnalité humaine et au renforcement du respect des droits de l'Homme et des libertés fondamentales. Elle doit favoriser la compréhension, la tolérance et l'amitié entre toutes les nations et tous les groupes raciaux ou religieux, ainsi que le développement des activités des Nations unies pour le maintien de la paix.
3. Les parents ont, par priorité, le droit de choisir le genre d'éducation à donner à leurs enfants.

Le texte est ici très proche de celui de la Convention internationale sur les droits de l'enfant. On insistera donc ici uniquement sur deux aspects : d'une part, le lien qui est fait entre l'éducation et le maintien de la paix dans le monde (l'éducation, c'est notamment le moyen pour les différentes cultures de mieux se comprendre et se connaître, en conséquence, c'est aussi le moyen d'éviter les guerres) ; d'autre part, le rappel de la liberté pour les parents de choisir l'éducation qu'ils souhaitent pour leurs enfants.

Le droit à la culture

Article 27

1. Toute personne a le droit de prendre part librement à la vie culturelle de la communauté, de jouir des arts et de participer au progrès scientifique et aux bienfaits qui en résultent.

2. Chacun a droit à la protection des intérêts moraux et matériels découlant de toute production scientifique, littéraire ou artistique dont il est l'auteur.

Le droit à la culture n'est pas un droit « pour une élite ». C'est un droit qui est reconnu à tous : c'est le droit de profiter de la création des plus beaux esprits de l'histoire et du monde, de s'émerveiller devant les constructions des esprits les plus remarquables (d'Aristote à Beckett, de Fra Angelico à Soulages...).

La création, pour qu'elle se poursuive, doit être protégée. L'auteur (d'une œuvre, d'une sculpture, d'une formule de mathématique ou de chimie) doit aussi pouvoir vivre des produits de sa découverte.

Le droit à l'ordre public

Article 28

Toute personne a droit à ce que règne, sur le plan social et sur le plan international, un ordre tel que les droits et libertés énoncés dans la présente Déclaration puissent y trouver plein effet.

Cet article n'emploie pas l'expression mais la laisse entendre. En France, on parlera d'ordre public : soit la garantie offerte par l'État de la sécurité des biens et des personnes, de la salubrité et de la tranquillité publiques. Cet « ordre » est la condition normale d'exercice des droits et libertés de chacun. Cet ordre public doit exister au niveau du pays et au niveau international.

Le principe de limitations des droits : les devoirs de chacun envers la communauté

Article 29

1. L'individu a des devoirs envers la communauté dans laquelle seul le libre et plein développement de sa personnalité est possible.
2. Dans l'exercice de ses droits et dans la jouissance de ses libertés, chacun n'est soumis qu'aux limitations établies par la loi exclusivement en vue d'assurer la reconnaissance et le respect des droits et libertés d'autrui et afin de satisfaire aux justes exigences de la morale, de l'ordre public et du bien-être général dans une société démocratique.
3. Ces droits et libertés ne pourront, en aucun cas, s'exercer contrairement aux buts et aux principes des Nations unies.

On a vu jusqu'à présent que la Déclaration de 1948 avait reconnu des droits, sans aucune limitation. En fait, la liberté ne pouvant être que limitée, ces droits sont limités : ils sont limités par la loi (c'est-à-dire un texte voté en général par une assemblée), la loi ne devant porter atteinte aux libertés des individus que lorsque cela est nécessaire pour protéger la liberté d'autres individus. C'est un principe simple en fait : si le vol est interdit par exemple, il l'est par la loi, et si cette loi intervient, c'est pour faire respecter le droit de propriété qu'ont d'autres personnes. Les limites qui sont apportées à la liberté ne doivent pas être excessives.

Cet article reconnaît aussi que l'individu a des devoirs envers la société dans laquelle il vit. C'est un principe qui est essentiel : avoir des droits, c'est aussi avoir des devoirs, c'est avoir des obligations. Or, il est logique que les deux soient liés.

III La Convention internationale sur les droits de l'enfant

Le 20 novembre 1989, l'Assemblée générale des Nations unies (ONU) adoptait la Convention internationale des droits de l'enfant qui reconnaît aux enfants des droits fondamentaux. Pour le moment, 191 pays se sont engagés à l'appliquer. En France le Parlement a décrété le 20 novembre comme journée nationale de défense des droits de l'enfant sans pour autant lui donner force de loi. Cependant, la loi française, comme on l'a vu, applique déjà un grand nombre de ses principes.

Ce qu'est un enfant selon ce texte

Article 1er

Au sens de la présente convention, un enfant s'entend de tout être humain âgé de moins de 18 ans, sauf si la majorité est atteinte plus tôt, en vertu de la législation qui lui est applicable.

Tous les textes doivent toujours commencer par dire ce qu'ils concernent. Ici, le texte s'appelle la « Convention internationale relative aux droits de l'enfant », il concerne donc les enfants. Mais, encore faut-il savoir ce qu'on appelle un enfant : en effet, selon les pays, il se peut que l'on soit considéré comme étant un enfant plus tôt ou plus tard. Ce texte prévoit qu'il s'applique à toute personne ayant moins de 18 ans (sauf si le pays prévoit que l'on est majeur plus tôt).

Le droit à la « non-discrimination »

Article 2

1. Les États parties s'engagent à respecter les droits qui sont énoncés dans la présente Convention et à les garantir à tout enfant relevant de leur juridiction, sans distinction aucune, indépendamment de toute considération de race, de couleur, de sexe, de langue, de religion, d'opinion politique ou autre de l'enfant ou de ses parents ou représentants légaux, de leur origine nationale, ethnique ou sociale, de leur situation de fortune, de leur incapacité, de leur naissance ou de toute autre situation.
2. Les États parties prennent toutes les mesures appropriées pour que l'enfant soit effectivement protégé contre toutes formes de discrimination ou de sanction motivées par la situation juridique, les activités, les opinions déclarées ou les convictions de ses parents, de ses représentants légaux ou des membres de sa famille.

Les États qui ont signé cette convention s'engagent à reconnaître ces droits à tous les enfants (garçons ou filles) quelle que soit leur couleur, leur origine, quelle que soit celle de leurs parents... c'est ce qu'on appelle le principe de « non-discrimination » : il ne faut pas faire de différence entre les êtres humains pour leur reconnaître leurs droits.

Le point n° 2 de cet article pose le principe suivant lequel les États s'engagent à ne pas violer ce principe de non-discrimination et à le faire respecter : cela veut dire, par exemple, qu'un État qui a signé ce texte ne devrait pas pouvoir en principe prendre des mesures différentes pour les enfants blancs et pour les enfants noirs, ou encore prendre des mesures différentes selon que l'enfant est issu de tel ou tel milieu (riche ou pauvre).

Le droit au « bien-être »

Article 3

1. Dans toutes les décisions qui concernent les enfants, qu'elles soient le fait des institutions publiques ou privées de protection sociale, des tribunaux, des autorités administratives ou des organes législatifs, l'intérêt supérieur de l'enfant doit être une considération primordiale.
2. Les États parties s'engagent à assurer à l'enfant la protection et les soins nécessaires à son bien-être, compte tenu des droits et des devoirs de ses parents, de ses tuteurs ou des autres personnes légalement responsables de lui, et ils prennent à cette fin toutes les mesures législatives et administratives appropriées.
3. Les États parties veillent à ce que le fonctionnement des institutions, services et établissements qui ont la charge des enfants et assurent leur protection soit conforme aux normes fixées par les autorités compétentes, particulièrement dans le domaine de la sécurité et de la santé et en ce qui concerne le nombre et la compétence de leur personnel ainsi que l'existence d'un contrôle approprié.

Le point n° 1 insiste sur le fait que les décisions qui concernent l'enfant doivent tenir compte de l'intérêt de l'enfant : en droit français par exemple, on a vu que l'enfant pouvait demander à être entendu par le juge lors du divorce de ses parents (➜ **Voir p. 31**). On a vu aussi que les parents devaient, dans la mesure du possible, associer l'enfant aux décisions qui le concernent. Les parents et l'État doivent être attentifs au respect de l'intérêt de l'enfant.
L'État a un rôle particulier puisqu'il est responsable notamment de certaines institutions qui intéressent les enfants : l'école, les services de protection, les services de santé... Tous ces services doivent respecter des règles précises dans l'intérêt de l'enfant.

Le « droit d'avoir ses droits »

Article 4

Les États parties s'engagent à prendre toutes les mesures législatives, administratives et autres qui sont nécessaires pour mettre en œuvre les droits reconnus dans la présente Convention. Dans le cas des droits économiques, sociaux et culturels, ils prennent ces mesures dans toutes les limites des ressources dont ils disposent et, s'il y a lieu, dans le cadre de la coopération internationale.

Cet article est essentiel, car il insiste sur le fait que les enfants ont le droit d'avoir les droits qui sont reconnus par cette convention. Il invite les États à prendre toutes les mesures pour faire que leurs lois reconnaissent ces droits de l'enfant.

Le droit des parents d'assurer le développement de l'enfant

Article 5

Les États parties respectent la responsabilité, le droit et le devoir qu'ont les parents ou, le cas échéant, les membres de la famille élargie ou de la communauté, comme prévu par la coutume locale, les tuteurs ou autres personnes légalement responsables de l'enfant, de donner à celui-ci, d'une manière qui corresponde au développement de ses capacités, l'orientation et les conseils appropriés à l'exercice des droits que lui reconnaît la présente Convention.

Ce sont les parents qui ont le droit (mais aussi le devoir) d'assurer le développement de l'enfant. Ce sont eux qui doivent lui faire prendre conscience de ses droits et de la façon de les utiliser.
NB : Le texte précise que ce sont les parents ou « la famille élargie » ; dans certains pays, ce ne sont pas que les parents qui élèvent les enfants mais une famil le plus large, comme chez les Aborigènes d'Australie.

Le droit à la vie

Article 6

1. Les États parties reconnaissent que tout enfant a un droit inhérent à la vie.
2. Les États parties assurent dans toute la mesure possible la survie et le développement de l'enfant.

Le droit à la vie est un droit essentiel, il signifie qu'on ne doit pas en principe faire de différence entre les enfants. La reconnaissance du droit à la vie de tout enfant s'oppose donc à ce qu'on appelle l'« eugénisme », c'est-à-dire la sélection des enfants. On ne peut pas admettre, par exemple, que l'on tue un enfant à la naissance parce que c'est une fille. De la même façon, on ne peut pas admettre que l'on tue un enfant une fois qu'il est né parce qu'il est atteint d'un trouble.

Le droit à une identité (nom et nationalité) et à sa protection

Article 7

1. L'enfant est enregistré aussitôt sa naissance et a dès celle-ci le droit à un nom, le droit d'acquérir une nationalité et, dans la mesure du possible, le droit de connaître ses parents et être élevé par eux.
2. Les États parties veillent à mettre ces droits en œuvre conformément à leur législation nationale et aux obligations que leur imposent les instruments internationaux applicables en la matière, en particulier dans les cas où faute de cela l'enfant se trouverait apatride.

Article 8

1. Les États parties s'engagent à respecter le droit de l'enfant de préserver son identité, y compris sa nationalité, son nom et ses relations familiales, tels qu'ils sont reconnus par la loi, sans ingérence illégale.
2. Si un enfant est illégalement privé des éléments constitutifs de son identité ou de certains d'entre eux, les États parties doivent lui accorder une assistance et une protection appropriées, pour que son identité soit rétablie aussi rapidement que possible.

Lorsqu'un enfant naît, il a droit à un nom et une nationalité (➜ Voir p. 76). Ce texte consacre aussi le droit de « connaître ses parents », mais, ce droit n'est pas systématiquement reconnu par tous les pays. En France par exemple, la question a fait débat.

Le droit de vivre avec ses parents

Article 9

1. Les États parties veillent à ce que l'enfant ne soit pas séparé de ses parents contre leur gré, à moins que les autorités compétentes ne décident, sous réserve de révision judiciaire et conformément aux lois et procédures applicables, que cette séparation est nécessaire dans l'intérêt supérieur de l'enfant. Une décision en ce sens peut être nécessaire dans certains cas particuliers, par exemple lorsque les parents maltraitent ou négligent l'enfant, ou lorsqu'ils vivent séparément et qu'une décision doit être prise au sujet du lieu de résidence de l'enfant.
2. Dans tous les cas prévus au paragraphe 1, toutes les parties intéressées doivent avoir la possibilité de participer aux délibérations et de faire connaître leurs vues.
3. Les États parties respectent le droit de l'enfant séparé de ses deux parents ou de l'un d'eux d'entretenir régulièrement des relations person-

nelles et des contacts directs avec ses deux parents, sauf si cela est contraire à intérêt supérieur de l'enfant

4. Lorsque la séparation résulte de mesures prises par un État partie, telles que la détention, l'emprisonnement, l'exil, l'expulsion ou la mort (y compris la mort, quelle qu'en soit la cause, survenue en cours de détention) des deux parents ou de l'un d'eux, ou de l'enfant, l'État partie donne sur demande aux parents, à l'enfant ou, s'il y a lieu, à un autre membre de la famille les renseignements essentiels sur le lieu où se trouvent le membre ou les membres de la famille, à moins que la divulgation de ces renseignements ne soit préjudiciable au bien-être de l'enfant. Les États parties veillent en outre à ce que la présentation d'une telle demande n'entraîne pas en elle-même de conséquences fâcheuses pour la personne ou les personnes intéressées.

Les enfants ont le droit de vivre avec leurs parents. On considère que c'est dans leur intérêt par principe. Toutefois, parfois il est préférable que l'enfant ne vive pas avec ses parents, si par exemple ses parents le maltraitent ou ne prennent pas assez soin de lui. Il faudra alors qu'un juge intervienne pour « retirer l'enfant » à ses parents (**➜ Voir p. 125**).

Si les parents divorcent ou se séparent, l'enfant devra avoir en principe le droit de donner son opinion. Il devra aussi avoir le droit de continuer de voir ses deux parents (sauf en cas de risque pour lui) (**➜ Voir p. 114**).

L'enfant peut ne plus voir un de ses parents à cause de l'État (un des parents a été arrêté, par exemple). Dans ce cas, l'enfant a le droit de savoir où se trouve ce parent, sauf si c'est contraire à son intérêt (par exemple l'enfant est encore trop jeune).

Le droit au « regroupement » de la famille

Article 10

1. Conformément à l'obligation incombant aux États parties en vertu du paragraphe 1 de l'article 9, toute demande faite par un enfant ou ses parents en vue d'entrer dans un État partie ou de le quitter aux fins de réunification familiale est considérée par les États parties dans un esprit positif, avec humanité et diligence. Les États parties veillent en outre à ce que la présentation d'une telle demande n'entraîne pas de conséquences fâcheuses pour les auteurs de la demande et les membres de leurs familles.

2. Un enfant dont les parents résident dans des États différents a le droit d'entretenir, sauf circonstances exceptionnelles, des relations personnelles et des contacts directs réguliers avec ses deux parents. À cette fin, et conformément à l'obligation incombant aux États parties en vertu du paragraphe 2 de l'article 9, les États parties respectent le droit qu'ont l'enfant et ses parents

de quitter tout pays, y compris le leur, et de revenir dans leur propre pays. Le droit de quitter tout pays ne peut faire l'objet que des restrictions prescrites par la loi qui sont nécessaires pour protéger la sécurité nationale, l'ordre public, la santé ou la moralité publiques, ou les droits et libertés d'autrui, et qui sont compatibles avec les autres droits reconnus dans la présente Convention.

Parfois, la famille est « éparpillée » à travers le monde entier. Le risque, c'est alors que les frontières empêchent les enfants de voir leurs parents. Or, l'article 9 a consacré le droit de l'enfant à vivre dans sa famille. Cet article vient donc ajouter que les frontières ne doivent pas être un obstacle au regroupement des familles. En conséquence, les enfants et leurs parents ont le droit d'avoir des contacts malgré les frontières (droit de s'écrire, droit de se téléphoner...) et ils ont le droit aussi de se rejoindre (mais ce droit peut être limité, si par exemple il y a un risque de terrorisme...).

La lutte contre les enlèvements d'enfants

Article 11

1. Les États parties prennent des mesures pour lutter contre les déplacements et les non-retours illicites d'enfants à l'étranger.
2. À cette fin, les États parties favorisent la conclusion d'accords bilatéraux ou multilatéraux ou l'adhésion aux accords existants.

Personne n'a le droit d'enlever un enfant (que ce soit un parent ou non) et personne ne peut refuser qu'un enfant ne revienne dans son pays. Les États doivent prendre des mesures à ce sujet. **Par exemple**, il y a eu une affaire à ce sujet sur un couple dont un parent était français et l'autre allemand. L'autre parent avait « enlevé » l'enfant en Allemagne parce que le juge ne lui avait pas donné la garde. Le gouvernement allemand a coopéré avec la France pour résoudre ce problème.

La liberté d'opinion de l'enfant dans sa condition d'enfant

Article 12

1. Les États parties garantissent à l'enfant qui est capable de discernement le droit d'exprimer librement son opinion sur toute question l'intéressant, les opinions de l'enfant étant dûment prises en considération eu égard à son âge et à son degré de maturité.
2. À cette fin, on donnera notamment à l'enfant la possibilité d'être entendu dans toute procédure judiciaire ou administrative l'intéres-

sant, soit directement, soit par l'intermédiaire d'un représentant ou d'un organisme approprié, de façon compatible avec les règles de procédure de la législation nationale.

Les enfants ont toujours des opinions, mais ces opinions n'ont pas toujours la même valeur : lorsqu'un enfant de 5 ans dit « je veux », ceci n'a pas le même sens que lorsqu'il s'agit d'un adolescent de 15 ans. C'est ce que rappelle cet article : les enfants ont tous la liberté d'opinion, mais la valeur à reconnaître à leur opinion va dépendre de leur âge (principalement) mais aussi de leur degré de maturité (certains enfants sont plus mûrs que les autres).

Comme l'enfant a une opinion, cette opinion doit être donnée chaque fois que cela est possible : devant les administrations (par exemple, pour l'orientation d'un élève, on lui demande son avis, même si ce sont ses parents qui décident), devant le juge (par exemple, lors du divorce de ses parents, un mineur peut demander à être entendu).

La liberté de s'exprimer

Article 13

1. L'enfant a droit à la liberté d'expression. Ce droit comprend la liberté de rechercher, de recevoir et de répandre des informations et des idées de toute espèce, sans considération de frontières, sous une forme orale, écrite, imprimée ou artistique, ou par tout autre moyen du choix de l'enfant.

2. L'exercice de ce droit ne peut faire l'objet que des seules restrictions qui sont prescrites par la loi et qui sont nécessaires :
a) Au respect des droits ou de la réputation d'autrui ; ou
b) À la sauvegarde de la sécurité nationale, de l'ordre public, de la santé ou de la moralité publiques.

La liberté de s'exprimer, c'est bien sûr la liberté de parler, d'écrire (une lettre, un mail, une page web, une affiche, un SMS), de monter (un film, un diaporama...). Cette liberté est reconnue aux enfants indépendamment des frontières et des moyens utilisés (du pigeon voyageur au SMS en passant par la lettre du facteur !...).

Être libre de s'exprimer, cela ne veut pas dire que l'on puisse dire ou écrire n'importe quoi et n'importe comment, car sinon, ce seraient les autres qui en souffriraient. C'est pourquoi cette liberté est limitée par le respect des autres (je ne peux pas raconter n'importe quoi sur les gens), et la protection de la société (je ne peux pas, par exemple, révéler des informations qui mettent en danger la société comme les secrets militaires...)

La liberté de penser ce qu'on veut

Article 14

1. Les États parties respectent le droit de l'enfant à la liberté de pensée, de conscience et de religion.
2. Les États parties respectent le droit et le devoir des parents ou, le cas échéant, des représentants légaux de l'enfant, de guider celui-ci dans l'exercice du droit susmentionné d'une manière qui corresponde au développement de ses capacités.
3. La liberté de manifester sa religion ou ses convictions ne peut être soumise qu'aux seules restrictions qui sont prescrites par la loi et qui sont nécessaires pour préserver la sûreté publique, l'ordre public, la santé et la moralité publiques, ou les libertés et droits fondamentaux d'autrui.

Les enfants sont libres de penser ce qu'ils veulent : personne ne peut les forcer à penser, par exemple, que le bleu est plus beau que le blanc ou que l'hiver est moins agréable que l'été... Ils sont libres de ce qu'ils veulent penser. Cette liberté s'applique à tous les domaines de leur pensée (liberté de religion – ils croient ou ils ne croient pas en Dieu, et s'ils croient, ils croient en ce qu'ils veulent – liberté de conscience – ils comprennent les choses comme ils veulent).

Les parents jouent un rôle essentiel dans l'exercice de cette liberté : ce sont eux qui guident leur enfant dans cette liberté. Les enfants peuvent exprimer leurs idées dans les limites qui sont définies par la loi et sous réserve qu'ils respectent les droits des autres. **Par exemple**, les enfants ne peuvent pas prétendre imposer leurs vues à leurs camarades.

La liberté d'association

Article 15

1. Les États parties reconnaissent les droits de l'enfant à la liberté d'association et à la liberté de réunion pacifique.
2. L'exercice de ces droits ne peut faire l'objet que des seules restrictions qui sont prescrites par la loi et qui sont nécessaires dans une société démocratique, dans l'intérêt de la sécurité nationale, de la sûreté publique ou de l'ordre public, ou pour protéger la santé ou la moralité publiques, ou les droits et libertés d'autrui.

La liberté de s'associer, c'est la liberté de se retrouver pour faire quelque chose de commun. **Par exemple**, on peut s'associer pour défendre une idée (les droits des animaux...) ou pour pratiquer une activité (les échecs...). La

liberté d'association suppose donc la liberté de se réunir, pourvu que cette réunion se fasse paisiblement (c'est-à-dire qu'on ne se retrouve pas en armes, ou encore avec l'intention de commettre des dégâts...).
Cette liberté de s'associer est reconnue aux enfants, mais, comme toute liberté, elle doit être limitée pour :
1° Respecter la liberté des autres (par exemple, on ne peut pas se réunir dans tel endroit si cette réunion risque de gêner considérablement telles personnes) ;
2° Respecter la société.

La protection de la vie privée et de l'honneur

Article 16

1. Nul enfant ne fera l'objet d'immixtions arbitraires ou illégales dans sa vie privée, sa famille, son domicile ou sa correspondance, ni d'atteintes illégales à son honneur et à sa réputation.

2. L'enfant a droit à la protection de la loi contre de telles immixtions ou de telles atteintes.

En dehors des cas qui sont précisément définis par la loi, personne (ni l'État ni n'importe quelle personne) ne peut intervenir dans la vie privée d'un mineur. Par ailleurs, les mineurs ont le droit à ce qu'il ne soit pas porté atteinte à leur honneur.
Les États doivent prendre des mesures pour faire respecter ces deux droits notamment par les médias (journaux, radios) et par toute autre personne (les voisins, les sociétés où les parents travaillent...).

Le droit à l'information

Article 17

Les États parties reconnaissent l'importance de la fonction remplie par les médias et veillent à ce que l'enfant ait accès à une information et à des matériels provenant de sources nationales et internationales diverses, notamment ceux qui visent à promouvoir son bien-être social, spirituel et moral ainsi que sa santé physique et mentale. À cette fin, les États parties :

a) Encouragent les médias à diffuser une information et des matériels qui présentent une utilité sociale et culturelle pour l'enfant et répondent à l'esprit de l'article 29;
b) Encouragent la coopération internationale en vue de produire, d'échanger et de diffuser une information et des matériels de ce type provenant de différentes sources culturelles, nationales et internationales;

c) Encouragent la production et la diffusion de livres pour enfants;
[...]
e) Favorisent l'élaboration de principes directeurs appropriés destinés à protéger l'enfant contre l'information et les matériels qui nuisent à son bien-être, compte tenu des dispositions des articles 13 et 18.

Les enfants ont le droit de recevoir une information provenant de sources différentes, c'est-à-dire provenant non seulement du pays où ils vivent mais aussi de l'étranger. Les États qui ont signé cette convention reconnaissent que cette information est importante pour développer les connaissances des enfants et aussi pour leur permettre une meilleure connaissance des autres cultures. L'information est donc profitable au bien-être physique et morale des enfants.

Pour que les mineurs aient accès à cette information, les États s'engagent à encourager les médias (journaux, télévision, radios...) à proposer aux mineurs des informations qui puissent leur profiter. Les États aident aussi au développement de « livres pour enfants » qui sont un bon moyen pour eux d'apprendre à réfléchir. Les États doivent aussi s'assurer que les enfants n'aient pas un accès à des informations qui seraient mauvaises ou dangereuses pour les enfants (par exemple, il n'y a pas de raison qu'un enfant très jeune lise des informations qui présenteraient favorablement le fait de faire des différences entre les « races »).

La responsabilité des enfants appartient aux parents

Article 18

1. Les États parties s'emploient de leur mieux à assurer la reconnaissance du principe selon lequel les deux parents ont une responsabilité commune pour ce qui est d'élever l'enfant et d'assurer son développement. La responsabilité d'élever l'enfant et d'assurer son développement incombe au premier chef aux parents ou, le cas échéant, à ses représentants légaux. Ceux-ci doivent être guidés avant tout par l'intérêt supérieur de l'enfant.

2. Pour garantir et promouvoir les droits énoncés dans la présente Convention, les États parties accordent l'aide appropriée aux parents et aux représentants légaux de l'enfant dans l'exercice de la responsabilité qui leur incombe d'élever l'enfant et assurent la mise en place d'institutions, d'établissements et de services chargés de veiller au bien-être des enfants.

3. Les États parties prennent toutes les mesures appropriées pour assurer aux enfants dont les parents travaillent le droit de bénéficier des services et établissements de garde d'enfants pour lesquels ils remplissent les conditions requises.

Ce sont les parents qui en principe sont les responsables de leurs enfants : cela signifie que c'est à eux en principe d'assurer le développement de l'enfant (par exemple, c'est à eux d'aider l'enfant à prendre conscience de ce que l'on peut faire et ce que l'on ne doit pas faire).
Dans cette mission des parents, l'État doit jouer un rôle qui est celui d'une « aide » par la création de « services » et d'« institutions » (c'est-à-dire des personnes sont chargées spécialement d'aider les parents lorsqu'ils ont des difficultés pour élever leurs enfants). **Par exemple**, si les deux parents travaillent, l'État doit aider particulièrement les parents (en créant par exemple, des services de garderie).

Le droit de ne pas être maltraité

Article 19

1. Les États parties prennent toutes les mesures législatives, administratives, sociales et éducatives appropriées pour protéger l'enfant contre toutes formes de violence, d'atteinte ou de brutalités physiques ou mentales, d'abandon ou de négligence, de mauvais traitements ou d'exploitation, y compris la violence sexuelle, pendant qu'il est sous la garde de ses parents ou de l'un d'eux, de son ou ses représentants légaux ou de toute autre personne à qui il est confié.
2. Ces mesures de protection comprendront, selon qu'il conviendra, des procédures efficaces pour l'établissement de programmes sociaux visant à fournir l'appui nécessaire à l'enfant et à ceux à qui il est confié, ainsi que pour d'autres formes de prévention, et aux fins d'identification, de rapport, de renvoi, d'enquête, de traitement et de suivi pour les cas de mauvais traitements de l'enfant décrits ci-dessus, et comprendre également, selon qu'il conviendra, des procédures d'intervention judiciaire.

Les enfants ne doivent pas faire l'objet de mauvais traitements, c'est-à-dire qu'ils ne doivent pas être battus par exemple, ou encore négligés (on ne s'occupe pas assez d'eux) ou encore exploités sexuellement. Ce droit existe vis-à-vis des parents, de la famille et vis-à-vis de toute autre personne. L'État doit prendre toute mesure pour faire respecter ce droit (par exemple, l'État pourra décider de confier un enfant à un service plutôt que de le laisser chez ses parents s'il y fait l'objet de mauvais traitements).

Le droit d'être protégé même en dehors de la famille

Article 20

1. Tout enfant qui est temporairement ou définitivement privé de son milieu familial, ou qui dans son propre intérêt ne peut être laissé dans ce milieu, a droit à une protection et une aide spéciales de l'État.
2. Les États parties prévoient pour cet enfant une protection de remplacement conforme à leur législation nationale.
3. Cette protection de remplacement peut notamment avoir la forme du placement dans une famille, de la « Kafala » de droit islamique, de l'adoption ou, en cas de nécessité, du placement dans un établissement pour enfants approprié. Dans le choix entre ces solutions, il est dûment tenu compte de la nécessité d'une certaine continuité dans l'éducation de l'enfant, ainsi que de son origine ethnique, religieuse, culturelle et linguistique.

Si un enfant est retiré de sa famille ou s'il n'a plus de famille (par exemple parce qu'il a été abandonné), l'enfant a tout de même un droit d'être protégé, et ce droit doit être assuré par l'État (c'est-à-dire que ce sont des personnes qui sont employées par l'État – des éducateurs – qui vont s'assurer que l'enfant ne fasse pas l'objet de mauvais traitements, qu'il ait une éducation...).
Cette protection qui sera décidée par l'État devra être prise en tenant compte du passé et de la culture de l'enfant.

Le droit à l'adoption

Article 21

Les États parties qui admettent et/ou autorisent l'adoption s'assurent que l'intérêt supérieur de l'enfant est la considération primordiale en la matière, et :
a) Veillent à ce que l'adoption d'un enfant ne soit autorisée que par les autorités compétentes, qui vérifient, conformément à la loi et aux procédures applicables et sur la base de tous les renseignements fiables relatifs au cas considéré, que l'adoption peut avoir lieu eu égard à la situation de l'enfant par rapport à ses père et mère, parents et représentants légaux et que, le cas échéant, les personnes intéressées ont donné leur consentement à l'adoption en connaissance de cause, après s'être entourées des avis nécessaires ;
b) Reconnaissent que l'adoption à l'étranger peut être envisagée comme un autre moyen d'assurer les soins nécessaires à l'enfant, si celui-ci ne peut, dans son pays d'origine, être placé dans une famille nourricière ou adoptive ou être convenablement élevé ;
c) Veillent, en cas d'adoption à l'étranger, à ce que l'enfant ait le

bénéfice de garanties et de normes équivalant à celles existant en cas d'adoption nationale;
d) Prennent toutes les mesures appropriées pour veiller à ce que, en cas d'adoption à l'étranger, le placement de l'enfant ne se traduise pas par un profit matériel indu pour les personnes qui en sont responsables;
e) Poursuivent les objectifs du présent article en concluant des arrangements ou des accords bilatéraux ou multilatéraux, selon les cas, et s'efforcent dans ce cadre de veiller à ce que les placements d'enfants à l'étranger soient effectués par des autorités ou des organes compétents.

Les enfants ont le droit d'être adoptés, mais cette adoption ne peut être décidée que dans l'intérêt de l'enfant (on ne peut pas accepter de laisser un enfant être adopté si par exemple, c'est pour faire de l'enfant un esclave) (➜ Voir p. 63).
L'adoption doit respecter un certain nombre de règles : elle doit se faire avec l'accord des personnes qui sont responsables de l'enfant (le plus souvent les parents), les parents peuvent être d'un autre pays mais alors il faut que ce ne soit pas « risqué » pour l'enfant (c'est-à-dire qu'il faut que l'enfant ait les mêmes droits dans l'autre pays que dans le pays d'où vient l'enfant), les parents qui adopteront l'enfant ne pourront pas s'enrichir grâce à cette adoption.
Pour faire respecter ces règles, les États signent des accords entre eux.

Les droits des enfants réfugiés

Article 22

1. Les États parties prennent les mesures appropriées pour qu'un enfant qui cherche à obtenir le statut de réfugié ou qui est considéré comme réfugié en vertu des règles et procédures du droit international ou national applicable, qu'il soit seul ou accompagné de ses père et mère ou de toute autre personne, bénéficie de la protection et de l'assistance humanitaire voulues pour lui permettre de jouir des droits que lui reconnaissent la présente Convention et les autres instruments internationaux relatifs aux droits de l'Homme ou de caractère humanitaire auxquels lesdits États sont parties.
2. À cette fin, les États parties collaborent, selon qu'ils le jugent nécessaire, à tous les efforts faits par l'Organisation des Nations unies et les autres organisations intergouvernementales ou non gouvernementales compétentes collaborant avec l'Organisation des Nations unies pour protéger et aider les enfants qui se trouvent en pareille situation et pour rechercher les père et mère ou autres membres de la famille de tout enfant réfugié en vue d'obtenir les renseignements nécessaires pour le réunir à sa famille. Lorsque ni le père, ni la mère, ni aucun autre membre de la famille ne peut être retrouvé, l'enfant se voit accorder, selon les prin-

cipes énoncés dans la présente Convention, la même protection que tout autre enfant définitivement ou temporairement privé de son milieu familial pour quelque raison que ce soit.

⚠ Un réfugié, comme on l'a vu est une personne qui est persécutée pour ses idées dans son pays et qui s'adresse à un autre pays pour y être accueilli. Un enfant peut être un « enfant réfugié » (si, par exemple, ses parents sont eux-mêmes des réfugiés) et il sera protégé par les lois internationales qu'il soit seul ou accompagné.

Dans ce cas, les États et les organisations internationales devront aider l'enfant à retrouver sa famille. Si la famille ne peut pas être retrouvée, l'enfant bénéficiera d'une protection de la part de l'État.

Les droits de l'enfant handicapé

Article 23

1. Les États parties reconnaissent que les enfants mentalement ou physiquement handicapés doivent mener une vie pleine et décente, dans des conditions qui garantissent leur dignité, favorisent leur autonomie et facilitent leur participation active à la vie de la collectivité.
2. Les États parties reconnaissent le droit des enfants handicapés de bénéficier de soins spéciaux et encouragent et assurent, dans la mesure des ressources disponibles, l'octroi, sur demande, aux enfants handicapés remplissant les conditions requises et à ceux qui en ont la charge, d'une aide adaptée à l'état de l'enfant et à la situation de ses parents ou de ceux à qui il est confié.
3. Eu égard aux besoins particuliers des enfants handicapés, l'aide fournie conformément au paragraphe 2 est gratuite chaque fois qu'il est possible, compte tenu des ressources financières de leurs parents ou de ceux à qui l'enfant est confié, et elle est conçue de telle sorte que les enfants handicapés aient effectivement accès à l'éducation, à la formation, aux soins de santé, à la rééducation, à la préparation à l'emploi et aux activités récréatives, et bénéficient de ces services de façon propre à assurer une intégration sociale aussi complète que possible et leur épanouissement personnel, y compris dans le domaine culturel et spirituel.
4. Dans un esprit de coopération internationale, les États parties favorisent l'échange d'informations pertinentes dans le domaine des soins de santé préventifs et du traitement médical, psychologique et fonctionnel des enfants handicapés, y compris par la diffusion d'informations concernant les méthodes de rééducation et les services de formation professionnelle, ainsi que l'accès à ces données, en vue de permettre aux États parties d'améliorer leurs capacités et leurs compétences et d'élargir leur expérience dans ces domaines. À cet égard, il est tenu particulièrement compte des besoins des pays en développement.

Les enfants handicapés physiques comme les enfants handicapés mentaux ont le droit de mener une vie dans les meilleures conditions possibles, leur dignité devant être garantie. Ils doivent pouvoir, autant que possible, disposer librement d'eux (c'est-à-dire qu'ils ne doivent pas être « enfermés » au contraire de ce que certains États ont fait par le passé).

Pour réaliser cet objectif, les États doivent accorder aux enfants handicapés des soins adaptés (dans la mesure où ceci est défini dans la loi). Dans la mesure du possible, cette aide sera gratuite. Cette aide doit permettre notamment aux enfants d'avoir accès à l'éducation, à la santé, aux loisirs, à faire en sorte que l'enfant handicapé ne soit pas isolé de ses camardes, et plus largement à faire en sorte que l'enfant handicapé se sente le mieux possible.

Les États s'engagent à s'informer mutuellement et à aider les pays les plus pauvres (qui ont moins d'argent et donc moins de facilités pour aider les enfants handicapés).

Le droit à la santé

Article 24

1. Les États parties reconnaissent le droit de l'enfant de jouir du meilleur état de santé possible et de bénéficier de services médicaux et de rééducation. Ils s'efforcent de garantir qu'aucun enfant ne soit privé du droit d'avoir accès à ces services.

2. Les États parties s'efforcent d'assurer la réalisation intégrale du droit susmentionné et, en particulier, prennent des mesures appropriées pour :

a) Réduire la mortalité parmi les nourrissons et les enfants;

b) Assurer à tous les enfants l'assistance médicale et les soins de santé nécessaires, l'accent étant mis sur le développement des soins de santé primaires;

c) Lutter contre la maladie et la malnutrition, y compris dans le cadre des soins de santé primaires, grâce notamment à l'utilisation de techniques aisément disponibles et à la fourniture d'aliments nutritifs et d'eau potable, compte tenu des dangers et des risques de pollution du milieu naturel;

d) Assurer aux mères des soins prénatals et postnatals appropriés;

e) Faire en sorte que tous les groupes de la société, en particulier les parents et les enfants, reçoivent une information sur la santé et la nutrition de l'enfant, les avantages de l'allaitement au sein, l'hygiène et la salubrité de l'environnement et la prévention des accidents, et bénéficient d'une aide leur permettant de mettre à profit cette information;

f) Développer les soins de santé préventifs, les conseils aux parents et l'éducation et les services en matière de planification familiale.

3. Les États parties prennent toutes les mesures efficaces appropriées en vue d'abolir les pratiques traditionnelles préjudiciables à la santé des enfants.

4. Les États parties s'engagent à favoriser et à encourager la coopération internationale en vue d'assurer

progressivement la pleine réalisation du droit reconnu dans le présent article. À cet égard, il est tenu particulièrement compte des besoins des pays en développement.

Les États s'engagent à assurer aux enfants la meilleure santé possible, notamment en leur fournissant les meilleurs soins possibles (les enfants doivent pouvoir accéder à ces soins et doivent pouvoir en bénéficier).
Les États essaient de : diminuer le décès des enfants (par exemple à cause des problèmes d'hygiène), améliorer les soins de santé des élèves de primaire, éviter les maladies (par l'information, par l'hygiène), lutter contre la malnutrition (c'est-à-dire le fait de mal manger, comme par exemple manger uniquement la même chose), aider les mères avant et après la naissance de l'enfant...
Les États s'engagent à supprimer les pratiques dangereuses pour la santé des enfants (par exemple, les accouchements dans des conditions particulières comme en pleine mer, ou encore l'excision).

Le droit à la révision du placement

Article 25

Les États parties reconnaissent à l'enfant qui a été placé par les autorités compétentes pour recevoir des soins, une protection ou un traitement physique ou mental, le droit à un examen périodique dudit traitement et de toute autre circonstance relative à son placement.

Un enfant est parfois confié à une institution (par exemple, un service de protection des enfants). Cette situation ne peut jamais être définitive mais elle doit être souvent réétudiée.

Le droit à la sécurité sociale

Article 26

1. Les États parties reconnaissent à tout enfant le droit de bénéficier de la sécurité sociale, y compris les assurances sociales, et prennent les mesures nécessaires pour assurer la pleine réalisation de ce droit en conformité avec leur législation nationale.
2. Les prestations doivent, lorsqu'il y a lieu, être accordées compte tenu des ressources et de la situation de l'enfant et des personnes responsables de son entretien, ainsi que de toute autre considération applicable à la demande de prestation faite par l'enfant ou en son nom.

La sécurité sociale, c'est comme on l'a vu une sorte d'assurance contre les risques comme la maladie, les accidents de travail... ; les enfants ont aussi le droit d'avoir cette sécurité sociale. Les États doivent faire en sorte que cette aide se fasse en fonction de la situation de l'enfant et de celle des parents.

Le droit à un niveau de vie « correct »

Article 27

1. Les États parties reconnaissent le droit de tout enfant à un niveau de vie suffisant pour permettre son développement physique, mental. spirituel, moral et social.
2. C'est aux parents ou autres personnes ayant la charge de l'enfant qu'incombe au premier chef la responsabilité d'assurer, dans les limites de leurs possibilités et de leurs moyens financiers, les conditions de vie nécessaires au développement de l'enfant.
3. Les États parties adoptent les mesures appropriées, compte tenu des conditions nationales et dans la mesure de leurs moyens, pour aider les parents et autres personnes ayant la charge de l'enfant à mettre en œuvre ce droit et offrent, en cas de besoin, une assistance matérielle et des programmes d'appui, notamment en ce qui concerne l'alimentation, le vêtement et le logement.
4. Les États parties prennent toutes les mesures appropriées en vue d'assurer le recouvrement de la pension alimentaire de l'enfant auprès de ses parents ou des autres personnes ayant une responsabilité financière à son égard, que ce soit sur leur territoire ou à l'étranger. En particulier, pour tenir compte des cas où la personne qui a une responsabilité financière à l'égard de l'enfant vit dans un État autre que celui de l'enfant, les États parties favorisent l'adhésion à des accords internationaux ou la conclusion de tels accords ainsi que l'adoption de tous autres arrangements appropriés.

La convention ne pouvait pas prévoir de définir quel serait le niveau de vie des enfants, puisque ce niveau change déjà selon les pays considérés. Les États se sont donc engagés à donner aux enfants un niveau de vie qui soit « correct », ce niveau de vie devant permettre un développement physique, mental, spirituel (de l'esprit) et social. Ce sont les parents qui doivent en premier lieu assurer ce niveau de vie correct et, si nécessaire, l'État interviendra pour donner une aide aux parents.

La convention a également pris en compte le phénomène du divorce : lorsque les parents divorcent, les enfants ont le droit à une pension alimentaire et les États doivent s'assurer de faire respecter ce droit.

Le droit à l'éducation

Article 28

1. Les États parties reconnaissent le droit de l'enfant à l'éducation, et en particulier, en vue d'assurer l'exercice de ce droit progressivement et sur la base de l'égalité des chances :
a) Ils rendent l'enseignement primaire obligatoire et gratuit pour tous;
b) Ils encouragent l'organisation de différentes formes d'enseignement secondaire, tant général que professionnel, les rendent ouvertes et accessibles à tout enfant, et prennent des mesures appropriées telles que l'instauration de la gratuité de l'enseignement et l'offre d'une aide financière en cas de besoin;
c) Ils assurent à tous l'accès à l'enseignement supérieur, en fonction des capacités de chacun, par tous les moyens appropriés;
d) Ils rendent ouvertes et accessibles à tout enfant l'information et l'orientation scolaires et professionnelles;
e) Ils prennent des mesures pour encourager la régularité de la fréquentation scolaire et la réduction des taux d'abandon scolaire.
2. Les États parties prennent toutes les mesures appropriées pour veiller à ce que la discipline scolaire soit appliquée d'une manière compatible avec la dignité de l'enfant en tant qu'être humain et conformément à la présente Convention.
3. Les États parties favorisent et encouragent la coopération internationale dans le domaine de l'éducation, en vue notamment de contribuer à éliminer l'ignorance et l'analphabétisme dans le monde et de faciliter l'accès aux connaissances scientifiques et techniques et aux méthodes d'enseignement modernes. À cet égard, il est tenu particulièrement compte des besoins des pays en développement.

Le droit à l'éducation est un droit fondamental. Il faut savoir que, par exemple, Anne Franck au moment de l'occupation regrettait de ne pas pouvoir bénéficier d'une éducation comme avant le début de la guerre. C'est un droit dont souvent on ne comprend pas bien l'importance pendant la minorité.

Ce droit à l'éducation doit permettre d'avoir accès à un enseignement primaire gratuit. Cet enseignement doit être obligatoire. En France, c'est à Jules Ferry que l'on doit l'école gratuite, laïque et obligatoire (➜ **Voir p. 141 et 265**). Le fait que l'école soit obligatoire est très important : sinon, par exemple, des parents pourraient préférer les faire travailler.

L'enseignement secondaire (le collège et le lycée) doit être dans la mesure du possible gratuit, mais, s'il ne l'est pas, les enfants doivent pouvoir bénéficier d'aides. L'enseignement supérieur (les universités) doit également être accessible, mais il n'y a pas ici d'obligation de gratuité. Tous les enfants ont le droit de choisir leur orientation scolaire et professionnelle.

Les enfants doivent être incités à fréquenter régulièrement les établissements scolaires et la discipline doit être respectée. Cette discipline qui est imposée doit l'être dans le respect de la dignité de l'enfant (on ne doit pas le maltraiter) et dans le respect des droits de l'enfant (par exemple, on doit respecter sa liberté de pensée).
Les États s'engagent (c'est-à-dire se mettent d'accord) pour faire en sorte que l'ignorance diminue dans le monde et que de plus en plus de gens aient accès à une certaine instruction. Dans la mesure où ce sont les pays en voie de développement (c'est-à-dire les pays les moins riches) qui ont le plus besoin de cette aide, les États s'engagent à les aider tout particulièrement.

Les objectifs de l'éducation

Article 29

1. Les États parties conviennent que l'éducation de l'enfant doit viser à :
a) Favoriser l'épanouissement de la personnalité de l'enfant et le développement de ses dons et de ses aptitudes mentales et physiques, dans toute la mesure de leurs potentialités ;
b) Inculquer à l'enfant le respect des droits de l'Homme et des libertés fondamentales, et des principes consacrés dans la Charte des Nations unies ;
c) Inculquer à l'enfant le respect de ses parents, de son identité, de sa langue et de ses valeurs culturelles, ainsi que le respect des valeurs nationales du pays dans lequel il vit, du pays duquel il peut être originaire et des civilisations différentes de la sienne ;
d) Préparer l'enfant à assumer les responsabilités de la vie dans une société libre, dans un esprit de compréhension, de paix, de tolérance, d'égalité entre les sexes et d'amitié entre tous les peuples et groupes ethniques, nationaux et religieux, et avec les personnes d'origine autochtone ;
e) Inculquer à l'enfant le respect du milieu naturel.
2. Aucune disposition du présent article ou de l'article 28 ne sera interprétée d'une manière qui porte atteinte à la liberté des personnes physiques ou morales de créer et de diriger des établissements d'enseignement, à condition que les principes énoncés au paragraphe 1 du présent article soient respectés et que l'éducation dispensée dans ces établissements soit conforme aux normes minimales que l'État aura prescrites.

Cet article est très important, car on connaît l'utilisation de l'école comme un moyen de faire des enfants des sortes de « soldats »...
L'éducation doit permettre à l'enfant de s'épanouir (c'est-à-dire de vivre sa vie pleinement), de comprendre les droits de l'Homme et les libertés « essentielles », de comprendre le sens de sa culture (et des autres), de préparer l'enfant à être un homme responsable (un citoyen) dans une société libre et ouverte, de comprendre et respecter les autres.

Les enfants issus des « minorités » ont aussi des droits

Article 30

Dans les États où il existe des minorités ethniques, religieuses ou linguistiques ou des personnes d'origine autochtone, un enfant autochtone ou appartenant à une de ces minorités ne peut être privé du droit d'avoir sa propre vie culturelle, de professer et de pratiquer sa propre religion ou d'employer sa propre langue en commun avec les autres membres de son groupe.

Il y a dans certains pays des majorités et des minorités, c'est-à-dire un groupe qui est le plus important et un groupe qui l'est moins. **Par exemple**, en Australie, la population qui est majoritaire est une population d'origine européenne (et asiatique) et il y a une minorité qui est « aborigène ». Le risque, c'est que cette « minorité » perde sa culture, parce que la majorité ne la reconnaît pas. Le texte prévoit donc que les enfants qui sont issus d'une minorité ont le droit d'avoir une vie culturelle propre, de pratiquer une religion et d'utiliser la langue de leur minorité.

Le droit aux loisirs

Article 31

1. Les États parties reconnaissent à l'enfant le droit au repos et aux loisirs, de se livrer au jeu et à des activités récréatives propres à son âge, et de participer librement à la vie culturelle et artistique.
2. Les États parties respectent et favorisent le droit de l'enfant de participer pleinement à la vie culturelle et artistique, et encouragent l'organisation à son intention de moyens appropriés de loisirs et d'activités récréatives, artistiques et culturelles, dans des conditions d'égalité.

Les enfants ne font pas qu'étudier, ils ont aussi un droit, le droit aux loisirs. La reconnaissance de ce droit est importante, parce que notamment, dans certains pays les enfants n'ont pas de loisirs parce qu'ils travaillent ou sont « enfermés ». Les États essaient de faire en sorte que ce droit soit reconnu aux enfants et essaient de créer des services pour cela : par exemple, en France, l'État donne de l'argent aux fédérations sportives qui sont considérées comme des associations d'utilité publique.

Le droit de ne pas être exploité

Article 32

1. Les États parties reconnaissent le droit de l'enfant d'être protégé contre l'exploitation économique et de n'être astreint à aucun travail comportant des risques ou susceptible de compromettre son éducation ou de nuire à son développement physique, mental, spirituel, moral ou social.
2. Les États parties prennent des mesures législatives administratives, sociales et éducatives pour assurer l'application du présent article. À cette fin, et compte tenu des dispositions pertinentes des autres instruments internationaux, les États parties, en particulier :
a) Fixent un âge minimum ou des âges minimums d'admission à l'emploi ;
b) Prévoient une réglementation appropriée des horaires de travail et des conditions d'emploi ;
c) Prévoient des peines ou autres sanctions appropriées pour assurer l'application effective du présent article.

Le travail des enfants dans le monde est une question complexe. En effet, dans les démocraties, on considère qu'un enfant ne doit pas du tout travailler dans une entreprise avant un âge relativement avancé (aux environs de 15 ans), mais, dans d'autres pays, les enfants travaillent beaucoup plus tôt. Pour cette raison, on ne peut pas totalement « interdire » le travail des enfants. En conséquence, on a considéré qu'il fallait reconnaître un droit aux enfants, c'est le droit de ne pas être exploité, c'est-à-dire le droit de faire en sorte que les personnes qui font travailler les enfants n'abusent pas d'eux (en les faisant travailler bien trop longtemps par exemple).
Le droit de ne pas être exploité suppose de la part des États qu'ils définissent : l'âge à partir duquel les enfants peuvent travailler, les horaires et les conditions de travail des enfants, les peines et les sanctions pour faire respecter ces principes. **Par exemple**, en France, on a vu qu'en principe un mineur ne peut pas travailler avant l'âge de 16 ans et qu'il ne peut pas travailler plus de 35 heures par semaine.

Le droit d'être protégé contre les drogues

Article 33

Les États parties prennent toutes les mesures appropriées, y compris des mesures législatives, administratives, sociales et éducatives, pour protéger les enfants contre l'usage illicite de stupéfiants et de substances psychotropes, tels que les définissent les conventions internationales perti

Les États parties prennent toutes les mesures appropriées, y compris des mesures législatives, administratives, sociales et éducatives, pour protéger les enfants contre l'usage illicite de stupéfiants et de substances psychotropes, tels que les définissent les conventions internationales pertinentes, et pour empêcher que des enfants ne soient utilisés pour la production et le trafic illicites de ces substances.

Les drogues (cocaïne, héroïne...) présentent un danger pour la santé des enfants (ils peuvent devenir « dépendants », c'est-à-dire qu'ils risquent de ne plus pouvoir s'en passer et, pour en acheter après, ils peuvent commettre des infractions). En conséquence, les États doivent faire en sorte de protéger les enfants contre ces drogues. De la même façon, il est prévu que les États doivent tout faire pour empêcher que les enfants ne soient utilisés dans la production et le trafic de drogues (par exemple, on ne doit pas utiliser un enfant pour transporter ou vendre de la drogue).

La protection contre les abus sexuels

Article 34

Les États parties s'engagent à protéger l'enfant contre toutes les formes d'exploitation sexuelle et de violence sexuelle. À cette fin, les États prennent en particulier toutes les mesures appropriées sur les plans national, bilatéral et multilatéral pour empêcher :

a) Que des enfants ne soient incités ou contraints à se livrer à une activité sexuelle illégale ;

b) Que des enfants ne soient exploités à des fins de prostitution ou autres pratiques sexuelles illégales ;

c) Que des enfants ne soient exploités aux fins de la production de spectacles ou de matériel de caractère pornographique.

L'exploitation sexuelle, c'est utiliser un mineur comme « un objet sexuel », par exemple en prostituant un enfant (on le force à avoir des relations sexuelles en échange d'argent), ou encore en le violant (en ayant des relations sexuelles avec lui, contre sa volonté). L'exploitation sexuelle est interdite et les États doivent prendre toutes les mesures pour éviter cette exploitation. Par exemple, la loi française est extrêmement sévère (→ Voir p. 423).

Le mineur n'est pas un objet

Article 35

Les États parties prennent toutes les mesures appropriées sur les plans national, bilatéral et multilatéral pour empêcher l'enlèvement, la vente ou la traite d'enfants à quelque fin que ce soit et sous quelque forme que ce soit.

Article 36

Les États parties protègent l'enfant contre toutes autres formes d'exploitation préjudiciables à tout aspect de son bien-être.

Les enfants ne sont pas des choses, en conséquence, il est interdit de les vendre, de les acheter, de les mettre dans le commerce et ce, quelle que soit la tradition du pays. Cette mesure est très importante car, dans certains pays, on pratique à l'intérieur de certaines tribus l'esclavage.

Le droit de ne pas être torturé ou privé de liberté

Article 37

Les États parties veillent à ce que :

a) Nul enfant ne soit soumis à la torture ni à des peines ou traitements cruels, inhumains ou dégradants : ni la peine capitale ni l'emprisonnement à vie sans possibilité de libération ne doivent être prononcés pour les infractions commises par des personnes âgées de moins de 18 ans;

b) Nul enfant ne soit privé de liberté de façon illégale ou arbitraire : l'arrestation, la détention ou l'emprisonnement d'un enfant doit être en conformité avec la loi, être qu'une mesure de dernier ressort et être d'une durée aussi brève que possible;

c) Tout enfant privé de liberté soit traité avec humanité et avec le respect dû à la dignité de la personne humaine, et d'une manière tenant compte des besoins des personnes de son âge : en particulier, tout enfant privé de liberté sera séparé des adultes, à moins que l'on n'estime préférable de ne pas le faire dans l'intérêt supérieur de l'enfant, et il a le droit de rester en contact avec sa famille par la correspondance et par des visites, sauf circonstances exceptionnelles;

d) Les enfants privés de liberté aient le droit d'avoir rapidement accès à l'assistance juridique ou à toute assistance appropriée, ainsi que le droit de contester la légalité de leur privation de liberté devant un tribunal ou une autre autorité compétente, indépendante et impartiale, et à ce qu'une décision rapide soit prise en la matière.

Cet article est très proche des articles qui existent pour les hommes (c'est-à-dire l'ensemble des êtres humains, homme et femme). On reconnaît en effet aux hommes le droit de ne pas être torturés, de ne pas être arrêtés sans raison valable, de ne pas être envoyés en prison (sauf décision d'un juge), de ne pas faire l'objet d'une atteinte à leur dignité, de pouvoir contester les décisions qui sont prises contre eux devant un tribunal...
Parce que l'enfant est un homme en devenir et plus fragile, ces droits sont reconnus spécifiquement aux enfants. La peine de mort ou l'emprisonnement à vie (sans possibilité de revenir sur ce jugement) ne doit pas être décidé à l'encontre d'un enfant qui aurait moins de 18 ans.

Les droits en cas de guerre

Article 38

1. Les États parties s'engagent à respecter et à faire respecter les règles du droit humanitaire international qui leur sont applicables en cas de conflit armé et dont la protection s'étend aux enfants.
2. Les États parties prennent toutes les mesures possibles dans la pratique pour veiller à ce que les personnes n'ayant pas atteint âge de 15 ans ne participent pas directement aux hostilités.
3. Les États parties s'abstiennent d'enrôler dans leurs forces armées toute personne n'ayant pas atteint l'âge de 15 ans. Lorsqu'ils incorporent des personnes de plus de 15 ans mais de moins de 18 ans, les États parties s'efforcent d'enrôler en priorité les plus âgées.
4. Conformément à l'obligation qui leur incombe en vertu du droit humanitaire international de protéger la population civile en cas de conflit armé, les États parties prennent toutes les mesures possibles dans la pratique pour que les enfants qui sont touchés par un conflit armé bénéficient d'une protection et de soins.

Il existe des règles internationales qui s'appliquent aux enfants en cas de guerre, les États doivent les respecter. Les enfants de moins de 15 ans ne doivent pas en principe participer directement aux combats.
Si l'enfant ne participe pas aux combats, il a le droit, comme toute population « civile » (c'est-à-dire non militaire) d'être protégé.

Le droit d'être réinséré dans la société

Article 39

Les États parties prennent toutes les mesures appropriées pour faciliter la réadaptation physique et psychologique et la réinsertion sociale de tout enfant victime de toute forme de négligence, d'exploitation ou de sévices, de torture ou de toute autre forme de peines ou traitements cruels, inhumains ou dégradants, ou de conflit armé. Cette réadaptation et cette réinsertion se déroulent dans des conditions qui favorisent la santé, le respect de soi et la dignité de l'enfant.

Un enfant qui a souffert de mauvais traitements (il n'a pas été élevé par ses parents, il a fait l'objet de violences...) a des difficultés avec le reste du groupe. En conséquence, les États ont l'obligation de l'aider à se réadapter à une vie « normale », à se réinsérer dans la société, et ce en tenant compte de sa culture et de son passé.

Les droits des mineurs face à la justice

Article 40

1. Les États parties reconnaissent à tout enfant suspecté, accusé ou convaincu d'infraction à la loi pénale le droit à un traitement qui soit de nature à favoriser son sens de la dignité et de la valeur personnelle, qui renforce son respect pour les droits de l'Homme et les libertés fondamentales d'autrui, et qui tienne compte de son âge ainsi que de la nécessité de faciliter sa réintégration dans la société et de lui faire assumer un rôle constructif au sein de celle-ci.

2. À cette fin, et compte tenu des dispositions pertinentes des instruments internationaux, les États parties veillent en particulier :

a) À ce qu'aucun enfant ne soit suspecté, accusé ou convaincu d'infraction à la loi pénale en raison d'actions ou d'omissions qui n'étaient pas interdites par le droit national ou international au moment où elles ont été commises;

b) À ce que tout enfant suspecté ou accusé d'infraction à la loi pénale ait au moins le droit aux garanties suivantes :

I – à être présumé innocent jusqu'à ce que sa culpabilité ait été légalement établie;

II – à être informé dans le plus court délai et directement des accusations portées contre lui, ou, le cas échéant, par l'intermédiaire de ses parents ou représentants légaux, et à bénéficier d'une assistance juridique ou de toute autre assistance appropriée pour la préparation et la présentation de sa défense.

III – à ce que sa cause soit entendue sans retard par une autorité ou une instance judiciaire compétentes, indépendantes et impartiales, selon une procédure équitable aux termes

de la loi, en présence de son conseil juridique ou autre et, à moins que cela ne soit jugé contraire à l'intérêt supérieur de l'enfant en raison notamment de son âge ou de sa situation, en présence de ses parents ou représentants légaux;
IV – à ne pas être contraint de témoigner ou de s'avouer coupable; à interroger ou faire interroger les témoins à charge, et à obtenir la comparution et l'interrogatoire des témoins à décharge dans des conditions d'égalité;
V – s'il est reconnu avoir enfreint la loi pénale, à faire appel de cette décision et de toute mesure arrêtée en conséquence devant une autorité ou une instance judiciaire supérieure compétentes, indépendantes et impartiales, conformément à la loi;
VI – à se faire assister gratuitement d'un interprète s'il ne comprend ou ne parle pas la langue utilisée;
VII – à ce que sa vie privée soit pleinement respectée à tous les stades de la procédure.
3. Les États parties s'efforcent de promouvoir l'adoption de lois, de procédures, la mise en place d'autorités et d'institutions spécialement conçues pour les enfants suspectés, accusés ou convaincus d'infraction à la loi pénale, et en particulier :
a) D'établir un âge minimum au-dessous duquel les enfants seront présumés n'avoir pas la capacité d'enfreindre la loi pénale;
b) De prendre des mesures, chaque fois que cela est possible et souhaitable, pour traiter ces enfants sans recourir à la procédure judiciaire, étant cependant entendu que les droits de l'Homme et les garanties légales doivent être pleinement respectés.
4. Toute une gamme de dispositions, relatives notamment aux soins, à l'orientation et à la supervision, aux conseils, à la probation, au placement familial, aux programmes d'éducation générale et professionnelle et aux solutions autres qu'institutionnelles seront prévues en vue d'assurer aux enfants un traitement conforme à leur bien-être et proportionné à leur situation et à l'infraction.

Cet article est long, mais en fait il reprend pour l'essentiel les principes qui s'appliquent à tous les hommes lorsqu'ils sont jugés, à savoir qu'ils sont supposés innocents jusqu'à preuve du contraire, ils doivent savoir ce qu'on leur reproche, pouvoir se défendre devant un juge indépendant, pouvoir obtenir l'aide d'un avocat et/ou d'un interprète, pouvoir faire respecter leur vie privée...

Cet article comporte aussi des principes qui sont propres aux enfants : tout d'abord le fait que la priorité doit être donnée à la réinsertion de l'enfant, ensuite, le fait que les États doivent définir à partir de quel âge un enfant peut être poursuivi et prévoir aussi des mesures d'éducation spécifiques pour les mineurs qui ont commis des actes contraires aux lois...

Le droit à la protection « optimale »

Article 41

Aucune des dispositions de la présente Convention ne porte atteinte aux dispositions plus propices à la réalisation des droits de l'enfant qui peuvent figurer :

a) Dans la législation d'un État partie;
b) Dans le droit international en vigueur pour cet État.

La Convention internationale sur les droits de l'enfant est, comme son nom l'indique, un texte « international », c'est-à-dire qu'il vaut pour tous les pays qui l'ont signé. Il se peut que certains de ces articles soient moins favorables que ce qui est prévu par un État. Dans ce cas, on applique ce qui est « le mieux » pour l'enfant : par exemple, un État peut prévoir que l'on ne peut être recruté dans l'armée qu'à partir de 18 ans; or, la convention prévoit qu'en principe on ne peut être recruté dans l'armée qu'à partir de 15 ans. C'est donc le texte de l'État qui s'appliquera, et non celui de la convention.

INDEX

Table des matières

chapitre 4
L'enfant mineur dans sa famille

quatrième partie

La société

cinquième partie
Les droits fondamentaux de la personne humaine

706870 (1) CSB - P50g CMB
Imprimé en Italie par «La Tipografica Varese S.p.A.»
Dépôt légal : août 2006

Couverture : Jean-Pascal Carmignac
Illustrations intérieures : Nicolas Spinga

Photocomposition C*MB* Graphic
44800 Saint-Herblain